Die fünfschiffige Basilika in Gadara - Umm Qais Jordanien

Studien zu frühchristlichen Sakralbauten
des fünfschiffigen Typus im Orient

von

Mohammad Al-Daire

Tectum Verlag
Marburg 2001

Gedruckt mit freundlicher Unterstützung durch den DAAD.

Die Deutsche Bibliothek - CIP-Einheitsaufnahme

Al-Daire, Mohammad:
Die fünfschiffige Basilika in Gadara - Umm Qais Jordanien.
Studien zu frühchristlichen Sakralbauten des fünfschiffigen Typus im Orient.
/ von Mohammad Al-Daire
- Marburg : Tectum Verlag, 2001
Zugl: Mainz, Univ. Diss. 2001
ISBN 3-8288-8311-7

© Tectum Verlag

Tectum Verlag
Marburg 2001

Inhalt

Vorwort..I
Bibliographie und Abkürzungsverzeichnis II
Abbildungsnachweise..VI

I. Einleitung: Problemstellung und Methodik..1

II. Die Basilika in Gadara..7
    II. 1. Die topographische Situation..7
        II. 1. 1. *Die suburbane Lage* 7
        II. 1. 2. *Anbindung an das Verkehrsnetz*...9
        II. 1. 3. *Nördlich anschließende Gebäude*..11
    II. 2. Der Unterbau..12
        II. 2. 1. *Das römische Hypogäum (Bauphase I)*...................................12
        II. 2. 2. *Die frühchristliche Krypta (Bauphase II a)*.............................13
    II. 3. Baubeschreibung der Basilika (Bauphase II b und III)........................15
        II. 3. 1. *Der Grundriß*...14
        II. 3. 2. *Die Außenmauern (Fassaden)*..17
        II. 3. 3. *Die Seitenschiffe*...20
        II. 3. 4. *Die Emporen*...23
        II. 3. 5. *Das Sanktuarium und das Mittelschiff*...................................24
        II. 3. 6. *Die Loggia über der Krypta*...27
        II. 3. 7. *Der tonnengewölbte Raum*...28
        II. 3. 8. *Das Atrium*..31
        II. 3. 9. *Das Baptisterium*..34
        II. 3. 10. *Bauornamentik* 36
    II. 4. Die Innenausstattung..60
        II. 4. 1. *Der Steinplattenboden*..60
        II. 4. 2. *Die Mosaiken*...64
        II. 4. 3. *Wandverkleidungen*..71
        II. 4. 4. *Die Chorschranken*..74
        II. 4. 5. *Liturgisches Mobiliar*...80
    II. 5. Chronologie der Bauphasen...87
        II. 5. 1. *Errichtung des Unterbaues*..87
        II. 5. 2. *Errichtung (Phase II b)*..87
        II. 5. 3. *Renovierung(Phase III)*..91
        II. 5. 4. *Zerstörung, Wiederaufbau und Verkleinerung (Phase IV)*.....92
        II. 5. 5. *Umwandlung in eine Moschee (Phase V)*.............................93
        II. 5. 6. *Profane Nutzung (Phase VI)*...96
        II. 5. 7. *Militärische Nutzung (Phase VII)*...97
    II. 6. Rekonstruktion und Typus..97
    II. 7. Identifizierungsvorschlag für den Kult...100
    II. 8. Zusammenfassung..103

III. Das HeiligeLand und die *Loca Sancta* 105
    III. 1. Das Heilige Land 105
    III. 2. Die *Loca Sancta* 107
    III. 3. Forschungsgeschichte 108
    III. 4. *Loca Sancta* im Überblick 112
        III. 4. 1. *Gedenkstätten für Personen oder Ereignisse*
                nach alttestamentlicher Tradition 112
        III. 4. 2. *Gedenkstätten für Personen oder Ereignisse*
                nach neutestamentlicher Tradition 117
        III. 4. 3. *Gedenkstätten für Personen oder Ereignisse*
                nach byzantinisch-hagiographischer Tradition 125
        III. 4. 4. *Gedenkstätten nach islamischer Tradition* 129
    III. 5. Zusammenfassung 133

IV. Der Typus der fünfschiffigen Basilika 135
    IV. 1. Bautätigkeiten in Palästina und Ostjordanland im 4. Jh. 136
        IV. 1. 1. *Jerusalem* 138
        IV. 1. 2. *Bethlehem* 145
        IV. 1. 3. *Gaza* 147
        IV. 1. 4. *Abila* 148
    IV. 2. Syrien und Phönizien 151
        IV. 3. 1. *Damaskus* 152
        IV. 3. 2. *Suwēda* 155
        IV. 3. 3. *Dair al-Ǧuwāni* 158
        IV. 3. 4. *Tyros* 159
    IV. 3. Ägypten 164
        IV. 3. 1. *Abū Mīnā* 164
        IV. 3. 2. *'Ain Maḥūra* 167
        IV. 3. 3. *Fāw Qiblī* 169
        IV. 3. 4. *Antinooupolis* 171
        IV. 3. 5. *Armant (Hermonthis)* 171
        IV. 3. 6. *Medinat Habu (Luxor)* 173
        IV. 3. 7. *Taḥta* 174
    IV. 4. Nubien 175
        IV. 4. 1. *Ǧabal 'Addā* 176
        IV. 4. 2. *Qaṣr Ibrīm* 177
        IV. 4. 3. *Alt-Dongola* 179
    IV. 5. Äthiopien 182
        IV. 5. 1. *Aksum* 183
        IV. 5. 2. *Lalibala* 187
    IV. 6. Nordafrika 188
        IV. 6. 1. *Orléansville (al-Aṣnām)* 189
        IV. 6. 2. *Cuicul* 191
        IV. 6. 3. *Matifou* 191
        IV. 6. 4. *Karthago* 193
        IV. 6. 5. *La Skhira* 195
        IV. 6. 6. *Thelpete* 196
        IV. 6. 7. *Tarbaka* 197
        IV. 6. 8. *Ṣbaiṭla* 199
        IV. 6. 9. *Segermes* 202

    IV. 6. 10. *Diskussion der Kirchen Nordafrikas*..204
IV. 7. Konstantinopel und Kleinasien...206
    IV. 7. 1. *Konstantinopel*...207
    IV. 7. 2. *Ephesos*...210
IV. 8. Griechenland...212
    IV. 8. 1. *Thessaloniki*..213
    IV. 8. 2. *Epidauros*..217
    IV. 8. 3. *Nikopolis*...218
    IV. 8. 4. *Kenchreai*..219
IV. 9. Zypern..221
    IV. 9. 1. *Salamis*...221
    IV. 9. 2. *Paphos*..224
    IV. 9. 3. *Lambousa*..225
    VI. 9. 4. *Soloi*..226
    IV. 9. 5. *Kourion*...227
IV. 10. Italien..228
    IV. 10. 1. *Vatikan*...229
    IV. 10. 2. *Rom*..230
    IV. 10. 3. *Ravenna*...233
    IV. 10. 4. *Mailand*..235

V. ERGEBNIS: BASILIKA UND NETZWERK..237
    V. 1. Die geographische Verteilung fünfschiffiger Basiliken.......................237
    V. 2. Die chronologische Verteilung fünfschiffiger Basiliken.....................239
    V. 3. Kontakt und Wandel im Netzwerk...240
    V. 4. Gründe für die Verwendung des fünfschiffigen Bautyps....................243
    V. 5. Übersicht über die fünfschiffigen Basiliken..244

Lebenslauf
Abbildungen.
Tafeln.

Vorwort

Die vorliegenden *Studien über den architektonischen Typus der fünfschiffigen Basiliken im Orient* entstanden zwischen 1998 und 2000 an der Johannes Gutenberg-Universität Mainz, an der sie im Herbst 2000 als Dissertation eingereicht wurden. Ein Stipendium des Deutschen Akademischen Austauschdienstes (DAAD) ermöglichte ab 1996 ein Promotionsstudium in Deutschland, wofür den entscheidungstragenden Gremien Dank auszusprechen ist. Ebenso sei die Unterstützung durch die Initiatoren des Mainzer Sonderforschungsbereichs 295, insbesondere durch Frau Prof. Dr. Annalis Leibundgut, dankbar anerkannt, die das Projekt in die Gesamtthematik der dort betriebenen Kontaktforschung aufgenommen und mir dadurch eine „wissenschaftliche Heimat" gegeben hat.

Den Anstoß zur Untersuchung fünfschiffiger Basiliken gab mir im Sommer 1994 Priv.-Doz. Dr. Thomas Weber, der mir bei der Beantragung des DAAD-Stipendiums behilflich war und sodann die Arbeit betreut hat. Als Grundlage hierfür stellte er Material und Ergebnisse der von ihm geleiteten Ausgrabungen in Umm Qais (Jordanien) zur Verfügung. Dank schulde ich ferner Prof. Dr. Urs Peschlow, der sich bereitgefunden hat, mein Promotionsvorhaben zu unterstützen. Besonders durch seine Vorlesungen und Seminare wurde mir aufgrund der Vermittlung der Denkmäler frühchristlicher Kunst und der Diskussion der daran geknüpften Probleme das methodische Rüstzeug zur Bewältigung der Arbeit an die Hand gegeben.

Hervorzuheben ist auch der Beitrag der Architektin Dipl.-Ing. Ulrike Hess, die mit mir die baugeschichtlichen Befunde auf der Ausgrabung von 1998 studiert hat. Dank der finanziellen Unterstützung durch das Außenamt der Evangelischen Kirche in Deutschland und durch die Franz-und-Eva-Rutzen-Stiftung konnte sie die erforderlichen Pläne ausarbeiten. Ferner danke ich Ulrike Denis (Trier), Prof. Dr. Arn Gyldenholm (Aarhus), Prof. Dr. Ulrich Hübner (Kiel), Mohammad al-Husban (Rom), Felicia Meynersen MA (Mainz), Dr. Wolfgang Selesnow (Frankfurt am Main), Helle Strehle (Aarhus), Ibrahim Zu'bi (Umm Qais) für ihren kollegialen Beistand während der Ausgrabung von 1998. Herr Prof. Dr. G. Grimm (Universität Trier) gestattete großzügigerweise die graphische Bearbeitung von Zeichnungen und Plänen durch seine Zeichnerin Ulrike Denis.

Zur Lösung verschiedener Probleme trugen ferner Frau Prof. Dr. Ursula Höckmann (Universität Mainz), Herr Egon Lutz (Landesmuseum Trier), Frau Dr. Sabine Möller und Herr Priv.-Doz. Dr. Klaus-Peter Todt (beide Universität Mainz) bei. Wertvolle Hilfe gewährten außer den oben genannten Jeorjios Beyer, Dr. Hans-Dieter Bienert, Ute Bolender, Ingo Bradler, Barbara Dehnhard, Stefan Flinder, Reinhard Hiss, Susanne Juschzak, Miho Kawaguchi, Dr. Theodor Kissel, Richard Kohl, Taner Kocakaya, Aska Konishi, Prof. Dr. Detlev Kreikenbom, Andreas Meister, Ronny Meyer, Widad al-Shabbar, Andrea Sohni, Claus Stauch, Andreas Stylianos, Dr. Dagmar Stockfisch, Dr. Andreas Thiel, Prof. Dr. Wolfgang Zwickel und Wolfgang Thiel. Schließlich gilt mein Dank meiner Familie für ihre moralische Hilfe und Liebe.

Mohammad al-Daire   Mainz, im Juli 2001

Bibliographie, Siglen und Abkürzungsverzeichnis

Die Transkription der arabischen Namen erfolgt nach den Richtlinien des Deutschen Palästinavereins. In der vorliegenden Arbeit werden die Siglen und Abkürzungen des Deutschen Archäologischen Instituts AA 1997, 611 ff. verwendet. Darüber hinaus werden folgende Abkürzungen benutzt:

ABADY	Archäologiche Berichte aus dem Yemen.
ADPV	Abhandlung des Deutschen Palästinavereins.
Bieberstein - Bloedhorn I-II	K. Bieberstein - H. Bloedhorn, Jerusalem: Grundzüge der Baugeschichte vom Chalkolithikum bis zur Frühzeit der osmanischen Herrschaft I-II. Beiheft zum Tübinger Atlas des Vordern Orients, Reihe B Nr. C (1994).
Bietak - Schwarz 1998	M. Bietak - M. Schwarz, Nag' El-Schima, eine befestigte christliche Siedlung und andere christliche Denkmäler in Sayla-Nubien II (1998).
Buchowiecki 1967	W. Buchowiecki, Handbuch der Kirchen Roms (1967).
Brenk 1985	B. Brenk, Spätantike und frühes Christentum (1985).
Butler 1903	H. C. Butler, Architecture and other Arts, Publication of the American Archaeological Expedition to Syria (1903).
Butler 1929	H. C. Butler, Early Churches in Syria: Fourth to Seventh Centuries (1929).
CE	A. S. Atiya (Hrsg.), The Coptic Encyclopedia (1991).
Christern 1960	J. Christern, Die Grundrißtypen der frühchristlichen Basiliken in Algerien und Tunesien, Diss. Bonn (1960).
Creswell 1932	K. A. C. Creswell, Early Muslim Architecture (1932).
Crowfoot 1941	J. W. Crowfoot, Early Churches in Palestine (1941).
DAE	E. Littmann - D. Krencker - Th. V. Lüpke (Hrsg.), Deutsche Aksum Expedition I-IV (1913).
Deichmann II 1-3	F. W. Deichmann, Ravenna, Hauptstadt des spätantiken Abendlandes (1974-1989).
Dölger 1929-1950	F. J. Dölger, Antike und Christentum, I-VI (1929-1950).
Donceel-Voûte 1988	P. Donceel-Voûte, Les pavements des églises byzantines de Syrie et du Liban (1988).

Bibliographie und Abkürzungsverzeichnis   III

Donner 1979	H. Donner, Pilgerfahrt ins Heilige Land (1979).
Donner 1992	H. Donner, The Mosaic Map of Madaba (1992).
Duval 1994	N. Duval, L'architecture chrétienne et les pratiques liturgiques en Jordanie en rapport avec la Palestine: recherches nouvelles. In: K. Painter (Hrsg.), Churches Bult in Ancient Times, Recent Studies in Early Christan Archaeology (1994) 149-221.
Duval - Baratte 1973	N. Duval - F. Baratte, Les ruines de Sufetula Sbeïtla (1973).
Duval - Caillet 1992	N. Duval - J.-P. Caillet, Basiliques Chrétiennes d'Afrique du Nord (1992).
EJ	Encyclopaedia Judaica I-XVI (1971-1972).
Foss 1997	C. Foss, Syria in Transition. A. D. 550 - 750: An Archaeological Approach, DOP 51, 1997, 189 - 269.
Gauckler 1913	P. Gauckler, Basiliques chrétiennes de Tunisie (1913).
Hirschfeld 1997	Y. Hirschfeld, The Roman Baths of Hammat Gader, Final Report (1997).
Homès-Fredericq - Hennessy 1989	D. Homès- Fredericq - J. B. Hennessy, Archaeology of Jordan, II 1-2: Field Reports, Akkadika Supplement VIII (1989).
Jeremias 1958	J. Jeremias, Heiligengräber in Jesu Umwelt (1958).
Kader 1996	I. Kader, Propylon und Bogentor: Untersuchungen zum Tetrapylon von Latakia und anderen frühkaiserzeitlichen Bogenmonumenten im Nahen Osten, DaF VI (1996).
Kerner II. 1991	S. Kerner (Hrsg.), The Near East in Antiquity II (1991).
Koch 1995	G. Koch, Frühchristliche Kunst (1995).
Kopp 1959	C. Kopp, Die Heiligen Stätten der Evangelien (1959).
KP	Der kleine Pauly, Hrsg. H. Gärtner, I-V (1964-1975).
Kraeling 1938	C. H. Kraeling (Hrsg.). Gerasa, City of the Decapolis (1938).
Krautheimer 1981	R. Krautheimer, Early Christian and Byzantine Architecture (1965, Nachdruck 1981).
Krautheimer I-V	R. Krautheimer, Corpus Basilicarum Christianarum Romae I (1937); II (1959); III (1967); IV (1970); V (1977).

Abbildungsnachweise

Abb. 1.	Topographischer Plan von Gadara, nach: Th. Weber, AAJ 42, 1998, 444 Abb. 1.	Abb. 20.	Spätantike Villa von Ǧemerrīn, nach: H. C. Butler, in: RBK III (1971) 999 Abb. 17 (M. Restle).
Abb. 2.	Topographische Situation der fünfschiffigen Basilika, Entwurf Th. Weber - M. al-Daire; Reinzeichnung U. Denis.	Abb. 21 A.	Attisch-ionische Basis Kat.-Nr. 19, Entwurf U. Hess - F. Meynersen; Reinzeichnung U. Denis.
Abb. 3 A.	Die fünfschiffige Basilika von Gadara, Zeichnung U. Hess.	Abb. 21 B.	Herzförmiger Säulenschaft Kat.-Nr. 20, Entwurf U. Hess - F. Meynersen; Reinzeichnung U. Denis.
Abb. 3 B.	Rekonstruktion des fünfschiffigen Basilikengrundrisses, Zeichnung U. Hess.	Abb. 22 A.	Pilasterbasis Kat.-Nr. 23, Entwurf U. Hess - F. Meynersen; Reinzeichnung U. Denis.
Abb. 3 C	Höhengrundriß des fünfschiffigen Basilika, Zeichnung U. Hess.	Abb 22 B-D.	Ionisches Eckkapitell Kat.-Nr. 49, Entwurf U. Hess - F. Meynersen; Reinzeichnung U. Denis.
Abb. 3 D.	Darstellung der nachgewiesenen Mauern der Basilika, Zeichnung U. Hess.	Abb. 23 A.	Ionisches Kapitell Kat.-Nr. 4, Feldzeichnung U. Hess; Reinzeichnung M. al-Daire
Abb. 4.	Bauphase I (das römische Hypogäum), Zeichnung U. Hess.	Abb. 23 B.	Spätantik-korinthisches Kapitell in St. Gereon zu Köln nach: J. Kramer, KölnJbVFrühGesch 24 Abb. 1.
Abb. 5.	Bauphase II A (die frühbyzantinische Krypta), Zeichnung U. Hess.	Abb. 24 A-C	Dachziegelfragmente aus der Basilika von Gadara, Reinzeichnung M. al-Daire.
Abb. 6.	Bauphase II B (Errichtung der Basilika), Zeichnung U. Hess.	Abb. 24 D.	Schematische Konstruktionsdarstellung spätantiken Ziegeldachs, nach: DTV-Atlas zur Baukunst, Hrsg. W. Müller - G. Vogel ([4]1982) 41 Abb.
Abb. 7.	Bauphase III (Renovierung), Zeichnung U. Hess.		
Abb. 8.	Bauphase IV (Zerstörung, Wiederaufbau und Verkleinerung), Zeichnung U. Hess.		
Abb. 9.	Bauphase V (Umwandlung in eine Moschee), Zeichnung U. Hess.	Abb. 25 A.	Kalksteinplatte mit Tropfenkreuz Kat.-Nr. 53, Entwurf Th. Weber; Reinzeichnung U. Denis.
Abb 10 A.	Querschnitt des römischen Hypogäum mit der darüber liegenden Basilika, Zeichnung U. Hess.	Abb. 25 B.	Fragment eines Medaillons mit Kreuzzeichen einer Chorschranke Kat.-Nr. 64, Entwurf Th. Weber; Reinzeichnung U. Denis.
Abb. 10 B.	Längsschnitt des römischen Hypogäum mit der darüber liegenden Basilika, Zeichnung U. Hess.	Abb. 26 A.	Fragmente von Wandmosaiken mit Inschriften Kat.-Nr 55-57, Zeichnung U. Denis.
Abb. 11 A.	Schnittprofile der Sondage I/98: Nord und West, Feldzeichnung F. Meynersen; Reinzeichnung U. Denis.	Abb. 26 B-G.	Geometrische Muster des Mosaikbodens der Basilika in Umzeichnungen, nach: C. Balmele - M. Blanchard-Lemée - J. Christophe u. a., Le Décor Géométrique de la Mosaique Romaine (1985) Abb. 219 c; D, dens. Abb. 62 a; D, dens. Abb. 72 c-e; E, dens. Abb. 2-35 a; f, dens. Abb. 254 f; G, dens. Abb.64 d.
Abb. 11 B.	Schnittprofile der Sondage I/98: Süd und Ost, Feldzeichnung, M. al-Daire; Reinzeichnung U. Denis.		
Abb. 12.	Abschnitt der südlichen Fassade mit den anschließenden Marmortarsien, Feldzeichnung F. Meynersen; Reinzeichnung U. Denis.		
Abb. 13.	Sondage II/89: Das Baptisterium mit der Ziegelsetzung, Feldzeichnung F. Reidel; Reinzeichnung U. Denis.	Abb. 27 A.	Wangenplatte eines Ambos Kat.-Nr. 72, Zeichnung M. al-Daire.
Abb. 14.	Längsschnitt der Kathedrale von Gerasa nach: Kraeling 1938, Taf. 28, 30.	Abb. 27 B.	Basis eines Altars Kat.-Nr. 71, Entwurf. Th. Weber; Reinzeichnung U. Denis.
Abb. 15.	Schnittprofil des unterirdischen Gewölberaums, Feldzeichnung M. al-Daire; Reinzeichnung U. Denis.	Abb. 28.	Marmorpfosten einer Blendarchitektur Kat. Nr. 60, Entwurf. Th. Weber; Reinzeichnung U. Denis.
Abb. 16.	Abschnitt der Sondage VII A/98: Planum I und II, Feldzeichnung M. al-Daire; Reinzeichnung U. Denis .	Abb 29.	Glaslampenfragmente von Polykanela in Auswahl, Entwurf Th. Weber; Reinzeichnung U. Denis.
Abb. 17.	Abschnitte der Sondage VII B. Planum I und II, Feldzeichnung Th. Weber - M. al-Daire; Reinzeichnung M. Al- Daire	Abb. 30 A.	Isometrische Rekonstruktion der Basilika, Zeichnung U. Hess.
Abb. 18.	Basalttür des römischen Hypogäums, nach: Th. Weber AA 1990, 210 Abb. 12.	Abb. 30 B.	Isometrische Rekonstruktion der Kathedrale und Theodoroskirche von Gerasa, nach: Kraeling 1938, Tafel 30-3.
Abb. 19 A.	Hypothetische Rekonstruktion des Rundfensters Kat.- Nr. 9, Entwurf Th. Weber, Zeichnung M. al-Daire.	Abb. 31 A.	Rekonstruktion des Areals der Gadarener Basilika im 1. Jh. n. Chr., Entwurf Th. Weber, Reinzeichnung C. Stauch, in: AW 31, 2000, 27 Abb. 3 a. Ergänzung U. Hess.
Abb. 19 B.	Südfassade der Eliaskirche von Ezrā, nach: H. C. Butler, in: RBK III (1971) 1072 Abb. 25 (M. Restle).		

PPUAES	H. G. Butler (Hrsg.), Publications of the Princeton Archaeological Expeditions to Syria in 1904-5, 1909. Divisions I-IV (1907-1949).
Ruprechtsberger 1993	E. M. Ruprechtsberger (Hrsg.), Syrien von den Aposteln zu den Kalifen, Ausst.-Kat. Linz (1993).
Saller 1941	S. J. Saller, The Memorial of Moses on Mount Nebo (1941).
Samuel - Habib 1996	B. Samuel - B. Habib, A Guide to Ancient Coptic Churches and Monastries in Lower Egypt, Cairo and Sinai, Part II (1996).
Schick 1995	R. Schick, The Christian Communities of Palestine from Byzantine to Islamic Rule. A Historical and Archaeological Study (1995).
Schumacher 1890	G. Schumacher, Northern Ajlûn - Within The Decapolis (1890).
SHAJ	Studies in the History and Archaeology of Jordan, I– VII, Hrsg. Department of Antiquities of Jordan (1982 – 2001).
Smith - Day 1989	R. H. Smith - L. R. Day, Pella of the Decapolis II: Final Report on the College of Wooster Excavations in the Area IX, The Civic Complex, 1979-1985 (1989).
TRE	Theologische Realenzyklopädie.
Tsafrir 1993	Y. Tsafrir (Hrsg.), Ancient Churches Revealed (1993).
UQ I	Th. Weber, Gadara Decapolitana, Untersuchungen zur Topographie, Geschichte, Architektur und Bildenden Kunst einer "Polis Hellenis" im Ostjordanland, Gadara-Umm Q's I = ADPV XXVII, Habilitationsschrift 1995 (in Druck).
UQ III I.	Nielsen - F. G. Andersen - S. Holm-Nielsen, Die Byzantinischen Thermen, Gadara - Umm Qēs III, = ADPV XVI (1993).
UQ IV	Th. Weber (Hrsg.), Tiberiastor, Hypogäum und Basilika,Gadara - Umm Qēs IV = ADPV (in Vorbereitung).
Vita Const.	Eusebius Pamphili, Bischos von Cäsarea. Ausgewählte Schriften. Übersetzung von A. Bigelmair (1913).
Watzinger 1935	C. Watzinger, Denkmäler Palästinas II. Von der Herrschaft der Assyrer bis zur arabischen Eroberung (1935).
Weber - Khouri 1989	Th. Weber - R. G. Khouri, Umm Qais-Gadara of the Decapolis: A Brief Guide to the Antiquities (1989).
Weber - Wenning 1997	Th. Weber - R. Wenning (Hrsg.), Petra (1997).

Kriss - Kriss-Heinrich 1960	R. Kriss - H. Kriss-Heinrich, Volksglaube im Bereich des Islam I, Wallfahrtswesen und Heiligenverehrung (1960).
Kroll 1973	G. Kroll, Auf den Spuren Jesu (1973).
Kuhnen 1990	H - P. Kuhnen, Palästina in griechisch - römischer Zeit, HbArch II 2 (1990).
Lassus 1947	J. Lassus, Sanctuaires chrétiens de Syrie (1947).
Mango 1986	C. Mango, Byzanz (1986).
McRay 1997	J. McRay, Archaeology and the New Testament (1997).
Mittmann 1970	S. Mittmann, Beitrag zur Siedlung- und Territorialgeschichte des nördlichen Ostjordanlandes = ADPV II (1970).
Müller-Wiener 1977	W. Müller-Wiener. Bildlexikon zur Topographie Istanbuls (1977).
NEAHL	The New Encyclopedia of Archaeological Excavations in the Holy Land, Hrsg. E. Stern (1993).
NP	Der Neue Pauly, Hrsg. H. Cancik – H. Schneider, I (1996),II-III (1997).
OEANE	The Oxford Encyclopedia of Archaeology in the Near East, Hrsg. E. M. Meyers, I-V (1997).
Orlandos 1952	A. K. Orlandos, Ἡ χυλόστεγοη παλαιοχριστιανικὴ βασιλικὴ (1952).
Ovadiah 1970	A. Ovadiah, Corpus of the Byzantine Churches in the Holy Land (1970).
PECS	The Princeton Encyclopedia of Classical Sites, Hrsg. R. Stillwell (^{2}1976).
PG	J. P. Migne, Patrologia Graeca cursus completus, Series Graeca.
PL	J. P. Migne, Patrologia Graeca cursus completus, Series Latina.
Piccirillo 1981	M. Piccirillo, Chiese e Mosaici della Giordania Settentrionale, Studium Biblicum Franciscanum, Collectio Minor XXX (1981).
Piccirillo 1993	M. Piccirillo, The Mosaics of Jordan (1993).

Abb. 31 B.	Rekonstruktion der ersten Bauphase (4. Jh.) der Gadarener Basilika, U. Hess.		Tyros, nach: Sepp a. O. Abb. S. 231 ff.
Abb. 32. A.	Rekonstruktion des Altarraums der Peters- und Paulskirche von Gerasa, nach: Crowfoot, in: Tsafrir 1993, 5 Abb.	Abb. 45 A-B.	Grundriß der Katakombe unter der Gruftkirche in *Abū Mīnā*, nach: P. Grossmann, Abu Mina, die Gruftkirche und die Gruft (1989) Abb. 53-54.
Abb. 32 B.	Rekonstruktion des Altarraums der Theodoroskirche von Gerasa, nach: I. Browning, Jerash and the Decapolis (1982) Abb 36.	Abb. 45 C.	Grundriß der Gruftkirche des 5 Jhs. in *Abū Mīnā*, nach: P. Grossmann MDIK 36, 1980, Abb. 1.
Abb. 33.	Rekonstruktion der frühchristlichen *Phiale* der *Kampanopetra* in Salamis auf Zypern, nach: G. Roux, La Basilique de la Campanopetra, Salamine de Chypre XV(1998) Abb 65.	Abb. 45 D	Grundriß der Gruftkirche mit der Transeptbasilika des 5./6. Jhs. in *Abū Mīnā*, nach: P. Grossmann - H. Jaritz, MDIK 36, 1980, Abb. 4.
Abb. 34.	Längsschnitt der Kirche des Sergios und Backchos von *Umm es-Surab*, nach: H. C. Butler 1929, Abb. 90.	Abb. 46 A.	Grundriß der Gruftkirche des 6. Jhs in *Abū Mīnā*, nach: Grossmann a. O. (1980) Abb. 4.
Abb. 35.	Verteilungskarte der *Loca Sancta* im Heiligen Land, Zeichnung M. al-Daire.	Abb. 46 B.	Grundriß der fünfschiffigen Basilika (Gruftkirche) des 8. Jhs. in *Abū Mīnā*, nach: P. Grossmann, Mittelalterliche Langhaus-Kuppelkirchen und verwandte Typen in Oberägypten (1982) Abb. 42
Abb. 36.	Verteilungskarte der fünfschiffigen Basiliken, Zeichnung M. al-Daire.		
Abb. 37.	Jerusalem auf der Madaba-Mosaikkarte, nach: Donner 1992 Beilage.	Abb. 47 A.	Grundriß der West-Kirche in `Ain Maḫura, nach: Grossmann a. O. (1982) Abb 53.
Abb. 38 A.	Grundriß der konstantinischen Grabeskirche in Jerusalem, nach: V. Corbo, in: Tsafrir 1993, 25 Abb.	Abb. 47 B.	Grundriß des Pachomios-Klosters in *Faw Qībli*, nach: P. Grossmann, in: Ägypten, Schätze aus dem Wüstensand (1996) Abb. 1.
Abb. 38 B.	Isometrische Rekonstruktion der Grabeskirche in Jerusalem, nach: Ch. Coüasnon, in: Tsafrir 1993, 25 Abb.	Abb. 48 A.	Grundriß der Kathedrale in *Qaṣr Ibrīm*, nach: W. Godlewski, Les Baptisteres Nubiens, in: Faras VI (1979) Abb. 94.
Abb. 39 A.	Grundriß der Zionkirche in Jerusalem, nach: Vincent - Abel, in: Ovadiah 1970, Abb. 77.	Abb. 48 B.	Grundriß des Hypogäum in Alt-Dongola, nach: W. Godlewski, in: Themelia, Spätantike und koptische Studien, Festschr. P. Grossmann (1988) Abb. 2.
Abb. 39 B.	Grundriß der Zionkirche in Jerusalem, nach: P. M. Geisler, Das Heilige Land, 1935, Abb. S. 4.		
Abb. 40 A.	Grundriß der konstantinischen Bauphase mit justinianischen Umbauten der Geburtskirche in Bethlehem, nach: Richmond - Vincent - Bagatti, in: Kroll 1988, Abb 29.	Abb. 48 C.	Grundriß der Steinpavement-Kirche in Alt-Dongola, nach: Godlewski a. O. Abb. 3.
		Abb. 48 D.	Grundriß der Propheten, Apostel und Märtyrer Kirche in Gerasa, nach: Crowfoot 1941, Abb. 8.
Abb. 40 B.	Isometrische Rekonstruktion der Geburtskirche in Bethlehem, nach: Krautheimer 1981, Abb. 26.	Abb. 49 A.	Grundriß der Granitsäulen-Kirche mit Angaben der Bauphasen in Alt-Dongola, nach: P. M. Gartkiewicz, in: Nubica, Récentes Recherches (1975) Abb. 3.
Abb. 41 A.	Grundriß der Synagoge in Gaza, nach: A. Ovadiah, NEAHL II (1993) 464 Abb.		
Abb. 41 B.	Grundriß der fünfschiffigen Basilika in Abila/Qwēlbe, nach: H. Mare, AAJ 40, 1996, 263 Abb. 4.	Abb. 49 B.	Grundriß der Granitsäulen-Kirche des 7. Jhs. in Alt-Dongola, nach: Gartkiewicz a. O. Abb. 8 a.
Abb. 42 A.	Grundriß des *Temenos* des Jupiter-Tempels mit der vermuteten Stelle der Johanneskirche von Damaskus, nach: H. Stierlin, Islam, frühe Bauwerke von Bagdad bis Cordoba (1996) Abb. 42 A.	Abb. 50 A.	Grundriß der Kirche im Ramsestempel von *Madinat Habu*, nach: U. Hölscher, The Excavations of Medinat Habu V, Post - Ramessid Remains (1954) Taf. 45.
		Abb. 50 B.	Längsschnitte der Kirche im Ramsestempel von *Madinat Habu*, nach: Hölschler a. O. Plate 45.
Abb. 42 B.	Grundriß der fünfschiffigen Basilika in *Suwēdā*, nach: P. Donceel-Voûte, AAS 41, 1997, 64 Abb. 1.	Abb. 51 A.	Grundriß der Kirche in Armant, nach: P. Grossmann, in: Studien zur spätantiken und byzantinischen Kunst I, Festschr. F. W. Deichmann (1986) Abb. 5.
Abb. 43 A.	Grundriß der Kirche in *Dēr el-Ǵuwāni* im Ḥaurān, nach: Butler 1929, Abb. 121.		
Abb. 43 B.	Grundriß der Kathedrale von Tyros, nach: Sepp, Meerfahrt nach Tyrus. Zur Ausgrabung der Kathedrale mit Barbarossas Grab (1879) 210 Abb.	Abb. 51 B.	Grundriß der Friedhofs-Kirche auf dem *Ǵabal Addā*, nach: F. W. Deichmann - P. Grossmann, Nubische Forschungen (1988) Abb. 27.
Abb. 44 A-F.	Architekturteile und Statuenfragment aus	Abb. 52 A.	Grundriß der Märtyrers Kyiriakos und seiner Mutter Julita in *Taḥtā*, nach: S. al- Syriani-

Abb. 52 B.	B. Habib, Guide to Ancient Coptic Churches and Monastries (1990) Abb. 92. Grundriß der Kirche St. Maria Zion in Aksum, nach: D. W. Phillipson, The Monuments of Aksum (1997) Abb. 256.	Abb. 62 A. Abb. 62 B.	Grundriß der *Hagios Demetrios*-Kirche des 4. Jhs. in Thessaloniki, nach: Krautheimer 1981, Abb. 79. Grundriß der Krypta des *Hagios Demetrios* in Thessaloniki, nach: Ch. Bakirtzis, The Basilika of St Demetrius (1988) Abb.7.
Abb. 52 C.	Grundriß der Erlöser-Kirche in *Lalibala*, nach: G. Gerster, Kirchen im Fels (1968) Abb. 48.	Abb. 63 A.	Grundriß der *Hagios Demetrios*-Basilika des 5. Jhs. in Thessaloniki, nach: Mango 1986, Abb. 55.
Abb. 53 A.	Grundriß der Basilika in *al-Aṣnām*, nach: Duval - Caillet (1992) Abb. XII 4.	Abb. 63 B.	Isometrische Rekonstruktion der *Hagios Demetrios*-Basilika des 5. Jhs. in Thessaloniki, nach: Mango 1986, Abb. 56.
Abb. 53 B.	Grundriß des christlichen Bezirks in Cuicul, nach: Brenk 1985, Fig. 76 b.	Abb. 64 A.	Grundriß der *Hagios Demetrios*-Basilika des 8. Jhs. in Thessaloniki, nach: R. F. Hoddinott, Early Byzantine Churches in Macedonia and Serbia (1963) 138 Abb. 66.
Abb. 54 A.	Grundriß der Kirche von Matifou, nach: Duval - Gaillet 1992, Abb. XLVII.		
Abb. 54 B.	Grundriß der *Dermeš*-Basilika in Karthago, nach: Gauckler 1913, Abb. 1.		
Abb. 55 A.	Grundriß der sog. byzantinischen Basilika in Karthago, nach: A. Ennabli, Carthago, exploration et conservation de l cité punique et byzantine (1992) Abb. S. 179.	Abb. 64 B.	Grundriß der heutigen *Hagios Demetrios*-Basilika in Thessaloniki, nach: B. Brenk, Boreas 17, 1994, 28 Abb. 1
		Abb. 65 A.	Grundriß der Basilika in Epidauros, nach: Krautheimer 1981, Abb. 72.
Abb. 55 B.	Isometrische Rekonstruktion der sog. byzantinischen Basilika in Karthago, nach: Ennabli a. O.	Abb. 65 B.	Grundriß der Basilika B in Nikopolis, nach: RBK II (1971) 218 Abb. 3 s. v. (D. I. Pallas).
Abb. 55 C.	Grundriß der Basilika in La Skhira, nach: P. Romanelli, Enciclopedia Classica III, VII, Topografia e Archeologia dell'Africa Romana Abb. 312 a.	Abb. 66 A-B.	Grundriß der Basilika Kenchreai bei Korinth, nach: R. L. Seraton - J. W. Shaw - L. Ibrahim, Kenchreai, Eastern Port of Corinth, Topography and Architecture (1988) Abb 30.
Abb. 56 A.	Grundriß der Basilika Nr. I in Thelpete, nach: Restle, in: RBK I (1966) 846 Abb. 3.		
Abb. 56 B.	Grundriß der Basilika Nr. IV in Thelpete, Romanelli a. O. 312 a. Abb. 306.	Abb. 66 C.	Grundriß der Bauphase des 6. Jhs der Basilika Kenchreai bei Korinth, nach:, in: RBK IV (1990) Abb. 13. s. v. (D. I. Pallas).
Abb. 57 A.	Grundriß der Basilika in Thabraka, nach: Gauckler 1913 Abb. XVI.	Abb. 67 A.	Grundriß der *Hagios Epiphanios*-Basilika in Salamis, nach: A. H. S. Megaw, DOP 28, 1974, 63 Abb. A.
Abb. 57 B.	Grundriß der Vitalis-Basilika in Sbeitla, nach: Duval - Baratte 1973, Abb. 29.		
Abb. 58 A.	Grundriß der Severus-Kirche in Sbeitla, nach: Duval - Baratte 1973, Abb. 48.	Abb. 67 B.	Grundriß der Kirche Hagia Kyriaki *Chrysopolitissa* in Paphos, nach: F. G. Maier - V. Karageorghis, Paphos, History and Archaeology (1984) Abb. 258.
Abb. 58 B.	Grundriß der Silvianus- und Fortunatuskirche in Sbeitla nach: Duval - Baratte 1973, Abb. 61.		
		Abb. 68 A.	Grundriß der Basilika der *Acheiropoietos* Lapithos, nach: A. Papageorghiou, in: V. Karageorghis (Hrsg.), Acts of the International Archaeological Symposium „Cyprus Between the Orient and the Occident" 1985 (1986) Abb. 3.
Abb. 59 A	Grundriß der Basilika in Segermes, nach: Gauckler 1913, Abb. X.		
Abb. 59 B.	Plan des Propylons der theodosianischen *Hagia Sophia* in Konstantinopel, nach: A. M. Schneider, Die *Hagia Sophia* zu Konstantinopel (1938) Abb. 2 a.		
		Abb. 68 B.	Grundriß der Basilika in Soloi, nach: J. des Gagniers, in: N. Robertson (Hrsg.), The Archaeology of Cyprus, Recent Development (1974) 223 Abb. 4.
Abb. 59 C.	Rekonstruktion des Propylons der theodosianischen *Hagia Sophia* in Konstantinopel, nach: Schneider a. O. Abb. 65.		
Abb. 60 A.	Rekonstruierter Grundriß der theodosianischen *Hagia Sophia* in Konstantinopel, nach: W. Kleiss, IstMitt 15, 1965, Abb. 5.	Abb. 69 A.	Grundriß der Basilika *Kampanopetra* in Salamis, nach: V. Karageorghis, BCH 94, 1970, Abb. 119.
		Abb. 69 B.	Grundriß der Kathedrale in Kourion, nach: A. H. S. Megaw, in: A. A. M. Bryer - G. S. Georghallides, The Sweet Land of Cyprus (1993) Abb.1.
Abb. 60 b.	Grundriß der justinianischen *Hagia Sophia* in Konstantinopel, nach: Krautheimer 1981, Abb. 164.		
Abb. 61 A.	Grundriß der vorjustinianischen Johannes-Basilika in Ephesos, nach: Krautheimer 1981, Abb. 57.	Abb. 70 A.	Grundriß der konstantinischen Peters-Basilika im Vatikan nach: Krautheimer 1981, Abb. 21.
Abb. 61 B.	Isometrische Rekonstruktion der vorjustinianischen Johannes-Basilika in Ephesos.		

Abb. 70 B.	Isometrische Rekonstruktion der Peters-Basilika im Vatikan, nach: Krautheimer 1981, Abb. 22.		- M. Piccirillo: Taf. 1.	
			- J. Taylor. Tafeln 2; 3 A.	
Abb. 71 A.	Kupferstrich aus dem 17. Jh., die Weihung der alten und neuen Peters-Basilika im Vatikan darstellend, nach: M. F. Dell'Arco (Hrsg.), Petersdom und Vatikan (1983) 8.		- Th. Weber: Taf. 6; 11 B; 12 A-B; 14 A-B; 15 B; 16 A; 19 A; 21 B; 28 A-D;	
		Taf. 21 C.	Altar mit Darstellung eines Adlers aus ʿAin Zaman im Ḥaurān, nach: R. Hachili, The Roman and Byzantine Near East (1995) 200 Nr. 30 mit Abb.	
Abb. 71 B.	Isometrische Zeichnung der Peters-Basilika im Vatikan aus dem 17. Jh., nach: Dell'Arco a. O. S. 51.		Taf. 21 D.	Türsturz mit Darstellung eines Adlers aus Ḥafar auf dem Ǧolān, nach: R. Dunand, Le Musée de Soueida (1934) Taf. VI 19.
Abb. 72 A.	Grundriß der konstantinischen Basilika San Giovanni in Laterano, nach: R. Krautheimer, Studies in Early Christian, Medieval, and Renaissance Art (1983) Abb. 5.		Taf. 48 A.	Grabeskirche in Jerusalem, Ansicht der Fassade von Osten, nach: Tsafrir 1993, Abb. S. 100.
Abb. 72 B.	Isometrische Rekonstruktion der konstantinischen Basilika San Giovanni in Laterano, nach: Krautheimer 1981, Abb. 11.		Taf. 48 B.	Die Grabeskirche in Jerusalem, Ansicht von Südosten, nach: R. Milburn, Early Christian Art and Architecture (1988) Abb. 61.
Abb. 73 A.	Grundriß der Kirche San Paolo fuori la mura in Rom, nach: B. Brenk, JbAC 20/1, 1995, 81 Abb. 6.		Taf. 49.	Die Zion-Kirche in Jerusalem, nach: P. M. Geisler, Das heilige Land 79, 1935 Abb. S. 2.
Abb. 73 B.	San Paolo fouri le mura zu Rom, Ansicht aus Norden, nach: Krautheimer V (1977) Abb. 87 S. 107.		Taf. 50 A-C.	Die Geburtskirche in Bethlehem, nach: Kroll 1973, 43 Abb 4-5.
			Taf. 51 A-D.	Nabi Harūn, Photo Th. Weber.
Abb. 74 A-B.	Längsschnitte der Basilica Ursiana in Ravenna, nach: Deichmann II 1, (1974) Abb. 9.		Taf. 52 A.	Die Umayiāden-Moschee in Damaskus, Gesamtansicht von Norden, nach: A. K. S. Freyberger, DaM 4, 1989, Taf. 17 a.
Abb. 74 C.	Grundriß der Basilica Ursiana in Ravenna, nach: Deichmann II 1 (1974) Abb. 10.		Taf. 52 B.	Eingang der Südfassade der Temenosmauer der Umayiāden-Moschee in Damaskus, Photo Th. Weber.
Abb. 75 A.	Die Lage der Basilika der Heiligen Tekla in Mailand im Bezug auf die neue Kathedrale, nach: D'Arzago, La Chiesa Maggiore di Milano Santa Tecla (1952) Tav. I.		Taf. 52 C.	Brustbild eines Apostel (?) wiederverwendet in der südlichen Temenos-Wand der Umayiāden-Moschee in Damaskus, Photo Th. Weber.
Abb. 75 B.	Grundriß der ursprünglichen Basilika der Heiligen Thekla, nach: Krautheimer 1981, Abb. 41.		Taf. 53 A-C.	Die sog. Sergios-Basilika in Suwēdā, nach: F. W. Deichmann, AA, 1941, Abb. 9-11.
			Taf. 54 A-B.	Die Klosterkirche in Dēr al-Ǧuwāni, Photo Th. Weber.
			Taf. 55 A-C.	Die frühchristliche Basilika in Tyros, Photo Th. Weber.

Tafelnachweis

Die Vorlagen der Tafeln 1 bis 47 wurden während der Ausgrabungskampagnen 1989 und 1998 von den Ausgrabungsteilnehmer angefertigt:

- M. al-Daire: Taf. 9 B; 10 B; 11A; 13 A; 13 B; 16 A; 15 B; 19 B; 21 A;22 A, B, D; 24 A-F; 25 C-E; 26 A-D; 27 A-C; 29 A-C; 31 A-B; 32; 33 B; 36 A-B; 42 A-C; 46 A-B; 47 A-B.

- P. Grunwald. Tafeln 3 B;

- A. Gyldenholm: Taf. 4 A-B; 5 A-B; 7 A-B; 8 A-B; 9 A; 10 A; 15 A; 16 B-C; 17 A-C; 18 A-B; 22 C; 23 A-D; 25 A-B; 25 F-G; 30 A-C; 33 A; 34 A-B; 35 A-B; 37 A-B; 38 A-B; 39 A-B; 40 A-B; 41 A; 43 A-H; 44 A-H; 45 A-B

- H. -P. Kuhnen (Rheinisches Landesmuseum Trier): Taf. 41 C.

Taf. 56 A.	Das Menas-Heiligtum in Abū Mīnā, nach: P. Grossmann, Abū Mīnā I (1989) Taf 1 A.
Taf. 56 B.	Die große Basilika in Abū Mīnā, nach: Brenk 1985 Abb 269.
Taf. 57 A.	Die Kirche im Hof des Ramsestempels in Theben, nach: U. Hölscher, The Excavation of Medinat Habu V (1954) Taf. 33 A.
Taf. 57 B.	Die Erlöser-Kirche zu Lalibala, nach: Ethiopian Tourism Commission, Lalibela (1986) 52 Taf.
Taf. 58 A.	Der christlicher Bezirk in Cuicul, nach: Brenk 1985 Abb. 300
Taf. 58 B.	Vitalis-Kirche in Sbeitla, nach: F. Bejaoui, Sbeitla, L'antique Sufetula (1994) 50 Taf.
Taf. 59 A.	Die Hagia Sophia zu Konstantinopel, Portikus des theodosianischen Vorgängerbaues, nach: Mango 1986, Abb. S. 67.
Taf. 59 B.	Ruinen der Johannes-Kirche in Ephesos, nach: F. Miltner, Stadt der Artemis und des

	Johannes (1958) Abb. 98 S. 111.		phos, History and Archaeology (1984) Taf. 256.
Taf. 60 A.	Die Basilika *Hagios Demetrios* in Thessaloniki, Ansicht des Innenraumes, nach: Ch. Bakirtzis, The Basilika of St. Demetrius (1988) Pl. 4.	Taf. 62 A.	Querschnitt der konstantinischen Peters-Basilika in Rom, Fresko aus der Krypta, nach: G. T. Rivoika, Roman Architecture (1925) 221 Abb 268.
Taf. 60 B.	Die Ruinen der Basilika in Nikopolis, Photo Th. Weber.	Taf. 62 B-C	Mosaikfragmente aus der *Basilica Ursiana* zu Ravenna, nach: Deichmann II 1 (1974) Abb. 2-3.
Taf. 61 A.	Die Ruinen der Basilika in Kenchreai bei Korinth, nach: R. L. Seraton - J. W. Shaw L. Ibrahim, Kenchreai, Eastern Port of Corinth, Topographie and Architecture (1988) Taf. XXII.	Taf. 63 A.	Die Ostfassade der Laterans-Basilika, nach: Krautheimer V (1977) Abb. 3.
		Taf. 63 B.	Luftbild der Paulus-Kirche in Rom, nach: Krautheimer V (1977) Abb. 81.
Taf. 61 B.	Die frühchristliche Basilika in Nea Paphos, nach: F. G. Maier - V. Karageorghies, Pa-		

I. Einleitung: Problemstellung und Methodik

Zwischen 1986 und 1990 führte das Deutsche Evangelische Institut für Altertumswissenschaft des Heiligen Landes, Zweigstelle *Amman*[1], unter der Leitung von Thomas Weber, dem damaligen Leiter des Instituts, Ausgrabungen in *Umm Qais*[2] durch. An diesem Ort befinden sich die Ruinen des antiken Gadara[3], einer der führenden Stadtgemeinden in der syrischen Dekapolis.[4] Ziel dieser Arbeiten war es, das bereits 1967 entdeckte, in der Unterstadt gelegene unterirdische Mausoleum und den sog. Rundbau[5] sowie den *Decumanus Maximus* näher zu untersuchen. Dem römischen Grabbau[6] wurde, den bisherigen Grabungsergebnissen zufolge, nach Osten im Laufe der ersten Hälfte des 4. Jhs. n. Chr. eine Krypta aus Spolienmaterial des damals zerstörten benachbarten Torbaus vorgelegt.

1988 wurde über dem Mausoleum eine Sondage (IV/88) angelegt, um Informationen über eine eventuelle oberirdische Überbauung der gesamten Anlage zu erhalten. In diesem Probeschnitt kam ein stark zerstörtes Mosaik mit geometrischen Ornamenten zutage. Aufgrund der architektonischen Verbindung dieses Fundes mit der darunter liegenden Krypta äußerte Th. Weber[7] die Vermutung, daß es sich dabei um einen Rest des Bodens einer frühchristlichen Kirche handelt. Um diese Hypothese zu erhärten, bezog man 1989[8] das nach Westen an diesen Probeschnitt anschließende, etwa 400 m² große Areal in die Grabungsfläche ein. Bei der Freilegung wurden weitere Teile des Mosaikbodens, Abschnitte der Außenmauer des Kirchenbaus, die Altarzone und zwei Kolonnadenreihen des mittleren Schiffs festgestellt (Abb. 2-3, Taf. 2). Der Befund sprach für die verschiedentlich vorher geäußerte Ansicht, daß die Apsis der Krypta sich ursprünglich nach oben fortgesetzt und die östliche Grenze des Altarraums gebildet habe. Die bis 1989 freigelegten Bauteile gehören somit zu einer Kirche

---

[1] Zur Geschichte des Instituts und den von dort betriebenen Grabungen in *Umm Qais* s. H. D. Bienert – Th. Weber, AW 29, 1, 1998, 57 ff.

[2] Vorberichte Th. Weber, AAJ 31, 1987, 531 f.; Ders., AAJ 32, 1988, 349 ff.; Th. Weber - A. Hoffmann, AAJ 34, 1990, 321 f.; P. C. Bol - A. Hoffmann - Th. Weber, AA 1990, 193 ff.; T. Weber, AAJ 35, 1991, 223 ff.; Ders., JbAChr 20,2, 1995, 1273 ff. Taf. 172 - 173. Eine ausführliche Darstellung der Topographie und Stadtgeschichte sowie eine Dokumentation der Arbeiten befinden sich, im Rahmen der Abschlußpublikation (UQ I und IV), im Druck bzw. in Vorbereitung.

[3] Zu Gadara in der Dekapolis vgl. RE XIII A (1910) 435 f. s. v. (Benzinger); KP II (1964) 654 s. v. (B. Schaller); EJ VII (1971) 251; OEANE V (1997) 281 f. s. v. (A. Hadidi); Schumacher 1890, 46 ff.; C. Steuernagel, ZDPV 49, 1926, 110=A494 ff.; Homès-Fredericq - Hennessy II 1989, 597 ff.; Weber - Khouri 1989, passim;

[4] Allgemein zur Dekapolis vgl. RE VIII A (1901) 2415 f. s.v. (Brandis); NP III (1997) 383; KP 1 (1965) 1436 f.; OEANE II (1997) 127 f.; H. Bietenhard, ZDPV 79, 1963, 24 ff.; R. Wenning, ZDPV 110, 1994, 1 ff.

[5] Diese Struktur erwies sich als der südliche Turm eines freistehenden Tormonuments, vgl. Th. Weber - A. Hoffmann, AAJ 34, 1990, 324 ff.; P. C. Bol - A. Hoffmann - Th. Weber, AA 1990, 204 ff.; ausführliche Baubeschreibung und Rekonstruktion vgl. F. S. Meynersen, in: UQ IV 2 (in Vorbereitung).

[6] Allgemein zum Grabbau vgl. P. C. Bol - A. Hoffmann - Th. Weber, AA 1990, 204 ff.; Th. Weber, JbAC 20, 2, 1995, 1273 ff.; zu einzelnen Gräbern vgl. E. Künzl - Th. Weber, DaM 5, 1991,81 ff.; Th. Weber, JbÖByz 42, 1992, 249 ff.; ausführliche Baubeschreibung und Rekonstruktion vgl. Th. Weber, in: UQ I (im Druck) und UQ IV 2 (in Vorbereitung).

[7] Vgl. P. C. Bol - A. Hoffmann - Th. Weber, AA 1990, 214.

[8] Vgl. Th. Weber - A. Hoffmann, AAJ 34, 1990, 324 ff.

des basilikalen Typus, die man zunächst als dreischiffig bestimmen zu können glaubte.[9] Die Grundrissproportionen und die Gliederung der Mosaikböden führten später jedoch zur Vermutung, daß es sich bei der Anlage um einen fünfschiffigen Sakralbau handeln könnte. Um den Befund endgültig zu klären, wurde eine weitere Ausgrabungskampagne[10] im April und Mai 1998 durchgeführt. Durch dieses von Th. Weber im Rahmen des Sonderforschungsbereiches 295 (SFB) an der Johannes Gutenberg-Universität Mainz geleitete Projekt konnten die für jede weitere ausgreifende Untersuchung grundlegenden Fragen nach Entstehungszeit, Bauphasen, Zerstörung und Nachnutzung der Kirche beantwortet werden. Anhand der im Feld angefertigten Dokumentation werden ferner Vorschläge für die Rekonstruktion dieser außergewöhnlichen Anlage für die Behandlung in einem weiter gesteckten wissenschaftlichen Problemkreis vorgelegt.

Der Fund in Gadara ist bemerkenswert, weil fünfschiffige Basiliken bis zu ihrer Entdeckung im Ostjordanland völlig unbekannt waren. Erst 1990 wurde eine weitere Anlage im benachbarten Abila / Qwēlbeh[11] freigelegt, die der amerikanische Ausgräber H. Mare[12] ebenfalls als fünfschiffig rekonstruiert (Abb. 41 B). Sofern auch diese typologische Zuweisung zutrifft, besäßen wir Kenntnis von zwei großen fünfschiffigen Kirchenanlagen im nordjordanischen Raum, welcher im Altertum dem Kerngebiet der syrischen Dekapolis bzw. der *Provincia Palaestina Secunda*[13] entsprach. Hieraus ergeben sich folgende, für die vorliegende Untersuchung wichtige Fragen:

Die vorliegende Dissertation stellt den Versuch dar, anhand der bereits bekannten fünfschiffigen Basiliken das neuentdeckte Beispiel in Umm Qais in die Architekturgeschichte des frühen Christentums einzuordnen. Dabei steht zunächst die Frage im Raum, ob Krypta und Basilika gleichzeitig entstanden sind und in welchen Traditionen dieser bemerkenswerte Gadarener Kirchenkomplex steht. Wann und wo ist der fünfschiffige, mit einer Apsidialkrypta verbundene Bautypus entstanden[14], und welche Spielarten sind in den verschiedenen Kirchenprovinzen zu beobachten? Die in Umm Qais freigelegte Anlage tangiert ferner das Problem der Umwandlung eines älteren heidnischen Baus in eine

---

[9] Ebenda S. 324.
[10] Bei dieser Kampagne wurde die gesamte Anlage der Kirche von Umm Qais, einschließlich ihrer Ausstattungsteile und Mosaikböden freigelegt und dokumentiert. Darüber hinaus wurde der Versuch unternommen, die verschiedenen Bauphasen innerhalb des Gesamtkomplexes zu bestimmen, zu datieren und die Bauteile zu rekonstruieren. Der Grabungsbefund bildet die Grundlage für die typologische und chronologische Einordnung, vgl. Zu den Ergebnissen der Kampagne s. Th. Weber, AAJ 43, 1998, 443 ff.; ders., MdB 117, 1999, 81; ders., Orient und Okzident 3, 1, 1998, 2 f. ders., AW 31, 1, 2000, 23 ff.; ders., UQ IV 1, 34 ff.
[11] Zu Abila in der Dekapolis vgl. KP I (1979) 13 f. s. v. (T. Treidler); NEAHL I (1993) 1 ff. s. v. (H. Mare); OEANE I (1997) 5 f. s. v. (H. Mare); G. Schumacher, Abila of the Decapolis (1889); M. J. Fuller, Abila of the Decapolis: A Roman - Byzantine city in Transjordan (1987).
[12] H. Mare, AAJ 38 , 1994, 395 ff. Zur Anlage ausführlich. u. s. 147 ff.
[13] Zur geographischen Gliederung Palästinas in byzantinischer Zeit vgl. Kuhnen 1990, 313 ff.
[14] Zum Forschungsstand vgl. Crowfoot 1937; Lasuss 1947, 103 ff.; D. T. Rice, Byzantinische Kunst (1964) 68 ff.; S. S. Alexander, RACr 49, 1973, 33. ff.; Krautheimer 1981, 23 ff.; P. C. Finney (Hrsg.), Art, Archaeology and Architecture of Early Christianity (1993) passim; Y. Tsafrir in: Tsafrir 1993, 1 ff.; J. Wilkinson in: Tsafrir 1993, 23 ff.; G. Koch 1995, 24 ff.

I. Einleitung   3

christliche Kultanlage.[15] Bei der architekturgeschichtlichen Untersuchung gilt es ferner zu klären, inwieweit bei dem monumentalen ostjordanischen Bauprojekt lokale Traditionen gegenüber Fremdeinflüssen bestimmend gewesen sind.[16] Insbesondere wäre in letzterem Fall näher zu untersuchen, welches der großen Zentren des konstantinschen Kirchenbaus - das nahe Jerusalem oder das ferne Rom - im Ostjordanland[17] wirksam gewesen ist.

In diesem Teil der Arbeit wird ferner die Frage erörtert, welche Bedeutung die Kirchenanlage für die Stadt und für das nähere bzw. weitere Umland hatte. Zu ihrer Klärung ist es wichtig, in Erfahrung zu bringen, wer die durch ihre besondere Bestattungslage hervorgehobenen "Heiligen" gewesen sind und ob bzw. welche Beziehungen zwischen ihnen und den heidnischen Grabherren des römischen Hypogäums bestanden haben. Wer waren Stifter und Bauleute, die dieses großartige Bauprogramm in Gadara veranlassten bzw. ausführten? In diesem Zusammenhang muß untersucht werden, welchem sozialen *Milieu* derjenige Personenkreis angehörte, der sich in der räumlichen Nähe dieser "Heiligen" (d.h. *ad sanctum)*[18] in der Krypta beisetzen ließ. Interessanterweise läßt sich am Beispiel der Gadarener Anlage eine gewisse Kontinuität der sepulkralen Heiligenverehrung in islamischer Zeit beobachten, woraus sich weitere interessante sozial- und religionsgeschichtliche Problemverknüpfungen ergeben.

Bei der Behandlung des liturgiegeschichtlichen Aspekts dreht es sich zunächst um die Frage, welche Kriterien auf die Nutzung des Gadarener Kirchenbaus als Memorial- bzw. Pilgerbasilika deuten. In diesem Zusammenhang muß auch diskutiert werden, welche Funktion die einzelnen Teile der Anlage - das Atrium, der Narthex, der *Naos* im Bezug auf die Seitenschiffe, der Altarraum, die Balustrade beiderseits der Apsis und die Nebenräume - für die Bedürfnisse der Pilger bzw. die am Ort ansässige Gemeinde zu erfüllen hatten. Wie waren der Besuch der Kirche, des Gottesdienstes und die Heiligenverehrung[19] räumlich organisiert? Zur Lösung dieses Problems müssen nicht ausschließlich nur die einzelnen Kompartimente der freigelegten Anlage, sondern auch ihre topographische Umgebung mit den dort vorhandenen öffentlichen und privaten Einrichtungen berücksichtigt werden.

Da weder literarische noch inschriftliche Nachrichten einen Hinweis für die Geschichte der Kirche in Gadara bieten, stellen die Grabungsbefunde von 1998

---

[15] Grundlegend dazu vgl. J. Vaes, AncSoc 15 – 17, 1984 – 1986, 305 ff.; zum Forschungsstand vgl. G. Koch 1995, 41 ff.
[16] Die vorliegende Dissertation ist gerade unter diesem Aspekt in interdisziplinäre Zusammenarbeit eingebettet durch den Sonderforschungsbereich 295: Kulturelle und sprachliche Kontakte – Zentren und Peripherien im historischen Raum Nordostafrika/Westasien, Johannes Gutenberg – Universität Mainz, Teilprojekt B. 3, Hauptantrag (1995) S. 179 ff.
[17] Zur frühchristlichen Architektur in Jordanien vgl. Duval 1994, 149 ff.; Piccirillo 1981; Schick 1995.; Th. Parker, Near Eastern Archaeology 62, 1999, 134 ff.
[18] Zu dieser Besonderheit des frühchristlichen Bestattungswesens vgl. J.H. C. Toynbee, Death and Burial in the Roman World (1971); C. Green in: R. Reece (Hrsg.), Burial in the Roman World,, CBA Research Report No. XXII (1977) 46 ff.; J. de la Genière, MEFRA 102, 1990, 83 ff.; È. Rebillard, MEFRA 105, 1993, 975 ff.
[19] Zur liturgischen Organisation des christlichen Kultes in frühbyzantinischer Zeit vgl. Dölger, 1929-1950, 162 ff.

zusammen mit denen von 1988/89 das primäre Quellenmaterial der vorliegenden Arbeit dar.

Aus diesem Grund muß am Beginn einer weiter ausgreifenden Untersuchung über fünfschiffige Basiliken im palästinisch-ostjordanischen Raum eine ausführliche Aufnahme des architektonischen Befunds der Kirchenruine in Gadara stehen. Nur auf dieser Grundlage kann sie rekonstruiert werden, wobei auch die Frage nach der Herkunft des Baumaterials und seiner Verwendung eine nicht unbedeutende Rolle spielt.

Bei der Behandlung der Chronologie sollen die Daten der Errichtung und der Zerstörung erörtert werden. Dabei ist auf eventuelle Wiederaufbaumaßnahmen, Sanierungen, Renovierungen und Reparaturen zu achten. Ebenso wie das Problem der Übernahme eines heidnischen Denkmals durch Christen zu Beginn der Entwicklung, so ist auch das Schicksal des Gebäudes nach seiner endgültigen Zerstörung und Aufgabe von Interesse.[20] Ist der in Kirche und Krypta praktizierte Kult aufgegeben worden oder hat er sich an eine andere Stelle innerhalb der Stadt oder ihres Umlandes verlagert? Hat die Ruine danach zu einer Nutzung im muslimischen Gadara zur Verfügung gestanden? Um diesen Fragen nachgehen zu können, sind auch die stratifizierten Kleinfunde – Keramik, Münzen, Elfenbein, Glas und Metall[21] – zu berücksichtigen. Das Mobiliar (Schrankenplatten, *Ambones* usw.) und der figürliche Bauschmuck, nicht zuletzt auch die Mosaikböden geben uns bei sorgfältiger ikonographischer Analyse Aufschlüsse über die Geisteswelt und über das soziale Niveau der christlichen Bevölkerung bzw. des Klerus.

Nach der Ausgrabungskampagne des Jahres 1998 konnten grundlegende Fragen betreffs der Basilika beantwortet werden. Diese werden im zweiten Kapitel erörtert (S. 7 - 79). Daran anschließend (S. 99 - 102) werden auch die bisherigen Forschungsmeinungen bezüglich der Identifizierung des Kultes diskutiert. Da als Ergebnis dieser Untersuchung die Deutung der Anlage als eine Gedächtnisstätte für eines der Wunder Jesu entwickelt wird, behandelt das dritte Kapitell (S. 104 - 133) die Frage der *Loca Sancta* im Heiligen Land. Nach der Definition der Begriffe *Terra Sancta* (S. 104 - 105) und *Locus Sanctus* werden die verehrungswürdigen Stätten nach den Traditionen des Alten (S. 111 - 116) und Neuen Testaments (S. 116 - 124) sowie nach der Überlieferung der Apostelgeschichte, der byzantinischen Hagiographie und des Islam untersucht. Dabei konzentriert sich die Untersuchung auf den geographischen Raum des heutigen Palästina und des Ostjordanlandes und schließt punktuell auch heilige Stätten in Syrien und Ägypten ein.

Im nächsten Arbeitsschritt (S. 134 - 235) soll die rekonstruierte Anlage in ihren geographischen, zeitlichen und architekturtypologischen Zusammenhang eingeordnet werden. Basierend auf den Ergebnissen der bis dahin vorangetriebenen Untersuchung ist dazu das Gadarener Beispiel mit anderen fünfschiffigen Kirchenanlagen in Jordanien, Palästina und Syrien zu vergleichen. Die Ge-

---

[20] Zur Übernahme christlicher Kirchen durch die Muslime im Ostjordanland vgl. G. R. D. King, DaM. 1, 1983, 111 ff.; Schick 1995, 112 ff.
[21] Hierbei stehen die Kleinfundkataloge zur Verfügung, die momentan von verschiedenen Wissenschaftlern im Rahmen der Abschlußpublikation Gadara IV vorbereitet werden.

schichte dieses Bautypus ist sodann mit Anlagen des frühchristlichen Typus in Rom, Griechenland, Kleinasien und in den übrigen Mittelmeergebieten in Beziehung zu stellen. Bei diesem methodischen Vorgehen wird eine möglichst vollständige Erfassung der bisher bekannten fünfschiffigen Denkmäler angestrebt, die sowohl nach geographischen als auch nach chronologischen Gesichtspunkten gegliedert ist. Anhand der literarisch oder archäologisch fest datierten Beispiele sollen eventuelle zeitlich oder regional bedingte Veränderungen der Pläne beobachtet werden, um die Anlage in Gadara in das typologische System einzubeziehen. Die vergleichende Untersuchung betrifft nicht allein nur das generelle Planungsschema, sondern auch die isoliert betrachteten architektonischen Einzelelemente. Ferner ist in dem so erstellten Raster nach konstanten Kombinationen der Kirchenanlage mit ihren Anbauten, insbesondere mit einer Krypta, zu suchen.

Unter dem sozialgeschichtlichen Aspekt ist die Frage zu beleuchten, welche Rolle die monumentale Kirchenanlage für Gadara in frühbyzantinischer Zeit gespielt hat. Hierbei ist zunächst der archäologische Befund der Stadt, d. h. auch unter Einschluss der profanen Bauwerke, zu betrachten. Dadurch können möglicherweise Rückschlüsse auf die wirtschaftliche Potenz der Bewohner der Stadt, zumindest der sozialführenden Schichten, gezogen werden. Durch die Behandlung des Baumaterials und der Innenausstattungen der Basilika lassen sich diese Fragen erläutern.

Der in Gadara bisher erforschte archäologische Denkmälerbestand[22] liefert noch keinen sicheren, literarisch oder epigraphisch tradierten Hinweis für eine Identifizierung der Stifter und Bauleute, die an der Errichtung der Krypta beteiligt waren. Während die Frage nach dem oder den Stiftern eng mit der Identität und dem Selbstverständnis der Grabherrn zusammenhängt, sind Rückschlüsse auf die konzipierenden Architekten und ausführenden Bauhütten durch vergleichende Untersuchungen der Pläne und handwerklicher bzw. künstlerischer Merkmale (Steinmetzzeichen, Bearbeitungsqualität der Werksteine, Stil der Bauornamentik) zu erwarten. Angaben zu den Grabherren lassen sich durch ein intensives Studium der Lage der Bestattungsorte, des sepulkralen Inventars und der eventuell an den Gräbern deponierten Votivgaben ermitteln.

Im Gegensatz zum 5., 6. und 7. Jh. n. Chr. ist die frühbyzantinische Zeit im Ostjordanland noch nicht ausreichend erforscht. Im abschließenden fünften Kapitel (S. 236 - 243) sollen die für diese Epoche maßgeblichen Resultate, besonders auch im Hinblick auf die interdisziplinären Kontakt-und-Wandel-Theorie des Mainzer Sonderforschungsbereichs zusammenfassend dargestellt werden.

Insbesondere die Architekturgeschichte der konstantinischen und nachkonstantinischen Epoche, die den Umbruch von der paganen zur christlich bestimmten Gesellschaft einleitet, stellt für das Ostjordanland ein interessantes, bisher von der archäologischen und kunsthistorischen Wissenschaft stark vernachlässigtes Forschungsfeld dar. Es ist daher das Ziel der vorliegenden Arbeit,

---

[22] Zusammenfassend wird der archäologische, epigraphische und literarische Denkmälerbestand in den im Druck befindlichen Bänden der Publikationsreihe Gadara–Umm Qēs vorgelegt. Für diese Untersuchung maßgeblich sind insbesondere die Bände I, III und IV.

nicht nur einen Beitrag zur Kenntnis des 4. Jhs. n. Chr. speziell für die Stadt Gadara, sondern weiter gefasst auch für das nördliche Ostjordanland und die angrenzenden Regionen des Nahen Ostens zu liefern.

II. DIE BASILIKA IN GADARA

II. 1. Die topographische Situation

In der Westnekropole der antiken Stadt Gadara (Abb. 31 A) errichtete man in frühchristlicher Zeit einen großen Kirchenbau über einer älteren, frühkaiserzeitlichen Grabanlage (Taf. 2. 3A). Diese Anlage ist mit der Ruine des benachbarten Tiberiastores verbunden und besteht im wesentlichen aus drei Teilen: aus (A.) dem unterirdischen Grabbau (*Hypogäum*) mit um die Bestattungskammer umlaufender *Kryptoportikus* (Abb 10 A). Während der ersten Hälfte des 4. Jhs. wurde er nach Osten durch eine vorgesetzte innen und außen halbrunde Apsis mit einem diese umgebenden Raum im Sinne einer Krypta (B.) erweitert (Abb. 10 B). Darüber errichtete man in frühbyzantinischer Zeit eine fünfschiffige Basilika (C.) mit einer halbrund ummantelten Apsis im Osten (Abb. 10 C; 31 B). Die Fundamente ihrer Apsis setzen auf den Mauern der Kryptenapsis auf, womit die Außen- und Innenmauern bei der Apsiden senkrecht fluchteten. Im Osten entstand ein kleiner, von Stützmauern eingefasster Hof auf dem Bodenniveau der Krypta, von dem aus eine Treppe nach Norden hinaufführte. Die frühchristliche und die römische Grabanlage bilden den Unterbau für die darüberliegende Basilika.

Westlich der sich nach oben fortsetzenden, heute aber gänzlich zerstörten Apsis erstreckten sich die fünf Schiffe der Basilika. Die Ausgrabungen zeigten, daß die westliche Außenmauer der Basilika etwa 6 m westlich der Westwand der *Kryptoportikus* gegründet ist. Messungen ergaben, daß der Baukörper der Basilika sowohl im Westen wie auch im Norden und Süden über die Dimensionen der alten Anlage ausgreift. Das römische Grab wurde demzufolge von den Bauherren bewußt in das Zentrum der christlichen Anlage einbezogen. Sie sollte wohl dazu dienen, den Ort an sich und die dort möglicherweise begrabenen Heiligen oder städtischen Kleriker zu verehren.

Bezüglich der infrastrukturellen Bedeutung dieses Gebäudekomplexes sollen zunächst die topographische Lage in der westlichen Unterstadt und deren Einbeziehung in das städtische Verkehrsnetz näher betrachtet werden.

II. 1. 1. Die suburbane Lage

Die Kirche liegt westlich des Stadthügels im flachem Terrain des Umm Qais-Plateaus, etwa 600 m von der hellenistischen Akropolismauer entfernt (Abb. 1). In einer ersten Phase der Stadterweiterung[23] Gadaras nach Westen wurde um die Mitte des 1. Jhs. n. Chr. das offene Gelände durch die Anlage einer weiter ausgreifenden Fortifikationsmauer mit einem kleinen Tor abgesperrt. Verläßt man das antike Stadtgebiet durch dieses Tor und bewegt man sich westwärts auf dem gepflasterten *Decumanus Maximus*, der im Arabischen als *Darb al-Raṣifiyah* ("Pflasterstraße") bezeichnet wird,[24] so trifft man

---

[23] Zur Stadtentwicklung Gadaras vgl. A. Hoffmann, Nürnberger Blätter zur Archäologie 12, 1995/96, 21 ff.
[24] Schumacher 1890, 76.

nach 150 m auf einen kreisrunden Sockel eines Gebäudes (Taf. 1 B). Dieses wurde als der südliche Turm des frühkaiserzeitlichen Tiberiastores[25] identifiziert, welches sich freistehend, d.h. ohne einen Anschluß an eine Stadtmauer, im vorstädtischen Gelände erhob (Vgl. Abb. 31 A). Aufgrund seiner Isoliertheit und seines repräsentativen Charakters wird dieses Bauwerk dem Typus des römischen Bogenmonuments zugerechnet.[26] Etwa 150 m, ebenfalls an der Hauptstraße gelegen, verläuft weiter westlich des Tiberiastors eine noch jüngere Stadtmauer mit einem Tor. Sie markiert die dritte Phase der Stadtentwicklung, deren Datierung zwischen dem 2. Jh. und dem Beginn des 4. Jhs. n. Chr. schwankt.[27] Die Lage der Kirche östlich dieser Stadtmauer läßt den christlichen Komplex zum Zeitpunkt seiner Erbauung somit *intra muros* stehen. Im Vergleich zum Zentrum der hellenistischen und frühkaiserzeitlichen Stadt, das auf dem Siedlungshügel und an seinen terrassierten Hängen lag, darf das fragliche Gebiet als "vorstädtisch", also als „suburban" charakterisiert werden.

Nördlich der Hauptstraße erstreckt sich im Areal zwischen dem Tiberiastor und den beiden Stadttoren ein muslimischer Friedhof mamelukisch-osmanischer Zeit (Abb. 1; Taf. 1 C), in dem das Mausoleum (*Maqam*)[28] eines lokalen Heiligen (arabisch *Wali*) namens Abū an-Naml lag. Dieses Monument wurde von mehreren Besuchern des 19. Jhs als ein Bau beschrieben, der ganz aus antikem Material in sich abwechselnden schwarz-weißen Quaderlagen bestanden haben soll.[29] Ein Hinweis auf einen kirchlichen Bau in diesem Gebiet der ausgegrabenen Basilika ist weder in der frühesten ausführlichen Beschreibung des Ruinenfeldes von G. Schumacher, noch in der übrigen Reiseliteratur zu finden. Daher war die Existenz der Kirche bis 1989 unbekannt. Allein die Bezeichnung der Gemarkung durch die Bewohner des modernen Orts als *al-Kanās* (arabisch Plural الكنائس = „Kirchen", Singular كنيسة = „Kirche") legte vordem die Annahme nahe, daß es hier einen größeren, vielleicht aus mehreren christlichen Kultgebäuden bestehenden Komplex gegeben haben könnte. So wurden während der Ausgrabungskampagne 1998 Reste eines polychromen Mosaikbodens südlich des jüngsten Stadttores, etwa 150 m westlich der Kirche, gefunden.[30] Dieses byzantinische Mosaik wurde in einem durch das jordanische Militär mit dem Bulldozer planierten Terrain zufällig entdeckt. Möglicherweise ist es als Hinweis auf eine weitere byzantinische Sakralanlage zu verstehen, die sich westlich von dem hier betrachteten Baukomplex befand.

---

[25] Vgl. Th. Weber, AAJ 1990, 324 ff.; ders. AA 1990, 204 ff.; A. Hoffmann, a. O. 34 ff.
[26] Zum Bogenmonument im Orient allgemein vgl. Kader 1996.
[27] Th. Weber AA (1990), 214 f.
[28] In der islamischen Tradition bezeichnet der Begriff *Maqam* einen Bau, in dem eine heilige Person bestattet wurde; vgl. G. Barthel - K. Stock (Hrsg.), Lexikon der Arabischen Welt (1994), 394.
[29] Der Kontrast zwischen dunklen Basalt- und hellen Kalksteinquadern wurde von den Bauleuten in der Antike gesucht. Auch heute ist der Farbwechsel für die lokale Architektur von Umm Qais typisch. Zum Grabmonumental des *Abū an-Naml* s. Schumacher 1890, 73; Steuernagel, ZDPV 49, 1926, 125=A. 509; B. Mershen in: Kerner II, 135 ff.
[30] U. Wagner-Lux, ZDPV 94, 1978, 140 beschreibt eine Mauer im Feld 11 als die monumentale Westfassade eines Baues. Bei dieser Mauer handelt es sich tatsächlich um die Westfassade des Atriums, wie durch ihre teilweise Freilegung in der Ausgrabungskampagne 1998 bestätigt wurde.

Südlich der Hauptstraße (*Decumanus Maximus*) und etwa 15 m südwestlich des zum Tiberiastor gehörigen Rundturms, der zur Errichtung der Krypta abgetragen und in ein Wasserbecken umgewandelt wurde (vgl. Abb. 31 B),[31] breitet sich der christliche Kirchenkomplex aus. Seine topographische Lage über einem bedeutenden paganen Mausoleum, seine Verbindung mit einer großen frühchristlichen Krypta und seine Nachbarschaft zum muslimischen Heiligengrab des *Abū an-Naml* läßt die Vermutung zu, daß es sich bei der Stelle, an der sich einst die Basilika erhoben hat, nach Ansicht der Bewohner Gadaras um einen heiligen Ort (*locus sanctus*) handelte, der seit der Spätantike ein christliches Pilgerziel bildete. In Umm Qais läßt sich somit eine Abfolge der Heiligenverehrung von Persönlichkeiten sich ablösender Religionen erkennen, die in dem besagten Areal bestattet wurden.[32] Daneben deuten die Oberflächenruinen und die auf dem Boden des Kirchenraumes gefundenen Mauerreste sowie die Keramikscherben[33] darauf hin, daß es sich bei dieser Stelle des vormaligen Stadtgebiets um einen Siedlungsort handelt, der in islamischer Zeit, vor allem in der mamelukischen Epoche, fortbestand. Heute wird das Gelände von den Bewohnern der modernen Stadt *Umm Qais* landwirtschaftlich, insbesondere zu Anpflanzungen von Ölbäumen, genutzt.

Im folgenden stellt sich die Frage, wie dieses für den christlichen Kult bedeutende Bauensemble an das überregionale und innerstädtische Verkehrsnetz angeschlossen war.

II. 1. 2. Anbindung an das Verkehrsnetz

Nördlich der Kirche zieht sich von Osten nach Westen die Hauptstraße (*darb al-Raṣifiyah*) hin (Abb. 31 B), welche das nördliche Siedlungsgebiet der Stadt von Osten nach Westen durchschneidet. Innerhalb der Stadt wird diese Straße als *Decumanus Maximus* angesprochen.[34] Bei ihr handelt es sich um einen Abschnitt der bekannten römischen Verkehrslinie[35], die in der *Tabula Peutingeriana* verzeichnet ist[36]. Seit früher Zeit verband diese in westöstlicher Richtung verlaufende Handelsstraße Bosra mit Tiberias über Adraha (*Der'ā*), Capitolias (*Bait Rās*) und Gadara (*Umm Qais*). Die Stadt Gadara war nicht nur eine Durchgangsstation dieser bedeutenden Überlandroute, sondern auch der Ausgangspunkt für eine Zweigstraße nach Süden, die von hier aus nach Pella (*Ṭabaqat Faḥil*) und Skythopolis (*Bēsān*) ins Jordantal führte.

Trotz der erheblichen, durch Kriegseinwirkungen und nachfolgende Planierungsarbeiten hervorgerufenen Störungen im archäologischen Areal der Basilika ließen die Ausgrabungen die Anbindung der Kirche an das innerstädtische Verkehrsnetz zumindest im Norden und Süden ansatzweise er-

---

[31] Vgl. Weber a. O. Ausführlich F. S. Meynersen in: UQ IV 1 (in Vorbereitung).
[32] Th. Weber, JbAChr 20, 2, 1995, 1277.
[33] Zur Keramik aus der Basilika s. hier Kap. II. 5, u. S. 87 ff.
[34] Zum *Decumanus Maximus* vgl. A. Hoffmann, RM 104, 1997, 268 ff.
[35] Vgl. Mittmann 1970, 26 und 135 ff.
[36] K. Miller, Die Peutingerische Tafel (1962) Blatt 8 Taf. X.

kennen. Im Westen ist das Areal durch rezente militärische Schanzarbeiten vollständig zerstört. Westlich der Kirche vermitteln die ausgegrabenen Probeschnitte (Sondage I/1989 und Sondage VIII/1998) zwar noch kein ausreichendes Bild, um das Verhältnis zu der sich im Osten anschließenden Bebauung zu klären. Auch wenn der Befund in Sondage V 98 noch nicht als Beleg herangezogen werden darf, ist mit einer nach Süden vom *Decumanus* abzweigenden Stichstraße zu rechnen. Sie muß die Verbindung zum Westportal des Atriums (Abb. 2. T 15) hergestellt haben.

An der Oberfläche der Nordostecke der Kirche hat sich die Packung für einen Boden erhalten, der aus Kalksteinbrocken, vermischt mit Keramikfragmenten, rezentem Glas und Basaltbrocken besteht. Dabei handelt es sich um einen befestigten Pfad, der vom jordanischen Militär nach 1967 angelegt wurde. Nach der Abtragung dieses rezenten Bodens wurde ein Teil eines Pflasters aus Basalt- und Kalksteinplatten freigelegt, das zu einem offenen Platz oder zu einem Hof (*Parvis*)[37] gehört haben muß. Dieser breitete sich nördlich des Nordosteingangs der Kirche aus (Abb. 2 L). Da der Zugang für die Besucher von der Hauptstraße über diese Platzanlage erfolgt ist, darf man davon ausgehen, daß das äußere Erscheinungsbild der Nordfassade der Basilika besonders prächtig und repräsentativ gestaltet war.

Auch nördlich des Nordwesteingangs der Kirche hat sich ein Teil des gleichen, dort überwiegend aus Basaltplatten bestehenden Pflasters gut erhalten. Die Platten sind hier entlang der nördlichen Außenmauer verlegt und setzen sich nach Norden fort. Dieser Befund legt die Vermutung nahe, daß sich die Platzanlage über die gesamte Breite der Nordfassade hingezogen hat, folglich bis zum Bürgersteig der antiken Hauptstraße reichte (Abb. 2 L). Die sorgfältig aneinander gefügten Platten haben eine rechteckige Form, die Trittflächen sind gut geglättet bzw. abgenutzt. Die sieben freigelegten Reihen zeigen, daß sie eng in Nordsüdrichtung aneinander gereiht waren (Taf. 8 B), und daß das byzantinische Laufniveau an dieser Stelle etwa 4 cm unter der Oberkante der Türschwelle lag. Im Niveau weist dieser Pflasterabschnitt eine spürbare Höhenabweichung (etwa 50 cm niedriger) von dem nordöstlichen auf. Deshalb ist mit einer Treppe innerhalb dieser *Parvis* zu rechnen.

Die ausgegrabenen Abschnitte machen es also zu einem hohen Grad wahrscheinlich, daß die Kirche entlang der Nordseite des Atriums von Norden mit dem *Decumanus Maximus* durch den gleichen offenen gepflasterten Platz (*parvis*) verbunden war (Abb. 2 L). Dabei ist es denkbar, daß man das Atrium von dieser Zugangsseite durch mehrere kleinere Portale (Abb. 2; 6-7: T 13 - 15) betreten konnte (vgl. Abb. 31 B).

Da das Gelände westlich des Atriums durch moderne Eingriffe erheblich gestört ist, konnten die Ausgrabungen keine weiteren Erkenntnisse über die Anbindung der Kirche zur westlich anschließenden Bebauung liefern. Eine vom *Decumanus* nach Süden führende Stichstraße (Abb. 2 I) konnte aufgrund tiefgreifender Störungen nicht nachgewiesen werden. Eine wie auch immer geartete räumliche Verbindung zwischen der Hauptstraße und

---

[37] Zur Bauform der *parvis* vgl. auch das Beispiel der Kathedrale von Pella/ Ṭabaqat Faḥil, Smith - Day 1989, 6ff., 60 ff.

der Westfront des Atriums bleibt aber durchaus zu postulieren. Hierfür sprechen vor allem die Reste eines Eingangs in der Mitte der westlichen Außenmauer des Atriums (Abb. 2. T 16). Südlich der Südfront der Basilika konnten vereinzelte Platten eines aus Kalksteinplatten gesetzten Pflasters in den Profilschnitten mehrerer Sondagen (Sondage I/1998 und Sondage IV/1998; Abb. 11) identifiziert werden, das nach Süden versetzt in Ost–Westrichtung parallel zur Hauptstraße verläuft. In der Südfassade besitzen die Kirche und der unterirdische Gewölberaum jeweils eine Tür (Abb. 2, 5-6: T6). Entlang der Südfassade der Basilika scheint es demzufolge eine weitere gepflasterte Fläche gegeben zu haben: Unklar bleibt jedoch, ob diese als Teil einer Straße oder eines weiteren sich nach Süden erstreckenden Platzes anzusprechen ist (Abb. 2 K). Obwohl der Verlauf der östlichen Grenze der Basilika nicht vollständig geklärt ist und deshalb die Frage nach Anbauten einstweilen offen bleiben muß, hat der Baukörper auf den übrigen drei Seiten mit Sicherheit frei gestanden.

II. 1. 3. Nördlich anschließende Gebäude

Bei den nach Norden unmittelbar an den Basilikakomplex anschließenden Gebäuden handelt es sich um den Sockel des zylindrischen Südturms des Tiberiastores mit einer sich östlich daran angrenzenden Anlage (Abb. 2 E - F).[38] Jenseits der Straße war das Fundament des symmetrisch entsprechenden Nordturms durch ein byzantinisches Wirtschaftsgebäude überbaut (Abb. 2 G). Die westliche Treppenwange der Krypta läuft als Mauer aus Basaltquadern nach Norden über den Südturm des Tiberiastores hinaus, wobei sie diesen an seiner Westseite tangiert. Dadurch wurde bewußt eine bauliche Verbindung zwischen der Basilika, Krypta und des südlichen Turms des Tiberiastors hergestellt.

Der Turmsockel hat einen kreisrunden Grundriß (Abb. 2 E), dessen äußerer Durchmesser 11,22 m beträgt, während sich der innere auf 7,10 m beläuft. Das Fundament des Turmsockels besteht aus Kalksteinquadern, darüber erhebt sich das aus Basalt aufgeführte Mauerwerk, von dem nur drei Lagen erhalten sind. Die zweite Lage wird von S-förmigen Profilsteinen bekrönt. An der Innenseite springt ein 54 cm breites Bankett vor, das mit der profilierten zweiten Steinlage korrespondiert. Interessant für die Baugeschichte der Basilika ist, daß der Turm nach seiner Zerstörung während der ersten Hälfte des 4. Jhs. n. Chr. zur Errichtung der Krypta als Steinbruch benutzt[39] und der kreisrunde Fundamentsockel einer neuen Nutzung zugeführt worden ist. Bei den Ausgrabungen 1987 fand man ein tönernes, von Nordwesten durch das Turmfundament geschlagenes, dreiteiliges Rohrsystem, welches im Norden und Süden einen Überlauf aus Bleirohren besaß[40]. Die Fließrichtung des zugeleiteten Wassers war, dem Geländegefälle zufolge, von Osten nach Westen. In dem unbebauten Areal östlich des Fun-

---

[38] Zur ausführlichen Baubeschreibung und Rekonstruktion vgl. F. S. Meynersen, in: UQ IV (in Vorbereitung). Zu den Ausgrabungen in diesem Areal vgl. Th. Weber – A. Hoffmann, AAJ 34, 1990, 234 ff.; P. C. Bol – A. Hoffmann – Th. Weber, AA 1990, 204 ff.
[39] Zur Chronologie der Zerstörung des Turmes vgl. u. S. 88 ff.
[40] Vgl. UQ IV 3 Kat.-Nr. M. 62 - 64.

daments wurden parallel zur Straße gerippte *tubuli* aus Ton und Rohre aus gewalztem Blei (teilweise *in situ*) beobachtet.[41]

Welche Funktion hatte diese kreisrunde Baustruktur in ihrem Verhältnis zur Basilika? Die Rohrsysteme führen mitten in das Becken hinein, so daß die ursprüngliche Interpretation als ein Verteilerreservoir nicht zu überzeugen vermag. Die von Th. Weber vertretene Identifikation als *Phiale*[42] läßt bei dem umfunktionierten Turmsockel an ein überdachtes Brunnengebäude mit zentralem Springbrunnen denken (vgl. Abb. 31 B). Solche monopterosartigen Brunnengebäude besaßen in der Regel eine innere Abschrankung, für die im vorliegenden Fall das innen vorspringende Bankett gedient haben könnte. Monumentale *Philai* sind in der byzantinischen Sakralarchitektur des öfteren nachgewiesen, so etwa bei der frühchristlichen *Kampanópetra* in Salamis auf Zypern (Abb. 33), in der großen *Lavra* des Athos oder in Lateran und Peterskirche zu Rom.[43] Der Turmsockel bei der Gadarener Basilika wurde in Analogie zur *Kampanópetra* hypothetisch mit einem Arkadenmonopteros und polygonalem Kegeldach rekonstruiert (Abb. 31 B), ohne daß freilich irgendetwas von der aufgehenden Architektur erhalten wäre.

An der östlichen Seite der *Phiale* schließt ein im Grundriß rechteckiges Gebäude (Abb. 2 F) an, das überwiegend aus Spolienmaterial besteht. Es besitzt einen Zugang zur Hauptstraße nach Norden. Möglicherweise war es als Art Vorratsgebäude der Kirche zugehörig, oder es könnte eventuell sogar ihr *Skeuophylakion* gewesen sein. Eine alternative Deutung dieses Bauabschnitts sieht in ihm einen Teil der weiter nach Osten ausgreifenden Umfassungsmauer (*Peribolos*).

II. 2. Der Unterbau

Der Unterbau des sakralen Komplexes gliedert sich in zwei unterschiedlich alte architektonische Einheiten, die baugeschichtlich in engem Zusammenhang stehen: Der unterirdische Teil umfaßt erstens das römische Hypogäum (Abb. 10 A) und zweitens die östlich davon angelegte frühchristliche Krypta (Abb. 10 B). Beide Teile des Unterbaues sollen im folgenden kurz betrachtet werden, da sie für das Verständnis der byzantinischen Kultanlage eine maßgebliche Rolle spielen.

II. 2. 1. Das römische Hypogäum

Das römische Hypogäum (Abb. 2 A; 4. 10 A; Taf. 4. 5)[44] nimmt das Zentrum des sakralen Komplexes ein und liegt exakt im Mittelpunkt der Basili-

---

[41] Vgl. die Metallfunde aus diesem Areal, insbesondere die Rohrfragmente M 62-64, Th. Weber, UQ IV 3 (in Vorbereitung).

[42] Freundliche Mitteilung Th. Weber Mai 1999; vgl. M. Al-Daire, Water Management in Trans-Jordan Byzantine Architecture with Respect to Excavated Monuments in the City of Gadara-Umm Qais, in: International Symposium „Men of Dykes and Canals, Archaeology of Water in the Middle East, Petra, 15.-20. Juni 199, Hrsg. Deutsches Archäologisches Institut, Orient-Abteilung - Deutsches Evangelisches Institut Amman (in Vorbereitung).

[43] Vgl. D. Roux, Salamine de Chypre XV, La Basilique de la Campanopetra (1998) 53 ff. Abb 65.

[44] Ausführliche Baubeschreibung und Rekonstruktion von Th. Weber UQ IV, 1 (in Vorbereitung).

ka. Diese Anlage ist zusammen mit dem benachbarten Tiberiastor im frühen 1. Jh. v. Chr. entstanden (Abb. 31 A) und wurde über drei Jahrhunderte hinweg als pagane Grablege benutzt. Der Sepulkralbau wurde vom Ausgräber als frühestes und folglich erstes Stadium in der architektonischen Entwicklung des gesamten Komplexes erkannt (Phase I). Diese Bauphase untergliedert sich wiederum in zwei zeitlich kurz aufeinanderfolgende Abschnitte (A-B), auf die hier nicht näher eingegangen werden soll. Wichtig ist jedoch die Festellung, daß das pagane Mausoleum mit nur geringfügigen Veränderungen in den christlichen Komplex integriert wurde, ohne jedoch weiterhin als Bestattungsort genutzt zu werden.

Der vollständig aus gut bearbeiteten Basaltblöcken gebaute unterirdische Grabbau besteht im Kern aus der Bestattungskammer mit quadratischem Grundriß und einem kleinen Vorraum. In der Nord-, West- und Südwand der Grabkammer sind in zwei Reihen Bestattungsstollen (*loculi*) eingetieft, die jeweils drei Schächte haben (Taf. 4 B). Die *loculi* der oberen Reihe haben bogenförmige Öffnungen, während die unteren rechteckig abschließen. Die Hauptkammer ist durch eine flache Kuppel (Spiegelgewölbe) mit zentralem Lichtloch (*oculus*) gedeckt (Taf. 5 A), das sich genau im Zentrum der darüberliegenden Basilika, nämlich in der Mitte des vierten Joches des Mittelschiffes nach öffnet (Taf. 7 B). Der Zugang zur Grabanlage liegt in der nach Osten ausgerichteten Fassade (Taf. 5 A), von wo aus der Vorraum betreten werden konnte. Durch eine dreistufige Treppe war von dort aus die Hauptkammer zugänglich. Auf drei Seiten (im Norden, Westen und Süden) ist das *Hypogäum* von einem tonnengewölbten Gang (*Kryptoportikus*) umgeben (Taf. 5 B), der im ursprünglichen Bauzustand durch zwei Bogenöffnungen erreichbar war. Diese flankierten das Grabportal und besaßen faszettierte Archivolten. Offenbar wurde dieser Umgang von den christlichen Benutzern der Anlage anderweitig genutzt, da diese beiden Eingänge bei der Errichtung der Krypta zugesetzt und die *Kryptoportikus* lediglich durch eine Luke im nördlichen Fassadenabschnitt zugänglich gehalten wurde (Abb. 5). Die faszettierten Wölbblöcke fanden damals bei der Errichtung der Transversalbogenhalle Wiederverwendung.

Das Areal vor dem *Hypogäum* war ursprünglich von Nordosten durch eine schmale Außentreppe zu betreten, deren Reste in der Nord–Ostecke der Basilika während der Ausgrabungskampagne 1998 (Sondage VIII/1988) nachgewiesen werden konnten.[45] Durch diese Treppenanlage konnte man auch noch nach Errichtung der Basilika in den unterirdischen Grabkomplex hinabsteigen.

II. 2. 2. Die frühchristliche Krypta

Die frühchristliche Krypta[46] stellt eine räumliche Erweiterung des römischen Hypogäums (Abb. 2 B. 5. 10; Taf. 6) nach Osten dar, die wir als Bauphase II bezeichnen. Es ist davon auszugehen, daß die darüber liegende Kirchen-

---

[45] s. u. S. 20 ff.
[46] Zum architektonischen und archäologischen Befund vgl. Th. Weber, in: UQ IV 1 (in Vorbereitung).

anlage in einem Zuge mit der Krypta während der erste Hälfte des 4. Jhs. n. Chr. entstanden ist.

Man fügte zunächst parallel zur Fassade des Hypogäums auf einem älteren Fundament eine Halle ein, die zwischen ihr und der Fassade des Hypogäums mit Basaltplatten[47] abgedeckt ist und im Osten durch drei Transversalbögen abschließt. Östlich des Hypogäums errichtete man unmittelbar vor der Tür zum Vorraum der römischen Grabanlage eine dreifach durchbrochene Apsis (Taf. 7 A), die einen großen und verhältnismäßig tiefen, durch mächtige Basaltblöcke gedeckten Grabschacht umschließt (Taf 7 B). Seine Wände waren ursprünglich mit Marmorplatten verkleidet. Ritzspuren eines applizierten Metallkreuzes befanden sich auf einem in der östlichen Wand des Grabschachtes eingesetzten Marmorblock.[48] In den Boden der Krypta waren weitere dreizehn Steinkistengräber eingelassen, zwei von ihnen unter den beiden Transversalbögen. Die Krypta ist durch eine breite Freitreppe von der nördlichen Seite zugänglich. Diese ersetzte einen schmaleren Vorgänger, der westlich parallel dazu angelegt war und die Breite der Transversalbogenhalle einnahm. Diese Vermutung stützt sich auf die während der Ausgrabung 1998 von der Architektin U. Hess (Technische Hochschule München) gemachte Beobachtung, daß die nur vom Inneren des Korridors sichtbaren Bogensteine der Transversalbögen faszettiert sind.

II. 3. Baubeschreibung der Basilika

Bei der Beschreibung des vom Baukörper der Basilika erhaltenen Architekturbefundes steht der Zustand der Anlage zum Zeitpunkt ihrer Errichtung im mittleren 4. Jh. (Phase II a, Abb. 5) bis zu ihrer räumlichen Reduzierung im 8. Jh. (Phase IV, Abb. 8) im Vordergrund. Hierbei ist zunächst von der Gestaltung und Proportionierung des Grundrisses auszugehen. Sodann werden die Fassadenmauern im Süden, Westen und Osten bezüglich ihrer Gliederung und Konstruktion untersucht. Nach der Betrachtung der Schiffe des basilikalen Innenraumes wird das Augenmerk auf die außen an den Baukörper anschließenden bzw. in ihn integrierten baulichen Einheiten gerichtet. Darauf folgt eine analytische Untersuchung der Bauornamentik und des Mobiliars, um Aussagen über die künstlerische und liturgisch bedingte Ausstattung des Gebäudes machen zu können. In Anschluß daran sollen die baulichen Veränderungen der Anlage in ihren chronologischen Zusammenhängen erörtert werden. Die Baubeschreibung bildet so die Grundlage für die Rekonstruktion der Basilika in ihren einzelnen Phasen.

---

[47] Die Architektin U. Hess, die an die Ausgrabung 1998 teilnahm, vermutet, daß diese langen Basaltplatten wiederverwendete Stufenblöcke der alten Freitreppe des Grabes gewesen sind. Diese Hypothese ist jedoch kaum zulässig, wenn man annimmt, daß die ältere Treppenanlage zur Zeit der Errichtung der Basilika (Phasen II a und b, Abb. 5, 6) noch genutzt wurde.
[48] Vgl. Th. Weber, JbAC 20, 2, 1995, 1275 ff.

II. 3. 1. Der Grundriß

Nach der - bis auf den östlichen Teil - vollständigen Freilegung der Basilika im Jahr 1998 (Abb. 3A-D; Taf. 1. 3A) läßt sich der Grundriß des Baues gut beschreiben: Es handelt sich um eine fünfschiffige Basilika von rechteckigem, fast quadratischem Grundriß (Abb. 2 C), der nach Osten auf die Apsis hin orientiert ist. Letztere ist nur in Form des halbkreisförmigen, dreifach durchbrochenen Einbaus der Krypta erhalten. Beiderseits der Apsis deuten die zwei Türschwellen (Abb. 3A-D. 5-6: T 3-4) darauf hin, daß man von den Innenschiffen eine über der Krypta umlaufende Loggia betreten konnte, wohl um den verehrungswürdigen Ort des römischen Hypogäums und der davor angelegten christlichen Gräber von oben besichtigen zu können. Der Baukörper der Basilika griff folglich über die Krypta (Abb. 2 B) weiter nach Osten aus. Seine östliche Begrenzung konnte nur stellenweise sondiert werden und bleibt deshalb weitgehend hypothetisch. Es kann nicht ausgeschlossen werden, daß sich an dieser Seite weitere Anbauten anschlossen. Im Südosteck wurde ein apsidial abschließendes Gebäude festgestellt, welches aufgrund seiner inneren Ziegelsetzung als Baptisterium gedeutet wird.[49]

Im Westen ist der Kirche ein im Grundriß quadratisches Atrium vorgelagert (Abb. 2 D). Der gesamte Bau erreicht somit eine maximale äußere Länge von 52,36 m in der Mittelachse und eine Breite von 22,84 m. Das Atrium reicht mit einer Gesamtbreite von 27 m im Süden über die Flucht der Kirche hinaus. Die lichten Maße der Kirche einschließlich der Apsis belaufen sich auf eine Länge von 23,18 m, wobei die Apsis allein 3,08 m tief ist, und eine Breite von 21,50 m. Im Norden ist die Außenmauer 0,15 m länger als im Süden, so daß der Grundriß keine exakt rechteckige Form, sondern einen geringfügig trapezförmigen Verzug aufweist.

Das Mittelschiff der Basilika wird durch zwei Säulenreihen, die jeweils aus sieben Säulen bestehen und acht *Interkolumnien* bilden, von den seitlichen Schiffen getrennt. Das nördliche und südliche Außenschiff ist durch Pfeiler, die ebenfalls sieben Arkaden bilden, von den beiden an sie anschließenden Innenschiffen getrennt. Die Pfeiler standen exakt in der Nord-Südachse der Säulenreihe des Mittelschiffes, dessen Breite geringfügig variiert: 6,80 m im Westen gegenüber 6,85 m im Osten. Die vom zentralen Kirchenraum durch die beiden Säulenarkaden abgetrennten, seitlich anschließenden Trakte erreichen Gesamtbreiten von 7,20 bzw. 7,25 m im Norden und 7,45 m im Süden. Diese schon 1989 ermittelten Maße führten den Ausgräber zur Annahme, daß die Anlage über fünf Schiffe verfügt haben mußte, da Seitenschiffe mit solchen Spannweiten ohne zusätzliche Stützenreihen nicht durch hölzerne Dachstühle zu decken gewesen wären. Für die beiden Stützenreihen konnten tatsächlich in der Kampagne von 1989 Indizien festgestellt werden. Somit gliedern sich die beiden seitlichen Trakte in jeweils ein Außen- und Innenschiff.

Die Außenschiffe haben einheitliche Breitenabmessungen von jeweils 3,75 m. Die Innenschiffe sind hingegen in ihren Breiten wiederum unterschiedlich: beim nördlichen schwankt die Breite zwischen 3,50 und 3,45 m,

---

[49] Dazu s. u. S. 34 f.

während das südliche über seine gesamte Länge hinweg einheitlich 3,70 m breit ist.

Die Säulenbasen der Mittelschiffarkaden standen nicht auf durchgehenden Stylobaten, sondern auf isolierten Plinthen, von denen 1998 mehrere *in situ* vorgefunden wurden. Die *Interkolumnien* sind nicht gleichmäßig. Die ersten fünf östlichen haben einen Abstand von 2,40 m, während die drei westlichen einen Abstand von 2,65 m aufweisen.

Von Westen her war die Kirche durch fünf Portale (Abb. 2: T 8-12) zugänglich, die jeweils in eines der fünf Schiffe des Innenraums führten. Zwei Zugänge (Abb. 2: T 1-2) befinden sich in der Nordfassade, wobei der im we-

Architektonische Einheit	Länge (m)	Breite (m)	Tiefe/Dicke (m)
Gesamt (incl. Atrium)	52,36	22,84	
Kircheninnenraum (incl. Apsis)	23,18	21,50	
Mittelschiff (incl. Apsis)	23,18	6,80 - 6,85	
Seitenschiffe Nord	20,10	7,20 - 7,25	
Außenschiff Nord	20,10	3,75	
Innenschiff Nord	20,10	3,45 - 3,50	
Seitenschiffe Süd	19,95	7,45	
Außenschiff Süd	91,95	3,75	
Innenschiff Süd	19,95	3,70	
Die östlichen fünf *Interkolumnien*	4,40		
Die westlichen drei *Interkolumnien*	2,65		
Lichte Maße der Apsis		5,50	3,08
Lichte Maße des Atriums	26,47	27,40	
Säulenhalle des Atriums Ost	25,85	3,73 - 3,80	
Säulenhalle des Atriums West	21,50	3,21	
Säulenhallen des Atriums Nord, Süd	26,47	ca. 3,20	
Haupteingang ins Mittelschiff (T 10)		2,20 ?	0,84
Eingang ins nördliche Außenschiff (T12)		1,80	0,84
Eingang ins nördliche Innenschiff (T 11)		1,60	0,84
Eingang ins südliche Außenschiff (T 8)		1,80	0,84
Eingang ins südliche Innenschiff (T 9)		1,60	0,84
Eingang Nordost (T 2)		1,00	0,63
Eingang Nordwest (T 1)		1,55	
Eingang Süd (T 6)		1,22	0,71
Zugang zur Loggia Nord (T 3)		1, 80	0,70
Zugang zur Loggia Süd (T 4)		1, 80	0,70
Außenmauer Süd	21,45	0,71	
Außenmauer Nord	21,64		0,63
Außenmauer West	27,45		0,83
Außenmauer Ost	21,50		0,70
Außenmauer des Atriums West			0,93
Atriumstylobat Ost, West			0,72

Tabelle: Die wichtigsten Maße des Grundrisses im Überblick.

stlichen Abschnitt (Abb. 2: T 1) durch eine Art Windfang als einer der Haupteingänge charakterisiert ist. Exakt diesem gegenüber öffnete sich ein kleineres Portal (Abb. 2: T 16) in der Südfassade.

Im westlichen Bereich der Basilika bildet das Atrium (Abb. 2 D)[50] einen annähernd quadratischen offenen Hof. Er hat eine lichte Länge (in Ost-West–Richtung) von 26,40 m und eine lichte Breite von 26,83 m (in Nord-Südrichtung). An allen vier Seiten ist das Atrium von Säulenhallen umgeben. Die westliche Außenmauer der Basilika fluchtet 3,0 m nach Süden und knickt rechtwinklig nach Osten um, d. h. das Atrium reichte im südlichen Abschnitt um 3,0 m über die Flucht der Basilika nach Süden hinaus. Im Norden hingegen ist die nördliche Mauer des Atriums an das geschlossene Nordwesteck der Kirche nach Norden versetzt.

Die weitgehend freigelegte östliche Säulenhalle des Atriums schwankt in ihrer Breite zwischen 3,73 und 3,80 m, wohingegen der westliche nur 3,21 m misst. Die Westfassade der Basilika, in der sich die fünf Eingänge in das Innere befanden, war demnach durch eine spürbar tiefere Halle betont. Die Breiten der nördlichen und südlichen Portiken, die nur hypothetisch rekonstruiert werden können, dürften sich analog zur westlichen auf etwa 3,20 m belaufen haben. Bis auf das durch eine Schwelle bezeugte westliche Portal (T 16) bleiben auch die übrigen, von Norden und Süden in das Atrium führenden Zugänge (T 7, 13-14) hypothetisch.

II. 3. 2. Außenmauern (Fassaden)

Im Laufe der Ausgrabungskampagne 1998 wurden die Außenmauern der Kirche vollständig freigelegt und ihre Konstruktion durch eine Tiefgrabung an der Südfassade (Sondage I/98; Abb. 11 A, B) erforscht. Das Fundament hat sich über die gesamte Länge der vier Außenfassaden lückenlos erhalten. Überall ist das ehemals darüber aufgehende Mauerwerk gänzlich abgetragen, offensichtlich wurden die Quader als Material für jüngere Bauten geraubt. Lediglich die unterste Reihe der zweischalig gesetzten Basaltquader, die zum aufgehenden Mauerwerk gehören, hat sich streckenweise im Süden und an mehreren Stellen im Norden erhalten. Die Fassaden bestanden demzufolge aus relativ qualitätvollem zweischaligem Basalt-Quadermauerwerk mit innerer Stein-und Mörtelverfüllung. Die Quader sind sorgfältig in bündig anschließenden Stoß- und Lagerfugen gesetzt und haben gut geglättete, rechteckige Spiegel. Ihre zum Mauerkern gewandten keilförmigen Rückseiten sind bruchrauh belassen. In die oberste Fundamentlage sind die Türschwellen der Kircheneingänge eingebracht.

Nähere Aufschlüsse über die Konstruktion und Tiefe des Fundaments erbrachte der Probeschnitt, der mit den Maßen 3 x 3 m südlich an die Südfassade stoßend angelegt wurde (Sondage I/98; Abb 11 A, B; Taf. 9 A). Die erhaltene unterste Basaltquaderschicht der Fassade liegt auf einem Kalksteinfundament, das bankettartig nach Süden vorragt. Das Baumaterial, relativ sorgfältig geschnittene kubische Kalksteinquader, stammt wahrscheinlich von der weiter östlich gelegenen frühkaiserzeitlichen Stadtmauer (vgl. Abb.

---

[50] s. u. 31 ff.

1). Zwischen jeweils zwei größeren Quadern sind in der zweiten Fundamentlage Platten hochkant gestellt. Die Quader sind 38 bis 40 cm hoch, während die Länge variiert (24 cm, 32 cm und 79 cm). Es gibt lange und schmale Quader, die ehemals als Binder und Läufer in der römischen Fortifikationsmauer der Stadt versetzt waren.[51] Trotz unterschiedlicher Größen wurden die wiederverwendeten Blöcke für die Fundamentschichtung verwendet. Putzreste am Ansatz der Innenwand (Abb. 12 Nr. 2) weisen auf eine Verkleidung hin. Die unterste Quaderlage des Fundaments ist 30 cm hoch, die darunterliegende Bankettzone 10 cm. Der bankettartige Vorsprung liegt 10 bis 14 cm vor der Außenflucht. Die unterste Nivellierschicht besteht aus locker in die Baugrube eingestreuten Bruchsteinen, die durch Kalkmörtel miteinander verbunden sind.

Die Basaltquaderlage bricht im westlichen Abschnitt der Südmauer vor der Südwestecke auf einer Länge von 5 m ab. Auf Höhe des sechsten Interkolumniums[52] öffnet sich, genau gegenüber des nordwestlichen Eingangs, eine Tür in das südliche Außenschiff (Abb. 3A-D. 5-6: T 6). Hier sitzen die beiden untersten, aus Basalt gearbeiteten Blöcke des Türgewändes auf zwei langen, aus dem gleichen Material gearbeiteten Quadern, deren Stoßfugen ungefähr auf Schwellenmitte liegen. Der östliche Block hat eine Länge von 1,50 m, der westliche von 1 m. Die Oberkante dieser Schwellensteine befindet sich auf dem Niveau des mosaizierten Kirchenbodens. Die Gewände öffnen sich nach außen mit einer lichten Weite von 1,22 m. Die Türöffnung wurde später mit Quadern aus Kalkstein zugesetzt, deren Innenkante auf etwa 10 cm nach Norden zum Kirchenraum zurückspringt und auf dem Mosaikboden aufsitzt. Südlich vor diesem Eingang wurden eine große Menge von weißen Mosaiksteinen in einer Deponie gefunden. Die *Tesserae* ähneln in ihrer gelblich weißen Farbe genau jenen, die in einer späteren Nutzungsphase über dem Basaltpflaster der nördlichen Platzanlage verlegt worden waren.[53] Zudem waren sie mit zahlreichen Bruchstücken von einem polychromen Wandmosaik[54] aus dem Inneren der Kirche vermischt. Es hat demnach den Anschein, daß vor der Südfassade älterer Bauschutt in einer Zeit abgekippt worden war, als die Basilika und die ihr nachfolgende Moschee[55] außer Gebrauch gekommen waren und das Areal ausschließlich zu profanen Zwecken genutzt wurde.

Am Südwesteck hat sich lediglich die in der Erde steckende und deshalb mühsam zu beraubende Fundamentzone erhalten. Sie besteht hier aus längs nebeneinander versetzten, zwischen 0, 48 und 0, 56 m langen Kalksteinblöen (Taf. 9 B), die eine einheitliche Dicke von 0, 71 m haben. Dieses Maß entspricht exakt der Stärke der zweischaligen Basaltquaderschicht, woraus geschlossen werden darf, daß das nach außen vorspringende Fundamentbankett in dieser Zone in einer tieferen Gründungsschicht angelegt worden war.

---

[51] Zur Konstruktion der hellenistischen-frühkaiserzeitlichen Stadtmauer s. A. Hoffmann, Nürnberger Blätter zur Archäologie 12, 1995/96, 32 ff.
[52] Die Interkolumnien werden in der vorliegenden Untersuchung immer in der Zählung von Osten nach Westen angegeben.
[53] s. o. S. 9 f.
[54] s. u. 71 ff.
[55] s. u. 93 ff.

Am Südwesteck stößt die Fundamentzone der Südfassade T-förmig an die nach Norden und Süden fortlaufende Westfassade der Basilika bzw. an die Ostmauer des Atriums. In ihren konstruktiven Merkmalen entsprechen diese beiden Mauerzüge trotz geringfügig abweichender Maße[56] einander so genau, daß an ihrer gleichzeitigen Entstehung kein Zweifel bestehen kann. Die abweichende Mauerstärke von 0,83 m erklärt sich wahrscheinlich aus dem Umstand, daß dieses Fundament die Last der hoch mit Giebeldreieck aufragenden Westfassade zu tragen hatte. In der Westfassade ließen sich fünf Schwellen nachweisen, die zu Außenportalen gehörten (Abb. 3A-D, 5-6: T 8-12). Jedem der fünf Schiffe kann eine dieser Türen zugeordnet werden, wobei sich das zentrale, in das Mittelschiff führende (Abb. 3A-D. 5-6: T 10) durch eine besonders große Weite auszeichnet.[57]

Die nördliche Außenmauer der Kirche ist mit 0, 62 m nur geringfügig, nämlich um 9 cm schmaler als die südliche. Auch sie besteht im aufgehenden Bereich aus sorgfältig zugerichteten, zweischalig versetzten Basaltblöcken, die an mehreren Stellen nicht mehr vorhanden sind. Die Fundamentquader sind aus Kalkstein gearbeitet und treten innen wie außen vor die Flucht der Außenmauer: Sie bilden also wie an der Südfassade ein Bankett für die darüber errichtete Mauer.

Die unterste Basaltquaderschicht der Nordfassade ist ab der Nordostecke der Basilika nach Westen hin über eine Strecke von 10,20 m zu verfolgen, im westlichen Abschnitt ist auch sie zerstört. Im Osten bindet sie in die von Süden herangeführte Ostbegrenzung des Außenschiffes ein und bildet ein in sich geschlossenes Eck aus.

An der gegenüberliegenden Nordwestecke der Basilika befindet sich ein rezentes Loch für ein Militärzelt, bei dessen Anlage die Erde sehr tief ausgehoben wurde. Auch das Areal nördlich davon ist vollkommen ausgeraubt. Auf Grund dieser tiefgreifenden Störung blieb es zunächst unklar, ob sich die nördliche Außenmauer der Kirche in einer Flucht weiter nach Westen fortsetzte oder ob die westliche Außenmauer der Basilika in Analogie zur Südwestecke an dieser Stelle nach Norden weiterlief. Es konnte jedoch im weiteren Grabungsverlauf beobachtet werden, daß die Nordfassade der Basilika hier an die westliche Außenmauer stößt. Im westlichen Abschnitt der zerstörten Ecke waren auf dem Niveau des Atriumbodens (Planum 1) zunächst keinerlei Spuren von der Nordfassade feststellbar. Jedoch bricht der Plattenfußboden des Atriums auf Höhe dieses Mauerzuges in einer geradlinigen Kante ab. Zur Klärung des Befundes wurde das Areal der vermuteten Nordwestecke um etwa 1,50 m gegenüber dem Niveau des Atriumsbodens tiefergelegt, um in den Fundamentbereich vorzustoßen. Hierbei trat erwartungsgemäß das in Ostwestrichtung verlaufende Kalksteinfundament der Nordfassade zutage, welches am erwarteten Eckpunkt tatsächlich mit dem Ende des Nordfassadenfundaments verzahnt ist und somit eine in sich geschlossene Ecke ohne Fortsätze nach Westen und Norden bildet. Die von Westen herangeführte nördliche Außenwand des Atriums war nördlich dieser Ecke vorgelegt.

---

[56] Dicke der Nord-Süd verlaufenden Mauer der Westfassade 0,83 m.
[57] Breite der Westportale von Norden nach Süden: T 12: 1,80 m, T 11: 1,60 m, T 10: 2,40 m, T 9: 1,60 m, T 8: 1,80 m, vgl. Auch Tabelle auf S. 16.

Von Norden her bindet das bereits erwähnte Steinpflaster der *Parvis*, das stellenweise von dem späteren Mosaik der Bauphase V überlagert ist, in die Atriums- und Kirchenmauer ein. Zusammen mit den Fundamentverläufen und der Abbruchlinie des Atriumspflasters zeigt auch die Begrenzung des äußeren Hofes, daß das Atrium nicht symmetrisch zum Baukörper der Kirche angelegt, sondern im Norden und im Süden leicht ausgezogen war.[58]

In der Nordfassade der Kirche öffneten sich zwei Eingänge in das Innere: ein im östlichen Abschnitt gelegener, zum ersten Interkolumnium des Außenschiffes führender (Abb. 3A-D. 5-6: T 2) und ein weiterer im Westen (Abb. 3A-D. 6-7: T 1), der den Zugang in diesen Trakt auf der Höhe der sechsten Pfeilerstellung ermöglichte. Der zuerst genannte Eingang ließ sich an zwei noch vorhandenen aus Basalt bestehenden Blöcken des Türgewändes erkennen. Er öffnete sich, den Vorsprüngen der Leibung folgend, mit seinen Flügeln nach Innen. Der Eingang besitzt an der Außenseite eine Weite von 1,00 m, an der Innenseite von 0,80 m. Der weiter westlich gelegene Eingang (T1) ist an einer Türschwelle zu erkennen, die in der nördlichen Mauerkante eingebettet ist. Das Türgewände weist einen Versprung gegenüber dem übrigen Mauerverlauf um 0,90 m auf. Das Portal trat also im Erscheinungsbild der Nordfassade deutlich hervor. In der Flucht des Portalvorsprunges ließen sich beiderseits jeweils eine nach Norden fortlaufende Mauerzunge beobachten. Bei dieser könnte es sich um die Fundamente eines Windfanges oder um die Ansatzstücke einer nach Norden zur Straße hin verlaufenden Doppelarkade handeln. In jedem Falle deuten diese Mauerreste darauf hin, daß dieser an der Nordfassade gelegene und von der Hauptstraße gut einsehbare Zugang zu der basilikalen Anlage besonders betont war. Diese Gestaltung und die große, sich nördlich vor der Basilika zur Straße hin ausbreitende Platzanlage mögen dafür sprechen, daß wir es hier mit einem der Haupteingänge zur Kirche zu tun haben.

II. 3. 3. Die Seitenschiffe

Mit einer Gesamtbreite von 7,20 m sind die beiden nördlichen Seitenschiffe um 0,25 m schmaler als die südlichen. Eine Unterteilung in Außen- und Innenschiff wird in diesem nördlichen Seitentrakt durch fünf noch *in situ* befindliche quadratische Steinplatten bezeugt, die in Nord-Südrichtung mit den Resten der Arkaden im Mittel- und in den südlichen Seitenschiffen fluchten. Wie bereits oben bei der Betrachtung des Grundrisses dargelegt wurde[59], belegen diese isolierten, ohne durchlaufende Stylobate versetzten Plinthen die Fünfschiffigkeit des Innenraumes. Die fragliche Arkadenreihe durchzog das Seitenschiff nicht exakt in der Mittelachse, sondern ist um 0,25 m nach Süden verschoben. Somit besitzt das nördliche Außenschiff eine Breite von 3,75 m gegenüber 3,45 m des angrenzenden Innenschiffes.

Es erhob sich bei der Rekonstruktion des sakralen Innenraumes zunächst die Frage, ob die Plinthen einst Säulen oder Pfeiler trugen. Sie ließ sich durch den Befund der ersten Arkade zugunsten einer Pfeilerstellung beant-

---

[58] s. u. 31 ff.
[59] s. o. S. 14.

II. 3. Baubeschreibung der Basilika

worten, da sich dort noch der im Querschnitt quadratische Unterteil eines kubischen Schaftes mit Fußprofil *in situ* erhalten hat (Taf. 10 A).[60] Das Profil ruht dort auf der darunter liegenden Platte und hat sich - möglicherweise aufgrund von Erdbebeneinwirkung - nur geringfügig verschoben. Die Plinthe ist in den Mosaikboden eingesenkt, wie der gut erhaltene Anschluß an der Ostkante des Pfeilers zeigt. Ferner läßt sich hier beobachten, daß die Mosaizisten den Raum für die quadratischen Steinplatten ausgespart hatten. Alle übrigen Pfeiler der Arkade sind abgeräumt und teilweise bei späteren Umbauten als Spolien wiederverwendet worden.[61] Nach Osten öffnete sich das nördliche Innenschiff durch eine Tür (Abb 2: T 3) zum Areal oberhalb der Krypta, das man auf einer Balustrade[62] begehen konnte. Die zu diesem Durchgang gehörige Schwelle ist 0,70 m tief und 1,90 m breit.

Während der Erbauungs- und ersten Nutzungsphasen (II a-b, 4. bis 6. Jh. n. Chr.) scheint im zweiten Joch des nördlichen Außenschiffes eine Treppenanlage in den unterirdischen Grabkomplex hinabgeführt zu haben. Diese Hypothese legte eine in der Nordostecke des Kirchenraums angenommene Sondage (VIII/98) nahe. Die fragliche Stelle bot eine Tiefgrabung an, da hier der Mosaikboden völlig zerstört war. Es war das Ziel dieses Suchschnittes, Hinweise auf den ursprünglichen, von Norden kommenden Treppenzugang zum römischen Hypogäum zu ermitteln. Ungefähr 50 cm unter dem Niveau des Mosaikbodens kam eine ältere, von Norden nach Süden verlaufende, sorgfältig gesetzte Kalksteinmauer von 0,65 m Breite zutage. Sie fluchtet mit der Fassade des Hypogäums und läuft unter der nördlichen Außenmauer der Basilika weiter. Die plausibelste Deutung für diesen Mauerzug ist, daß es sich dabei um den Kern der ursprünglichen Treppeneinfassung des römischen Grabbaus handelt.[63] Wegen der starken Beraubung läßt sich allerdings nicht mehr feststellen, ob er geradlinig nach Norden weiterlief oder rechtwinklig nach Westen umbog. Eine sinnvolle Weiternutzung der älteren Treppe vom nördlichen Außenschiff der Basilika aus ist allerdings nur im zweiten Falle denkbar.

Die Annahme eines symmetrisch entsprechenden Abstieges zum Hypogäum im südlichen Außenschiff ergibt sich durch die Rekonstruktion des ursprünglichen Zuganges zum römischen Grabbau (Abb. 4). Hierdurch wäre eine Zirkulation des Pilgerverkehrs von den Außenschiffen zu dem unter der Apsis gelegenen verehrungswürdigen Ort möglich gewesen. Dieser im Süden gelegene Abgang zur Krypta bleibt aber ohne eine weitere Ausgrabung rein hypothetisch; jedoch führen Parallelen in den Kirchen Palästinas zu dieser Annahme. In der nördlichen dreischiffigen Basilika von *Reḥovot* (*Ḥirbet Ruḥeibeh*) im Negev[64], deren erste Bauphase in der zweiten Hälfte des 4. Jhs. n. Chr. begann, führten zwei rechtwinklige Treppenanlagen zu der unter dem Sanktuar befindlichen Krypta.[65] Diese Abgänge liegen symmetrisch am Ende der seitlichen Schiffe. Tsafrir, der Ausgräber der *Reḥovot*-Kirche, fin-

---

[60] Vgl. o. S. 43 Bauornamentik Kat.-Nr. 14.
[61] Ebenda Kat.-Nr. 15-16.
[62] s. u. S. 27 f.
[63] Zur Frage der Stufenblöcke dieser älteren Treppenanlage vgl. o. S. 14 mit Anm. 47.
[64] Zur Kirche vgl. Y. Tsafrir - Y. Hirschfeld, DOP 33, 1979, 293 ff.; Y. Tsafrir u. a., Qedem 25, 1988, passim; Tsafrir 1993, 296 ff.
[65] Tsafrir a. O. (1988) 55 ff. Abb. 19-20.

det des weiteren Treppenanlagen in der durch Justinian renovierten Geburtskirche in Bethlehem, der Elona-Kirche auf dem Ölberg bei Jerusalem und in der Elona-Kirche in Madaba, welche die Zirkulation der intensiv einströmenden Kryptabesucher regulierten.[66]

Dieser hypothetischen Rekonstruktion im südlichen Außenschiff der Gadarener Basilika widerspricht jedoch die Belegung des Kryptabodens mit drei Gräbern, die bereits vor der Entstehungszeit der Kirche existierten.[67] Wenn die Krypta nur durch die Treppe aus dem nördlichen Schiff zu erreichen war, dann legt dies die Vermutung nahe, daß eine Treppe im Süden unnötig war. Ein Grund dafür könnte darin gesehen werden, daß der Pilgerandrang im 4. und 5. Jh. n. Chr. noch nicht sehr ausgeprägt gewesen ist. Für die Rekonstruktion des Zustandes im 4. Jh. wird die Variante mit einem Zugang zur Krypta im Norden angenommen (Abb. 5). Mit der zunehmenden Zahl der Kirchenbesucher wurde der gesamte östliche Abschluß der Basilika umgebaut (s. u. S. 28 f.).

Die südlichen Seitenschiffe messen in ihrer Gesamtbreite 7,45 m. In Analogie zu den nördlichen werden auch sie durch quadratische Plinthen der Arkaden in ein Innen- und Außenschiff gegliedert, wobei hier - im Gegensatz zum nördlichen Trakt - der Raum der Länge nach ziemlich genau halbiert wird. Das innere Schiff hat eine Breite von 3,70 m, das äußere ist um nur 5 cm breiter. Die Raumachse fluchtet mit der südlichen Stützwand der Krypta. Die von Osten gezählt zweite Platte, sowie die sechste und siebte, befand sich noch *in situ* (Abb. 3A-D), alle übrigen waren ausgeraubt, um für spätere Bauaktivitäten im Kirchenareal wiederverwendet zu werden. Die zweite, annähernd quadratische (50 x 52 cm) Plinthe besteht aus Basalt und ist an ihrer Oberfläche fein gespitzt. Alle anderen noch vorhandenen Plinthen sind aus Kalkstein gefertigt. Analog zum nördlichen Trakt besitzen auch im südlichen die beiden Schiffe jeweils einen Durchgang (Abb. 2. T 5; T 4) nach Osten. Der des Innenschiffs führt wiederum auf die über der Krypta gelegenen Loggia. Durch die daneben liegende, zum Außenschiff gehörige Tür (Abb. 2: T 5) gelangte man in einen parallel zur Balustrade laufenden Gang, der im Osten in die apsidiale Taufkapelle mündete. Die Tür ist durch einen Schwellenstein mit Einarbeitungen für die Angeln nachgewiesen, die Rillen zum Einsetzen von Schrankenplatten müssen von einer späteren Veränderung herrühren.

Auch der südliche Seitentrakt wurde in einer späteren Nutzungsphase räumlich reduziert: Man muß davon ausgehen, daß symmetrisch zu der Abschrankung des nördlichen Innenschiffs auch im südlichen der Altarraum zur Seite hin erweitert wurde. Später wurde auf Höhe des zweiten Jochs eine 0,52 m dicke Mauer über die gesamte Breite des südlichen Traktes eingezogen (Taf. 10 B). Sie besteht aus älteren Blöcken, die teilweise aufgrund der Rillen als Basen von Schranken bestimmt werden konnten. Diese Mauer stößt jedoch nicht an die Innenseite der südlichen Außenwand an, sondern endet in einem Abstand von 5,5 cm davor. Diese Mauer sitzt auf dem Mosaikboden und besteht im nördlichen Abschnitt aus Kalkstein, im südlichen aus sechs Basaltquadern, die sehr qualitätsvoll gearbeitet und sorgfältig ver-

---

[66] Tsafrir a. O. (1988) 58 Anm. 63.; ders. 1993, 301.
[67] Zur Datierung der Gräber vgl. u. S. 88.

setzt sind. Einer dieser Blöcke mißt 1,20 m in der Länge. Bei ihm scheint es sich um einen wiederverwendeten Türsturz zu handeln, der zum Durchgang zum östlichen abgetrennten Raum gehörte. Östlich der Mauer kamen bei der Freilegung drei Kalksteinquader zutage, die sich in bogenförmiger Sturzlage befanden. Die Trennmauer dürfte als Teil einer Baumaßnahme in einem relativ späten Stadium der Baugeschichte der Basilika (Phase IV, Abb. 8) zu deuten sein, in deren Zuge man den Kirchenraum beträchtlich verkleinerte.

II. 3. 4. Die Emporen

Einige Indizien des Baubefundes der Basilika von Gadara begründen die Annahme, daß die vier Seitenschiffe im Urzustand (Bauphase II) von Emporen bekrönt, also zweigeschossig waren.

An der nordöstlichen Ecke der Basilika schließt ein rechteckiger Raum an, der außerhalb des Baukörpers nach Osten vorspringt und dessen Breite jener des nördlichen Außenschiffes entspricht (Taf. 3 A-B). Die nördliche Wand dieses in den Kircheninnenraum einbindenden Traktes fluchtet mit der nördlichen Langseitenfassade der Basilika, während die südliche in der Achse der Nordschiffarkade liegt. Die Ostwand dieses Annexes entspricht der Wange der in die Grabanlage hinabführenden ursprünglichen Treppe.[68] Der fragliche Raum war nur durch die noch erhaltene Türschwelle von Norden her zugänglich, eine anderweitige Verbindung zum Kircheninnenraum ist nicht nachweisbar.

Aufschlüsse über die Funktion dieses Raumes konnten durch die Ausgrabungen nicht ermittelt werden, da das nach oben aufgehende Mauerwerk nicht erhalten ist. Zudem ist der originale Boden dieses Traktes völlig zerstört. In den erhaltenen unteren Partien läßt sich keinerlei Indiz für die Zweckbestimmung ablesen: Die Innenwände sind hier bruchrauh belassen und weisen nicht die sorgfältig gearbeiteten Blöcke einer Mauerschalung auf, wie sie an den auf Ansicht angelegten Außen- oder Innenwänden der Basaltarchitektur des geographischen Gebietes üblich sind. Mit Sicherheit läßt sich ferner ausschließen, daß dieser kleine Außentrakt einen funktionalen Zusammenhang mit der unterirdischen Grabanlage hatte.

Die Lage dieses unorganisch von außen angefügten Raumes läßt die Vermutung zu, daß er ein nach oben führendes Treppenhaus zu Emporen[69] über dem nördlichen Seitenschiff der Kirche beherbergte. Durch diese Stiegen konnte man die östliche Stirn des Außenschiffes erreichen, woraus sich zwingend ergibt, daß sowohl das Innen- als auch das Außenschiff doppelgeschossig waren. Eine weitere, dem nordöstlichen Treppenhaus entsprechende Aufgangsvorrichtung zur Empore wird auch an der Süd-Westecke der Kirche anzunehmen sein, wodurch die merkwürdig asymmetrische Verlängerung des Atriums[70] etwa 3 m über den Kirchenkörper nach Süden eine plausible Erklärung fände. Ob die Seitenschiffemporen an der Westseite des

---

[68] s. o. S.13 f.
[69] Allgemein zu Emporen vgl. RBK II (1971) 130 ff. s. v. Empore (C. Delvoye); RAC IV (1954) 1255 ff. s. v. Empore (F. C. Deichmann); J. Christern, in: Akten des 7. Internationalen Kongresses für iranische Kunst und Archäologie (1970) 407 ff.
[70] s. u. S.30 ff. Zur Höhe der Atriumsaußenwand s. u. S 31.

Kircheninnenraumes durch eine Balustrade untereinander verbunden waren, läßt sich nicht mit Gewissheit ermitteln. Die Spannweiten zwischen den Jochen der Mittelschiffarkaden scheinen indes zu groß zu sein, um mit Steinoder gewöhnlichen Holzbalken überbrückt werden zu können. Die Annahme von Emporen wird zudem durch die Höhenproportionen des Baukörpers empfohlen, dessen Außenschiffe mit hoher Wahrscheinlichkeit die Säulenhallen des Atriums überragten (vgl. Abb. 31 B).[71] Da die Annahme von Emporen nur hypothetisch bleibt, wird der Quer- und Längsschnitt (Abb. 10 A, B) ohne diese architektonischen Teile gezeichnet.

Galerien über den Seitenschiffen waren in der frühchristlichen Architektur des östlichen Mittelmeerraumes durchaus geläufig. Mehrere römische Basiliken, darunter auch die spätkaiserzeitliche in Askalon, werden zweigeschossig rekonstruiert[72]. Die Existenz einer über den Seitenschiffen laufenden oberen Galerie ist in der Synagogenarchitektur Galiläas umstritten.[73] Gesichert sind Seitenschiffemporen durch entsprechende Angaben des Eusebios bei der Beschreibung der konstantinischen fünfschiffigen Basilika des heiligen Grabes von Jerusalem[74] und des Oktogons von Antiochia.[75] In den Kirchen von Südsyrien und des Ostjordanlands sind Emporen in der Kirche von *Nīmreh* (4. Jh. n. Chr.)[76], in der Kirche des Sergios und Bakchos (Abb. 34) von *Umm es-Surab* (489. n. Chr.)[77] und in der Kirche des Numerianos von *Umm al-Ǧimal* (frühes 6. Jh. n. Chr.)[78] archäologisch nachgewiesen.

II. 3. 5. Das Sanktuarium und das Mittelschiff

Das Mittelschiff war ursprünglich durch ein breites Portal in der Mitte der Westfassade zu betreten (Abb. 2. 6-7: T 10). Im Boden des Mittelschiffs befindet sich in der Mitte des vierten Säulenjoches, genau in der Hauptachse des Kirchenraums, der *Oculus* (Taf. 11 A-B; 12 B) der unterirdischen Grabkammer. Diese Lichtöffnung ist in eine mächtige Basaltplatte eingebracht, die den Schlußstein des Spiegelgewölbes des darunter liegenden römischen Grabraumes bildet (Taf. 5 A). Das kreisrunde Loch mißt im Durchmesser 0,45 m. Es gibt keinen Hinweis darauf, ob und ggf. wie der *Oculus* nach Errichtung der Basilika abgedeckt worden war. Das Areal in seiner Umgebung war völlig zerstört.

In moderner Zeit, wahrscheinlich nach dem Krieg vom 1967, baute man eine quadratische Steinsetzung aus Spolien, um die Öffnung abzusichern (Taf. 12 A). Diese Steinsetzung erhebt sich etwa 0, 80 m über das Bodenniveau der Kirche und bildet eine zugemauerte quadratische Fläche (etwa 0,86 x 0,86 m). Die rezente Setzung besteht aus drei in Zement versetzten

---

[71] Vgl. u. S. 31 ff.
[72] Vgl. M. L. Fischer, Marble Studies, Roman Palestine and the Marble Trade (1998) 242 mit Abb.
[73] Vgl. L. J. Hoppe, The Synagogues and Churches of Ancient Palestine (1994) 23.
[74] *Vita Const*. III, 37; ausführlich s. u. S. 138 ff.
[75] *Vita Const*. III 50; F. W. Deichmann, in: ByzZ 65, 1972, 40-56.
[76] Butler 1929 22 ff. Abb. 19-20.
[77] Ebenda, 47 Abb. 45.
[78] Ebenda 115 Abb. 115.

Steinschichten. Eine vergleichbare Umrahmung des Loches aus der Nutzungszeit der Kirche ist nicht nachzuweisen.

Der Boden des Mittelschiffes wurde bei einer Renovierung (Phase III; Abb. 3A-D; 7) mit Mosaiken geschmückt,[79] die durch spätere Umbauten und moderne Zerstörung weitflächig beschädigt wurden. Die zugehörige Mörtelbettung der *Tesserae* läßt sich bis an den Stufenaufgang zum Altarraum verfolgen, wobei die Abdrücke der *Tesserae* noch stellenweise zu erkennen waren. Da der Boden des Altarraums völlig zerstört ist, stellt sich die Frage, ob auch er mit Mosaiken auf andere Weise ausgelegt war. Die in diesem Areal zahlreich zutage getretenen Fragmente von weißen und grauen, teilweise dreieckig zugeschnittenen Marmorplatten erhärten die Vermutung, daß der Boden des Altarraums mit einer Art *opus sectile* gepflastert war.

Im östlichen Abschnitt des Mittelschiffes öffnet sich das *Sanktuarium*, das aus dem apsidial mit abschließenden Altarraum (Chor) und einer vorgelegten Plattform besteht (Taf. 12 B). Die Apsis ist nur leicht eingezogen. Das aufgehende Mauerwerk des Chors, welches auf dem halbkreisförmigen, das Hauptgrab der Krypta umschließenden Einbau des Untergeschosses ruhte, ist heute völlig verschwunden. Ob der Altarraum durch eine Halbkuppel oder mit einem Flachdach gedeckt war, wie der Triumphbogen an die Säulenarkaden des Mittelschiffes anschloß, und ob sich an der halbrund gebogenen Ostwand die für frühchristliche Kirchen typische Stufenreihe (*Synthronon*, eventuell mit *Prohedrie*) befand, läßt sich aus dem erhaltenen Befund nicht mehr ablesen.

Der Boden des Sanktuars war gegenüber dem des Mittelschiffes angehoben, wie sich aus dem Niveauunterschied zwischen der Krone der Hypogäumsfassade und der östlichen Arkadenwand ergibt. Auf den langen Dachbalken dieser beiden tragenden Wände liegen Basalt- und Kalksteinquader, die durchschnittlich 20 cm hoch sind und die Unterfütterung für den Boden des Chors bildeten. Dieser war im Niveau gegenüber der Lauffläche des übrigen Kirchenraumes um mindestens 38 cm angehoben. Man bestieg den Chor ursprünglich über eine 28 cm hohe, mit Marmorplatten verkleidete[80] Treppenflucht, der eine ungefähr 10 cm hohe, in das Mittelschiff ausgreifende Plattform (*Bema*) vorgelagert war (vgl. Abb. 3 A-D; Taf. 12 B). Von der Treppe zeichneten sich noch die Spuren von zwei ursprünglichen Stufen deutlich im Befund ab.

Abdrücke dieser beiden Stufen, die zur Plattform und zum mittleren Kirchenschiff hinabführten, waren am westlichen Ende des Chors, das auf der Höhe des ersten Säulenjoches lokalisiert werden konnte, in der Vermörtelung der Bodenunterfütterung auszumachen. Etwa in der Mitte des Aufgangs haben sich ferner zwei originale Quader *in situ* erhalten (Taf. 13 A, B), die durch eine Abarbeitung in ihrem westlichen Abschnitt als Teil der

---

[79] Auf die Ornamentierung der Mosaike wird noch weiter unten einzugehen sein, s. u. S. 64 ff.

[80] Die Marmorverkleidung läßt sich aus folgendem Befund vermuten: Die untere der beiden Stufen weist im Norden und Süden rillenartige Einarbeitungen auf, die zur Anbringung der Marmorplatten als Stirnseite der darauf folgenden oberen Stufe diente. Diese Rille ist 3,4 bis 3,5 cm breit und 2,0 cm tief. Da sich von den Marmorverkleidung der Treppen keine eindeutigen Reste erhalten haben, ist es schwer zu entscheiden, ob diese Verkleidungsplatten in voller Dicke oder nur mit der flach abgearbeiteten Längskante in diese Rillen eingesetzt w aren.

Treppe zu identifizieren sind. Offenbar war die Stufenreihe zwischen den ersten Basen der Mittelschiffarkade verbunden und bildete so den westlichen Abschluß des Sanktuars. Für die Existenz von seitlich nach Norden und Süden herabführenden Stufen gibt es keinerlei Anzeichen. Der Abstand zwischen der untersten der beiden Stufen und der Transversalbogenreihe der Krypta beläuft sich auf 2,40 m und läßt somit auf die Spannweite der westlich anschließenden fünf Interkolumnien rückschließen (5 x 2,40 m). Dieses Maß ist jedoch im Westabschnitt des Mittelschiffes wohl aus statischen Gründen nicht einheitlich durchgehalten worden.[81]

Dem erhöhten Altarraum war eine gegenüber dem Mittelschiff zentrierte 1,70 m tiefe und ca. 3,60 m breite Plattform vorgelagert. Sie ist als *Bema*[82] anzusprechen. Vor der Nordwestecke dieser Konstruktion befindet sich eine mit dieser verbundene rechteckige Steinsetzung, die als Rest der Basis des *Ambo* interpretiert werden darf (Taf. 12 B).[83] Die Oberfläche der Plattform war mit Mosaiken belegt, wie die an die untere Stufe der Treppe zum Altarraum anbindende Mörtelbettung zeigt (Taf. 13 A, B). Im Westen war sie durch eine aus sorgfältig gearbeiteten Kalksteinquadern gesetzte, ca. 10 cm hohe Stufe gegenüber dem Mittelschiff abgesetzt. In den Stellen, an denen der Mosaikmörtel zerstört ist, treten Kalksteinquader der Bodenunterfütterung der Plattform zutage (Taf. 13 B).

Das Sanktuar war gegenüber dem übrigen Versammlungsraum nur an seiner südlichen und nördlichen Flanke (d. h. in ost-westlicher Richtung) durch Schrankenplatten abgegrenzt. Hinweise für eine Abschrankung des Sanktuars in nordsüdlicher Richtung fehlen. Die in *situ* gefundenen Fundamentblöcke weisen jeweils drei viereckige Löcher zum Einlassen der Pfosten (Taf. 14 A)[84] sowie Rillen zum Einsetzen der Schrankenplatten[85] aus jeweils fünf dieser in den Boden versenkten Quader, die sowohl aus Kalkstein als auch aus Basalt gearbeitet sind und - wie die Stufen - ursprünglich durch Marmorplatten verkleidet waren, finden sich jeweils von Innen her vor die zweiten Interkolumnien der Mittelschiffarkaden gelegt. Bis auf geringe Abweichungen entsprechen die Abschrankungsfundamente an der nördlichen und südlichen Arkade einander hinsichtlich der Konstruktionen.

Im Norden besteht das Fundament der Abschrankung aus fünf, über eine Länge von 3,30 m gesetzten Quadern. Diese Reihe hat eine Breite von 0,48 m. Der östliche Quader ist aus Basalt, die übrigen sind aus Kalkstein gearbeitet. Wegen des Stufenaufgangs ist der erstgenannte um 18 cm höher als die übrigen gegründet. In diesen ist ein quadratisches Pfostenloch eingetieft, das eine Seitenlänge von 0,21 m und eine Tiefe von 0,18 m hat. Auf den übrigen Plattenbasen folgen nach Westen zwei weitere Pfostenlöcher, die etwas größer (je 0,32 m x 0,30 m) sind, aber die gleiche Tiefe (0,18 m) besitzen. Die Marmorpfosten waren hierin mit Blei verankert, wie das mittlere

---

[81] Die östlichen Basen des sechsten Interkolumniums sind genau über den Westecken der Grabkammer des Hypogäums, die nächstfolgenden auf der Westmauer der Kryptoportikus gegründet. Der Abstand beträgt hier 2,65 m. Die Breite der nächsten beiden nach Westen folgenden Interkolumnien mißt ebenfalls 2,65 m.

[82] Zum Aussehen und zur Funktion des *Bemas* ausführlich s. u. S. 80 ff.

[83] Zum *Ambo* ausführlicher u. S. 83 ff.

[84] Zu den Schrankenpfosten vgl. u. S. 74 ff.

[85] Zur Gestaltung der Schrankenplatten vgl. u. S. 76 ff.

der drei Löcher durch den Befund belegt (Taf. 14 B). Der Abstand zwischen ihnen variiert beträchtlich: 0,36 m zwischen dem westlichen und dem nach Westen folgenden, 1,28 m zu dem östlichen. Diese Unterschiede sind ebenfalls durch die Stufenkonstruktion an dieser Stelle zu erklären. Auf den Oberseiten der Blöcke sind die Einlassungsrillen einheitlich 8 cm breit und 3 cm tief, über kurze Strecken hinweg sind sie jedoch nur angerissen.

Das südliche Schrankenfundament entspricht dem nördlichen weitgehend. Der Abstand zwischen den beiden westlichen Pfostenlöchern ist hier jedoch geringfügig größer (um 15 cm) als im Norden (insgesamt 0,51 m). Von Abschrankung gegenüber dem Mittelschiff gibt es keine Hinweise. Vielmehr befanden sich hier die Stufen, die zum Altar hinaufführten. Im Gegensatz zur Abschrankung an der Nordseite setzen sich die Standquader der Platten an der südlichen Arkade nach Westen fort und umrahmen die Plinthe der dritten Säule (Taf. 15 A). Im Vergleich zu den übrigen Fundamentblöcken liegen diese Kalksteinquader, welche die Plinthe in rechtem Winkel von Osten, Süden und Westen[86] umgeben und so um die Säule eine quadratische, nach Süden orientierte Nische bilden, in ihren Niveaus deutlich tiefer im Boden. Ansonsten entspricht die Gestaltung dieser Quader jedoch genau jenen des Sanktuars. Auf den vier Ecken dieser Nische befinden sich quadratische Eintiefungen, die durch Rillen zum Einsetzen der Schrankenplatten miteinander verbunden sind. Das Bodenmosaik bindet, soweit erhalten, an die Quader an, zeigt jedoch an der Berührungsstelle deutliche Reparaturen. Hieraus ergibt sich, daß die Umschrankung der Säule zeitlich nach dem Verlegen des Mosaikbodens vorgenommen wurde. Zugleich ist diese Baumaßnahme jedoch vor der Umwandlung des Kirchenbaus in eine Moschee zu datieren, da bei einer sekundären Nutzung des Fundaments zur Errichtung einer muslimischen Gebetsnische (*Miḥrāb*) für eine Wiederherstellung des Mosaikbodens keine zwingende Notwendigkeit bestanden hätte.[87]

Die nördliche Abschrankung des Sanktuars setzt sich durch das erste Joch der Pfeiler des nördlichen Innenschiffes fort. Durch diese Abtrennung wurde der Zugangsbereich zur Balustrade vom Versammlungsraum getrennt. Diese Baumaßnahme kann erst nach dem Einziehen des Mosaikbodens (Phase IV, Abb. 8) vorgenommen worden sein, da die Blöcke mit den Einlassungsrillen nicht wie die des Sanktuarums[88] in den Boden versenkt, sondern auf die *Tesserae* gesetzt sind. Die Abschrankung muß folglich eine Nutzungsänderung des nördlichen Innenschiffes zur Folge gehabt haben, auf die weiter unten noch zurückzukommen ist.[89] Von den Schranken sind in diesem Bereich drei Kalksteinquader erhalten, in denen zwei quadratische Löcher für die Pfosten und Einlaßrillen für die Platten zu erkennen sind. Die Löcher haben eine Seitenlänge von 21 cm und eine Tiefe von 6 cm; die Einlaßrillen sind 8 cm breit und 6 cm tief. Auf eine symmetrisch entsprechende Abtrennung des Balustradeneinganges im südlichen Innenschiff im Raum gibt es keinen Hinweis.

---

[86] Südlich der Plinthe sind zwei, östlich und westlich jedoch nur jeweils ein Quader mit Einlassungsrillen zu erkennen vgl. Taf. 15 B.
[87] s. u. 93 ff.
[88] s. u. 24 ff.
[89] s. u. 92 ff.

II. 3. 6. Die Loggia über der Krypta

Durch die beiderseits der Apsis gelegenen Türen des nördlichen und südlichen Innenschiffes (Abb. 2. 6-7. T 3, 4) erhielt man Zugang zu einem Areal, das in byzantinischer Zeit über der Krypta gelegen haben muß. Heute weisen lediglich die als Spolien wiederverwendeten Profilgesimse in der südlichen und östlichen Stützwand der Krypta darauf hin, daß dieser Bereich ursprünglich gedeckt war und von der Kirche aus begangen werden konnte. Da die Spannweite zwischen der Mauerkrone des halbrunden Einbaus und dem Gesims auf der östlichen Stützwand der Krypta zu groß ist, um sie mit Basaltbalken[90] überspannen zu können, konnte eine Abdeckung an dieser Stelle allenfalls durch eine Holzkonstruktion bewerkstelligt werden. Eine alternative, für die hier vorgelegte Rekonstruktion (Abb. 6; 30 A; 10) bevorzugte Möglichkeit bestünde darin, daß der Raum zwischen Apsis und östlicher Stützwand nach oben hin offen blieb und zwei Balustraden im Norden über der Freitreppe, im Süden entlang der südlichen Stützwand verliefen. Eine rechteckige Einarbeitung in der unteren Plattform der Treppenanlage weist auf die Existenz einer kubischen Stütze hin, mit deren Hilfe die lichte Breite dieses monumentalen Kryptenzuganges durch eine Balustradenkonstruktion aus Basalt überwunden werden konnte. Es ist wahrscheinlich, daß eine weitere Balustrade entlang der Ostwand einen Umgang in der Art einer Loggia ermöglichte.

Als Vergleich bietet sich die über dem Treppenzugang zur Kathedrale von Gerasa rekonstruierte Loggia an (Abb. 14).[91] Die Annahme eines solchen Säulenumgangs, der von den beiden Innenschiffen aus begangen werden konnte, bietet zudem auch eine plausible Erklärung für die drei langen Durchbrüche in dem apsidialen Einbau (Taf. 7 A-B). Auf diese Weise wurde bei der Prozession von erhöhtem Standort der Blick auf das hervorgehobene Grab vor dem Eingang zum römischen Hypogäum ermöglicht.

II. 3. 7. Der tonnengewölbte Raum

Im Südosten der Basilika befindet sich unter dem Boden des zum Baptisterium führenden Korridors ein kleiner unterirdischer Raum (Abb. 2-3; Taf. 15 B; 16 A). Man konnte ihn durch eine kleine, mit einer Basalttür (T 16) verschließbaren Luke (Taf. 16 B) von der südlich an der Kirchenfassade entlanglaufenden Straße erreichen. Von dem Laufniveau der Gasse stieg man auf einer Treppe zu der Tür des Raumes hinab (vgl. Abb. 15 B Nr. 4).

Der Raum wurde im Laufe der Ausgrabungskampagne des Jahres 1998 völlig[92] freigelegt und seine ursprüngliche Konstruktion geklärt. Sie läßt sich wie folgt beschreiben: Vor dem Raum liegen ein kurzer gewölbter Eingangskorridor mit einer Treppenanlage (Abb. 15 Nr. 2, 4; Taf. 16 A)). Die Au-

---

[90] Die längsten, bislang bekannten monolithen Werksteine aus Basalt erreichen in *Umm Qais* maximale Längen von ungefähr 2, 20 bis 2, 50 m.

[91] Kraeling 1938, 201 ff Plan XXIX, XXX.

[92] Der mit rezentem Material verfüllte Raum war bereits 1989 bis auf seine Südfassade und seinem Innenboden gereinigt worden.

ßenfront des Raumes hat hier nur eine Mauerstärke von 60 cm[93] und ist hinsichtlich des Mauerwerks in die Südfassade der Basilika eingebunden. Eine quadratische Türöffnung mit noch intakter Basalttür führt in das Innere. Der Innenraum besitzt einen quadratischen Grundriß (2,50 m x 2,50 m). Er ist mit einem Tonnengewölbe überdeckt, das sehr tief, nämlich auf Schwellenhöhe ansetzt (Taf. 16 A).

Der Eingangskorridor birgt die Treppe und ist auf beiden Seiten (d. h. im Osten und Westen) durch Mauerwerk eingefaßt (Abb. 15 B Nr. 3). Auf diesen Stützmauern sind jeweils vier Wölbsteine (Abb 15 B Nr. 2) erhalten, deren Reihung nach Süden abbricht. An deren Stelle befinden sich dort zwei Quader, die parallel und in der gleichen Höhe zu dem gegenüberliegenden Türsturz liegen. Alle vier Wölbquader sind aus Kalkstein gearbeitet und binden nicht in die Fassade des tonnengewölbten Raumes ein. Vielmehr bilden sie eine Art überwölbte Vorkammer. Vor der Türöffnung liegt eine vierstufige, aus Basaltblöcken gesetzte Treppenanlage, die auf die Tür des tonnengewölbten Raumes von Außen hinabführt. Ihre Stufen sind in den Korridor hineingelegt, ohne mit dem Mauerwerk der Kirche verzahnt zu sein. An der Oberkante blockiert eine zu einem späteren Zeitpunkt eingesetzte Mauer die Treppe von Süden her. Sie sitzt auf einer Erdpackung und ihre Unterlage entspricht dem der ersten Stufe (Abb. 15 Nr. 4).

Im Westabschnitt des vor dem tonnengewölbten Raum ausgegrabenen Fläche lag ein Kalkestrich, der das Niveau der obersten Treppenstufe aufnimmt und so einen Treppenabsatz bildet. Das Türgewände ist mit einen Sturz aus Basalt bekrönt, der an der Fassade mit einer etwa 10 cm breiten prismatischen Dachleiste nach Süden vorspringt. Er hat eine Länge von 1,18 m, eine Breite von 0,39 m und eine Höhe von 0,20 m. Die Leibung ist gleichfalls aus Basalt gefertigt, 0,70 m lang, 0,65 m breit und 0,20 m dick. Auf beiden Seiten besitzt die Tür einen äußeren Anschlag, so daß sich der monolithe Flügel nach innen öffnen ließ. Auf der Innenseite des Türrahmens ist der Flügel mit einem zylindrischen Zapfen oben in einer runden Ausnehmung des Sturzes eingehängt, während sich am unteren Ende ein flach gewölbter Fortsatz in der Pfanne auf der Schwelle dreht. Das aus einem Basaltblock gearbeitete Türblatt ist auf beiden Seiten nur grob geglättet; es ist 0,72 m hoch, 0,78 m breit und 0,18 m dick.

Der Boden des im Grundriß quadratischen Raumes ist mit einem Basaltpflaster gedeckt, dieses wiederum von einer 3 cm starken gelblichen Lehmschicht überzogen. Der Boden des Raumes ist gegenüber der Türschwelle um 0,65 m im Niveau abgesenkt. Die Pflastersteine haben sorgfältig geglättete Oberseiten. Sie sind etwa 0,25 bis 0,30 m dick, wie die noch *in situ* erhaltenen Exemplare zeigen. Am nordwestlichen und nordöstlichen Ende sitzt jeweils ein kubischer Quader. Solche fehlen zwar in den entsprechenden gegenüberliegenden Raumecken im Südosten und im Südwesten, lassen sich aber aufgrund von Abdrücken im Boden vermuten. Ihre Funktion ist unklar.

In den Boden des tonnengewölbten Raums wurde nach Entfernung einiger Platten ein in nord-südlicher Richtung ausgerichteter Suchschnitt angelegt (Taf. 16 C). Im nördlichen Ende des Profilschnitts trat ein parallel zu

---

[93] Die Südfassade der Basilika besitzt im westlichen Abschnitt ansonsten eine Mauerstärke von 0,72 m.

diesem laufender Mauerzug hervor, welcher aus zwei Lagen aus Basaltquadern besteht. Unter diesen folgt eine Packung aus Kalksteinquadern, die als Innenfassade in die nördliche Raumwand integriert ist und gleichzeitig die Füllung der südlichen Stützwand der Krypta bildet. Am südlichen Ende des Schnitts konnte entlang der südlichen Mauer das Fundament der Südfassade identifiziert werden: 0,80 m unter der Türschwelle sitzt die Basaltmauer auf rötlich–brauner Erde. Das Niveau der untersten Basaltquader unter der Nordfassade der Südmauer des Gewölberaum entspricht dem der untersten Basaltquader unter der Südfassade. Ein konstruktiver Unterschied besteht jedoch darin, daß die Südfassade mit Kalksteinen unterfüttert ist.

Außer dem Boden waren auch sämtliche Wände der Kammer mit einem ca. 3 cm dicken, gelblichen und relativ harten Mörtelverputz überzogen. Vereinzelte Spuren auf den Unterseiten der Keilsteine lassen vermuten, daß ursprünglich auch die Wölbdecke verputzt war. Spuren von Bemalung liessen sich nicht ausmachen, grünliche Verfärbungen rühren von Moosbildung in den kälteren feuchteren Jahreszeiten.

Das Dach des Raumes hat einen krummflächigen, etwa viertelkreisförmigen Abschluss in Nordsüdrichtung. Dieses Tonnengewölbe besteht aus Basaltsteinen und bildete die Unterlage für den westlichen Abschnitt des Bodens jenes langen Ganges, der vom südlichen Außenschiff der Basilika zum Baptisterium führt. Der Gewölbebogen setzt auf Höhe der Türschwelle an, so daß der Raum eine lichte Höhe von nur 1,58 m erreicht. Ein erwachsener Mensch konnte allenfalls in leicht gebückter Haltung in dem Raum stehen. Im Scheitel des Gewölbes sind einige der Keilsteine ausgebrochen (Taf. 15 B). Diese Störung scheint durch einen Granateinschlag im Krieg von 1967 verursacht worden zu sein. In dieser Zeit wurde die Kammer dann auch vollständig ausgeräumt und als Unterstand genutzt. Das in ihm akkumulierte Material war rezenten Datums und gab weder Aufschluß über die Entstehungszeit noch über die Funktion des kleinen Raumes.

Die Ausgrabung lieferte keinerlei Aufschlüsse über die Funktion dieses niedrigen Raumes. Gleichwohl wurden einige hypothetische Überlegungen zur Nutzung angestellt. Ein direkter funktionaler Zusammenhang mit der Basilika selbst ist nicht sehr wahrscheinlich, weil sein Eingang nur von der außen an der Kirchenfassade entlangführenden Straße durch das Treppenhaus her erreichbar war. Da zudem die Decke der Kammer - wie übrigens auch die des tonnengewölbten, von Süden heraufführenden Korridors - ausgesprochen niedrig ist, kann der Raum nicht zum alltäglichen Aufenthalt lebender Menschen, etwa in der Art einer *Taberna*, gedient haben. Auch die relativ kleine, hoch über dem Boden des Innenraumes sitzende Luke widerspricht der Annahme, daß die Kammer tagaus-tagein genutzt wurde.

Eine akzeptable Deutung bestünde eventuell darin, daß der Raum als eine Grabkammer gebraucht wurde. In ihm hätten allerdings nur Sarkophage aus Holz oder Blei deponiert werden können, da die Türöffnung für anderes Bestattungsmobiliar[94] nicht groß genug ist. Sollte diese Hypothese tatsächlich

---

[94] Es besteht bei dieser Annahme die Schwierigkeit, daß Sarkophage aus anderen Material, wie etwa Kalkstein oder Basalt, in diesem Raum nicht eingeschoben werden könnten. Ein Sarkophag aus Blei mit passenden Maßen (184,7 cm lang, 47 bis 49 cm breit und 30 cm hoch), wurde in der frühbyzantinischen Krypta gefunden. Ein solches Stück hätte sich problemlos durch die Luke (72 x 68 cm) schieben lassen. Zum Bleisarkophag der Helladis vgl. Th. Weber, UQ IV, 3 Kat.-Nr. M 60 (in

zutreffen, wäre dieser kleine Raum in Zusammenhang mit der Krypta zu sehen, wobei allerdings auch hier ein räumlicher Zusammenhang durch die Architektur kaum nahegelegt wird.

Diese Interpretation bleibt jedoch wegen des unbemalten Verputzes, der sich über das sorgfältig verlegte Bodenpflaster und über die Wände hinzieht, zu modifizieren: Insbesondere der zweite Bodenbelag legt eine sekundäre Nutzung des Raumes nahe. Vor dem Eingangskorridor wurden bis zu einer Tiefe von ca. 2 m Keramik- und Glasfragmente aus mamlukischer Zeit gefunden. Dieser Befund spricht dafür, daß dieses Areal bis weit in islamische Zeit begangen wurde. Der Boden- und Wändeputz könnte eventuell aus dieser Phase stammen und auf eine Umwandlung des Raumes in ein Wasserreservoir deuten, deren Fassungsvermögen allerdings relativ gering, nämlich nicht viel mehr als 3 m^3 war. Vielleicht hatte man schon damals einige Wölbsteine aus der Decke entfernt, um das Wasser besser abschöpfen zu können.

II. 3. 8. Das Atrium

Schon während der Ausgrabungskampagne des Jahres 1989 wurden vor der Westfassade der Basilika Spuren eines großen, von Säulenhallen eingefassten Hofes nachgewiesen (Abb. 3A-D).[95] In einem Abstand von 3,80 m westlich der westlichen Außenmauer der Basilika trat dabei eine in nord-südlicher Richtung verlaufende Quaderreihe zu tage, die aus sauber geglätteten Basaltsteinen besteht und sich etwa 0, 20 m über das östlich und westlich daran anbindende Bodenniveau erhebt. Zu diesem Zeitpunkt blieb unklar, ob diese Quaderreihe als westliches Stylobat des Atriums oder als westliche Grenze eines Narthex zu interpretieren sei. Um diese Frage beantworten zu können und um die westliche Ausdehnung des gesamten Hofes sowie dessen Anbindung an das Straßensystem zu klären, wurde 1998 ein Suchschnitt vom westlichen Haupteingang der Basilika in der Flucht der Mittelschiffachse über eine Länge von 30 m und eine Breite von 2,50 m verfolgt (Sondage III/98). Hierbei zeigte es sich, daß auch die vor der Hauptfassade der Basilika gelegene Halle nur als einfache Portikus, nicht aber als besonders betonte Narthex zu interpretieren ist.

Der Vorhof hat, wie bereits oben[96] dargelegt, einen quadratischen, nicht exakt axial vor den Baukörper der Basilika liegenden Grundriß mit sicher einem Außenzugang im Westen (T 16, einem weiteren im Südosten (T 7) und wahrscheinlich zwei oder drei weiteren im Norden (T 13 -T 15).

Die östliche Rückwand des Atriums wird durch die Westfassade der Kirche gebildet. Wie bereits oben bei der Diskussion des Grundrisses[97] gezeigt wurde, springt diese gegenüber dem basilikalen Baukörper um 2,95 m nach Süden vor und bindet an ihrem Ende in eine rechtwinklig nach Westen laufende Mauer ein, von der sich nur noch die Fundamentzone erhalten hat.

Vorbereitung).
[95] Vgl. o. S. 17.
[96] s. o. S. 16 f.
[97] s. o. S. 13 f.

Wie auch sonst üblich, besteht diese aus behauenen, wohl von der frühkaiserzeitlichen Stadtmauer stammenden Kalksteinquader. Das Fundament schwankt bezüglich seiner Dicke nur geringfügig zwischen 0,73 und 0,75 cm. Die ursprünglich auf diesem Fundamentzug aufgehende Wand muß als südliche Grenze des Atriums betrachtet werden. Das bei den Grabungen von 1998 näher untersuchte Südosteck könnte einen Durchgang zu dem entlang der Südfassade verlaufenden Platz - oder Straßenanlage besessen haben (Abb. 2. 6-7. T 7).

Das im Norden korrespondierende Eck des Atriums entsprach im Grundriß dem südlichen nicht symmetrisch. Hier bildet die an dieser Stelle freigelegte nördliche Außenwand des Atriums mit der Nordfassade der Basilika zwar keine durchgängige Flucht, ist aber eng an die Außenkante der Basilikenwand angesetzt.

Ein längerer Abschnitt der in Nordsüdrichtung verlaufenden westlichen Außenwand wurde schon früher von U. Wagner-Lux im Gelände beobachtet.[98] Diese Mauer besteht aus sorgfältig gearbeiteten Basaltquadern, von denen nur zwei, jeweils 0,36 m hohe Lagen erhalten sind. Die Blöcke haben eine Länge von 0,56 – 0,67 m und eine Breite von 0,35 m. Das unter den beiden Quaderreihen befindliche Fundament ist in gewohnter Weise aus Kalksteinquadern (0,25 – 0,30 m hoch) errichtet und kragt über die Basaltquader bankettartig hervor. Es gleicht dem Fundament, das an der Südfassade der Basilika studiert werden konnte.

Die Höhe der Atriumsaußenwände läßt sich nur hypothetisch errechnen. Bei einer angenommenen Säulenhöhe von ca. 5 m[99] ist zusammen mit einem Architrav von ca. 70 cm und einem Pultdach mit einem Neigungswinkel von ca. 35° von einer Rückwandhöhe der Hallen von etwa 6,50 m auszugehen (vgl. Abb. 30 A).

Die östliche Halle des Hofes war im Bodenbereich besser als die in der Sondage freigelegte westliche erhalten: Vor der Westfassade der Basilika sind in ihr drei Abschnitte des gepflasterten Fußbodens freigelegt (Abb. 3 A-D; Taf. 18 B), der die Fläche zwischen der fraglichen Quaderreihe und dem Fundament der Kirchenfassade bedeckte. Der mittlere, genau vor dem Haupteingang des Kirchengebäudes gelegene Abschnitt ist mit einem an *Opus Sectile* erinnernden polychromen Belag hervorgehoben (Tafel 18 B). Die aus verschiedenfarbigem Marmor und polierfähigem Kalkstein bzw. Marmor gearbeiteten Platten sind quadratisch (20 x 20 cm) und liegen in diagonaler, südwestlich bzw. nordöstlich orientierter Reihung. Der Marmor hat entweder eine strahlend weiße Färbung oder ist weiß mit dunkelgrauer Äderung. Die Kalksteinplatten variieren in ihren Farben von grau, gelb, orange–rot, orangegelb bis hin zu bläulich-grau. Die Platten sind weder hinsichtlich ihrer Materialien noch hinsichtlich der Färbung nach einem bestimmten System verlegt worden und bilden deshalb in sich kein geometrisches Muster. An der Stylobatkante ist - exakt gegenüber dem Basilikaneingang - eine Marmorplatte mit linear profilierten Mustern wie eine Reparatur in den Verbund der diagonal verlegten Kalksteinplatten eingefügt (Taf. 18 B). Die auffällig kleinteilige Zersplitterung der Bodenplatten könnte

---

[98] s. o. S. 8 mit Anm. 30.
[99] s. u. S. 34 Anm. 101.

durch von oben herabfallende schwere Bausteine, etwa als Folge eines Erdbebens, zu erklären sein.

Die beiden sich nördlich und südlich daran anschließenden Fußbodenabschnitte weisen ein einfaches Basaltplattenpflaster auf (Tafel 19 A). Im Norden sind elf Reihen erhalten, im Süden nur sechs, die übrigen sind ausgeraubt. Die Platten sind rechteckig und haben eine durchschnittliche Länge von 45 cm und eine einheitliche Breite von 36 cm. Mit ihrer Orientierung von Osten nach Westen bilden sie einen optischen Gegensatz zu dem diagonal verlegten Pflaster des mittleren Abschnittes.

Im Unterschied dazu war der Boden im Inneren der südlichen Säulenhalle mit Kalksteinplatten belegt, von denen sich nur einige Reste erhalten haben. Es ist also davon auszugehen, daß die Pflasterungen der Hoffläche und der der Säulenhallen farblich voneinander abgesetzt waren, wie es auch sonst in der frühchristlichen Architektur in Gadara belegt ist.[100]

In einem lichten Abstand von 3,21 m östlich der Westfassade des Atriums verläuft parallel zu dieser eine 0,89 m dicke Mauer (Tafel 17 C). Diese besteht aus Kalksteinquadern, die nebeneinander hochkant gesetzt sind. Dazwischen befinden sich Lücken, die mit unbearbeiteten Steinen und Mörtel gefüllt sind. Diese Mauertechnik ist ansonsten in der Basilika nur als Fundamentsetzung bekannt. Aus diesem Grund muß es sich bei diesem Mauerzug um das Fundament des westlichen Atriumsstylobates handeln. Da es jenem im Osten entsprochen haben dürfte, wird es ursprünglich von Basaltplatten überdeckt gewesen sein, die heute jedoch verloren sind.

Daß die offene Hoffläche von Säulenhallen umgeben war, ergibt sich ferner aus zahlreichen Säulenschäften, profilierten Basen und einigen ionischen Kapitellen, die im Gelände in rezenter Verwendung vorgefunden wurden. Zu diesen ornamentierten, aus Basalt gearbeiteten Bauglieder, auf die weiter unten noch detaillierter einzugehen ist[101], zählen u. a. auch herzförmige Basen und Eckkapitelle, die von Doppelsäulen in den vier Hofecken stammen dürften. Die Höhe der Säulen einschließlich der Basen und Kapitelle läßt sich aus den Detailmaßen der ornamentalen Bauglieder approximativ auf etwa 5 m erreichnen.[102]

Die offene Hoffläche, die sich westlich an die Quadersetzung des angesprochenen Stylobats anschließt, war nur noch in geringen Abschnitten[103] durch einen Pflasterfußboden erhalten. Dieser bestand aus rechteckigen Basaltplatten, die etwa gleichmäßige Abmessungen von 0,65 m Länge und 0,38 m Breite besitzen. Sie sind in Nord-Südrichtung gesetzt, bilden also wiederum einen optischen Gegensatz zu dem Belag jenseits des Stylobats.

---

[100] So z. B. der Pflasterbelag im Atrium der Zentralbasilika aus der Westterrasse, vgl. U. Wagner-Lux, AAJ 24, 1980, 157 ff.

[101] Der Durchmesser der Säulen beläuft sich durchschnittlich auf 52 cm, der zur Berechnung der Schafthöhe mit 8, mit 10 einschließlich Basis und Kapitell, zu multiplizieren ist, dazu vgl. R. Chitham, Die Säulenordnungen der Antike (1987) 74 f. Zur Schafthöhe von 4,16 m ist eine Höhe der Basis von durchschnittlich 30 cm und eine Höhe des Kapitells von ca 48 cm zu addieren, so daß man einen Gesamtwert für die Säulenhöhe von 4,93 cm erhält.

[102] s. Anm. 101.

[103] Unmittelbar westlich des vor der Kirchenfassade gelegenen Stylobats haben sich nur fünf Reihen davon - und auch diese nur über unterschiedlich lange Strecken - erhalten; das gesamte, nach Westen folgende Areal ist gestört und die Platten völlig ausgeraubt. Bezüglich des Niveaus entspricht diese Fläche jedoch dem der oben beschriebenen, mit Pflasterung erhaltenen Abschnitte.

Offenbar ist die Westgrenze des Hofes völlig durch rezente Eingriffe zerstört worden. In der Sondage, ungefähr 4,50 m westlich des zu dieser Seite gehörigen Hof-Stylobats, zog sich nach Westen eine durch aufgeschüttete Fläche, die von einem großen Unterstand für einen Panzer stammt. Das Fundmaterial dieses Abschnittes, zu dem auch Objekte rezenter Entstehungszeit, wie Plastikteile gehörten, spricht dafür, daß das gesamte Areal gestört ist. Diese Störung setzt sich bis mindestens 20 m nach West fort, wo sich eine tiefe Lücke im westlichen Bereich der westlichen Atriumsmauer befindet. Bei diesem Areal handelt es sich um ein nach 1967 entstandenes Panzerloch des jordanischen Militärs. Aus diesem Grund konnte die offene Fläche des Atriums nicht rekonstruiert werden. Von einer Vorrichtung zum Auffangen des Regenwassers in der Hofmitte in der Art eines *Impluviums* fehlt jede Spur.

II. 3. 9. Das Baptisterium

In einer Probegrabung des Jahres 1989 traten östlich der östlichen Außenmauer der Krypta Reste einer Ziegelsetzung zutage (Abb. 13), deren architektonischer Zusammenhang damals unklar blieb. Aufgrund eines kleinen Abflußkanals wurde die Vermutung ausgesprochen, daß es sich dabei um den Rest eines Taufbeckens handeln könnte. Diese Deutung wurde 1998 durch Nachweis der halbkreisförmigen, 1 m starken Ostmauer als Raumabschluß erhärtet. Diese ist nur in einer leichten Biegung nach Südosten zu erkennen und scheint einen Radius von 6, 20 m gehabt zu haben. Um diesen Raum mit der Basilika zu verbinden, erweiterte man die südliche Außenmauer der Kirche nach Osten. Jedoch konnte aus technischen und zeitlichen Gründen der Anschluss nicht archäologisch überprüft werden. Die parallel zu der nach Osten verlängerten Kirchenfassade laufende Nordwand des Raumes liegt genau in der Flucht der beiden südlichen Spoliensäulen der Krypta, welche die Südbalustrade der umlaufenden Loggia getragen haben. Sie bricht im Westen an der Stelle ab, an der die beiden Balustraden südlich und östlich über der Krypta ein Eck gebildet haben.

Vor dem Ansatz der Biegung befindet sich an der Nordmauer ein kubischer Basaltquader (50 x 50 x 58 cm) *in situ*, der auf allen Seiten sorgfältig geglättet ist. In einem Abstand von 4,20 m nach Süden wurde ein identischer Werkblock gefunden. Bei beiden Quadern wird es sich um Basen handeln, die eine Pfeilerstellung mit Archivolte vor dem Triumphbogen zwischen dem Längsschiff und der Apsis der Kapelle getragen hat. Der Raum (Abb. 2, 7) war im äußersten Südosten des Komplexes durch einen parallel zur Südbalustrade der Loggia laufenden Korridor zu erreichen, der durch eine Tür am Ostende des nördlichen Außenschiffes zugänglich war.

Da die an die Ostfassade über der Krypta angefügte Loggia zur Bauphase III gehört und sich eine engere architektonische Beziehung zwischen ihr und dem Baptisterium erkennen läßt, ist festzustellen, daß diese Taufkapelle zur gleichen Bauphase, d. h. in das 6. Jh. n. Chr., gehört. Ein weiteres Indiz für diese Annahme können die unterschiedlichen Breiten des Mauerverlaufes dieses Baptisteriums und der Südfassade der Basilika bedeuten: Die Breite der Südfassade der Basilika beläuft sich auf 72 cm, während die Breite des

Mauerverlaufs ab dem Südosteck der Basilika bis zur Apsis der Kapelle 62 cm breit ist (Abb. 3 A-D). Obwohl keine Fuge zwischen dem Verlauf dieser beiden Mauern zu beobachten ist, lassen jedoch diese unterschiedlichen Abmessungen eine Schlußfolgerung zu.

Dieser kleine, im Osten halbkreisförmig anschließende Annex ist also vielleicht als Baptisterium anzusehen, das dem in der frühchristlichen Architektur häufig belegten Apsidialtypus angehört.[104] Geschlossene Taufräume unterschiedlicher Formen gehören zu den liturgisch notwendigen Grundelementen der frühchristlichen Sakralarchitektur. Chronologisch gilt bis heute der Taufraum in der sog. Hauskirche in Dura-Europos aus dem zweiten Drittel des 3. Jhs. n. Chr. als das älteste Beispiel.[105] Das Taufbecken befindet sich dort in Nordwesteck eines im Grundriß rechteckigen, von den übrigen Teilen der Sakralanlage abgeschlossenen Raum. Anderweitige Taufstätten sind vor dem 3. Jh. weder archäologisch noch schriftlich belegt. Es wird jedoch angenommen, daß der Taufritus während des Urchristentums in fliessendem Wasser oder an jeder beliebigen Stelle, wo es Wasser gab, vorgenommen werden konnte. Solche frühen Tauforte sind aus diesem Grund ausserhalb eines architektonisch faßbaren Raumes zu suchen.[106]

Da das vermutete Baptisterium der Gadarener Basilika in das 6. Jh. n. Chr. (dritte Bauphase) zu datieren ist, muß nun gefragt werden, wo im Laufe des 4. und 5. Jhs. in der Kirche getauft wurde. Archäologisch ist kein Baptisterium für das 4. Jh. nachgewiesen. Es wäre jedoch möglich, daß der in der südöstlichen Ecke der Basilika gelegene tonnengewölbte Raum[107] - die äußeren Maße sind durchaus ausreichend - diese Aufgabe erfüllt haben könnte (Abb. 5); die quadratische Basaltpflasterung dieses Raumes könnte unter diesen Voraussetzungen eventuell als Fundament für ein Taufbecken gedient haben. Für eine solche Nutzung dieses Raumes spräche auch die Zugänglichkeit über eine Türöffnung im südlichen Außenschiff. Diese Frage muß jedoch offen bleiben.

Die topographische Lage des Taufraumes in Bezug auf den zugehörigen Kirchenbau läßt keine Regelmäßigkeit erkennen, so daß sich eine typologische Ordnung im Gebiet des byzantinischen Reiches nicht durchführen läßt. Von den bislang 653 archäologisch gesicherten Baptisterien, die in der kürzlich erschienenen Studie S. Ristows katalogisiert wurden, liegen nur 103, d. h. 16% aller bekannten Beispiele, im Areal südöstlich des Kirchenraums.[108] Die meisten dieser Taufkapellen, die aufgrund ihrer Lage mit der des Gadarener Beispiels übereinstimmen, finden sich in Ägypten und Nubien.[109] Südöstlich der Basilika gelegene Baptisterien des Apsidialtypus lassen sich interessanterweise vor allem bei Kirchen des Ostjordanlands und Palästinas nachweisen. In diesem Zusammenhang seien als bekannteste Beispiele das

---

[104] Zu den Baptisterien vgl. Lassus 1947, 217 ff; A. Khatchatrian, Les baptistères paléochrètines. Planes, notices et bibliographie (1962) passim; C. Delvoye, RBK I (1966) 460 ff. s. v (Baptisterium); zuletzt S. Ristow, Frühchristliche Baptisterien (1998) passim; ders., AW 30, 1999, 231 ff.
[105] Vgl. Ristow a. O. 236 Nr. 217.
[106] Didache 7, 1-4; Traditio Apostolica 21; Devoy a. O 461.
[107] s. o. S. 28 ff.
[108] Ristow a. O. 15 f. Graphik 3.
[109] Aus diesem Raum sind die Beispiele der Kirche in Alt- Dongola (Abb. 50 A-B; s. u. S. 178 ff.) und der Kathedrale in Qaṣr Ibrim (Abb. 48 A, s. u. S. 176 f.) zu nennen.

des Theodoros-Kathedralenkomplexes in Gerasa (vgl. Abb. 30 B)[110], der Kirche in *Ḥayyan al-Mišrif*[111] im nordöstlichen Ostjordanland (6. Jh.) und der Klosterkirche in Gergesa/ *Kursī* am See Genezareth (6. Jh)[112] angeführt.

II. 3. 10. Bauornamentik

Man muß davon auszugehen, daß eine architektonisch so aufwendig gestaltete Kirchenanlage mit reichem Bauschmuck versehen war. Dieser ist in der Regel auch für die Datierung aussagekräftig. Unglücklicherweise hat sich bis auf rudimentäre Spuren (z. B. Säulenbasen im Mittelschiff) nichts davon *in situ* erhalten. Der aus der spätesten Nutzungsphase (Phase V, Abb. 3 A-D; 9) stammende Kalkbrennofen[113] läßt nur noch die traurige Schlußfolgerung zu, daß der größte Teil der aus Marmor gearbeiteten Schmuckteile als für immer verloren betrachtet werden muß. Nur wenige Teile, vornehmlich solche aus Kalkstein und Basalt, wurden bei späteren Baumaßnahmen wiederverwendet.

Im folgenden Katalog werden jene archäologischen Zeugnisse in einer repräsentativen Auswahl vorgelegt, die aufgrund ihrer Fundlage als Teil der Bauornamentik der fünfschiffigen Basilika identifiziert werden konnten. Im Unterschied zu den Elementen der Innenausstattung handelt es sich dabei ausschließlich um jene dekorierten Bauglieder, die konstruktiv mit der Architektur der Basilika in Verbindung stehen: Türteile (Kat.-Nr. 1-9), Basen (Kat.-Nr. 11-23), Schäfte (Kat.-Nr. 24-42) und Kapitelle (Kat.-Nr. 43-52).

Katalog

Türstürze

Kat.-Nr. 1   **Taf. 21 A, B**
Türsturz. Reg.-Nr. XX. A. 450.
Fl.: Im Westabschnitt des nördlichen Innenschiffs, in moderner Störung Fläche 19, Quadrant IV, Abhub 0–1. Der Sturz lag schräg mit der Schauseite etwa 1,5 m östlich des Nordwesteingangs (T10) zur Basilika. Die Fundlage sowie die Maße liegen die Vermutung nahe, daß er über dem zentralen Portal der Westfassade gesessen hat.
Material und Erhaltung: Dunkelgrauer Basalt mit senkrechten Blasenketten, die durch den Block laufen. Bis auf wenige Bestoßungen vollständig erhalten.
Beschreibung: Der Sturz hat eine langrechteckige Form und ist auf der Schauseite geglättet. Alle übrigen Seiten sind nur grob zurechtgehauen bzw. bruchrauh belassen.

In der Mitte der Schauseite ist ein aufrechter, frontaler Adler mit ausgebreiteten Flügeln in flachem Relief dargestellt. Er steht auf einer horizontal verlaufenden Standlinie mit gezackten Rändern und wendet seinen Kopf zur rechten Seite. Die Unterteilung des Schnabels ist durch eine Einritzung zu erkennen. Die Schwingen laufen in einem leichten Schwung nach außen. Die Flügel sind in ihrem oberen Teil glatt belassen und ungegliedert, im unteren sind die Schwingen jedoch plastisch unterschieden. Der rechte Flügel weist

---

[110] Vgl. Crowfoot 1941, 55; mit Literaturangaben Ristow a. O. 197 f. Faf. 12.
[111] Z. al-Muheisen - D. Tarrier, StBiFranc 45, 1995, 47 ff.; Ristow a. O. Anm. 100 198 Nr. 440.
[112] Vgl. V. Tzaferis, in: Tsafrir 1993, 77 ff.; Ristow a. O. 169 Nr. 314.
[113] s. u. S. 96 f.

tiefe, parallel laufende Furchen auf, der linke ist in einzelne Federn unterteilt, die nicht sehr tief eingeschnitten sind. Die mittlere Feder ist jeweils horizontal durch Ritzung unterteilt. Beiderseits der Adlerklauen sind die Schwanzfedern diagonal angegeben.

Auf beiden Seiten des Adlers erkennt man zwei Rosetten mit knopfartig hervortretenden Kernen mit kleineren eingeschrieben und plastisch differenzierten Blüten. Die rechte Rosette hat neun spitz zulaufende Blätter, die durch radiale Ritzungen voneinander unterschieden sind. In ihrem Zentrum zeigt diese Rosette einen kleineren, aus fünf Blättern bestehenden Blütenkranz, der in seiner Form den äußeren wiederholt. Die linke weist dagegen acht abgerundete Blätter auf. Auch hier wiederholt sich im Zentrum das Blütenmotiv, welches hier jedoch nur aus sechs Blättern besteht.

Maße: L 2,20 m; H 30 -31 cm; Br 21 - 22 cm.
Lit.: *UQ* I, Kat.-Nr. BD 48 E; Taf. 91, 3 (unpublizierter Version).

Kat.-Nr. 2   **Taf. 22 B**
Türsturz. Ohne Reg.-Nr.
Fl.: An der Westseite des südlichen Innenschiffeingangs (T 9). Die Fundsituation und die Abmessungen legen die Vermutung nahe, daß der Sturz über diesem Portal der Fassade gesessen hat.

Material und Erhaltung: Dunkelgrauer Basalt. Bis auf wenige Bestoßungen an der Kanten vollständig erhalten.
Beschreibung: Der Block hat einen länglich-rechteckigen Umriß. Bis auf die Rückseite, die mittelgrob bearbeitet ist, sind die übrigen Seiten sorgfältig geglättet. Die Schauseite des Sturzes zeigt eine einfache Profilierung. An der Oberseite und an den beiden Schmalseiten ist die Stirnfläche durch erhabene glatte Leisten gefaßt, die nach innen abgebößcht sind. Zwischen den beiden seitlichen Kanten ist die Oberfläche des Blockes nach innen in drei parallelen stufenförmigen Leisten abgetieft. Die Unterseite, die genau über der Schwelle gelegen hat, weist einen Anschlag auf. In den beiden inneren Ecken des Anschlages ist jeweils eine kreisförmige Vertiefung zur Aufnahme der Angelzapfen des Türflügels eingebracht. Am Rand der Innenkante befindet sich auf halber Strecke ein weiteres kreisförmiges Loch, das einst einen senkrechten Riegel eines von zwei Türblättern aufgenommen hatte. Diese an Basalttüren ungeläufige Verschlußtechnik weist darauf hin, daß die zugehörigen Türflügel aus Holz gearbeitet waren.
Maße: L 1,80 m; B 53 m; T 37,5 cm; Dm der Ausnehmung des Zapfens 16 cm.
Lit.: Unveröffentlicht.

Die Fundlage macht es wahrscheinlich, daß der Türsturz (Kat.-Nr. 1) zum Kirchenbau gehört. Der stratigraphische Zusammenhang gibt weder nähere Auskünfte über den genauen konstruktiven Zusammenhang, noch läßt sich aus ihm eine Datierung des Stückes entnehmen. Es stellt sich die Frage, ob der Sturz als Spolie wiederverwendet oder mit der Errichtung der Basilika zu deren Schmuck angefertigt wurde.

Türstürze, die mit plastischen Rosetten geschmückt sind, kommen in der Sepulkralplastik des *Ḥaurān*, *Ǧolan* und nördlichen *'Ajlūn* außerordentlich häufig vor.[114] Besonders in der Grabplastik von Gadara waren die floralen Ornamente in der römischen Zeit zum Schmuck von Sarkophagen[115] und Grabfassaden[116] beliebt, ohne daß sich etwas über ihre inhaltliche Bedeutung im sepulkralen Kontext sagen ließe.

---

[114] Vgl. H. C. Butler, in: PPUAES II, 5, 1915 in *Mu'arribeh* III 276 und in *Ṣanamēn* III 282.
[115] Vgl. Schumacher 1890, 68.
[116] Schumacher 1890, 69 f; Weber-Khouri 1989, 15.

Das Motiv des Adlers in der typischen, heraldisch anmutenden aufrechtfrontalen Haltung ist in der Kunst des hellenistischen, römischen und christianisierten Orients weit verbreitet.[117] Der Raubvogel ist beispielsweise seit dem späten 4. Jh. v. Chr. ein *Topos* der ptolemäischen Münzprägung.[118] In der Architekturplastik fand der hockende Adler bereits im Hellenismus[119] als Akroter Verwendung und wird als solcher auch von den Nabatäern[120] rezipiert. Als zoomorphes Dekorationselement für hellenistische Türstürze ist er im Ostjordanland durch ein (allerdings sehr stark zerstörtes) Exemplar zu belegen, welches wahrscheinlich zum Stadttor von Pella gehörte.[121] In spätrömischer und frühbyzantinischer Zeit ist er in ähnlicher Haltung wie an dem hier vorgelegten Sturz aus Gadara an Portalen auf dem Ǧōlān[122], in der Leǧǧā[123] und im Ḥaurān[124] zu belegen. In Stil und Ikonographie besonders gut vergleichbar sind zwei Beispiele aus Ḥafar (Taf. 21 D)[125] und aus ʿAin Zaman (Taf. 21 C).[126] Beide lassen sich, da sichere Kriterien fehlen, nur schwer datieren. R. Hachili ordnet ähnliche Adlerdarstellungen chronologisch zwischen dem 2. und 4. Jh. n. Chr.[127] ein und weist darauf hin, daß gerade Reliefs mit dem Adlermotiv in byzantinischer Zeit häufig wiederverwendet wurden. Die Frage, ob es sich bei dem Stück aus Gadara um eine römisch-kaiserzeitliche Spolie oder um einen frühbyzantinisches Werk handelt, muß angesichts der unklaren Forschungslage[128] einstweilen offen bleiben - auch wenn man sich hinsichtlich des Rosettenmotivs in der römischen Grabkunst Gadaras eher für die zuerst genannte Möglichkeit entscheiden würde.

---

[117] Zum Adler als sepulkrales Symbol vgl. K. Parlasca, Syrische Grabreliefs hellenistischer und römischer Zeit: Fundgruppen und Probleme, TrWPr 3, 1981, 13 f. Taf. 16, 18 und 22.

[118] Zur Bedeutung des Adlers in der Münzprägung vgl. R. Stoll, Tiere auf römischen Münzen (1995), 67, 106. Zu den Adlern auf ptolemäischen Münzen s. G. F. Hill, A Catalogue of the Greek Coins in the British Museum: Gallilee, Samaria, and Judaea (1965) 107 Plate XII.

[119] Vgl. beispielsweise die Akrotere am *Qaṣr al-ʿAbd* und am Propylon von ʿAraq al-Amīr, J.-M. Dentzer - F. Villeneuve - F. Larché, SHAJ I (1982) 201 ff. Abb. S. 203.

[120] Vgl. etwa die Akrotere am *Qaṣr al-Bint* in Petra in: M. B. Lyttelton, Aram 2, 1990, 267 ff.; Als Giebelbekrönung kommt der hockende Adler auch an den nabatäischen Grabfassaden von Ḥegrā/Madain Ṣaliḥ vor, vgl. J. McKenzie, The Architecture of Petra (1990), 16 f. Plate 2a und b; und Ḫirbet et-Tannūr, vgl. N. Glueck, Deities and Dolphins (1965), Pl. 140, 306.

[121] Vgl. Th. Weber, Pella Decapolitana. ADPV XVIII (1993), 79.

[122] Vgl. R. Hachlili, in: The Roman and Byzantine Near East, JRA Suppl. XIV (1995) 185f.; 198ff. Nr. 25-34.

[123] Vgl. *Mdjêbel* bei H. C. Butler, in: PPUAES II, 7, I 11, 382.

[124] G. Bolelli, in: Hauran I 2, Hrsg. J.-M. Dentzer (1986) Taf. V a, V b, c und d; dies., in: Le Djebel Arab, Hrsg. J.-M. Dentzer - J. Dentzer-Fey dy (1991) Taf 6.

[125] Hachili a.O. 200 Nr. 30 (mit Abb.).

[126] R. Dunand, Le Musée de Soueida (1934) 22f. Nr. 19 Taf. VI 19.

[127] Hachlili a. O. 189

[128] In Vorbereitung ist eine Untersuchung von F. Meynersen (Universität Mainz, Sonderforschungsbereich 295, Teilbereich B. 3, Projekt C: Hellenistisch-kaiserzeitliche Tierplastik im Hauran: Zwischen Fremdeinfluß und Eigenständigkeit). Anhand ihrer Studien wird man die Tierskulpturen besser datieren können.

Türflügel

Kat.-Nr. 3   **Taf. 22 C**
Fragment eines Türflügels. Reg.-Nr. XX. A. 869.
Fl: Im südwestlichen Viertel des Kirchenraumes, im sechsten Interkolumnium der südlichen Seitenschiffarkade, gegenüber dem südlichen Eingang (T6), Fläche 18, Quadrant III. Planum 1.
Material und Erhaltung: Dunkelgrauer Basalt. Der untere Teil des Blattes und die seitliche Stoßkantenleiste sind weggebrochen.
Beschreibung: Das Fragment überliefert den oberen Teil des rechten Türblattes einer ursprünglich zweiflügeligen Basalttür. Mit dem zylindrischen Angelzapfen saß es in einer Ausnehmung auf der Unterseite des Sturzes. Das Blatt hatte eine langrechteckige Form und ist auf allen Seiten geglättet. Die äußere Langseite ist in Verlängerung des Zapfens abgerundet, alle übrigen Seiten weisen dagegen rechtwinklige Kanten auf.

Auf der erhaltenen oberen Hälfte der Schauseite ist das Türblatt von dem Angelbalken und der unteren Stoßkante plastisch abgesetzt. In dieser leicht erhobenen Fläche sind eine vollständige rechteckige profilierte Kassette und der obere Rand einer weiteren, in einigem Abstand folgenden zu erkennen. Beide sind jeweils durch einen geritzten Rahmen von der Oberfläche des Türblatts abgesetzt. In ihrem Zentrum ist in der vollständig erhaltenen Kassette ein rechteckiges Sparrenfeld eingetieft, welches von (im Querschnitt) breit gekehlten Randleisten umgeben ist. An den vier Ecken einer jeden Kassette sind auf der Oberfläche des Türblattes der plastisch hervortretende Kopf je eines Nagels zu erkennen. Im Zentrum jener Leiste, die die beiden Kasseten voneinander trennt, ist ein weiterer Nagelkopf eingefügt, der an der unteren Stoßkante fehlt.

Auf der Rückseite erkennt man noch den Rest einer leicht erhabenen plastischen Leiste mit drei Löchern an der oberen Kante. Wahrscheinlich handelt es sich dabei um die Halterung eines beweglichen Riegels.
Maße: H. 80 cm; Br. 60 cm; T. 20 cm.
Lit: Unveröffentlicht.

Kat.-Nr. 4
Fragment einer Basalttür. Reg.-Nr. XX. A. 865.
Fl: Am westlichen Ende des südlichen Innenschiffes. Fläche 18, Quadrant II, in rezenter Verfüllung.
Material und Erhaltung: Basalt. Das Türblatt ist schräg weggebrochen.
Beschreibung: Das Fragment gibt das äußere Eck eines Türflügels wieder. Erkennbar sind noch die rechtwinklige Stufe des plastisch abgesetzten Türblattes, der Rand einer Kassette und zwei gewölbte Nagelköpfe.
Maße: erh. H 18 cm; erh. Br 36 cm; D 21 cm; Dm der Nägel 5 cm.
Lit: Unveröffentlicht.

Fundlage, Maße und Materialbeschaffenheit dieser beiden, nicht im Bruch aneinanderpassenden Fragmente machen es wahrscheinlich, daß sie zu ein und derselben Steintür gehörten. Diese bestand mit Sicherheit aus zwei Flügeln, die mit Hilfe der zylindrischen Zapfen in eine entsprechende Ausnehmung auf der Unterseite des Sturzes eingehängt waren. Wie vollständig erhaltene Exemplare, etwa die monolithe, noch *in situ* befindliche Tür des kleinen tonnengewölbten Raumes[129], zeigen, ruhte der leicht gewölbte Fortsatz am unteren Ende des Angelbalkens in einer flach in der Schwelle ausgehölten Pfanne. Bei einer Breite von 60 cm des größeren der beiden Fragmente (Kat.-Nr. 3) darf man von einer Gesamtbreite von mindestens 1,20 m der ursprünglich zugehörigen Türleibung ausgehen. Dieses Maß entspricht in etwa jener des südwestlichen Portals (T 6)[130], in dessen Nähe die beiden Bruchstücke denn auch gefunden worden sind.

---

[129] s. o. S. 28 f.
[130] Vgl. Tabelle S. 16.

Basalttüren sind in der Grabarchitektur Gadaras sehr häufig anzutreffen. Diese wurden hölzernen Vorbildern nachempfunden. Als ein Beispiel aus dem frühen 1. Jh. n. Chr. sei auf das Portal in der Fassade des Grabes der Germani verwiesen.[131] Einen guten Vergleich zu den Fragmenten bietet ferner die aus gleichfalls zwei Flügeln bestehende, gleichfalls in die frühe Kaiserzeit gehörige Basalttür aus der Hauptfassade des römischen Hypogäums[132] (Abb. 18), die eine ähnliche Verteilung der Sparrenkassetten und der dekorativen Nagelköpfe aufweist. Diese beiden Parallelen legen die Vermutung nahe, daß man bei der Ausstattung der fünfschiffigen Basilika auf Elemente älterer Grabarchitektur als Spolien zurückgegriffen hat, die in der näheren Umgebung der Kirche reichlich vorhanden waren. Ob allerdings sämtliche Portale mit Steintüren versehen waren, ist unsicher, wenn nicht gar unwahrscheinlich: Das Hauptportal in der Westfassade besitzt eine Spannweite von 2,20 m. Türflügel mit einer Breite von 110 cm, wie man sie für eine solche Türöffnung voraussetzen müßte, sind m. W. bislang nicht bekannt.

Die Zuweisung der Basalttürfragmente an die fünfschiffige Basilika wird durch die irrige, in der Wissenschaft verbreitete Meinung erschwert, Steintüren seien ausschließlich in der Grabarchitektur anzutreffen. Sie kommen durchaus auch in sakralen und profanen Bauzusammenhängen vor, zumal Holz in der Antike in der relativ waldlosen Region ein recht kostspieliges Baumaterial gewesen ist. Als Beispiel für einen nicht-sepulkralen Bauzusammenhang sei auf eine monolithe Basalttür verwiesen, die 1919 von H. C. Butler im Areal des Tempels von *Saḥr al-Leǧǧa* nachgewiesen worden waren.[133] Die Zugehörigkeit zum Tempel ist hier zweifelsfrei, da es an diesem Ort keine Grabbauten gab.[134]

Türgewände

Kat.-Nr. 5
Block einer Türlaibung mit Riegelloch. Reg.-Nr. XX. A. 853.
Fl.: Streufund.
Material und Erhaltung: Basalt. Es fehlt der rückwärtige Teil des aufgehenden Sturzes.
Beschreibung. Der kubische Stein weist auf der geglätteten Innenseite ein quadratisches Loch auf, welches zur Hälfte weggebrochen ist. Die beiden Schmalseiten haben fein gepickte Oberflächen. Bei ihnen handelt es sich folglich um Schauseiten. Ober- und Unterlager sowie die Stoßfläche sind hingegen nur grob gepickt.

Maße: L 38 cm; H 27 cm; T 29 cm
Lit: Unveröffentlicht.

Kat.-Nr. 6
Block einer Türlaibung. Reg.-Nr. XX. A. 871.
Fl.: Westlich des westlichen Haupteingangs (T 10), Im Profilsteg zwischen Fläche 18, I und Fläche 19, IV.
Material und Erhaltung: Dunkelgrauer Basalt. Bis auf Bestoßungen der Kanten intakt.
Beschreibung: In der Aufsicht weist der Block einen gammaförmigen Umriß auf. Der dünnere, rechtwinklig umbiegende Teil ist in Analogie zu *in situ* befindli-

---

[131] Weber - Khouri 1989, 13.
[132] Vgl. Die Fassade des römischen Hypogäum UQ IV, 63 ff. Abb 21 A-C (in Vorbereitung).
[133] H. C. Butler, in: PPUAES II A 7 (1919) 442 Abb. 387 Nr. F; Th. Weber, DaM 8, 1995, 209 Abb. 3.
[134] Zum sakralen Charakter der "Siedlung" von *Saḥr* vgl. M. Kalos, Topoi 7/2, 1997, 965 ff.

chen Werkblöcken als Anschlag der Tür anzusprechen. Auf fünf Seiten gut geglättet, die sechste ist mittelgrob belassen.
Maße. H 59 cm; T 47 cm; L 66 cm.
Lit: Unveröffentlicht.

Kat.-Nr. 7
Block einer Türlaibung. Reg.-Nr. XX. A. 850.
Fl.: Streufund.
Material und Erhaltung: Basalt. Bis auf kleinere Ausbrüche an den Rändern intakt.
Beschreibung: Wie Kat.-Nr. 5 besitzt auch dieser Block in der Aufsicht einen gammaförmigen Umriss. Es handelt sich demzufolge wiederum um den Teil eines Türgewändes mit Anschlag. Die Ober- und Unterlager sind grob gepickt, die beiden Schauseiten entsprechend den Quaderspiegeln an der Außenmauer der Basilika fein geglättet. Die fünf Schauseiten des Gewändeblocks sind geglättet vergleichbar den Quader der Außenmauer der Basilika.
Maße: H 40 cm; T 33,5 cm; L 69 cm.
Lit.: Unveröffentlicht.

Kat.-Nr. 8
Block einer Türlaibung. Reg.-Nr. XX. A. 872.
Fl.: Wie Kat.-Nr. 5.
Material und Erhaltung: Dunkelgrauer Basalt. Intakt, an den Kanten stellenweise bestoßen.
Beschreibung. Der Block besitzt in der Aufsicht einen gammaförmigen Umriß. Der eine, als Anschlag zu bezeichnende Arm ist sehr kurz und gedrungen, der rechtwinklig abbiegende andere verjüngt sich nach außen. Ober- und Unterlager sind nur grob gepickt, während die Stirn und die Innenseite des Anschlages etwas feiner geglättet erscheinen.
Maße: H 77 cm; L 27 cm; T 39 cm.
Lit.: Unveröffentlicht.

Die hier vorgelegten Blöcke von Türrahmen lassen sich anhand von noch *in situ* befindlichen Beispielen (T 2, T3 und T 10. Abb 3A; Taf. 22 D) sicher identifizieren. Eine Zuweisung an eines der Kirchenportale ist indes nicht mehr möglich. Auffällig ist, daß trotz feiner Glättung der Schauseiten keine weiteren Verzierungselemente wie etwa Profilleisten oder plastische Eierstäbe anzutreffen sind. Da die Gestaltung sehr einfach gehalten ist und solch schlichte Türrahmen schon in den Fassaden der römischen Felsgräber geläufig sind, ist es nicht auszuschließen, daß es sich auch bei diesen Werkblöcken um Spolien handelt. Kat.-Nr. 6 könnte demnach von einem älteren Grabbau stammen, wo Riegelvorrichtungen geläufig waren.[135]

Fenster

Kat.-Nr. 9 Abb. 19A
Block von einem Rundfenster. Reg.-Nr. XX. A. 864.
Fl.: Im Westabschnitt des südlichen Innenschiffs: Fläche 16 Quadrant III, Abhub 0-1.
Material und Erhaltung: Dunkelgrauer Basalt. Intakt.
Beschreibung: Der Block ist auf der Schauseite geglättet, die übrigen sind nur grob bearbeitet. Er besitzt einen trapezförmigen Umriß mit zwei rechten und einem spitzen Winkel. Der Block hat drei geradlinige Kanten, die andere besitzt eine konkave Kurvatur, die zur Rundung des Fensterrahmens paßte.
Maße: 53 x 54 cm; T 23 cm; Dm der Fensteröffnung 62 cm.
Lit.: Unveröffentlicht.

Kat.-Nr.10 Taf. 22 A
Fragment eines Simses. Ohne Reg.-Nr.
Fl.: Das Fragment lag an der Westseite der Tür zum nördlichen Außenschiff (T12) und könnte deshalb zu diesem Portal der Westfassade gehört haben.

---

[135] Vgl. in Gadara: J. W. Bankes (bei J. B. Bowsher, Levant 29, 1977, 233); Schumacher 1890, 72; R. Dussand, Syria 6, 188 ff; in Pella: J. Hoskin, AAJ 30, 1986, 176 f.

Material und Erhaltung: Basalt. Eine der Schmalseiten ist über eine Länge von etwa 30 cm weggebrochen. Das erhaltene Teil des Sturzes ist, bis auf geringe Bestoßungen, gut erhalten.
Beschreibung: Der Sturz hat eine langrechteckige Form mit einem erhabenen glatten Spiegel, dessen seitliche und untere Ränder abgesenkt sind. An der Oberkante springt ein profilierter Konsolensims vor. Bis auf die Rückseite, die grob belassen ist, sind die übrigen geglättet. Das Profil der Konsolenleiste beginnt mit einer geradlinigen breiten Leiste, auf die ein von An- und Abläufen gefaßter Trochylos und Rundstab nach unten folgt.
Maße: Erh. L 1,52 m; B 61 cm; T oben 34 cm; T unten 29 cm.
Lit.: Unveröffentlicht.

Obwohl die Fundlage nicht aussagekräftig für die ursprüngliche Position der Blockes ist, läßt er sich aufgrund seiner Identifizierung als Teil eines Rundfensters mit der Westfassade in Verbindung bringen. Kreisrunde *Oculi* finden sich in der Architektur des Ḥauran, wie etwa das Beispiel der spätantiken Villa von *Ǧimmrīn* belegt (Abb. 20)[136], häufig im dreieckigen *Tympanon* von Giebeln. Ein vergleichbares, d. h. mit annähernd quadratischem Fugenverlauf gesetzter und mit Verwendung ähnlich trapezoid geschnittener Blöcke konstruiertes Rundfenster trifft man an einem spätantiken in *Nawa* an.[137] Dieses architektonische Detail läßt sich in der Region auch in byzantinischer Zeit nachweisen. Ein inschriftlich fest datiertes Beispiel ist in der Südfassade der Eliaskirche von *Ezraʿ* überliefert (Abb. 19 B).[138] Zur Position des Rundfensters im Giebeldreieck ist die Westfassade einer christlichen Kapelle in *Burǧ al-Ḥaidar* im nordsyrischen Kalksteinmassiv zu vergleichen.[139]

Die Frage, wie die übrigen Fenster der fünfschiffigen Basilika gestaltet waren, läßt sich nur schwer beantworten. Der Basaltblock Kat.-Nr. 10 weist über dem erhabenen Spiegel ein Simsprofil auf, das zu der rechten Seite einen profilierten Abschluß findet. Weitere zugehörige Simsteile wurden nicht gefunden, weshalb die Frage nach dem ursprünglichen Versatz in der Fassade kaum zu beantworten wird. Versuchsweise kann er als Sims für die Fensterbank der Obergadenzone zugesprochen werden. Kirchenfassaden, in welchen die Fenster durch ein durchlaufenden Gesims betont werden, sind vor allem aus dem nordsyrischen Raum bekannt.[140]

Größere Mengen von Flachglas und Reste von Bleifassungen, die vornehmlich in der Krypta gefunden worden sind, lassen zwar auf die Existenz von großen verglasten Fenstern schließen, doch bleiben ihre Größen, Formen und Positionen im Baukörper unbestimmt.[141]

Säulen- und Pfeilerbasen

Mittelschiffarkaden

Kat.-Nr. 11   Taf. 23 A

Basis attisch-ionischen Typus. Ohne Reg.-Nr.Fl.: *in situ* vorgefunden und am Ort belassen: Erste Basis (von Osten

---

[136] Vgl. H. C. Butler, in: PPUAES II A, 5 (1915), 301.

[137] F. Villeneuve, in: Hauran II, Hrsg. J.-M. Dentzer (1985) Taf. V 110, Abb 20.

[138] M. Restle, in: RBK II (1971) 1072 ff. Abb. 17C.

[139] Vgl. H. C. Butler, in: PPUAES II B. (1909) 290; J. Wilkinson, Levant 16, 1984, 120 Abb. 9 (rechts)

[140] Vgl. z. B. die Kirche zu *Simbâr* (Mitte des 4. Jhs. N. Chr., in: Butler 1929, 29 ff. Abb 28.

[141] Zu den Fenstergläsern und Bleifassungen s. Th. Weber, in: *UQ* IV 2 (in Vorbereitung) zu Kat.-Nr. M 42-45; Gl 139-141.

gezählt) der südlichen Mittelschiffarkade (Abb. 3A).
Material und Erhaltung: Weißer prokonnesischer Marmor. Abgebrochen ist eine Kante der Plinthe. Ein dreieckiger Ausbruch beschädigt das Basispolster und reicht bis zum Oberlager.
Beschreibung: Die Basis besteht aus einer quadratischen Plinthe mit sorgfältig geglätteten Seiten und aufgerauhtem Unterlager. Über der Platte folgt zunächst ein kräftiger glatter Rundstab (*Torus*) mit Anlaufkante, sodann eine breite Hohlkehle mit Anlauf *(Trochylos).* Nach oben schließt diese mit einem zweiten kräftigen *Torus* ab. Das Oberlager weist eine feine Pickung (*Anatyrose*) mit geglättetem Rand auf.
Maße. H 25,5 cm; Seitenlängen der Plinthe 65 x 65 cm; Dm des Oberlagers 50 cm.
Lit.: Unveröffentlicht.

Kat.-Nr. 12 **Taf. 23 B**
Basis attisch-ionischen Typus. Ohne Reg.- Nr.
Fl.: *In situ* vorgefunden und am Ort belassen: Zweite Basis (von Osten gezählt) der südlichen Mittelschiffarkade (Abb. 3A).
Material und Erhaltung: Weißer prokonnesischer Marmor. Ein Segment des oberen *Torus* ist schräg vom Oberlager heruntergebrochen; ansonsten ist die Oberfläche nur geringfügig bestoßen.
Beschreibung: In Form und Größe entspricht dieses Exemplar Kat.-Nr.11.
Maße. H 25,1 cm; Seitenlängen der Plinthe 63 x 63 cm; Dm des Oberlagers 57 cm.
Lit.: Unveröffentlicht.

Kat.-Nr. 13 **Taf. 23 C**
Basis attisch-ionischen Typus. Ohne Reg.- Nr.
Fl.: *In situ* vorgefunden und am Ort belassen: Erste Basis (von Osten gezählt) der nördlichen Arkadenreihe des Mittelschiffes (Abb. 3A).
Material und Erhaltung: Weißer prokonnesischer Marmor. Die Plinthe ist an mehreren Stellen beschädigt. Das Oberlager ist durch drei Abbrüche beschädigt.
Beschreibung: In Form und Größe entspricht dieses Exemplar Kat.-Nr. 9 und 10. Jedoch ist es etwa 5 cm höher als die anderen.
Maße. H 29,5 cm; Seitenlänge der Plinthe 68 cm; Dm der Oberfläche 57 cm.
Lit.: Unveröffentlicht.

Seitenschiffarkade

Kat.-Nr. 14 **Taf. 24 A**
Fragment eines Pfeilers; Reg.-Nr. XX. A. 521.
Fl.: *In situ belassen:* Erster Pfeiler der nördlichen Seitenschiffarkade, leicht gegenüber der in den Boden eingelassenen Plinthe verdreht (Abb. 3 A).
Material und Erhaltung: Ockerfarbener Kalkstein. Ecken geringfügig bestoßen, Schaft oben weggebrochen.
Beschreibung: Der kubische Block erhebt sich auf einem Fußprofil mit im Umriß quadratischem Unterlager. Darüber springt er in einem 1,6 cm hohen, flach S-förmig geschwungen, gegenüber dem Schaft durch eine feine Stufe abgesetzten Profil zurück. Der Schaft des Pfeilers hat einen quadratischen Querschnitt.
Maße: L 62 cm; Seitenlängen des Unterlagers 56 cm; Seitenlängen des Oberlagers 45 cm.
Lit.: Unveröffentlicht.

Kat.-Nr. 15 **Taf. 24 B** (links)
Fragment eines Pfeilers; ohne Reg.-Nr.
Fl.: Als Spolie wiederverwendet in der nördlichen Mauer des westlich an die Gebetshalle der Moschee angrenzenden Raumes, auf dem Kopf stehend.
Material und Erhaltung: Ockerfarbener Kalkstein. Der Pfeiler ist nicht ganz in der Mitte der Länge nach gespalten, wobei die anpassenden Teile noch im Mauerverband stehen.
Beschreibung: Form und Größe entsprechen Kat.- Nr. 14.
Maße: Genau wie Kat.-Nr. 14.
Lit.: Unveröffentlicht.

Kat.-Nr. 16 **Taf. 24 B** (rechts)
Fragment eines Pfeilers; Reg.-Nr. XX. A. 522.
Fl.: Als Spolie wiederverwendet in der nördlichen Mauer des westlich an die Gebetshalle der Moschee angrenzenden Raumes, auf dem Kopf stehend, unmittelbar neben Kat.-Nr. 13.
Material und Erhaltung: Ockerfarbener Kalkstein. Schaft größtenteils weggebrochen, Oberfläche geringfügig bestoßen.

Beschreibung: Form und Größe entsprechen Kat.- Nr. 14 und 14.
Maße: Wie Kat.-Nr 15.
Lit.: Unveröffentlicht

Kat.-Nr. 17   **Taf. 24 C**
Fragment eines Pfeilers. Ohne Reg.-Nr.
Fl.: Als Spolie wiederverwendet im Fundament der nördlichen Mauer der Gebetshalle der Moschee, auf dem Kopf stehend. Der Werkblock sitzt auf dem Mosaikboden.
Material und Erhaltung: Ockerfarbener Kalkstein. Schaft bis auf einen Stumpf weggebrochen, Oberfläche bestoßen.
Beschreibung: Form und Größe entsprechen Kat.- Nr. 12, 13 und 14.
Maße: Wie Kat.-Nr. 14.
Lit.: Unveröffentlicht

Kat.-Nr. 18
Fragment eines Pfeilers; ohne Reg.-Nr.
Fl.: Als Spolie wiederverwendet in der nördlichen Mauer der Gebetshalle der Moschee, auf der Seite liegend, unmittelbar neben Kat.-Nr. 17.
Material und Erhaltung: Ockerfarbener Kalkstein. Beschädigt durch Abbrüche an den Kanten und Ecken.
Beschreibung: Form und Größe ähneln Kat.-Nr. 14 und 15.
Maße: Wie Kat.-Nr. 14.
Lit.: Unveröffentlicht.

Atrium

Kat.-Nr. 19   **Abb. 21 A, Taf. 25 A**
Basis attisch-ionischen Typus. Reg.-Nr. XX. A. 860.
Fl.: In der Südwestecke der Basilika. Fläche 18, Quadrant IV, Abhub 0-1 C.
Material und Erhaltung: Dunkelgrauer Basalt gearbeitet. Ein Abschnitt des Unterlagers ist ausgebrochen. Wenige Bestoßungen.
Beschreibung: Die Oberfläche der Basis ist fein gepickt. Auch das Unterlager läßt eine *Anathyrosis* erkennen, weshalb die Plinthe separat gearbeitet gewesen sein dürfte. Die kreisrunde Unterseite des Polsters bildet das Unterlager, das Polster besteht aus Anlauf und einem weiteren Rundstab. Das Unterlager und der untere *Torus* des Basispolsters sind auf zwei einander gegenüberliegenden Seiten eingekerbt, wohl um die Basis auf der separat gearbeiteten Plinthe durch Metallpföcke zu stabilisieren.
Maße: Dm 66,5 cm; H 22 cm.
Lit.: Unveröffentlicht.

Kat.-Nr. 20   **Abb. 21 B, Taf. 25 B**
Basis. Reg.- Nr. XX. A. 866.
Fl.: In der Mitte des nördlichen Außenschiffes: Fläche 20, Quadrant III, Abhub 0-1.
Material und Erhaltung: Dunkelgrauer Basalt. Das Ober- und Unterlager sind intakt. Es fehlen kleine Abschnitte des oberen Wulstes und der Kehle.
Beschreibung: Die Form entspricht Kat.- Nr. 18, weist aber keine seitlichen Einkerbungen am unteren *Torus* auf.
Maße: Dm 72 cm; H 22 cm.
Lit.: Unveröffentlicht.

Kat.-Nr. 21   **Taf. 25 C**
Herzförmige Säulenbasis. Reg.- Nr. XX. A. 839.
Fl.: Oberflächenfund, südwestlich des Kirchenraumes (Südwesteck des Atriums).
Material und Erhaltung: Dunkel-grauer Basalt. Fußprofil bis auf geringen Bestossungen intakt, Ansatz des Schaftes zum großen Teil weggebrochen.
Beschreibung: Die Oberfläche ist fein gepickt. Der Werkstein hat in der Aufsicht einen herzförmigen Umriß. Das Unterlager wird durch den unteren, flach gewölbten *Torus* des Basisprofils begrenzt. Letzteres hat im weiteren Verlauf die gewöhnliche Abfolge des attisch-ionischen Kanons, bestehend aus einer breiten, nur schwach eingezogenen, oben und unten von scharfkantig abgesetzten Anläufen begrenzten Hohlkehle. Der nur noch als Stumpf erhaltene Ansatz des doppelten Säulenschaftes ist von der Basis durch einen weiteren Rundstab unterschieden.

Maße: Max. B unten 110 cm; L 50 cm; B des Schaftes 80 cm.
Lit.: Unveröffentlicht.

Kat.-Nr. 22
Basis eines Pfeilerquaders. Reg.- Nr. XX. A. 840.
Fl.: Südwestlich außerhalb der Kirche, Oberflächenfund.
Material und Erhaltung: Dunkelgrauer Basalt. Die beiden Ecken der Rückseite sind ausgebrochen. In der *Anatyrose* des

Oberlagers erkennt man eine moderne Abarbeitung.
Beschreibung: Das Fußprofil des Pfeilerquaders erhebt sich auf einer geraden, glatt belassenen Leiste, die in einer waagrechten Rille endet und sodann von einem Wulst begleitet wird. Darüber springt das Profil in einem flach s-förmigem Schwung zurück.
Maße: L 57 cm; B oben 34 cm, B unten 27 cm.
Lit.: Unveröffentlicht.

Kat.-Nr. 23   Abb. 22 A, Taf. 24 E-F
Pilasterbasis. Reg.-Nr. XX. A 865.
Fl.: Streufund aus dem Bereich der Basilika.
Material und Erhaltung: Dunkel grauer Basalt. Teile der Rückseite des Blockes schräg weggebrochen
Beschreibung: Der Werkblock gibt eine profilierte Pilasterbasis wieder, deren vordere und linke Seiten plastisch ausgearbeitet sind. Das Profil des Pilasterbasis beginnt mit einer geraden, glatt belassenen Leiste, darüber folgen ein *Torus*, ein breiter *Trochylos* mit scharfkantig abgesetzten Anläufen und der obere Rundstab. Auf der Basis erhebt sich über zwei flachen Leisten der an seiner Vorderseite glatte Schaft des Pilasters.
Maße: H 47 cm; L 57 cm; T 47 cm.
Lit.: Unveröffentlicht.

Nur drei im Katalog aufgeführten Säulenbasen (Kat.-Nr. 11-13) lassen sich aufgrund der Fundsituation sicher als Teile der Mittelschiffarkade des Kircheninnenraumes bestimmen. Sie gehören dem geläufigen attisch - ionischen Typus[142] an und sind aus weißem Marmor prokonnesischer[143] Herkunft gearbeitet. Ihre Profilen sind identisch, aber in ihren Proportionen ist die Basis Kat.-Nr. 14 auf sieben cm in ihrem Durchmesser des Oberlagers großer als Kat.-Nr. 12-13. Es ist dennoch wahrscheinlich, daß sie als zusammengehöriges Ensemble für das Sanktuar des Kirchenbaus hergestellt oder als solches aus älterem Bauzusammenhang wiederverwendet wurden.

Da kein Exemplar außerhalb des Sanktuars *in situ* nachgewiesen wurde, stellt sich zunächst die Frage, ob sämtliche Basen der Mittelschiffarkade mit denen des Altarraumes in Form und Material übereinstimmten. Es ist nämlich nicht auszuschließen, daß die Basen einheitlich waren, wie es auch sonst in Kirchengebäuden üblich ist.[144] Als Indizien können zwei weitere Basen gelten, die in jüngeren Bauphasen des Gebäudes gefunden wurden, aber nicht in den Katalog ausgenommen werden konnten. Auch sie sind aus Marmor gearbeitet und haben ähnliche Formen und Maße wie die *in situ* gefundenen. Die anderen, aus dem Kirchenareal stammenden Basen bestehen aus Basalt (Kat.-Nr. 19 und 20) und haben einen größeren Durchmesser als die vorherig genannten Exemplare (Kat.-Nr. 11, 12 und 13). Die dazu gehörigen Plinthen waren separat gearbeitet.

Der Unterschied zwischen den beiden Typen, der sich in den Maßen und im Material (Basalt und Marmor) zeigt, läßt daran denken, daß sie in zwei

---

[142] Zur attisch-ionischen Basis vgl. M. Korrès, DiskAB VI (1996) 90 ff; zu ionischen und korinthische Basen vgl. R. Chitham, Die Säulenordnung der Antike und ihre Anwendung in der Architektur (1987) 72 f. und 82 f.

[143] Zur Bestimmung der Gesteine in der Gadarener Basilika vgl. Th. Weber - U. Hübner, AAJ 42, 1998, 450 mit Anm. 12. Prokonnesischer Marmor wurde in der Architektur im römischen und byzantinischen Reich oft benutzt. Zum prokonnesischen Marmor vgl. M. Asgari, Roman and Early Byzantine Marble Quarries, in: Proceedings of the LX International Congress of Classical Archaeology at Ankara (1973) 467 ff. Zur Verbreitung von Werksteinen aus prokonnesischen Marmor im östlichen Mittelmeergebiet vgl. H. Dodge, JRA 4, 1991, 28 ff. Fig. 4.

[144] Ein weiterer Beleg für Basen aus Marmor prokonnesischen Herkunfts stellt die Arkadenreihe in der westlichen Kirche in Pella dar, vgl. A. McNicoll - R. H. Smith - B. Hennessy, Pella in Jordan 1 (1982) 114 ff.

verschiedenen Räumen benutzt und letztlich für unterschiedliches Stützwerk hergestellt bzw. wiederverwendet wurden. Es ist anzunehmen, daß die Architekturteile, die aus Basalt gearbeitet sind, für die Kolonnaden des Atriums benutzt wurden. Der Durchmesser der Basen, der zwischen 66 - 72 cm schwankt, paßt zur Breite des Stylobates der *Porticus* (72 cm). Auch die herzförmigen Spielarten (Kat.-Nr. 21 und 23), denen auch Säulenschäfte und Kapitelle zugewiesen werden können, fanden sicher nicht im Kirchenraum, sondern ebenfalls in dem großen Vorhof Verwendung, wo sich solche herzförmigen Architekturteile an den Ecken der Säulenhallen besonders gut eigneten.

Die doppelten Ecksäulen herzförmigen Grundrisses treten bereits in der paganen römischen Architektur Palästinas, wie z. B. in der Basilika zu Askalon, auf.[145] In Gadara selbst läßt sich die Tradition dieser architektonischen Schmuckform möglicherweise sogar bis in hellenistische Zeit zurückverfolgen.[146] Im Atrium der konstantinischen Geburtskirche in Bethlehem werden als Ecklösungen in den Portiken herzförmige Säulenstellungen postuliert, allerdings sind die fraglichen Stücke dort archäologisch nicht nachgewiesen.[147] Im 3. und 4. Jh. n. Chr. sind doppelte Ecksäulen jedoch in der Synagogenarchitektur Galiläas häufig zu belegen: so etwa in der Synagoge von Kapernaum,[148] in deren Innenraum die Ecksäulenlösung in ionischer Ordnung Anwendung fand. Ein weiteres, im nordwestlichen Ostjordanland befindliches Beispiel stellt die inzwischen zerstörte Synagoge in *Irbid* (Arbela)[149] dar, in der ebenfalls Basaltbasen des herzförmigen Typus mit ionischen Kapitellen kombiniert waren.

Die Säulenschäfte

Mittelschiffarkaden

Kat.-Nr. 24 **Abb. 17 A Nr. 6**
Säulenschaft. Reg.-Nr. XX. A. 546
Fl.: Im siebenten Joch des Mittelschiffes in einem Loch unter des Niveau des Mosaikbodens.
Material und Erhaltung: Im Grundton grauer, fein schwarz, weiß und dunkelgrün gesprenkelter troadischer Granit. Bis auf geringfügige Bestoßungen intakt, kleinere Partien der Fuß- und Kopffringe weggebrochen
Beschreibung: Der schlanke, sich nach oben leicht verjüngende zylindrische Schaft ist monolithisch, d. h. aus einem einzigen Steinblock gearbeitet. Die Oberfläche ist speckig glänzend poliert. An den beiden Enden verbreitert sich der Schaft zu zwei dünnen Ringen, deren Flächen jeweils Ober- und Unterlager für Basis und Kapitell bilden.
Maße: L 4,14 m; Dm. des Unterlagers 56, 5; Dm. des Oberlagers 47 cm.
Lit.: Unveröffentlicht.

Kat.-Nr. 25 a. b **Taf. 25 D**
Zwei zusammengehörige Fragmente eines Säulenschafts. Ohne Reg.-Nr.
Fl.: Sekundär wiederverwendet in der Süd- und Nordmauer des islamischen Raums, der im Nordwesteck der Kirche

---

[145] M. Fischer, in: The Roman and Byzantine Near East, JRA Suppl. XIV (1995), 121 ff. 23 Abb 2-3, Grundriß und Rekonstruktion der Basilika ebenda 140 f.
[146] In der Stadtmauer von Gadara sind nach freundl. Auskunft von W. Thiel herzförmige Basen vermauert, die zum Säulenhof einer hellenistischen Grabanlage gehört zu haben scheinen.
[147] E. Weigand, Die Geburtskirche von Bethlehem (1911) 43 ff. Taf. 1 a-b. Zu den herzförmigen Säulen des Atriums vgl. auch Ovadiah 1970, 33 ff. Taf. 73.
[148] Vgl. H. Kohl - C. Watzinger, Antike Synagogen in Galilaea (1915, Nachdr. 1975) 26 ff. Abb 42.
[149] Vgl. Kohl - Watzinger, a. O. 64 ff. Abb. 119, 121, 128.

eingebaut ist: Fläche 19, Quadrant II, Abhub 1.
Material und Erhaltung: Troadischer Granit wie Kat.-Nr. 24. Der Schaft ist in zwei im Bruch aneinander passende Stücke (a-b) gebrochen, die an ihren Oberflächen stellenweise bestoßen sind und durch Feuereinwirkung hervorgerufene Verfärbungen und Beschädigungen aufweisen.
Beschreibung: Der aus den beiden Fragmenten (a-b) wiederherstellbare Schaft hat die geläufige zylindrische, sich nach oben leicht verjüngende Form mit etwas anschwellenden Fuß- und Kopfringen. Die Oberfläche des Schaftes ist wie bei Kat.-Nr. 24 sehr sorgfältig behandelt und dürfte ursprünglich wie jener poliert gewesen sein. Die Politur ist auf Grund der (wohl rezenten) Brandeinwirkung verschwunden.
Maße: a: max. L 2,77 m; Dm der Fußring 58 cm; Dm des Schaftkörpers (unten) 49 cm; b: erh. L 1,40 m; Dm der Kopfring 53 cm; Dm Schaftkörper (oben) 47,5 cm
Lit.: Unveröffentlicht.

Atrium

Kat.- Nr. 26   Abb. 21 B, Taf 25 F, G
Fragment eines herzförmigen Säulenschafts. Reg.-Nr. XX. A. 838.
FL.: Streufund, wohl aus dem Südwesteck des Atriums.
Material und Erhaltung: Dunkelgrauer Basalt, an beiden Enden abgebrochen. Im unteren Abschnitt des Schafts der rechten Viertelsäule erkennt man ein etwa dreieckiges tiefes Loch.
Beschreibung: In der Frontansicht erkennt man zwei eng aneinander gerückte, als Viertelkreissegmente nach außen gewölbte Säulen. Auf den geradlinig im rechten Winkel zusammenlaufenden Rückseiten ist jeweils ein flach vorgelegter, sich über die gesamte Höhe ziehender, glatter Pilasterschaft zu erkennen. Der im Querschnitt herzförmige Schaft kann wegen dieser Pilaster nicht zu Kat.-Nr. 21 gehören. Die Unter– und Oberlager des Schaftes sind nur bossiert, während die seitlichen Flächen fein geglättet erscheinen. Ungefähr im Zentrum des Unterlagers befindet sich ein Zangenloch.
Maße: Erh. H 76,7 cm; max. Br 77,8 cm; max. T 76 cm.
Lit.: Unveröffentlicht.

Kat.-Nr. 27
Fragment eines Säulenschafts. Reg.-Nr. XX. A. 858.
Fl.: In der Süd – Westecke der Basilika. Fläche 18, Quadrant IV.
Material und Erhaltung: Grauer Basalt.
Beschreibung: Der Schaft hat eine zylindrische Form mit glatter, ungegliederter Wandung. Das Unterlager ist gepickt, das Oberlager nur grob bossiert.
Maße: Dm 52 cm; H 1,17 m.
Lit.: Unveröffentlicht.

Kat.-Nr. 28
Fragment eines Säulenschafts. Ohne Reg.-Nr.
Fl.: Streufund aus der Umgebung der Basilika, von den Militäreinheiten rezent wiederverwendet.
Material und Erhaltung: Dunkelgrauer Basalt. Kanten des Ober- und Unterlagers weggebrochen. Farbspuren modernen Datums.
Beschreibung: Form wie Kat.-Nr. 26..
Maße: L 0,99 m, Dm.: unten 51 cm; oben 50 cm.
Lit.: Unveröffentlicht.

Kat.-Nr. 29   **Taf. 25 E**
Fragment eines Säulenschafts. Ohne Reg.-Nr.
Fl.: Wie Kat.-Nr. 27.
Material und Erhaltung: Dunkelgrauer Basalt. Erhaltung ähnlich Kat.-Nr. 27.
Beschreibung: Form wie Kat.-Nr. 27.
Maße: L 0,90 m; Dm 50 cm.
Lit.: Unveröffentlicht.

Kat.-Nr. 30
Fragment eines Säulenschafts. Ohne Reg.-Nr.
Fl.: Wie Kat.-Nr. 29.
Material und Erhaltung: Dunkelgrauer Basalt. Erhaltung ähnlich Kat.-Nr. 29.
Beschreibung: Form wie Kat.-Nr. 28.
Maße: L 1,18 m; Dm unten 54,5 cm; oben 65,5 cm.
Lit.: Unveröffentlicht.

Kat.-Nr. 31
Fragment eines Säulenschafts. Ohne Reg.-Nr.

Fl.: wie Kat.-Nr. 29.
Material und Erhaltung: Grauer Basalt. Erhaltung ähnlich Kat.-Nr. 29.
Beschreibung: Wie Kat.-Nr. 27 und 28
Maße: Erh. L 0,67 m; Dm unten 51,5 cm; oben 53 cm.
Lit.: Unveröffentlicht.

Kat.-Nr. 32
Fragment eines Säulenschafts. Ohne Reg.-Nr.
Fl.: wie Kat.-Nr. 29.
Material und Erhaltung: Dunkelgrauer Basalt. Erhaltung ähnlich Kat.-Nr. 29.
Beschreibung: Wie Kat.-Nr. 29.
Maße: Erh. L 0,79 m; Dm unten 51,5 cm; oben 52,8 cm.
Lit.: Unveröffentlicht.

Kat.-Nr. 33
Fragment eines Säulenschafts. Ohne Reg.-Nr.
Fl.: Wie Kat.-Nr. 29.
Material und Erhaltung: Dunkelgrauer Basalt. Erhaltung ähnlich Kat.-Nr. 29.
Beschreibung: Form wie Kat.-Nr. 29.
Maße: Erh. L 0, 64 m; Dm unten 49,5 cm; oben 50 cm.
Lit.: Unveröffentlicht.

Kat.-Nr. 34
Fragment eines Säulenschafts. Ohne Reg.-Nr.
Fl.: wie Kat.-Nr. 29.
Material und Erhaltung: Dunkelgrauer Basalt. Erhaltung wie Kat.-Nr. 29.
Beschreibung: Form wie Kat.-Nr. 29.
Maße: L 0,50 m; Dm 50 cm.
Lit.: Unveröffentlicht.

Kat.-Nr. 35
Fragment eines Säulenschafts. Ohne Reg.-Nr.
Fl.: wie Kat.-Nr. 29.
Material und Erhaltung: Dunkelgrauer Basalt.
Beschreibung: Wie Kat.-Nr. 29.
Maße: L 0,92 m; Dm unten 53 cm; oben 54 cm.
Lit.: Unveröffentlicht.

Kat.-Nr. 36
Fragment eines Säulenschafts. Ohne Reg.-Nr.
Fl.: wie Kat.-Nr. 29.
Material und Erhaltung: Dunkelgrauer Basalt. Abgebrochen.
Beschreibung: Wie Kat.-Nr. 27.
Maße: L 0,83 m; Dm unten 57 cm; oben 58 cm.
Lit.: Unveröffentlicht.

Kat.-Nr. 37
Fragment eines Säulenschafts. Ohne Reg.-Nr.
Fl.: wie Kat.-29.
Material und Erhaltung: Dunkelgrauer Basalt. Abgebrochen.
Maße: L 0,91 m, Dm unten 49 cm; oben 49,5 cm.
Lit.: Unveröffentlicht.

Kat.-Nr. 38
Fragment eines Säulenschafts. Ohne Reg.-Nr.
Fl.: wie Kat.-Nr. 29.
Material und Erhaltung: Dunkelgrauer Basalt. Ähnlich Kat.-Nr. 29
Beschreibung: Wie Kat.-Nr. 29 - 37.
Maße: L 0,79 m; Dm unten 53,5 cm; oben 5.
Lit.: Unveröffentlicht.

Ziborium

Kat.-Nr. 39
Fragment eines Säulenschafts. Reg.-Nr. XX. A. 862.
FL.: Schräg im fünften Joch des Mittelschiffes liegend: Fläche 17 Quadrant III Planum 1.
Material und Erhaltung: Weißer prokonnesischer Marmor. Erhalten ist ein Ende und ein Abschnitt des Schaftes, am anderen Ende weggebrochen.
Beschreibung: Der zylindrische, sich im Verlauf leicht verjüngende Schaft hat eine fein polierte Oberfläche und lädt an dem erhaltenen Ende zu einem leicht verdickten Ring aus. Dieser ist als gewölbter Rundstab durch eine flache Kehle vom Schaftansatz unterschieden.
Maße: Erh. L 56 cm; Dm. des Schaftes 33,5 cm; Dm des Rings 36,5 cm.
Lit.: Unveröffentlicht.

Kat.-Nr. 40
Fragment eines Säulenschafts. Reg.-Nr. XX. A. 863.
FL. Unmittelbar nördlich von Kat.-Nr. 39, jedoch aufrecht stehend: Fläche 17

Quadrant III Planum 1.
Material und Erhaltung: Weißer prokonnesicher Marmor, Oberfläche an zahlreichen Stellen bestoßen und abgesplittert. Im Bruch nicht an Kat.-Nr. 37 passend, aber möglicherweise diesem dennoch zugehörig.
Beschreibung: Form wie Kat.-Nr. 37.
Maße: L 21 cm; Dm des Schaftes 35 cm.
Lit.: Unveröffentlicht.

Kat.-Nr. 41
Fragment eines Säulenschafts. Reg.-Nr. XX. A. 873.
FL.: Im Süd-Westeck des Kirchenraums: Fläche 25 Quadrant 2 Planum 1.
Material und Erhaltung: Weißer prokonnesicher Marmor. Erhaltung ähnlich Kat.-Nr. 39, Zugehörigkeit zu einem der vorangegangenen Schaftfragmente fraglich.
Beschreibung: Form wie Kat.-Nr. 39.
Maße: Erh. L 38 cm; Dm des Schaftes 33,5 cm. Dm des Rings 36.
Lit.: Unveröffentlicht.

Kat.-Nr. 42
Fragment eines Säulenschafts. Ohne Reg.-Nr.
Fl.: Im Süd-Westeck des Kirchenraums. Fläche 18 Quadrant 4 Planum 1.
Material und Erhaltung: Weißer prokonnesicher Marmor. Basis bzw. Kopfring ist erhalten. Bis auf geringen Absplittungen an der Oberfläche intakt.
Beschreibung: Der Schaft hat eine matt glänzend polierte Oberfläche ähnlich den anderen aus Marmor gearbeiteten Schäften (Kat.-Nr. 39 - 41).
Maße: Erh. L 1,65 m; Dm des Schaftes 30 cm. Dm des Rings 33.
Lit.: Unveröffentlicht.

Von den Säulenschäften, die im Kircheninnenraum gefunden wurden, sind zwei monolithisch aus grauem troadischem Granit[150] gefertigt. Einer von ihnen (Kat.-Nr. 24) hat sich komplett erhalten, während der andere in zwei Teile gebrochen ist (Kat.-Nr. 25 a. b). Auf Grund der Fundsituation[151] und der größenmäßig auf die Oberlager der Marmorbasen passenden Säulenenden, darf man davon ausgehen, daß sie zum zentralen Bereich des Kircheninnenraumes gehört haben. Durch diese beiden relativ vollständig erhaltenen Stücke erhält man somit eine Vorstellung von der prachtvollen Ausgestaltung der Mittelschiffarkade und deren Höhendimension. Wie schon oben bei der Diskussion der Basen ausgeführt wurde[152], dienten die aus den wertvollen Importmaterialien gearbeiteten Säulen wohl dazu, das Sanktuar, als östlichen Abschluß des Mittelschiffes hervorzuheben. Ob die übrigen Säulen des Mittelschiffes aus dem gleichen Material gearbeitet wurden, ist nicht auszuschließen. Aber ein Kalksteinkapitell (Kat.-Nr. 46) hingegen legt die Vermutung nahe, daß man bei den übrigen Säulen des Langhauses den optischen Effekt durch weniger kostspieliges, am Ort heimisches Gestein - also etwa durch dunklen Basalt in Kombination mit hellem Kalkstein - nachzuahmen versuchte. Die Trommel eines Basaltschaftes (Kat.-Nr. 28), dessen Durchmesser mit jenen der Basen und Kapitelle korrespondiert, könnte zu einer solchen "Ersatzsäule" der Mittelschiffarkade gehört haben. Die Ver-

---

[150] Zur Herkunft und Verbreitung des troadischen Granits vgl. H. Dodge, JRA 4, 1991, 42 Abb 1; O. Williams-Thrope - M. M. Henty, Levant 32, 2000, 155 ff.
[151] Die merkwürdige Fundlage des komplett erhalten Granitschaftes (Kat.-Nr. 22) in einer länglichen Grube unter dem Mosaikboden könnte eventuell dadurch zu erklären sein, daß man bei der baulichen Veränderung des Mittelschiffes während des islamischen Mittelalters dieses Stück auf Grund seines hohen Gewichts nicht über größeren Strecken transportieren wollte und es deshalb durch Versenkung in eine eigens dazu ausgehobenen Loch entsorgte.
[152] s. o. S. 45 f.

wendung dieses Basaltschaftes im Bereich des Atriumsäulenhallen ist jedoch möglich.

Die bei der Verwendung im Sanktuar der Basilika von Gadara anzunehmende Vierzahl der grauen Granitsäulen war möglicherweise beabsichtigt.[153] Auch in anderen Bauzusammenhängen werden graue Granitschäfte ab dem ausgehenden 3. und im gesamten 4. Jh. n. Chr. stets mit Basen und Kapitellen aus hellem prokonnesischem Marmor zur Betonung bestimmter Raumeinheiten kombiniert. In Gadara ist diese Verwendung im *Caladarium* der Thermenanlage belegt, das zur ursprünglichen Ausstattung des Bades im 4. Jh. n. Chr. gehört.[154] Im geographischen Großraum Palästinas und des Ostjordanlandes lassen sich unzählige weitere Beispiele dafür anführen.[155]

Aus dem Kircheninnenraum kommen des weiteren vier Säulenschäfte (Kat.-Nr. 39-42) bzw. deren Fragmente, die sich durch Material und Größe von den bisher behandelten deutlich unterscheiden. Sie bestehen aus weißem prokonnesischem Marmor. Ihre Durchmesser belaufen sich auf nur 32 bis 35 cm. Säulen dieser deutlich reduzierten Größenordnung können allenfalls einem *Ziborium* zugewiesen werden, dessen Lokalisierung im Altarraum der Gadarener Basilika allerdings aufgrund des schlecht erhaltenen Bodens nicht mehr konkret ermittelt werden kann. Ob zwei unregelmäßige viereckige Ausnehmungen in der Unterfütterung des Bodens im Zentrum des Altarraumes (Abb. 3 A) tatsächlich mit einem *Ziborium* in Verbindung zu bringen sind, bleibt fraglich. So bilden die kleinformatigen Marmorsäulen die einzigen Indizien für einen baldachinartigen Einbau im Altarraum.[156]

Insgesamt 16 Trommeln von Säulenschäften aus dunkelgrauem Basalt (Kat.-Nr. 26-38) wurden als Streufunde im Gelände westlich des Kirchenraumes, also im Bereich des Atriums, überwiegend in rezenter Wiederverwendung vorgefunden. Ihre Längen belaufen sich auf 0, 50 bis 1, 18 m, die Durchmesser schwanken zwischen 50 cm und 53 cm. Keine der Trommeln überliefert jedoch ein an der Ringverstärkung erkennbares Unterlager, das einen Größenvergleich mit den Oberlagern der attisch-ionischen Basaltbasen ermöglichen könnte. Der Abschnitt eines im Querschnitt herzförmigen Schafts (Kat.-Nr. 26) muß hingegen zu einer Ecksäule gehört haben. Auf seinen beiden Rückseiten zeigt diese flach vorgelegte Pilaster, die auf eine korrespondierende architektonische Gliederung an den Hallenrückwänden hindeuten.

Kapitelle

Mittelschiffarkade

Kat.-Nr. 43   Taf. 26 A-B
Fragment eines korinthischen Kapi-

tells. Reg.- Nr. XX. A. 874
Fl.: Wiederverwendet in der rezenten Steinsetzung, die sich vom nördlichen Eingang (T 1) zum Nord-Westeck der

---

[153] Bei Benutzung von Säulen dieser Art scheint man bei der Bauplanung nach einer bestimmten Regel vorgegangen sein. Zur Vierzahl in Kirchengebäuden verwendeter Granitsäulen vgl. J. Kramer, KölnJb 24, 1991, 298 ff.

[154] Eine Kombination von Basen aus Marmor mit Schäften aus Granit war im Laufe des 4. Jhs. in den byzantinischen Thermen von Gadara bekannt, vgl. UQ III, 48 f; H. Dodge, OxfJA 7, 1, 1988, 75.

[155] Vgl. Dodge a. O. 42 f.

[156] Zu den Möglichkeiten einer Rekonstruktion des Ziboriums s. u. S. 83 f.

Kryptoportikus zieht: Fläche 20 Quadrant III.
Material und Erhaltung: Weißer prokonnesischer Marmor. Oberfläche stellenweise stark verwittert. Der untere Blattkranz des Kapitellkorbs ist weitgehend weggebrochen und erodiert, das linke Eck der Kalathosplatte ist weggebrochen.
Beschreibung: Trotz der starken Beschädigungen ist das ursprüngliche plastische Volumen des Kapitells nachvollziehbar. Die Randzonen mit den Blättern sind hingegen weitgehend verloren.

Der Kapitellkorb (*Kalathos*) ist in drei Zonen gegliedert, wobei die beiden unteren aus Akanthusblattkränzen, die obere aus der Deckplatte (*Abakus*) mit seitlichen Spiralen (Voluten) bestehen. Aus den Zwickeln zwischen den Hochblättern erhebt sich ein kurzer Stumpf, der als gerippter Blattstengel nicht mehr deutlich zu erkennen ist. Darüber steigt ein gedrungener Hüllkelch auf, der durch grobe Bohrrillen in zwei einander gegenüberliegende Blattmotive unterteilt ist. In der Kapitellmittelachse vereinigen sich die äußeren Blattfinger der inneren Hüllblätter mit einem massigen Stützblattmotiv. In die schmale Zone zwischen Hüllkelchapparat und der mächtigen Abakusplatte schieben sich schematisch kleine *Helices*, die kaum Platz finden, um sich zu entfalten. Im Zentrum der hohen, leicht eingezogenen Abakusplatte ist noch der Ansatz einer in flachem Relief gehaltenen Abakusblüte zu sehen.
Maße: H 47,5 cm; erh. Dm 48 cm.
Dat.: Erste Hälfte des 4. Jhs. bis etwa 360 n. Chr.
Lit.: Unveröffentlicht.

Kat.-Nr. 44 **Taf. 26 C**
Korinthisches Kapitell. Reg.-Nr. XX. A. 234, heute in *Umm Qais*, Archäologisches Museum.
Fl.: Im westlich an die Gebetshalle der Moschee angrenzenden Raum: Fläche 19 Quadrant 4 unter dem südlichen Profilsteg.
Material und Erhaltung: Feinkristalliner weißer, leicht bläulich schimmernder prokonnesischer Marmor. Die gesamte rechte Kapitellhälfte ist von der Abakusplatte einschließlich der Außenhelices und -Voluten bis auf Höhe des unteren Blattkranzes schräg weggebrochen.
Beschreibung: Der tektonische Aufbau des Kapitells entspricht dem von Kat.-Nr. 43. Die Oberseite der Abakusplatte ist hier jedoch nur grob geglättet. Der Kapitellkörper ist mit zwei umlaufenden Reihen aus stehenden Akanthusblättern überzogen. Die Blätter der unteren Reihe haben kräftige Rippen und stark gezackte Lappen, deren Spitzen einander berühren. Die Stengel sind innen durch kräftige senkrechte Bohrrillen gegliedert, die Blattspitzen bilden dreieckige, ornamental anmutende Zwischenräume. Zwischen den oberen Blattspitzen ragen die kleineren Akanthusblätter der oberen Reihe hervor. Sie sind sehr viel sparsamer durch Bohrungen unterteilt. Die Spitzen der unteren Teile der Akanthusblätter treffen sich in der Mittelachse der darunter liegenden Blätter. Oberhalb ist eine breit ausladend tropfenförmige *caulis* dargestellt. Aus dieser steigen die Hüllkelchblätter auf, deren inneren Spitzen an der Mittelachse des Hochkranzblattes bogenförmig zusammentreffen. Zwischen der Abakusplatte und Hüllkelchkörper rollen sich die Voluten spiralförmig ein. In der Mitte des Abakusplatte ist eine Blüte in flachem Relief dargestellt.

Die Gestaltung der Blätter zeugt von Präzision in der Aufführung, wobei auf Details aber gänzlich verzichtet wurde.
Maße: H 47 cm; H des *Abakus* 7,9 cm; B des Abakus 44,5-53,5 cm; Dm des unteren Lagerfläche 33,5 cm; H der Kranzblätter 17 cm; B der Kranzblätter 14, 5 cm.
Dat.: Ca. 360 - 370 n. Chr.
Lit.: W. Thiel, Gadara - Umm Qais: Untersuchungen zur Entwicklung und Produktion des korinthischen Kapitells im urbanen Kontext einer Stadt der syrischen Dekapolis (unpublizierte Magisterarbeit, Universität Köln 1998) 37 Kat.-Nr. 86 Taf. 83 a-b.

Kat.-Nr. 45 **Taf. 26 D**
Korinthisches Kapitell. Ohne Reg.-Nr.
Fl.: Streufund aus der Umgebung der Basilika.
Material und Erhaltung: Weißer Marmor mit hellgrauen Äderungen. Das Kapitell ist durch Brandwirkung sehr stark beschädigt und abgerieben. Bis auf die Treffpunkte der Akanthusblätter

sind weitere Details nicht mehr zu erkennen.
Beschreibung: Der tektonische Aufbau des Kapitells entspricht dem von Kat.-Nr. 43. Durch die noch erkennbaren Negativformen, die sich aus den einander berührenden Blattspitzen ergeben, läßt sich dieses Kapitell dem gleichen Typus wie Kat.-Nr. 44 zuweisen.
Maße: Erh. H 52 cm.
Dat.: Kurz nach der Mitte des 4. Jhs. n. Chr.
Lit.: Unveröffentlicht.

Kat.-Nr. 46 Taf. 27 A, B
Korinthisches Kapitell. Reg.-Nr. XX. A. 868.
Fl.: In der Mitte des nördlichen Außenschiffes; Fläche 20 Quadrant III Abhub 0 – 1 A.
Material und Erhaltung: Kalkstein. Das Werkstück ist stark zerstört. Der *Abakus* und die äußeren Voluten sind weggebrochen.
Beschreibung: Schlank zylindrischer Kalathos, dessen Kontur unter den Ornamentformen noch deutlich sichtbar ist. Von dem unteren Blattkranz ist nur noch ein *Folium* weitgehend vorhanden, so daß seine plastische Gestaltung zu noch erschießen ist. Das hoch proportionierte Blatt läßt sich in verschiedene Lappenmotive unterteilen, die durch seitlich an einem dünnen Mittelsteg vorbeiführende Blattaderfurchen markiert sind. Die jeweils äußeren Zacken der einzelnen Blattlappen umschließen dabei schmale, länglich gekrümmte Ösen. Die Blattoberfläche ist plastisch differenziert ausgearbeitet. Die einzelnen Blattfinger fächern nach außen, wobei ihr Umriß durch scharfe Kanten betont wird. Ihre Spitzen biegen oben etwas um. Die Stile der *Folia*, die jeweils durch zwei tiefe Bohrrillen gekennzeichnet sind, setzen auch im zweiten Blattkranz hoch an. Die äußeren Spitzen der Hochblätter berühren sich dabei in der Mittelachse der Kranzblätter und bilden ein kleines vertieftes Dreieck über einer undifferenzierten Zungenpartie oberhalb des unteren Blattkranzes aus. Unmittelbar darüber ist die ringförmige Kante der *caulis* dargestellt. Aus ihm steigt ein steiles Hüllkelchmotiv auf, dessen innere Blätter in der Kapitellmittelachse bogenförmig aufeinander treffen. Aus diesem Kelch entwickeln sich in flachem Bogen einfache Helicesbänder, die sich in einer engem Volutenspirale nach innen ausrollen.
Maße: Dm ca. 49 cm; erh. H 52 cm.
Dat.: Um 160 n. Chr.
Lit.: Unveröffentlicht.

Kat.-Nr. 47 Taf. 27 C
Fragment eines korinthischen Kapitells. Reg.-Nr. 834.
Fl.: In der Süd-Westseite des südlichen Außenschiffes; FL 16 Quadrant III Abhub 0 - 1.
Material und Erhaltung: Kalkstein. Das Kapitell ist sehr stark beschädigt. Nur der untere Teil des Kelches mit dem unteren Kranz ist erhalten; darüber ist der *Kalathos* völlig weggebrochen. Abgesehen von den Negativformen der einander berührenden Akanthusblattspitzen sind keine weiteren Details zu erkennen.
Beschreibung: Bei dem vorliegenden Kapitell handelt es sich um eine Kalksteininversion der jüngeren Marmorexemplare, die sich durch die Bildung von Negativformen zwischen den einander berührenden Blattspitzen auszeichnen.
Maße: Dm unten 48 cm; erh. H 28 cm.
Dat.: Ca. 360 - 370 n. Chr.
Lit.: Unveröffentlicht.

Atrium

Kat.-Nr. 48 Abb. 23 A, Taf. 29 A-B
Ionisches Kapitell. Ohne Reg.-Nr.
Fl.: Im siebten Joch des Mittelschiffes (im östlichen mamlukischen Raum) auf dem Oberlager liegend. Fläche 19 Quadrant IV Planum 1.
Material und Erhaltung: Dunkelgrauer Basalt. Eine Volute ist erhalten, die übrigen sind weggebrochen. Die Abakusplatte und der Ansatz des Kapitells sind bis auf wenige Bestoßungen erhalten.
Beschreibung: Die gesamte Oberfläche ist fein gepickt. Das Kapitell besteht in seinem unteren Teil aus dem Ansatz des Säulenschafts, der vom *Echinus* durch einen kräftigen, an der Oberfläche glatt belassenen Rundstab abgesetzt ist. Darüber wölbt sich das 31, 5 cm hohe Kapitellpolster auf den beiden Schauseiten hervor. Letzteres wird auf beiden Seiten

von Voluten mit glatt belassenen *Echinus* begrenzt. Die Volutenpolster verjüngen sich nach innen und werden an der dünnsten Stellen durch zwei glatte Wulststäbe zusammengehalten. Die Stärke des Kapitellpolsters beträgt an dieser Stelle 50% des Durchmessers der *Helices*. Den oberen Abschluss des Kapitells bildet die an ihrer Oberseite geglättete, allseitig gegenüber dem Kapitellkörper leicht vorspringende Abakusplatte.
Maße: H 46,1 cm; Br 72 cm; H des Säulenschafts 14,6 cm; B Der Abakusplatte 62 cm; Dm des Säulenschafts 47,5 cm – 48 cm; Dm der Voluten 21 cm; H des Abakusplatte 5 cm.
Dat.: Erste Hälfte des 2. Jhs. n. Chr. (?)
Lit.: Unveröffentlicht.

Kat.-Nr. 49   Abb. 22 B-D, Taf. 28 A, C
Ionisches Eckkapitell. Reg.-Nr. XX. A. 837.
Fl. Streufund aus der Umgebung (südwestliches Areal) der Kirche, modern wiederverwendet in einem militärischen Unterstand.
Material und Erhaltung: Dunkelgrauer Basalt. Das Kapitell ist bis auf kleinere Abschläge am *Abakus* vollständig erhalten.
Beschreibung: Die gesamte Oberfläche des Kapitells ist gleichmäßig glatt gearbeitet. Der angearbeitete Ansatz des Schaftes zeigt einen herzförmigen Querschnitt, während die Abakusplatte in der Aufsicht rechtwinklig umbiegt.

In der Rückansicht ist ein leicht erhabener Pilaster in flachem Relief ausgearbeitet, der gegenüber den *Helices* und der Abakusplatte etwas vorspringt. Er bildet vor dem *Echinus* des ionischen Eckkapitells ein eigenes flaches Kapitell aus, welches oben und unten durch scharfkantig angesetzte An-und Abläufe begrenzt wird.

Das um 90° abgewinkelte Eckkapitell ist nur in der Frontansicht als solches ausgearbeitet. Es besteht aus einem gleichfalls orthogonal abgewinkelten glatten Kapitellpolster, das den herzförmigen Schaft bekrönt. An den *Echinus* schließen auf beiden Seiten ungewöhnlich kleine Volute an, deren wulstartig dünne, plastisch aus dem Reliefgrund gearbeitete *Helix*-Riemen 2 ¾-fache Einrollungen nach innen aufweisen. Im Inneren der Volute bildet sich ein kleines kreisrundes, plastisch abgesetztes, etwas vertieftes Auge aus. In der Seitenansicht sind die *Helix*-Polster oben und unten etwas eingezogen und werden von drei senkrechten, parallel zueinander laufenden Wulststäben zusammengehalten. Auf der Schauseite sind die *Helix*-Bänder oben waagerecht zur Kapitellmitte hin ausgezogen und bilden eine plastische Begrenzung gegenüber der leicht zurückversetzten Abakusplatte.
Maße: H 87 cm; L des Schafts 32,5 cm; B des Abakusplatte 78,7 cm; Dm der Volute 25 cm.
Dat.: Zweite Hälfte des 4. Jhs. n. Chr.
Lit.: Unveröffentlicht.

Kat.-Nr. 50   Taf. 28 B, D
Ionisches Kapitell; ohne Reg.-Nr., heute in *Umm Qais*, Archäologisches Museum, Garten.
Fl.: Streufund aus der Umgebung (südwestliches Areal) der Kirche.
Material und Erhaltung: Dunkelgrauer Basalt. Bis auf geringe Bestoßungen der Voluten gut erhalten.
Beschreibung: Die Oberfläche des Kapitells ist fein gepickt. In seinem unteren Teil besteht das Kapitell aus dem Ansatz des zylindrischen Säulenschafts. Dieser ist durch einen umlaufenden Rundstab von dem flach nach außengewölbten, glatten *Echinus* abgesetzt. Die schmalen Volutenbänder sind in flachem Relief bandförmig eingedreht. Wie bei dem Eckkapitell sind die *Helix*-Bänder waagerecht nach innen ausgezogen und heben sich in nur flachem Relief von der *Canalis* der Abakus-Platte ab. Die Oberflächen der *Helices* sind leicht konkav nach innen gewölbt. In der Seitenansicht weist das Kapitellpolster an den *Helices* die übliche Einziehung mit zwei wulstartigen senkrechten Riemen an der dünnsten Stelle auf.
Maße: Seitenlänge der Abakusblatte 74 cm; L 50 cm; Dm der Voluten 26 cm; Max. H 94 cm.
Dat.: Zweite Hälfte des 4. Jhs. n. Chr.
Lit.: Unveröffentlicht.

Kat.-Nr. 51   Taf. 29 C
Ionisches Kapitell. Ohne Reg.-Nr., heute in *Umm Qais*, Archäologisches Museum, Garten.
Fl.: Streufund aus dem Basilikaareal.

Material und Erhaltung: Dunkelgrauer Basalt. Bis auf geringe Bestoßungen ist es intakt erhalten.
Beschreibung: In Bezug auf Behandlung der Oberfläche und des Aufbaus gleicht das Kapitell Kat.-Nr. 50. Es unterschiedet sich von diesem jedoch durch seine kleineren Maße und das flache Relief der Voluten. Hier sind die Helices nur zwei Mal zur Volutenmitte eingerollt.
Maße: Seitenlänge der Abakusplatte 67 cm; L mit dem Schaft 56 cm; B 74 cm; Dm der Voluten 20 cm.
Dat.: Zweite Hälfte des 4. Jhs. n. Chr.
Lit.: Unveröffentlicht.

Kat.-Nr. 52   **Taf. 24 D**
Pilasterkapitell. Ohne Reg.-Nr.
Fl.: Streufund aus dem Areal südwestlich der Basilika. Form und Profilierung deuten darauf hin, daß dieses Pilasterkapitell zusammen mit der Pilasterbasis Kat.-Nr. 23 zur der rechten Seite einer der Basilikentüren gehörte.
Material und Erhaltung: Dunkelgrauer Basalt. Bis auf wenige Bestoßungen an den Kanten intakt.
Beschreibung: In der Aufsicht weist das Pilasterkapitell einen gammaförmigen Umriss auf. Bis auf die beiden inneren Seiten, die nur mittelgrob angelegt sind, zeigen die übrigen sorgfältige Glättung. Das Kapitell besitzt oben einen hohen glatt belassenen *Abakus*. - Der *Echinus* besteht (von oben nach unten) aus zwei schmalen, von waagrechten Rillen gefasste *Toroi*. Sodann folgt ein breiter *Trochylos*, der unten in einem schmalen Rundstab abschließt.
Maße: L. 72 cm, B. 42 cm; T 46 cm.
Dat.: römisch oder frühbyzantinisch.
Lit.: Unveröffentlicht.

Der Bestand der Kapitelle gliedert sich wiederum in die beiden, schon im Zusammenhang mit den Basen und Schäften festgestellten Materialien: Die korinthischen Kapitelle (Kat.-Nr. 43 - 47) bestehen aus prokonnesischem Marmor bzw. aus hellem Kalkstein, während die ionischen aus dunkelgrauem Basalt gearbeitet sind. In Analogie zu den Bauteilen aus den gleichen Materialien darf wiederum von einer unterschiedlichen Verwendung der Werksteine im Kircheninnenraum und im Atrium ausgegangen werden.

Die aus Marmor oder Kalkstein gefertigten korinthischen Kapitelle[157] gehörten zur Ausstattung des Kircheninnenraums, wahrscheinlich zur Mittelschiffarkade. Obwohl kein Kämpfer oder diesem entsprechende Werksteine nachgewiesen werden konnten, ist aus Gründen der Innenraumproportionen davon auszugehen, daß die Säulenreihen des Mittelschiffes Bogenreihen trugen. Typologisch lassen sich die korinthischen Kapitelle aus der Basilika von Gadara zwei unterschiedlich alten Gruppen zuweisen, die von W. Thiel in einer unpublizierten Kölner Magisterarbeit[158] behandelt wurden.

Bei dem Kalksteinkapitell (Kat.-Nr. 46; Taf. 27 A- B) handelt es sich um einen Vertreter der älteren Gruppe, die in mittelantoninische Zeit gehört. Wahrscheinlich fand dieses Stück wegen seines "minderwertigen" Materials und wegen seines "nicht-zeitgemäßen" Aussehens nicht in der Nähe des Al-

---

[157] Allgemein zum korinthischen Kapitell vgl. W.-D. Heilmeyer, Korinthische Normalkapitelle. Studien zur Geschichte der römischen Architekturdekoration (1970), passim; M. Fischer, Das korinthische Kapitell im alten Israel in der hellenistischen und römischen Periode, Studien zur Geschichte der Baudekoration im Nahen Osten (1990), passim; K. S. Freyberger, Stadtrömische Kapitelle aus der Zeit von Domitian bis Alexander Severus: Zur Arbeitsweise und Organisation stadtrömischer Werkstätten der Kaiserzeit (1990), passim; H. Bloedhorn, Die Kapitelle der Synagoge von Kapernaum, ADPV XI (1993); zum spätantiken Kapitell vgl. R. Kautzsch, Kapitellstudien, Beiträge zu einer Geschichte des spätantiken Kapitells im Osten vom vierten bis ins sieben Jahrhundert (1936), 5 ff.

[158] Vgl. Thiel, Lit. Kat.-Nr. 44. Kurzbericht in: Occident and Orient. Newsletter of the German Protestant Institute of Archaeology in Amman 4, 1-2 (December 1999) 2 ff.

tarraums, sondern im Westabschnitt der Mittelschiffkolonnade als Spolie[159] Verwendung.

Kriterien für die Datierung dieses Kapitells in die mittlere römische Kaiserzeit sind durch den Vergleich mit anderen chronologisch gesicherten Werkstücken, wie z. B. die Kapitele des Zeustempels in Gerasa, zu erschliessen.[160] Als charakteristische Merkmale dieses antoninischen Kapitelltypus lassen sich folgende Elemente anführen: Der *Kalathos* schließt mit einer kräftigen Lippe ab, auf der die mächtige Abakusplatte ruht. Sie wird an ihren Ecken von Voluten unterfangen. Um den *Kalathos* legen sich die Blattkränze in zwei deutlich voneinander unterschiedenen Schichten. Die Akanthusblätter der unteren fächern sich weit auf und überdecken die Ansätze der darüber sitzenden Hochblätter. Weitere Kriterien, welche eine Datierung in antoninische Zeit stützen, sind die hoch proportionierten Blattformen, die feine plastische Modellierung der Oberfläche, die Verwendung des Bohrers zur Stilisierung der rillenförmigen Adern, das dreieckige Zwickelmotiv zwischen den Hochblattspitzen über dem oberen Blattkranz, die Zurückdrängung des Kauliknopfes auf einen nur noch wahrnehmbaren ringförmigen Wulst und die bereits gestauchten *Helices*, in denen sich die zu Voluten eingerollten Stengel noch entfalten können.

Eine Datierung des Kalksteinkapitells aus der Basilika in das dritte Viertel des 2. Jhs. n. Chr. ergibt sich ferner aus dem Vergleich mit antoninischen Beispielen in Gadara selbst, die von W. Thiel zusammengestellt und untersucht worden sind. Weitere sechs korinthische Kapitelle dieser Zeitstellung stammen vom kürzlich freigelegten mittleren Abschnitt des *Decumanus Maximus*. Diese befanden sich im Versturzmaterial entlang der Hauptstraße. Ein weiteres antoninisches Beispiel wurde in byzantinischer Zeit im Atrium der Oktogonalkirche verbaut, das achte gelangtem aus unbekanntem Fundkontext in das örtliche Museum (*Bait Rusān*).[161] Sie weisen alle die oben beschriebenen ikonographischen und stilistischen Merkmale auf und lassen sich mit Kapitellen verbinden, deren Bauzusammenhänge für die Jahre zwischen 160 und 170 n. Chr. gesichert sind. Solchermaßen datierte antoninische Kapitelle trifft man außer am Zeustempel und Artemision-Propylon in Gerasa, am sog. Herculestempel auf der Zitadelle in Amman und am Nymphaeum in Bosra an.[162]

Eine deutlich spätere Zeitstellung vertreten die drei anderen Kapitelle aus der Basilika (Kat.-Nr. 43, 44 und 45; Taf. 26 A-D). Aufgrund ihres Materials, ihrer äußeren Gestaltung, ihres Stils und ihrer Formate sind Kat.-Nr. 43-45 den spätantiken Kapitellen prokonnesischer Produktion[163] zuzuweisen, die als Importstücke im frühchristlichen Bauwesen weite Verbreitung gefunden haben. Größenmäßig gehören sie der Serie mittleren Formats an. Kat.-

---

[159] Zur Verwendung älterer Baumaterials in byzantinischer Zeit vgl. F. W. Deichmann, RM 55, 1940, 114 ff.; ders. Die Spolien in der spätantiken Architektur (1975) 5 ff. Kapitelle unterschiedlichen Alters fanden auch in der Kathedrale von Pella Verwendung vgl. Smith - Day 1989 Taf. 21.

[160] Vgl. Bloedhorn a. O. 26 ff. Taf. 3.

[161] Diese Gruppe von Kapitellen wird von W. Thiel unter den "*Kapitellen des dritten Viertel des 2. Jhs. an der Säulenstraße am westlichen Stadttor*" aufgeführt; vgl. ähnliche Beispiele vgl. dens. Kat.-Nr. 14, S 7, Taf. 16 a-b.

[162] Vgl. Thiel a. O. 32; Bloedhorn a. O. 25 ff.

[163] Thiel a. O. 86 ff.

Nr. 47 (Taf. 27 C) ist wegen des verwendeten Kalksteins als eine lokale Nachahmung prokonnesischer Vorbilder des jüngeren Typus anzusprechen. In ihrem formalen Aufbau stehen sie noch in der Tradition des korinthischen Normalkapitells[164] der frühen und mittleren Kaiserzeit. Die beiden Gadarener Beispiele zeigen einen unteren Akanthusblattkranz und einen darüber liegenden mit Hochblättern, wobei die obere Reihe aus kleineren deutlich Blättern als die untere besteht. Über den Kelchen trennen gegenständige, schneckenförmig eingerollte Voluten den *Kalathos* von der Abakusplatte.[165] Die Blätter des unteren Kranzes schmiegen sich in flachem Relief an den Kapitellkern, wobei die Blattflächen durch Adern in Form von schmalen gekrümmten Bohrrillen unterteilt werden. Die Blätter haben kräftige Rippen und stark gezackte Lappen. Letztere schließen kantig ab, wobei die seitlichen Randspitzen der *Folia* im unteren Register jeweils an sechs Punkten mit den Nachbarblättern zusammenstoßen, so daß die übergreifenden Fingertäler und -umrisse ein "abstraktes" Muster aus übereinander gestaffelten Systemen von vertieften Bögen, Rauten und Dreiecken bilden. Die äußeren Hüllblätter des oberen Registers formen nach kurzem schrägem Anstieg eine Art "Brücke" zu den Außenvoluten. Die zugehörigen *Caules* sind kaum noch vorhanden, sondern nur als kleine prismenförmige Dreiecke gestaltet. In der Kapitellmittelachse erhebt sich über dem Hochblatt ein Stützblatt mit knospenartigem Motiv, das mit den inneren Hüllblättern bogenförmig verbunden ist. Aus den Zwickeln der Hüllblätter rollen sich zwei einfache, gegenständige *Helices* in flachem Relief auf, deren Bänder einander nicht berühren. Sie sind zum Spiralzentrum hin im Profil leicht geneigt und bilden dort kleine Haken aus. Die Abakusplatte springt nicht mehr über der Kalathoslippe hervor, sondern erscheint leicht zurückversetzt.

Einen unteren chronologischen Ansatz für den hier vorliegenden prokonnesischen Kapitelltypus liefern Beispiele aus dem Casale bei Piazza Armerina, der nach A. Carandini, A. Ricci und M. de Vos[166] in den Jahren zwischen 320 und 325/30 n. Chr. entstanden ist. Das Entwicklungsstadium der Gadarener Beispiele ist mit einem der beiden Kapitele aus St. Gereon zu Köln (Abb. 23 B)[167] erreicht, die J. Kramer in die Jahrzehnte nach 356 n. Chr. datiert. Aufgrund dieser Übereinstimmung wird im Katalog eine Datierung der beiden Gadarener Kapitelle zwischen der Mitte und dem Ende des dritten Viertels des 4. Jhs. n. Chr. (360-375 n. Chr.) vertreten.

Prokonnesische Importkapitelle spätantiker Entstehungszeit lassen sich auch im geographischen Umfeld Gadaras, in Palästina und im Ostjordanland, ohne Schwierigkeiten nachweisen: Aus Ḥammat Gader sind zwei Exemplare bekannt, die wahrscheinlich von einem frühchristlichen Basilikenbau des 4. Jhs. n. Chr. stammen.[168] Weitere Beispiele - allerdings ohne gesicherten Bau-

---

[164] Vgl. Anm. Nr. 157; Der Aufbau dieses Kapitells entwickelte sich aus den Marmorkapitellen des 3. Jhs. n. Chr. vgl. Fischer a. O. 44 f. Taf 14-18, dort nicht haltbare Frühdatierung des Typus ins 3. Jhs. n. Chr.
[165] Zu Hauptmerkmalen dieses Typus, aufgezeigt an zwei Beispielen aus S. Gereon zu Köln, vgl. Kramer a. O. (Anm. 153) 297 ff. Zu vergleichbaren Kapitellen aus Salona: Kautzsch a. O. 6 ff. Taf 1 Nr. 2, 4, und 7; Thiel a. O. 88.
[166] La Villa di Piazza Armerina (1982) 52 f. (zur Datierung).
[167] Kramer a. O. 308.
[168] Thiel a. O. 86, Kat.-Nr. 84-85, S 36, Taf. 81-82; M. Dothan, Hammath Tiberias (1983) 63 ff.

zusammenhang - sind in *Qala't al-Ḥuṣn*, in der Brotvermehrungskirche von Heptapegon - *Ṭabġā*, in Askalon, in Caesarea und in *Tel Dōr* anzutreffen.[169]

Die in der Gadarener Basilika gefundenen prokonnesischen Kapitelle gehören mit Höhen von 47 cm der von J. Kramer postulierten mittleren Formatserie an. Hinzu kommen Granitschäfte mit einer Länge von 4,14 m (Kat.-Nr. 24). Die dazu gehörigen attisch-ionischen Basen erreichen mit ihren angearbeiteten Plinthen Höhen zwischen 25,1 und 29,5 cm (Kat.-Nr. 11-13). Somit ist die durchschnittliche Höhe einer Säule der Mittelschiffarkade auf etwa 4,88 m zu errechnen Abb. 10).[170] Bei *Intercolumnien* von 2, 25 m dürfte das Mittelschiff der Gadarener Basilika bis zum Scheitel der Arkadenbögen eine lichte Höhe von knapp 6 m erreicht haben. Über die Höhe des sich darüber erhebenden Obergadens mit Dachstuhl lassen sich nur spekulative Überlegungen anstellen.[171]

Prokonnesische Importkapitelle mit zugehörigen attisch-ionischen Basen[172] wurden in zahlreichen spätantik-frühbyzantinischen Bauzusammenhängen mit Säulenschäften aus kostbaren Gesteinen nach bestimmten Regeln kombiniert.[173] Diese Baugewohnheit ist ab tetrachischer Zeit durch das gesamte 4. bis zum Beginn des 5. Jhs. n. Chr. zu belegen. Auch dies mag man als eine allgemeine Bestätigung unseres Datierungsvorschlag für den Ursprungsbau der Gadarener Basilika im mittleren 4. Jh. n. Chr. werten. Wie bereits oben erwähnt, ist am Ort eine solche Verwendung ortsfremder Gesteine - prokonnesische Kapitelle des 3./4. Jhs. n.Chr. mit Säulenschäften aus troadischem Granit - ein weiteres Mal im Baderaum der spätantiken Thermen belegt.[174] Im Bereich der frühchristlichen Basilika sind diese Importstücke sicherlich als ein prachtvoll ergänzender Teil der Ausstattung, der zur Betonung des Altarraums diente. Diese importierten Bauteile wurden wahrscheinlich von Personen hohen sozialen oder klerikalen Ranges gestiftet. Vermutlich wurden die Kosten für einen Bau mit solch kostbarer Ausstattung nicht nur von einer einzigen Person wie etwa. von einem Bischof, sondern von der ganzen Gemeinde getragen.

Die aus dem Areal der Gadarener Basilika stammenden ionischen Kapitelle[175] lassen sich ebenfalls in zwei Typen unterteilen. Das Kapitell mit glatt belassenen *Echinus* (Kat.-Nr. 48; Abb. 23 A; Taf. 29 A-B) gehört dem ersten und älteren an, der über die gesamte Basaltregion Südsyriens und Nordwestjordaniens verbreitet ist. Dieser Typus wird von J. Dentzer-Feydy[176] in ihrer Untersuchung der lokalen Basaltkapitelle ionischer Ordnung unter "Groupe 5" zusammengefaßt. Bei einem kleinen Teil der Kapitelle dieser Gruppe ist der *Echinus* durch einen groben, oval verzogenen ionischen Eierstab gegliedert. Ein Großteil dieser Kapitelle verzichtet jedoch - wie das

---

[169] Vgl. Thiel, a. O. 90 ff.
[170] Zu Säulenhöhen von mehr als 4,00 m in den Langhausarkaden frühchristlicher Basiliken des östlichen Mittelmeergebietes vgl. ebenda. 335.
[171] Zu den Höhen frühchristlicher Basiliken vgl. F. W. Deichmann, RM 55, 1940, 114 ff.
[172] s. o. S. 41 ff.
[173] Zusammenstellung von Kapitellen aus prokonnesischem Marmor mit Granitsäulen bei Kramer a. O. (Anm. 153) 344 ff.
[174] Vgl. o. S. 40 f. mit Anm. 154.
[175] Zur Entwicklung des ionischen Kapitells vgl. E .- R. Wurz, ZGdA 15, 1978, 86 ff.
[176] Dentzer-Feydy a. O. 168 ff.

Exemplar aus Gadara - auf jeglichen Schmuck und präsentiert die *Helices* ohne Angaben von Voluten, d.h. als glatte kreisrunde Scheiben. Es haben sich zu viele Beispiele für diesen "Rohtypus" des ionischen Basaltkapitells erhalten, um diese Form der Ausarbeitung einfach nur als unvollendet anzusehen. Möglicherweise waren sie im Altertum mit Stuck überzogen und bemalt. Nach J. Dentzer-Feydy tritt diese Spielart ab severischer Zeit neben dem ionischen Normalkapitell auf, doch findet man in Gadara am Felsgrab der Germani schon Belege aus der frühen römischen Kaiserzeit.[177] An anderen Orten Palästinas reicht die Tradition in die hellenistische Epoche zurück.[178] Zwei dem Gadarener Exemplar vergleichbare Beispiele finden sich in der Moschee von *Der ʿa* wiederverwendet.[179]

Die Frage, ob dieses Kapitell im Bereich des Atriums als Spolie Verwendung gefunden hat, läßt sich nicht eindeutig beantworten. Es ist nicht auszuschließen, daß man an den weniger gut einsehbaren Säulenhallen an der Nord-, Süd- und Westflanke auf die in Gadara sehr zahlreich vorhandenen "Rohkapitelle" zurückgegriffen hat. Die der Hauptfassade der Kirche vorgelagerte Osthalle des offenen Hofes könnte in diesem Falle durch etwas sorgfältigere und "zeitgemäßere" Kapitele hervorgehoben gewesen sein, die von der hier behandelten Variante als Typus 2 zu unterscheiden sind.

Diese durch jeweils ein Eck- und zwei Normalkapitele belegte Spielart (Kat.-Nr. 49-51; Abb. 22 B-D; Taf. 28 A,C; 28 B-D; 29 C) weist spiralförmig gegliederte *Helices* auf. Größenmäßig lassen sie sich gut mit aus Basalt gearbeiteten Basen (Kat.-Nr. 19-23) und Schäften (Kat.-Nr. 26-38) aus dem Areal des Atriums zusammenbringen. Die Ausarbeitung der Voluten erinnert an ionische Kapitele des nordsyrischen Kalksteinmassivs, wo vergleichbare Typen besonders in christlichen Sakralbauten während der zweiten Hälfte des 4. Jhs n. Chr. auftreten.[180] Als eng den Gadarener Beispielen verwandte Beispiele darf man auf Kapitele in *Baṭūta*[181], *Ḥarab Šams*[182] und *Kaūkanayā* verweisen.[183]

Die Dachziegel

Die zahlreichen Dachziegelfragmente aus der Basilika (Taf. 30 A)[184] lassen darauf schließen, daß der Bau zumindest in den letzten Phasen seiner Nutzung mit einem Ziegeldach gedeckt war. Die meisten Bruchstücke sind außerhalb des Kircheninnenraums entlang der nördlichen und südlichen Außen

---

[177] Vgl. Weber - Khouri 1989, 13f.; Th. Weber, *UQ* I, 125 Taf. 31. 1.
[178] Vgl. E. Mader, Mambre Die Ergebnisse der Ausgrabungen im Heiligtums-Bezirk *Râmet al-Ḫalīl* in Südpalästina 1926-1928 (1957) 131 f. Abb. 84 Taf. 128 (Hinweis Th. Weber).
[179] Dentzer-Feydy a. O.170 Abb. 39-40.
[180] Zu ionischen Kapitellen im syrischen Raum vgl. J. Dentzer-Feydy, Syria 67, 1990, 143 ff.; C. Strube, Baudekoration im Nordsyrischen Kalksteinmassiv: Kapitell-, Tür-, und Gesimsformen der Kirchen des 4. und 5. Jahrhunderts n. Chr., in: DaF V (1993). 15, 86 ff.; O. Bingöl, Das ionische Kapitell in hellenistischer und römischer Zeit in Kleinasien (1980).
[181] Strube, a. O. 30 ff. Taf. 12 b und d.
[182] Ebenda 34 ff. Taf. 14 a.
[183] Ebenda a. O. 72 ff. Taf 31 d.
[184] Zur Typologie von byzantinischen Dachziegeln aus Gadara vgl. K. J. H. Vriezen - N. F. Mulder, in: SHAJ VI (1997) 326 ff.

II. 3. Baubeschreibung der Basilika

Reg.-Nr.	Zahl	Fl.:	Farbe (MRCC)	D (cm)	H der Kante (cm)	Dm (cm)	Form	Abb Taf.
XX. O. 33	3	17/II	10 YR 6/6	2, 6			rechteckig	
XX. O. 34	1	17/II	10 YR 6/6	2, 6			rechteckig	
XX. O. 35	4	22/II	10 YR 7/4	2, 40			rechteckig	24 A
XX. O. 36	1	16/IV	10 YR 7/4	2, 46			rechteckig	24 B
XX. O. 37	3	17/II	10 YR 7/4	2, 18-2, 6			rechteckig	
XX. O. 38	1	17/IV	10 YR 6/6	2, 27			rechteckig	
XX. O. 39	5	16/II	10 YR 6/6	2, 20	4, 15		rechteckig	24 C
XX. O. 40	5	16/I	10 YR 7/4	1, 92	4, 15		rechteckig	
XX. O. 41	1	12/I	!0 YR 7/4	2, 91		41	rund (?)	30 C
XX. O. 42	2	12/I	10 YR 7/4	2, 90			rechteckig	
XX. O. 42	2	17/III	10 YR 6/6	2, 28	4, 22		rechteckig	
XX. O. 43	2	12/I	10 YR 7/4	1, 34			rechteckig	
XX. O. 44	4	11/III	10 YR 7/4	3, 64			rechteckig	
XX. O. 45	1	12/I	10 YR 7/4	3, 03			rechteckig	
XX. O. 46	1	12/III	10 YR 7/4	3, 03			rechteckig	
XX. O. 47	4	12/II	10 YR 7/4	2, 94			rechteckig	
XX. O. 48	3	11/I	10 YR 7/4	2, 33	4, 43		rechteckig	
XX. O. 49	14	12/I	10 YR 7/4	2, 8-2, 9	4, 32		rechteckig	
XX. O. 50	2	11/III	10 YR 7/4	3, 50	5, 07		rechteckig	
XX. O. 51	3	23/I	10 YR 7/4	2, 38	4, 31		rechteckig	
XX. O. 52	12	25/II	10 YR 7/4; 6/6	2, 19-3, 20			rechteckig	
XX. O. 53	5	25/II	10 YR 6/6	1, 60-1, 70			rechteckig	
XX. O. 54	7	25/I	10 YR 7/4; 6/6	1, 60-1, 70			rechteckig	
XX. O. 55	15	25/I	10 YR 7/4; 6/6	1, 73-2, 73	4, 20-4. 70		rechteckig	
XX. O. 56	5	21/2	10YR 7/4	2, 53-2, 82			rechteckig	
XX. O. 57	1	S 1/98	10YR 6/4	2, 60			rechteckig	
XX. O. 58	1	16/I	10 YR 7/4	3- 4, 43		20	halbzylindrisch	
XX. O. 59	3	22/II	10 YR 6/6	1, 87-2. 0			rechteckig	
XX. O. 60	5	16/III	10 YR 6/4	2, 0-2, 34			rechteckig	
XX. O. 61	7	22/II	10 YR 7/4	2, 18-2, 90			echteckig	
XX. O. 62	3	18/IV	5 YR 7/2	1, 72	3, 14-4, 72		rechteckig	
XX. O. 63	6	18/IV	5YR 6/4, 7/4	1, 68-3, 43	4, 25		rechteckig	
XX. O. 64	2	16/III	10 YR 7/4	1, 86	4, 22		rechteckig	
XX. O. 65	1	20/4	10 YR 7/4	2, 33			rechteckig	
XX. O. 66	3	18/II	10 YR 7/4	2, 59	3, 26		rechteckig	
XX. O. 67	3	16/II	5 YR 6/4	2, 44	3, 70		rechteckig	
XX. O. 68	4	23/II	10 YR 7/4	2, 08	2, 86		rechteckig	
XX. O. 69	2	21/II	5 YR/ 6/4	1, 87			rechteckig	
XX. O. 70	5	21/II	5 YR 6/4	2, 04	5, 10		rechteckig	
XX. O. 71	3	20/III	10 YR 7/4	2, 10			rechteckig	
XX. O. 72	2	19?/III	!0 YR 6/6	1, 74-2, 05			rechteckig	
XX. O. 73	1	20/IV	10 R 6/6		5, 16		rechteckig	
XX. O. 74	2	23/I	10 YR 7/4; 6/6	2, 13	4, 0		rechteckig	
XX. O. 75	3	16/II	10 YR 7/4; 6/6	2, 80			rechteckig	
XX. O. 76	3	20 V	10 R 8/2	2, 56-2, 80			rechteckig	
XX. O. 77	3	23/II	10 YR 7/4; 6/6	1, 55-11, 86			halbzylindrisch	
XX. O. 78	12	23/II	10 YR 7/4; 6/6	2, 14-3, 05	4, 4-5. 6		rechteckig	
XX. O. 79	6	23/I	10 YR 7/4; 6/6	1, 27-1, 73			rechteckig	
XX. O. 80	19	23/I	10 YR 7/4; 6/6		3, 04-4, 60		rechteckig	
XX. O. 81	13	22/II	10 YR 7/4; 6/6	2, 16-3. 0	3, 43-4, 90		rechteckig	
XX. O. 82	5	23/I	10 YR 7/4; 6/6	2, 08-22, 72			rechteckig	
XX. O. 83	1	18/I	10 YR 7/4	2, 09	4, 87		rechteckig	
XX. O. 84	6	25/II	10 YR 7/4; 6/6				rechteckig	
XX. O. 86	1	S III/98	19 R 7/4	2, 20			halbzylindrisch	
XX. O. 85	3	19/III	10 R 8/2; 7/4	2, 0	4, 70		rechteckig	
Summe:	253							

Tabelle: Auswahl der Ziegelfragmente mit den wichtigsten Angaben

-mauern gefunden worden. Eine große Zahl von Ziegeln lag auch im Innenraum entlang der Außengrenzen des Mittelschiffes, wobei auf dem Boden dieses Raumabschnittes nur verhältnismäßig wenige Fragmente zutage traten. Dies ist sicherlich durch die Reinigungsarbeiten bei der späteren Nutzung dieses Areals zu erklären. Die nachgewiesenen Ziegelstücke geben jedenfalls einen Hinweis darauf, daß die Abdeckung des Kircheninnenraumes als Ziegeldach zu rekonstruieren ist:[185] Man darf von einem aus Holzbalken konstruierten Dachstuhl ausgehen, auf dem die Ziegel gelegen haben. Dieser dürfte die Form eines höher aufragenden Satteldaches über dem Mittelschiff mit niedrigeren, wohl gestuften Pultdächern[186] über den seitlichen Schiffen gehabt haben (Vgl. Abb. 30 A; 31 B).

Alle Ziegel sind nur fragmentarisch überliefert, kein einziges Exemplar hat sich komplett erhalten. Die Flachziegel (*tegulae*) scheinen bis auf wenige Ausnahmen eine einheitlich rechteckige Grundform mit geradlinigen Kanten gehabt zu haben. Die Ränder an den Langseiten sind leicht aufgebogen (Abb. 23), wobei die Innenseiten dieser Kanten entweder flach gebösht, leicht gekehlt oder gewölbt sein können. Die Oberflächen sind flach und weisen gelegentlich Spuren von Glättungswerkzeugen bzw. Fingern auf. Muster, etwa mit Kamm eingeritzte Wellenlinien, sind nicht auszumachen.

Der Ton besitzt in der Regel eine orange bis rötlich-gelbe Färbung. Die bis zu 20 cm breiten, halbzylindrisch gewölbten, sich nach oben verjüngenden Verbindungsziegel (*imbreces*) sind hinsichtlich ihrer halbkreisförmigen Querschnitte einheitlich. Die prismatische Variante[187] fehlt. Die Plattendicken, die Farbnuancen und die Verteilung der Ziegel sind in der hier beigegebenen Tabelle (S. 58) im Überblick dargestellt. Die mit ihren Längskanten nebeneinander gesetzten rechteckigen *tegulae* wurden mit Hilfe der halbzylindrischen *imbrices* miteinander verbunden (Abb. 24 D). Die Ziegel stammen, wie K. J. H. Vriezen und N. Moulder anhand der einheitlichen Tonqualität geschlossen haben, aus lokaler Produktion.[188] Eine Datierung des Typus läßt sich auf Grund der langen Laufzeit und der Nutzung des Baues über mehrere Jahrhunderte nicht näher bestimmen.

II. 4. Die Innenausstattung

Wie bereits oben bei der Behandlung der Bauornamentik angemerkt wurde, sind die Elemente der Innenausstattung der Kirche, insbesondere die Mosaike und das Mobiliar, für die zeitliche Eingrenzung der Nutzungsphasen des Baues und für seine Rekonstruktion von großem Wert. Im Unterschied zum Bauschmuck sind unter der Innenstattung die nicht-konstruktiven Schmuckteile wie die Boden- und Wandausstattung des Kircheninnenraumes, die Schrankenpfosten mit zugehörigen Platten sowie liturgisches Mobiliar wie der *Ambo* und andere Einbauten zu verstehen.

---

[185] Aufgrund der Flächenneigung fallen die Ziegel bei Zerstörung eines Baus mit ähnlichen Dächern normalerweise nach außen.
[186] Diese Dachformen sind in der frühchristlichen Architektur des gesamten byzantinischen Reiches geläufig. Zur Rekonstruktion des Dachs der Kirche s. u. S.96 ff.
[187] Vriezen - Mulder a. O. 329 Abb. 10.
[188] Ebenda 326.

II. 4. 1. Der Steinplattenboden

Um der Frage nach einem eventuell älteren Boden im ursprünglichen Kirchenbau nachzugehen, wurden im Verlauf der Kampagne von 1998 zwei Probegrabungen (Sondage VII, Abschnitte A und B) an zwei unversehrten Stellen des Mosaikbodens gelegt. Durch die Wahl der beiden Grabungsflächen war sichergestellt, daß der darunter liegende Befund ungestört, d. h. "stratigraphisch versiegelt" war. Darüber hinaus konnte durch die Sondage auch die Konstruktion der Mörtelbettung des Mosaiks studiert werden.[189]

Der Abschnitt A der Sondage VII/98 wurde in der Mitte des siebenten Jochs des Mittelschiffes angelegt (vgl. Abb. 3A; 17 A-D). Nach Entfernung der Mosaikbettung (Abb. 16 Nr. 4; auf Höhe 336, 75 m ü. N. N.), in der noch vereinzelte *Tesserae* steckten, und einer darunter liegenden harten Packung aus gelblich-weißer, mit Kieselsteinchen vermischter Erde (Abb. 16 Nr. 5) trat auf einer Höhe von 336, 45 m. ü. N. N. ein Estrich zutage, der aus geglättetem gelblichem Mörtel bestand (Abb. 16 Nr. 6; Taf. 31 A). Darunter befand sich eine weitere harte kompakte Schicht aus gelblicher, stark kalkhaltiger Erde, die gleichfalls mit Kieselsteinchen durchschossen war. Ihr folgte eine weitere harte gestampfte Schicht, die aus mit Asche durchsetzter Erde und feinsplittrigem Basaltschotter bestand. Gegenstand weiterer Untersuchung mußte die unter dem Mosaik liegende Lauffläche sein, da es sich bei ihr mit hoher Wahrscheinlichkeit um den Boden der Basilika in der Phase ihrer Errichtung handelt (Phase II).

Da der Befund im ersten Abschnitt der Sondage VII/98 keine weiteren Aufschlüsse über die Beschaffenheit dieses Bodens gab, beschloß der Ausgräber, die gleiche Lauffläche in einem weiteren Abschnitt (B) aufzudecken. Hierzu wählte er eine Stelle im sechsten *Intercolumnium* der nördlichen Mittelschiffarkade. Hier befand sich ein gut erhaltenes Mosaikstück mit dem Rest einer Dedikationsinschrift (Taf. 33 B)[190], das sich ohnehin zur Bergung empfahl. Dieser Mosaikabschnitt wurde durch die Restauratorin H. Strehle am 23. Mai 1998 abgelöst, sodann dem Repräsentanten des Departments of Antiquities, Herrn Ibrahim Zuʻbi, zur weiteren Restaurierung in *Irbid* und zur anschließenden Präsentation im Museum von *Umm Qais* übergeben.

Der stratigraphische Befund unter dem Mosaikabschnitt entsprach genau jenem des Feldes A der Sondage VII / 1998. Auf ungefähr gleichem Niveau (336, 48 m. ü. N. N.) erschien die Lauffläche, auf der im südlichen Abschnitt des Sondagenfeldes noch der Rest eines Plattenpaviments auflag (Abb. 17 D, Taf 31 B). Bei diesen Platten handelt es sich um vier rechteckige, aus Kalkstein gearbeitete Tafeln, welche einheitlich 28 cm x 21 cm groß und sorgfältig in einer Reihe nebeneinander in Ost–Westrichtung verlegt sind. Nördlich und südlich davon war das Pflaster ausgeraubt. Bei der Plattenreihe kann es sich keinesfalls um die Oberfläche des Stylobats handeln, da sie erheblich unter dem Niveau der Arkadenplinthen liegen und mit diesen nicht exakt in den *Intercolumnien* fluchten. Vielmehr muß man davon ausgehen, daß der Boden der Basilika vor der Einfügung des Mosaikbodens mit einem einfachen Steinplattenpflaster ausgelegt war.

---

[189] Zur Konstruktion der Mosaikbettung u. S. 64.
[190] Zur Lesung der Inschrift s. u. S. 66.

Fragmente von Kalksteinplatten, die eventuell zu dem gleichen Pflaster gehört haben, wurden bei den Ausgrabungen im Kirchenareal in sehr großer Zahl gefunden. Zwei Stücke, die wegen ihres Dekors und ihrer Form in diesem Befund herausfallen, sind im Katalog hinzuzufügen:

Kat.-Nr. 53   Abb. 25 A. Taf. 32
Steinplatte mit eingeritztem Tropfenkreuz. Reg.-Nr. XX. U. 157.
Fl.: In der Nord–Westecke des südlichen Innenschiffes. Planum 1, Fläche 18 Quadrant II.
Material und Erhaltung: Heller gelblicher, zart rötlich geäderter Kalkstein. An den beiden Schmalseiten zeigen sich deutliche, durch Abtreten hervorgerufene Abnutzungsspuren. An den Kanten ansonsten nur geringfügige Ausbrüche. Auf der Rückseite Mörtelreste.
Beschreibung: Die Platte ist auf der Oberseite geglättet, auf der unteren Seite bruchrauh belassen und mit dem Spitzeisen grob bearbeitet. Sie hat in das Aufsicht eine sorgfältig zugeschnittene rechteckige Form. Auf der Oberseite zeigt sie die Darstellung eines in dicken Rillen eingemeißelten Kreuzes mit sich dreieckig verbreiternden Armen. Der nach unten weisende Kreuzstamm ist länger als die drei übrigen Hasten. Die Ecken der Kreuzarme sind dreiviertelkreisförmig verdickt ("Tropfenkreuz"). Im Schnittpunkt ist ein kleiner Kreis eingraviert.
Maße. L 20 cm; Br 16 cm; D 3,5 cm.
Lit.: Th. Weber, AW 31, 2000, 35 Abb. 13.

Kat.-Nr. 54
Fragment einer herzförmigen Steinplatte. Reg.-Nr. XX. U. 14.
Fl.: Im zweiten Joch des nördlichen Außenschiffes: Fläche 20, Quadrant IV. Abhub 0 – 1.
Material und Erhaltung: Heller gelblicher Kalkstein mit rötlichen und schwarzen Farbspuren auf der Oberseite.
Von der ursprünglich herzförmigen Platte hat sich nur eine Hälfte erhalten.
Beschreibung: Auf der Oberseite ist die Platte fein geglättet. In ihrem Umriß besaß sie ursprünglich die Form eines Herzens.
Maße. L 23 cm; D 7,93 cm.
Lit.: Unveröffentlicht.

Steinplattenböden sind in Kirchen und Synagogen Palästinas im 3. und 4. n. Chr. geläufig. Als Belege in der frühchristlichen Architektur des ostjordanischen Raumes lassen sich entsprechende Befunde in der Kathedrale (drittes Viertel des 4. Jhs. n. Chr.) und Theodoros-Kirche (494-96 n. Chr.) zu Gerasa[191], in der Basilika des *Civic Complex* zu Pella (um 400 n. Chr.)[192] und in der sog. unteren Kirche in Ḥumēma (Ende des 5. bis 6. Jhs. n. Chr.)[193] anführen. Auch aus dem literarischen Zeugnis des Eusebios, der die 318 n. Chr. eingeweihte Bischofskirche von Tyros ausdrücklich mit einem Marmorpaviment beschreibt[194], geht hervor, daß man zu dieser Zeit Steinpflaster als Bodenbeläge gegenüber den besonders im 6. Jh. n. Chr. beliebten Mosaiken bevorzugte.[195] Dies steht in gewissem Gegensatz zu dem mit Grabmosaiken geschmückten Westabschnitt des Bodens der Gadarener Krypta, die auf Grund von Münzfunden in die Errichtungsphase der darüberliegenden Basilika zu datieren sind.[196] Dennoch deckt sich auch das in Son-

---

[191] Kraeling 1938, 185 f; B. Brenk - C. Jäggi - H- R. Meier, AAJ 39, 1995, 211 f f. Abb. 1, 212.

[192] Smith - Day 1989, 40 ff.

[193] J. P. Oleson - K. ʿAmr - R. Schick u. a., AAJ 37, 1993, 470 ff.

[194] s. u. S. 159 ff.

[195] Zu frühen Mosaiken, wie etwa der 324 n. Chr. datierten Basilika von al-Aṣnām/ Algerien (s. u. S. 189 ff.) vgl. Koch 1995, 89 ff.

[196] Vgl. Th. Weber, AA 1990, 212 f. Abb. 14; ders., JbAChr 20, 2, 1995, 10276; ders., in: *UQ* IV 1 (in Vorbereitung).

dage VII A und B nachgewiesene Steinpflaster durchaus mit dem hier vertreteten Datierungsvorschlag des ursprünglichen Baus der Gadarener Basilika in das mittlere 4. Jh. n. Chr. Kalksteinpflaster dürfen als ein preiswerter Ersatz von teuren Marmorplattenmosaiken (*opus sectile*) betrachtet werden, die besonders während der frühbyzantinischen Zeit unter den prächtigen Bodenbelägen dominieren.[197] Sie bestehen aus häufig geometrisch zurechtgeschnittenen, farblich voneinander abgesetzten Stein- oder Tonplatten. In Gadara sind farbige *Opus Sectile*-Böden im Zentralbau auf der Westterrasse[198] und im Ostabschnitt des Atriums vor dem Eingang zur fünfschiffigen Basilika[199] überliefert. Als frühe Beispiele lassen sich Bodenpavimente in der Basilika zu Trier (erstes Viertel des 4. Jh. n.Chr.)[200] und im Oktogon des Palastes von Thessaloniki (um 300 n. Chr.)[201] anführen. Möglicherweise gehört auch die herzförmig zugeschnittene Kalksteinplatte (Kat.-Nr. 54) in einen solchen Zusammenhang.

Schwieriger ist es, durch die Steinplatte mit dem eingeritzten Tropfenkreuz[202] (Kat.-Nr. 53; Abb. 25 A; Taf. 32) zu einem weiteren zeitlichen Ansatz für die Kirche zu kommen. Die Oberfläche der Platte weist deutliche Abnutzungsspuren auf, was für eine Verwendung als Bodenbelag sprechen mag. Kreuzzeichen als Schmuck von Pflastersteinen wurden beispielsweise in der Kirche von Ḥumēma noch *in situ* vorgefunden.[203] Größenmäßig läßt sich die Gadarener Platte mit den diagonal verlegten quadratischen Platten des Pflasters in der östlichen Säulenhalle des Atriums vergleichen.[204] Hinsichtlich der Datierung muß allerdings bedacht werden, daß das Kreuz lange nach dem Verlegen des Pflasters eingemeißelt worden sein kann. Kreuzsymbole durften nach dem Edikt Kaiser Theodosios II. seit dem Dezember 427 n. Chr.[205] aus Pietätsgründen auf Böden nicht mehr dargestellt werden; jedoch stellt sich die Frage, wie konsequent dieses Verbot tatsächlich eingehalten wurde.[206] Chronologisch wirklich gesichert erscheint das Kreuz mit

---

[197] Zur Geschichte des byzantinischen *Opus Sectile* s. U. Peschlow, in: Beiträge zur Altertumskunde Kleinasiens, Festschr. für K. Bittel (1983) 435 ff.

[198] Piccirillo 1993, 329 Abb. 691-692.

[199] s. o. S. 31 f.

[200] Zur Geschichte und Baubeschreibung der Konstantinischen Basilika von Trier vgl. W. Reusch, in: Festschr. zur Wiederherstellung am 9. Dezember 1956 (1956) 11 ff.; 31.

[201] Vgl. H. Vickers, JRS 63, 1973, 111ff; A. Papajannopoulos, Baudenkmäler Thessalonikis (1983) 41; J. M. Spieser, Thessaloniki et ses Monuments du IVe au VIe siècle, Contribution a l'Étude d'une Ville Paléochrétienne (1984) 113 ff.

[202] Allgemein zu Kreuzesdarstellungen RBK V, 1995, 1 ff. s.v. Kreuz (E. D. von Schubert).

[203] Vgl. Oleson - ʿAmr - Schick, AAJ 37, 1993, 494 Taf. IV, 2.

[204] s. o. S. 31 ff.

[205] Cod. Theod. I 8, 1.; A. Demandt, Die Spätantike (1989) 161 ff.

[206] Aufgrund der häufigen Anwesenheit seiner Gemahlin, der Kaiserin Eudokia, in Emmatha/ Ḥammat Gader, dem berühmten Badeort auf dem Territorium von Gadara (vgl. Hirschfeld 1997, 4) sollte man annehmen, daß dieses Edikt besonders hier Wirkung zeigte. Daß es aber selbst in der byzantinischen Hauptstadt nicht immer strikt beachtet wurde, sondern sogar im kaiserlichen Palast mit einer eigentümlichen Beharrlichkeit übergangen wurde, beweist eine Episode aus der Langobardengeschichte des Paulus (III 12 [578] ed. L. Bethman - G. Waitz, *Monumenta Germanae Historica* 1878, Nachdr. 1964, 98). Hier wird berichtet, daß Tiberios II. (vor 582 n. Chr.) beim ersten Gang durch den Palast in Konstantinopel mehrere, untereinander liegende Bodenplatten mit eingemeißelten Kreuzen entfernen ließ: *Nam deambulans* (scil.: Tiberius Constantinus) *per palatium vidit in pavimento domus tabulam marmoream, in qua erat crux dominica sculpta, et ait: 'Crucem Domitini frontem nostram et pectora munire debemus, et ecce eam sub pedibus conculcamus'. Et dicto citius iussit eandem tabulam auferri. Defossamque tabulam atque erectam, inveniunt subter et aliam*

Tropfen an den Ecken der sich dreieckig verbreiternden Arme erstmals in der Münzprägung Kaisers Theodosius II. (408-450 n. Chr.).[207] Demzufolge wäre zu einer relativ späten Zeit - etwa in frühen 5. Jh. n. Chr. - mit einer nachträglichen Einritzung des Tropfenkreuzes in dem Kalksteinpflaster der fünfschiffigen Basilika in Gadara zu rechnen. Die hier belegte Form läßt sich im ostjordanischen Raum unter den zahlreichen frühchristlichen Kreuzformen auf den Grabsteinen aus *Ḫirbet as-Samrā* (Mitte 6. bis Mitte 7. Jh. Chr.) nicht mehr nachweisen.[208] Man könnte daraus den Schluß ziehen, daß solche Tropfenkreuze damals im Ostjordanland als christliche Symbole nicht mehr populär gewesen sind. Dies bedeutet, daß die Einmeisselung auf dem Gadarener Pflasterstein zeitlich noch vor der Einziehung des Mosaikbodens (erste Hälfte des 6. Jhs. n. Chr.)[209] vorgenommen worden ist.

II. 4. 2. Die Mosaiken

Der Innenraum der Kirche war sowohl durch Boden- als auch durch Wandmosaiken[210] prächtig ausgestaltet. Während ersterer zwar weitflächig zerstört ist, aber auf Grund von *in situ* verbliebenen Partien (Abb. 3A-D) recht gut rekonstruiert und datiert werden kann, haben sich vom Wandschmuck lediglich 342 unzusammenhängende, etwa faustgroße Bruchstücke erhalten, die auf einer byzantinischen Mülldeponie zusammen mit Münzen aus der ersten Hälfte des 6. Jhs. n. Chr.[211] am äußeren Fundamentgraben der Südfassade gefunden wurden.

Im 6. Jh. wurde der ursprünglich vorhandene Plattenboden aus dem Kirchenraum herausgerissen und mit einer etwa 30 cm dicken Füllschicht überdeckt. Der jüngere, im Niveau deutlich angehobene Boden wurde damals mit einen polychromen Mosaiken (*Opus Tesselatum*). Die quadratischen, durchschnittlich 1 x 1 cm großen *Tesserae* des Grundtons sind aus cremefarbenem Kalkstein geschnitten. Hinzu kommen solche in ockerfarbenem, gelblichen, rosa bis weinroten und blauen Farbnuancen. Bei den orangefarbenen Mosaiksteinchen handelt es sich in der Regel um Tonstückchen. Ver-

---

hoc signum habentem. Qui et ipsam iussit auferri. Qua amota, repperiunt et tertiam.... Daß das Verbot wahrscheinlich kaum eine Wirkung gezeigt hatte, läßt sich auch aus dem Umstand schliessen, daß sich das *Trullanum* von 691/92 erneut mit der Frage der Kreuzdarstellungen in einem eigenen Kanon (73) auseinandersetzte, vgl. Ponitificia Commissione per la Redazione del Codice di Dritto Canonico Orientale: Fonti, Fasc. IX: Discipline Générale Antique (IIe - IXe s.), Hrsg. P. -P. Joannou I 1 (1962) 211. (Freundl. Hinweis K.-P. Todt, Wiesbaden).

[207] J. P. C. Kent - B. Overbeck - A. U. Stylow, Die römische Münze (1973) 744 f. Taf. 163; Ein ähnliches Kreuz aus Bronze wurde in der Kirche von Machaerus/ *Muqawīr* (602/3 n.Chr.) gefunden vgl. Piccirillo 1993, 246, Taf. 416.

[208] Vgl. J.-B. Humbert, AAJ 25, 1981, 48 ff, 374 ff. Taf. XII-XVIII; D. Coason - A. Desreumaux - Ch. Poher, in: J.-B. Humbert - A. Desreumaux (Hrsg.), *Khirbet es-Samra* I (1998) 317 ff.

[209] s. u. S. 65 ff.

[210] Allgemein zu den Mosaiken in Palästina und Syrien vgl. Donceel-Voûte 1988, passim; R. O. Ovadiah, Hellenistic, Roman and Early Byzantine Mosaic Pavements in Israel (1987).

[211] Die Fundmünzen wurden auf Vermittlung durch Th. Weber von H.-Chr. Noeske, Kommission für die Fundmünzen des Römischen Reiches an der Akademie der Wissenschaften und Literatur Mainz bestimmt. Sie werden von H.-Chr. Noeske an anderem Ort (UQ IV 2, Kat.-Nr. Mz 1277-1293) vorgelegt. Die Bestimmung ergab, daß die Renovierungsphase nicht früher als in der Regierungszeit Leos bzw. Zenos und nicht sehr viel später als zum Zeitpunkt des Todes des Anastasios, also in den 20er Jahren des 6. Jhs. n.Chr., stattgefunden haben kann; zur Chronologie der Münzfünde vgl. u. S. 88.

einzelt finden sich auch *Tesserae* mit besonders leuchtender Farbintensität aus farbigem Glasfluß. Die Dichte der Steinchensetzung beträgt etwa hundert *Tesserae* auf einem Quadratdezimeter. Das Mosaik ist auf einer Bettung verlegt worden (Abb. 16, unter 4), die aus zwei klar zu unterscheidenden Schichten besteht: Bei der oberen handelt es sich um gelblich-weißen, stark kalkhaltigen Mörtel, der mit kleinen Kieselsteinchen durchsetzt ist. Diese Lage ist über einer Grundschicht aus vermörteltem groberem Kalk – und Basaltsteinbruch geschüttet. Spuren von Anrissen oder Vorzeichnungen konnten in den Mörtelbettresten nicht ausgemacht werden.

Das Mosaik wurde während der mittelalterlichen und neuzeitlichen Nutzung großflächig beschädigt. Die heute erhaltenen Reste belaufen sich auf etwa 30 % der ursprünglichen Bodenfläche. Außerdem sind deutliche Anzeichen von Reparaturen in byzantinischer Zeit erkennbar: Kleinere Stein- und Marmorplatten oder größere Mosaiksteine sind in Ausbrüchen eingefügt, die als Beschädigungen anzusehen sind. Besonders im nördlichen Außenschiff erkennt man an mehreren Stellen vereinzelt achteckige Marmor- oder Kalksteintafeln sowie rechteckig zugeschnittene Marmorplättchen (Taf. 38 A) in diesen Fehlstellen.

Trotz des fragmentarischen Erhaltungszustandes des Mosaikbodens läßt sich die Gliederung des gesamten Paviments noch recht gut erkennen: So bildete das Mittel- und die beiden Innenschiffe eine Einheit, während die Mosaikpaneele in den Außenschiffen durch variierte geometrische Muster und vereinzelt in den *Intercolumnien* der Seitenschiffarkaden eingestreute zoomorphe oder vegetabilische Vignetten davon abgesetzt sind.

Das zentrale Mosaikfeld nimmt die gesamte Breite und Länge des Mittelschiffs und die beiden inneren Seitenschiffe der Basilika ein. Es mißt in seinem ursprünglichen Zustand einschließlich der Rahmenbordüre 13,25 m in der Breite und 20,10 m in der Länge. Während das Paviment in den Innenschiffen bis nach Osten zu an die Schwellen der Durchgänge zur Loggia heranreichte, sparte es im Mittelschiff die leicht erhöhte Plattform des *Bemas* und den Bereich aus, in dem sich einst der *Ambo* befand.[212] An der Nord- und Südseite endet es vor der jeweiligen Pfeilerarkade der Seitenschiffe. Diese große rechteckige Mosaikbodenfläche hatte einen cremefarbenen Grund, der aus schuppenartig verlegten *Tesserae* besteht (Abb 26 B; Taf. 33 A). In die Zwickel der recht eng gesetzten, farblich nicht differenzierten Schuppen sind kleine Blüten eingefügt, deren Stengel aus hellblauen und deren Blüten aus weinroten Steinchen gesetzt sind. Der Fruchtknoten ist von unten nach oben farblich von rosa nach zinnoberrot abgestuft. Für dieses Ornamentsystem lassen sich in der Mosaikkunst Palästinas und des Ostjordanlandes unzählige Beispiele aus dem 6. Jh. n. Chr. zum Vergleich anführen.[213]

---

[212] s. o. S. 25 ff.
[213] Vgl. z.B. das stilistisch eng verwandte Schuppenmuster in den byzantinischen Thermen von Ḥammat Gader, Hirschfeld 1997, 143 Abb. 209; ferner in einer dreischiffigen Basilika bei Ḥōfa (bei Kafr Iūba) R. Abu Dallu, AAJ 38, 1994, arabischer Teil 12 Abb. 8; in der Kirche des Heiligen Cosmas und Damian in Gerasa (529-533 n. Chr.), vgl. Kraeling 1938, 243 Taf. 74 a-b; Piccirillo 1993, 288 Abb. 355; 312 Abb. 634 - 635; (S. Menas Kirche in Riḥāb, 635 n. Chr.): Piccirillo 1981, 76 ff. Taf 60 a (*Māqati* bei 'Aǧlūn, 482 n. Chr.): Piccirillo 1981, 23, Taf. 14, 14 (Märtyrerkirche in Ḫirbet al-Mukayyat, Mitte des 6. Jhs. n. Chr.); Piccirillo 1993, 164 f. Abb. 215. In Ḫirbet al-Malāḥa (526/27 n. Chr.) nimmt das einfache Schuppenmotiv gleichfalls das Mittelschiff ein, vgl. M.

Das Schuppenmuster wird an nur einer Stelle, nämlich im sechsten *Intercolumnium* der nördlichen Mittelschiffarkade, durch eine ursprünglich rechteckige, in zwei oktogonale Felder gegliederte *Tabula Ansata* unterbrochen (Taf. 33 B).[214] Diese ist von Osten nach Westen orientiert, füllte einst die gesamte Fläche zwischen den Plinthen der Säulenbasen und zeigt in dem rechten der beiden Felder den Rest einer Inschrift, die vom Innenschiff aus gelesen werden konnte.[215] Durch die spätere Einziehung einer Mauer wurden die ursprünglich oktogonalen Felder mit den beiden *Ansae* in der unteren Hälfte zerstört. In der cremefarbenen Fläche des rechten oktogonalen Feldes[216] erkennt man noch die oberste von ursprünglich maximal drei Zeilen: Es handelt sich um griechische Großbuchstaben, die aus einreihig verlegten dunkelbraunen *Tesserae* gesetzt sind. Man liest ΠΡΟΣΦΟ[ΡΑ] - - - = „Stiftung, Weihung (des/der)..."[217] im Nominativ, so daß man in den fehlenden beiden Zeile den Namen des Dedikanten oder der Dedikantin im Genitiv zu erwarten hat. Diese im gesamten byzantinischen Reich geläufige christliche Stiftungsformel läßt sich in vielen Kirchen des Ostjordanlandes und Palästinas[218], mit einigen Beispielen etwa im Pilgerheiligtum des Berges Nebo bereits in der zweiten Hälfte des 4. Jhs. n. Chr., nachweisen.[219]

Das große Mittelfeld wird von einem 56 cm breiten farbigem, mit floralen Mustern geschmücktem Band eingerahmt. Dieses besteht aus alternierend zweizonig blau- und rot-weiß gehaltenen Lotusblüten (Abb. 26 C; Taf. 34 A, B). Die obere und untere Grenze dieses Ornamentstreifens wird durch jeweils eine einzeilige, parallel zueinander gesetzte schwarze *Tessera*-Reihe festgelegt, in die eine Wellenlinie aus dem gleichen Steinmaterial eingeschrieben ist. Die Blüten sind, farblich wechselnd, jeweils in die stehenden und hängenden Bögen der dünnen Wellenlinie gesetzt. Die Blütenkelche sind mit farbigen Steinchen gefüllt und enden in spitzen weißen Blättern auf dunklem Grund. Zwischen den Blättern ist jeweils ein vereinzelter weißer Punkt eingefügt. Die durch einen hellen Streifen abgesetzte Innenseite dieses Lotusknospenbandes wird durch eine Leiste aus cremefarbenen Dreiecken auf dunkelbraunem Grund gebildet, die gegenüber dem großen Mosaikfeld mit einer gleichfalls dunkelbraunen Linie abschließt. Nach außen hin wird das Lotusband durch einen breiten farbigen Streifen begrenzt, auf dem die

---

Avi-Yonah, in: M. N. Prausnitz, Excavations at Shavei Zion (1967) 47 ff.

[214] Vgl. Th. Weber - U. Hübner, AAJ 42, 1998, 450.

[215] Aus der nicht gerade zentralen Position der Weihinschrift innerhalb des Kirchenraums darf geschlossen werden, daß es sich bei dem Dedikanten nicht um den Auftraggeber des Mosaiks bzw. der Renovierung handelt. Vielmehr sollte man davon auszugehen, daß sich hier ein Stifter verewigen wollte, der sich an den Gesamtkosten in irgendeiner Form beteiligte oder einen bestimmten Abschnitt des Bodens im nördlichen Seitenschiff finanziert hat.

[216] Die beiden oktogonalen Felder und die erhaltene halb-achteckige *Ansa* sind gerahmt durch einzelige dunkelbraune Steinchenreihen, die streckenweise eine zweite Reihe aufweisen. Die Bänder in den Rahmenleisten sind in dunkelbrauner Farbe gehalten. Die dreieckigen Zwickelfelder zwischen den Oktogonen sind durch mehrfarbige, rautenförmig gesetzte Steinchen gefüllt.

[217] Zur Wortbedeutung s. G. W. H. Lampe, A Patristic Greek Lexicon (1987) 1184 s.v. Προσφορα Nr. 3; Die Lesung der Inschrift ist im Vorbericht von Weber - Hübner a. O. 450 aus drucktechnischen Gründen fehlerhaft wiedergegeben worden. Korrigierte Lesung bei Th. Weber, UQ I (im Druck).

[218] So z. B. P.-L. Gatier, Inscriptions de la Jordanie II, Région Centrale (Amman - Hesban - Madaba - Main - Dhiban), Bibliothèque Archéologique et Historique CXIV = IGLS (1986) 72, 83, 85, 101; M. Sartre, Bostra, Bibliothèque Archéologique et Historique CVII = IGLS XIII 1 (1993) 37 Nr. 9139; in Gerasa: Piccirillo 1993. 299 Abb. 587.

[219] Piccirillo 1993, 144 f. Abb. 180.

II. 4. Die Innenausstattung

Mosaiksteinchenreihen regenbogenartig von schwarz, dunkelrot, orange, weiß nach dunkelblau und schwarz übergehen. Auch für das vegetabilische Muster der alternierenden Lotusknospen lassen sich in der lokalen Mosaikkunst des Ostjordanlandes zahllose Vergleichsbeispiele[220] anführen, welche den Datierungsvorschlag für das Bodenmosaik in die erste Hälfte des 6. Jhs. n. Chr. unterstützen. Besonders große Ähnlichkeiten hat in vorangegangenen Untersuchungen Th. Weber[221] mit den Mosaiken der frühchristlichen Basilika in Ḫirbet al-Kūrsi am Ostufer des Sees Gennezaret festgestellt, die von ihrem Ausgräber[222] in die erste Hälfte des 6. Jhs. n. Chr. datiert wird.

Die Ausdehnung der Mosaikfelder in den beiden Außenschiffen läßt sich wegen tiefgreifender Zerstörung in den westlichen und östlichen Abschnitten nicht mehr exakt bestimmen. Interessanterweise binden sie nicht an den inneren Mauerfuß der jeweiligen Außenwände an, sondern enden in einem Abstand von durchschnittlich 3 cm vor diesem. Dies spricht dafür, daß die Mosaizisten hier auf bereits existente Wandverkleidungsplatten Rücksicht zu nehmen hatten.[223] Die sich ändernden Ornamentsysteme der Mosaike in den beiden Außenschiffen lassen zumindest im südlichen erkennen, daß der Boden dort in einzelne Paneele unterteilt war.

Im gegenüberliegenden nördlichen Außenschiff hat sich ein größeres Stück eines Mosaikfeldes nur im mittleren Abschnitt erhalten, welches wiederum bis an die Kanten der Plinthen der Pfeilerarkade heranreicht. Es wird von einem 24 cm breiten doppelten Flechtband umrahmt (Taf. 37 A, vgl. Abb. 26 D),[224] dessen Riemen in farbiger Abstufung von hell nach dunkel abwechselnd aus roten, ockerfarbenen und blauen Steinchen gestaltet sind. Die Innenfläche ist durch ebenfalls mehrfarbig gehaltene Bänder in rautenförmige Felder mit cremefarbenem Grundton unterteilt, die an ihren symmetrischen Kreuzungspunkten durch Heraklesknoten miteinander verflochten sind (Abb. 26 F; Taf. 37 B), so daß ein kompliziertes netzartigsymmetrisches Ornamentsystem entsteht. In den rautenförmigen „Maschen" dieses Netzes sind große, mit Granatäpfeln, kleineren Früchten und roten Blüten gefüllte Herzen (Taf 39 B), Spitzblattsterne, stilisierte Bäume oder Sträucher und andere Pflanzen dargestellt. In einem der Rautenfelder erkennt man einen leeren Vogelkäfig mit offen stehender Tür (Taf. 38 B). Auf der Suche

---

[220] Dieses Ornamentsystem taucht im bereits seit dem späten 4. Jh. n. Chr. im nordsyrischen Raum (z. B in Apameia, vgl. J. Balty, Mosaiques Antiques de Syrie [1977] 114 f.) und an verschiedenen Orten vor allem im östlichen Mittelmeergebiet auf (z. B. auf Zypern vgl. W. A. Daszewski - D. Michaelides, Mosaic Floors in Cyprus, [1988] 104 ff) einschließlich Nordafrikas (z.B. Constantine/ Sidi Mabrūk in Numidien/Algerien vgl. Duval - Caillet 1992, 207 f. Taf. 104). Zu Belegen in Palästina vgl. M. Avi - Yonah in: Bulletin of the L. M. Rabinowitz Fund III (1960) 25. Einem vergleichbaren alternierenden Lotusknospenband als Rahmen begegnet man ferner auf Mosaiken in der Basilika in ʿAin aṭ- Ṭabġā (4. Jh. n. Chr.), Avi-Yonah, Art in Ancient Palestine (1981) 305, 354, Taf. 52. Das Ornament lebt in Palästina bis mindestens in das 6. Jh. fort, vgl. dazu etwa die Kirche des Heiligen Stephan in Ḫirbet al-Fār/ Ḥorvat Beʿer-Šemʿa (spätes 6. Jh.), D. Gazit - Y. Lender, in: Tsafrir 1993, 273.
[221] Th. Weber, AAJ 34, 1990, 324 mit Anm. 12.
[222] V. Tzaferis, The Excavations of Kursi-Gergesa, ʿAtiqot XVI, (1983) 23.
[223] s. u. S. 71 ff.
[224] Unter den zahllosen Parallelen für das doppelte Flechtband als Rahmenmotiv sei hier auf folgende Auswahl verwiesen: Berg Nebo, (530 n. Chr.): Piccirillo 1993, 146 Abb. 184; Masūḥ (6. Jh.): Piccirillo 1993, 254 Abb. 446; Gerasa (526 n. Chr.): Piccirillo 1993, 292 Abb 660; Dēr aṣ-Ṣnadīyeh (6.Jh.): Piccirillo 1981, Taf. 8.; Riḥāb (533n. Chr.): Piccirillo 1981, Taf. 73; Petra: Z. T. Fiema - L. Koenen - F. Zayadin, in: Weber - Wenning 1997, 149 ff. Abb. 171.

nach Parallelen für das in der Mosaikkunst Palästinas und Jordanien nicht nachweisbare, mit Hilfe von Heraklesknoten hergestellte Riemennetz wird man im phönizischen Raum fündig: Dort treten sehr ähnliche Ornamentsysteme auf den inschriftlich gut datierten Mosaikböden in einer Kirche in *Zahrani* (524 n.Chr.) und in einer frühbyzantinischen Villa in *Awza'i* auf (Abb. 26 F).[225] Von besonderem Interesse ist ferner die in einem der Felder dargestellte Vignette eines geöffneten Vogelbauers, ein figürliches Motiv, welches in der frühchristlichen Kunst des östlichen Mittelmeergebietes offenbar weit verbreitet gewesen ist.[226] In Jordanien und Palästina begegnet man ähnlichen Darstellungen von Käfigen mit offenen Türen[227] in der Kapelle des Märtyrers Theodoros (526 n. Chr.) in *Mādabā*[228], in der Basilika des Priesters Wa'el (586 n. Chr.) in *Umm al-Raṣāṣ*[229] und in der auf halbem Wege zwischen Jerusalem und Bethlehem gelegenen Kirche in *Ḫirbet 'Aṣīdā*.[230]

Das südliche Außenschiff weist mindestens drei Paneele mit unterschiedlichen Ornamentsystemen auf. Das östliche, unmittelbar vor dem Eingang des zum Baptisterium führenden Korridors liegende war mit einem breiten Streifen aus miteinander verschlungenen Kreisen umrahmt (Taf. 40 A). Die Innenflächen sind abwechselnd in weiße und rote bzw. weiße und schwarze Segmente geviertelt. Ob sich der Kreisrapport über die gesamte Fläche des Paneels fortsetzte, läßt sich auf Grund des schlechten Erhaltungszustandes nicht mehr entscheiden. Ein demgegenüber etwas variiertes Kreisschlingenmuster bildet den Rahmen der sich nach Westen anschließenden Felder: Die Kreisriemen sind schlank und bilden seitlich kleine runde Schlaufen aus. Die Innenflächen sind mit vier dunklen Dreiecken gefüllt. Die Innenfläche des westlichen Abschnittes ist durch einen Rapport aus einfachen, isolierten, aus jeweils einer Steinchenreihe gebildeten Andreaskreuzen gefüllt. Demgegenüber wechseln im mittleren Abschnitt einzelne Blütenmuster mit kleinen Kreuzen mit sich verbreiternden Armen. Auch für diese recht allgemeinen Ornamentsysteme lassen sich problemlos Parallelen in der Mosaikkunst des geographischen Raumes ermitteln, die den vorgeschlagenen zeitlichen Ansatz stützen.[231]

Die Interkolumnien der Pfeilerarkaden der Seitenschiffe waren durch einen ebenfalls nur spärlich erhaltenen, jeweils 84 cm breiten cremefarbenen Streifen gefüllt. Im Süden weist er kleine Vogelvignetten, im Norden stili-

---

[225] M. Chéhab, BMusBeyrouth 14, 1957, 81ff. bes. 92 Nr. 4 (*Zahrāni*); 123 ff. bes. 126 b (*Awza'ī*); ders., ebenda 19, 1959 (Tafeln) Taf. XLV (*Zahrāni*); LXXXIII (*Awza'ī*). Umzeichnung von letzterer (hier Abb. 24 F) bei C. Balmele - M. Blanchard-Lemée - J. Christophe u. a., Le Décor Géométrique de la Mosaique Romaine (1985) 404 f. Nr. f.

[226] Zur inhaltlichen Bedeutung und zur Verbreitung des Motivs in Griechenland und angrenzenden Ländern am Beispiel eines Mosaikes in Maroneia, vgl. P. Asmakopulu-Atzaka, AEMakThr 3, 1989 (1992), 625 ff. (Hinweis Th. Weber).

[227] Eine eng verwandte Darstellungsvariante stellt verschlossene Käfige mit Vögeln dar, so etwa in den Kirchen der Heiligen Elias, Maria und Sergios in Gerasa, Piccirillo 1983, 32, unten rechts; vgl. ferner Piccirillo 1983, 248 Abb. 422 (*Tell Ḥesbān*); 246 Abb. 414 (*Muqāwir*/Machaerus).

[228] Vgl. Piccirillo 1993, 114 Abb. 103; 242 Abb. 399; 280 Abb. 514.

[229] Piccirillo 1993, 242 Abb. 399.

[230] M. Avi Yonah, Art in Ancient Palestine (1981) 379 Taf. 58, 1.

[231] Vgl. das Schmuckmotiv bei Piccirillo 1993, 192 Abb. 282 (Berg Nebo, Mosesmemorial, Phase des 6. Jh.); Piccirillo 1981, 18f. Taf. 12 ('*Aġlūn, Ḫirbet al-Wahadne*, 6. Jh.); Piccirillo 1993, 339 Abb. 739; Piccirillo 1981, 80, Taf. 70 Abb. 35 (S. Peter in *Riḥāb*, 518 n. Chr.). Für Palästina ist es in der zweiten Hälfte des 6. Jhs. n. Chr. z. B. in der Kirche des S. Martyrius-Klosters in *Ma'āla Adummīum* belegt, vgl. Y. Magen in: Tsafrir 1993,179.

sierte Bäume auf. Man erkennt die Darstellung eines nach links (Osten) gewendeten ionischen Steinhuhns (Taf. 36 A)[232] im ersten, eines in die gleiche Richtung gedrehten langschwänzigen Vogels mit einer Blume (Taf. 36 B)[233] im sechsten und eines nur rudimentär erhaltenen Huhns (?) im siebten Säulenzwischenraum. Im dritten *Intercolumnium* erkennt man einen strauchartigen Baum, dessen leicht geschwungene Zweige in einzelnen spitz zulaufenden Blättern enden (Taf. 34 B). In den Pfeilerzwischenräumen der nördlichen Arkade befinden sich ausschließlich vegetabilische Motive: So etwa ein prächtiger Baum mit roten Granatäpfeln (Taf. 35 A)[234] und eine arabesk geschwungene Efeuranke mit dünnen spiralförmig auslaufenden Zweigen (Abb. 26 G; Taf. 39 A).[235] Tiergestaltige Vignetten haben sich im Norden nicht erhalten. Auffällig ist beim gesamten Mosaikboden das Fehlen von anthropomorphen Darstellungen oder typisch christlichen Symbolen.

Durch die Ausgrabungen von 1998 konnte der Nachweis erbracht werden, daß nicht nur die Böden, sondern auch Teile der Innenwände mit Mosaiken bedeckt waren. Die in der Deponie vor der Südfassade gefundenen Fragmente ließen sich auf Grund ihrer unebenen Oberflächen, der verstärkten Verwendung von Glasflußsteinchen und ihrer Einbettung in freskenartig bemalten Verputz als Teile von Wandmosaiken bestimmen. Da die erhaltenen Flächen keinerlei Anzeichen von Wölbung aufweisen, ist es unwahrscheinlich, daß sie ursprünglich in der Halbkuppel der Apsis sassen. Einleuchtender wäre es, nicht zuletzt auch wegen der besseren Lesbarkeit der auf ihr wiedergegebenen Inschrift, daß die Mosaikfragmente zum Schmuck der Stirn des Triumphbogens gehörten.

Der durch die Fragmente überlieferte Mosaikgrund besteht aus hellblauen *Tesserae*: Bei einigen Stücken (Kat.-Nr. 55-57) sind noch die Reste von griechischen Buchstaben in einzeilig gesetzten gelblich-weißen Marmorsteinchen von unregelmäßigem Zuschnitt zu erkennen (Abb. 26 A; Taf. 41 A und B). Vielfach weisen die Fragmente an den Oberseiten abgeschrägte Kanten auf, die von einer Holzleiste herrühren dürften, welche vor dem Auftrag des Wandmörtels als waagrechte Schalung angebracht worden war. Die Leiste mußte nach Abbinden des Mörtels wieder entfernt werden.[236]

---

[232] Piccirillo 1993, 329 Abb. 690 (Gadara); vgl, ebenda 66 Abb. 18 (*Mādaba*, Hippolytushalle, 6. Jh); 176 Abb. 232 (*Ḫirbet al-Muḫayīāt*, Kapelle des S. Johannes, 5. Jh.); 240 Abb 391 ('*Umm al-Raṣāṣ*, Kirche „der Flüsse", 587 n. Chr.).
[233] Zu einem vergleichbaren Beispiel in Apameia (5. Jh. n. Chr.) vgl. Balty a. O. (Anm. 214) 113.
[234] Zu Darstellungen von Granatpfelbäumen vgl. Piccirillo 1993, 106 Abb. 92 (*Mādaba*, Apostelkirche, 578 n. Chr.); 234 f Abb 33 (*Umm al-Raṣāṣ*, Sergioskirche, 587 n. Chr.); 210 Abb. 337 (ebenda, sog. Kirche des Löwen, 6. Jh. n. Chr.); 288 Abb. 505 (Gerasa, Kirche Heiligen. Johannes, 531 n. Chr.).
[235] Die Ranke besteht aus jeweils einer Zeile blauer und roter Steinchen. Das große Efeublatt ist rot umrandet und seine obere Hälfte in der gleichen Farbe gefüllt, während die untere den cremefarbigen Grundton besitzt. Das kleinere Efeublatt weist gleichfalls einen cremefarbenen Grund mit roter Umrandung, zudem einen dünnen dicken Rahmen aus zweireihig gesetzten hellblauen *Tesserae* auf; zu ähnlichen Rankenmotiven vgl. Piccirillo 1993, 148 Abb 193 (Berg Nebo, Mosesmemorial, Phase der Mitte des 6. Jhs. n. Chr.).
[236] Die Mosaikfragmente konnten Dank des Einverständnisses des Department of Antiquities leihweise nach Deutschland exportiert werden, wo sie dank des freundlichen Entgegenkommens von Herrn Dr. H.-P. Kuhnen während des Novembers und Dezembers 1998 in den Restaurierungswerkstätten des Rheinischen Landesmuseums in Trier auf ihre eventuelle Wiederherstellbarkeit untersucht wurden. Leider blieb dieser Versuch ohne befriedigenden Ergebnis, da die Fragmente an allen erhaltenen Rändern sehr stark abgerollt waren und sich nicht mehr aneinanderpassen ließen. Die im folgenden mitgeteilten technischen Beobachtungen basieren auf dem Restaurierungsbericht von Herrn Egon

Weitere Fragmente (Kat. 57, Abb. 26 A Nr. 3-11; Taf. 41 C) lassen einen hellroten, in Freskotechnik auf den Wandverputz gemalten Rahmen erkennen. Die schwarze Randleiste des Mosaiks bildet hier ein Zinnenmuster aus, das man vielleicht auch am oberen und unteren Rand des Inschriftenmosaiks annehmen darf. Die Mosaiksteinchen wurden in den frischen Kalk-Kasein-Mörtel eingesetzt, welcher vorher, d. h. in feuchtem Zustand, bemalt wurde. Eine Auswahl der Mosaikfragmente sei im nachfolgenden Katalog aufgeführt:

Kat.Nr. 55 Abb. 26 A. Nr. 1; Taf. 41 A.
Fragment eines polychromen Mosaiks mit Rest einer Inschrift. Reg.-Nr. XX.U. 31.
Fl.: Sondage IV/ 1998, Fläche 22 Quadrant I, in einer Deponie an der südlichen Außenmauer des Innenraum der Basilika
Material und Erhaltung: An allen Seiten abgebrochen. Tesserae aus cremefarbenem Kalkstein, schwarzem Basalt und hellblauem Glas.
Beschreibung: Das Mosaik war auf hellbraunem Mörtel gebettet, von dem sich auf der Rückseite ein dicker Klumpen erhalten hat. Die Steinchen sind unregelmäßig geschnitten und sehr weitmaschig verlegt, so daß die Bettung zwischen ihnen hervorschaut.
Man erkennt den Rest der Inschrift, von der sich hier vier zusammenhängende Großbuchstaben erhalten haben.
"....]ONOI[....."
Die einreihig in cremefarbenen *Tesserae* gesetzten Buchstaben sind von unregelmäßigen hellblauen, bisweilen grünlichen Glasflußsteinchen umgeben bzw. von diesen gefüllt. Oben und unten bildet eine Reihe aus schwarzen *Tesserae* den Rand, dessen Unterkante aus einer weiteren cremefarbenen Reihe besteht.
Maße: Erh. H 14, 5 cm; erh. Br 13,92 cm; D 3,82 cm.
Lit.: Th. Weber - U. Hübner, AAJ 42, 1998, 451 Abb. 7 (auf dem Kopf stehend!); ders., AW 31, 2000, 35, Abb. 12.

Kat.-Nr. 56 Abb. 26 A Nr. 3; Taf. 41 B.
Fragment eines polychromen Mosaiks mit Rest einer Inschrift. Reg.-Nr. XX.U. 32.

Fl.: Sondage IV/1998 aus der Deponie wie Kat.-Nr. 60: Fläche 22 Quadrant I.
Material und Erhaltung: Von allen Seiten abgebrochen. *Tesserae* wie Kat.-Nr. 55.
Beschreibung: Das Mosaikfragment gleicht technisch und künstlerisch Kat.-Nr. 60 und dürfte wie dieses zu demselben Mosaik gehört haben: Auf dem Bruchstück erkennt man nur einen griechischen Buchstaben, hier allerdings in Minuskel:
"ω".
Maße: Erh. H 10,3 cm; erh. B 8,8 cm.
Lit.: Unveröffentlicht.

Kat.-Nr. 57 Abb. 26 A Nr. 3-11; Taf. 41 C
Neun Fragmente eines polychromen Mosaiks mit Buchstaben; Reg.-Nr. XX. U. 53 (Sammelnummer)
Fl.: wie Kat.-Nr. 56 und 57.
Material und Erhaltung: wie Kat.-Nr. 60 und 61, in den Brüchen nicht aneinander passend.
Beschreibung: Die Materialien und die Spuren der Buchstaben machen es wahrscheinlich, daß diese neun Fragmente zu dem gleichen Inschriftenkontext wie Kat.-Nr. 60 und 61 gehört haben. Die Positionierung läßt sich in der Regel auf Grund der schwarzen Basaltsteinchen vornehmen, die bei Kat.-Nr. 60 den oberen und unteren Rahmen bilden. In Einzelfällen bleibt es jedoch fraglich, ob der obere oder der untere Rand erhalten ist. Die Buchstaben lassen sich nur teilweise lesen:
Nr. 3 CT (?)
Nr. 4 I (?) Y (?)
Nr. 5. I
Nr. 6 Γ (?)
Nr. 8 H
Nr. 9 Φ (?)
Maße: Nr. 3: erh. H 7, 5 cm; erh. Br 8

Lutz, dem an dieser Stelle für seine Kooperation sehr gedankt sei.

cm; Nr. 4: erh. H 7 cm; erh. Br 8 cm;
Nr. 5: erh. H 4,5 cm; erh. Br 6 cm; Nr.
6: erh. H 6 cm; erh. Br 5 cm; Nr. 7:
erh. H 4 cm; erh. Br 4,5 cm; Nr. 8: erh.
H 7 cm; erh. Br 4,5 cm; Nr. 9. erh. H 7,
5 cm; erh. Br 4, 5 cm; Nr. 10: erh. H 6,
5 cm; erh. Br 4 cm; Nr. 11: erh. H 3, 4
cm; erh. Br 3 cm.
Lit.: Unveröffentlicht

Der Duktus und die unterschiedlichen Höhen der Buchstaben lassen darauf schließen, daß die Inschrift über mehrere Zeilen lief. Man darf davon ausgehen, daß sie auf Erbauung, Einweihung oder Renovierung der Basilika Bezug genommen hat. Leider läßt sich der Text nicht rekonstruieren[237], so daß sich hieraus kein weiterer Hinweis zur Chronologie des Baus ergibt. Gleichwohl lassen sich technisch und materialmäßig recht ähnliche Wandmosaiken in Kirchen des ostjordanischen Raumes in der zweiten Hälfte des 4. Jhs. n. Chr. nachweisen: So etwa sind Funde von Glasfluss-*Tesserae* in den Sakralbauten des Heiligen Theodoros[238], des Heiligen Johannes der Täufer[239], die Heiligen Peter und Paul[240] und in der Propyläenkirche[241] als Indizien für die Existenz von Mosaiken in den Halbkuppeln über den Apsiden oder in den Soffiten der Langhausarkaden in Gerasa interpretiert worden. Fragmente polychromer Wandmosaike des 4. Jhs. n.Chr. mit Resten griechischer Inschriften wurden beispielsweise in einer der Badehallen von *Hammat Gader*[242] oder in der Kathedrale von Pella gefunden.[243] Ein weiteres Mosaik mit floralem Motiv, welches farblich gut den Bruchstücken aus der Gadarener Basilika zu vergleichen ist, stammt aus der Westkirche des gleichen Ortes.[244] Daß bei Wandmosaiken des byzantinischen Ostjordanlandes in vor-ikonoklastischer Zeit durchaus auch figürliche Darstellungen üblich waren, beweisen Fragmente aus der dreischiffigen Basilika in Petra (5.- 6. Jh. n. Chr.)[245] und aus den Thermen von *Hammat Gader*.[246]

II. 4. 3. Wandverkleidungen

Obwohl die Spiegel der Innenwandquader, wie die erhaltenen unteren Reihen der Nord- und Südfassade zeigen, recht sorgfältig geglättet und paßgenau auf Fuge versetzt sind,[247] spricht einiges dafür, daß die Innenwände des Kirchenraums zumindest in ihren unteren Zonen mit Steinplatten verkleidet waren. Rechtwinklig umgebogene Metallstiften, die an anderen Gadarener Baudenkmälern und gelegentlich auch unter den Kleinfunden nachgewiesen werden konnten, dürfen auch hier als Halterungen in den Quaderfugen zur

---

[237] s. u. An. 236.
[238] J. W. Crowfoot, in: Kraeling 1938, 196 Taf. XXXVIII d.
[239] Ebenda 243 (zahlreiche Glasfluß-*Tesserae* im Bereich der Apsis).
[240] Ebenda 253.
[241] Vgl. J. W. Crowfoot, in: Kraeling 1938, 186.
[242] T. Coen-Uzzielli, in: Hirschfeld 1997, 446 f. Fragm. 8 Abb. 6 Taf. VI.
[243] Smith - Day 1989, 129 Mosaic 5. Zur Lesung der Inschrift: NEωN 139 Taf. 23 oben Mitte. A. W. McNicoll - P- C. Edwards - J. Hanbury-Tenison, u. a., Pella in Jordan II. Mediterranean Archaeology Suppl. II (1992) 149 Taf. 100a.
[244] Vgl. McNicoll – Edwards – Hanbury-Tenison a. O. 149 Taf. 100 a.
[245] Vgl. Z. T. Fiema - L. Koenen - F. Zayadine, in: Weber - Wenning 1997, 152 Abb. 175.
[246] T. Coen-Uzzielli, in: Hirschfeld 1997, 446 f. Fragm. 9-10 Abb. 6 Taf. VI.
[247] s. o. S. 17 ff.

Befestigung der Platten angenommen werden, auch wenn sich von solchen keinerlei Spuren im archäologischen Befund an den in Frage kommenden Wände erhalten haben.[248] Außerdem waren die Intarsien mit hellgrauem Kalkmörtel hinterfüttert, was der Nivellierung und einer zusätzlichen Stabilisierung diente. Der bemalte Verputz an den oben behandelten Wandmosaikfragmenten darf ferner als Hinweis gewertet werden, daß zumindest die oberen Abschnitte des Innenraums einen Belag aus glatt gestrichenem Mörtel besassen und farbig bemalt gewesen waren.

Entlang der Innenseite der südlichen Außenmauer schauten noch über dem Mosaikbodenniveau Bruchstücke von stark versinterten, mit Mörtel hinterfütterten Marmorplatten an zwei Stellen hervor (Abb. 3A-D; 12; Taf. 42 A-B). Wie aus dem Verlauf der Mosaikkante im südlichen Außenschiff ersichtlich ist[249], sind die übrigen Platten dieses Wandabschnittes ausgeraubt worden, wohl um sie zu Kalk zu brennen.[250] Weitere spärliche Reste der gleichen Verkleidung fanden sich auch an der westlichen Innenwand. Dort sass eine in drei Teile zerbrochene, etwa 3 cm dicke Leiste aus weißem Marmor mit genau waagrecht verlaufender Oberkante noch in *in situ* vor dem Fuß der aufgehenden Mauer (Taf. 42 B).

Die sorgfältig geglätteten Schauseiten der Marmorplattenreste und ihre Fundlage - hochkant vor dem Mauerfuß stehend - machen ihre Deutung als Reste von aufwendiger Wandinkrustation aus Marmor unzweifelhaft. Sicherlich gehörten auch die sehr zahlreich gefunden, zwischen 2 und 3 cm starken, aber sehr kleinteilig zersplitterten Plattenfragmente aus Marmoren unterschiedlicher Farben zu dieser Wandverkleidung. Ob sie sich zu polychromen Ornamentsystemen fügten oder ob die Inkrustation lediglich aus einfachen, farblich voneinander abgesetzten glatten Paneelen bestand, ist schwer zu entscheiden.

Möglicherweise gehören außer den nicht näher klassifizierbaren unverzierten Bruchstücken zwei kleine floral geschmückte Marmorplattenfragmente und ein einst vor einer Wand befestigter Pfosten in den Kontext der Wandverkleidung. Diese Teile werden im nachfolgenden Katalog beschrieben:

Kat.-Nr. 58   **Taf. 44 E**
Fragment einer verzierten Verkleidungsplatte (?). Reg.-Nr. XX. U. 98.
Fl.: Im Bereich des Mittelschiffes auf dem Mosaikboden: Fläche 16 Quadrant III Planum 1.
Material und Erhaltung: Weißer Marmor, an allen Kanten gebrochen. Die Oberfläche ist versintert.
Beschreibung: Das Fragment ist mit einem gravierten floralen Ornament verziert, von dem ein aus drei rundlich abschließenden Lappen bestehendes, kleeblattartiges Blatt und der Rest einer Spiralranke erhalten ist.
Maße. Max. D 4 cm; min D 2,5 cm.
Lit.: Unveröffentlicht.

Kat.-Nr. 59   **Taf. 44 F**
Fragment einer floral verzierten Verkleidungsplatte. Reg.-Nr. XX. A. 179.
Fl.: Streufund.
Material und Erhaltung. Material wie Kat.-Nr. 58. Zwei originale Kanten sind über Eck erhalten, die übrigen weggebrochen.
Beschreibung. Das Fragment bildete das Eck einer größeren, ursprünglich

---

[248] Derartige Metallstifte zur Befestigung von Intarsienplatten sind beispielsweise in den Quaderfugen des Schachtgrabes Nr. 1 der Krypta noch *in situ* nachzuweisen, vgl. Th. Weber, UQ IV 1 [in Vorbereitung], ebenso - wenngleich in älterem Bauzusammenhang - am Podienmonument von Gadara, vgl. P. C. Bol, AA 1990, 199; ders., StädelJb 17, 2000, 24 ff.
[249] s. o. S. 67 f.
[250] s. o. S. 96 ff.

II. 4. Die Innenausstattung

wohl rechteckigen Platte. Das auf ihm eingeritzte florale Motiv muß sich auf der Nachbarplatte fortgesetzt haben. Man erkennt zwei nahezu waagrecht und parallel zueinander verlaufende Stengel, von denen nach oben und unten spiralförmig aufgerollte Ranken abzweigen. Die untere wird von der linken Hälfte einer Rosette teilweise überdeckt. Ein Ende der sich gabelnden Ranke ist aufgerollt, auf dem anderen sitzt eine kleine Traube aus gepickten Punkten.
Maße: Liegen nicht vor.
Lit.: Unveröffentlicht.

Kat.-Nr. 60   Abb. 28. Taf. 45 B
Kleiner Pfosten einer Blendarchitektur. Reg.-Nr. XX. U. 78.
Fl.: In der Süd-Westecke der Basilika: Fläche 18 Quadrant III Abhub 0 - 1 B.
Material und Erhaltung: Weißer Marmor. Der obere Teil ist bis auf Ausbrüche an den Kanten gut erhalten; der untere Abschnitt des Schaftes ist verloren.
Beschreibung: Der Pfosten besitzt einen länglichen Schaft, der auf seiner Vorderseite leicht gewölbt ist. Die schmalen Seitenflächen sind rechtwinklig abgekantet. Oben bildet er einen rundlichen, leicht zurückspringenden Zapfen aus, der im Zentrum seiner Oberseite ein gefrästes Dübelloch aufweist. Zwei ähnliche Dübellöcher erkennt man auf der Rückseite unterhalb des Zapfens. Auf den Seitenflächen sind 3 cm breite, ebenfalls unterhalb des Zapfens ansetzende senkrecht laufende Rillen zur Aufnahme von Schmuckplatten eingetieft.
Ornamente sind lediglich auf der Vorderseite zu beobachten: Eine tiefe schmale Rille teilt unterhalb des Zapfens eine breite Manschette ab, deren Zentrum mit einer stehenden gravierten Raute gefüllt ist. Parallel zu deren Seitenlinien erkennt man in Abständen auf beiden Seiten stumpfwinklig abgeknickte Ritzlinien. Von der Basislinie der Manschette laufen an den Eckkanten des Schaftes auf beiden Seiten zwei einfache breitere Rillen senkrecht entlang.
Maße: L 28 cm; Br. 9 cm; T 7 cm; Br der Leiste 3 cm; H des Zapfens 3 cm; Dm des Zapfens 7 cm.
Lit.: Unveröffentlicht.

Die beiden Plattenfragmente (Kat.-Nr. 58-59; Taf. 44 E, F) ähneln mit einer Wandungsstärke von 2,5 - 4,0 cm eher den oben beschriebenen Intarsienresten als den Bruchstücken der Chorschranken, auf die noch weiter unten einzugehen sein wird.[251] Die in die Oberfläche eingeritzten, kleinteiligen pflanzlichen Schmuckmotive unterscheiden sich zudem durch ihre Technik von den Reliefs der Abschrankung des Altarraums.[252] Da die Rückseite dieser Platten glatt belassen ist, scheinen sie nur einansichtig, d. h. vor einer tragenden Wand appliziert worden zu sein. Eben dies gilt auch für den auf seiner Vorderseite gewölbten Pfosten (Kat.-Nr. 60), wie die Dübellöcher auf der glatten Rückseite beweisen. In die Rillen seiner Seitenflächen scheinen dünnwandige Marmorplatten eingeschoben gewesen zu sein. Die Zurichtung dieses, möglicherweise auch des fehlenden unteren Abschlusses läßt darauf schließen, daß der Pfosten oben ein verkröpftes Gebälk trug und unten auf einer Basisleiste stand. Das kleine Format des Pfostens und die klein Teiligkeit seiner Ornamente lassen vermuten, daß dieser - wie möglicherweise auch die vegetabilisch verzierten Teile - zu einer besonders hervorgehobenen und elaborat gestalteten Partie des Wandschmucks gehört haben.
Wandinkrustationen stellen in den Kirchen der Region im 4. Jh. n. Chr. keineswegs eine Ausnahmeerscheinung dar. So etwa trifft man Platten mit polierten Spiegeln aus farbigem *Aǧlūn*-Kalkstein sowohl an den Innen- als auch an den Außenwänden der Kathedrale in Pella noch *in situ* an.[253]

---

[251] s. u. S. 76 ff.
[252] s. u. S. 76 ff.
[253] Smith - Day 1989, 43 Taf. 16 D.

II. 4. 4. Die Chorschranken

Drei von ursprünglich mindestens elf Schrankenpfosten und zahlreiche Fragmente von Marmorplatten, die mit der Abschrankung des Altarraums in Verbindung gebracht werden dürfen, kommen aus dem Innenraum der Basilika. Die Zusammengehörigkeit dieser Elemente läßt sich durch an den in den Kalksteinfundamenten sichtbaren Rillen und Pfostenlöchern ablesen, die in ihren Abmessungen[254] jenen der Chorschrankenteile entsprechen. Die quadratischen, in einem Fall mit Bleiverguß (Taf. 14 B) erhaltenen Ausnehmungen für die Pfosten und die Rillen zur Aufnahme der Schrankenplatten in den Kalksteinquadersetzungen an den Rändern des *Bema* wurden bereits oben ausführlich behandelt.[255] Dort wurde auch dargelegt, wie der Verlauf der Abschrankung nach dem Einziehen des Mosaikbodens verändert wurde.

Keiner der Marmorpfosten der Chorschranken ist völlig intakt erhalten oder *in situ* gefunden worden: Einer befand sich in den gestörten Schichten über dem Mosaikboden, ein weiterer war als Spolie verwendet, der dritte stammt aus dem großen, durch Bombeneinschlag und nachträglichem militärischem Ausbau entstandenen Loch im nördlichen Außenschiff. Dennoch läßt sich ihre ursprüngliche Aufstellung anhand der oben erwähnten Pfostenlöcher und der Rillenflächen annähernd rekonstruieren. Alle sind einheitlich aus hellgrauem Marmor mit feiner dunkelgrauer Äderung gearbeitet und wurden trotz geringfügiger Abweichungen in Dekor und Größen sicherlich von einer Werkstatt als zusammengehöriger „Bausatz" geliefert.

Kat.-Nr. 61   **Taf. 43 A**
Mittlerer Pfosten einer Chorschranke. Reg.-Nr. XX. U. 107.
Fl.: Der Pfosten wurde in sekundärer Verwendung gefunden, in der Mauer aus der islamischen Umbauphase, die sich im siebten Interkolumniums der südlichen Mittelschiffarkade befindet: Fläche 18 Quadrant I Abhub 0-1.
Material und Erhaltung: Hellgrauer, fein geäderter und an der Oberfläche polierter Marmor. Spitze bis auf Ansatztorus weggebrochen, Pfostenschaft bis auf leichte Bestoßungen an den Längskanten gut erhalten. Die Innenseite der rillenförmigen Ausnehmung ist gepickt.
Beschreibung: Der Pfostenschaft ist vierkantig und hat einen quadratischen Querschnitt mit Seitenlängen von 21 X 21 cm. Auf zwei gegenüberliegenden Seiten weist er die typischen Rillen zur Aufnahme der Schrankenplatten auf (97 cm lang, 7 cm breit und 2,5 cm tief). Die beiden anderen gegenüberliegenden Seiten sind mit jeweils einem rechteckigen profilierten Feld von 77 cm Länge und 15,5 cm Breite geschmückt. Das Paneel ist als gestaffeltes Relief gestaltet: In der Mitte befindet sich ein Länge nach gewölbter Rundstab von 65,5 cm Länge und 4,0 cm Breite, der von einem breiten, leicht gekehlten Rahmen umgeben ist. Um diesen zieht sich eine schmale gewölbte Leiste, die gegenüber den glatten Außenflächen durch tiefe Rillen abgegrenzt ist.
Der Schaft endet oben in einem 4 cm hohen leichten Absatz. Darüber geht der vierkantige Pfosten in einen kreisrunden Wulst von 4, 5 cm Höhe über, auf den weiterer kreisrunder *Torus* von 2, 0 cm Höhe folgt. Es ist aufgrund der Bruchfläche der Oberseite davon auszugehen, daß der wie gedrechselt wirkende Aufsatz in einem zwiebelförmigen Knauf abschloß.
Maße: Erh. L 106 cm; Seitenlängen 21 x 21 cm.
Lit.: Unveröffentlicht.

---

[254] Die Pfostenlöcher haben durchschnittliche Seitenlängen von 21-28 x 21-28 cm, die durchschnittliche Breite der Einlassungsrillen beläuft sich auf 8 cm.
[255] s. o. S. 25 ff.

Kat.-Nr. 62 **Taf. 43 B**
Wandpfosten einer Chorschranke.
Reg.- Nr. XX. U. 108.
Fl.: Schräg in rezenter Verfüllung an der südlichen Innenwand im Südwestabschnitt der Kirche liegend: südlich von Fläche 18 Quadrant IV und nördlich von Fläche 52 Quadrant II Abhub 0-1.
Material und Erhaltung: Material wie Kat.-Nr. 61. Spitze weggebrochen, untere Ecken abgeschlagen, was möglicherweise auf die Einpassung in eins der Pfostenlöcher zurückzuführen ist. Auf beiden dekorierten Seiten befinden sich zwei tiefe quadratische Löcher unterhalb der oberen und unteren rechten Ecke der Rahmenleiste. Sohle der senkrechten Rille gepickt.
Beschreibung: Form und Dekoration des Schaftes entsprichen bis auf geringfügige Unterschiede Kat.-Nr. 63, jedoch belaufen sich hier die Seitenlängen des Schaftes auf 23, 0 x 23, 0 cm. Nur auf einer Seite ist hier eine senkrechte Rille zur Aufnahme einer Platte zu erkennen, während die gegenüberliegende völlig glatt belassen ist. Die beiden geschmückten Seiten entsprechen in der Anlage der Sparrenfelder weitgehend Kat.-Nr. 65, doch sind hier die äußeren Rahmen deutlich breiter und flacher gehalten. Der Pfosten endet oben mit einem 4 cm hohen, durch eine Rille abgeschnürten Absatz. Darüber geht er in einen kreisrunden Wulst von 4 cm Stärke über, der seinerseits von einer etwas zurückspringenden kreisrunden, oben von zwei, unten von drei feineren Wülsten gefassten, insgesamt 2 cm hohen Hohlkehle übergeht. Diese Profilierung ist als eine Basis, vergleichbar jenen des attisch-ionischen Typus, für eine darüber stehende Säule anzusehen.
Maße: Erh. L 107 cm; Seitenlängen 23 x 23 cm.
Lit.: Unveröffentlicht.

Kat.-Nr. 63 **Taf. 43 C**
Eckpfosten einer Chorschranke.
Reg.- Nr. XX. U. 109.
Fl.: Aus der großen Störung im nördlichen Außenschiff der Basilika, wie Kat.-Nr. 1: Fläche 19 Quadrant IV Abhub 0-1.
Material und Erhaltung: Material wie Kat.-Nr. 61, Spitze und untere Ecken weggebrochen, was eventuell wie im Falle von Kat.-Nr. 62 zu erklären ist. Die linke untere Hälfte neben einer der beiden Rillen ist stärker ausgebrochen, ansonsten weist der Schaft nur leichte Bestoßungen auf. Sohlen der senkrechten Rillen gepickt.
Beschreibung: Der Schaft gleicht in Form und Dekor Kat.-Nr. 62, besitzt aber wiederum größer Seitenlängen von 23, 5 X 23, 5 cm. Auf zwei aneinanderstoßende Seitenflächen sind hier die senkrechten Rillen zur Aufnahme der Schrankenplatten, was darauf hinweist, daß sich der Pfosten einst an einer Ecke der rechtwinklig umbiegenden Abschrankung des Altarraumes befunden haben muß. Die Ausführung der länglichen Kassetten entspricht genau jenen von Kat.-Nr. 65. Auch der Schaft endet oben wie Kat.-Nr. 61, so daß man auch in diesem Falle einen zwiebelförmigen Knauf zu rekonstruieren hat.
Maße: Erh. L 106 cm; Seitenlängen 23,5 x 23,5 cm.
Lit.: Th. Weber - U. Hübner, AAJ 42, 1998, 450 Abb. 6.

Die Schaftflächen mit den senkrechten Rillen, in welche die etwa 6 - 7 cm dicken Platten eingesetzt waren, lassen erkennen, daß es sich um Pfosten handelt, die an drei verschiedenen Stellen der Chorabschrankung aufgestellt waren: Da die Seite des Pfostens Kat.-Nr. 62, die der Rille gegenüber liegt, glatt belassen ist, dürfte er den Abschluß der Schranke gebildet haben oder an einer Wand angesetzt gewesen sein. Der Abschluß in Form einer kleinen attisch-ionischen Basis deutet darauf hin, daß er ursprünglich eine Säule trug - etwa in der Art eines *Templons*.[256] Möglicherweise läßt sich der kleine Pfeiler als Teil einer verkröpften Blendarchitektur vor einer aufgehenden

---

[256] Zu dem Thema *Templon* vgl. U. Peschlow, in: Αρμος Festschrift N. K. Moutsopoulos. Bd. 3 (1990) 1449 ff.

Wand bestimmen. Der Pfosten Kat.-Nr. 63 muß für eine Ecke vorgesehen gewesen sein, denn die Flächen mit den Rillen stoßen hier orthogonal aneinander. Für eine Eckposition kommt entweder die Westfront des *Bema* zum Mittelschiff oder die rechtwinklig um die dritte Säule der südlichen Mittelschiffarkade geführte Abschrankung in Frage. Der Pfosten, bei dem sich die Rillen auf zwei einander gegenüberliegenden Seiten befinden (Kat.-Nr. 61), kann nur als Zwischenstütze, etwa an einer Langseite des Podiums, gedient haben.

Leicht erhöhte, in das Mittelschiff ausgezogene und abgeschrankte *Bemata* sind in der Kirchenarchitektur Palästinas und des Ostjordanlands mit so vielen Beispielen[257] zu belegen, daß man dabei geradezu von einer kanonischen Ausstattung der frühchristlich-orientalischen Architektur sprechen muß. Ähnlich gebildete Marmorpfosten kommen in diesem geographischen Raum etwa in der Kathedrale in Pella (Phase 2, 525 - 550 n. Chr.),[258] in der nördlichen Kirche in *Ḥesbān* (550 n. Chr.)[259], in der Ijob-Kapelle in 'Ain 'Abāta in *Ġōr aṣ-Ṣāfī* (7. Jh. n. Chr.)[260], in der dreischiffigen Basilika in Petra (um 500 n. Chr.)[261], in der Bischofskirche in *Ḥalṣa*-Elusa (350 - 450 n. Chr.)[262] sowie in dem frühchristlichen Sakralbau in *Magen* (Ende des 4. Jhs. n. Chr.)[263] vor. Neben den marmornen Schrankenpfosten gibt es im gleichen geographischen Raum Beispiele weniger wertvollem lokalen Gestein.[264] Da sie sich in ihren Formen kaum unterscheiden, sind letzteres als preisgünstige Imitationen der kostbaren Ausstattungsteile anzusehen.

Die relativ zahlreich im Fundmaterial vorhandenen, aber immer nur sehr

---

[257] Zur Begriffsdefinition des *Bema* s. u. Glossar. Allgemein dazu RBK I (1966) 583 ff. s. v. Bema (Delvoye); ebenda 900 ff. s. v. Cancelli (Delvoye); RAC II (1954) 129 f. s. v. Bema (A. M. Schneider); ebenda 837 f. s. v. Cancelli (A. M. Schneider); Ovadiah 1970, 196 f.; C. Strube, Die Toten Städte (1996) 42 f.

Erhöhte *Bemata* kommen in nahezu allen Kirchen von Gerasa vor: S. Theodor, Kraeling 1938, 181ff. Plan XXXIII, Crowfoot 1941, 63 ff. Abb. 13; Genesius Kirche, Kraeling 1938, 249 ff., Plan XXXVIII; Peter und Paul, Kraeling 1938, 251 ff. Plan XXXIX; Märtyrerkirche (464/ 65 n. Chr.), Kraeling 1938, 256 ff. Plan XLI; Procopius Kirche (526 n. Chr.), Kraeling 1938, 260 ff. Plan XLIII. Weitere Beispiele in Ostjordanland: In der Nordkirche von *Ḥesbān* ist der Altarraum durch zwei Treppenstufen vom Mittelschiff abgehoben, vgl. J. Lawlor, AAJ 24, 1980, 101, Taf. 4; vgl. ferner die Altarzonen in der südlichen Kirche in *'Umm al-Rasās* (6. Jh. n. Chr.), J. Bujard - M. A. Haldimann - C. Bonnet, AAJ 32, 1988, 101 ff, Taf. 1, 2; in der sog. unteren Kirche in *al- Ḥumāna* (Ende des 5. Jhs. - 6. Jh. n. Chr.), Oleson - 'Amr - Schick u. a., a. O. (Anm. 160) 461 ff.; in der Basilika auf dem *Ǧabal el-Lwēbde* in *'Ammān* (6. Jh. n. Chr.), P. Bikai - M. Scha'er - B. Fitzgerald, AAJ 38, 1994, 401 ff. Abb. 1; in der Kathedrale von Pella (Phase 2, 525-550 n. Chr.), Smith - Day 1989, 86 ff. Auch im palästinischen Raum lassen sich zahlreiche Beispiele nachweisen, wobei in Auswahl verwiesen sei auf: die Brotvermehrungskirche in *Ṭabaqā* (Mitte des 4. Jh. n. Chr.), Crowfoot 1941, 74 ff. Abb. 15; die Elonakirche in Jerusalem (erste Hälfte des 4. Jhs. n. Chr.), Crowfoot 1941, 30 ff., Abb. 5; die Kirche in *Ḥalaṣa* -Elusa in ihrer zweiten Phase, vgl. A. Negev, in: Tsafrir 1993, 286 ff.; die Kirche in *Naharīyyā* (6. Jh. n. Chr.), C. Dauphin - G. Edelstein, in: Tsafrir 1993, 49 f. Einen guten Eindruck von einem erhöhten und abgeschrankten Altarraum vermittelt die Südkirche von Aliki; Thasos, Nordgriechenland (Phase II, 5. Jh. n. Chr.), vgl. J.-P. Sodini - K. Kolokotsas, Aliki II, Études Thasiennes X (o. J.) Taf. 8.

[258] Smith - Day 1989, 45 ff. Taf. 20 D-E.

[259] J. Lawlor, AAJ 24, 1980, 95 ff.

[260] K. D. Politis, AAJ 36, 1992, 281 ff. Taf. III 1.

[261] R. Schick - Z. T. Fiema - K. 'Amr, AAJ 37, 1993, 55 ff.

[262] Vgl. A. Negev, in: Tsafrir 1993, 287, 291.

[263] V. Tsaferis, BASOR 258, 1985, 1 ff. Abb. 6, 8.

[264] vgl. z. B. Pfosten aus der Kirche in *Sūnat Nimrīn* (6. Jh. n. Chr.), M. Piccirillo, AAJ 26, 1982, 335 Taf. CIX 1; die Schrankenpfosten für diese Kirche sind aus lokalem Kalkstein gearbeitet, der am Berg Nebo gebrochen wird.

II. 4. Die Innenausstattung

kleinformatig erhaltenen Fragmente von Chorschranken können aufgrund ihrer Dicken von bis zu 7 cm als solche identifiziert werden. Ein relativ einheitliches Maß war erforderlich, da sie in die Rillen der Pfosten und Kalksteinfundamente eingepaßt werden mußten. Alle bestehen aus hellem, fast weißem Marmor. Ihre auffällig starke Zerstörung und das völlige Fehlen größerer Stücke wird wohl aus der Tätigkeit von Kalkbrennern am Ort zu erklären sein, wie auch ihre Fundlage in der Nähe des Ofens nahelegt (Abb. 3A-D; Taf. 47 B).[265] In der Mehrzahl sind die Bruchstücke undekoriert. Sie weisen aber stets sehr sorgfältig geglättete Schauseiten auf.

Soweit Reste von dekorierten Exemplaren auszumachen waren, sind auf diesen in flachem Relief Kreuze sowie andere geometrische, teilweise auch pflanzliche Motive christlicher Symbolik dargestellt. Sie werden in folgendem Katalog zusammengefasst:

Kat.-Nr. 64   **Abb. 25 B; Taf. 43 H**
Fragmente einer Schrankenplatte mit Kreuzmedaillon. Reg.-Nr. XX.U. 70.
Fl.: In der Nord–Westecke des südlichen Innenschiffes, bei Reinigungsarbeit des Mosaiks: Fläche 18 Quadrant II Planum 1.
Material und Erhaltung: Weißer Marmor, an den Oberflächen der beiden Seiten stark versintert. Die beiden Fragmente passen im Bruch aneinander, sind aber ansonsten an allen anderen Seiten gebrochen.
Beschreibung: Die beiden Bruchstücke überliefern den Teil eines Kreuzmedaillons. Die Rundung, in der noch ein Kreuzarm zu erkennen ist, wird durch einen glatten Rundstab eingefaßt. Der Kreuzarm lädt nach oben dreieckig aus, seine Ecken sind spitz ausgezogen. Die Oberkante ist konkav eingezogen, auch die seitlichen weisen eine leichte Biegung auf. Die Innenfläche des Kreuzarms ist kerbschnittartig eingetieft.
Maße: Min. D. 2 cm; max. D 0,5 cm; erh. L 19 cm; erh. Br. 29 cm.
Lit.: Unveröffentlicht.

Kat.-Nr. 65   **Taf. 44 A. B**
Fragment einer Schrankenplatte mit Kreuzmedaillon und Kreuz; Reg.-Nr. XX. A. 149.
Fl.: Streufund aus dem Bereich der Basilika.
Material und Erhaltung: Marmor wie Kat.-Nr. 66-67, fleckig versintert. Das Fragment ist dreieckig vom oberen Rand aus der Platte herausgebrochen.
Beschreibung: Das Fragment gehört zur oberen Hälfte einer rechteckigen Platte, die auf der einen Schauseite ein Kreuzmedaillon, auf der anderen Seite nur ein einfaches Kreuz zeigt. Der obere Rand ist auf beiden Seiten gegenüber der Innenfläche leicht erhaben, aber glatt. Das Kreuz wird durch einen Kranz gerahmt, der aus aneinander gereihten Bündeln aus jeweils drei länglichen, spitz zulaufenden und der Länge nach gekerbten Blättern geflochten ist. Das Gebinde wird oben durch ein senkrechtes, aus drei glatten Riemen bestehendes Band zusammengehalten. Der Kranz umgab ein Kreuz mit sich nach oben dreieckig verbreiternden Hasten mit spitzen Ecken. Die erhaltene Kante des erhaltenen Kreuzarmes ist v-förmig eingekerbt. Auf der anderen Schauseite ist lediglich ein länglich-dreieckiger Kreuzarm zu erkennen, der in seiner Form dem von Kat.-Nr. 67 gleicht. Im Unterschied zu diesem ist die Innenfläche nicht gekerbt, sondern glatt belassen.
Maße: Erh. B 31 cm; erh. H 24 cm; erh. D ca. 6-7 cm.
Lit.: Th. Weber, *UQ* I Taf. 93, 4 (im Druck).

Kat.-Nr. 66   **Taf. 44 C**
Eckfragment einer Schrankenplatte. Reg.-Nr. XX. U 50.
Fl.: In der rezenten Verfüllung an der Innenseite der südlichen Außenmauer der Basilika: Fläche 16 Quadrant IV Südsteg.
Material und Erhaltung: Wie Kat.-Nr. 65, Oberfläche stark versintert. Ein Eckteil mit zwei originalen Kanten hat sich erhalten, die übrigen weggebrochen.

---

[265] s. u. S. 96 f.

Beschreibung: Die ursprünglich rechteckige Platte war auf beiden Schauseiten durch eine breite glatte Randleiste eingefaßt. Ebenfalls beidseitig ist diese durch eine tief gekerbte Rille von einem flach ausgezogenen, relativ breiten und glatten Profil abgesetzt. Dieses wiederum wird durch eine feine Stufe von der kassettenartig eingetieften Innenfläche der Platte unterschieden.
Maße: Max. D (Kante) 7 cm; min. D 4,14 cm; erh. H 40 cm; erh. B 38 cm.
Lit.: Unveröffentlicht

Kat.-Nr. 67
Fragment einer Schrankenplatte.
Reg.-Nr. XX. U. 154.
Fl.: In der Nord – Westecke der Basilika Fläche 19 Quadrant II Abhub 0 – 1 b (Verfüllung).
Material und Erhaltung: Wie Kat.-Nr. 64-67. Alle Ränder weggebrochen.
Beschreibung: Das Plattenfragment hat zwei bearbeitete Schauseiten: die eine zeigt eine Girlande aus plastisch voneinander abgesetzten Rauten. Die andere weist ein Segment von konzentrischen Kreisen mit dünnen, plastisch erhabenen Rändern auf. Die Innenflächen dieser Ringe sind jeweils in sich flach gewölbt.
Maße: Erh. L 14 cm; erh. B 7,2 cm.
Lit.: Unveröffentlicht.

Kat.-Nr. 68   **Taf. 44 E**
Fragment einer Schrankenplatte mit der Darstellung eines Kreuzmedaillons (?). Reg.-Nr. XX. U. 137.
Fl.: In der Südostecke der Basilika, auf dem Mosaikboden Fläche 12 Quadrant IV.
Material und Erhaltung: Wie Kat.-Nr. 64-67. An allen vier Kanten gebrochen.
Beschreibung: Das erhaltene Fragment zeigt auf einer Seite einen breiten, schräg verlaufenden und leicht geschwungenen Steg, der auf seiner Oberseite glatt belassen ist. Bei diesem könnte es sich um das geschwungene Ende der Tänie eines Kreuzmedaillons handeln.
Maße. Erh. L 10 cm; erh. B 7 cm; D 2,9 cm.
Lit.: Unveröffentlicht.

Kat.-Nr. 69
Fragment einer Schrankenplatte.
Reg.-Nr. XX. U. 97.
Fl.: In der Süd–Westecke der Basilika, auf dem Mosaikboden Fläche 18 Quadrant IV.
Material und Erhaltung: Wie Kat.-Nr. 64-68. An allen vier Kanten gebrochen.
Beschreibung: Das Fragment ist mit einem reliefierten Kranz verziert. Von ihm haben sich fünf hintereinandergestaffelte v-förmige Segmente erhalten, die vermutlich einen Kreis bilden.
Maße. D 2,8 cm.
Lit.: Unveröffentlicht.

Kat.-Nr. 70
Fragment einer Schrankenplatte.
Reg.-Nr. XX. U. 98.
Fl.: Im Bereich des Mittelschiffes: Planum 1 (auf dem Mosaikboden) Fläche 16 Quadrant III.
Material und Erhaltung: Wie Kat.-Nr. 66-69. Alle Kanten weggebrochen.
Beschreibung: Das kleine Fragment zeigt ein Segment einer plastischen Rosette, von der drei rund abgeschliessende Blätter erhalten sind.
Maße: Max. D 4 cm; min D 2,5 cm.
Lit.: Unveröffentlicht.

Die im Katalog aufgeführten Schrankenplatten[266] sind nur fragmentarisch erhalten. Bei ihrem Material handelt es sich um weißen importierten Marmor, wie er für die Herstellung von Chorschranken besonders während des 6. Jhs. n. Chr. im Ostjordanland und Palästina üblich war.[267]

Die Rückseite eines der Schrankenplattenfragmente (Kat.-Nr. 64; Taf. 44 B) war offenbar mit einem einfachen Kreuzrelief verziert. Ob Rosetten oder antithetische Tiere wie etwa weidende Lämmer, Pfaue oder Tauben zu beiden Seiten zu sehen waren, läßt sich nicht mehr feststellen. Der obere Arm

---

[266] Allgemein zur Entwicklung der Schrankenplatten vgl. T. Ulbert, Studien zur dekorativen Reliefplastik des östlichen Mittelmeerraumes, Schrankenplatten des 4. - 10. Jahrhunderts (1969) passim; RBK I (1966) 900 ff. s. v. Cancelli (Delvoye); RAC II (1954) 837 f. s. v. Cancelli (A. M. Schneider).
[267] Vgl. Brenk 1985, 93; Crowfoot 1941, 103 f.

des Kreuzes hat einen dreieckigen Umriß mit leicht eingezogenen Kanten. Es hatte demnach eine Form, die sich gut mit besser erhaltenen Darstellungen dieses wichtigsten aller christliche Symbole vergleichen läßt. Sehr ähnlich erscheint es auf Chorschrankenplatten aus der Westkirche in Pella,[268] aus der Kirche in Capitolias/ *Bēt Rās*[269] und der dreischiffigen Basilika in Petra[270], die alle der ersten Hälfte des 6. Jhs. n. Chr. angehören. Weitere Beispiele für diesen Kreuztypus lassen sich auf Schranken aus der Kirche des Kathrinenklosters auf dem Sinai (548 n. Chr.)[271], in der Brotvermehrungskirche in *aṭ-Ṭabġa* am See Genesaret (6. Jh. n. Chr.),[272] in der sog. Niloskirche von *Kurnūb* im Negev (erste Hälfte des 6. Jhs. n. Chr.) anführen, und in der Kirche von *Zabad*.[273] Einer Datierung des Fragments in justinianische Zeit oder kurz davor stünde somit nichts im Wege.

Diesen zeitlichen Ansatz bestätigen auch Schrankenplatten mit Kreuzmedaillons, die auf der anderen Schauseite eben jenes Fragments (Kat.-Nr. 65; Taf. 44 A) und eines weiteren, entlang des äußeren Medaillonrahmens zerstörten Bruchstücks (Kat.-Nr. 64; Taf. 43 H) ausschnittsweise zu erkennen sind. In beiden Fällen sind Kreuz und Medaillonrahmen in flachem Relief gehalten, wobei letzterer als glatter Reif,[274] der zuerst genannte als plastisch gestalteter Blattkranz wiedergegeben ist. Die holzschnittartige Blattbildung des Kranzes ist identisch mit der auf einer Schrankenplatte aus Petra, die in der dreischiffigen Basilika des späten 5. oder frühen 6. Jhs. n. Chr. gefunden worden ist.[275] Statt des dreifachen Bandes umschließen hier jedoch die Blätter eine Gemme. Sehr ähnliche Blattkränze, die durch ihre Bauzusammenhänge in das 6. Jh. n. Chr. datiert sind, trifft man ferner auf Platten aus den Kirchen in Mausot Jizḥak, Nessana, *Kurnūb*, *Ašdod*, Jerusalem und *Mādaba* an.[276] Die durch das Fragment Kat.-Nr. 67 in Gadara belegte fischgrätartig angeordnete Blattvariante des Kranzes läßt sich an Vergleichsbeispiele aus Pella und *Tell Reḥob* anschließen, die den zeitlichen Ansatz im 6. Jh. n. Chr. bestätigen.[277] Ob sich das kleine Bruchstück Kat.-Nr. 66; Taf. 44 D) tatsächlich als Teil des wellenartig geschwungenen Endes einer *Taenia* deuten läßt, bleibe dahingestellt. Auch für dieses Detail lassen sich unter den angeführten Vergleichsbeispielen mühelos Analogien finden. Ebenso verhält es sich mit den Profilleisten des Eckfragment Kat.-Nr. 66 (Taf. 44 C).

Die Schrankenplatten der Gadarener Kirche sind also in die Reliefkunst der ersten Hälfte des 6. Jhs. n. Chr. einzuordnen. Auf diese Datierung sind

---

[268] A. McNicoll - R. H. Smith - B. Hennessey, Pella in Jordan I, 1982, 111 Abb. 39 b.
[269] Mittmann 1970, 32 Taf. 27; Russo a. O. 209 Abb. 70.
[270] R. Schick - Z. T. Fiema - K. ʿAmr, AAJ 37, 1993, 55 ff. Taf IV 1.
[271] Russo a. O. 130 f. Abb. 12, 13.
[272] A. M. Schneider, Die Brotvermehrungskirche von *eṭ-Ṭabaga* am Genesarethsee (1934) 27 ff. Abb. 5.
[273] Vgl. Brenk 1985, 195 Abb. 173; Russo a. O. 148 f. Abb. 27. Die Kirche ist im Laufe des 5. Jhs. n. Chr. entstanden. Zur Kirche in Zabad vgl. Lassus 1947, Fig. 86.
[274] Zu dem glatten Rundstab als Medaillonrahmen vgl. S. Theotokos Kirche von *Tell Ḥassān*, D. Baramki, QDAP 5, 1936, 85 Taf. LVI, 3 e; Russo a. O. 178 Abb. 49.
[275] R. Schick - Z. T. Fiema - K. ʿAmr, AAJ 37, 1993, 55 ff. Taf IV 1; Z. Fiema, in: Th. Weber - R. Wenning (Hrsg.), Petra (1997) 152 Abb. 173.
[276] Russo a. O. 135 Abb. 17; 144 Abb. 24; 148 Abb. 27; 160 Abb. 37; 168 Abb. 43-44; 196 Abb. 59. ferner Brenk a. O. Abb. 173.
[277] Rosso a. O. 120 Abb. 2; 122 Abb. 4.

wir unabhängig durch die Analyse der Bodenmosaike[278] gelangt, die durch den stratigraphischen Befund als spätere Hinzufügung erkannt wurden. Somit dürfte die Abschrankung des Chors auf eben die gleiche Restaurierung der Basilika zurückzuführen sein, die - wie viele andere Kirchen in Palästina - wahrscheinlich in der Regierungszeit Kaiser Justinians (527 - 565 n. Chr.) durchgeführt worden ist.

Mit einfachen Kreuzreliefs verzierte Schrankenplatten kommen zwar schon im 4. nachchristlichen Jh. vor, die weiter entwickelten Varianten mit Medaillons wurden jedoch erst ab dem Ende des 5. und im gesamten 6. Jh. n. Chr. geläufig.[279] Dekorative Leitmotive dieser Epoche sind Platten mit Rautengliederung, Kreuzen und Christogrammen.[280] Häufig sind den Kreuzen antitethische Tiergruppen zugeordnet. Einem weiteren Beispiel für Kreuzmedaillons aus dem Beginn oder der ersten Hälfte des 6. Jhs. n. Chr. begegnet man in Gadara auf der Deckelunterseite eines älteren attischen Klinensarkophags des 3. Jhs. n. Chr., der von Christen im Zentralbau auf der Westterrasse wiederverwendet worden ist.[281] Die Anbringung der christlichen Symbole an einem genuin paganen Denkmal ist in diesem Fall als eine spätere Umwandlung erwiesen.

II. 4. 5. Liturgisches Mobiliar

Zum unverzichtbaren Mobiliar eines christlichen Gotteshauses gehört der Altar, auf dem der Opfergottesdienst (*Eucharistie*) zelebriert wird. Häufig war dieser von einer baldachinartigen Konstruktion, einem *Ziborium*, überspannt. Die Kanzel (*Ambo*) ist ein leicht erhöhtes Podest, vergleichbar den muslimischen *Mimbar*, zum Verlesen des Evangeliums und der Predigten (Homilien). Zu dem stellt sich in Zusammenhang mit dem liturgischen Mobiliar auch die Frage nach der künstlichen Beleuchtung der Innenräume, zumal die Lichtsymbolik ein unverzichtbares Element der frühchristlichen Liturgie ist.

Da im Grabungsbefund keinerlei Standspuren im Boden des Chorraumes festzustellen waren[282], stellt sich zunächst die Frage, ob der Altar inner- oder außerhalb der Apsis gestanden hat. Von ihrer Beantwortung hängt die Beurteilung des seit der Untersuchung F. W. Deichmanns[283] diskutierten Problems ab, in welchem räumlichen Verhältnis der Altar zu dem darunter gelegenen Märtyrergrab gestanden hat. Hierzu lassen sich im Falle der Gadarener Basilika mangels sicherer archäologischer Evidenz nur hypothetische, auf Analogien gestützte Überlegungen anstellen.

---

[278] Vgl. o. S. 64 ff.
[279] Vgl. Ulbert a. O. 14; 27 ff. Die Kenntnis von Schrankenplatten des 4. und frühen 5. Jhs. n. Chr. 7 ff.
[280] Ulbert a. O. 28.
[281] Vgl. Piccirillo 1981, Taf. 19 Foto 23; Russo a. O. 1987, 210 Abb. 71; G. Koch, Boreas 17, 1994, 115; Th. Weber, *UQ* I (im Druck).
[282] Zu der Vertiefung in der Unterfütterung des Bodens des Sanktuars, die man eventuell als Einlassung für das Stylobat des *Ziborium* deuten könnte, vgl. o. S. 51. Der Befund ist allerdings nicht eindeutig genug, um daraus weitere Schlußfolgerungen über den Standort des Altars ziehen zu können.
[283] F. W. Deichmann, RM 77, 1970, 144 ff. Vgl. auch ders., Rom, Ravenna, Konstantinopel, Naher Osten. Gesammelte Studien zur spätantiken Architektur, Kunst und Geschichte (1982) 375 ff.

Wo sich die liturgischen Opfertische in den frühchristlichen Memorialkirchen des 4. Jhs. befunden haben, ist in der Forschung umstritten. Das von E. Dyggve[284] in Mausinac bei Salona rekonstruierte Altargrab des frühen 4. Jhs. n. Chr. bleibt der Meinung Deichmanns[285] zufolge wie auch die weiteren von ihm ins Feld geführten Beispiele hypothetisch. In der Kirche von S. Peter zu Rom stand über dem Apostelgrab nachweislich kein Altar, sondern eine eigens zur Aufnahme des verehrungswürdigen Ortes konstruierte *Aedikula*. Auch in der konstantinischen Fassung des Heiligen Grabes von Jerusalem wird ein Altar mit fixem Standort für die Grabrotunde in der literarischen Tradition nicht erwähnt. Im 4. Jh. n. Chr. könnte er, wie F. W. Deichmann[286] und B. Brenk[287] vermutet haben, außerhalb des eigentlichen Kirchenbaues in einer eigens dafür errichteten Kapelle oder in einer Katakombe gestanden haben. Ein engerer Zusammenhang zwischen Altar und darunter gelegenem Grab ist nach Deichmann erst ab dem letzten Viertel des 6. Jhs. n. Chr. zu postulieren. Ein solcher zeitlicher Ansatz bleibt jedoch für ein eventuelles Altargrab in der Basilika von Gadara nicht nachvollziehbar, da Gründung und Blütezeit des Baus deutlich früher liegen. Ob der Altar hier im Halbkreissegment der Apsis, d. h. über dem Hauptgrab (*sub altare*)[288], oder auf Höhe der Sehne weiter westlich davon stand, kann auf Grund der spärlichen Bauspuren nicht sicher entschieden werden. Durch den Vergleich mit Vorbildern des geographischen Raumes besitzt die zweite Möglichkeit größere Wahrscheinlichkeit.

Möglicherweise gehört das Fragment einer Marmorplatte, auf deren Oberseite die plastische Angabe einer Libationsschale mit Abflußloch zu erkennen ist, zur Ausstattung des ansonsten verlorenen Altartisches selbst:

Kat.-Nr. 71   **Abb. 27 B; Taf. 45 C**
Fragment der Basisplatte eines Altars. Reg.-Nr. XX. U. 69.
Fl.: In der Nord–Westecke des südlichen Innenschiffes, bei Reinigungsarbeit des Mosaikbodens: Fl. 18 Quadrant II Planum 1.
Material und Erhaltung: Weißer Marmor. Von der Basisplatte haben sich fünf Fragmente erhalten, die in den Brüchen aneinander passen.
Beschreibung:. Die nur ausschnitthaft überlieferte Platte besitzt eine sorgfältig ausgearbeitete Oberfläche, während die Unterseite nur grob geglättet ist. Die aneinander passenden Fragmente zeigen auf einer Seite ein 5, 2 cm breites Randprofil, das aus zwei parallelen, von einer Rille getrennten Leisten in erhabenem Relief besteht. Im Abstand von 13 cm vom Rand erkennt man eine kreisrunde Schale mit erhabenem Rand, die einen Durchmesser von 17 cm besaß. In ihrem Zentrum ist ein kleines Loch von 2, 2 cm Durchmesser gebohrt.
Maße: Erh. L 45 cm; erh. B 20 cm; max. D 4,2 cm.
Lit.: Th. Weber - U. Hübner, AAJ 42, 1998, 451 Abb. 6; Ders. AW 31, 2000, 35 Abb. 14 a-b.

---

[284] E. Dyggve, in: Forschungen in Salona III (1939) 80 ff. Abb. 108, 109 a.

[285] Deichmann a. O. 163 f.: ..."Das ist nur eine Hypothese, ohne jeden Rückhalt in den Funden. Die Grundlage dafür ist demnach eine weitere Hypothese: nämlich das damals bereits Altargräber üblich gewesen waren."

[286] Deichmann a. O. 166 f.

[287] Brenk 1985, 47 f.

[288] Deichmann weist darauf hin, daß die lateinische Praeposition *sub* nicht zwingend mit „unter" übersetzt werden muß, sondern durchaus auch die Bedeutung von „neben" und „bei", haben kann. Demzufolge kann das literarisch überlieferte *sub altare* auch „neben dem Altar" bedeuten, vgl. ders., a. O. 168.

Angesichts des hier vorgelegten Fragmentes stellt sich zunächst das Problem, wie die ursprüngliche Gesamtform der Platte zu rekonstruieren ist. Wahrscheinlich handelt sich dabei um eine quadratische oder rechteckige Platte mit einer Seitenlänge von etwa 60 cm. Gerundete oder sigmaförmige Umrisse scheiden aus, da das erhaltene Stück des Randes völlig geradlinig verläuft. Wenn das Fragment dennoch nicht als Teil einer Altarplatte[289] zu deuten ist, müssen anderweitige Funktionsmöglichkeiten innerhalb des Kirchenraumes diskutiert werden: War die Tafel als Basisplatte zu einem Altartisch gehörig? Oder war sie ein Deckel eines Reliquiars? Man könnte eventuell sogar daran denken, daß sie, sollte sie einen exakt quadratischen Zuschnitt gehabt haben, zur Abdeckung des Lichtloches (*Oculus*) im Gewölbe des römischen Hypogäums diente, das sich exakt im Zentrum des Mittelschiffes der Gadarener Basilika nach oben hin öffnet. Mit letzterer Verwendung kommt man aber mangels überzeugender Analogien über reine Spekulationen nicht hinaus.

Angesichts der Größe, der Form und des fehlenden Schmucks der Platte ist es wenig wahrscheinlich, daß es sich dabei um den Deckel eines frei aufgestellten Reliquiars handelt. Die aus Marmor gearbeiteten Reliquienschreine sind in der Regel sehr viel kleiner, immer rechteckigen Grundrisses und weisen auf ihren Abdeckungen stilisierten Schmuck in Form von Kreuzen oder Blättern auf.[290]

Eine dritte Möglichkeit wäre, daß die Platte einst über einem Reliquienschrein direkt unter dem Altar in den Boden der Kirche eingelassen war. Eine solche Verwendung ähnlich gestalteter Abdeckungen läßt sich in Kirchen des geographischen Umfeldes vereinzelt nachweisen. Ein vergleichbares Beispiel für einen solchen versenkten Deckel findet sich in der Kirche des Heiligen Basilius zu Riḥāb (594 n. Chr.).[291] Ein weiteres Exemplar mit zugehörigem Reliquiarkästchen stellen die Ausgräber der Kirche im galiläischen Ḥorvat Ḥešeq / Qaṣr ʿAšeq (frühes 6. Jh. n. Chr.) unter dem Boden der südlichen Apsis fest. In der Deckelmitte erkennt man hier eine Libationsschale von nur 5 cm Durchmesser,[292] welche formal trotz ihres kleinen Formates[293] die nächste Parallele zu dem Gadarener Fragment darstellt. Von

---

[289] Im Vorbericht (AAJ 42, 1998, 451 Legende zu Abb. 6) deutete Th. Weber das Fragment als Teil einer sigmaförmigen Mensaplatte. Derartige Altartischplatten sind entweder rund oder halbrund, in letzterem Fall besitzen sie einen leicht nach vorne ausladenden glatten umlaufendem Rand (vgl. O. Nussbaum, JbAChr 4, 1961, 18 ff.; J. Dresken-Weiland, Reliefierte Tischplatten aus Theodosianischer Zeit (1991) passim; E. Chalkia, Le Mense Paleocrisiane (1991) passim; Th. Ulbert, in: Festschr. B. Kötting, JbAChr 8, 1980, 559 ff.; RBK I (1966) 111 ff. s. v. Altar (K. Wessel). Parallel zu den Rändern weisen die meisten Mensaplatten Mulden auf. Auch rechteckige Exemplare sind bekannt, doch zeigt keins der bisher bekannten Beispiele eine Schale mit einem Abflussloch. Quadratische Altartafeln mit einem einfachen Loch ohne Schale sind neben den sigmaförmigen Varianten im koptischen Raum wie etwa in der Kirche von al-Muʿalaqāh, in der Kirche von ʿAbū Sifīn oder in der Krypta von ʿAbū Sargah zu belegen (vgl. A. J. Butler, Ancient Coptic Churches of Egypt [1971] 9). A. J. Butler (a. O.] 7 ff. Abb. 3) interpretiert diese Löcher in der Mitte der koptischen *Mensae* als Vorrichtungen für liturgische Waschungen der Altäre. Somit ist es unwahrscheinlich, daß das Fragment aus der Basilika von Gadara als Teil einer Mensa-Platte zu verstehen ist.

[290] Vgl. Koch a. O. 238.

[291] Piccirillo 1981, 70 Taf. 56, 12; ders., in: StBiFranc 30, 1980, Taf. 11; Y. Tsafrir, in: Tsafrir 1993, 5.

[292] M. Aviam, in: G. C. Gottini - L. di Segni - E. Alliata, Christian Archaeology in the Holy Land: New Discoveries, StBiFranc 36, 1990, 351 ff. Abb 11; ders. in: Tsafrir 1993, 85 f.

[293] Der von einem einfachen Randprofil eingefaßte rechteckige Deckel hat eine Länge von 30 cm und eine Breite von 25 cm.

allen diskutierten Deutungsmöglichkeiten ist also für das Gadarener Bruchstück die als Altarbasisplatte am wahrscheinlichsten.

Wie bereits oben erwähnt, wurden 1998 innerhalb des Kirchenraumes sechs kleinformatige Marmorsäulenschäfte bzw. Fragmente davon (Kat.-Nr. 39-42) in Zweitverwendung bzw. in rezenten Verfüllungen vorgefunden[294]. Diese haben wir mit einem *Ziborium* in Zusammenhang gebracht. Die Existenz von Altären[295] mit darüber gespannten baldachinartigen Aufbauten[296] in der Mitte der halbkreisförmigen Apsis oder unmittelbar davor ist keine Ausnahmeerscheinung, sondern in frühchristlichen Sakralbauten des Ostjordanlandes,[297] Palästinas[298] und Syriens[299] recht häufig belegt.

Als Beispiel für die Hervorhebung des Altars durch ein Ziborium wird in der Forschung exemplarisch für das Ostjordanland auf die Kirche des Heiligen Theodoros in Gerasa (494 n. Chr.) verwiesen.[300] Im Boden ihres Altarraumes haben sich Fundamente *in situ* erhalten, welche zur Verankerung von *Ziborium* und Altar gedeutet werden. Für Palästina sind Altarbaldachine in *Ḥirbet el-Beiyuḍāt* (Ende des 5. Jhs. n. Chr.)[301] und *Ḥirbet Bēt Loya* /*Ḥirbet Lēḥi* (500 n. Chr.) überliefert.[302] Auch die Sakralbauten im Negev weisen regelmäßig ein *Ziborium* über dem Altar in Apsismitte auf: so z. B. die Nordkirche in Rehovot / *Ḥirbet Ruḥēbeh* (460 n. Chr.)[303] sowie die Nord- und Südkirchen von Sobota (frühes 6. Jh. n. Chr.).[304] Für Syrien lassen sich Beispiele in *Zersīta* (6. Jh. n. Chr.)[305] und *at-Ṭūba* (582 n. Chr.) anführen.[306] Allerdings ist in diesem Zusammenhang darauf hinzuweisen, daß bis auf die Ausnahme des zuletzt genannten Beispiels keinerlei Teile von der aufgehenden Konstruktion des Baldachins erhalten sind. Die Existenz der *Ziboria* wurde stets aus den Befestigungslöchern im Boden des Sanctuars erschlossen. Das Beispiel im syrischen *Zersīta* unterscheidet sich zu den von den freistehenden palästinischen *Ziboria* durch seine Anbindung an die Rückwand der Apsis.

Zum liturgischen Mobiliar einer repräsentativen Kirche wie der Gadarener Basilika gehört normalerweise ein *Ambo*.[307] Hier ist eine solche Konstruktion allerdings bis auf geringe Reste der Grundplatten und bis auf die Unterfütterung der Basis völlig verschwunden. Der 1998 festgestellte Befund läßt sich folgermaßen beschreiben: Parallel zur nördlichen Säulenreihe des Mittelschiffes setzt sich von der untersten Stufe des *Bema* eine Setzung aus zwei länglichen Kalksteinblöcken im rechten Winkel nach

---

[294] s. o. S. 48 f. Kat.-Nr. 39-42.
[295] Allgemein vgl. RBK I (1966) 111 ff. s. v. Altar (K. Wessel).
[296] Vgl. RBK I (1966) 1055 ff. s. v. Ciborium (K. Wessel); J. Wilkinson, in: Tsafrir 1993, 21.
[297] J. W. Crowfoot, in: Kraeling 1938, 241.
[298] Vgl. Ovadiah 1970, 197 f.
[299] vgl. Butler 1929, 211 f.
[300] J. W. Crowfoot, in: Kraeling 1938, 195 ff; Crowfoot 1941, 63 ff. Abb 13.
[301] H. Hizmi, in: Tsafrir 1993, 155 ff..
[302] J. Patrich - Y. Tsafrir, in: Tsafrir 1993, 267.
[303] Y. Tsafrir, in: Tsafrir 1993, 294 ff., Rekonstruktion S. 298.
[304] R. Rosenthal-Heginbottom, Die Kirchen von Sobota und die Dreiapsidenkirchen des Nahen Ostens (1982) 154 ff.
[305] Butler 1929, 150, 212.
[306] Butler 1929, 163, 212.
[307] Allgemein zum *Ambo* vgl. Lassus 1947, 207 ff; RBK I (1966) 126 ff. s. v. Ambo (Delvoy); in Palästina: Crowfoot 1941, 52 ff.; Ovadiah 1970, 198 f.

Westen fort (Abb 3 A, Taf. 13 A). Sie sind auf Abstand gesetzt, der mit kleineren Bruchsteinen verfüttert ist. Mit seiner nördlichen Kante stößt der nördliche Block an das Fundament der ost-westlich verlaufenden Abschrankung. Diese Steinsetzung muß sich ursprünglich nach Westen zweireihig fortgesetzt haben, wo jedoch nur eine genau fluchtende Mörtelpackung mit grobem Bruchsteindurchschuß auf tieferem Niveau zu beobachten ist. Die gesamte Fläche hat eine Breite von 0,60 m und eine Länge von 0,12 m. Da das Bodenmosaik an dieser Zone ausgespart war, muß an dieser Stelle ein Einbau mit der genannten Grundflächenabmessung gestanden haben. Es bot sich an, diese Steinpackung als Verfüllung des Unterbaus eines im Grundriß rechteckigen *Ambo* zu deuten.

Die hier beschriebenen architektonischen Spuren lassen also eine einigermaßen sichere Lokalisierung der Kanzel am nordwestlichen Eck der Westfront des *Bema* zu. Eine vergleichbare Position des *Ambo* an der Nordwestseite der Altarplattform trifft man regelmäßig bei den Kirchen im Negev an, wogegen im übrigen Ostjordanland, wie das Beispiel der Kirchen von Gerasa[308] lehrt, eine Aufstellung im südlichen Abschnitt der Westkante des Podiums üblicher ist.

Von Platten der Treppenwange oder der Kanzelbrüstung fehlte in der Umgebung der fraglichen Unterfütterung jede Spur. Ein Relieffragment, das im Atrium zu später Zeit (wahrscheinlich in Phase IV) zur Ausbesserung des Plattenbelages wiederverwendet worden war, läßt sich möglicherweise dem *Ambo* zuweisen:

Kat.-Nr. 72   Abb. 27 A. Taf. 18 B
Fragment von der Wange eines *Ambo*
(?): Reg.-Nr. XX.U. 160.
Fl.: An der Westkante des östlichen Stylobats des Atriums, gegenüber dem Kircheneingang T 10. Das Fragment war bei einer Reparatur des Plattenbodens eingefügt worden: Zwischen Fläche 19 Quadrant III und Fläche 18 Quadrant I.
Material und Erhaltung: Weißer Marmor. An zwei Seiten über Eck vollständig erhalten, in mehrere, z. T. kleinere Stücke zerbrochen. Die rechte und die untere Hälfte sind weggebrochen.
Beschreibung: Ob die Platte ursprünglich rechteckig oder quadratisch gewesen ist, läßt sich nicht mehr mit Sicherheit bestimmen, auch wenn der Ornamentverlauf für letzteres spricht. Da sie *in situ* belassen wurde, bleibt ferner unklar, ob sie auch an ihrer Rückseite dekoriert war.

An ihrer nach oben zeigenden Schauseite ist das Plattenfragment mit einem komplizierten geometrischem Motiv verziert. Den Kern bildet eine flach gewölbte, von mehreren Profilen eingefaßte H-förmige Leiste, in die von oben und unten gleichfalls profilierte, rechteckige, von der glatten Rahmenleiste ausgehende Zungen eingreifen.
Maße: Eerh. L 84 cm; B 37 cm; max. D 7 cm; min. D nicht meßbar.
Lit.: Unveröffentlicht

Im Ostjordanland und Palästina sind *Ambones* in die Abschrankung des Altarraumes integriert und in der Regel durch Treppenaufgänge von den Bemastufen aus zu betreten.[309] Im Grundriß rechteckige Kanzeln, die jeweils am nordwestlichen Eck des *Bemas* aufgestellt waren, haben sich in der

---

[308] Vgl. J. W. Crowfoot, in: Kraeling 1938, 184.
[309] Crowfoot 1941, 52 f. In den Kirchen zu Gerasa und auf dem Berg Nebo ist die Stelle des *Ambos* an der süd-westlichen Seite des Altarraumes, aber sie befindet sich in anderen Kirchen wie etwa in Negev an der nördlichen Seite, vgl. ders. 53; Ovadiah 1970, 198.

Theotokos Kirche in *Nesana* (6. Jh. n. Chr.),[310] der Nordkirche in 'Avdat/ *Ḥirbet'Abda* (7. Jh. n. Chr.),[311] der Südkirche von Šivita/ *Sobota* (7. Jh. n. Chr.),[312] und in der Südkirche von Sobota (5. Jh. n. Chr.) nachweisen lassen.[313]

Eine mit H-förmig geführten Wülsten und Kehlen profilierte Brüstungsplatte, die dem Gadarener Beispiel (Kat.-Nr. 72) stilistisch zu vergleichen ist, konnte bislang nicht ausfindig gemacht werden, so daß die Zuweisung dieses Fragment an einen *Ambo* einstweilen hypothetisch bleiben muß. Sollte diese Deutung zutreffen, scheint die ursprüngliche Kanzel nach einer Erdbebenkatastrophe beseitigt und ihre Wangenplatten für Ausbesserungsarbeiten wiederverwendet worden zu sein. Bei der anschließenden Nutzung der Kirche unter stark reduzierten räumlichen Verhältnissen (Phase IV) war eine Kanzel wohl auch nicht mehr notwendig. Die seitliche Treppenwange des berühmten *Ambos* aus der Reichhauptstadt Konstantinopel (6. Jh. n. Chr.) im Archäologischen Museum von Istanbul bietet zwar gewisse Ähnlichkeiten auf Grund seines Kassettendekors[314], doch weist das Plattenfragment aus Gadara ein wesentlich komplizierteres System der Flächengliederung und Profilierung auf.[315]

Der Kircheninnenraum erhielt tagsüber Licht durch das Rundfenster[316] im Westgiebel sowie durch mehrere Glasfenster[317], die in die Außenfassaden oder in der Obergadenzone eingebracht gewesen sein müssen (vgl. Abb. 31 B). Nachts und in fensterlosen Gebäudetrakten mußte für künstliche Beleuchtung gesorgt werden, wozu wahrscheinlich mehre von den Decken hängende Radleuchter (*Polykandela*) und separat aufgestellte Kerzenständer dienten. In der Krypta wurden nach Aussage entsprechender Funde von den Besuchern leicht transportable Öllampen aus Ton mitgeführt und rings um die Gräber abgestellt.[318]

Ein solches *Polykandelon* bestand aus einem Kettengehänge und einer ringförmigen Halterung,[319] die in manchen Fällen Kreuzform[320] haben konnte. Das Gehänge besitzt in seinem oberen Teil einen Haken, der mit einem Ring verbunden ist. In letzteren waren drei oder vier Ketten eingehängt, deren untere Enden an dem Haltertungsring befestigt waren. Im Band dieses flachen Metallkranzes waren in gleichmäßigen Abständen

---

[310] Ovadiah 1970, 149 ff. Abb. 60.

[311] Ovadiah 1970, 23 f. Abb 4.

[312] Crowfoot 1941, 70 f.; Ovadiah 1970, 170 ff. Abb. 68.

[313] Vgl. Rosenthal-Heginbottom a. O. (Anm. 297) 151 ff.

[314] Brenk a. O. 178, Abb. 164 b.

[315] Die mittlere Leisten der Platte von Gadara weist in ihrer rekonstruierteren Form zwei mittlere und parallele Leisten auf, die durch eine weitere Querleiste verbunden sind.

[316] s. o. S. 41 f.

[317] Während der Ausgrabungskampagne von 1989 und 1998 wurden zahlreiche Fragmente von Fenstergläser und Bleifassungen nachgewiesen, welche darauf hindeuten, daß die Basilika durch Glasfenster beleuchtet war. Vgl. Th. Weber, *UQ* IV 3 (im Druck).

[318] Th. Weber, JbAChr 20, 2, 1995, 1277; Tonlampen aus der Krypta vgl. K. Da Costa, in: Th. Weber-A. Hoffmann, AAJ 34, 1990, 332 ff; ferner Selesnow, in *UQ* IV 3 (in Vorbreitung).

[319] Zu komplett erhaltenen kranzförmigen Haltern des 6.-7. Jhs. n. Chr. aus dem östlichen Mittelmeerraum vgl. V. H. Elbern, in: L. Wamser - G. Zahlhaas (Hrsg.), Rom und Byzanz, archäologische Kostbarkeiten aus Bayern (1998) 95 Nr. 95.

[320] Ein komplett erhaltener kreuzförmiger Halter des 6. Jhs. n. Chr. aus Jordanien (?) ist publiziert von Elbern a. O. 95 Nr. 93.

Löcher gebohrt, die zur Aufnahme der stabförmigen Schäfte gläserner Lichtbecher (Abb. 29) gedient haben. Die zu einem solchen Lüster gehörigen Glaslampen lassen sich an ihren länglichen, nach unten ausgezogenen Schäften und ihren ausladenden Körpern leicht erkennen. Die Gefäße enthielten Olivenöl, das mit Hilfe eines schwimmenden Dochtes entzündet werden konnte.[321]

Es bleibt unklar, ob diese *Polykandela* nach einem bestimmten System innerhalb der Kirche verteilt waren. Auf dem Boden der Krypta und im Apsidialbereich der Gadarener Basilika wurden zahllose Fragmente von gläserneinsätzen solcher *Polykandela* gefunden. Dies läßt die Vermutung zu, daß sich die Aufhängung von Hängelampen zumindest im östlichen Abschluss des Basilikaraums und im *Martyrion*, den heiligsten Orten des Sakralbaus, konzentrierten. Dies erklärt sich außer dem profanen Anliegen, den Raum zu beleuchten, auch durch die religionsphilosophische Metaphorik des Lichtes: Das durch die Hängelampen erzeugte künstliche Licht hatte nicht nur im Juden- und Christentum[322], sondern - wie eine Sure im Quran[323] belegt - auch im Islam eine Gottessymbolik.

Die künstliche Beleuchtung von frühchristlichen Sakralräumen wird von der Forschung oft in ihrer Bedeutung unterschätzt. Gerade in frühchristlicher Zeit war dies häufig eine Angelegenheit, in die sich die höchsten staatlichen Stellen einschalteten: So trug etwa Konstantin d. Gr. in eigener Person Sorge für den Unterhalt der Beleuchtungskörper in der von ihm gestifteten Lateransbasilika in Rom. Aus eigenen finanziellen Mitteln ließ ferner Eudokia, die Gattin des Kaisers Theodosios II., große Mengen von Öl für die Beleuchtung zu den Osterfeierlichkeiten nach Jerusalem liefern. In der Regierungszeit des Justinian nahm die effektvolle Beleuchtung des Kircheninnenraums einen so hohen Stellenwert ein, daß ihre Finanzierung sogar durch einen eigens dafür eingerichteten Fond geregelt wurde.[324] Andernorts mußten die Kosten *ad illuminandam ecclesiam Dei* von der Gemeinde selbst getragen werden.

Die Frage nach der Datierung der in der Gadarener Kirche gefundenen Beleuchtungskörper ist wegen der langen Nutzungsdauer und der schwer greifbaren Chronologie kaum zu beantworten. In ihrer Untersuchung über die gläsernen Einsätze der *Polykandela* weist O. Dussart[325] auf das Problem der chronologischen Periodisierung dieses Materials hin. Die Produktion formal nahezu identischer Glaslampen reicht von der späten römischen Kaiserzeit über das muslimische Mittelalter bruchlos bis in die Neuzeit. Erhaltene metallene Gehänge werden auf Grund stilistischer oder antiquarischer Erwägungen häufig in die Zeit zwischen dem 5. und 7. Jh. n.Chr., aber durchaus auch in spätere Zeit datiert.[326] Ein gut erhaltenes

---

[321] Zu den *Polykandela* in Gadara vgl. Th. Weber, *UQ* IV 3 (im Druck); O. Dussart, in: P. C. Bol - A. Hoffmann - Th. Weber, AA 1990, 255.
[322] Zur christlichen Lichtsymbolik vgl. Dölger 1936, 26 ff.
[323] Vgl. Quran, Sure 24 (35).
[324] Vgl. dazu *Novella* 67 aus dem Jahr 538 n. Chr. Dazu ausführlich V. H. Elbern, in: Wamser - Zahlhaas a. O. 81 f.
[325] O. Dussart, Recherches sur le verre de Jordanie et Syrie du Sud de la fin de l'Epoque Hellènistique a l'Epoque Omeyyade I (1992) 83.
[326] Vgl.z. B.W. Selesnow, Liebieghaus-Museum Alter Plastik. Bildwerke der Sammlung Kauffmann II. Lampen aus Ton und Bronze (1988) 191 Nr. 446 Taf. 63; ferner auch Elbern a.O. 95f. Nr. 93-96.

Beispiel wurde in der Kapelle des Bischolfs Marianos in Gerasa gefunden[327], die an das Ende der umaiyadischen Epoche, in die erste Hälfte des 8. Jh. n. Chr. gehört.

II. 5. Chronologie der Bauphasen

Obwohl der architektonische Baukörper des Gadarener Basilikenkomplexes nur schlecht erhalten und die Schichtenabfolge des akkumulierten Materials durch neuzeitliche Eingriffe stark durchmischt ist, ließen sich dennoch sieben verschiedene Phasen der Nutzung des Areals unterscheiden. Diese reichen von der römischen Kaiserzeit bis in die jüngste Vergangenheit. Eine präzise Periodisierung mit historisch greifbaren Fixdaten läßt sich auf Grund der bis heute fehlenden Inschriften oder stratigraphisch verwertbaren Münzfunden nicht erstellen.

Als Ausgangspunkt und Diskussionsbasis bei der Rekonstruktion der Bauphasen bleibt zunächst die Entstehung der Krypta zu berücksichtigen, die als Terminus *ante quem non* für die Errichtung der Basilika zu bewerten ist. Als weitere Elemente, die sich zur Periodisierung heranziehen lassen, sind alle Veränderungen des Bauzustandes, wie etwa Renovierungem, Ausbesserungen von Schäden, Wiederaufbaumaßnahmen nach Zerstörung oder funktionale Umwandlungen, von Interesse.

II. 5. 1. Errichtung des Unterbaues (Phase I und II)

Das unterirdische römische *Hypogäum* (Abb. 10 A) stellt den Kern der gesamten Anlage dar. Über dem Lichtloch seines Gewölbes laufen alle Planungsachsen des christlichen Sakralbaus zusammen, so daß der *Oculus*[328] sowohl für die architektonische Gestaltung als auch für die kultische Nutzung der Kirche große Bedeutung besaß. Hierauf werden wir noch einmal bei unseren Überlegungen zu dem in der Kirche praktizierten Kult zurückkommen.[329] Das pagane Grab darf demnach als Ausgangspunkt der baulichen Entwicklung betrachtet und schematisch als Bauphase I (Abb. 4) definiert werden. An das römisch-kaiserzeitliche Grab wurden später deutlich differenzierbare Anbauten angesetzt, welche als Bauphase II zu kennzeichnen sind. Hierbei muß die Errichtung der frühbyzantinischen Krypta und der darüberliegenden Kirche als untergeordnete Phase a vorausgegangen sein (Abb. 5). Die beiden Grabanlagen werden von Th. Weber in einer separaten Publikation[330] ausführlich beschrieben und diskutiert.

---

[327] Vgl. Gawlikowski - A. Musa, in: F. Zayadine, Jerash Archaeological Project I (1985) 152 ff. Abb. 10 Nr. 41 Taf. 6, 2; 7A. Vgl. ebenda Nr. 42 Taf. 6, 1.
[328] s. o. S. 24.
[329] s. u. S. 100 ff.
[330] UQ IV 3 (im Druck).

II. 5. 2. Errichtung der Basilika (Phase II b)

Die Errichtung der fünfschiffigen Basilika erfolgte in den Jahren kurz nach der Mitte des 4. Jhs n. Chr. Der hier vertretene chronologische Ansatz ergibt sich einerseits aus der Bauzeit der byzantinischen Krypta als *terminus ante quem non* (Anfang 4. Jh. bis ca. 363 n.Chr.)[331] und, als obere zeitliche Grenze (*terminus post quem non*), aus den jüngeren prokonnesischen Marmorkapitellen (ca. 360 - 370), die zusammen mit sehr viel älteren Spolien für den Bau selbst angeliefert worden sind.[332]

Mehrere Indizien deuten darauf hin, daß man mit der Belegung der Krypta bereits im frühen 4. Jh. n. Chr. begonnen hatte, wobei natürlich das Heiligengrab (Grab 1) als erstes angelegt worden sein muß, alle anderen Bestattungen zeitlich erst danach erfolgt sein können. Aus diesem Grund schlagen wir für die Bauphase IIa die Zeit zwischen dem Beginn und dem mittleren 4. Jh. n Chr. vor. Diese Zeitspanne läßt sich nicht weiter eingrenzen.

Chronologisch aussagekräftiges Fundmaterial stellen zunächst die Münzen dar. So fand sich in der Fundamentgrube des Märtyrergrabes 1 eine schlecht erhaltene Kupferprägung, die mit hoher Wahrscheinlichkeit in der Regierungszeit Konstantins oder seiner Söhne in Umlauf gekommen war.[333] In der Mörtelbettung des Mosaiks, welches das benachbarte Grab Nr. 6 überdeckte, steckten zwei weitere Münzen,[334] die zwischen dem späten 3. und frühen 4. Jh. n. Chr. zu datieren sind. In Grab 15 war ein Kleinerz beigegeben, welches in die Zeit zwischen 335 und 341 n. Chr. zu datieren ist, und somit einen Hinweis darauf gibt, daß die fragliche Bestattung etwa um die Mitte des 4. Jhs. n. Chr. vorgenommen worden war.[335] Zwei Münzen in der Verfugung des benachbarten Grab 14[336] zeigen an, daß die letzte Beisetzung in ihm zum Beginn des 5. Jh. n.Chr. stattgefunden hat. Den chronologischen Rahmen zwischen dem frühen 4. und der ersten Hälfte des 5. Jhs. n. Chr. bestätigen außer den 15 Fundmünzen vom byzantinischen Laufniveau[337] auch die Objekte aus den reicher ausgestatteten Gräbern 12 und 17.[338] Einem wohl frühen Stadium der Kryptennutzung wird auch der

---

[331] Wie Th. Weber in seiner Veröffentlichung der Krypta (s. Anm. 311); vgl. auch ders, *UQ* I [im Druck]) ausführt, besteht die östliche, wohl als letzte errichtete Stützwand der Krypta aus Spolienmaterial, das von den beiden Rundtürmen des benachbarten Tiberiastors stammt (vgl. o. S. 15 f). Die Frage, warum man dieses vorher so bedeutende städtische Monument im 4. Jh. n Chr. als Steinbruch benutzte und abtrug, erklärt Weber mit dem verheerenden Erdbeben am 19. Mai 363 n. Chr.: vgl. K. Russell, BASOR 260, 1985, 39 T ab. 1.

[332] s. o. S. 54 ff.

[333] Reg.-Nr. XI. H. 5. Vgl. Th. Weber, AA 1990, 261 f. mit Anm. 207; H. C. Noeske, UQ IV 3 (im Druck) Kat.-Nr. Mz 1072.

[334] Reg.-Nr. XI. H. 4 und 6. vgl. Th. Weber, JbAChr. 20, 2, 1995, 1276; E. Künzl - Th. Weber, DaM 5, 1991, 84 f.; Th. Weber, JbÖBYz 42, 1992, 258; Noeske a. O. Kat.-Nr. Mz 1089 und 1062.

[335] Th. Weber, JbÖByz 42, 1992, 258 Anm. 25; Noeske a.O. Kat.-Nr. Mz 314.

[336] Noeske a.O. Kat.-Nr. Mz 654 (395-408 n. Chr.). 749. 761 (beide zweite Hälfte 4. oder 5. Jh. n.Chr.)

[337] Bis auf eine eingestreute Prägung des Herodes I. aus dem Jahren 40 bis 37 v. Chr. gehören sie in den Zeitraum zwischen 330 n. Chr. und der ersten Hälfte des 5 Jhs. n. Chr.; vgl. Noeske a. O. Kat.-Nr. Mz 122 (40/37 v. Chr.); 291 (330/335 n. Chr.); 396 (351/361 n. Chr.); 555 (383/392 n. Chr.); 600; 627 (beide 383/395 n. Chr.); 693 (474/491 n. Chr.); 712 (zweite Hälfte des 4.-5. Jhs. n. Chr.);

[338] Vgl. E. Künzl - Th. Weber, DaM 5, 1992, 87 ff.; ferner Th. Weber, in *UQ* IV (im Druck).

Bleisarg *Helladis*[339] zuzurechnen sein, der auf Grund typologischer Analogien aus Palästina gegen Ende des 3. oder in der ersten Hälfte des 4. Jhs. n. Chr. entstanden sein muß.

Eine räumliche Verbindung zur Krypta war im ursprünglichen Bauzustand durch zwei rechtwinklig abknickenden, von den Außenschiffen hinabführenden Treppen gegeben, die dem römisch-kaiserzeitlichen Zugang zur paganen Grabanlage weitgehend folgten. Trotz der äußerst problematischen stratigraphischen Verhältnisse lassen sowohl die Fundmünzen als auch die Keramik erkennen, daß die Kirche vor allem in der zweiten Jahrhunderthälfte von Gläubigen aufgesucht worden war. Durch die 1989 und 1998 im Inneren der Basilika gefundenen Münzen[340] wird die Zeit von der zweiten Hälfte des 4. bis etwa zur Mitte des 5. Jhs. n.Chr. als erste wichtige Nutzungsphase hinlänglich dokumentiert.

Dieses Ergebnis läßt sich auch durch den keramischen Befund stützen. Da die Schichtenabfolge stark gestört ist, konnte die Keramik aus dem Areal nicht in eine relative chronologische Reihe gebracht werden. Die von L. M. Maxwell nach Epochen bestimmten Scherben bieten jedoch statistische Werte, die für die hier vertretene Chronologie von grundsätzlichem Interesse sind. Sie lassen sich der folgenden Tabelle und dem graphischen Diagramm entnehmen:[341]

Fläche	H	H/R	R	R/B	B	B/U	U	Ab	Isl.	A/M	Ges. Zahl
11	0	7	161	71	104	65	13	80	64	84	**649**
12	3	11	98	50	110	47	20	70	50	69	**528**
14	18	166	387	361	395	26	10	37	161	35	**1596**
16	0	3	115	134	368	230	80	197	206	72	**1405**
17	1	3	96	49	222	204	53	213	165	293	**1299**
18	2	2	30	17	159	52	28	166	53	107	**616**
19	5	8	377	45	92	80	48	104	173	154	**986**
20	0	0	22	23	123	47	16	27	22	71	**351**
21	0	2	42	33	84	107	13	385	125	96	**887**
22	2	5	237	86	91	11	0	5	0	30	**467**
23	0	5	127	38	272	88	23	114	75	151	**893**
Ges. Zahl	31	212	1692	907	2020	957	274	1398	1094	989	**9675**

Tabelle: Statistik der Keramik aus der Basilika (Grabung 1989), chronologisch geordnet.[342]

---

[339] Th. Weber, AA, 1990, 214 Abb. 15; ders. JbÖByz 42, 1992, 84; ders., JbAChr. 20, 2, 1995, 1276; ders., in: UQ IV 3 (im Druck) Kat.-Nr. M 60.

[340] Vgl. Noeske a. O. Kat.- Nr. Mz 207 (160-161 n. Chr.); 253 (270-275 n. Chr.); 596 (383-385 n. Chr.); 629 (383-395 n. Chr.); 644 (395-408 n. Chr.); 648 (395-408 n. Chr.); 714 (zweite Hälfte 4-5 Jh. n. Chr.); 721; 724 und 890 sind ebenfalls in die zweite Hälfte des 4. oder an den Beginn 5. Jhs zu datieren. Bei der Durchsicht der bestimmbaren Münzen ist festzustellen, daß neun von ihnen in den Zeitraum zwischen 383 und in der ersten Hälfte des 5. Jh. n. Chr. einzuordnen sind.

[341] Vgl. S. Kerner -L. M. Maxwell, in: P. C. Pol - A. Hoffmann - Th. Weber, AA 1990, 250.

[342] Abkürzungen (nach chronologischer Abfolge): H= Hellenistisch (spätes 4. - spätes 1. Jh. v .Chr.); R= Römisch (1. Jh. V. Chr. - frühes 4. Jh n Chr.); B= Byzantinisch; U= Umaiyadisch; Ab= Abbasisch; A= Ayyubidisch; M= Mamlukisch; Isl= Islamisch (nicht näher definiert).

Der Anteil der Keramik aus der römischen Kaiserzeit beläuft sich, bezogen auf die Gesamtsumme, auf 17,72%. Er macht zusammen mit der spätrömisch-frühbyzantinischen Keramik (9,50%) ein Drittel des gesamten Fundmaterials aus. Die Häufung von Relikten aus dieser Epoche ist nicht zufällig, sondern spricht für eine intensive Nutzung des Areals, wobei leider nicht konkreter zu differenzieren ist, wie groß der Anteil der Waren aus dem 4. Jh. n. Chr. tatsächlich ist. Die Wandmosaike, deren Inschriften wahrscheinlich Auskunft über die Dedikation des Baues, seine Stifter und die Entstehungszeit gaben, scheinen nach Auskunft von analogen Funden ebenfalls in diese Zeit zu gehören.[343]

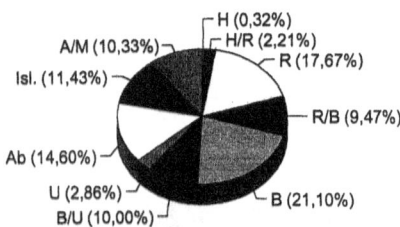

Diagramm der statistischen Anteile der Keramik nach den Epochen.

Um die historischen Hintergründe zu verstehen, vor denen das Bauprojekt einer so monumentalen Kirche in Gadara in Angriff genommen wurde, muß man die Bedeutung von Gadara als Wallfahrtsort berücksichtigen. Hierauf wird in Zusammenhang mit der Identifizierung des Kultes noch näher einzugehen sein.[344] Das Bauprojekt war wahrscheinlich eine notwendige Folge des verstärkt nach Gadara fließenden Pilgerverkehrs und der seit dem Toleranzedikt 313 n. Chr. ständig zunehmenden Zahl der Gadarener Gemeindemitglieder. Die Teilnahme eines Bischofs namens Sabinos aus Gadara am ersten Ökumenischen Konzil in Nikaia (325 n. Chr.) setzt ein nicht unbedeutendes Prestige der Stadt in der frühchristlichen Hierarchie voraus.[345] Ich halte es für durchaus denkbar, daß man noch in der Amtszeit des Sabinos mit der Anlage der Heiligengräber vor dem römischen Hypogäum und mit der Errichtung der Krypta begann.

---

[343] s. o. S. 69 ff.
[344] s. u. S. 100 ff.
[345] Zum Sabinos aus Gadara vgl. Sokrates, Kirchengeschichte. Hrsg. Günter Christian Hansen, GCS N. F. 1, 1995, 47 (I, 13, 12) Σαβῖνος Γαδάρων (4. Bischof aus der Provinz Palästina); The Anchor Bible Dictionary II (1992) 866 ff, s. v. Gadarenes (U. Wagner-Lux - K. J. Vriezen); zum Konzil von Nicaea vgl. H. Gelzer - H. Hilgenfeld - O. Cuntz, Patrum Nicaenorum nomina (1898); L. Voelkl, Der Kaiser Konstantin (1957) 136 ff.; H. Ch. Brennecke, TRE XXIV (1994) 429 ff. s. v. Nicäa, Ökumenische Synoden.; H. J. Sieben, LthK³ VII (1998) 884 ff., s. v. Nizäa 3 (Ökumenische Konzilien).

III. 5. 3. Renovierung (Phase III)

Als wichtigste nachträgliche Veränderungsmaßnahme gab der archäologische Befund die Überdeckung des ursprünglichen Steinpflasters und der in die Krypta hinabführenden Treppen[346] durch einen farbigen Mosaikboden[347] zu erkennen. Diese Renovierung, die wir schematisch als Bauphase III (Abb. 7; 10 A) bezeichnen, schloß wahrscheinlich Veränderungen der Altarabschran-kung[348] und die Aufstellung einer Kanzel[349] mit ein. Ein zeitlicher Ansatz in die erste Hälfte des 6. Jhs. n. Chr. konnte durch stilistische Vergleiche der pflanzlichen und geometrischen Motive des *Opus Tesselatum* mit gleich-zeitigen Mosaikböden aus dem näheren geographischen Umfeld gewonnen werden. Ebenso ließ sich die Entstehung der Chorschrankenwand nur durch die Typologie der Kreuzmedaillons chronologisch eingrenzen. Die Datierung der Bauphase III in die 20er Jahre des 6. Jhs. n. Chr. wird zudem durch den numismatischen Befund der Sondage IV/98 als *terminus ante quem* bestätigt.[350]

Die tiefgreifendste Maßnahme, welche die funktionelle Bestimmung der seitlichen Kirchenschiffe mit Sicherheit nachhaltig veränderte, bestand in der Zuschüttung der alten, zur Krypta hinabführenden Treppen in den beiden Außenschiffen und in ihrer Überdeckung durch das Mosaik. Die exponierten, unterhalb der Basilika gelegenen Gräber und das große römische Hypogäum waren fortan für den Pilgerverkehr nur noch über eine stark verbreiterte, von Norden (d. h. von außen) hinabführende Freitreppe zugänglich. Vom Innenraum der Basilika waren diese Grabanlagen nur noch von der um die Apsis geführten Loggia aus einsehbar.

Auf weitere Veränderungen der Innenausstattung konnte verzichtet werden.[351] Dies ist wohl darauf zurückzuführen, daß die Architektur den rituellen Anforderungen der damaligen Zeit optimal genügte. Trotz der Verschönerung könnte vermutlich die Basilikenanlage damals schon erheblich an Prestige eingebüßt haben, wie nicht nur das Ende der Bestattungen in der Krypta, sondern auch die Errichtung einer neuen gewaltigen zentralkirche auf der weiter stadteinwärts gelegenen Westterrasse zeigt.[352]

Die erste Hälfte des 6. Jhs., die historisch teilweise mit der Regierungszeit Kaiser Justinians (527 - 565 n.Chr.) zusammenfällt, stellt für das christianisierte Palästina und das Ostjordanland eine Periode des wirtschaftlichen Aufschwunges und der künstlerischen Blüte dar. In Jerusalem, Bethlehem und an anderen Orten wurden die großen konstantinischen Memorialbauten in ähnlicher Weise verändert und prächtig

---

[346] s. o. S. 20 ff.
[347] s. o. S. 64 ff.
[348] s. o. S. 74 ff.
[349] s. o. S. 76 ff
[350] s. o. S. 64 Anm. 211.
[351] Die Baubeschreibung (s. o. S. 16 ff) ließ deutlich werden, daß die Basilika hinsichtlich ihrer Grundrißkonzeption als einheitliche Anlage geplant und in einem Zuge (vielleicht über einen längeren Zeitraum) gebaut wurde. Die relativ einheitliche Mauertechnik mit Verwendung älterer Bauspolien legt diese Vermutung nahe. Vgl. o. S. 19 ff.
[352] Zur Bebauung der Westterrasse vgl. U. Wagner-Lux - K. J. H. Vriezen, AAJ 24, 1980,157 ff.; dens. ZDPV 46,1980.

ausgeschmückt[353], wie wir dies am Beispiel der fünfschiffigen Basilika von Gadara beobachten. Ob dieser Renovierung eines der in der Region zahlreichen Erdbeben[354] vorangegangen war, dessen Schäden in Gadara Sanierungsmaßnahmen erforderlich machten, läßt sich dem archäologischen Befund nicht genau ablesen.

II. 5. 4. Zerstörung, Wiederaufbau und Verkleinerung (Phase IV)

Die Pflastersteine in der östlichen Vorhalle und die durch herabstürzendes Baumaterial zersplittert wurden (Taf. 18 A-B) deuten auf eine Zerstörung der Basilika durch ein Erdbeben hin. Beim Absenken und Aufwölben des Erdreiches ergaben sich im Mosaikboden wellenartige Niveauverschiebungen, die bei der Freilegung beobachtet wurden. In den Gewölbekonstruktionen des unterliegenden römischen *Hypogäums* lassen sich aus dem Fugenverband gerutschte Wölbsteine in der Spiegelgewölbe und im Tonnengewölbe des Umganges ebenfalls durch Erdbebeneinwirkung erklären. All diese Indizien sprechen dafür, daß die fünfschiffige Basilika von Gadara - wie auch andere Gebäude der Stadt[355] und in ihrem Territorium[356] - eine Zerstörung bzw. starke Beschädigungen durch eine Naturkatastrophe (Erdbeben 749 n. Chr.) erlitten haben. U. Wagner-Lux und die dänischen Ausgräber der byzantinischen Thermen vertraten die Ansicht, daß die Stadt danach nicht wieder permanent besiedelt, sondern nur saisonal von Nomaden und Bauern aufgesucht wurde.[357] Dem läßt sich jedoch entgegenhalten, daß außer den genannten Wiederinstandsetzung- und Reparaturmaßnahmen auch der stattliche Anteil von 23% abbasidenzeitlicher Waren an der Fundkeramik von 1989 für eine intensive Weiternutzung des basilikalen Areals spricht.

Die neu errichtete kleine Kirche (Phase IV, Abb. 8) beschränkte sich auf das Areal des Mittelschiffs. Sie bestand aus einem einschiffigen Raum, dessen Langmauern über den Stylobaten verliefen. Da im Mauerwerk Pfeilerfragmente der Seitenschiffe wiederverwendet worden sind (Kat.-Nr. 17-19, Taf. 24 C), können diese Teile der fünfschiffigen Basilika zum Zeitpunkt des Umbaus nicht mehr aufrecht gestanden haben. Nach Osten mündete der Raum auf Höhe des zweiten Joches in ein Querhaus. Dieses ermöglichte weiterhin die Begehung der Loggia über der Krypta und die Nutzung des Baptisteriums. Der Bereich im östlichen Teil der Basilika wurde also unverändert beibehalten, wohl um den christlichen Pilgerkult weiterhin aufrecht zu erhalten.

---

[353] Zu den Justinianischen Bauaktivitäten vgl. Krautheimer 1981, 251 ff; zu den Renovierungsprogrammen des Kaisers, wie z. B. die der Erneuerung der Geburtskirche in Bethlehem, vgl. D. Chen, StBiFranc 29, 1997, 270 ff.

[354] Zum Thema Erdbeben in Palästina und im Ostjordanland s. K. W. Russel, BASOR 260, 1985, 37 ff.; D. H. Kallner-Amiran, IsrExplJ 1, 1950-1951, 223 ff.; Y. Tsafrir - G. Foerster, BASOR 55, 1992, 231 ff.

[355] Zu Bauschäden an den byzantinischen Thermen vgl. *UQ* III, 145; zu Erdbebenschäden im Zentralbau auf der Westterrasse vgl. U. Wagner-Lux - K. J. H. Vriezen, AAJ 24, 1980, 157 ff.

[356] Zu den verschiedenen Erdbebenschäden und nachfolgenden Renovierungen in den Thermen von Ḥammat Gader vgl. Hirschfeld 1997, 11, 479.

[357] U. Wagner-Lux, ZDPV 94, 1978, 138; U. Wagner-Lux - K. J. H. Vriezen, AAJ 24, 1980, 160; *UQ* III, 145 f.

Der Mauerverlauf des hierfür eingebauten Transepts datiert sicher nach der Renovierungsphase III, da die erhaltene unterste Quaderreihe auf dem Mosaikboden aufliegt. Die übrigen Abschnitte der vormaligen Seitenschiffe lagen in Phase IV wahrscheinlich als Hofflächen unter freiem Himmel. Im Osten blieb der Sakralraum wie in der Phase III unverändert. Nach Westen hin war der Versammlungsraum gegenüber seinem früheren Zustand jedoch stark verkürzt: Er endete dort auf Höhe des fünften Jochs und besaß ein neues Portal. Bei den nunmehr räumlich beengten Verhältnissen blieb kein Raum mehr für den *Ambo*, der ebenfalls bei dem Erdbeben erheblich beschädigt worden sein dürfte. Dies böte jedenfalls eine gute Erklärung, weshalb man nun das Wangenfragment (Kat.-Nr.72)[358] zum Ausbessern des Pflasters im Atrium wiederverwendete.

Im Zuge der Wiederaufbauarbeiten wurden Mülldeponien mit altem Bauschutt aufgehäuft. In einer solchen, an der Südfassade der Basilika angelegten Halde fanden sich die Wandmosaikfragmente (Kat.-Nr. 58-60; Taf 26 A-B)[359] zusammen mit mehr als 100 Münzen.[360]

Als historischer Fixpunkt der hier rekonstruierten Phase IV bietet sich das fatale Erdbeben vom Januar 749 n. Chr.[361] an. Dieses brachte auch andere Bauten in Gadara und Umgebung zum Einsturz. Der Wiederaufbau einer kleineren Kirche an der Stelle der ehemals fünfschiffigen Basilika erklärt sich plausibel durch den Fortbestand einer durchaus einflußreichen Christen-gemeinde in Gadara in der Zeit des umaiyadischen Kalifats. Dieser Sachverhalt wird unabhängig von unserer Vermutung auch durch die Inschrift des Jahres 662 n.Chr. aus Ḥammat Gader[362] bestätigt, in der ein christlicher Beamter der Stadt Gadara noch in der Regierungszeit *Mu'awīyahs* als verantwortlicher Bauherr in Erscheinung tritt. Hierzu paßt, daß neben dem Zentralbau auf der Westterrasse zu Gadara nach Aussage von Keramik in der Fundamentgrube eine dreischriffige Basilika in umaiyadischer Zeit entstand.[363]

II. 5. 5. Umwandlung in eine Moschee (Phase V)

Die Kapelle der Phase IV (Abb. 8) wurde zu einem späteren Zeitpunkt in ihrem Grundriß maßgeblich verändert. Die wichtigste Neuerung dieser als Phase V (Abb. 9) bezeichneten Baumaßnahme ist die Aufgabe des Querhauses. Der östliche Abschluß wurde nun auf der Höhe der beiden Stufen des Altarraumes abgegrenzt, d.h. zwischen dem ersten Joch der Mittelschiffarkaden. Fortan lagen somit die Apsis und die Zugänge zur Loggia außerhalb des Gebäudes. Als Konsequenz ergibt sich daraus, daß der früher hier gefeierte christliche Gottesdienst und die Pilgerprozessionen nicht mehr stattfanden.

---

[358] s .o. S. 84.
[359] s. o. S. 72 ff.
[360] Vgl. o . S. 88.
[361] vgl. Russell a. O. 47 ff.
[362] L. di Segni, in: Hirschfeld 1997, 237 ff. Nr. 54; Schick 1995, 479. Zur Steigerung der christlichen Bautätigkeit im Ostjordanland während der umaiyadischen Zeit ferner auch M. Piccirillo, AAJ 28, 1982, 333 ff.
[363] U. Wagner-Lux - K. J- H- Vriezen - F. van den Bosch u. A., AAJ 37, 1993, 389; Schick 1995, 479.

Da die Westwand der vormaligen Kapelle beibehalten und die Südwand unter Einbeziehung der Abschrankungsfundamente um die dritte Säule durchgezogen wurde, entstand ein langrechteckiger, in ost-westlicher Richtung orientierter Breitraum. Hiervon ist mittig ein nordwärts gerichteter Trakt ausgezogen, dessen Nordmauer auf dem Fundament der nördlichen Außenmauer der vormaligen fünfschiffigen Basilika ruht. In diese wurde eine Tür eingebracht, die mit dem dritten Joch der nördlichen Pfeilerarkade und der Säulenreihen des Mittelschiffes fluchtet. Die nun von einer im Grundriß rechtwinkligen Nische umgebene dritte Säulenplinthe der südlichen Mittelschiffsarkade liegt exakt in der Achse des Nordeingangs. Da diese Nische nach Süden, d.h. in Richtung auf Mekka orientiert ist, lag es nahe, den Bau als Moschee zu deuten.[364] Bei dem rechteckigen Raum handelt es sich also um die Gebetshalle (*Iwān*) mit dem *Miḥrāb*.[365] Das nach Norden ausgerichtete Vestibül wäre als *Ḥaḍīr* oder *Muṣalla* anzusprechen. Der sich vom Haupteingang nach Norden hin anschließende und wahrscheinlich zur Straße anbindende Hof (*Riwāq*) war mit einem einfachen weißen Mosaikboden aus relativ großen *Tesserae*[366] ausgelegt.

An der westlichen Außenwand der Gebetshalle schließen über die gesamte Breite des *Iwān* zwei Räume an (Taf. 46 A). Der westliche von beiden hat einen trapezförmigen Grundriß mit den lichten Maßen von 2,20 m x 6,0 m. Der östlich davon gelegene Raum im Bereich des sechsten und siebten Joches des vormaligen Mittelschiffes (lichte Maße 4,20 m x 6,0 m) könnte ein offener Vorhof oder Vorraum zur Moschee gewesen sein. In der Mitte seiner östlichen Wand öffnet er sich mit den alten Westportal der Kapelle zur Gebetshalle. Ob diese beiden Räume, deren Mauern ebenfalls auf den Mosaikboden gesetzt sind, zum Bauentwurf der Moschee (Phase V) gehören oder eine weitere Nutzungsphase kennzeichnen (Phase VI), kann nicht mit Sicherheit entschieden werden.

Da konkrete Anhaltspunkte für die Datierung dieses Umbaus nicht vorliegen und die vorausgegangene Phase IV in das mittlere 8. Jh. n. Chr. datiert worden war, stellt sich auch hier das Problem einer plausiblen chronologischen Eingrenzung: Wann hat die Umwandlung der christlichen Kapelle in eine muslimische Moschee stattgefunden? Sollte dies bereits unter umaiyadischer Herrschaft geschehen sein, wäre dies mit Rücksicht auf die oben geschilderten religiösen Verhältnisse im Ostjordanland als ein recht ungewöhnliches Phänomen zu bezeichnen.[367] Statt einer Übernahme christlicher Kirchen zogen es die Muslime nämlich damals vor, völlig neue Gebetshäuser für ihren Kult zu errichten.[368] Die christlichen Gemeinden des

---

[364] Th. Weber - A. Hoffmann, AAJ 34, 1990, 324f.; Schick 1995, 478.
[365] Zur Konstruktion der Nische s. o. S. 29. Zu der im Grundriß quadratischen Nische vgl. A. Walmsley - R. H. Smith, in: P. C. Edwards - J. Hanbury-Tenison - J. B. Hennessy u. a., Pella in Jordan 2 (1992) 190 ff.
[366] s.o. S. 19.
[367] So der Ausgräber nach der Kampagne von 1989, s. Anm. 364. Als Ausnahme im Ostjordanland geht die Forschung bei der Kirche des Numerianos in *Umm al-Ǧimāl* davon aus, daß sie kurz nach der islamischen Eroberung (636 n.Chr.) in eine Moschee umgewandelt worden ist, vgl. Schick 1995, 130; Piccirillo 1981, 57 ff; Butler 1929, 87. 115 ff.
[368] Vgl. Schick 1995, 130.

7. und 8. Jhs. n. Chr. erbauten hingegen weitere Kirchen[369], in deren der orthodoxe Ritus uneingeschränkt weiter praktiziert werden konnte.[370] In Damaskus, der Hauptstadt des Umaiyadenreiches, nahmen die Muslime die byzantinische Johanneskirche[371] erst sehr spät, nämlich in der Regierungszeit des Kalifen *al-Walīd* (705 - 720 n. Chr.), als eigenes Gebetshaus in Anspruch, nachdem sie über längere Zeit innerhalb der christlichen Anlage eine gesonderte Gebetsstätte (*Muṣalla*) unterhalten hatten.[372] Vergleichbar den Patriarchengräbern des *Ḥaram al-Ḫalīl* in Hebron nutzten beide Religionsgruppen in Damaskus das Gebetshaus zunächst gemeinsam, wohl wegen der Kopfreliquie Johannes des Täufers, der sowohl im Christentum als Vorläufer Jesu als auch im Islam als Prophet verehrt wird.[373]

Wenn also nicht in umaiyadischer Zeit, wann hat man die Umwidmung des Areals der vormaligen fünfschiffigen Basilika vom christlichen in den muslimischen Kult vollzogen? Es wird vermutet, daß im nördlichen Ostjordanland drei bedeutende Kirchen erst in aiyubidisch-mamlukischer Zeit zu Moscheen umgewandelt worden waren: SS. Sergius und Bacchus in *Umm as-Surāb*,[374] S. Georg in *Samā*[375] und eine Kirche in *al-Ḫaṭṭabīya*.[376] Diese Parallelfälle könnten daran denken lassen, daß ein ähnlicher Vorgang auch in Gadara erst in der Kreuzfahrerzeit stattfand.[377] Ein Anteil von 23 % der Keramikscherben aus der Basilika, der in aiyubidisch-mamlukische Zeit zu datieren ist,[378] spricht dafür, daß das Gelände damals intensiv genutzt wurde. Nördlich der Hauptstrasse erstreckt sich ein muslimisches Gräberfeld,[379] das schon seit umaiyadischer Zeit belegt wurde und zu einem Bauerndorf im nordwestlichen Quartier der antiken Stadt gehört hat. Den Mittelpunkt dieses Friedhof bildete das Heiligengrab des *Abū an-Naml*.[380] Die Errichtung einer Moschee entsprach wahrscheinlich dem Wunsch einer

---

[369] Vgl. M. Piccirillo, AAJ 28, 1984, 333 ff. Als Beispiele seien die Theotokos-Kirche in *Mādabā*, die untere Kirche in *el-Qwēsme* (bei *ʿAmmān*) sowie zwei Kirchen unbekannten Titulars in *Maʿīn* und Kerak angeführt. Vgl. Schick a. o. 119 ff.

[370] Schick 1995, 118 f.

[371] Die Kirche wurde von Kaiser Theodosius I. gegen Ende des 4. Jhs. n. Chr. auf dem Grundstück des aramäisch-römischen Iupiter-Damascenus-Tempels errichtet, vgl. E. M. Ruprechtsberger, in: E. M. Ruprechtsberger, Syrien von den Aposteln zu den Kalifen (1993) 144 ff.; Th. Weber, DaM 7, 1993, 166 ff.

[372] Arabischen Quellen zufolge wurde die Kirche zunächst völlig abgetragen. Danach gab an ihrer Stelle der muslimische Kalif *al-Walīd* die große Moschee in Auftrag. Bei der Ausschmückung mit Mosaiken waren angeblich byzantinische Künstler aus Konstantinopel beteiligt, vgl. Ruprechtsberger a.O. 146; Weber a. O. 168 f. vgl. u. S. 152 ff.

[373] Die Johanneskirche enthielt einen Schrein, in welchem der Schädel des Johannes des Täufers aufbewahrt wurde. Er bildet noch heute das Zentrum der Moschee. vgl. Ruprechtsberger a. O. 146 ff: Weber a. O. 169 Vgl. dazu auch u. S. 152 ff.

[374] G. R. D. King, DaM 1, 1983, 112 ff.

[375] King a. O. 126 ff.

[376] Schick a. O. 130.

[377] Eine Umwandlung der Kirche in eine Moschee in abbasischer Zeit wäre auch möglich, ist aber ohne parallel aus dem geographischen Raum zu belegen. Für diese Vermutung spricht der Keramikanteil aus dieser Zeit, der sich auf 14,60% beläuft. Zur Abbasisch- und Kreuzfahrerzeit in Gadara vgl. Th. Weber, UQ I (im Druck).

[378] s. o. Tabelle und Diagramm S. 89-90.

[379] s. o. S. 8 ff. Zum Gräberfeld des *Abū an-Naml* vgl. F. G. Andersen - J. Strange, ZDPV 103, 1987, 103 ff. : Eine ausführliche Beschreibung der in der Sondage I/89 freigelegten frühosmanischen Gräber wird F. Meynersen, UQ IV (in Vorbereitung), vorlegen.

[380] B. Mershen, in: Kerner II, 135 ff.

zunehmenden Zahl von Dorfbewohnern, welche die großen Grabanlagen innerhalb der Nekropole weiterhin als einen heiligen Ort betrachteten.

II. 5. 5. Profane Nutzung (Phase VI)

Die beiden westlich an die Gebetshalle der Moschee anschließenden Räume bilden eine eigene Nutzungsphase (VI; Abb. 9). Sie öffnen sich nach Norden hin auf einen kleinen Hof, in dessen Nordwesteck ein dritter kleiner, im Grundriß fast quadratischer Raum eingeschrieben ist. In dem größeren der beiden an die Moschee angrenzenden Räume (Abb. 3A-D) lag die vollständig erhaltene Granitsäule (Kat.-Nr. 24 in einer Grube unter dem Laufniveau.[381] Auf dem Boden befand sich im Zentrum des Raumes ein auf den Kopf gestelltes ionisches Basaltkapitell (Kat.-Nr. 48; Abb. 23 A; Taf. 29 A-B), das wahrscheinlich als Hocker oder als Stütze für eine Tischplatte diente. In der südwestlichen Ecke des Hofes ist ein irdenes Gefäß (Durchmesser 62 cm; Wandungsstärke 1 cm) in den gestampften Boden eingelassen, das analog zu ähnlichen, häufig gleichfalls versenkten, manchmal aber auch auf Holzständern aufgestellten Vorrichtungen $Z\bar{\imath}r$ $M\bar{a}$ (زيرماء) im heutigen Jordanien zum Auffangen von Regenwasser gedient haben dürfte.

Daß dieses Areal in Phase VI profan genutzt wurde, zeigt auch die kreisförmige Steinsetzung im Südwesteck der ehemaligen Basilika (Abb. 3 A-D; Taf. 47 A). Der Kreis besteht aus Kalksteinquadern bzw. Platten, die in zwei konzentrischen Reihen nebeneinander hochkant gesetzt sind. Der äußere Quaderkranz ist etwa 0, 20 m höher als die innere. Der Steinkreis hat einen Durchmesser von ungefähr 1,70 m und erreicht eine Maximalhöhe von 0,35 m. Der äußere Kranz hat eine unregelmäßige Dicke von 0,20 bis 0, 65 m, der innere von etwa 0,20 cm. Der Steinring weist zwei schmale Öffnungen auf, eine im Nordosten (0,40 m breit) und eine im Südosten (0,20 m breit). Daß es sich bei der ganzen Steinsetzung um einen rezenten Einbau handelt, beweisen die Mosaikreste der Phase III, die unter den Blöcken fortlaufen. Das Innere des kreisrunden Gebildes war mit Erde und Asche verfüllt. Außerdem zeigten die außerhalb an die beiden Öffnungen angrenzenden Flächen Spuren von Feuereinwirkung: Erhaltene Mosaikteile waren an diesen Stellen teilweise schwarz verkohlt. Es muß sich dabei um Heizschächte handeln, durch die man Feuer im Inneren der Steinsetzung entfachen und Luft zuführen konnte. Alle diese Indizien legen als Deutung des Steinkreises einen Kalkofen nahe. Hierzu paßt, daß zahlreiche kleine Marmorbruchstücke in der unmittelbaren Umgebung verstreut vorgefunden wurden (Taf. 47 B). Derartige Kalköfen, die heute auf arabisch $F\bar{u}r\bar{u}n$ $\check{G}\bar{\imath}r$ (فرن جير) genannt werden, fand man in großer Zahl an jenen antiken Orten, wo viel importierter und zu Kalk löschbarer Marmor vorhanden war, wie etwa im Artemisheiligtum zu Gerasa.[382]

---

[381] Die Deponierung des Säulenschaftes, der bei der Nutzung des Raumes hinderlich war, in einer Grube erklärt sich durch sein großes Gewicht, das einen Transport über längere Strecken sehr beschwerlich gemacht haben würde.
[382] Zu den Kalkbrennöfen in Gerasa vgl. C. S. Fisher, in: Kraeling (1938) 138; R. Pierobon - R. Falkner, in: Jerash Archaeological Project I (1985) 184 ff. 167 ff. 450 ff.

Chronologisch wird die profane Nutzung dieses Bauabschnittes etwa gleichzeitig mit dem Betrieb der Moschee anzusetzen sein, der in aiyubidisch-mamlukischer Zeit, also ab dem späten 12. Jh. n. Chr., beginnt. Wann die Moschee, die angrenzenden Wohnhäuser und der Brennofen zerstört wurden, bleibt eine offene Frage. Von den heute in *Umm Qais* lebenden Einwohnern wußte niemand etwas von der Existenz einer Moschee an dieser Stelle. Den ehemaligen kultischen Charakter des 1967[383] entdeckten Gebäudekomplexes bezeugte nur noch der alte arabische Flurname.

II. 5. 6. *Militärische Nutzung (Phase VII)*

Auf Grund seiner Grenzlage zu Israel und Syrien gehörte das Gebiet von *Umm Qais* zu den am heftigsten umkämpften Gebieten von 1967. Wie bereits oben erwähnt, wurden die unterirdischen Grabanlagen durch Bombardements[384] überhaupt erst entdeckt und in den folgenden Jahren von jordanischen Militäreinheiten genutzt. Zahlreiche Kleinfunde wie Munitionsprojektile, Granatsplitter aus Eisen und andere militärische Ausrüstungsteile stammen aus dieser Zeit. Außer dem großen Bombentrichter südlich des Nordeingangs zur ehemaligen Basilika (T 1) ist auch der generell schlechte Erhaltungszustand des Mosaikbodens und die stark gestörte Stratigraphie auf Geschosseinschläge zurückzuführen.

Nach dem Krieg wurde das Gelände mit Hilfe von Planierraupen nivelliert. Danach hob das jordanische Militär ein großes Panzerloch an der Westfassade des Atriums sowie mehrere Zeltunterstände im nordwestlichen Abschnitt der ehemaligen Basilika aus. Bis zum Beginn der Ausgrabungen im Jahre 1987 diente das flache und weitgehend unbepflanzte Areal über den unterirdischen Grabanlagen als Exerzierplatz für eine Panzereinheit.

II. 6. Rekonstruktion und Typus

Aus der Analyse des archäologischen Befundes und seiner chronologischen Gliederung ergibt sich für den ursprünglichen Zustand der Basilika folgender Rekonstruktionvorschlag (Abb. 10; 30 A), der seinerseits eine klare Definition des Bautypus ermöglicht.

Der Baukörper der Basilika war frei stehend von den umgebenden Straßen und Plätzen aus sichtbar und zugänglich (Abb. 10; 30 A). An der Hauptstraße bildete ein großer, monopterosartig gefaßter Springbrunnen (*Phiale*) einen Blickfang. Bisher sind zwei in die basilikale Anlage führende Hauptzugänge bekannt, nämlich einer von Norden und ein zweiter von Westen. Der nördliche führte den Besucher von der gepflasterten Hauptstraße über einen großen offenen Hof an die Kirche heran. Wie bei der Eingang zum Temenos der Johannes-Basilika in Damaskus[385] könnte dieser

---

[383] s. o. S. 8 f.
[384] s. o. S. 8 f.
[385] Vgl. D. Sack, Damaskus, DaF I (1989) 16 mit Abb. 5 Taf. 7 c-d.

Zugang durch eine frei aufragende und gedeckte Doppelarkade betont worden sein. Dem Kultbau lag im Westen ein großes Atrium vor, dem im Osten die deutlich kleiner dimensionierte, innenhofartige Einfassung des Obergeschosses (*Loggia*) der Krypta entsprach. Dieses axiale Arrangement von Höfen entspricht dem der St. Theodoros-Kirche mit dem Wunderbrunnenhof in Gerasa (Abb. 10; 30 B).[386] Ob sich wie dort im Osten an den Komplex noch weitere Bauten angeschlossen haben, läßt sich beim derzeitigen Stand der Freilegung der Basilika und ihres Areals nicht sagen.

Wo die Eingänge zum Atrium exakt zu lokalisieren sind und wie sie im Einzelnen gestaltet waren, ist ebenso ungewiß wie die Existenz eines zentralen Brunnens (*impluvium*). Die Hallen waren vom offenen Hof durch Basaltsäulen ionischer Ordnung abgesetzt, die an den Ecken Doppelsäulen ausbildeten. Vermutlich korrespondierte die Säulenstellung mit einer Pilastergliederung an den Rückwänden der *Porticus* bzw. an der Westfront der Kirche. Die Pultdächer des Atriums waren nach innen geneigt und erforderten für das Regenwasser sicher ein Abflußsystem auf dem gepflasterten Boden des Hofes.

Aufgrund seiner geringen Länge und seiner relativ großen Breite besaß der Sakralbau sehr gedrungene Proportionen. Das Mittelschiff überragte die seitlichen Trakte in seiner Höhe und wird - gestützt von einer hölzernen Balkenkonstruktion - mit einem ziegelgedeckten Satteldach überspannt gewesen sein. Im Obergaden des Mittelschiffes waren wahrscheinlich acht bogenförmig oder waagerecht abschließende Fenster[387] eingebracht, wobei mittig über einem Interkolumnium jeweils eine Öffnung anzunehmen ist. Die Seitenschiffe waren ebenfalls durch Holzkonstruktionen mit Pultdächern überdeckt, wobei es offen bleiben muß, ob diese zwischen Außen- und Innenschiff gestuft[388] oder durchgängig[389] waren. Die vier Seitenschiffe waren von Emporen bekrönt[390], wie sie etwa für die konstantinische Grabeskirche in Jerusalem literarisch überliefert sind.[391] In den Außenfassaden sind weitere Fenster auf Höhe des Erdgeschosses anzunehmen, deren Zahl an den Langseiten jenen im Obergaden entsprochen haben dürfte.

Säulen- und Pfeilerarkaden gliederten den Innenraum in fünf Schiffe. Die Innenwände waren mit polychromen Mosaiken und farbigen Fresken verziert. Die Säulen des Mittelschiffes standen auf attisch-ionischen Basen und waren von korinthischen Kapitellen bekrönt. Die Arkaden erfordern Kämpfer oder nach oben hin spitz endende Blöcke, an denen die Keilsteine der Gurtbögen ansetzten. Die Pfeiler der Seitenschiffe enden unten in umlaufenden Fußprofilen, über die Gestaltung der oberen Abschlüsse ist

---

[386] Vgl. die isometrische Rekonstruktion von R. Krautheimer 1981, 169; Plan bei Mango 1986, 22 Abb. 18.

[387] Die Geburtskirche wird nach Krautheimer mit bogenförmigen Fenstern rekonstruiert, vgl. die Rekonstruktion, von: Y. Tsafrir 1993, 7.

[388] So die Rekonstruktion der konstantinischen Lateransbasilika in Rom, vgl. R. Krautheimer, Three Christian Capitals (1983) 17 Abb 17; vgl. auch die Basilika des *Hagios Demetrios* in Thessaloniki, Mango 1986, 45 Abb. 56, vgl. u. S. 213 ff.

[389] Diese mögliche Rekonstruktion wird für die Gadarener Basilika übernommen (Abb. 30A, 31B). So etwa die Rekonstruktion der konstantinischen Geburtskirche in Bethlehem, vgl. Y. Tsafrir, in: Tsafrir 1993, 7 Abb. ohne Zählung, vgl. u. S. 145 ff.

[390] s. u. S. 20 f.

[391] Vgl. *Vita Const.* III, 25 ff. Vgl. Watzinger 1935, 118 ff.

nichts bekannt. Im westlichen Abschnitt endete der Innenraum in einer leicht erhöhten, ab dem 6. Jh. n. Chr. abgeschrankten Altarzone mit am Nordwesteck der Plattform angesetztem *Ambo*. Auch der Mosaikboden ist sicher erst in der justinianischen Renovierungsphase über den ursprünglich schlichten älteren Steinplattenbelag verlegt worden. Abgesehen von der Position der Kanzel dürfte der Raumeindruck des Mittelschiffes dem der Peter- und Paulskirche[392] und der S. Theodoros-Basilika[393] in Gerasa nach den Rekonstruktionen von J. Crowfoot (Abb. 32 A. B) weitgehend entsprochen haben. Die halbkreisförmige Apsis, an der keinerlei Spuren eines *Synthronon* auszumachen sind, besitzt im Untergeschoß drei Öffnungen, durch die man von der Loggia auf das hervorgehobene und verehrte Heiligengrab sowie auf den Eingang zum römischen Hypogäum sehen konnte. Weder vom Triumphbogen noch von der Abdeckung sind irgendwelche Reste erhalten, so daß eine Vielzahl von Rekonstruktionsmodellen zur Verfügung steht.[394]

Am schwierigsten ist es, aufgrund des derzeitigen Forschungsstandes wissenschaftlich Fundiertes zum östlichen Abschluss der Anlage zu sagen. Sicher ist lediglich, daß man von zwei Türen beiderseits der Apsis von den Innenschiffen aus eine Brüstung betreten konnte, die dreiseitig als Obergeschoß über der Krypta umläuft. Die östliche Hälfte der Krypta bildete eine Art Innenhof, der unter freiem Himmel lag. Daß die dreischenklige Loggia durch ein nach innen geneigtes Pultdach gedeckt war, ergibt sich aus der Existenz einer kleinen Zisterne[395] im Boden der Krypta im Zwickel zwischen dem halbrunden Außenmantel der Apsis und dem südlichen Stylobat. Vom südlichen Außenschiff des Kircheninnenraumes gelangte man zu einem korridorartig langen Raum, welcher zum Baptisterium führte. Dieser Trakt könnte durch ein Flach- oder Giebeldach gedeckt gewesen sein.[396] Das Baptisterium war ein einschiffiger, halbrund abschließender Raum, der nach Südosten versetzt in den Komplex einbezogen ist. In der Mitte des Bodens war ein Taufbecken aus Ziegeln aufgemauert.

Der archäologische Befund überliefert also eine aufwendige fünfschiffige Kirchenanlage basilikalen Typus. Die Gliederung des Innenraumes läßt sich als „kompositär" bezeichnen, denn sie wurde sowohl mit Pfeiler- als auch Säulenarkaden erreicht, wobei die Seitenschiffe doppelgeschossig, d.h. mit Emporen ausgestattet waren. Das große Atrium im Westen und die kleinere zweigeschossige Kryptenanlage im Osten scheinen in engem Zusammenhang mit dem Pilgerwesen gestanden zu haben.

---

[392] Rekonstruktion nach Crowfoot vgl. Y. Tsafrir, in Tsafrir 1993, 5; M. Piccirillo - H. Buschhausen, Byzantinische Mosaiken aus Jordanien (1986) 170 Abb. 136.

[393] Vgl. I. Browning, Jerash and the Decapolis (1982) 96 Abb 36.

[394] Eine flache Deckung der Apsis ist in *Umm al-Ǧimāl* belegt: vgl. Klaudianoskirche, in: Butler 1929, 46 Abb III 44.; Die geläufigste Art der Apsidendeckung ist die Kuppel in Form einer Viertelkugel, vgl. z. B. die Rekonstruktion der Lateransbasilika, in: Krautheimer a. O. 17 Abb 17. Die meisten Kirchen des 4. und 5. Jhs. n. Chr. haben die gleiche Apsisform vgl. die Südostkirche von *Umm al-Ǧimāl*, in: Butler 1929, 42 f. Abb. III 41. Die Ziegeldeckung außen kann entweder flach konisch, bei gerader Ummantelung auch pultdachartig oder pyramidal erfolgt sein, vgl. S. Sabina in Rom (422-432 n. Chr.), Krautheimer 1981, 184 Abb. 137.

[395] Th. Weber, in: UQ IV 1 (in Vorbereitung).

[396] Zur Giebeldach-Lösung vgl. z. B. Die Loggia über der Treppe zur Kathedrale in Gerasa, hier Abb. 14. Zur Flachdach-Variante vgl. den Rekonstruktionsvorschlag Krautheimers für den gleichen Komplex, hier Abb. 30 B.

II. 7. Identifizierungsvorschlag für den Kult

Angesichts der reichen Ausstattung der Basilika muß man sich fragen, wer oder was den Anstoß für die Errichtung einer solch aufwendigen Kirchenanlage über einem alten Grab gegeben hat. Welches Ereignis oder welcher Heiliger hat Gadara für das Pilgerwesen des jungen Christentums interessant gemacht?

In diesem Zusammenhang lassen sich drei literarisch überlieferte Persönlichkeiten erörtern, die sich auf dem Gebiet der Stadt oder in ihr selbst aufgehalten haben und in der frühchristlichen Hagiographie eine Rolle spielen: Es sind dies der Eremit Sabas, der Märtyrer Zachaios und der Wundertäter bzw. Religionsgründer Jesus.

Der Heiligenvita des Kyrillos von Skythopolis zufolge brach der heilige Sabas[397] zwischen 503 und 506 n. Chr. von der *Laura* am Toten Meer auf und ließ sich in einer von einem Löwen bewohnten Höhle am „Fluss Gadara" als Eremit nieder.[398] Es wird explizit mitgeteilt, daß diese Stätte von Pilgern aus Gadara und Skythopolis aufgesucht wurde. Das Kloster bei Gadara[399] gehört zusammen mit dem von Nikopolis/ Emmaus zu den wenigen Gründungen des Heiligen außerhalb Jerusalems. Der Ausbau des koinobitischen Sabas-Klosters wird von Kyrill einem gewissen aus Isaurien stammenden Eumathios[400] im Jahre 507 n. Chr. zugeschrieben. Aufgrund der Erwähnung des Flusses kann das Kloster nur im Tal des Yarmūk gesucht werden. Die genaue Lage der Höhle sowie die des Klosters sind dort bis heute nicht auszumachen.[401] Schon aus den genannten topographischen Gründen kann die von Kyrill erwähnte Anlage nichts mit der fünfschiffigen Basilika zu tun haben. Zudem lebte der heilige Sabas im späten 5. und frühen 6. Jh. n. Chr. († 535 n. Chr.)[402], so daß ein Zusammenhang mit der Anlage des 4. Jhs. n. Chr. völlig ausgeschlossen ist.

In seinem Buch über die Märtyrer von Palästina schreibt Eusebios von Caesarea, daß der in Gadara beheimatete Diakon Zachaios während der Christenverfolgung des Jahres 303 n. Chr. das kaiserliche Opfer verweigerte und nach Folterung zusammen mit seinem Glaubensbruder Alpheios hingerichtet wurde.[403] Ob der Märtyrer allerdings tatsächlich in seine Heimatstadt überführt und dort begraben worden ist, läßt sich weder durch historische Dokumente noch durch die am Ort durchgeführten archäologischen Arbeiten bestätigen. Chronologisch würde eine Verehrung des Zachaios in Gadara gut mit dem Beginn des Ausbaus der Krypta im frühen 4. Jh. n. Chr. zusammengehen. Bis zur Auffindung eines eindeutigeren Hinweises, etwa in Form einer Inschrift, bleibt jedoch eine

---

[397] Die Geschichte des heiligen Sabas wurde von Kyrill von Skythopolis in seinem Buch *Vita Euthymi et Vita Sabae* 556 n. Chr. niedergeschrieben, vgl. Kyrillos von Skythopolis, *Vita Sabae* 33, Hrsg. E. Schwartz (1939) 118 ff.; vgl. UQ I (im Druck) SQ 33; zur Biographie des heiligen Sabas vgl. J. Patrich, Sabas, Leader of Palestinian Monasticism, a Comparative Study in Eastern Monasticism Fourth to Seventh centuries (1995) 37 ff.

[398] Patrich a. O. 44.

[399] Ebenda 55.

[400] Kyrillos von Skythopolis, *Vita Sabae* 34; vgl. UQ I (im Druck) SQ 34.

[401] Th. Weber, JbAChr 20, 2, 1995, 1274.

[402] Patrich a. O. 37 f.

[403] Eusebius von Cäsarea, Märtyrer der Frühkirche, Hrsg. W. Schamoni (1964) 138 ff., 186 ff Anm.3.

II. 7. Identifizierungsforschlag für den Kult

Identifizierung des innerhalb der Kryptenapsis bestatteten Toten mit dem Diakon Zachaios hypothetisch.

In den Menologien der Ostkirche[404] spielt der heilige Zachaios von Gadara, dessen Gedenktag noch in unserer Zeit am 18. November gefeiert wird, keine besondere Rolle. Eine ihm geweihte Kirche wird dennoch für Antiochia im Jahr 434 n. Chr. erwähnt[405], so daß er im 5. Jh. n. Chr. einen gewissen überregionalen Bekanntheitsgrad besessen haben dürfte. Insgesamt spielte er in der frühbyzantinischen Hagiographie eine so untergeordnete Rolle, daß die Errichtung einer derart aufwendigen Kirchenanlage ausschließlich zu seinen Ehren als eher fraglich erscheint.

Es gibt Indizien, daß die Stätte, an der das Heiligengrab angelegt wurde, bereits zum Zeitpunkt des Ausbaues der Krypta als heilig betrachtet wurde: Das ältere römische Hypogäum wurde nämlich in frühchristlicher Zeit nicht für Bestattungen usurpiert, wie dies sonst üblich war.[406] Dies ist einerseits aus dem Anbau der Krypta selbst, andererseits aus dem völligen Fehlen christlicher Symbole in der paganen Anlage zu erschließen. Der durch die zentrale Lage in der Apsis hervorgehobene Tote wurde also in privilegierter Lage begraben, gab aber nicht primär selbst den Anlaß für die kultische Verehrung des Ortes.

Die Überlegungen zur Dedikation des Baus als Gedenkstätte für das neutestamentliche Wunder der Dämonenaustreibung wurde von Th. Weber[407] verschiedentlich vertreten, so daß hier seine Argumentation kritisch referiert werden kann. Er ist der Meinung, daß es sich bei der fünfschiffigen Basilika in Gadara um eine Memorialstätte für das von Matthäus (8, 28-34) überlieferte Wunder Jesu handelt. Hierbei bezieht er sich auf folgende Passage des fraglichen Evangeliums: *„*[28]*Und er kam ans andere Ufer in die Gegend der Gadarener. Da liefen ihm entgegen zwei Besessene, die kamen aus den Grabhöhlen (ἐκ τῶν μνημείων) und waren sehr gefährlich, so daß niemand diese Straße begehen konnte.*[29]*Und siehe, sie schrien und sprachen: was willst du von uns, du Sohn Gottes? Bist du hergekommen, uns zu quälen, ehe denn es Zeit ist?*[30]*Es war aber ferne von ihnen eine große Herde Säue auf der Weide.*[31]*Da baten ihn die bösen Geister und sprachen: willst du uns austreiben, so lass uns in die Herde Säue fahren.*[32]*Und er sprach: fahret hin! Da fuhren sie aus und fuhren in die Säue. Und siehe, die ganze Herde stürzte sich den Abhang hinunter ins Meer und ersoffen im Wasser.*[33]*Und die Hirten flohen und gingen hin in die Stadt und sagten das alles und wie es mit den Besessenen ergangen war.*[34]*Und siehe, da ging die ganze Stadt heraus Jesus entgegen. Und da sie ihn sahen, baten sie ihn, daß er aus ihrer Gegend weichen möchte."*[408]

Die gleiche Episode wird außer von Matthäus auch in den Evangelien des

---

[404] *Synaxarium Ecclesiae Constantinopolitanae*, Propylaeum ad Acta Sanctorum Novembris, Hrsg. H. Delehaye (1902) 235, 18. Nov., 4.
[405] Vgl. G. Downey, A History of Antioch in Syria from Seleucus to the Arab Conquest (1961) 659; UQ I (im Druck) SQ 64.
[406] Vgl. G. Avni, in: F. Manns - E. Alliata (Hrsg.), Early Christianity in Context Monuments and Documents (1993) 205 ff.
[407] Vgl. Th. Weber, AAJ 42, 1998, 452 f; ders., Monde de la Bible 117, 1999, 81 ff.; ders., Welt und Umwelt der Bibel 15, 2000, 262 f; ders., AW 31, 1 (2000) 23 ff.
[408] Die Bibel oder die ganze Heilige Schrift des Alten und Neuen Testaments, Nachdruck der Übersetzung nach Martin Luther (1968) 13 f. Zum griechischen Wortlaut vgl. UQ I (im Druck).

Markus (5, 1-17) und des Lukas (8, 26-37) erzählt, in der Version nach Johannes fehlt sie. In Details weichen die Wunderberichte stark voneinander ab. So werden als Ortsnamen außer Gadara auch Gergesa und Gerasa genannt. Dies bedeutet, daß der Ort, an dem das Wunder geschehen ist, von verschiedenen Gemeinden reklamiert werden konnte. Tatsächlich identifizierte V. Tzaferis[409] eine Kirche in Gergesa/ *Kursī* als *Memoria* für die Dämonenaustreibung. Es sollte betont werden, daß die Verehrung eines *Locus Sanctus* in Gadara allein aus der Eigenpropaganda der dortigen Christengemeinde resultierte, die hierdurch ihrer Stadt zu größerem Prestige, durch den Pilgerverkehr sicherlich auch wirtschaftlichem Aufschwung verhelfen wollte.

Eine einleuchtende Erklärung, warum man in dem Gadarener Basilikenkomplex eine ältere „heidnische" Grabanlage so in das Zentrum eines christlichen Kultbaus setzte, könnte die Deutung des Hypogäums als jenen Ort bieten, von dem die christianisierten Gadarener glaubten, dies sei der Wohnort der beiden Besessenen gewesen. Der griechische Terminus μνημεῖον[410], der von Martin Luther als „*Grabhöhlen*" übersetzt wird, ließe die Gleichsetzung mit einem monumentalen Mausoleum wie jenem in Gadara durchaus zu. Die im Text des Matthäus-Evangeliums geschilderte Beziehung zwischen den drei Schauplatzkomponenten des Wunders - Straße, Grab und dem die Stadt symbolisierenden Tormonument - ist topographisch im Basilikenareal gegeben.

Nach der Vorstellung der Gadarener mußte Jesus, vom See Genesaret kommend, sich von Westen auf der gepflasterten Straße der Stadt genähert haben. Auch konnte man damals auf Grund des bekanntermaßen hohen Alters von Bogenmonument und unterirdischem Grab davon ausgehen, daß beide Bauten bereits zu Lebzeiten Christi vorhanden waren. In der Erzählung wird zudem von dem Evangelisten darauf hingewiesen, daß die Schweineherde, in welche die Dämonen fuhren, weit vom Schauplatz des eigentlichen Exorzismus entfernt war. Dies löste das auch von der modernen Forschung[411] immer wieder aufgegriffene Problem der territorialen Verbindung Gadaras mit dem See, der ja durch den Fluss Yarmūk von der städtischen *Chora* getrennt war. Obwohl die Verbindung mit dem Wunderbericht des Matthäus die plausibelste Erklärung für die Einbeziehung des paganen Grabes und die darauf abgestimmte Errichtung eines christlichen Kultbaus böte, muß jedoch betont werden, daß sich auch dieser Deutungsvorschlag bislang auf kein bestätigendes schriftliches oder ikonographisches[412] Dokument stützen kann und deshalb - wie die übrigen Interpretationsansätze - Hypothese bleibt. Sollte man sich der hier vorgetragenen Kultidentifikation mit dem *Locus Sanctus* und dem *Martyrion* für Zachaios anschließen, fielen die Feiertage zur Wallfahrt nach Gadara auf

---

[409] Tzaferis a. O. (Anm. 216) passim.

[410] Zur Terminologie von Grabanlagen in Gadara vgl. UQ I (im Druck)..

[411] Zur Diskussion der Lokalisierung des Wunders vgl. Kopp 1959, 282 ff.; Tzaferis a. O. (Anm. 189); J. McRay, Archaeology and the New Testament (1991) 166 ff.; V. Tzaferis, in Tsafrir 1993, 79.

[412] Zu Darstellungen des Wunders von Gadara in der christlichen Kunst s. W. Artelt, Lexikon der christlichen Ikonographie (1968) 273 ff. s. v. Besessene, Besessenheit; Th. Weber, AW 31, 2000, 24 f. Abb. 2 a. b.

den 18. November und auf den fünften Sonntag nach Pfingsten.[413] Zur Lebenszeit Jesu lag die Stadt Gadara in unmittelbarer Nachbarschaft des Sees Genesaret, jenes bevorzugten Wirkungsraumes also, in dem Jesus die meisten seiner Wunder vollbracht und seine Lehre verkündet hat. Die mit dem Wirken Jesu verbundenen Örtlichkeiten verehrte man dort seit frühchristlicher Zeit als *Loca Sancta*[414] und errichtete an ihnen Gotteshäuser, welche als Pilgerziele von den Christen aus aller Welt besucht wurden.

II. 8. Zusammenfassung

Die Ergebnisse der Analyse des archäologischen Befundes der Basilika in Gadara lassen sich wie folgt thesenartig zusammenfassen:

1.
Der innerhalb des Stadtgebietes von Gadara gelegene Basilikenkomplex befindet sich an einer wichtigen antiken Verkehrsader, durch welche das Gebiet der Dekapolis mit Galiläa verbunden war. Das unterirdische römische Grab, über dem sich die Kirche erhob, galt offenbar schon vor dem Ausbau der Krypta den Christen als heilig. Es lag in der Westnekropole in unmittelbarer Nachbarschaft zu dem Bogenmonument, das in der frühen Kaiserzeit die Stadtgrenze markierte und wahrscheinlich als Zollstätte diente.

2.
Der Kultbau gehört dem Typus der fünfschiffigen, kompositär durch Säulen- und Pfeilerarkaden gegliederten Basilika an. Sie hat einen gedrungenen, fast quadratischen Grundriß und wird im Westen wie im Osten durch Säulenhöfe begrenzt. Das westliche Atrium ionischer Ordnung diente der Versammlung der Gemeinde, während die östliche Loggia als Obergeschoß der Krypta das prozessionsmäßige Umschreiten des Heiligengrabes vor dem römischen Hypogäum gestattete.

3.
Die Basilika entstand zwischen 360 und 370 n. Chr., also in spätkonstantinischer oder frühtheodosianischer Zeit, vielleicht unmittelbar nach dem Tod Julian Apostatas (363 n. Chr.) und dem schweren Erdbeben des gleichen Jahres. Der fünfschiffige Bau wurde in der Regierungszeit Justinians renoviert und ausgeschmückt. Wahrscheinlich erlitt er im mittleren 8. Jh. n. Chr. in Folge eines Erdbebens größere Beschädigungen, wurde dann zunächst in kleineren Dimensionen wieder teilaufgebaut und in der Aiyubidenzeit in eine Moschee verwandelt.

---

[413] Vgl. S. Heitz, Der orthodoxe Gottesdienst I: Göttliche Liturgie und Sakramente (1965) 169.
[414] Zur baulichen Gestaltung der Kultorte an den *Loca Sancta* Palästinas s. u. S. 112 ff.

4.
Die Einbeziehung eines paganen römischen Grabes, welches in seinem Urzustand belassen und nicht für christliche Begräbnisse benutzt wurde, in den großen christlichen Kultbau fände eine plausible Erklärung, wenn man dem Deutungsvorschlag Th. Webers folgt, daß nämlich in der Kirche des Wunders der Dämonenaustreibung gedacht wurde. Andererseits ist es auch möglich, daß die Pilger den Stadtheiligen Zachaios in dem zentralen Kryptengrab verehrten. Sollten diese Interpretationen tatsächlich zutreffen, wären der 18. November und der fünfte Sonntag nach Pfingsten jene Feiertage gewesen, an denen sich die gläubigen Pilger in der fünfschiffigen Basilika von Gadara versammelt haben.

III. DAS HEILIGE LAND UND DIE *LOCA SANCTA*

Im vorangegangen Kapitel wurde gezeigt, daß die Gadarener Kirche eine fünfschiffige Basilika ist, die im mittleren 4. Jh. n. Chr. über einem als *locus sanctus* verehrten Hypogäum errichtet wurde. Es stellt sich nun die Frage, was unter einem *locus sanctus* zu verstehen ist und wo derartige „heilige Stätten" im Nahen Osten zu lokalisieren sind. Ebenso muß in diesem Zusammenhang untersucht werden, ab welcher Zeit Besuche von Pilgern an solchen Orten festzustellen ist und ob sich - wie in Gadara - die Kulttraditionen bruchlos vom Juden- bzw. dem Christentum bis zum Islam hin fortsetzen. Daran schließt sich das Problem der architektonischen Gestaltung derartiger Pilgerzentren an. An welchen Orten findet man fünf-, an welchen dreischiffigen Basiliken, wo und ab welcher Zeit sind andere Typen von christlichen Sakralbauten eingeführt worden?

Bei der Ermittlung der verehrungswürdigen Orte sind vor allem schriftliche Quellen[415] heranzuziehen, wobei den Werken des Kirchenvaters Eusebius von Caesarea (um 263 - 30. Mai 339 n. Chr.)[416], insbesondere der *Vita Constantini*[417] und der *Ecclesiae Historia*[418], sowie frühen Pilgerberichten (*Itineraria*)[419] wie etwa jenen des Pilgers von Bordeaux (333 n.Chr.)[420] und der Nonne Etheria (um 400 n. Chr.)[421], besonderes Augenmerk zu schen-ken ist. Bei den schriftlichen Erwähnungen soll jeweils überprüft werden, ob und ggf. wo die fraglichen Orte liegen und wie der dort festgestellte baugeschichtliche bzw. archäologische Befund in Hinblick auf das frühchristliche Wallfahrtswesen zu interpretieren ist.

III. 1. Das „Heilige Land"

Der als „Heiliges Land" bezeichnete geographische Raum Westasiens umfaßt ganz Palästina von der Mittelmeerküste mit dem Grabenbruch des Jordans einschließlich weiter Teile des Ostjordanlandes. Man bezeichnet dieses Gebiet als „heilig", da sich hier die für drei Weltreligionen maßgeblichen Ereignisse zugetragen haben. Obwohl die zentralen heiligen Stätten des Islam, Mekka und Medina, heute auf dem Territorium des arabischen Königsreiches von Saudi-Arabien liegen, gilt dieser Teil der Bilād al-Šām vor allem auch der muslimischen Konfession als heilig. Jerusalem trägt im arabischen den Namen

---

[415] Quellen zur Spätantike vgl. A. Demandt, Die Spätantike. Römische Geschichte von Diocletian bis Justinian (1989) 1 ff.
[416] Allgemein zu Eusebius vgl. RE 6, I (1907) 1370 ff s. v. Eusebius von Caesarea (K. Heussi); Des Eusebius Pamphili Bischofs Cäsarea ausgewählte Schriften, (Hrsg. O. Bardenhewer - Th. Schermann - K. Weyman [1913]) 1 ff; D- Wallace-Hadrill, TRE X (1982) 537 ff. s. v. Eusebius von Caesarea; Eusebius, Christianity and Judaism, Hrsg. H. W. Attridge - G. Hata (1992) 761 ff.; Th. D. Barnes, Lthk³ III (1995) 1007 ff. s. v. Eusebius v. Caesarea; Eusebius von Caesarea, Kirchengeschichte (Hrsg. H. Kraft) (1997) 11 ff.
[417] *Vita Const.* 1-190.
[418] *Hist. Eccl.*
[419] Zu Pilgerberichten des 4. bis 7. Jh. n. Chr. vgl. Donner 1979, 13 ff. Zusammenstellung der erhaltenen *Itineraria* bei R. Röhricht, Bibliothica Geographica Palaestinae (1890 Nachdruck 1963).
[420] Itinerarium Burdigalense, Hrsg. P. Geyer - O. Cuntz, *Corpus Christianorum* CLXXV (1965) 1 ff.; Übersetzung des Berichtes mit Literaturangaben in Donner 1979, 44 ff.
[421] Die Nonne Etheria, in: Donner 1979, 69 ff; Egeria's Travels to the Holy Land, Hrsg. J. Wilkinson (1981) passim.

al-Quds (القدس = „das Heilige), was - ähnlich dem griechischen Hierosolyma - den sakrosankten Charakter der Stadt unterstreicht. Für die Christen gilt Palästina vor allem deshalb als „heiliges Land", da sich dort die Offenbarung Gottes durch Jesus Christus vollzogen hat. Jerusalem kommt hierbei eine besondere Rolle zu, weil sich hier die heilsgeschichtlich wichtigen Stätten des Leidens und der Auferstehung Jesu befanden. Das Judentum betrachtet das Gebiet als das „gelobte", d. h. von Jahwe dem Volk Israel nach dem 40 jährigen Zug durch die Wüste verheißene Land der Kanaanäer. Noch heute wird der historisch vorbelastete Begriff „Heiliges Land" von einzelnen Religionsgruppen teilweise mißbräuchlich benutzt, obwohl sich bei wertfreiem Gebrauch gerade durch ihn politische Aussagen vermeiden ließen.[422]

Die religiöse Praxis, ein Stück Land als „heilig" zu betrachten, läßt sich literarisch im syrisch-palästinischen Raum bis in alttestamentliche Zeit zurückverfolgen. Archäologische Quellen scheinen darüber hinaus in prähistorische Zeit zurückzuführen. Sie sind aber nicht immer eindeutig zu interpretieren. Hinsichtlich der Heiligkeit des Landes ist die Episode bezeichnend, in der Moses im Anblick des brennenden Dornbuschs zugerufen wurde „*ziehe deine Schuhe aus, denn der Boden, auf den du trittst, ist heiliges Land*".[423] Gegen Ende des 2. Jh. v. Chr. verwendet das in der *Septuaginta* überlieferte Buch der Weisheit Salomons (Weisheit 12: 3) die griechische Bezeichnung ἡ ἁγία γῆ = „das heilige Land" für den gesamten geographischen Raum Palästinas.[424] Im Qoran (Sure 5: 21) wird das auch heute noch geläufige arabische Äquivalent *al-'arḍ al-muqadasa* für das „Heilige Land" = Palästina gebraucht.

Vom Christentum wird Palästina seit dem 4. Jh. n. Chr. als *Terra Sancta*[425] reklamiert. Bereits im mittleren 2. Jh. n. Chr. reisten Bischöfe und Presbyter von Ägypten und Kleinasien, wie etwa Clemens von Alexandria oder der Bischof Melitos von Sardis nach Jerusalem.[426] Da wir über die Motive ihrer Aufenthalte in Palästina nicht näher informiert sind, fällt es schwer, diese Persönlichkeiten schon als religiöse „Pilger" zu bezeichnen.[427] Anders liegt jedoch der Fall bei einem kappadokischen Bischof, der - Eusebios zufolge - um 200 n. Chr. nach Palästina kam, „*um die heiligen Orte zu sehen und an ihnen zu beten.*"[428]

Zum Zeitpunkt der Alleinregierung Konstantins d. Gr. (324 - 337 n. Chr.) war Palästina bereits weitgehend christianisiert. Seit dem frühen 4. Jh. beobachtet man dort das Aufblühen des christlichen Pilgerwesens. Gläubige aus der damals bekannten Welt einschließlich Äthiopiens suchten damals aus religiösen Motiven die Heiligen Stätten auf.[429] 326 n. Chr. erreichte die

---

[422] Vgl. O. Keel - M. Küchler - Ch. Uehlinger, Orte und Landschaften der Bibel I (1984) 285 ff.
[423] 2. Mose 3, 5.
[424] Zum Begriff „Heiliges Land" und seine Anwendung in der Literatur vgl. ebenda 285 ff.
[425] Zu den Heiligen Stätten vgl. P. Thompson, Loca Sancta I (1907) passim; Kopp 1959; G. Kroll, 1973; A. Külzer, Peregrinatio graeca in terram sanctam. Studien und Texte zur Byzantinistik II (1993).
[426] Euseb., *Hist. Eccl.* IV, 26, 13-14; Donner 1979, 28.
[427] Ebenda.
[428] Ebenda 28 f.
[429] Zu den Pilgern des 4. bis 7. Jhs n. Chr. Vgl. Donner 1979, passim; H. Windisch, ZDPV 48, 1925, 145 ff; J. Wilkinson, in: The Third International Conference on Bilad al-Sham: Palestine 19-24 April 1980 I, 1983, 177 ff.; Kültzer a. O. passim; P. Maraval, JbAC 20, 1, 1995, 291 ff. Hinweise zur frühen Reiseliteratur in: Röhricht a. O. passim; Zu abessinischen Pilgern in Palästina s. E. A.

Kaiserinmutter Helena Jerusalem und gab erstmals einer Wallfahrt offiziellen Charakter. Ihre Absicht war es vor allem, nähere, auf eigener Anschauung beruhende Kenntnisse von der Hinrichtungsstätte Golgotha, dem Grab Jesu und dem Heiligen Kreuz zu erhalten.[430] Das älteste christliche lateinische *Itinerarium* geht in das Jahr 333 n. Chr. zurück und scheint letztlich auf dem Augenzeugenbericht eines anonymen Pilgers aus dem südfranzösischen Bordeaux zu beruhen.[431] Eine sicher auf eigenen Erfahrungen basierende Beschreibung einer Reise nach Palästina mit Nennung der Heiligen Stätten verfaßte die Nonne Etheria in Konstantinopel um 400 n. Chr. in griechischer Sprache.[432]

In byzantinischer Zeit erlangte Palästina als Ort des Leidens und der Auferstehung des Herrn den Rang des „Landes der Verheißung" (*Terra Promissionis*). Es würde den Rahmen der Untersuchung sprengen, wollte man hier die ideologischen, politischen und militärischen Auseinandersetzungen um das „Heilige Land" in der Zeit der Kreuzzüge darstellen. Die Pflege der dem Christentum heiligen Stätten und die Aufnahme von Pilgern in Hospizen oblag seit dem hohen Mittelalter den verschiedenen christlichen Glaubensgemeinschaften. 1217 erhielt der Franziskanerorden in dieser Hinsicht eine Sonderstellung mit der *Custodia Francescana della Terra Santa*[433], die seit 1333 in der *Via Dolorosa* ihren Sitz hat und dort heute ein Institut zur archäologischen Erforschung unterhält.

III. 2. Die *Loca Sancta*

Was ist unter einem *Locus Sanctus* zu verstehen? Genau genommen bezeichnet der Begriff *Locus* nicht mehr als ein beliebig großes Stück der Erdoberfläche. Schon in römischer Zeit unterschied man verschiedene Arten von *Loca*[434]: *Locus publicus, Locus sacer, Locus religiosus, Locus sanctus* und *Locus privatus*. Der *Locus publicus* war Staats-, der *privatus* hingegen - wie der Name sagt - Privateigentum. Ein *Locus sacer* war mit Ermächtigung des römischen Volks den überirdischen Göttern geweiht. Im Unterschied dazu bezeichnet der *Locus religiosus* jenen Ort, an dem ein Toter bestattet war. Dieses Stück Boden war Eigentum des hier Begrabenen und seiner Familie, die hier über das Bestattungsrecht verfügte. Dies war aber in den Provinzen des *Imperium Romanum* rechtlich nicht möglich, da dort Grund und Boden dem Kaiser und dem römischen Volk gehörten. Von dieser Klausel waren die *Loca Sancta* befreit. Bei ihnen handelt es sich ursprünglich um geweihte Plätze, an denen eine oder mehrere Personen begraben und die in der Regel architektonisch durch Mauern und Tore eingefasst waren.

Daraus ergibt sich, daß *Loca Sancta* an den meisten Orten des hier untersuchten geographischen Raumes zu finden sind. Auch wenn diese nicht

---

Knauf, in : Studies in the History and Archaeology of Palestine III (1988) 285 ff.; F. Heyer, Die Kirche Äthiopien (1971) 187 ff. Vgl. ferner auch u. S. 181 ff mit Anm.889 ff.
[430] Zur Pilgerfahrt der Helena nach Palästina vgl. *Vita Const.* III, 42.
[431] s. o. S. 105 Anm. 416; Übersetzung des Berichtes mit Literatur und kommentierenden Angaben bei Donner 1979, 44 ff.
[432] s. o. S. 105 Anm. 421.
[433] Vgl. Lexikon des Mittelalters III (1968) 395 s. v. Custodia Terrae Sanctae (B. Hamilton).
[434] Allgemein zum Begriff des *Locus* vgl. RE XIII 1 (1926) 957 ff. s. v. Locus (Kübler).

in den alt- und neutestamentlichen sowie islamischen Traditionen erwähnt werden, so erfahren wir doch aus der Literatur oder aus mündlicher Überlieferung, daß in diesen Orten Lokalheilige teilweise noch heute verehrt werden, obwohl man von ihrem Leben keine näheren Kenntnisse besitzt.

III. 3. Geschichte der archäologischen Erforschung Palästinas

Das religiös motivierte Interesse für die hier betrachteten *Loca Sancta* läßt sich bis an den Anfang des 4. Jhs. n. Chr. zurückverfolgen, als Eusebius von Caesarea[435] und seine Nachfolger die Geschichte der jungen Kirche zusammengefaßt und die ersten Pilger[436] Itinerarien zur Unterweisung ihrer Nachfolger niedergeschrieben haben. Die abundante Pilgerreiseliteratur, die zwischen 333 und 1878 entstanden ist, kann im einzelnen nicht referiert werden. Sie wurde minutiös von R. Röhricht[437] zusammengetragen und als chronologisch geordneter Katalog erstmalig 1890 publiziert. Eine revidierte und ergänzte Neuausgabe erschien als Reprint, bereichert mit einem Vorwort von D. H. K. Amiran, 1963 und 1989 in London.[438]

Die Geschichte der empirisch-wissenschaftlichen Auseinandersetzung mit der Erforschung Palästinas, verbunden mit Feldforschungen, setzt erst im ausgehenden 17. und 18. Jh. ein. Eine Untersuchung auf der Grundlage der Münzen des Kabinetts der Medici über die Zeitrechnung der syrisch-makedonischen Städte Syriens von F. Henricus Noris, des Kardinals von Verona, erschien in Leipzig 1696.[439] Eine der ersten zusammenfassenden Publikationen überhaupt, die sich unter wissenschaftlichem Anspruch mit den Monumenten Palästinas beschäftigten, wurde von dem französischen Gelehrten Hadrian Reland (1676-1718)[440] 1714 vorgelegt. Relands Aussagen stützten sich ausschließlich auf entsprechende Angaben in der antiken Literatur, da er selbst nicht über auf Reisen erworbene Ortskenntnisse verfügte. Wichtige Beschreibungen der Region gelangten durch erst die Reiseberichte der Orient-Pioniere Carsten Niebuhr (1733-1815)[441], Johann Ludwig Burckhardt (1784-1817)[442] und Ulrich Jasper Seetzen (1769-1811)[443] in das Abendland. Auch diesen nachfolgende Reisende, wie William John Bankes (1815-1819)[444], John Silk Buckingham (1816)[445], Charles Leonard

---

[435] s. o. S. 105 Anm. 416.
[436] s. o. S. 105 Anm. 419.
[437] Vgl. o. S. 105 Anm. 419.
[438] Röhricht a. O. (Anm. 419).
[439] *Annus et Epochae Syromacedonum in vetustis Urbium Syriae Nummis praesertim Mediceis expositae additis Fastis Consularibus Anonymi Omnium Optimis.* Leipzig 1696 (Hinweis Th. Weber, Mainz).
[440] H. Reland, Palaestina et monumentis vetrum illustrata (1714).
[441] Beschreibung von Arabien (Kopenhagen 1772); Reisebeschreibung nach Arabien und den angrenzenden Ländern (Kopenhagen 1774-1778).
[442] Travels in Syria and the Holy Land (1822); Travels in Nubia (1814); Travels in Arabia (1830); Notes on the Beduins and Wahabys (1829). Sämtliche Erstausgaben erschienen in London.
[443] Ulrich Jasper Seetzen's Reisen durch Syrien, Palästina, Phönikien, die Trans-Jordan-Länder, Arabia Petraea und Unter-Aegypten, Hrsg. F. Kruse (Berlin ab 1854).
[444] G. Finati, The Narrative of the Life and Adventures of Giovanni Finati (Hrsg. J. Murray) (1830); Zur Biographie vgl. ferner N. N. Lewis, in: Weber-Wenning 1997, 10 ff.;
[445] Travels in Palestine through the Countries of Bashan and Gilead, East of the River Gamala in the Decapolis (London 1821).

Irby und James Mangles (1818)[446], der Comte Léon de la Borde (1827/28)[447], David Roberts (1839)[448] und C. M. W. Van de Velde (1852)[449], haben berühmte Beschreibungen, Skizzen und Gemälde hinterlassen. Auf der Grundlage des Reland'schen Werkes und der Reisebeschreibungen veröffentlichte der Erlanger Professor Karl von Raumer 1834 eine populäre, mehrfach nachgedruckte Abhandlung über Palästina mit dem Ziel, „*das Wesentliche hervorzuheben, insbesondere das zum Verständnis der Bibel Dienende, und dies moeglichst geordnet zusammenzustellen*".[450]

Im 19. Jh. entstand die sog. Biblische Archäologie als wissenschaftliche Disziplin.[451] Die Wissenschaftler betrachteten es zunehmend als ihre Aufgabe, die aus der literarischen, insbesondere der biblischen Tradition bekannten Stätten zu lokalisieren und anhand der feststellbaren Befunde deren Geschichte zu rekonstruieren. Im folgenden sollen die wichtigsten archäologischen, geschichtlichen und kunsthistorischen Arbeiten, die sich auf die Erforschung des „Heiligen Landes"[452], insbesondere auf die archäologische Untersuchung von *Loca Sancta* und deren frühchristliche Baudenkmäler[453] beziehen, in einem kurzen Überblick vorgestellt werden.

In der Zeit der Romantik mischten sich interessierte Forscher - Philologen, Altertumskundler, Geologen und Botaniker - unter die Palästinapilger. Sie reisten gewissermaßen „mit der Bibel unter dem Arm" in das „Heilige Land", um die literarisch überlieferten Namen und Sachen am Ort zu ermitteln und zu erklären. Erste Identifikationen mehrerer alter Ortslagen mit in der Bibel genannten Stätten, verbunden mit Untersuchungen der Oberflächenreste, nahmen Edward Robinson und E. Smith[454] 1838 in Palaestina vor. Mit den systematischen Feldarbeiten und Ausgrabungen wurde aber die Aufgabe der „biblischen Archäologen" ausgedehnt, so daß die Erforschung der Siedlungs- und Kulturgeschichte des Landes vor und nach den biblischen Epochen als weiteres Forschungsziel hinzukam. Zu den ersten Ausgrabungen, bei denen es galt, das biblische Jerusalem und seine Umgebung zu erkunden, gehören die Unternehmungen des Comte Melchior de Vogüé[455], des Felix de Saulcy[456] (1863) und Charles Warrens[457] (1867). Letzter war es, der einen noch heute legendären Tunnel unter den Tempelberg von Jerusalem trieb in der Hoffnung, Reste des salomonischen oder herodianischen Heiligtums zu finden.

Bald formierten sich Gesellschaften, die sich die Erforschung Palästinas

---

[446] Travels in Egypt and Nubia, Syria, and Arabia Minor during the Years 1817 and 1818 (London 1823).
[447] Voyage de la Syrie (Paris 1838); Voyage de l'Arabie Pétrée (Paris 1830).
[448] The Holy Land, Syria, Idumea Arabia, Egypt and Nubia from Drawings made on the Spot I-VI (London 1842-1849).
[449] Narrative of a Journey through Syria and Palestine in 1851 and 1852 (Edinburgh - London 1854).
[450] Palästina, 2. Aufl. 1834, Zitat aus dem Vorwort zur ersten Auflage ebenda Seite V.
[451] Allgemein zur Biblischen Archäologie vgl. H. Weippert, Palästina in vorhellenistischer Zeit, HbArch II 1 (1988); V. Fritz, Einführung in die biblische Archäologie (1993).
[452] Neutestamentliche Orte mit Literaturangaben vgl. McRay 1997; G. Kroll 1973; Kopp1959.
[453] Literatur zur Forschungsgeschichte Palästinas und des Ostjordanlands in der Spätantike vgl. Kuhnen 1990, 300 ff.
[454] E. Robinson, Biblical Researches in Palestine and the adjacent Regions (London 1856).
[455] Syrie Centrale: Architecture civile et religieuse du Ier au VIIe Siècle I-II (Paris 1865-1877).
[456] F. De Saulcy, Narrative of a Journey round the Dead Sea and in the Bible Lands in 1850 and 1851, Hrsg. E. de Warren (London 1853-1854); Voyage en Terre Saint (Paris 1865).
[457] W. F. Wilson - C. W. Warren, The Recovery of Jerusalem (1871).

und der angrenzenden Gebiete zur wissenschaftlichen Aufgabe machten: So entstand 1865 in London der *Palestine Exploration Fund*[458] und wenige Jahre darauf (1870) die *American Palestine Exploration Society*.[459] Der 1877 gegründete *Deutsche Verein zur Erforschung Palästinas* erhielt anläßlich der Orientreise Kaiser Wilhelms II. (1898) ein eigenständiges Institut: Dieses *Deutsche Evangelische Institut für Altertumswissenschaft des Heiligen Landes* war seit 1902 unter dem Direktorat Gustaf Dalmans in Jerusalem ansässig[460]. Nur wenig später entstand das katholische „Gegenstück" zur protestantischen Einrichtung, nämlich der noch heute in der *Dormitio* zu Jerusalem tätige *Deutsche Verein vom Heiligen Lande*.[461] In den 80er Jahren des 19. Jhs. traten als weitere konfessionell gebundene Institutionen neben das *Studium Biblicum Franciscanum*[462] die *Russisch-Orthodoxe Palästina-Gesellschaft* (1882), die *École Biblique* (1890)[463] der französischen Dominikaner und die *Deutsche Orient-Gesellschaft* (1889).[464] Seit 1857 ist auch das *Griechisch-orthodoxe Patriarchat* in Jerusalem mit einem theologischen Seminar und Museum (eröffnet 1922) an der archäologischen Erforschung Palästinas beteiligt.[465]

Im Zuge der infrastrukturellen Erschließung des Vorderen Orients durch das Eisenbahnnetz in spätosmanischer Zeit erfolgten erste genauere kartographische Vermessungen. Dieser Epoche vor Ausbruch des Ersten Weltkrieges verdankt die Ostjordanforschung mehrere Untersuchungen von unschätzbarem dokumentativem Wert. Im Zeitraum zwischen 1884 und 1897 erfasste beispielsweise der deutsche Ingenieur Gottlieb Schumacher (1857-1926)[466] die archäologischen Denkmäler des südsyrischen und nordjordanischen Raumes in mehreren Oberflächenerkundungen, deren eigentliches Ziel die genaue kartographische Erfassung der Region zum Zwecke der Trassierung der Eisenbahnlinie zwischen *Dera'a* und Haifa war. Seine Arbeiten gelten bis heute als grundlegende Literatur für die Altertumsforschung des *'Aǧlūn-*, *Gōlān-* und *Ḥaurān-*Gebietes. 1887 und 1889 bereisten Rudolf Ernst Brünnow und Alfred v. Domaszewski[467] das Ostjordan-land, um erstmals den arabischen Limes und sein Hinterland zu erkunden. Die Ergebnisse erschienen zwischen 1904 und 1909 in einem dreibändigen Druckwerk mit dem Titel „*Provincia Arabia*". Fast zur gleichen Zeit, zwischen 1905 und 1907, dokumentierten. H. T. Thiersch, H. Kohl und Carl Watzinger[468] im Auftrag der Deutschen-Orient Gesellschaft die Grundrisse antiker Synagogen in Nordpalästina. Die griechisch-römischen Baudenkmäler Südsyriens und des nördlichen Ostjordanlands untersuchte

---

[458] K. M. Kenyon, Archaeology in the Holy Land (1960) 17 ff.; W. F. Albright, Archaeology in Palestine (1962) 24 ff.
[459] Albright a. O. 27 ff.
[460] Zuletzt H. D. Bienert - Th. Weber, AW 29, 1, 1998, 57 ff.; U. Hübner, RGG 1, 1999, 713 ff.
[461] E. Kautzsch, ZDPV 1, 1887, 1 ff.
[462] P. Lemaire, StBiFranc I, 1951, 1 ff.
[463] Zur Tätigkeit dieser Institution vgl. J.-B. Humbert - A. Desreumaux, Khirbet as-Samra I (1998) IXf.
[464] Vgl. G. Wilhelm (Hrsg.), Zwischen Tigris und Nil, 100 Jahre Ausgrabungen der Deutschen Orient-Gesellschaft in Vorderasien und Ägypten, AW-Sonderheft (1999).
[465] V. Tzaferis, Museum of the Greek-Orthodox Patriarchate in Jerusalem (1985) 14.
[466] Across the Jordan (1884); ders., Der Dscholan, ZDPV 9, 1886, 165 ff; ders., The Djolan (1889); Northern Ajlûn-within the Decapolis (1890); ders., Das südliche Basan, ZDP V 20, 1897, 65 ff.
[467] Die Provincia Arabia I-III (1904-1909).
[468] Antike Synagogen in Galilaea (Leipzig 1916).

Howard Crosby Butler[469] als Leiter einer mehrköpfigen Expedition der Princeton University. C. Woolley und Thomas Edward Lawrence[470] widmeten sich in dieser Zeit den nabatäisch-byzantinischen Städten des Negev. Zu dieser Forschungsphase, die bis zum Ersten Weltkrieg dauerte, gehört ferner die frühe Pionierarbeit im Felde von William Flinder Petrie[471].
In den 20er Jahren des 20. Jhs. standen zunehmend die antiken Städte beiderseits des Jordans im Interesse der Feldforschung. Als ein wichtiger Schritt in Hinblick auf die denkmalpflegerische Betreuung der dortigen archäologischen Stätten wurden in Palästina[472] und im Ostjordanland[473] unter dem britischem Mandat - folglich nach Vorbild der britischen Altertümerverwaltung - ein *Department of Antiquities* gegründet. In Zusammenarbeit zwischen einheimischen arabischen Archäologen und ausländischen Expeditionen wurde die Erforschung zahlreicher antiker Städte durch systematische Oberflächenuntersuchungen und Ausgrabungen in Angriff genommen. An archäologischen Aktivitäten in dieser Epoche sind Ausgrabungen in Jerusalem[474], Gerasa[475], Samaria[476], Petra[477] und auf dem Berg Nebo zu nennen.[478] Insbesondere die von C. Kraeling ergrabenen Kirchenanlagen von Gerasa sind für die frühchristliche Archäologie des Vorderen Orients von grundlegender Bedeutung.

Nach Gründung der Jordan University Amman im Jahr 1964, die über ein eigenes Department für Geschichte und Archäologie verfügt, beteiligte sich Jordanien erstmals an der archäologischen Erforschung des Landes. 1984 trat an der 1978 gegründeten Yarmouk Universität in *Irbid* ein Institut für Archäologie, Anthropologie und Epigraphie hinzu.[479] In enger Kooperation mit internationalen Universitäten und Forschungszentren werden seitdem Ausgrabungen im gesamten ostjordanischen Raum durchgeführt, wobei an maßgeblichen Projekten beispielsweise die in *Ḫirbet eḏ-Ḏariḥ*, *Ḫirbet ez-Zeraqūn*, *Bēt Rās/* Capitolias, auf dem *Tell Deir ʿAllā* und *Tell Irbid* genannt seien. Speziell frühchristlich-byzantinische Befunde standen an den nordjordanischen Ortslagen *Yaṣīle* und *Ḫirbet Ḥayyān al-Mišref* im Mittelpunkt des Interesses. Im Rahmen einer Magisterarbeit an der Yarmouk Universität in Irbid untersuchte der Verf. der hier vorliegenden Untersuchung die Übergangsperiode zwischen der byzantinischen und frühislamischen Zeit im Kerngebiet der ehemaligen Dekapolis.[480]

In jüngster Zeit kamen archäologische Aktivitäten weiterer neu gegrün-

---

[469] s. Abkürzungsverzeichnis; D. Kennedy, Palestine Exploration Fund 127, 1995, 21 ff.
[470] R. L. Chapman - S. Gibson, PEQ 97, 1996, 94 ff.; J. Baumgartner; AW 4, 1997, 361 f.
[471] Vgl. W. F. Petrie, Ancient Gaza I (1931) iv.
[472] Vgl. H.-P. Kuhnen, Studien zur Chronologie und Siedlung des Karmels (Israel) zwischen Hellenismus und Spätantike. TAVO B 72 (1989) 204 ff.
[473] Zur Geschichte und Forschungsprojekten des Department of Antiquities of Jordan s. G. L. Harding, Auf biblischen Boden (1961) 225 ff.; A. Hadidi, in: SHAJ I (1982) 20 ff.
[474] K. Galling, PalJb 32,1936, 73 ff.
[475] C. H. Kraeling, Gerasa, City of the Decapolis (1983).
[476] J. W. Crowfoot - G. M . Crowfoot - K. M Kenyon, The Objects from Samaria (London 1959).
[477] G. A. Horsfield, QDAP 7, 1939, 1 ff.
[478] S. Saller The Memorial of Moses on Mount Nebo I-II (1941).
[479] Vgl. Z. Kafafi, The Institute of Archaeology and Anthropology at Yarmouk University: National and International Field Projects, in S. Kerner (Hrsg.), The Near East in Antiquity IV (1994) 23 ff.
[480] M. al-Daire, Rural Occupation in Northwestern Jordan: (The Area Between Yarmouk and Zerqa Rivers) from the Late Byzantine to the Early Islamic Period, unpublizierte Magisterarbeit, Yarmouk University Irbid (1992).

deter Universitäten in *Mu'ta* bei *Kerak* (seit 1981) und in *Mafraq* (Āl al-Bait Universität seit 1992) hinzu.[481]

Verglichen mit der Situation der Altertumsforschung der arabischen Nachbarländer können der Publikationsstand sowie die digitalisierte Erfassung von Grabungsergebnissen mit zugehörigen Bibliographien in EDV-Datenbanken für den ostjordanischen Raum als vorbildlich betrachtet werden.[482] Auf den gut erschlossenen Fundus der archäologischen Veröffentlichungen kann und soll daher auch im Folgenden zurückgegriffen werden.

III. 4. Die *Loca Sancta* im Überblick

Der heutige geographische Großraum Palästina, Ostjordanland, Syrien, Mesopotamien, Ägypten und Libanon deckt sich weitgehend mit der Lebenswelt jener Menschen, von denen die Heiligen Schriften, insbesondere das Alte und Neue Testament sowie der Qoran, berichten. Hier lagen jene Stätten, an denen sich das Heilsgeschehen nach dem Glauben der Angehörigen der drei Weltreligionen vollzog und an denen sich dementsprechend Pilgerverkehr entwickeln konnte.[483]

Im folgenden werden die wichtigsten Orte, die sowohl vom Judentum, Christentum als auch vom Islam als *Loca Sancta* angesehen werden, kurz vorgestellt. Die hierbei vorgenommene Anordnung der Orte entspricht ungefähr der Reihenfolge, in der sie in den genannten Heiligen Schriften erscheinen.

III. 4. 1. Gedenkstätten nach alttestamentlicher Tradition

Die Grundlage für den jüdischen, christlichen und muslimischen Heiligenkult bilden die in hebräisch und aramäisch verfaßten 24 Bücher des Alten Testaments und deren griechische Übersetzung, die Septuaginta. Im folgenden werden die wichtigsten *loca sancta* nach alttestamentlicher Tradition zusammengefaßt.

An einem nördlich dem *Qasiyūn* bei Damaskus vorgelagerten Berg befindet sich ein islamisches Heiligtum, das mit Kain und Abel, die Söhne Adams[484], in enger Beziehung steht (Abb. 35, 1). Bei diesem handelt es sich

---

[481] Die Archäologen der *Mu'ta* Universität konzentrieren sich auf das Gebiet des südlichen Jordanien. Zu den jüngsten Aktivitäten dieser Universität gehört ein internationaler Kongress, der mit dem Titel *International Conference on the Nabataean Research and Studies* zwischen dem 23. und 26 Juni 1999 in Petra stattfand. Dagegen untersuchen die Wissenschaftler der Āl al-Bait Universität vornehmlich das Gebiet im Nordosten des Landes, die sog. *al-Bādia*; vgl. D. Obaidat; SHAJ VII (im Druck).

[482] Zusammenfassend Kuhnen 1987, 1 ff. Weiterführende Literatur zu einzelnen Städten und Ortslagen bei Y. Tsafrir - L. Di Segni - J. Green, Tabula Imperii Romani Iudaea Palestina (1994) 23 (für Palästina); E. Stern (Hrsg.), NEAHL passim (für Palästina und Ostjordanland); Homès-Fredericq - Hennessy (1989) passim; für Jordanien: G. Palumbo (Hrsg.) Jordan Antiquities Database International System (JADIS).

[483] Allgemein zum Thema *Loca Sancta* vgl. B. Kötting, Peregrinatio religiosa (1950); Jeremias 1958, passim; P. Maraval, Lieux saints et Pèlerinages d'Orient. Histoire et gèographie des origines à la conquête arabe (1985); G. Stemberger, Juden und Christen im Heiligen Land. Palästina unter Konstantin und Theodosius (1987).

[484] 1 Mos 4: 2-11.

um die *Maġārat al-Arba'īn*, die „Höhle der Vierzig", an welche die *Maġarat ad-Dām*, die „Höhle des Blutes" anschließt. In ihr soll Kain seinen Bruder Abel erschlagen haben. Dieser Ort gilt als die Stelle des ersten Mordes der Menschheitsgeschichte.[485] Über die Existenz christlicher Kultstätten in der Höhle ist nichts bekannt.

Im *Wādī Barada* bei Damaskus (Abb. 35, 2) befindet sich ein islamischer Pilgerort, der als *Qubbat en-Nabī Hābīl*, „Kuppelbau des Propheten Abel" bezeichnet wird. Nach lokaler Tradition wurde an dieser Stelle der ermordete Abel beigesetzt.[486] Der Grabbau datiert in mamlukische Zeit. Auch in diesem Falle ist es wahrscheinlich, daß der *Locus Sanctus* bereits in frühchristlicher Zeit verehrt wurde. Archäologische Nachweise für diese Vermutung fehlen jedoch bisher.

Die Bewohner von *Nawā*, einer Kleinstadt in der *Haurān*-Ebene (Abb. 35, 3), behaupten, Sem, der Sohn des Patriarchen Noah, sei in einem Grab verbrannt worden, welches sich im Ort befindet.[487]

Das Grab des von den Moslimen als Prophet anerkannten Ijob und seiner Frau wird in einem Heiligtum in einem Nawa benachbarten Dorf namens *eš-Šēḫ Sa'd* (Abb. 35, 4a) gezeigt.[488] Die islamische Grabkapelle, die *Maqām Aiyūb* genannt wird, wurde in nicht näher bestimmbarer Zeit errichtet, über christliche Vorgängerbauten ist nichts bekannt. Eine weitere Kultstätte des Dulders Ijob wird in einer Nische der christlichen Basilika von *Qanawāt*, dem antiken Canatha (Abb. 35, 4b), verehrt. Dort werden noch heute von den ortsansässigen Drusen Kerzen und Weihrauch angezündet sowie an bestimmten Feiertagen Hammel und Ziegen geopfert.[489]

In *Berze*, etwa 20 km nordwestlich von Damaskus (Abb. 35, 5), wird der Geburtsort Abrahams lokalisiert. Der als *Maqām Ibrahīm*, „Heiligtum Abrahams", bezeichnete, nicht datierte muslimische Kultbau wird von Wallfahrern und Kranken, von letzteren mit der Hoffnung auf Wunderheilung, aufgesucht. Auch dort werden Tieropfer dargebracht.[490]

Die südlich von Jerusalem gelegene Stadt *al-Ḫalīl*/ Hebron (Abb. 35, 6)[491] ist mit der Geschichte Abrahams verbunden. *Al-Ḫalīl* (="der „Freund") ist der islamische Beiname des alttestamentlichen Patriarchen, der den heutigen Stadtnamen bestimmt. Im dortigen *Ḥaram al-Ḫalīl* liegt das Grab des Abrahams und der Sara.[492] In konstantinischer Zeit, um 330 v. Chr., wurde in der gleichen Stadt eine dreischiffige Basilika an der Stelle der Eiche Mamre errichtet, wo Gott sich offenbart und Abraham sein Zelt aufgeschlagen hat.[493] Der verehrte *Locus Sanctus* lag außerhalb des Kirchenraums, d. h. im vorgelagerten Atrium der Basilika.

Das jüdische Haupheiligtum von Jerusalem (*Ḥaram al-Šarīf*) befindet

---

[485] Ausführlich vgl. W. Brock-Qaysieh, Die Geschichte von Kain und Abel (*Habil wa-Qabil*) in der sunnitisch-islamischen Überlieferung, Islamkundliche Untersuchung CLXIX (1993) passim.
[486] Ebenda.
[487] G. Schumacher, Across the Jordan (1886) 175 ff.
[488] Ebenda 197.
[489] G. Schumacher, Across the Jordan (1886) 197 ff.; Kriss - Kriss-Heinrich 1960, 207.
[490] Kriss - Kriss-Heinrich 1960, 230 ff.
[491] Zur Stadtgeschichte vgl. E. Mader, Mabre: Die Ergebnisse der Ausgrabungen im Heiligen Bezirk Ramet el-Ḫalīl in Südpalästina 1926-1928 (1957).
[492] Plan des Bezirks mit Lokalisierung der Patriarchengräber vgl. Mader a. O. Abb. 39; Jeremias 1958, 67 ff.
[493] *Vita Const.* III 51-53.

sich auf einem befestigten Hügel am östlichen Rand der Stadt über dem *Tyroieipoion*-Tal (Abb. 35, 7). Auf dem heiligen Felsen, der heute vom Felsendom überspannt wird, sei die Arche Noahs nach der Sintflut gelandet. Abraham habe hier auf Geheiß Gottes zum Opfer des Isaak den Altar gebaut. Von dem Berg aus wird der Engel des Todes Israfil die Trompete am jüngsten Tage blasen. Diese Traditionen des Judentums wurden später vom Islam aufgegriffen, für den Jerusalem nach *Mekka* und *Madina* als die dritte heilige Stadt gilt.[494] Auf der Plattform erhob sich der von König Salomo errichtete Tempel, der von den Babylonien 587 v. Chr. zerstört und von Herodes erneuert wurde. Der nachexilische Tempel ist nur durch literarische Beschreibungen bekannt, an architektonischer Substanz hat sich nichts erhalten.[495]

In einem kleinen Heiligtum zu Bethlehem (Abb. 35, 8), das aus einem Kuppelraum mit zwei Nebenkammern besteht, befindet sich das Grab der Rachel, der Lieblingsfrau des Stammvaters Jakob.[496] Das Grab wird von Juden, Christen und Muslimen gleichermaßen besucht und verehrt.[497]

Das Katharinenkloster befindet sich im *Wādī ed-Dēr* im Süden der Sinai-Halbinsel (Abb. 35, 9) an jener Stelle, an der sich die Israeliten nach dem Auszug aus Ägypten versammelt haben und Moses den brennenden Dornbusch erblickt haben soll. Schon am Ende des 4. Jhs. n. Chr. besuchte Etheria[498] den Ort und schrieb: „*Dort befanden sich viele Klausen heiliger Männer und eine Kirche an dem Ort wo der Dornbusch steht...., daneben wird die Stelle gezeigt, an der Moses stand, als Gott zu ihm sagte: Leg deine Schuhe ab, denn der Ort, wo du steht, ist heilig*".[499]

Zwischen 548 und 565 ließ Kaiser Justinian das befestigte, noch heute in ursprünglichem Zustand erhaltene Kloster errichten.[500] Innerhalb der Mauern befindet sich eine dreischiffige Basilika, an deren östlicher Seite die „Kapelle des brennenden Dornbusches" gelegen ist.[501] Bis heute steht das Katharinenkloster in ununterbrochen christlicher Kulttradition. Bezüglich der byzantinischen Bau- und Kunstgeschichte ist es als ein einzigartiges Denkmal zu betrachten, da es niemals, wie die meisten anderen Kultstätten, zerstört oder grundlegend renoviert wurde.

Die genaue Stelle der Übergabe der Gesetzestafeln an Moses ist nicht gesichert. Seit dem 4. Jh. n. Chr. wird hierfür der *Ǧabal Mūsā* (Abb. 35, 10) in Anspruch genommen, in dessen Nähe das Katharinenkloster liegt. Moses soll auf dem Gipfel die Gesetztafeln empfangen haben.

Die alttestamentliche Episode, in der Moses auf Geheiß Jahwes durch den Schlag mit einem Stock auf den Fels Wasser entspringen ließ[502], um das dürstende Volk der Israeliten zu versorgen, wurde an zwei verschiedenen Stellen im südlichen und mittleren Ostjordanland seit frühchristlicher Zeit

---

[494] s. u. S. 130 f.
[495] Vgl. W. Zwickel, Der salomonische Tempel, Kulturgeschichte der Antiken Welt LXXXIII (1999), zum Ḥaram al-Šarīf in der muslimischen Tradition s. u. S. 130 f.
[496] 1. Mose 48, 7.
[497] Vgl. Jeremias 1958, 75 f.; Kriss - Kriss-Heinrich 1960, 177.
[498] Etheria, *Peregrinatio* 4, 7-8; Donner 1979, 89 f.
[499] 2. Mose 3, 5.
[500] Procopius, *De Aed* V 8. vgl. Tsafrir 1993, 226 ff. Anm. 6.
[501] Zur Geschichte des Klosters vgl. K. Weitzmann (Hrsg.) The Monastery of Saint Catherine at Mount Sinai (1965) 11 ff.
[502] 2 Mos. 17, 1-7.

III. 4. Die *Loca Sancta* im Überblick   115

verehrt: Die erste liegt heute am Eingang zur modernen Stadt *Wādī Mūsā*, am Kopf des gleichnamigen Tales („Mosestal") oberhalb (d. h. östlich) von Petra (Abb. 35, 11a).⁵⁰³ Die zweite befindet sich am Steilabhang des *Mušaqqar*-Schlucht, welche sich nördlich des Berg-Nebo von Osten in den Jordan zieht (Abb. 35, 11b). Im ausgehenden 4. Jh., in der Zeit des Besuchs der Aetheria, führte eine Verbindungsstraße zwischen dem Jordangraben und der *Via Traiana Nova* über das Hochplateau an den *Ayūn Mūsā* genannten Quellen („Moses-Quellen") vorüber, welche die Volksreligion mit dem geschilderten alttestamentlichen Wunderereignis in Verbindung brachte.⁵⁰⁴ Heute besuchen Einheimische und Fremde sowohl die eine als auch die andere Quellfassung in der Hoffnung, durch das heilige Wasser Heilung von körperlichen Leiden zu erfahren.

Innerhalb des stark zerklüfteten edomitischen Gebirgsmassivs, 3,5 km südwestlich von Petra, erhebt sich südwestlich der nabatäischen Hauptstadt Petra der *Ǧabal Hārūn* (Abb. 35 Nr. 12), auf dessen Gipfel (Taf. 51 A) man heute in einem muslimischen *Maqām* (Taf. 51 C) das Grab des Moses-Bruders Aaron (Taf. 51 D) zeigt.⁵⁰⁵ Sie erhebt sich über den Ruinen eines älteren Baus.⁵⁰⁶ Diese Tradition geht sicher in vorislamische Zeit zurück. Auf einem Bergsattel unterhalb des Gipfels existierte von byzantinischer Zeit bis in die Kreuzfahrerzeit ein Kloster, dessen Reste zur Zeit von finnischen und amerikanischen Archäologen untersucht werden.⁵⁰⁷ Südlich unterhalb des Berges verläuft eine alte Karawanenstraße, die über den Steilpaß von *Naqb Ruba'i* und das Tal von *Abū Ḫušaiba* hinab in die *'Araba* und dort aus in den Negev oder auf die Sinai-Halbinsel führt.⁵⁰⁸ Unterhalb der höchsten Erhebung erstreckt sich ein nach Südwesten ausgezogener Felsvorsprung, auf dem Reste einer ausgedehnten Klosteranlage erhalten sind (Taf. 51 B). Im östlichen Abschnitt erkennt man den Grundriß einer Kirche basilikalen Grundrisses.

Der Chronik des *Nuweiri* (1279-1332 AD) zufolge, die ihrerseits von dem mamelukischen Biographen *Muḥyi el-Dīn Ibn 'Abd al-Ḍaher* (1223-1292) exzerpiert wurde⁵⁰⁹, überquerte *Ṣulṭan Baibars* auf einer Strafexpedition gegen Rebellen in *Kerak* während des Jahres 1276 den Paß am *Ǧabal Hārūn*. Der Chronist bezeichnet in dieser Passage das Grab des Aaron als eine verehrungswürdige Stätte. In der Kreuzfahrerzeit spricht Fulcher von Chartres anläßlich der Expedition des lateinischen Königs Balduins II. von einem „*Ort, so heilig und uns dennoch unbekannt.*"⁵¹⁰ Bei seinem Besuch der Region im Jahr 1217 bezeugt Magister Thietmar die Anwesenheit zweier

---

⁵⁰³ Vgl. I. Browning, Petra (1973) 101 ff.
⁵⁰⁴ Vgl. Piccirillo 1993, 186.
⁵⁰⁵ 4. Mose 20, 23-29.
⁵⁰⁶ Vgl. Jeremias 1958, 107; O. Keel - M. Küchler, Orte und Landschaften der Bibel II (1982) 275 f.; Kriss - Kriss-Heinrich 1960, 182 f.; zur Kirche und Kapelle auf dem Berg vgl. Abel, Géographie de la Palestine I (1933) 388 f.; R. Khouri, Petra: A Guide to the Capital of the Nabataens (1986) 115.
⁵⁰⁷ Bisher nur in Vorberichten bekannt gemacht von J. Frösen - Z. T. Fiema, AW 30, 1999, 75; J. Frösen - Z. T. Fiema, MdB 117, 1999, 81; diess. AAJ 42, 1998, 483 ff.; Weiteres s. u. S. 149 f.; V. Egan - P. M. Bikai, AJA 103, 1999, 551 f.
⁵⁰⁸ Vgl. F. Zayadine, in: SHAJ II (1985) 164 f. mit Abb. 5.
⁵⁰⁹ Zayadine, ebenda 162 mit Anm. 16.
⁵¹⁰ *Fulcheri Carnotensis Historia Hierosolymitana* (1095-1127) Hrsg. H. Hagenmeyer (1913) 381: II 5; weitere Belege G. Peterman - R. Schick, AAJ 40, 1996, 477.

Mönche und teilt mit, daß man damals den Ort „*Muscera*" genannt habe.[511] *Al-Mas'ūdī* berichtet H 344/5 (= 995/56 AD) vom *Ğabal Hārūn* als einem heiligen Berg, der zu seiner Zeit im Besitz melkitischer Christen gewesen sei.[512]

Daß die Geschichte des Aaron-Heiligtums jedoch sehr viel weiter in frühchristliche Zeit zurückreicht, ergibt sich aus verschiedenen literarischen Hinweisen: Eusebios erwähnt bereits den heiligen Berg, aber ohne jeglichen Bezug zum Christentum.[513] Ein gewisser Thomas der Syrer wird als Presbyter und Archimandrit des Aaronsklosters im Jahr 536 auf der Synode in Jerusalem bezeugt, wobei es allerdings ungewiß bleibt, ob damit tatsächlich die Anlage unterhalb des *Ğabal Hārūn* gemeint ist.[514] Sicherer ist der Bezug in einem der 1993 in einer Kirche in Petra gefundenen Papyri des 6. Jhs.[515], wo von einer „*Kirche des Heiligen Hohen Priesters Aaron*" die Rede ist.[516]

1998 wurde die Klosteranlage in einer ersten Feldkampagne durch ein finnisches Team unter der Leitung von J. Frösen untersucht.[517] Hierbei wurde auch die Kirche, welche vordem nur durch unvollständige und ungenaue Planskizzen bekannt gemacht worden war[518], teilweise freigelegt.

Der Kloster besaß eine dreischiffige Basilika. Sie hat, wie aus dem vorliegenden Plan zu entnehmen ist, einen gedrungen-rechteckigen Grundriß mit eingeschriebener Apsis.[519] Die Kirche war als *Katholikon* in einen größeren Klosterkomplex (60 x 50 m) einbezogen, der aus mehreren aneinandergereihten Räumen und Höfen mit einer Zisterne besteht. Bei den Kammern dürfte es sich um die Zellen der Mönche handeln.

Der westlich von *Mādaba* von der Bruchkante des ostjordanischen Hochlandes zum Toten Meer aufragende Berg Nebo/ *Rās aṣ-Ṣiyāġa* (Abb. 35, 13) ist mit dem Ende des Moses verbunden. An der Stelle, von der aus Moses den von Gott verhießenen letzten Blick in das gelobte Land hatte[520], errichteten die Christen im 4. Jh. n. Chr. unter Einbeziehung eines paganen trikonchialen Grabes eine Memorialkirche. Der Sepulkralbau ist jedoch nie als Grab des Stammvaters angesehen worden, da die genaue Lage des Grabes schon der biblischen Tradition unbekannt war. Die mit einem Kloster verbundene Moses-*Memoria* wurde schon im 4. Jh. von Pilgern aufgesucht, wie das Itinerar der Aetheria bezeugt. Den baulichen Höhepunkt erreicht die dreischiffige, mit Pareklesien erweiterte Basilika im 6. und 7. Jh.[521]

Das Grab des Propheten Moses, welches weder in der jüdischen noch in den christlichen Traditionen näher bestimmt worden ist, wurde erst in islamischer Zeit südlich von Jericho (Abb. 35, 14) identifiziert. Dieses

---

[511] J. C. M. Laurent, Magistri Thietmari Peregrinatio (1857) 38: XVI 1-3, weitere Lit. bei Peterman - Schick, ebenda.
[512] Abū al-Hassan 'Alī al-Mas'ūdī, Kitāb al-Tanbih wa-al-Išrāf, Hrsg. M. J. de Goeje (1894) 143 f.
[513] Eusebios, *Onomastikon* 176 (ed. Westermann).
[514] R. Schieffer, Acta Conciliorum Oecumenicorum Index Generalis Tomorum I-III (1982-1984) 4. 3. 2.
[515] Vgl. L. Koenen, in: Weber - Wenning 1997, 149 ff..
[516] Z. Fiema - J. Frösén, AJA 99, 1995, 532.
[517] Kurzer Vorbericht von J. Frösén - Z. T. Fiema, AW 30, 1999, 75.; diess., AAJ 43, 1999, 369 ff.
[518] Peterman - Schick a.O. 475 Abb. 3.
[519] J. Frösen - Z. T. Fiema - M. Lavento u. a., AAJ 43, 1999, 369 ff.
[520] 5 Mos 34.
[521] S. Saller, The Memorial of Moses on Mount Nebo I-II (1941); Piccirillo 1993, 148 f.; M. Piccirillo, Mount Nebo: New Archaeological Excavations 1967-1997, StBiFranc 27, 1998, passim.

sepulkrale Heiligtum besteht aus einem großen Gebäudekomplex, der von dem Mamlukensultan *Baibars* im Jahr 1270 n. Chr. erbaut wurde.[522]

Hosea ist der Sohn Elas, der letzte israelitische König des nördlichen Reiches.[523] Im islamischen Schrifttum wird er *Yoš'a bin Nun* genannt und als Prophet anerkannt. Nach islamischer Tradition ist sein Grab in einer Kapelle in *Zai*[524] westlich von Salt im Ostjordanland zu finden.

Bei der Lokalisierung des alttestamentlichen Dorfes Thisbe in Gilead (Abb. 35, 15), des Geburtsorts des Propheten Elias[525], erwägt mag zwei nahe beieinander liegende Ortslagen nordwestlich von *'Aǧlūn* im nördlichen Ostjordanland. 1986 untersuchte Th. Weber[526] die hierfür in Frage kommende Ortslage *Listib* durch einen Oberflächensurvey. Ruinen mehrerer Häuser, Zisternen und natürliche, teilweise als Gräber oder Ställe genutzte Höhlen, die ab römischer Zeit bis ins 16 Jh. n. Chr. kontinuierlich benutzt wurden, spiegeln die Kontinuität der Ortsgeschichte. Funde aus der Eisenzeit, der Lebenszeit des Propheten, waren ebensowenig auszumachen wie eine besonders als Pilgerzentrum gekennzeichnete Kultstätte. Am nordöstlichen Fuß des Siedlungshügel von *Listib* befindet sich lediglich die Ruine einer mamlukischen Moschee, die nach der Meinung des Inspektors der jordanischen Antikenverwaltung von *'Aǧlūn, Muhammad Abu 'Abilah*, wie R. Khouri berichtet[527], über einer byzantinischen Kirche des basilikalen Typus stand.

Einen deutlicheren Bezug zu dem genannten Propheten besitzt das benachbarte *Ḫirbet Mār Elias* („Ruine des Herrn Elias"), welches das eigentliche Pilgerziel gewesen sein dürfte. Das Ruinenfeld, das auf der planierten Kuppe eines durch einen Geländesattel vom *Tell Listib* getrennten Berges liegt, wurde von M. Piccirillo[528] vorläufig untersucht. Ihmzufolge befinden sich dort Bauruinen, unter denen eine große Apsis auszumachen ist, die vielleicht zu einer Kirche gehört. Säulentrommeln und Basen stammen von Kolonnaden, eine große Zisterne diente der Wasserversorgung.

III. 4. 2. Gedenkstätten nach neutestamentlicher Tradition

Die Kultorte der neutestamentlichen Tradition sind im Wesentlichen an die Lebenswelt Christi geknüpft. Geographisch beschränkt sich dieser Raum weitgehend auf Galiläa, Samarien und Judaea. Diese seine Heimat hat Jesus

---

[522] Jeremias 1958 102 ff.; Kriss - Kriss-Heinrich 1960 148 ff.; O. Keel - M. Küchler, Orte und Landschaften der Bibel II (1982) 477 ff.
[523] 2. König 15, 30; 17, 1-6; 18, 9-12.
[524] Vgl. R. De Vaux, RB 47, 1938 409 ff. Am Ort wurde auch eine Kirche des dreischiffigen Typus des 6. Jhs. n Chr. entdeckt, vgl. Piccirillo 1993, 324
[525] 1. Könige 17: 1; 21: 17, 28; 2. Könige 1: 3, 8, 9 . 36.
[526] Th. Weber, in: Homès-Fredericq - Hennessy II 1989, 386 ff.; W. Thiel, ZDPV 106, 1991, 119 ff.
[527] Der Geburts- und Wohnort des Propheten Elias wurde vom Vatikan als Pilgerziel am 21. Juli des Jahres 2000 bezeichnet. Hierfür würde fälschlicherweise der moderne Ort *Ḫirbet al-Wahadne* ausgewählt. Bei dem tatsächlichen Geburtsort des Elias handelt es sich jedoch wahrscheinlich um *Listib*, der mit dem alttestamentlichen Thisbe identisch ist. Vgl. R. Khouri, Jordan Antiquity 11, *Listib/Khirbet Mar Elias* (May 30, 1999).
[528] Nach Khouri a. O. ist der Ort noch nicht untersucht. Piccirillo 1993, 239. identifizierte jedoch die Stelle, die mit dem Geburtsort des Propheten Elias verbunden ist, und fand einige Fragmente von Mosaiken und Schrankenplatten. Die Datierung der am Ort befindlichen Kirche wird weder von Khouri noch von Piccirillo mitgeteilt.

nur selten verlassen: Im Neuen Testament sind lediglich Aufenthalte in Phönikien (Paneas, Tyros, Sidon), in der Dekapolis (*Gadara, Gergesa, Gerasa*) und in Ägypten (Hermopolis) überliefert. Der hier vorgelegte Überblick der diesbezüglichen *Loca Sancta* ist nach dem chronologischen Verlauf der Vita Jesu geordnet.[529]

Die Verkündigung der Geburt Christi durch einen Engel[530] fand nach christlicher Überlieferung in einer Höhle in Nazareth (*an-Nāṣira*) statt (Abb. 35, 16). Über dieser wurde eine dieses Geschehens gewidmete Memorialkirche dreischiffig-basilikalen Typus mit verschiedenen Anbauten 1955 von dem Franziskanermönch B. Bagatti[531] freigelegt, die der Ausgräber wegen der Kreuzesdarstellungen auf Bodenmosaik in die Zeit vor dem Edikt des Theodosios II von 427 n. Chr. datiert.[532]

Jesus soll während des Census des Quirinus in einem Stall zu Bethlehem geboren worden sein.[533] Den Geburtsort Jesu erkannte man im 4. Jh. n. Chr. in einer Grotte wieder (Abb. 35, 17). Aus der *Vita Constantini*[534] geht hervor, daß man diesen für das Christentum wichtigen Kultort erst nach dem Toleranzedikt der Allgemeinheit zugänglich machte. Über der Geburtsstätte Jesu ließ Kaiser Konstantin 333 n. Chr. eine fünfschiffige Basilika[535] errichten. Der konstantinische Kernbau wurde besonders in seinem Ostteil später stark verändert. Unter Justinian (527-565 n. Chr.) wurde die Kirche renoviert und zu der heute erhaltenen Form erweitert.

Vor dem Kindermord in Bethlehem, den Herodes d. Gr. angeblich angeordnet haben soll, flüchteten Maria und Joseph mit dem Jesuskind auf Geheiß eines Engels.[536] Auf dem *Ğabal aṭ-Ṭer* (="Berg des Vogels" Abb. 35, 18) wird in einer Kirche jene Stelle verehrt, an dem die Heilige Familie auf der Reise nach Ägypten gerastet haben soll. Der Kultort lag innerhalb eines Klosters, das bis heute auf arabisch *Dēr al-'Aḏra* (="Kloster der Jungfrau") genannt wird. Unter der Apsis befindet sich eine Höhle, in der sich die Heilige Familie während ihrer Reise nach Ägypten verborgen haben soll. Der Sakralbau war als basilikale Anlage dreischiffigen Typus gestaltet. Nach Meinung von A. Ovadiah ist diese Kirche wegen des Fehlens eines Narthex nach 450 n. Chr. entstanden.[537]

Den Evangelien[538] zufolge lebte die Heilige Familie während des Asyls in Ägypten, ohne daß ein spezieller Ort angegeben wird.[539] Die Kopten loka-

---

[529] Das Leben Jesu und die Spuren seines Wirkens wurden in mehreren Publikationen zusammengefasst, so z. B. von G. Dalman, Orte und Wege Jesu (1924); Kopp 1959, passim; J. Kroll, Auf den Spuren Jesu (1973); J. Mc Ray, Archaeology and the New Testament (1991); K. Jaroš, Jesus von Nazareth: Geschichte und Deutung (2000) passim.
[530] Luk 1, 26-38.
[531] B. Bagatti, Excavation in Nazareth I. Studium Biblicum Franciscanum XVII (1973).
[532] Vgl. Ovadiah 1970, 144 f. Abb 147; zu den kaiserlichen Edikten bezüglich der Kreuzesdarstellungen auf Fußböden vgl. o. S. 62 f. mit Anm. 191-192.
[533] Matth 2, 1-12; Mark. 6, 1. Zum Census des Quirinus vgl. Th. Kissel, AW 27, 6, 1996, 513 f.
[534] III, 42-43.
[535] s. u. S. 144 ff.
[536] Matth 2, 13-15.
[537] A. Ovadiah, JbAChr 20, 2, 1995, 1065 ff Taf 147-149.
[538] Matth 2, 13-21.
[539] Die dortigen Christen halten Ägypten für das zweite Heilige Land, in dem Jesus präsent war. So schreibt z. B. Paulinus von Nola im 4. Jh. (*Epistula* 49, 14; CSEL XXVIIII) „... *nisi <tut> loca, in quibos corporaliter praesens fuit Cristus, videant*..." Das Hauptmotiv, das die Menschen nach Jerusalem treibt, ...ist das Verlangen die Orte, in denen Christus präsent war, zu sehen und zu

lisieren den Aufenthalt Jesu im mittelägyptischen Hermopolis am Berg
Qosqam (Abb. 35, 19)[540], wo sich das Kloster *Dēr al-Muḫrrāq* in frühchristlicher Zeit zu einem Pilgerzentrum entwickelte. Der verehrungswürdige *Locus Sanctus* befindet sich dort in einer dreischiffigen Basilika, deren Einweihung inschriftlich in das Jahr 436 n. Chr. zu datieren ist.[541]

In unmittelbarer Nähe des Ostufers des Jordans (Abb. 35, 20a) entdeckten jordanische Archäologen 1998 an dem Ort[542], der von den einheimischen Arabern *al-Maġtas* (= „Wasserbecken") genannt wird, die Apsis einer kleinen Kirche, deren Grundriß beim derzeitigen Stand der Ausgrabungen noch unklar bleibt. Man nimmt allgemein an, daß der Ort unmittelbar gegenüber der Taufstelle Jesu gelegen hat, die an dieser Stelle des östlichen Flußufers, etwa 5 km nördlich der Mündung in das Tote Meer auf der Höhe von Jericho, verehrt wird.[543] An diesem Ort wurde auch der Übergang der Israeliten über den Jordan unter Josua zur Landnahme angenommen.

Auf der westlichen Seite des Ufers des Jordans befindet sich ein Kloster[544] des 6. Jhs. n. Chr., das den melkitisch-aramäischen Namen *Dēr Mār Yuḥanna* (= „Jo-hannes-Kloster" Abb 35, 20b)[545] trägt, auf arabisch auch *Qaṣr al-Yahūd* (="Palast der Juden") genannt wird. Auf der Mosaikkarte von *Mādaba* wird dieser Ort Βεθαβαρα τὸ τοῦ ἁγίου Ἰωάννου τοῦ βαπτίσματος („*Bethabara* [Kloster] *des Johannes des Täufers*") genannt, der nach H. Donner[546] mit der in der Nähe von *'Ain al-Ġaraba* gelegenen Taufstelle identisch sei. Die abgebildete Kirche entspräche dem von Kaiser Anastasios errichteten Bau des frühen 6. Jhs., der von Archidiakon Theodosios[547] erwähnt wird.

Bethanien, die Heimat Johannes des Täufers[548], spielt bereits im Alten Testament als eine der Wohnstätten des Propheten Elias[549] eine gewisse Rolle. Die antike Siedlung dieses Namens liegt etwa 2 km östlich von *Maġtas* (Abb. 35, 21) im *Wādī Ḥarār*. Dieser Ort erscheint auf der Madabakarte als Αἰνων ἔνθα νῦν ὁ Σαπσαφας („*Ainon, wo nun Sapsaphas liegt*")[550]. In diesem „*Tal des Wasserrauschens*" verlief, dem Bericht der Aetheria zufolge, in früh-

---

berühren.... vgl. G. Vikan, in: R. Ousterhout (Hrsg.), The Blessings of Pilgrimage (1990) 98.
[540] Zum Aufenthalt Jesu in Ägypten vgl. L. MacCoull, JbAChr 20, 2, 1995, 987 ff.
[541] Zur Klosterkirche vgl. U. M. de Villard, Deyr el-Muharaqah: note archeologiche (1928); P. Grossmann, in: Oxford Dictionary of Byzantium II (1991) 92 s. v. Hermopolis Magna.
[542] Die Ergebnisse der Untersuchung sind vom Ausgräber Mohammad Waheeb als kurzer Bericht unter dem Titel *al-Maġtas* (arabisch) vgl. Al-Reem, August 1998, 23 f.; ders. AAJ 42, 1998, 635 ff.; V. Egan - P. M. Bikai, AJA 103, 1999, 514 f. ferner unpublizierter Bericht „Al-Maghtas archäologische Untersuchungen" (arabisch), den ich auf Grund persönlicher Kontakte einsehen konnte.
[543] M. Waheeb, s. u. Anm. 542.
[544] Die Taufstelle und die zugehörige Kirche, das Johanneskloster, werden auch auf der Mosaikkarte von Madaba gezeigt, vgl. Kroll 1973, 228 f Abb 137. s. u. Anm. 497.
[545] Donner 1992, 38 Nr. 6.; Kopp 1959, 148 ff.
[546] Donner 1992, 38 f, Karte Teil A Nr. 6.
[547] Arch. Theod. 20; vgl. Donner 1992, 38.
[548] Joh. 1, 28; 10, 40. vgl. R. G. Khouri, in: Al-Kutba, e-Mail: kutba@nets.com.jo.Jordan Antiquity Nr. 112: *Tell el-Ḥarar* Monastery (June 6,1999); vgl. auch Anm, 542 M. Waheeb, AAJ 43, 1999, 549 ff;. . Dieser Ort wird vom Vatikan als offizieller Pilgerort des Heiligen Jahres 2000 anerkannt. Die ausgegrabenen Monumente werden aus diesem Grunde teilweise restauriert. Ferner wird dort z. Z. ein kleines archäologisches Museum eingerichtet, um die Geschichte des Ortes darzustellen.
[549] 2. Kön. 1, 1-11.
[550] Donner 1992, 38.

christlicher Zeit jene bereits oben erwähnte[551] Pilgerstraße, welche Jerusalem, Jericho, *Ḥusban*, den Berg Nebo und *Madaba* untereinander verbunden hat. Der Pilger von Piacenza[552] besuchte um 570 das *Wādī* und traf dort zahlreiche Einsiedler vor, die in Höhlen des Steilufers lebten.

Auf dem *Tell el-Ḥarār* („*Hügel des Wasserrauschens*") entdeckten 1999 Jordanische Archäologen unter der Leitung von Muhammad Waheeb (Department of Antiquities Amman)[553] eine ausgedehnte Klosteranlage, die innerhalb ihrer Befestigungsmauer drei Kirchen beherbergt. Die größte von ihnen hat den traditionellen basilikalen dreischiffigen Grundriß. Der Boden der Kirche ist mit Mosaiken geschmückt, anhand derer die Ausgräber die Kirche in das 6. bis 7. Jh. zu datieren versuchen.[554] Der zweite Bau ist erheblich kleiner proportioniert, aber sein Grundriß entspricht dem der zuerst genannten Anlage. Auch hier ist der Boden mit Mosaiken bedeckt. Der dritte Sakralbau besteht aus nur einem einschiffigen, im Grundriß quadratischen Raum, dessen liturgischer Charakter durch Inschriften in den Bodenmosaiken gesichert ist. Der Bau wird deshalb vom Ausgräber als eine Kapelle angesehen und in das 5. oder 6. Jh. n. Chr. datiert. An der südlichen Seite des Hügels wurde eine weitere quadratische Halle freigelegt (12 x 8 m), deren Boden mit einfach weißen Mosaiksteinchen ausgelegt ist. Waheeb zufolge diente dieses Gebäude als Gebetshalle für Pilger. Dieser Raum sei früher als die übrigen Kirchen, nämlich in das 3. Jh. n. Chr., zu datieren. Ferner entdeckten die Ausgräber auf der Kuppe des Hügels Wasseranlagen, welche sie als Tauf-becken deuteten. Eine genauere Datierung dieser Vorrichtungen läßt sich bislang nicht vornehmen. Eine Verbindung mit den drei Kirchen und somit eine Entstehung im Laufe des 6. oder 7. Jhs. sei indes zu vermuten.[555]

Auf dem östlich des Toten Meeres gelegenen Berg Machärus (heute *Mukāwir*, Abb. 35, 22)[556] wurde Johannes der Täufer von Herodes Antipas (4 v. Chr. - 39 n. Chr.) im Jahr 29 n. Chr. gefangengehalten und nach dem legendären Tanz der Salome enthauptet.[557] Auf dem Gipfel des kegelförmigen Berges befinden sich die Ruinen eines in Anspielung daran auf arabisch *Qalāt al-Mišnaqa* (=„Palast des Galgens") genannten Palastes, der von Herodes I. über einer hasmonäischen Burganlage errichtet wurde.[558] Im heutigen Dorf von *Mukāwir* wurden zwei Kirchen des frühen des 6. Jhs. n. Chr. entdeckt[559],

---

[551] s. o. S. 119.
[552] Pilger v. Piacenza 9; weitere Pilgerberichte: Epiphanios Monachos Hagiopolita IX 18 - X 2 [PG 87, 2851] Ioannes Moschos; Pratum Spirituale [PG 87, 2851], vgl. Donner 1992, 38.
[553] Die Maße dieser Anlage sind noch nicht veröffentlicht. Die hier gemachten Angaben und Beschreibungen beruhen auf dem unpublizierten arabischen Grabungsbericht, den M. Waheeb (Amman) freundlicherweise zur Verfügung stellte (s. o. S. 120 Anm. 542).
[554] Wie das Beispiel der fünfschiffigen Basilika von Gadara lehrt, sind Datierungen allein auf der Grundlage von Mosaikböden sehr unsicher. In seinem Bericht bildet Waheeb zwei sog. *Slipper lamps* ab, die zwischen dem mittleren 4. Jhs. und der Mitte des 7. Jhs. zu datieren sind (Vgl. W. Selesnow, *UQ* IV 3, Kat.-Nr. L. 100-104). Lampen dieses Typs wurden von Pilgern an den Kultstätten der *Loca Sancta*, insbesondere in die Memorialkirchen von Jerusalem, geweiht. Zahlreiche Slipper-Lamps wurden auch in der Gadarener Basilika gefunden, vgl. W. Selesnow a. O. Zu den Lampenweihungen vgl. J. Magness, BiblARev 24, 2, 1998. 40 ff.
[555] Waheeb a. O. Anm. 542.
[556] Vgl. M. Piccirillo, in: Homès-Fredricq - Hennessy II. 1989, 384 ff.
[557] Matth. 14, 1-12.
[558] Zur Festung auf dem Berg Machärus vgl. S. Bianchi - F. Faggella, AAJ 37, 1993, 407 ff; A. Lichtenberger, Die Baupolitik Herodes des Großen, ADPV XXVI (1999) 40 ff. Abb 14-16.
[559] Piccirillo 1993. 245 f.

die aber offenbar nicht mit einem speziellen Pilgerkult für Johannes in Verbindung standen.

Gegen Ende des 4. Jhs. n. Chr. wandelte Kaiser Theodosios in Damaskus (Abb. 35, 23) den Tempel des Jupiter Damascenus in eine christliche Basilika um, die fortan dem Andenken an Johannes den Täufer geweiht war. Die Kirche erhob sich nach christlicher und islamischer Tradition an jener Stelle, an der das abgeschlagene Haupt des Vorläufers Jesu aufbewahrt war. Wann die noch heute in der Großen Moschee verehrte Schädelreliquie aus der Gegend von Machärus zunächst nach Emesa und von dort nach Damaskus gelangte, ist unklar.[560]

Auf einer Hochzeit in Kana wirkte Jesus sein erstes Wunder, indem er Wasser zu Wein verwandelte.[561] Die 14 km nördlich von Nazareth gelegenen, archäologisch noch nicht untersuchten Ruinen von *Ḫirbet Kana* (Abb. 35, 24a) werden hiermit in Verbindung gebracht.

Des weiteren errichteten griechisch-orthodoxe Christen 1566 in Kafr Kenna (Abb. 35, 24b), das auf halbem Wege zwischen Nazareth und der Ruinenstätte liegt, eine Kirche[562], in der sie des Hochzeitfestes von Kana gedachten.[563] Seit dem 16. Jh. herrscht eine Rivalität zwischen den diesen beiden Orten, die den *Locus Sanctus* für sich beanspruchten.[564]

Bereits im 4. Jh. hatte Gerasa (Abb. 35, 24c) als weitere, jedoch ostjordanische Stadt dieses Wunder für sich beansprucht. Epiphanius, Bischof von Salamis auf Zypern, erwähnt in seinem *Panarion*[565] um 375 n. Chr., daß er in der Stadt jenen Brunnen gesehen habe, in dem sich das Wunder der Wandlung des Wassers zu Wein jährlich wiederhole. Dieser *Locus Sanctus* wurde im Atrium der Kathedrale von Gerasa in einem von einem Baldachin überdeckten Brunnen wiedererkannt. Das diesen speisende Leitungssystem führt das Wasser von einer Quelle nördlich der Stadt heran.[566] Möglicherweise setzt dieses Wunder eine pagane Kulttradition fort. Man nimmt nämlich an, daß sich die Kathedrale über einem antiken Dionysos-Heiligtum erhebt.[567]

Während seines Aufenthaltes in Capernaum[568], heute *Tell Hum* (Abb. 35, 25) am nordwestlichen Ufer des Sees Genezareth, lehrte Jesus in der Synagoge. Nirgendwo sonst hat er so viele Dämonenaustreibungen und Krankenheilungen, darunter auch die des Knechts des Hauptmanns[569] vorgenommen, wie an diesem Ort.[570] Heute befinden sich hier die Ruinen einer von den Franziskanerpatres freigelegten Synagoge aus der Mitte des 4.

---

[560] E. M. Ruprechtsberger, in: Ruprechtsberger 1993, 146 f; Th. Weber, DaM 7, 1993, 168 f. Vgl. auch u. S. 152 ff mit Anm. 778.
[561] Joh. 2, 1-12.
[562] Ovadiah 1970, 99 f.
[563] Zur Darstellung des Wunders auf einer byzantinischen Bleibulle vgl. U. Hübner, ZDPV 113, 1997, 133 ff.
[564] Vgl. Kopp 1959, 184 ff.
[565] Epiphanios, *Panarion* , Haer. 51, 30, 1-2, vgl. Crowfoot 1941 42 ff.; B. Brenk - C. Jäggi - H-R. Meier, ZDPV 112, 1996, 139.
[566] Vgl. Crowfoot 1941, 47 ff.
[567] B. Brenk - C. Jäggi - H-R. Meier, ZDPV 112, 1996, 141.
[568] (Luk. 4: 31; Matth 4: 13; Mark 2:1).
[569] Matth 8, 5-13.
[570] In der Synagoge von Kapernaum heilte Jesus den Besessenen (Mark. 1: 23) und den Mann mit der verdorrten Hand (Luk. 6: 6).

Jhs.⁵⁷¹ und eines christlichen Zentralbaus oktogonalen Grundrißes aus dem 5. Jh. Unter dem Oktogon entdeckte V. Corbo1968⁵⁷² das sog. Haus Petrus, das er in das 1. Jh. v. Chr. datierte. Innerhalb dieses profanen Gebäudes wurde im 1. Jh. n. Chr. eine Hauskirche (*domus ecclesia*) eingerichtet, die im Laufe des 4. Jhs. renoviert und später durch die Oktogonkirche ersetzt wurde.⁵⁷³

Caesarea-Philippi (*Paneas*, Abb. 35, 26) am südlichen Abhang des Hermon ist die nördlichste in Galiläa gelegene Stadt, welche Jesus besuchte.⁵⁷⁴ Eine in der Nähe befindliche Grotte war von den Einwohnern dem griechischen Hirtengott Pan geweiht, auf den der alte und heutige Name Paneas zurückgeht.⁵⁷⁵ Eusebios⁵⁷⁶ zufolge habe hier eine Frau namens Beronike bzw. Veronika gelebt, die unter Blutfluß litt und von Jesus geheilt wurde.⁵⁷⁷ Dieses Wunder sei vor ihrem Haus statuarisch dargestellt gewesen, wobei man in der Forschung irrtümlicherweise an eine Wiederverwendung von paganen Asklepios- und Hygieia-Statuen dachte.⁵⁷⁸ Obwohl sich die literarischen Nachrichten bezüglich dieses Kunstwerkes noch lange in der byzantinischen Epoche fortsetzt, gibt es keine Hinweise darauf, daß hier das Wunder der Heilung oder das Haus der Veronika in besonderer Weise von christlichen Pilgern verehrt worden ist.

Die synoptische Überlieferung ist bezüglich des Ortsnamens uneinheitlich, an dem die bereits oben⁵⁷⁹ behandelte Dämonenaustreibung stattgefunden haben soll. Im Falle von Gerasa/*Ǧeraš* (Abb. 35, 27a) ist es aus geographischen Gründen ausgeschlossen, daß es sich dabei um den Schauplatz des Wunders handelt, da die Stadt ungefähr 50 km vom südöstlichen Ufer des Sees Genezareth entfernt liegt. Somit kommen nur das dekapolitanische Gadara/ *Umm Qais* oder das am Westhang des *Ǧolāns* gelegene Gergesa/ *Kursī* in Frage.

Frühchristlichen Geschichtsquellen sind keine Hinweise zu entnehmen, die eine eindeutige Lokalisierung des Schauplatzes des Wunders zuließen. Der Name Korsia (Χορσιά, Abb. 35, 27 B) wird von Kyrillos von Skythopolis in der Biographie des Heiligen Sabas um 550 n. Chr. als ein Ort am östlichen Ufer des Sees Genezareth, allerdings ohne Anspielung auf das Wunder erwähnt.⁵⁸⁰ Zwischen 724 und 726 erwähnt Willibald während seiner Wallfahrt nach Bethsaida einen Ort namens Chorozaim, an dem der Exorzismus stattgefunden habe: „*Am Morgen setzen sie die Reise fort nach Corozaim, wo der Herr die Dämonischen heilte und den Teufel in die Schweineherde sandte. Dort war eine Kirche der Christen. Dort beteten sie*".⁵⁸¹ Der Ortsname Chorozaim ist in den Evangelien freilich nicht belegt. In

---

⁵⁷¹ H. Kohl - C. Watzinger, Antike Synagogen in Galilaea (1916, Neudruck 1975) 4 ff.; J. F. Strange - H. Shankes, BiblARev 9, 1983, 24 ff.; Bloedhorn a. O. (Anm. 157) 76 ff.
⁵⁷² V. Corbo, The House of S. Peter at Capharnaum (1996).
⁵⁷³ V. Corbo, in: Tsafrir 1993, 71 ff.
⁵⁷⁴ Matth 16, 13; Eusebius (*Hist. Eccl.* VII, XVIII 1-4) weist darauf hin, daß Caesarea-Philippi die Stadt der Heilung der blutflussigen Frau war. Vgl. A. Schmoler, Handkonkordanz zum Griechischen Neuen Testament (1973¹⁵) 261; Th. Weber DaM 9, 1991 212.
⁵⁷⁵ McRay 1997, 171 ff.
⁵⁷⁶ *Hist. Eccl.* VII, XVIII 1-4.
⁵⁷⁷ Luk. 8, 43-48.
⁵⁷⁸ Weber a. O. (Anm. 560) 209 ff.
⁵⁷⁹ Text des Evangeliums vgl. o. S. 100 f.
⁵⁸⁰ Kopp 1959, 285.
⁵⁸¹ T. Tobler - A. Moliniere, Itinera Hierosolymitana I 2 (1880) 261 vgl. Kopp 1959, 285.

der Schreibweise „Kursi" taucht er zum erstenmal bei Eutychios 940 auf: *„Die Kirche Kursi am See Tiberias zeigt an, daß Christus hier den Besessenen hielte, der Kurdus hieß."*[582] Eine in *Kursī* von V. Tsaferis ausgegrabene dreischiffige Basilika wurde, den Grabungsergebnissen zufolge, während des frühen 6. Jhs. n. Chr. errichtet. Die Kirche und die umliegenden Gebäude sind um die Mitte des 8. Jhs. n. Chr. zerstört und nie wieder errichtet worden.[583] Somit kann es sich nicht um die von Eutychios erwähnte Kultstätte handeln.

Hinzu kommt, daß die großen Pilgerkirchen an den *Loca Sancta* - soweit solche erhalten und baugeschichtlich erforscht sind - während des 4. Jhs. n. Chr. oder früher errichtet sind. Somit besitzt die zwischen 360 und 370 n. Chr. entstandene Gadarener Basilika (Abb. 35, 27c) die größere Wahrscheinlichkeit, eine frühchristliche Gedenkstätte für das Wunder der Dämonenaustreibung zu sein. Der verehrungswürdige *Locus Sanctus* war in diesem Fall das pagane, zentral unter dem Sakralbau gelegene Hypogäum, von dem man annahm, daß dies der Aufenthaltsort der Besessenen gewesen ist.[584]

Das Fisch- und Brotvermehrungswunder fand nach Angaben der Evangelisten am Nordostufer des Sees Genezareth, im heutigen *aṭ-Ṭabaġā* (Abb. 35, 28), statt.[585] An diesem Ort wurde 1911 eine dreischiffige Kirche des 5. Jhs. n. Chr. mit vorgelagertem Hof ausgegraben. 1932 wurden die Reste dieser Anlage völlig freigelegt, so daß eine Rekonstruktion des Grundrisses aufgetragen werden konnte.[586] 1936 stellte man bei weiteren archäologischen Sondierungen unter dem Mosaikboden der Kirche die Fundamentierung einer älteren einschiffigen Kapelle aus dem 4. Jh. fest. Sie wurde in den 70er Jahren des 20. Jhs. weiter untersucht, wobei die Chronologie präzisiert werden konnte.[587] Demzufolge wurde die jüngere Kirche um die Mitte des 5. Jhs. errichtet, wahrscheinlich nachdem die ältere durch das Erdbeben des Jahres 419 zerstört worden war. Die gesamte Anlage fiel 614 den Persern zum Opfer, welche sie völlig zerstörten. Ein Wiederaufbau fand nach dieser Katastrophe nicht statt.

Der höchste Berg Galiläas (Abb. 35, 29), der in den Evangelien nur namenlos als „Berg" oder „hoher Berg" erscheint, war Schauplatz der Verklärung Jesu.[588] Die erste Erwähnung des Tabor als Ort dieses Ereignisses ist in der Sabas-Vita des Kyrillos von Skythopolis zu finden.[589] Um 750 besuchte der Pilger von Piacenza den Tabor. Ihm zufolge befanden sich damals auf dem Gipfel drei Basiliken. Die heutige Tabor-Kirche stammt aus den 20er Jahren des 20. Jhs. und erhebt sich vermutlich über den Ruinen einer dieser frühchristlichen Kirchen.[590] Eine präzise archäologische Erhebung des frühchristlichen Befundes liegt nicht vor.

In der östlichen, auf dem Berg Zion (Abb. 35, 30) gelegenen Vorstadt

---

[582] PL 74, 1903, 99; Kopp 1959, 285.
[583] Vgl. V. Tzaferis, Atiqot 16, 1983, 3 f.
[584] Zur Diskussion dieser Möglichkeit s. o. S. 97 f.
[585] Matth 14: 13-21; Mark. 6: 30-44; Luk 9:10-17; Joh 6:1-13.
[586] A. M. Schneider, Die Brotvermehrung Kirche von Et-Tabga am Genezerethsee und ihre Mosaiken (1934).
[587] S. Loffreda, StBiFranc 20, 1970, 370 ff.; R. Rosenthal - M. Hershkovitz, IsrExplJ 30, 3-4, 1980, 207 ff..
[588] Mark. 9: 2; Luk. 9: 28.
[589] Kyrillos von Skythopolis a. O. (Anm. 391); ausführlich vgl. Kopp 1959, 299 ff.
[590] Kroll 1973, 337.

Jerusalems entstand in der Regierungszeit des Konstans (um 340 n. Chr.) eine fünfschiffige Basilika, die auf der Madabakarte als die größte Kirche von Jerusalem abgebildet ist.[591] Ihr Standort wurde als der Saal des Letzten Abendmals oder als Grab Davids angesehen.[592]

Über einem Felsen, der als Ort des Gebetes Jesu in der Nacht der Verhaftung angesehen wird, errichtete Kaiser Theodosius I (379 -395 n. Chr.) die nach dem Garten Gesthemane benannte Kirche (Abb. 35, 31). Während der von ihm geleiteten Ausgrabungen legte G. Orfali[593] zwischen 1909 und 1920 diese theodosianische *Memoria* (auch *Ecclesia Elegans* genannt) frei. Dieser Kirchenbau hat mit den lichten Grundmaßen 22,5 x 16,5 m einen dreischiffigen, im Osten in drei Apsiden abschließenden Grundriß. In der Kreuzfahrerzeit wurde die Basilika durch einen Neubau ersetzt. An die Stelle der Todesangst Jesu erinnert heute die am Westhang des Ölberges gelegene Kapelle *Dominus Flevit*.

Am südwestlichen Fuß des *Harām aš-Šarīf* (Abb. 35, 32) lokalisiert der Pilger von Bordeaux (um 333 n. Chr.) das *Praetorium*, wo die Verurteilung und Folterung Jesu stattfand.[594] Hier lag zum Gedenken an diesen Teil der Passion die *Hagia Sophia*, die vor der Mitte des 5. Jhs. entstanden sein muß, da sie von Petrus der Iberer erwähnt und um 530 vom Archidiakon Theodosios beschrieben wird.[595] Seit der Mitte des 6. Jh. wurde hier ein Stein gezeigt, auf dem Jesus während des Verhörs gestanden haben soll. In der Kreuzfahrerzeit entstand eine neue Überlieferung, der zufolge das *Praetorium* in der Burg Antonia an der Nordwestecke des Tempelplatzes gelegen habe.

Der Weg, den Jesus von dem Gerichtsort am Antonia-Felsen zu der Hinrichtungsstätte Golgota zurücklegen mußte, wird als „Kreuzweg" oder *Via Dolorosa* verehrt (Abb. 35, 33).[596] Neun teilweise durch Kapellen markierte Stationen entlang dieses Weges, der von Osten nach Westen durch die nördliche Altstadt Jerusalems führt, erinnern an Ereignisse der Passion.

Kaiser Konstantin ließ eine fünfschiffige Basilika auf Golgata errichten (Abb. 35, 34), wo das durch einen kreisrunden Rollstein verschließbare Grab Christi in der Nähe der ursprünglich außerhalb der Stadtmauer gelegenen Hinrichtungsstätte gezeigt wurde.[597] Dem Pilger von Bordeaux zufolge ist die Grabeskirche vor 333 erbaut worden.[598] Zusammen mit der Geburtskirche in Bethlehem bildet diese Anlage, die den Ort der Auferstehung markiert, das überhaupt wichtigste und zentrale Heiligtum des Christentums. Dieses war bereits in frühester Zeit das Ziel von Pilgerreisen und Wallfahrten.[599]

Östlich der Stadt markiert die sog. *Eleona* (="Ölbergkirche")[600] jene Stelle

---

[591] Donner 1992, 92.
[592] Ausführlich s. u. S.142 ff.
[593] P. G. Orfali, Gethsèmani (1924); ferner A. M. Schneider, ZDPV 61, 1938, 105 Abb 17; Kopp 1959, Grabungen und Forschungen im Heiligen Land 1867-1938 (1939) 124 f.; Ovadiah 1970, 84 f. Kroll 1973, 408 Abb. 255.
[594] Mark. 15, 16; Matth 2, 27; Joh, 18, 28.
[595] Pilger von Bordeaux 17, in: Donner 1979, 58; vgl. Theodosius 7, ebenda 209 Anm. 52
[596] Kroll 1973, 451 ff.
[597] *Vita Const*. III, 25-40. Zu den Rollsteingräbern („Rolling-Stone-Tombs") s. J. J. Davis, Heshbon 1976, Area F and K, in: Andrews University Seminary Studies XVI (1978) 133 ff.; L. A. Mitchel, Hesban VII, Hellenistic and Roman Strata (1992) 63 ff.
[598] Pilger v. Bordeaux 17, in: Donner 1979, 58 f. Anm. 93.
[599] Zur Basilika ausführlicher u. S.137 ff.
[600] Vgl. L. Cré, OrChr 9, 1, 1911, 119 ff, 316 ff.; H. Vincent, RBi 20, 8, 1911, 219 ff.; H. Bloedhorn, JbAChr 20, 1, 1995, 268 ff.

(Abb. 35, 35), an welcher Jesus in den Himmel enthoben wurde. Auch diese Basilika gehört zusammen mit der Geburtskirche von Bethlehem und der Grabeskirche von Jerusalem zu den konstantinischen Bauprojekten in Palästina.[601] Die dreischiffige Anlage besaß ein in Westen vorgelagertes Atrium mit Zisterne. In der Mittelachse und unter der Apsis der dreischiffigen Basilika lag eine Grotte. Im Süden des Kirchenareals fand sich ein Baptisterium.

III. 4. 3. Gedenkstätten nach apostolischer und byzantinisch-hagiographischer Tradition

Nicht nur die *Loca Sancta*, die der Überlieferung des alten oder neuen Testaments entsprachen, bildeten Ziele von Pilgerfahrten, sondern auch die Orte der apostolischen oder hagiographischen Tradition.[602] Die urchristlichen Gemeinden Palästinas und die Missionierung der umliegenden Länder wird in den *Praxeis* („Apostelgeschichte") geschildert. Das Wirkungsfeld der Apostel Petrus und Paulus erstreckte sich über den Nahen Osten hinaus auch über Kleinasien, Griechenland bis nach Italien. Die Gräber der Apostelfürsten Petrus und Paulus in der Reichshauptstadt Rom bilden bis heute die bedeutendsten Zentren der apostolischen Kirche, während durch die chismatischen Ereignisse des 4. Jhs. n. Chr. Konstantinopel, Antiochia und Alexandria als neue kirchliche Zentren hinzutraten.

Die zahlreichen Christenverfolgungen forderten einen hohen Blutzoll. Auf die Verweigerung des kaiserlichen Opfers stand die Todesstrafe. Über den Gräbern der Märtyrer errichtete man im ganzen byzantinischen Reich reiche Memorialbauten. Im Zusammenhang mit den hier betrachteten *Loca Sancta* können nur einige charakteristische Beispiele herausgegriffen werden.

Als Saulus in der Absicht, die Christen der Stadt zu verhaften, nach Damaskus kam, umstrahlte ihn vor der Stadt ein helles, vom Himmel ausgehendes Licht, das ihn blendete und zu Boden warf.[603] Dieses Ereignis, welches die Bekehrung des Paulus einleitete, wird seit der Kreuzfahrerzeit bis heute von der griechisch-orthodoxen Kirche in Kaukab, im südöstlichen Bereich der Damaszener Oase verehrt.[604] Der um 570 n. Chr. reisende Pilger von Piacenza besuchte „zwei Meilen vor der Stadt ein Kloster, wo der heilige Paulus bekehrt wurde...".[605] Dieses lokalisiert in *Dērēye* oder *Bīr Bišr* bei *Ḥaǧīra*.

Der erblindete Paulus hielt sich innerhalb der Stadt zunächst im Haus des Judas auf, das im südlich an die „Gerade Straße" (*Decumanus Maximus*/oder *Via Recta*, heute *Sūq Ṭawīlah*/) angrenzenden jüdischen Quartier gelegen haben dürfte. Die Unterkunft des Paulus wird von J. Nasrallah[606] in der Gegend der *aš-Šrunīya*- Moschee angenommen, wo der Mamelukengouverneur Saif ed-Dīn al-Damaġ residierte und begraben wurde. Später wurde dort eine *Madrasa* (Qoranschule) gegründet und nach ihm benannt. Nach

---

[601] *Vita Const.* III, 41.
[602] Zum Heiligenkult vgl. E. Lucius, Die Anfänge des Heiligenkults in der christlichen Kirche (1904) passim.
[603] Ap 9, 3-9; 22, 6-11; 26, 12-18.
[604] P. Hofrichter, in: Ruprechtsberger 1993, Ausst.-Kat. Linz 1993 (1993) 20.
[605] Ant. Plac. Itiner. 46; Donner 1979, 311 f.
[606] J. Nasrallah, Souvenirs des St. Paul. Les souvenirs chrétiennes de Damas I (1944), 27 vgl. Weber a. O. (Anm. 560) 158.

abweichender mittelalterlicher Überlieferung wurde die Stelle der Bekehrung durch Ananias in das christliche Viertel der Damaszener Altstadt verlegt: Sie wird heute in einer Krypta beim Thomas-Tor („*Bāb Tūmā*") verehrt.[607] Ebenso unhistorisch ist jener Ort im Südabschnitt der Stadtmauer, an dem Paulus auf seiner Flucht vor Arethas in einem Korb herabgelassen worden sein soll.[608]

Der aus dem Griechischen stammende Begriff Martyrium (Μαρτύριον) heißt im ursprünglichen Wortsinn „Zeugnis" und erhielt erst in christlicher Zeit die Nebenbedeutung „Glaubenbeweis". Martyria sind in allen christianisierten Religionen[609] zu finden und erinnern an Gläubige, die für ihren Glauben Folterungen und die Todesstrafe erlitten haben.[610] Im Christentum bezeichnet Martyrium die Annahme der Bestrafung durch die Paganen als Bekenntnis des Glaubens an die Lehre Jesu.[611] In den ersten Jahrhunderten nach der durch die Geburt Jesu gekennzeichneten Zeitenwende wurden zahllose Christen wegen ihres Glaubens hingerichtet. Systematische Christenverfolgungen fanden unter Decius (250-251) und unter Diokletian (303-305) statt.[612] Im Christentum gilt der Märtyrer als Prototyp des Heiligen schlechthin. Andere Arten der Lebensführung, wie etwa das Eremitentum, wurden wegen ihrer Ähnlichkeit mit dem Ideal des Märtyrers gleichfalls als „heilig" anerkannt.

In frühchristlicher Zeit entstand der Märtyrerkult, der durch die Versammlung der Gemeinde beim Grab des Blutzeugen am Tag der Hinrichtung kennzeichnend ist. In den Gebeten wird seiner besonders gedacht und um seine als wirksam angesehene Fürsprache bei Gott gebeten. Der Märtyrer ist in seinem Grab gegenwärtig und kann von dort aus wirksam werden, indem er dem Betenden hilft. Das Grab stand also - wie es die Krypta der Gadarener Basilika eindrucksvoll zeigt - ideell und räumlich ganz im Mittelpunkt des Märtyrerkultes. Um Zeremonien praktizieren zu können, wurden heilige Bezirke und Bauten notwendig.[613] Eine besondere Ehre war es, in der Nähe des Heiligen („*ad sanctum*") bestattet zu werden.[614]

Die Mehrzahl der Kultbauten für Märtyrer entstanden in dem hier zur Debatte stehenden geographischen Raum ab dem späten 4., sodann vor allem im 5. Jh. Diese Kirchen zogen zahlreiche Pilger an, so daß erhebliche bauliche Maßnahmen, wie Wasseranlagen und Baptisterien, erforderlich waren, um die Besuchermassen bewältigen und den Bedürfnissen der Pilger dienen zu können.[615] Eine der berühmtesten Wallfahrtsstätten Syriens ist die Basilika von *Qalāt Semān*, die über der Säule des Styliten Symeon zwischen 475 und 491 errichtet wurde.

---

[607] Zur Stelle der Bekehrung des Paulus vgl. Th. Weber, DaM 7, 1993, 185 f.; Kriss - Kriss-Heinrich 1960, 215; Hofrichter a. O. 17 ff.; zur Ananias-Kapelle s. D. Sack, Damaskus, DaF 1 (1989) 89 Nr.6
[608] Weber a.O. 158; vgl. Sack a. O. 1.
[609] Zur Bedeutung des Martyrium im Islam s. u. S. 131 ff.
[610] Allgemein vgl. TRE XXII (1992) 197 s. v. Martyrium.
[611] Vgl. T. Klauser, in: Arbeitsgemeinschaft für Forschung des Landes Nordrhein-Westfalen, Geisteswissenschaften 91 (1960) 27 ff.; T. Baumeister, RömSchr 69, 1974, 1 ff.; V. Saxer, RömQSchr 79, 1984, 1 ff.
[612] Zur Christenverfolgung vgl. Eusebius von Cäsarea. Die Märtyrer der Frühkirche, Hrsg. W. Schamoni (1964); Lucius a. O. 49 ff.
[613] Klauser a. O. 28 f.
[614] s. o. S. 3 Anm. 18.
[615] Zum Thema „Kultort und seine Bedürfnisse" vgl. B. Brenk, JbAC 20, 1, 1995, 69 ff.

Für den Märtyrerkult entstanden in frühbyzantinischer Zeit auch monumentale fünfschiffige Anlagen. 375 n. Chr. wurde in *Abū Mīnā* in Nordägypten die Errichtung einer derartigen Kultstätte über dem Grab des Heiligen Menas[616] begonnen, der 296 das Martyrium erlitten hatte. Während der zweiten Hälfte des 5. Jh. errichtete man über dem Grab des Heiligen Demetrios in Thessaloniki eine Kirchenanlage[617], die später durch eine fünfschiffige Basilika ersetzt wurde. In ihrer räumlichen Disposition von apsidialer Krypta und fünfschiffigem Langhaus ähnelt die ältere Gadarener Basilika dem *Hagios Demetrios*, worauf weiter unten noch einzugehen sein wird.[618] Nicht nur ihre Lage an einer bedeutenden Fernstraße, sondern auch ihre markanten Bauteile, wie etwa das Atrium, das Baptisterium, das *Hagiasma* und die um die Krypta führende Loggia rechtfertigen es, die Gadarener Anlage als eine Pilgerkirche zu bezeichnen. Wie oben dargelegt[619], scheint man hier sowohl des Wunders der Dämonenaustreibung als auch eines lokalen Heiligen, wohl am ehesten des Zachaios, gedacht zu haben.

Unter den Heiligen des orientalischen Christentums sollen im folgenden die wichtigsten Kultstätten der Soldatenheiligen Sergios und Bakchos, des Kosmas und Damianos sowie des Heiligen Georg exemplarisch näher betrachtet werden. Die Heiligen Sergios und Bakchos waren als Offiziere des römischen Heeres an der Euphratgrenze in Nordsyrien stationiert. Wie viele andere erlitten auch sie das Martyrium als Folge der Verweigerung des kaiserlichen Opfers anläßlich der Vicennalien-Feiern Diokletians in den Jahren 303/304 n.Chr. Ihre Begräbnisstätte liegt im nordsyrischen *al-Ruṣāfa*[620], die von vielen Wallfahrern besucht wurde.[621] Der Kult dieser beiden Märtyrer war nicht nur im Orient, sondern auch in den zentralen Reichsteilen verbreitet. Zu den berühmtesten Kirchen, die diesen syrischen Soldatenheiligen geweiht waren, gehört etwa die in Konstantinopel unter Justinian errichtete Sergios und Bakchos-Basilika (531-536).[622]

In Palästina wurde ihnen nach Aussage entsprechender Dedikationsinschriften eine dreischiffige Basilika in Nessana (*'Auja Hafir*) im Nordwesten des Negev gegen Ende des 5. Jhs. geweiht.[623] Die Sergios und Bakchos-Kirche in *Umm es-Surāb* (Nordostjordanien)[624] datiert in das Jahr 498 n.Chr. Sie gehört dem dreischiffigen basilikalen Typus mit Galerien über den Seitenschiffen an. Die Weihinschrift befindet sich in einer *Tabula Ansata*, deren seitliche Ränder von zwei Kreuzen flankiert sind, auf dem Sturz des Hauptportals.[625]

Griechische und altsyrische hagiographische Quellen charakterisieren einstimmig das Heiligenpaar Kosmas und Damianos als Zwillingsbrüder und Ärzte. Weniger eindeutig ist, ob sie aus dem kilikischen Aigai oder dem nord-

---

[616] s. u. S. 164 ff.
[617] s. u. S. 213 ff.
[618] s. u. S. 213 ff.
[619] s. o. S. 101 ff.
[620] Butler 1929, 97; Th. Ulbert, Die Basilika des Heiligen Kreuzes in Resafa-Sergiupolis (1986).
[621] Vgl. Lexikon für Theologie und Kirche I (1957 1200 s. v. Bakchos und Sergios.
[622] Müller-Wiener 1977, 177 ff.
[623] H. D. Colt - u. a. , Excavations at Nessana ('Auja Hafir) 1 (1962) 17 ff.; Ovadiah 1970, 145 Abb. 145 ff.
[624] Piccirillo 1981, 52 f. Abb. 40 Fig. 41.
[625] H. C. Butler, in: PPUAES III A 2 (1910) 57 ff. Inschrift Nr. 51; Vgl. Piccirillo 1981, Abb. 42 S. 53.

syrischen Kyrrhos stammten.[626]Theodosius Archidiaconus[627] zufolge ist die zuletzt genannte Stadt der Schauplatz ihres Martyriums unter Diokletian. Auch dieses Märtyrerpaar wurde seit dem Anfang des 5. Jh. n. Chr. besonders in den orientalischen Kirchen verehrt. Ihr Kult breitetete sich allerdings erst am Anfang des 6. Jh. über das gesamte byzantinische Reich aus.[628]

Als einer der berühmtesten und zugleich frühesten Kultbauten wurde den beiden Heiligen im Jahr 533 n. Chr. der nördliche Trakt einer aus drei Kirchen bestehenden Anlage in Gerasa dediziert.[629] Sie bildeten hier eine Kultgemeinschaft mit dem Heiligen Johannes dem Täufer und dem Heiligen Georg. Eine weitere Kirche der Heiligen Kosmas und Damaian befindet sich in Susita (*Qal'at el-Ḥiṣn*) und stammt aus dem frühen 6. Jh. n. Chr.[630]

Der Heilige Georgios ist als militärischer Retter des Volkes charakterisiert, welcher den Urfeind des Menschen tötet, der in der christlichen Ikongraphie als Drache dargestellt wird. Herkunft, Entstehung und ursprüngliche Intention seiner legendenhaften Vita sind umstritten. Obwohl der Heilige Georgios eher als mythologische Figur zu deuten ist, soll er nach christlicher Tradition in Kappadokien geboren und gestorben sein. Es wurde behauptet, daß er in *Ezra* im *Ḥaurān* oder in Lydda (*el-Ludd*) in Palästina begraben wurde, da sich an beiden Orten Gräber befinden, deren Inhaber der Heilige sein soll. Der aus Kappadokien stammende Georgios wirkte zahlreiche Wunder, worunter besonders die Wiedererweckung erstorbenen pflanzlichen, tierischen und menschlichen Lebens berühmt wurde. Er bekehrte angeblich unzählige von Heiden und erlitt das Martyrium durch das Schwert. Auch posthum steht er jedem in Not Geratenen bei, der seinen Namen anruft oder seine Reliquien verehrt.

Der Heilige Georgios wurde nach der Übernahme des Gebiets in die arabische Herrschaft der Umaiyaden mit einer heiligen Person namens *al-Ḫaḍr* („der Grüne") verschmolzen, die in der ganzen islamischen Welt bekannt ist. Zugleich wird dieser Heilige im muslimischen Volksglauben mit dem alttestamentlichen Propheten Elias gleichgesetzt. *al-Ḫaḍr* wird hauptsächlich in Transjordanien, Palästina und Syrien verehrt, wo sich die bedeutendsten Zentren seines Kults befinden. Er gilt als Verkörperung der saisonal wieder auflebenden, blühenden Erde und des Meeres. Die drei Heiligen *al-Ḫaḍr*, Georgios und Elias werden in den drei Weltreligionen des Judentums, Christentums und Islams als Retter des Menschen symbolisiert.[631]

Das bedeutendste Heiligtum des Heiligen Elias, Georg oder *al-Ḫaḍr* ist das Kloster *Mār Elias* (Elias Kloster), das zwischen Hebron und Bethlehem liegt. Es wird gleichermaßen von muslimischen und christenlichen Pilgern besucht.[632] Ein weiteres bedeutendes Heiligtum des *al-Ḫaḍr* befindet sich in

---

[626] Zum Leben der Heiligen vgl. S. K. Hamarneh, in: M. A. Bakhit - M. Asfour (Hrsg.), Proceedings of the Symposium on Bilad al-Sham during the Byzantine Period. November 15-19 1983 II. English Section (1986) 218 ff.

[627] Arch. Theod. 32; Donner 1979, 224.

[628] Vgl. TRE VI (1961) 566 s. v. Kosmas und Damianos; Lucius 1904 a. O. 256 ff.

[629] Kraeling 1938, 176 ff.; Crowfoot 1941, 96 f.; Piccirillo 1993, 284 f.

[630] Ovadiah 1970, 176 ff.

[631] Zu dieser Persönlichkeit vgl. R. Kriss, St. Georg-*al-Ḫaḍr* (1960) passim; Kriss - Kriss-Heinrich 1960, 154 ff.; H. Donner, St. Georg in den großen Religionen des Morg3en- und Abendlands, in: Reformation und Praktische Theologie. FS für W. Jetter zum 70 Geb., edd. H. M. Müller et al., (1983) 51 ff.; U. Hübner, ADPV 16, 1992, 259 f Anm. 62.

[632] Kriss - Kriss-Heinrich 1960, 159 ff.

einer Moschee in *Bosra*[633], in der Georgeskirche von *Ezra*[634], in einer Georgs-Kirche bei *Jerusalem*[635] und an vielen anderen Orten.

Im Ostjordanland wurden auffällig viele Kirchen dem Heiligen Georg geweiht: Im Jahr 624 n. Chr. erhielt er im heutigen Dorf *Samā*[636] eine Kirche, deren Patronat und Bauzeit aus einer Inschrift auf dem Türsturz hervorgeht. Eine weitere Georgs-Kirche im nordostjordanischen Raum errichtete man 637 in *Ḫirbet as-Samrā*[637]. Unter den Kirchen in *Madaba* entdeckten Archäologen des Deutschen Evangelischen Instituts in *Amman* 1966 eine mosaikgeschmückte Kirche basilikalen Typus[638], die diesem Heiligen gewidmet ist. Bemerkenswert ist, daß die heutige Christengemeinde von *Madaba* diese Kirche *Kanisāt al-Ḫaḍr* („Kirche des Grünen") nennt. Unmittelbar östlich davon befindet sich die Kirche des Propheten Elias, die im frühen 7. Jh. n. Chr. (607-608) geweiht wurde.[639] In einer weiteren, heute von der griechisch-orthodoxen Gemeinde betreuten Georgskirche dieser Stadt entdeckte man die berühmte Mosaikkarte[640], auf der die bekannten Orten des Landes wie Jerusalem (Abb. 35) gezeigt sind.

Unter den frühchristlichen Kirchenbauten Palästinas lassen sich mehrere Kirchen des Heiligen Georg durch Dedikationsinschriften nachweisen. Als Beispiele seien die im 6. Jh. geweihten Basiliken von *at-Ṭaiybe*[641] und *Sebasṭia*[642] im nördlichen Negev genannt. Die erste ist um die Mitte des Jhs., die zweite etwa 50 Jahre später entstanden. Beide gehören auf Grund ihrer Grundrisse den traditionellen Form des dreischiffigen basilikalen Typus an.

III. 4. 4. Gedenkstätten nach islamischer Tradition

Es lebten in dem hier als *Terra Sancta* betrachteten Gebiet Personen, die auch nach dem islamischen Glaubensbekenntnis als heilig betrachtet werden können.[643] Vielfach knüpft der Islam unmittelbar an christliche Traditionen an. An denjenigen Orten, an denen diese Heiligen lebten oder posthum erschienen, wurden Kultbauten[644] errichtet, in denen sie von der Gemeinde verehrt wurden. Eine sehr detaillierte Zusammenstellung solcher islamischer Pilgerorte Palästinas und angrenzender Länder veröffentlichte *Abū l-Ḥassan 'Alī bin Abū Bakr al-Harāwī* (gestorben 611/1215) im 13. Jh.[645] Diese

---

[633] R. E. Brünnow - A. v. Domaszewski, Die Provincia Arabia III (1909) 13 ff.
[634] Vgl. Butler 1929, 122 ff.
[635] Ovadiah 1970, 81 ff.
[636] H. C. Butler, in: PPUAES III A 2 (1910) 44 ff; Piccirillo 1981, 51 f. Taf. 37 Abb.. 40.
[637] Piccirillo 1993, 300.
[638] U. Wagner-Lux - C. Florimont, ZDPV 83, 1967, 165 ff.; Piccirillo 1993, 129 ff.
[639] Piccirillo 1993, 124.
[640] s. o. S. 123
[641] Ovadiah 1970, 67, Abb. 56.
[642] Ebenda 166 ff. Abb. 167.
[643] Ausführlich zum islamischen Pilgerwesen Kriss - Kriss-Heinrich 1960, 137 ff.; T. Canaan, Mohammedan Saints and Sanctuaries in Palestine (1927).
[644] Generell dazu L. A. Mayer - J. Pinkerfeld, Principal Muslim Buildings (1950).
[645] J. Sourdel-Thomson, Abu l-Hassan Ali b. Abu Bakr Al-Harawi, Guide des lieux de pèlerinage (1957). Zum Leben des *al-Ḥarawī* vgl. EI² III (1971) 178 ff. s. v. Al-Harawi Al-Mawsili (J. Sourdel-Thomson).

Kapellen werden auf arabisch *Maqām* (مقام)[646], *Ḍariḥ* (ضريح)[647], *Mašhad* (مشهد)[648] oder *Mazār* (مزار)[649] genannt. An den meisten dieser muslimischen *Loca Sancta* befinden sich zusätzlich auch Moscheen.

Nach islamischem Glauben ist der allerheiligste Ort *Mekka* in Saudi-Arabien, wo das Heiligtum *al-Kaʿaba* vom Prophet Abraham und seinem Sohn Ismael gegründet wurde.[650] Die Moschee und das Haus des Propheten Mohammed in *Madina* (*al-Madīnah al-Munawwara*) gilt als das zweitwichtigste Heiligtum des Islam.[651] Zum dritten islamischen Heiligtum wurde neben *Mekka* und *Madina* Jerusalem[652] von Prophet Mohammed erhoben.[653] In den ersten Jahren der islamischen Zeitrechnung wählten die Muslime während ihres Gebet Jerusalem als Himmelrichtung. Dort befindet sich nämlich der heilige Fels (*as-Ṣaḫra al-Mušarrfa*), auf dem der Opferaltar Abrahams stand und von dem aus Mohammed in den Himmel fuhr.[654] An dieser heiligen Stelle (*al-Ṣaḫrā*) erbaute der umaiyadische *Ḫalif ʿAbdelmalik ibn Marwān* den Felsendom[655] im Jahr 691/692 n. Chr. Unter *ʿAbdelmalik* oder unter dessen Sohn *Al-Walid* (705-750 n. Chr. wurde die benachbarte *Aqṣā*-Moschee errichtet.[656] Im Unterschied zum Zentralbau des Felsendomes besitzt sie einen basilikalen Grundriß. Der nach Süden auf *Mekka* weisende apsidiale Abschluss (al-*miḥrāb*) der *al-Aqṣā*-Moschee wird im muslimischen Volksglauben mit dem Propheten Sacharija und der mit diesem gleichgesetzten Zacharias, dem Vater des Johannes, verbunden. Ferner glaubt man, daß an der Stelle der Moschee die Voraussagung der Geburt Jesu stattgefunden habe.[657]

Die beiden monumentalen Bauten des Felsendomes und der *aš-Šarīf* (das „edle Heiligtum") nehmen zusammen den vormals jüdischen Tempelberg ein. Analog zum Komplex der Grabeskirche ist diese muslimische Gedenkstätte als ein Doppelheiligtum konzipiert, das aus einem Zentral- (Rotunde) und einem Langbau (Basilika) besteht.

Im geographischen Großraum der *Bilad aš-Šām*, der sich aus dem Ostjordanland, Palästina, Syrien und Libanon zusammensetzt und das Kampffeld zwischen den Arabern und den Byzantinern während der frühislamischen Expansion nach Norden war, befinden sich die Begräbnisstätten der militärischen Führer und Krieger des islamischen Heers. Diese Persönlich-

---

[646] s. o. S. 8 Anm. 28.
[647] *Ḍariḥ* bezeichnet die Begräbnisstätte einer heiligen Person. Vgl. A. Peterson, Levant 28, 1996, 98.
[648] *Mašhad* meint den Hinrichtungs- bzw. Sterbeort eines Märtyrers oder *Šahids*, vgl Peterson a. O. 98.
[649] Der Begriff *Mazār* bezeichnet einen Ort, der von einer heiligen Person besucht wurde und deshalb deren Namen erhielt, vgl. Peterson a. O.
[650] Koran, Sure II: 121.
[651] Zur Architektur der Kaʿaba und Mohammed-Moschee in *Madina* vgl. G. T. Riviova, Architectura Musulmana, sue origini e suo Sviluppo (1914) 4 ff.
[652] Zur Stadt in islamischer Zeit vgl. E. Otto, Jerusalem - die Geschichte der Heiligen Stadt (1980) 198 ff; Bieberstein - Bloedhorn I, 183 ff.; A. A. Duri, Jerusalem in the Early Islamic Period 7th.-11th. Centuries AD, in: K. J. Asali, Jerusalem in History (1989) 105 ff.; E. Plati, in: Welt und Umwelt der Bibel 1, 1996, 30 ff.
[653] Vgl.EI² III, 1971, 173 ff. s. v. Haram al-Sharif (O. Grabar).
[654] Koran, Sure 17: 2 ff.; zum Leben Mohammeds R. Hartmann, Die Religion des Islam (1944) 1 ff.
[655] Ausführlich vgl. K. A. C. Creswell, A short Account of Early Muslim Architecture (1958) 108 ff.; Ders. 1932, 43 ff.; H. Stierlin, Islam, frühe Bauwerke von Bagdad bis Cordoba (1996) 20 ff.
[656] Creswell 1932, 119 ff.; Stierlin a. O. 40 ff.
[657] Vgl. Otto a. O. 201 ff.; Kriss - Kriss Heinrich 1960, 137 ff.

keiten bilden in der muslimischen Heiligenverehrung eine besonders wichtige Rolle. Die Gräber der frühislamischen Führer des Islam konzentrieren sich vor allem am östlichen Ufer des Jordans. Im Gegensatz zum Christentum, welches das Bekenntnis zum Glauben fordert, bezeichnet der Islam die im Heiligen Krieg (al-Ǧihād) Gefallenen als Märtyrer (Šahīd)[658], deren Begräbnisorte in besonderer Weise verehrt werden.

Bei der Expansion von Nordarabien in die Bilad aš-Šām stießen die Muslime im Jahr 8 H/ 628 AD beim südjordanischen Mu'tā erstmalig auf byzantinische Truppen.[659] In dieser Schlacht fielen die drei Generäle des islamischen Heers Zayd bin Ḥariṯa, Ǧa'fer bin Abi Ṭalib und 'Abd Allah bin Rawaḥa. Diese waren vom Propheten persönlich als Führer auserwählt worden und verbrachten in seiner unmittelbaren Umgebung ihr Leben. Ihre Begräbnisstätten befinden sich am Ort der Schlacht und werden auf Arabisch die „Gräber der Gefährten"[660] (Aḍriḥat aṣ-Ṣaḥāba) genannt.[661] An diesem heiligen Ort entstand in jüngster Zeit ein islamisches Zentrum, das eine Moschee und eine Koranschule umfasst.

Der Heilige Krieg wurde nach dem Tod des Propheten von dessen Nachfolger, dem Ḫalif Abū Bakr aṣ-Ṣiddīq (632 bis 635 n. Chr.), fortgesetzt. Im Jahr 12 H/ 633 n. Chr. griffen die muslimischen Truppen Syrien an und eroberten 14 H/ 635 AD die Metropole Damaskus. Am 20. August des Jahres 15 H/ 636 AD forderten die muslimischen Streitkräfte unter Kalif 'Umar bin al-Ḫaṭṭāb die Byzantiner am Yarmūk beim antiken Gadara[662] zur Entscheidungsschlacht. Nach dem Sieg eroberte der muslimische General 'Amr bin al-'Aṣ systematisch die palästinischen Provinzen. Nur zwei Jahre später (17 H/638 AD) öffnete der orthodoxe Patriarch Sophronius die Stadttore Jerusalems nach friedlichen Verhandlungen[663] mit dem Kalifen 'Umar.

---

[658] Im Islam bezeichnet der Begriff Šahīd (von Šahida = Zeugen) den Mann, der seiner Zeugnispflicht genügt. Die weitergehende Bedeutung „Blutzeuge" bezeichnet den, in dem heiligen Krieg den Opfertod erlitten hat, und für Allah und Islam gestorben ist. Vgl. EI IX (1997²) 203 ff s. v. Shahid (E. Kohlberg).

[659] Vgl. F. McG. Donner, The Early Islamic Conquest (1981) 105 ff.

[660] In diesem Zusammenhang werden mit diesem Begriff die Begleiter des Propheten bezeichnet.

[661] Kriss - Kriss-Heinrich 1960, 185.

[662] Es sei in diesem Zusammenhang besonders auf das antike Gadara hingewiesen, da geschichtlichen Quellen zufolge die Stelle der Schlacht am Yarmūk in einer relativ kurzen Entfernung von nur etwa 3 Km nördlich der Stadt gelegen haben dürfte. Zur Schlacht am Yarmūk vgl. J. W. Jandora, Journal of Asian History 19, 1985, 8 ff.; H. N. Roisl, JbÖByz 30, 1981, 25 ff.; ders. JbÖByz 40, 1990, 69 ff.; W. E. Kaegi, Byzabntium and the Early Islamic Conquest (1992)112 ff. Ob die in dieser Schlacht gefallenen Märtyrer in Gadara beigesetzt wurden oder ob sich einige der muslimischen Veteranen dort niederließen und nach ihrem Tod an diesem Ort begraben wurden, kann nicht nicht ausgeschlossen werden. Der Verlauf der Schlacht in seiner Verbindung mit der Umgebung wirft ein Licht auf den Lokalheiligen Abu an-Naml = „Vater der Ameisen" (vgl. u. S. 8 Anm. 29), der noch bis vor einigen Jahrzehnten in einem Grabbau (Maqām) nordwestlich der fünfschiffigen Basilika verehrt wurde. In den Biographien der Gefährten Mohammeds (vgl. Ibn Al-Athir, Asad el-Ghabah fi Ma'arifat es-Sahabah V, 40 f.; Al-Shafi, Kitāb al-Isabah fi Tamyiz el-Sahabah IV (1328 H)195 ff.; Al-Mazi, Tahdib al-Kamal fi Asma'al-Rigal XXXIV Hrsg. B. M'aruf [1992] 353) wird eine Person namens Abu Namlah (= „Vater der Ameise") erwähnt. Dieser verbrachte sein Leben in der Nähe des Propheten. Daß es sich bei dem Mausoleum des lokalen Heiligen Wali Abu an-Naml, über dessen Lebenslauf die heutigen Bewohnern des Ortes kaum mehr etwas wissen, um die hier genannte Person handelt, ist für wahrscheinlich zu halten. Es könnte sich tatsächlich um einen muslimischen Krieger der Schlacht am Yarmūk handeln, der später in der nahegelegenen Stadt beigesetzt und „heroisiert" worden ist.

[663] Dazu A. A. Duri, SHAJ I (1982) 351 ff.; J. Wilkinson, Jerusalem before the Crusades (1977) 77.

Im Jordantal befinden sich heute die *Aḏriḥat* der Mohammad-Gefährten Abū ʿUbaida nördlich von *Dēr ʿAlla*, Zirar bin al-Azwar in *Ḏirār*, Muʿad bin Ġabal in *Šune Šamalīye*, Šarḥabēl bin Ḥasna in *Šarḥabēl* und ʿAmr bin Abi Waqqās bei *Waqqāṣ*, die in diesem Glaubenskrieg den Märtyrertod erlitten.[664] Der Islam kennt über die Märtyrerverehrung hinaus auch eine große Zahl von Heiligen, deren Kulte an bestimmte Orte gebunden sind.[665] Diese Personen zeichneten sich dadurch aus, daß sie zwischen Gott und den Menschen vermittelten. Es gibt eine gewisse Hierarchie ihrer Heiligkeit: An oberster Stelle stehen die Familienmitglieder, Nachkommen oder Waffengefährten des Propheten, gefolgt von den Propheten des Alten und Neuen Testaments, während die Lokalheiligen eine niedrigere Rangordnung einnehmen. Durch Gebet, Geschenke und Darbringung von Opfern an den Gräbern dieser Heiligen erhofft sich der Pilger Hilfe in Not, Vergebung seiner Sünden und religiöse Stärkung. In Dürrezeiten werden die lokalen Heiligtümer von Bauern aufgesucht, um dort um Regen zu bitten.

Die Gedenkstätten der direkten Nachkommen des Propheten sind über die gesamte arabische Welt verteilt und es würde den Rahmen dieses Überblickes sprengen, sie alle hier aufzuführen. An wichtigsten Orten seien jener der Muhammad-Enkelin *Sitt Zaynab*[666] und *Umm Kulṯum*[667] in der Oase von Damaskus, in Kairo *al-Ḥussain*[668], *Sayyida Zaynab* und *Nafīsah*[669] genannt.

An alttestamentlichen Persönlichkeiten finden beispielsweise Adam, Eva, Abel, Abraham, Moses und Hosea im Islam Verehrung.[670] Interessant ist in diesem Zusammenhang der bereits oben erwähnte Fall des Mosesgrabes südlich von Jericho, das erst in muslimischer Zeit identifiziert wurde, obwohl es weder von Juden noch von Christen jemals lokalisiert wurde.[671]

In dem hier betrachteten Raum trifft man in nahezu jedem Dorf oder jeder Stadt den Kult eines Lokalheiligen an. Der Fall des *al-Ḥaḍr* und seine Verbindung mit Elias und Georgios wurde bereits oben besprochen.[672] *Al-Ḥaḍr* ist als Knecht Gottes im Koran erwähnt.[673] Er begleitete den Propheten Moses auf dessen Reise zu den beiden Meeren (*Magmaʿ al-Bahraēn*). Östlich des Jordan befinden sich vier islamische Kultorte des *al-Ḥaḍr*: in *Kerak*, *Maḥīṣ*, *ʿAǧlūn*, *Irbid* und *Bēt Rās*.

Möglicherweise löste der muslimische Kult des *Abū an Naml* in *Umm Qēs* den des in der Krypta der Gadarener Basilika verehrten christlichen Heiligen ab.[674] Da die Kirche in umaiyadischer Zeit noch von Christen genutzt wurde[675], mußte der Grabbau dieses *Šahīd* außerhalb des heiligen Bezirkes, also nordwestlich davon angelegt werden. In der Umgebung des *Maqām* des

---

[664] Zu den Begräbnisstätten der Märtyrer (*Šuhada*) im Jordantal vgl. Y. Ġawanmeh, Aḍrihat al Ṣaḥabah fī Ġawr al Urdun [Arab.(1986)] passim; W. Al-Rašdān, Maʿalem al Ḥaḍārah al islamiya [Arab. (1994)] 9 ff.
[665] Zu diesen Heiligen vgl. T. Canaan, Mohammedan Saints and Sanctuaries in Palestine (1927); Kriss - Kriss-Heinrich 1960, 9 ff.
[666] K. Wulzinger - C. Watzinger, Damaskus (1924) 84 ff.
[667] Vgl. Kriss - Kriss-Heinrich 1960, 229.
[668] Ebenda 53 ff.
[669] Ebenda 229.
[670] s. o. S. 114 ff.
[671] s. o. S. 117 ff.
[672] s. o. S. 125 ff.
[673] Sure 18, 59-81.
[674] Vgl. o. S. 131 Anm. 655.
[675] Vgl. o. S. 93 f.

Abū an-Naml wurde ab der Umaiyadenzeit ein ausgedehntes Gräberfeld angelegt, welches noch bis zur frühen Neuzeit benutzt worden ist.[676] Weitere Begräbnisstätten von Gefallenen der besagten Schlacht findet man im Gebiet nördlich des Sees Genezareth, so etwa das Grab von *Šēḫ Muhammad al-Hašmi* und ein *Maqām* des *Ḫaled bin al- Walīd*.[677] Als weitere typische Lokalkulte im palästinischen Raum sind die von *Dēr al-Šēḫ*, *Nabī Rubīn* und *Nabī Yūšā* anzusprechen.[678]

III. 5. Zusammenfassung

Der kursorische Überblick über die *Loca Sancta* des „Heiligen Landes" läßt sich wie folgt zusammenfassen:

1.
Die Kultstätten (*Loca Sancta*) des alten Testaments entstanden in erster Linie an den Gräbern der Propheten und der durch das Judentum verehrten Persönlichkeiten. Diese Stätten waren architektonisch gefaßt, um sie als Ziele von Wallfahrten (auch für Christen und Muslime) zugänglich zu machen. Die bauliche Entwicklung dieser Kultstätten ist in den meisten Fällen bis in frühchristliche Zeit zurückzuverfolgen.

2.
Zur Erinnerung an das Leben, die Wunder und das Leiden Jesu wurden in frühbyzantinischer Zeit in der Lebenswelt des Neuen Testaments Kultbauten errichtet. Diese heiligen Stätten können in ihrer baulichen Entwicklung bis in konstantinische Zeit zurückverfolgt werden. Die wichtigsten, auf kaiserliche Initiative monumentalisierten *Loca Sancta* sind die Geburtsgrotte in Bethlehem sowie das Heilige Grab und der Ort der Himmelfahrt in Jerusalem.

3.
Die Verehrung von Märtyrern und sonstigen Heiligen des Christentums läßt sich in Palästina und Transjordanien ab dem frühen 4. Jh. n. Chr. beobachten. Seinen Schwerpunkt erreicht der Heiligenkult gegen Ende dieses und des darauf folgenden 5. Jhs. n. Chr. Im Zentrum der Kultverehrung steht das Grab der verehrten Person, das architektonisch gefaßt und monumentalisiert wird.

4.
Ab dem frühen 7. Jh. n.Chr. kommen neue *Loca Sancta* hinzu, die sich aus der Geschichte der Offenbarung und der Ausbreitung des muslimischen Glaubens ergeben. Fortan werden die Kultstätten des Propheten Mohammad in *Mekka*, *Madina* und Jerusalem als die allerheiligsten betrachtet. Daneben

---

[676] Vgl. o. S. 95 Anm. 379 - 380.
[677] Vgl. Kriss - Kriss-Heinrich 1960 187.
[678] Peterson a. O. 97 ff.

gibt es auch eine deutliche Kultkontinuität: So werden die Stammväter und Propheten des Alten- und Neuen Testaments von den Muslimen anerkannt. Teilweise werden für sie neue Kultstätten errichtet (vgl. Grab des Moses bei Jericho) oder bereits existierende mitbenutzt (vgl. *Ḥarām al-Ḫalīl* in Hebron). Daneben verehrten die Muslime auch einige Personen *(Walī)*, von denen sie glauben, daß sie mit der Wunderkraft Gottes ausgerüstet seien. Diese Heiligen werden auch mit Personen der beiden älteren Religionen gleichgesetzt, wie das Beispiel des *al-Ḫadr*, des Propheten Elias und des Heiligen Georgios zeigt.

5.

Dem archäologischen und architektonischen Befund zufolge erfüllt die Gadarener Basilika die unter den Punkten 2 bis 4 herausgearbeiteten Kriterien. Obwohl keine schriftliche Überlieferung vorliegt, kann man diese Anlage, die darüber hinaus die einzige ist, die diese Kriterien erfüllt, als eine Wallfahrts- oder Pilgerkirche bezeichnen, die über die byzantinische Zeit hinaus auch im islamischen Mittelalter in Gebrauch war.

IV. DER TYPUS DER FÜNFSCHIFFIGEN BASILIKA

Gegenstand der Untersuchung der fünfschiffigen Kirchen im Orient ist die Frage nach den wechselseitigen Abhängigkeiten hinsichtlich des baulichen Typus und nach seinen historischen Hintergründen. Bei letzteren sollen insbesondere die sozial- und liturgiegeschichtlichen Aussagen solcher Bauanlagen herausgearbeitet werden, mit dem Ziel, Aufschlüsse über die Bedeutung Gadaras und des nördlichen Ostjordanlandes während des 4. Jhs. n. Chr. zu erlangen. Diese Epoche wird landläufig als „Spätantike" oder frühbyzantinische Zeit bezeichnet.[679]

Bekanntermaßen treten fünfschiffige Basiliken erstmals unter der Regierung Konstantins d. Gr. in der frühchristlichen Architekturgeschichte des Abendlandes und des Orients auf. Nach dem Toleranzedikt von Mailand des Jahres 313 n. Chr. wurden Kirchenbauprojekte in großer Anzahl in weiten Teilen des Reiches auf kaiserliche Anordnung hin in Angriff genommen. Der Wunsch des Kaisers, christliche Kultbauten zu errichten, durchzieht seine Korrespondenz mit den zuständigen Bischöfen. Die Briefe sind in der von Eusebius von Cäsarea verfassten *Vita Constantini* erhalten. Hinsichtlich der kaiserlichen Fürsorge um diese Bauprojekte ist dort zu lesen: „*...Und gar den Kirchen Gottes gewährte er reiche Unterstützung aus seinen Mitteln, indem er teils die Bethäuser vergrößerte oder höher bauen ließ, teils die ehrwürdigen Heiligtümer der Kirche mit sehr vielen Weihegeschenken schmückte*".[680] Ferner gibt Konstantin in einem an Eusebius selbst gerichteten Schreiben die Anweisung: „*...'Bei allen Kirchen also, denen du entweder selbst vorstehst oder deren Vorsteher, soweit sie sich an anderen Orten befinden, du kennst, seine Bischöfe, Priester oder Diakonen, sollst du mahnen, daß man auf ihren Bau alle Sorgfalt verwende und die bestehenden entweder wieder herstelle oder größer mache oder aber, wo die Not es heischt, ganz neue baue.' So wurde an die Kirchenvorsteher in jeder Provinz geschrieben und den Befehlshabern in den Provinzen die Weisung erteilt, dementsprechend zu handeln und mit großer Eile wurden auch diese Verordnungen ausgeführt*".[681]

Die Fünfschiffigkeit des *Martyrions* der Grabeskirche wird im dritten Buch der *Vita Constantina* unzweifelhaft beschrieben.[682] Die zentrale Bedeutung dieses *Locus Sanctus* für das Christentum[683] legt die Annahme nahe, daß die konstantinische Ausführung der Grabeskirche den Charakter eines Prototyps nicht nur für die Kirchenbauten Palästinas, sondern für die christlichen Kultbauten des Orients und darüber hinaus für das gesamte Reichsgebiet besass.

Im folgenden soll die Vorbildhaftigkeit der Jerusalemer Grabeskirche durch Vergleich mit dem Gadarener Bau und den übrigen, bis heute bekannten fünfschiffigen Basiliken untersucht werden. Diese verteilen sich über den zentralen und östlichen Mittelmeerraum (Abb. 36). Das zu untersuchende Material wird auf die Denkmäler begrenzt, deren Entstehungszeiten von der

---

[679] Vgl. Kuhnen 1990, 300 ff.; A. Demandt, Die Spätantike (1989) 34 ff.
[680] *Vita Const.* I 42.
[681] *Vita Const.* II 46.
[682] s. u. S. 138 f.
[683] vgl. o. S. 125.

konstantinischen Epoche bis etwa zum 8. Jh. n. Chr. reichen. Die auf Europa beschränkten hochmittelalterlichen Beispiele, die erst in der Romanik einsetzen[684], sollen bei der Erhebung ausgeklammert bleiben. Der vergleichende Überblick der fünfschiffigen Basiliken erfolgt in geographischer Gliederung, ausghend von Palästina und dem Ostjordanland. Es folgen sodann die typologisch entsprechenden Bauten in den Provinzen Syrien und Phönikien, sodann die in Ägypten, Nubien, Abessinien und im übrigen nordafrikanischen Raum. Sodann werden die fünfschiffigen Basiliken im kleinasiatisch-griechischen Bereich und abschließend die in Italien diskutiert. Innerhalb einer jeden Kunstlandschaft werden die Anlagen - soweit dies möglich und sinnvoll ist - in chronologischer Abfolge vorgelegt.

Hierbei sind diejenigen Bauten, die gleichfalls in das 4. Jh. n. Chr. datiert werden können, für den Vergleich mit der Kirche von Gadara von besonderem Interesse. Bei der als Ergebnis in einem zusammenfassenden Kapitel vorgelegten Darstellung des sozial- und liturgiegeschichtlichen Aspektes wird das Umfeld von Gadara durch weitere spätantike Denkmäler des Ostjordanlandes beleuchtet. Dazu müssen selbstverständlich auch Sakral- und Profanbauten herangezogen werden, die nicht dem fünfschiffigen Typus angehören, wie etwa dreischiffige Anlagen, Zentralbauten, Stadtmauern, Thermen usw. Ziel ist es, historische und kulturelle Aufschlüsse über den genannten nordwestjordanischen Raum in der Spätantike zu erhalten.

IV. 1. Bautätigkeit in Palästina und Ostjordanland im 4. Jh.

Nach seinem Sieg an der milvischen Brücke und der Anerkennung des Christentums als Staatsreligion begann Kaiser Konstantin[685], Kirchenbauten an den Stätten des Wirkens Jesus zu stiften. Über die konstantinischen Bauprojekte in Palästina werden wir durch den kaiserlichen Briefwechsel mit den Bischöfen Makarios von Jerusalem und Eusebios von Caesarea unterrichtet.

An konstantinischen Bauprojekten werden in den genannten literarischen Quellen die 325 begonnene Grabeskirche in Jerusalem und die 333 errichtete Geburtskirche in Bethlehem[686] überliefert. Als mithin wichtigste Kult- und Memorialbauten für das aufblühende Pilgerwesen der frühchristlichen Zeit müssen diese beiden Denkmäler Vorbildcharakter für andere Sakralanlagen in Palästina und den unmittelbar benachbarten Regionen besessen haben. Möglicherweise übten sie auch auf ferner gelegene Regionen Einfluß aus, der vielleicht bis nach Abessinien reichte. Im Auftrag Konstantins wurde 333 die dreischiffige Elona-Kirche[687] auf dem Ölberg über einer Höhle errichtet, in welcher der Tradition nach Jesus seinen Jüngern die letzte Verheißung gab.[688]

---

[684] Vgl. W. Swaan, Die großen Kathedralen (1996); ders., Notre-Dame in Paris (1986) 110 ff.; ders., Die Kathedrale von Charters (1986) 118 ff.; ders., Die Kathedrale von Bourges (1986) 143 ff.; ders., Der Kölner Dom (1986) 225 ff.; ders., Die Kathedrale von Toledo (1986) 267 ff.; ders., Die Kathedrale von Sevilla (1986) 282 ff.; ders., Mailänder Dom (1986) 311 ff.

[685] Zum Thema Kirchenbauverständnis Konstantin vgl. R. Klein, in: (Hrsg. Ch. Börker - M. Donderer), Das Antike Rom und der Osten, Festschrift Für K. Parlasca (1990) 77 ff.

[686] Zur Grabeskirche s. u. S.137 ff. Geburtskirche u. S. 144 ff.

[687] *Vita Const*. I 42. Übersetzung von Bigelmair I (1913) 120 f.

[688] L. H. Vincent - F. M. Abel, Jérusalem Nouvelle (1914-1924) 337 ff; Crowfoot 1937 30 ff.

Ferner stiftete der Kaiser eine Basilika in Mamre[689], wo Abraham einen Altar errichtet hatte. Auch diese Memorialanlage[690] war ein kleiner Bau des dreischiffigen Typus mit westlich vorgelagertem Narthex und seitlich angeschobenen Pareklesien.

Im Laufe des 4. Jhs. entstanden in Palästina weitere Kirchenbauten unterschiedlicher Form. Zu ihnen gehört eine dreischiffige Basilika triapsidialen Typus [691] in Gethsemane. In der Mittelapsis ragte über dem Fußboden der Fels empor, auf dem Jesus in der Nacht vor seinem Tod gewacht und gebetet haben soll. Eine weitere Variante des frühen basilikalen Kirchenbaus in Palästinas weist die Brotvermehrungs-Kirche in *aṭ-Ṭabagā* am See Genezareth aus. Sie ersetzte eine einschiffige Kapelle des 4. Jhs. in Form einer dreischiffigen Anlage mit Querhaus am östlichen Ende der Schiffe. Dieser Typus wird Querschiffbasilika genannt und das Beispiel in *aṭ-Ṭabagā* ist das älteste und zugleich auch der einzige seiner Art in Palästina. Eine weitere Basilika des fünfschiffigen Typus entstand in Jerusalem mit der Zionskirche[692] erst in theodosianischer Zeit. Auch eine inschriftlich als Synagoge ausgewiesene Basilika in Gaza folgt dem fünfschiffigen Grundrißschema. Auf die Frage, ob diese Anlage auf der Grundlage der Mosaiken tatsächlich in das 6. Jh. datiert werden kann, wird weiter unten zurückzukommen sein.[693]

Etwa gleichzeitig wurden 1998 im Ostjordanland zwei Basiliken des fünfschiffigen Typus entdeckt. Zuvor war dieser Bautypus östlich des Jordan völlig unbekannt. Das erste Monument ist die Kirche in Gadara, die bereits im zweiten Kapitel der vorliegenden Arbeit beschrieben und untersucht worden ist.[694] Als zweite fünfschiffige Basilika kam ein von einem amerikanischen Team freigelegtes Beispiel in Abila/ Qwēlbe, etwa 8 km nordöstlich von Gadara, hinzu.

Das 4. Jh. bietet historisch und archäologisch für das Ostjordanland noch ein weites und interessantes Feld für zukünftige Forschungen. In dieser Epoche entstanden in Gadara großartige Thermen[695], obwohl im benachbarten Ort Emmatha/ Ḥammat Gader ein ausgedehnter Badebetrieb in den Thermalquellen fortbestand.[696] Die Gadarener Kirche ist, wie oben gezeigt, im Vergleich zu den übrigen, in der weiteren Region nachweisbaren Denkmälern verhältnismäßig früh, d. h. kurz nach der Mitte des 4. Jhs., zu datieren.[697] Auf Grund der Erwähnung bei Epiphanios[698] galt bisher die dreischiffige Kathedrale in Gerasa als der älteste ostjordanische Kultbau des Christentums, deren

---

[689] *Vita Const.* I 51-53. Übersetzung von Bigelmair I (1913) 126 ff.
[690] E. Mader, RB, 1930, 84 ff.; ders. Mabre: Die Ergebnisse der Ausgrabungen in Heiligen Bezirk Ramēt el-Ḫalīl in Südpalästina 1926-1928 (1957) 95 ff.; Crowfoot 1937, 35 ff.
[691] R. Rosenthal-Heginbottom, Die Kirchen von Sobota und die Dreiapsidenkirchen des Nahen Ostens, Göttinger Orientforschungen II, Reihe 7 (1982).
[692] s. u. S. 142 ff.
[693] s. u. S. 147 f.
[694] s. u. S. 7 ff.
[695] Vgl. *UQ* III, passim.
[696] Vgl. Hirschfeld 1997, passim.
[697] s. o. S. 86 ff.
[698] Epiphanios, *Panarion* 51, 30, 1-2.; vgl. Kraeling 1938 64, 172; Crowfoot 1941, 58.

Entstehungsdatum nur vage in der zweiten Hälfte des 4. Jhs. vermutet wird.[699] Kürzlich wurde in *'Aqaba* am Roten Meer ein Lehmziegelbau freigelegt, der in die gleiche Zeit wie die Beispiele in Gerasa und Gadara zu gehören scheint. Da dieser Bau nur kurz publiziert ist, soll er in der folgenden Diskussion nicht berücksichtigt werden.[700] Als weiterer Kirchenbau des späten 4. Jhs. kann für das Ostjordanland auch die des Julianos in *Umm al-Ǧimāl* angeführt werden, deren Datierung durch Inschriften fixiert ist.[701] Ebenfalls an das Ende des 4. Jhs. gehört die wahrscheinlich an der Stelle eines römischen Sarapeion errichtete Kathedrale in *Civic Complex* von Pella Decapolitana/ *Ṭabaqāt Faḥil*.[702]

IV. 1. 1: Jerusalem

IV. 1. 1. 1: Der Hagios Taphos (Grabeskirche)

Die Grabeskirche (griech.:˝ἅγιος τάφος)[703] liegt im westlichen Quartier der römischen *Colonia Aelia Capitolina* (Abb. 36 Nr. 1A) zwischen der herodianischen (zweiten) und der hadrianischen (dritten) Mauer. Letztere bezog den zur Zeit Jesu extramural gelegenen Hinrichtungsort Golgota und den Garten des Ratsherrn Josef von Arimathäa in das erweiterte Siedlungsgebiet ein. Auf dem Grundstück der christlichen Sakralanlage erhob sich in der mittleren und späteren Kaiserzeit ein Tempel der Venus. Die Basilika grenzt an die westliche Seite der römischen Marktstraße (Taf. 48 A-B), welche die Stadt von Norden nach Süden durchquerte. Die Position der Grabeskirche westlich der Hauptstraße ist auf der Mosaikkarte von *Mādabā* (Abb. 37 Nr. 7) deutlich zu erkennen.[704]

Die Kaisermutter Helena suchte Jerusalem auf, um den Standort des Kreuzes und das Heilige Grab zu suchen. Zwischen 325 und 335 n. Chr., also etwa 30 Jahre vor der Errichtung der Gadarener Kirche, wurde die Errichtung der fünfschiffigen Anlage auf kaiserliche Anordnung an dem von Helena identifizierten Ort begonnen. Der um 333 in der Stadt weilende Pilger von

---

[699] Zur Kathedrale von Gerasa grundlegend vgl. Kraeling 1938, 212 ff.; neuere Grabungen in dem Komplex führen hoffentlich zu einer Präzisierung der Chronologie vgl. B. Brenk - C. Jäggi - A. Ostrasz, ZDPV 112, 1996, 139 ff.; C. Jäggi - H.-R. Meier - B. Brenk., AAJ 41, 1997, 311 ff; diess., AAJ 42, 1998, 425 ff.

[700] S. T. Parker, AAJ 42, 1998, 381 f.; ders., Near Eastern Archaeology 61, 1998, 254; ders., JRA 12, 1999, 372 ff.; Ders., Near Eastern Archaeology 62, 1999, 151. In seinem Vorbericht zeigt sich Parker allerdings unsicher, ob der Lehmziegelbau als Kirche zu deuten ist oder nicht (S. 383): „*If this structure is in fact a church (and this remains unproven), it is the earliest church yet known in Jordan and one of the earliest known in the world*"; vgl. ders. Near Eastern Archaeology 62, 1999, 134 ff.

[701] Butler 1929, 18 ff.

[702] Smith - Day (1989) 40 ff.; Weber a. O. (S. 38 Anm. 108) 28 f.

[703] Vollständige Literatur bei Bieberstein - Bloedhorn II, 1994, 183 ff. Grundlegende archäologische Untersuchungen des Komplexes: L. H. Vincent - F. M. Abel, Jerusalem Nouvelle (1914-1924) 89 ff.; Lassus 1947, 103 ff; L. H. Vincent - D. Baldi - L. Marangavi - A. Barluzzi, Il Santo Sepolcro de Gerusalemme (1949); Ch. Coüasnon, The Church of the Holy Sepulchre (1974); V. C. Corbo, Il Santo Sepolcro de Gerusalemme: Aspetti archeologici delle origini al periodo crociato, I-III (1981-1982); H. Busse - G. Kretschmar, Jerusalemer Heiligtumstradition in altkirchlicher und frühislamischer Zeit (1987) 33 ff.; zuletzt auch J. Patrich, in: Tsafrir 1993, 101 ff.

[704] Donner 1993, 90.

Bordeaux sah den Bau *modo facta* (= „beinahe vollendet").[705] Erst drei Jahre danach, im 30. Regierungsjahr des Kaisers Konstantin (335 n. Chr.), wurde sie feierlich eingeweiht.[706]

In seinem Brief an Makarios, dem damaligen Bischof von Jerusalem, schrieb Konstantin: „*Der Sieger Kaiser Konstantin der Große an Makarios. Es muß also dein Scharfsinn derartige Anordnungen und für alles Nötige Vorsorge treffen, damit nicht nur eine Basilika erstehe, herrlicher alles alle, die irgendwo sich finden, sondern auch das übrige so werde, daß dieser Bau die schönsten Werke in jeder Stadt überstrahle ..... Denn es ist von mir der Auftrag gegeben worden, daß Künstler und Handwerker und alles, was ihnen deine Ansicht als notwendig zum Bau eingibt, sofort durch ihre Fürsorge gesandt werde. Hinsichtlich der Säulen und des Marmors sollst du mir nach persönlicher Einsichtnahme eiligst schreiben, was du für das Kostbarste und Zweckdienlichste hältst, damit wir aus deinem Schreiben ersehen, wie viel und welcher Art nötig ist, um dies aus allen Gegenden herbeischaffen zu lassen; denn es ist nur gerecht, wenn der heiligste Ort auf der ganzen Welt auch nach Gebühr geschmückt wird.*"[707] Die Vorbildhaftigkeit dieses Bauprojektes war also von dem kaiserlichen Auftraggeber intendiert.[708] Den Entwurf lieferte der syrische Architekt Zenobios, der durch sein Werk entscheidenden Einfluß auf die Entwicklung der frühchristlichen Basiliken nahm.

Die konstantinische Grabeskirche wurde im Jahr 614 beim Sassanideneinfall verwüstet, aber bereits 14 Jahre später (628) vom Abt des Theodosiusklosters bei Bethlehem ohne Planänderung wiederaufgebaut. Die Geschichte der konstantinischen Kirche, d. h. die der fünfschiffigen Basilika, fand ihr Ende durch den Brand am 28. September des Jahres 1009, in der Regierungszeit des Fatimiden-Kalifen *al-Ḥākim Biamrīllāh*. Der westliche apsidial abschließende Teil (Anastasis, Rotunde) der vormaligen konstantinischen Anlage wurde 1048 von Kaiser Konstantin IX Monomachos (1042-1055) wiederhergestellt. 1149 wurde die *Anástasis*, welche das Grab Christi umschließt, nach geringfügigen baulichen Veränderungen geweiht. Der Kreuzfahrerbau blieb bis ins frühe 19. Jh. unverändert erhalten. 1808 wurde die Grabesrotunde durch eine Feuerkatastrophe vernichtet. 1962 untersuchte V. C. Corbo[709] den Baubefund, was zur Restaurierung der Anlage im Zustand der Kreuzfahrerkirche des 12. Jhs. führte. Der konstantinische Bau muß somit als völlig verloren betrachtet werden.

Bei der nun folgenden Beschreibung der Kirche werden zuerst die Berichte des Eusebius, dann die diesbezüglichen Schriftquellen aus der Zeit zwischen dem 4. bis 6. Jh.[710] und schließlich die Ergebnisse der archäologischen Untersuchungen vorgelegt.

---

[705] Pilger von Bordeaux, *Itin.* 17; *Vita Const.* III 25-40; vgl. Donner 1979, 59 Anm. 93.
[706] E. Otto, Jerusalem. Die Geschichte der Heiligen Stadt (1980) 177.
[707] *Vita Const.* III 31 - 33.
[708] dazu vgl. Klein a. O (Anm. 679) 679 ff.
[709] Corbo a. O. (Anm. 703) passim.
[710] Literarische Informationen über das Heilige Grab sind naturgemäß in allen Pilgerberichten enthalten. Vgl. z.B. den Pilger von Bordeaux (um 333): Itin. Anton. 17, in : Donner 1979, 59 Anm 93; St. Hieronymus, Paula und Eutochium (um 404) 9, in: Donner 1979, 173 ff.; das Jerusalem-Brevier (um 550) 2-3, ebenda 233 ff. und der Pilger von Piacenza (um 570) 18, ebenda 1979, 277.

Die konstantinische Anlage (Abb. 38 A-B; Taf. 48 A-B) ist aus topographischen Gründen nicht geostet, sondern nach Westen orientiert. Von der Propyläenstraße, die als Hauptverkehrsader die Jerusalemer Altstadt von Norden nach Süden durchschneidet, steigt man zu dem etwa 1,2 m höher gelegenen äußeren Atrium hinauf, das den Haupteingang in das Heiligtum bildete. Bis heute stehen noch einige Säulenstümpfe der römischen Kolonnaden aus dem Boden hervor, die einst die Prachtstraße gesäumt haben. Nach H. Vincent[711] nutzte Zenobios für die östliche Frontwand des Atriums eine ältere Mauer, die zum Temenos des hadrianischen Aphroditetempels gehörte.

Der konstantinische Komplex gliedert sich in drei Teile: A) Die Basilika mit vorgelagertem Atrium, B) den Zentralbau (Anastasis, Rotunde) und C) einen Hof, der den beiden Bauten zwischengeschaltet ist. Die Gesamtlänge dieser Anlage beträgt 150 m, ihre maximale Breite 75 m. Die Proportionen der Basilika sind archäologisch gesichert.

Die fünfschiffige Basilika liegt auf dem gleichen Niveau wie das äußere Atrium. Der innere Hof ist demgegenüber jedoch um etwa 1 m abgesenkt, so daß man über Treppen am westlichen Ende der Außenschiffe hinabsteigen mußte, um den Platz und die Rotunde zu erreichen. Diese Niveau-Unterschiede erklären sich durch die von Helena ausgeführte Freilegung des Felsgrabes in der Anastasis.[712] Die Basilika besaß einen lang gestreckten, rechteckigen Grundriß mit den Achsmaßen 40,00 x 27,00 m, während der sich zur Straße hin ausbreitende Hof einen gedrungenen trapezförmigen Plan aufweist.

Auf die Basilika, die in den Quellen wegen des Standortes des Kreuzes auch als „*Martyrion*" erscheint, geht Eusebius[713] in drei aufeinander folgenden Abschnitten im dritten Buch der *Vita Constantini* ein: „ *(36) Denn an der Grotte gegenüberliegenden Seite, die gegen Sonnenaufgang schaute, war die Basilika angefügt, ein ungeheurer Bau, der sich zu unermeßlicher Höhe erhob und in die Länge und Breite sehr weit ausdehnte. Die Innenflächen des Baues deckten Platten aus buntem Marmor, die äußere Seite der Mauern aber, die von geglätteten, genau aneinander gepaßten Steinen strahlte, gewährte einen außerordentlich schönen Anblick, der dem des Marmors in nichts nachstand. Oben unmittelbar am Dache wurde die äußere Seite mit Blei gedeckt, das sicheren Schutz gegen den winterlichen Regen bietet; die Innenseite des Daches bildete dagegen eine kunstvoll geschnitzte getäfelte Decke, die sich mit ihren aneinander stoßenden Verbindungen wie ein großes Meer über die ganze Basilika ausdehnte; mit leuchtendem Gold über und über verziert, ließ sie den ganzen Tempel wie von Lichtstrahlen erglänzen.*

(37) Zu beiden Seiten liefen sodann den ganzen Tempel entlang zwei Seitenwände mit doppelten Säulengängen auf ebener Erde und im ersten Stock, deren Decke ebenfalls mit Gold verziert war. Die an der Vorderseite des Hauses lagen, ruhten auf mächtigen Säulen, während sich die anderen innerhalb der vorderen über Pfeilern erhoben, die außen sehr reich verziert waren. Drei Tore, die gerade nach Sonnenaufgang hin sehr gut verteilt waren, nahmen die hereinströmenden Scharen auf.

---

[711] L. H. Vincent - F. M. Abel, Jérusalem Nouvelle (1914-1926) 89 ff.
[712] *Vita Const.* III 28.
[713] *Vita Const.* III 36-38.

(38) Diesen gegenüber war die Hauptachse des ganzes Werkes, eine Halbkugel, oben am Ende der Basilika hingestellt, sie umgab, entsprechend der Zahl der Apostel des Erlösers, ein Kreuz von zwölf Säulen, deren Kapitelle mit sehr großen Mischkrügen aus Silber geschmückt waren. Diese hatte der Kaiser selbst als schönstes Weihgeschenk seinem Gotte dargebracht".

Merkwürdigerweise geht Eusebius mit keinem Wort auf den Standort des Kreuzes Christi ein,[714] das durch die Kaiserinmutter Helena wiedergefunden worden war. Der erste Zeuge, der in Jerusalem den Ort der Kreuzauffindung nennt, ist der Breviarius de Hierosolyma (um 530). In seinem Itinerar schreibt er: *"Im Westen ist eine große Apsis, wo die drei Kreuze gefunden wurden. Dort, oben darüber, befindet sich der reich versilberte und vergoldete Altar, der auf neun Säulen ruht. Rings um die Apsis stehen zwölf Säulen und auf diesen zwölf silberene Mischkrüge".*[715]

Der apsidial abschließende Zentralbau wird Rotunde, der Ort der Auferstehung Jesu auch griechisch *Anastasis* (ἀνάστασις) genannt, die in ihrem Zentrum das Heilige Grab umschließt. Er bildete den Abschluß des Komplexes und sein Besuch war der Höhepunkt einer jeden christlichen Pilgerreise. Der Durchmesser des inneren Säulenkreis der Rotunde beträgt etwa 19, 60 m, der der halbkreisförmigen Apsis etwa 33,70 m.

Eusebios berichtet über diesen Teil der Anlage: *"(33) ... Zuerst ließ er* (scil.: der Kaiser) *gleichsam als Haupt des ganzes Werkes die heilige Grotte ausschmücken. Es war dieses Denkmal überreich an unvergänglichen Erinnerungen, da es die Siegeszeichen unseres großen Erlösers über den Tod umfaßte, jenes göttliche Denkmal, bei dem einst der strahlende Engel allen die frohe Botschaft von der durch den Erlöser angekündigten Wiedergeburt gebracht hat. (34) Dieses also ließ der Kaiser gleichsam als Haupt des Ganzen freigebig mit auserlesenen Säulen und großer Pracht ausschmücken, indem er die verehrungswürdige Grotte mit verschiedenem Schmuck zierte".*[716]

Im Inneren der Rotunde läuft um den *Locus Sanctus* des Heiligen Grabes eine fast geschlossen runde Säulenhalle um, in deren Innenfläche die Grotte leicht nach Westen versetzt liegt. Nach Westen schließt die Rotunde in einer halbkreisförmigen Apsis ab, zwei kleinere Apsiden bilden die seitlichen Abschlüsse. Die Außenmauer setzt sich ostwärts entlang des inneren Hofes fort, bis sie die große vorgelagerte Fassade der Basilika erreichte. Der Umgang zwischen dem inneren Säulenkranz und der Außenmauer endete in zwei Hallen, die an die Fassade stoßen. Die archäologisch nachgewiesenen Mauerreste zeigen, daß die Breite der Fassade etwa 33,70 m betrug. Dieses Maß entspricht dem Durchmesser der großen Apsis und dürfte ihre gleich breite Entsprechung in der Ostfassade der fünfschiffigen Basilika gefunden haben. Die nördlichen und westlichen Nebenräume der Rotunde werden heute durch das Kloster der Franziskaner eingenommen. Die ausführliche Beschreibung der Rotunde und des Heiligen Grabes vor der Zerstörung durch die Perser (614) ist im Itinerar des Pilgers von Piacenza (um 570) enthalten. Er schreibt: *"Zur Erde geneigt und den Boden küssend betraten wir die heilige*

---

[714] Zum Thema vgl. J. W. Drijvers, Helena August. The Mother of the Constantine the Great and the Legend of her Finding of the True Cross (1992) 140 ff.
[715] Vgl. Kopp 1959, 432 Anm. 59.
[716] *Vita Const.* III 33-35: Übersetzung von Bigelmair I (1913) 118.

Stadt, in der man das Grab des Herren verehrt. Das Grab ist aus dem gewachsenen Felsen herausgehauen, und aus dem Felsen ist ein... herausgehauen, wo der Leib des Herrn Jesus Christus bestattet war. .... Der Stein, mit dem das Grab verschlossen war, befindet sich vor dem Eingang des Grabes; die Felsenfarbe aber zeigt an, daß er aus dem Golgothafelsen herausgehauen ist. Der Felsenstein ist mit Gold und Edelstein verziert und sieht wie ein Mühlstein aus. Es (das Grabmal) hat zahllose Schmuckstücke: an Eisenstäben hängende Armspangen, Armbänder, Halsketten, Fingerringe, Kopfschmuck, Gürtelchen, Wehrgehänge, Kaiserkronen aus Gold und Edelsteinen und Schmucksachen von Kaiserinnen. Das Grabmal ist nach Art einer Pyramide gestaltet, mit Silber, unter goldenen ... . vor dem Grabmal steht ein Altar".[717]

Zwischen Anastasis und der Basilika breitet sich das innere Atrium aus. Dieses maß etwa 25 m in seiner ostwestlichen Achse und 25,40 m in der nordsüdlichen. Auch dieser Teil des Heiligtums findet bei Eusebios[718] Erwähnung: "*Darauf ging er* (scil.: der Kaiser) *dazu über, einen sehr geräumigen Platz, der unter freiem Himmel lag, zu schmücken; er ließ seinen Boden mit glänzenden Steinen bedecken und den Platz auf drei Seiten mit mächtigen herumlaufenden Säulenhallen umgeben*". Die Ausdehnung des inneren Atriums und der Basilika läßt sich archäologisch nach Mauerresten und den Fundamenten der drei Säulenhallen bestimmen.

Die Gliederung des Grundrisses der Grabeskirche in drei Kompartimente kann als vorbildlich für andere Kirchenbauten des 4. Jhs. n. Chr. betrachtet werden. Der dreiteilige Aufbau der Anlage erklärt sich durch den Standort des Kreuzes hinter der Apsis der Basilika und der Lage des Heiligen Grabes im Zentralbau. In axialer Reihung ist eine vergleichbare Abfolge von äußerem Atrium, Basilika, innerem Atrium, Kirche und Propylon am klarsten durch den aus Kathedrale, Wunderbrunnenhof und Theodoroskirche bestehenden Komplex in Gerasa (Abb. 30 B) vertreten. Prinzipiell vertritt auch die hier behandelte Basilika in Gadara dasselbe Grundrißschema (Abb. 30 A). Jedoch ist hier das innere Atrium durch die tiefergelegte Krypta und die in justinianischer Zeit hinzugefügte Loggia ersetzt.

Vergleicht man die Proportionen des Gadarener Baus mit der Grabeskirche, wird man konstatieren dürfen, daß die Basilika in Gadara einen deutlich gedrungeneren Grundriß besitzt. Gleichwohl ähneln sich die beiden Bauten in der Zweigeschossigkeit der Seitenschiffe und in der kompositären Verwendung von Säulen und Pfeilern[719] zur Gliederung der Innenräume.

IV. 1. 1. 2: Die Hagia Zion (Zion-Kirche)

Der Zionsberg liegt außerhalb der von Hadrian gegründeten Militärkolonie *Aelia Capitolina* (Abb. 36 Nr. 1B). Die Reste der frühchristlichen

---

[717] Der Pilger von Piacenza, *Itinerarium* 18 in : Donner 1979, 277 f.
[718] *Vita Const* III 35.
[719] Krautheimer 1981, 62 Abb. 27 (A) S 63 ist aber nicht sicher, ob die Seitenschiffen durch Pfeiler oder Säulen, die sich auf Sockeln erhebt haben, getrennt sind.

fünfschiffigen Hagia Zion (griech.:῎αγια Ζίων)[720] befinden sich unter dem neuzeitlichen, als Abendmahlssaal oder Grab Davids ausgewiesenen Gebäudekomplex auf dem Gelände der *Dormitio* (Abb. 39 B). Die Mosaikkarte von *Mādabā* (Abb. 37 Nr. 14) zeigt die Zion-Kirche topographisch korrekt am Südwestrand der Stadt.[721] Westlich der Kirche liegt ein kleiner quadratischer, in seiner Funktion schwer zu deutender Bau, der wohl ebenfalls zur Basilika gehörte. Südöstlich ist ein schmaler zweigeteilter Raum mit kleiner Apsis in der Nordwand von außen angesetzt, der als Grab David verehrt wird. Die Zions-Kirche wurde deshalb in unterschiedlicher Weise gedeutet: als Berg des David und dessen Grab, des letzten Abendmahls, der Ostererscheinung, des Pfingstgeschehens, des Todes Mariens und als Ort der Verurteilung Jesu.

Bezüglich des Zeitpunkts der Errichtung und Einweihung der Hagia Zion liegen keine spezifischen literarischen Nachrichten vor, obwohl sie ansonsten relativ häufig in den Itinerarien erwähnt wird.[722] Der Pilger von Bordeaux[723] sah auf dem Zion, als er ihn im Frühjahr 333 besuchte, nur eine Synagoge, welche er als Indiz für das blühende jüdische Leben bewertete. Kyrillos[724], Bischof von Jerusalem, spricht im Jahr 348 von der „Oberkirche" auf dem Zion, die dem Heiligen Geist geweiht gewesen sei. Wenig später läßt uns die Nonne Etheria[725] wissen, daß die liturgischen Feiern am Pfingstfest in der Hagia Zion stattfanden. Dieser vortheodosianische Bau wurde von den frommen Besuchern der Stadt als das Haus der Apostel, speziell des Markus angesehen, in dem bekanntlich das Pfingstereignis stattfand. Die fünfschiffige Kirchenanlage wurde wahrscheinlich erst in der Regierungszeit des Kaisers Theodosios I. zwischen 392 und 394 eingeweiht.[726] Der Archidiakon Theodosios[727] zählte 530 diese Zion-Kirche zu den prächtigsten Gotteshäusern Jerusalems und nannte sie die „Mutter aller Kirchen" (*mater omnium ecclesiarum*).

Seit dem 7. Jh. berichtet die Pilgertradition, daß die Zion-Kirche auch den Saal des Letzten Abendmals einbeziehe. So heißt es in einem armenischen Pilgerbericht, der nach der arabischen Eroberung (638) die Heiligtümer Jerusalems aufzählt: „*Rechts von der Kirche ist die Kammer der Geheimnisse und eine hölzerne Kuppel, in welcher das heilige Abendmahl des Erlösers gemalt ist. In ihr ist ein Altar, an dem die Liturgie gefeiert wird*".[728]

Nach der Zerstörung von 1099 wurde die Kirche von den Kreuzfahrern aber in Form einer dreischiffigen Basilika wiederaufgebaut. Der Kreuzfahrerbau, in dem sich die Kapelle des Letzten Abendmahles befand,

---

[720] Grundlegende Literatur zur *Hagia Zion*: P. M. Geisler, Das Heilige Land 79, 1935, 2 ff; Ovadiah 1970, 89 ff. (mit älterer Lit.); Kroll 1973, 395 ff.; E. Otto, Jerusalem – die Geschichte der Heiligen Stadt (1980) 184 ff.; H. Vincent - M. Broshi, IsrExpJ 26, 1976, 85 ff.; Bloedhorn - Bieberstein II, 118 ff.
[721] Donner 1993, 92.
[722] Zur literarischen Überlieferung betreffs der *Hagia Zion* vgl. K. Bieberstein, JbAC Erg.-Bd. XX 1 (1995) 543 ff.
[723] Pilger von Bordeaux 16, vgl. Donner 1979, 57 f.
[724] Kyrill von Jerusalem XIV c. 4; vgl. Bieberstein 1995 a. O. 545.
[725] Etheria 43; vgl. Bieberstein 1995 a. O. 548.
[726] Vgl. Ovadiah 1970, 90; K. Bieberstein 1995 a. O. 543.
[727] Vgl. Donner 1979, 208.
[728] Vgl. Kroll a. O. 420.

stand nur bis zum Jahr 1219. Die erneut zerstörte Anlage wurde danach nie wieder errichtet.

Die Ruine wurde 1898 - 1899 von H. Renard freigelegt, ohne daß man dadurch jedoch nähere Aufschlüsse über die verschiedenen Bauphasen und ihrer Chronologie zu erhielt. In der 30er Jahren des 20. Jhs. setzte L. H. Vincent[729] die archäologischen Forschungen an diesem Komplex fort, gefolgt im Jahr 1951 von J. Pinkerfeld.[730]

Die theodosianische „Apostelkirche" oder „Mutter aller Kirchen" war eine fünfschiffige Basilika (Abb. 39 A-B; Taf 49). Das 1899 gefundene Mauerstück gehört zur Hauptfassade. Es ist 6 m lang und 2 m dick. Östlich dieser Mauer wurden die Fundamente eines Stylobates freigelegt, die parallel zur Außenmauer laufen. Westlich davon kamen weitere parallel verlaufende Mauerreste zutage, die als Teile des Narthex angesprochen wurden.

J. Pinkerfeld konnte durch die Ausgrabungen im sog. Grab Davids klären, daß die Mauern dieses angesetzten Raumes einschließlich der Nische in der Nordwand in byzantinischer Zeit entstanden sind. Ferner wurde bei diesen Untersuchungen klar, daß die Nische nicht zu einer Synagoge gehört haben kann, sondern stets Teil der christlichen Hagia Zion in Form eines Parekklesions gewesen ist. Damit konnte die Länge der Kirche bestimmt werden.

Nach Verbindung der beiden Mauern des David-Grabes mit dem Kernbau ließ sich eine wohl fünfschiffige Basilika wieder herstellen, die einschließlich der Anbauten Grundrißmaße von 60 x 45 m (Abb. 39 A-B) aufweist. Da in theodosianischer Zeit der triapsidiale Typus[731] geläufig war, rekonstruierte J. Pinkerfeld drei Apsiden im Mittel- und den beiden Innenschiffen, während die Außenschiffe glatt abschließen (Abb. 39 A).[732] Der Innenraum ist durch vier Kolonnadenreihen gegliedert, die auf Stylobaten standen. Die Zahl der Interkolumnien ist jedoch unsicher. Nach L. H. Vincent und F. M. Abel[733] bestand jede Reihe aus acht, wahrend M. Geisler[734] sie mit jeweils 15 Säulen abbildet (Abb. 39 B). Der Kircheninnenraum erreichte eine lichte Länge von 55 m und eine lichte Breite von 27 m. Die Zahl der Eingänge ist angesichts der dürftigen archäologischen Dokumentation nicht mehr zu bestimmen. Mit Sicherheit ist von einem großen Hauptportal in der Achse des Mittelschiffes auszugehen.

Von dem Bauzustand in der Kreuzfahrerzeit werden wir durch das Traktat des Franziskanermönches Francesco Suranio, dem zweimaligen *Guardian* vom Berg Zion (1485), unterrichtet. Seinerzeit war nicht nur die Apsis der Kirche noch teilweise erhalten, sondern auch verschiedene Mauerzüge im Erdboden erkennbar. Er gibt die Größe der Basilika mit 100 x 50 Ellen an, was etwa 60 x 30 m entspricht. Die erhaltenen, mit Halbsäulen geschmückten Pfeiler an der

---

[729] L. H. Vincent - F. M. Abel, Jérusalem Nouvelle (1914-1924) 421 ff., 472 ff.
[730] J. P. Pinkerfeld, BJerus III, 1960 41 ff.
[731] s. o. S. 137 Anm. 690.
[732] Die ältere Forschung wie etwa Geisler a. O. Abb. S. 4 (hier Abb. 38 B) nahm hingegen nur eine Apsis mit glatt abschließenden Seitenschiffen an. Da keinerlei Baureste des östlichen Abschnittes der Basilika archäologisch nachgewiesen worden sind, bleiben beide Rekonstruktionsvorschläge völlig hypothetisch.
[733] Jérusalem Nouvelle (1898) 361 Abb 155. Vgl. Ovadiah 1970. Abb 77.
[734] Geisler a. O. 4; vgl. auch Kroll 1973, 399 Abb. 20.

Nordseite des Abendmahlsaales waren mit 2 m Breite und 3 m Tiefe offenbar die Pfeiler des Mittelschiffes des kreuzfahrerzeitlichen Baus.

Sofern die Rekonstruktion des Grundrisses tatsächlich korrekt ist, dürfte die fünfschiffige Anlage im späten 4. Jh. n. Chr. über einem als *Locus Sanctus* angesehenen Ort errichtet worden sein. Da das Aussehen der Zionkirche in ihrem östlichen Abschluss unbekannt und rein hypothetisch ergänzt ist, bleibt es unsicher, ob man durch die Seitenschiffe den im oder hinter dem Apsidialbereich gelegenen *Locus Sanctus* erreichen konnte, wie dies bei der konstantinischen Grabeskirche der Fall ist. Hinsichtlich der Proportionen entspricht die Zionkirche der Grabeskirche, ist also im Vergleich zu dem gedrungenen Grundriß der Gadarener Basilika länger gestreckt.

IV. 1. 2: Die Geburtskirche in Bethlehem:

Heute liegt die Kirche der Menschwerdung Jesu (Taf. 49)[735] am östlichen Rand der modernen Stadt Bethlehem (Abb. 36 Nr. 2). Sie wurde über der Grotte erbaut, in der man die Geburt Christi lokalisierte. Die fünfschiffige konstantinische Basilika ist trotz einiger Umbauten in justinianischer Zeit die im palästinischen Raum am besten erhaltene ihrer Art und wird bis heute von christlichen Pilgern zum Gedenken des Weihnachtsereignisses aufgesucht.

Nach Stiftung der Grabes- und Elona-Kirche gab Konstantin d. Gr. auf Wunsch seiner Mutter Helena 333 den Auftrag, eine fünfschiffige Basilika über der bethlehemer Höhle zu errichten. In eben diesem Jahr besuchte der Pilger von Bordeaux die Stadt und sprach von der (wohl im Bau befindlichen) *„konstantinischen Basilika"*, leider ohne weitere Einzelheiten mitzuteilen.[736] Ebenso erwähnt Eusebios in der *Vita Constantini* dieses Bauprojekt: *„(41) ... Einmal ließ er der Grotte, in der der Erlöser zuerst erschienen ist und wo er auch dem Fleische nach geboren werden wollte, die entsprechenden Ehren zuteil werden".* Erläuternd fährt er fort: *„ (43) ... So weihte sie* (scil.: die Kaiserin) *denn Gott, dem sie ihre Anbetung dargebracht hatte, zwei Tempel, den einen bei der Grotte der Geburt, den anderen auf dem Berg der Himmelfahrt..."* und führt wenig später dazu aus: *„Darum zeichnete auch die die gottesfürchtige Kaiserin den Ort, wo die Gottesgebärerin ihren Sohn geboren hat, mit wunderbaren Denkmalen aus, indem sie auf mannigfache Weise die dortige heilige Grotte ausschmückte, und der Kaiser ehrte bald darauf ebenfalls diese Stätte mit kaiserlichen Weihgeschenken, um mit silbernen und goldenen Kleinodien und bunt gewirkten Teppichen die herrlichen Gaben seiner Mutter zu vermehren".*[737]

Aufgrund dieser spärlichen Angaben und der wegen der kontinuierlichen Nutzung unterbliebenen archäologischen Untersuchungen blieb die

---

[735] Grundlegende Literatur zur Geburtskirche: E. Wiegand, Die Geburtskirche von Bethlehem (1911); ders., ZDPV 38, 1915, 89 ff.; ders., ZDPV 46, 1923, 139 ff.; K. Gröber, Die Christliche Kunst 22, 1926, 26 ff.; R. W. Hamilton, QDAP 3, 1934, 1 ff, Abb. 1-7; W. Harvey, PEQ 68, 1936, 28 ff.; E. T. Richmond, QDAP 5, 1936, 75 ff.; ders. QDAP 6, 1936, 63 ff.; Lassus 1947, 108 F; A. Rücker, Das Heilige Land 81, 1937, 41 ff.; B. Bagatti, Gli antichi edifici sacri di Betlemme (1951); Ovadiah 1970, 33 ff mit Literatur.

[736] Der Pilger von Bordeaux 19: *„Wo der Herr Jesus Christus geboren wurde, ist auf Befehl Konstantins eine Basilika errichtet worden",* Übersetzung von Donner 1979, 62.

[737] *Vita Const.* III 41-43.

Baugeschichte der Geburtskirche bis 1927 (Taf 50 A) umstritten. In diesem Jahr verursachte ein Erdbeben erhebliche Schäden. 1932 wurden die Schäden ausgebessert, worauf zwei Jahre später eine generelle Restaurierung erfolgte, in deren Zuge auch der Boden untersucht werden konnte. Durch die damals ausgeführten archäologischen Arbeiten wurde Licht in die Bauphasen der Anlage gebracht: Insbesondere konnten die unter Justinian ausgeführten Renovierungsmaßnahmen und Veränderungen, die vor allem das Allerheiligste und den Eingangsbereich betrafen, geklärt werden.[738]

Der konstantinische Bau besteht aus drei architektonischen Einheiten (Abb. 39 A-B): A) Im Westen erstreckt sich ein rechteckiges Atrium mit drei Eingängen zum Kernbau; B) an der östlichen Flanke des Hofes schließt sich die fünfschiffige Basilika an, die durch drei Portale in der Westfassade zugänglich war; C) als östlicher Abschluß bildet das im Grundriß achteckige Martyrion das kultische Zentrum, indem es über der Grotte die Geburtsstelle Jesu markiert.

Das Langhaus der konstantinischen Kirche maß in seinem ursprünglichen Zustand 27 x 26,80 m. Hierdurch erhielt es einen annähernd quadratischen Grundriß. Das an der westlichen Seite der Kirche gelegene, von Säulenhallen gesäumte Atrium erreichte eine Länge von 27,10 m bei einer der des Langhauses entsprechenden Breite. Die einzelnen Seiten des Oktogons waren 7,80 m lang, der größte Durchmesser betrug demnach 18 m. Der bis heute erhaltene konstantinische Kircheninnenraum ist in fünf Schiffe geteilt, deren mittleres doppelt so breit (10,40 m) wie die Seitenschiffe ist. Jede Kolonnadenreihe bestand in konstantinischer Zeit aus jeweils 10 Säulen, welche monolithisch aus rötlichem Kalkstein gearbeitet sind; bis zum Architrav erreichen sie eine Höhe von 5,47 m. Ihre in drei abgesetzten Akanthusblattreihen gegliederten Kapitelle gehören der korinthischen Ordnung an. Der Fußboden war ursprünglich mit einem kostbaren polychromen Mosaik ausgelegt, von dem Reste 1932 unter dem heutigen Paviment ausgemacht wurden (Taf. 50 A - B).

Das östliche Ende des Mittelschiffes mündet über eine breite Treppe in das Oktogon, welches anstelle der sonst üblichen Apsis wie ein Baldachin das Allerheiligste, die tiefer gelegene Grotte, überspannte. Die nördliche und südliche Mauer der Basilika setzte sich nach Osten bis etwa zur Mitte des Zentralbaus fort, um sich mit ihm in rechtem Winkel zu verbinden. Diese an das Oktogon angeschlossenen Räume waren durch Türen von den Innenschiffen aus zugänglich und öffneten sich von dort aus zum Oktogon durch Türen in den abgeschrägten Innenseiten. Im Zentrum des Oktogons erhob sich ein entsprechend achteckiger Mauerkreis (Taf 50 C), in dessen Rand Löcher für Pfosten eingelassen waren. Diese trugen wahrscheinlich eine Balustrade, die dem Zweck diente, von erhöhtem Standort den Blick auf die Geburtsgrotte zu ermöglichen.

Dieser Abschlußteil wurde in justinianischer Zeit durch ein in Apsiden übergehendes Querschiff (Transept) und durch eine Apsis in der Achse des Mittelschiffes trikonchial erweitert. Diese drei Apsiden haben jeweils die gleiche Form und stimmen auch in den Maßen untereinander überein. Sie waren mit jeweils drei großen Rundbogenfenstern ausgestattet. So entstand ein

---

[738] R. W. Hamilton, QDAP 3, 1934, 1 ff.

zentralisierender Trikonchos an Stelle des Oktogons in der Verlängerung des fünfschiffigen Langhauses. Diese beiden Teile der Basilika sind durch vier Pfeiler mit je zwei von außen angeschobenen Halbsäulen voneinander getrennt. Hierdurch wurde der Kircheninnenraum um etwa 2,80 m nach Westen erweitert und der Boden durch Aufschüttung um 80 cm erhöht. Außer dieser Maßnahme wurde in justinianischer Zeit der Eingangsbereich durch Hinzufügung eines Narthex monumentalisiert.

Die Verbindung zwischen dem Zentralbau, der das Allerheiligste umschließt, mit dem fünfschiffigen Langhaus stellt eine planerische Alternative zur dreiteiligen Gliederung der Grabeskirche dar. Hier ist der *Locus Sanctus* unmittelbar in den Bau einbezogen und nicht durch ein vermittelndes Atrium vom Versammlungsraum der Gemeinde getrennt.

Auch die Geburtskirche von Bethlehem bietet gute Vergleichsmöglichkeiten mit der Gadarener Basilika. Zunächst ist die Übereinstimmung der fünfschiffigen, annähernd quadratischen Grundrisse auffällig. Die Zirkulation des Pilgerstromes um die Grotte von den Innenschiffen aus ist ebenfalls in beiden Fällen ähnlich. Von erhöhtem Niveau war hier wie dort, abgeschrankt durch eine laufende Balustrade, der Blick in das tiefer gelegene Allerheiligste möglich. Nicht zuletzt bringt auch das Detail der Doppelsäulen in den vier Ecken des Atriums die Gadarener Basilika mit der Geburtskirche in Bethlehem in Beziehung.[739]

Die justinianische Veränderung des Oktogons zu einem Trikonchos ist der fünfschiffigen Basilika von Abila/ *Qwēlbe* vergleichbar, auf die weiter unten noch einzugehen sein wird.[740]

IV. 1. 3. Die Synagoge in Gaza

Die Stadt Gaza besitzt den südlichsten Hafen Palästinas am Mittelmeer (Abb. 36 Nr. 3). Im Altertum wurde die Stadt Gaza Maiumas Neapolis und ab dem 4. Jh. n. Chr. Constantina genannt. Am Strand, etwa 300 m südlich des modernen Hafens wurden 1964, 1967 und 1974 die Ruinen einer Synagoge ergraben.[741] Die Deutung des Baus als Synagoge legten Mosaikinschriften und der Schmuck der gefundenen Marmorplatten der Chorschranken nahe.

Da der Synagogeninnenraum durch vier Kolonnadenreihen in fünf Schiffe gegliedert ist und die Errichtung des Monuments in frühchristliche Zeit fällt, soll die Synagoge in die typologische Untersuchung der fünfschiffigen Basiliken einbezogen werden.

Durch die Inschriften wird eine Stiftung des Mosaikfußbodens durch die Holzhändler Μενάμος und Ἰησῶς für das Jahr 569 bezeugt, was der Aera von Gaza zufolge dem Jahr 508/9 n.Chr. entspricht. Das Beispiel der Kirche von Gadara sollte jedoch davor warnen, das Baudatum mit Hilfe eines

---

[739] s. o. S. 47.
[740] s. u. S. 148 ff.
[741] A. Ovadiah - M. Philonenko, Qadmoniot 1, 1968, 124 ff; A. Ovadiah, IsrExplJ 19, 1969, 193 ff; ders., NEAHL II (1993) 264 ff Abb. S. 464..

eventuell später eingezogenen Bodens zu ermitteln.[742] Im 7. Jh. wurde der Bau, wahrscheinlich während des Perserkriegs, durch Feuer zerstört und danach nie wieder aufgebaut.

Der Grundriß (30 x 26 m) der Synagoge zeigt ein breites Mittelschiff, das von je zwei Seitenschiffen im Norden und Süden flankiert ist (Abb. 41 A). Im Osten endet der Bau in einer halbrunden Apsis, welche mit ihrer Rundung den Thora-Schrein umschließt. Drei Türen in der westlichen Hauptfassade führen in das Innere, eine zum Mittelschiff und die übrigen in die Innenschiffe. Ein weiterer Eingang befindet sich in der Südfassade.

Der Boden der Synagoge war mit polychromen Mosaiken ausgelegt, deren Schmuck, wie der am besten erhaltene Abschnitt im südlichen Außenschiff zeigt, aus geometrischen, pflanzlichen und figürlichen Darstellungen besteht. Die Motive sind typisch für die Mosaikkunst des 6. Jhs. n. Chr. In einer späteren Phase der Nutzung wurde das Mosaik im Mittelschiff herausgerissen und durch Marmorplatten ersetzt.

Die Synagoge von Gaza ist die einzige in Palästina, deren Innenraum in fünf Schiffe gegliedert ist. Insgesamt steht der gedrungene Grundriß dem der Gadarener Basilika nahe. Auch für die weite Apsis lassen sich Beispiele im 5. Jh. n. Chr. nachweisen.[743] Da der bisher vorgetragene Datierungsvorschlag auf der Grundlage der Mosaikinschriften methodisch fragwürdig ist[744], möchte ich einen erheblich früheren Zeitansatz, etwa in der zweiten Hälfte des 4. Jhs. n. Chr., nicht ausschließen. Eine Klärung des chronologischen Problems können jedoch nur weitere archäologische Untersuchungen erbringen.

IV. 1. 4. Die "Area E-Basilika" in Abila/Qwēlbe

Das Dekapolis-Mitglied Abila (Abb. 36, 4)[745] liegt auf einem Hügel ungefähr 12 km ostnordöstlich von Gadara. Das Siedlungsgelände wird südlich und östlich vom *Wādī Qwēlbe*, einem Seitental des *Yarmūk*, begrenzt. Die mit der Apsis nach Osten ausgerichtete Basilika[746] befindet sich ca. 50 m nördlich des Nymphäums (Area C) und 75 m westlich der römischen Brücke auf der untersten Terrasse eines Sattels des *Tells* (Area E). Die Kirche nimmt somit innerhalb des Stadtgebietes eine eher periphäre Lage im südwestlichen Quartier ein. Da der Patron der Kirche unbekannt ist, wird sie von den Ausgräbern schematisch „*Area E Basilika*" oder neuerdings auch „*Transept-Basilica*" genannt.

Die Grabungen im Areal E begannen bereits 1990, wobei Teile des christlichen Sakralbaus zutage traten. Als solcher wurde er jedoch erst in der Kampagne 1992 erkannt. Über den weiteren Fortgang der Arbeiten und die

---

[742] Ovadiah a.O. (1969) 197: „*The date of A.D. 508/9 mentioned in the synagogue inscription provides a fixed point in the dating of the several phases there. The inscription undoubtedly relates to the completion of the pavement and possibly of the building proper, which probably took several years to erect.*"

[743] s. u. S. 149.

[744] s. o. S. 147.

[745] Hennessy - Homès-Fredericq II 2 (1989) 472 ff. s.v. Quwelbeh (H. Mare).

[746] H. Mare, AAJ 38, 1994, 359 f. Abb. 4; ders., AAJ, 40, 1996, 259 f.; ders.; AAJ 41, 1997, 306 f. Plan 3.

architektonische Struktur des Baus liegen bislang nur knappe, teilweise in sich widersprüchliche Vorberichte vor. Bislang wurden zwei völlig unterschiedliche Grundrisse publiziert, von denen der erste (Abb. 41 A)[747] auf völlig hypothetischen Ergänzungen, der zweite[748] unter Beziehung der bisher freigelegten Bauabschnitte erstellt wurde (Abb. 41 B). Erst in der Ausgrabungskampagne von 1999 wurde die Fünfschiffigkeit der Anlage zweifelsfrei nachgewiesen.[749]

Die Datierung bleibt hingegen noch relativ unbestimmt, die Ausgräber bestimmten das Fundmaterial von der *late Roman Period*[750] bis in islamische Zeit. Ebenso ist den Vorberichten nichts hinsichtlich einer chronologischen Periodisierung der Bau-, Nutzungs- und Zerstörungsphasen zu entnehmen. Unter dem Vorbehalt des vorläufigen Publikationsstandes wird im folgenden - versucht, die Anlage nach vorliegenden Berichten unter Berücksichtigung der letzten Ergebnisse zu beschreiben.

Die Fundamente der Kirche sind erst teilweise freigelegt worden: Bis heute sind die drei Apsiden, das Querschiff, Abschnitte der westlichen Fassade, die Stellung der Kolonnadenreihen der Außenschiffe und drei Basen der Mittelschiffkolonnaden dokumentiert (Abb. 41 B).

Als Baumaterial wurde für die Außenmauern, einen Teil der Säulenschäfte und die meisten Kapitelle der am Ort anstehende Basalt verwendet. Allerdings scheinen auch hier, vergleichbar der Gadarener Basilika, bestimmte Teile des Kircheninnenraumes durch farblich variiertes Gestein hervorgehoben gewesen zu sein. In den Vorberichten ist von korinthischen Kapitellen aus Marmor und dem Bruchstück eines Säulenschaftes aus Granit die Rede. Möglicherweise lag hier die gleiche Kombination von prokonnesischem Marmorkapitellen und Basen mit troadischem Granit vor, wie man sie in der Anlage zu Gadara findet.[751] Die Klärung der Frage, ob es sich dabei tatsächlich ausschließlich um Spolien handelt[752], wie der Ausgräber meint, oder um Werkstücke, die gleichzeitig mit dem Bau entstanden sind und importiert wurden, kann nur durch weitere Untersuchungen geklärt werden. Das im Inneren der Basilika gefundene Granitschaftfragment trägt jedenfalls folgende griechische Inschrift, die tatsächlich auf eine Wiederverwendung deutet:

„ἀγαθῇ τυχῇ ὑπὲρ σωτηρίας τῶν κυρίων
Δισχασδεινίωνος φιλοτειμησάμενος
ἐκ τῶν ἰδίων τὸν στῦλον ἀνήγειρεν.
ἔζ(ησεν) [ἔτη] κς"

„Auf das gute Glück, auf das Wohlergehen der Herren.
Dischasdeinion, der ehrgeizig gewesen ist,

---

[747] Mare a. O. (1994) 366 Abb. 4.
[748] Mare a. O. (1996) 263 Abb. 4.
[749] vgl. H. Mare, AAJ 43, 1999, 456 f.
[750] Unter diesem von der amerikanischen Archäologie häufig gebrauchten, aber unpräzisen Begriff ist in Analogie zur Periodisierung der Keramik von J. W. Hayes (Late Roman Pottery [1972] 1) ein Zeitraum zwischen dem 2. bis zum 7. Jh. n. Chr., nach der Chronologie von Hennessy - Homès-Fredericq (II 1 [1989] 10) zwischen 106 und 324 n. Chr. zu verstehen.
[751] s. o. S. 45 ff.; 50 Anm. 140; 56.
[752] Mare a. O. (1994) 367.

*hat auf eigene Kosten die Säule errichtet.
Er lebte 26 (Jahre)."*[753]

P. L. Gatier[754] schlägt aber notwendige Korrekturen vor. Nach ihm liefert die Inschrift das Datum 220 ἔτ(ους) κς. Nimmt man als Basis, wie üblich, die pompeianische Ära der Dekapolis (64/63 v. Chr.), so ergäbe sich nach seiner Rechnung das Jahr 170/171.[755] Der Name des Stifters könnte auch folgendermaßen gelesen werden: Dischas, Sohn des Deinion, wobei δεινίωνος, wie N. Follet[756] sagt, als Patronym zu deuten ist. Aus der Inschrift läßt sich also das erwähnte Datum der Dedikation der Granitsäule ermitteln, die möglicherweise zu einem römischen Tempel oder profanen öffentlichen Gebäude gehört hat.

Dem 1996 publizierten Vorbericht zufolge hat die Abilener Basilika einen nahezu quadratischen Grundriß (Abb. 41 B).[757] Der Innenraum der Kirche wird durch vier Kolonnaden mit je fünf Säulen unterteilt, die im Osten mit einem jeweils kräftigen Pfeiler enden. Sie teilen die Kircheninnenraum in ein breites Hauptschiff, welches beiderseits von zwei Seitenschiffen flankiert ist. Die Breite des Mittelschiffes entspricht den Spannweiten dieser beiden Seitenschiffe. Die fünf Schiffe münden nach Osten in ein Querhaus, das in seiner Breite die der beiden östlichsten Joche der Kolonnaden einnimmt und dessen Schmalseiten in Apsiden enden. Den Abschluß des Bemas bildet eine weitere, nach Osten orientierte Apsis. Sie beschreibt in ihrem Grundriß die Form eines Halbkreises und springt über den Baukörper der Kirche nach außen vor. Der Altarraum ist vom Versammlungsraum der Gemeinde durch Schranken abgetrennt.[758] Von Westen her war die Kirche durch ein zentrales breites Portal zugänglich gemacht. Wahrscheinlich befanden sich zu beiden Seiten davon noch kleinere Eingänge, von denen lediglich einer im Süden nachgewiesen ist. Eine weitere Türöffnung befindet sich in der südlichen Apsis des Querhauses. Diese wurde als ein Indiz für eine spätere Umwandlung des Bauwerks in eine Moschee bewertet.[759]

Nachdem die Fünfschiffigkeit dieser Basilika durch die Ausgrabung von 1999 feststeht, ergeben sich mehrere Gemeinsamkeiten, aber auch gravierende Unterschiede zur Gadarener Basilika: In beiden Fällen sind die Grundrisse ausgesprochen gedrungen, fast quadratisch. Gemeinsam ist auch die Verwendung von dunkelgrauem Basalt und farblich unterschiedlichen Gesteins, worauf bereits hingewiesen wurde. Möglicherweise liegt auch in

---

[753] Mare a.O. (1996) 263 f.
[754] P. L. Gatier, in: BE (1997) Nr. 650; Zur Datierung und Lesung der Inschrift vgl. ferner H. W. Pleket u. a. (Hrsgs.), SEG XLVI 1996 (1999) 585 Nr. 2054.
[755] Nach eigener Rechnung ergibt sich hingegen die Jahreszahl 156/157.
[756] S. Follet, AE ([1999] 1999) 551 Nr. 1553.
[757] Ursprünglich ging der Ausgräber davon aus, daß die angegrabene Basilika ein rechteckiges Langhaus besäße, vgl. Mare a.O. (1994) 366 Abb. 4; vgl. Mare a. O. (1996) 263 Anm. 5: „*We had estimated it to be about 25 m wide and 40 to 60 m in length - similar proportions to the area A and Area D basilicas.*"
[758] Der Ausgräber spricht hierbei von einer „*iconostasis screen*", vgl. Mare a. O. (1996) 262.
[759] Mare a. O. (1996) 263: „*a small opening in the center of this apse on the south may point to the re-use of this section of the Basilica as a mosque.*" Dem ist jedoch entgegenzuhalten, daß sich die nach Süden, d. h. auf Mekka hin orientierte Apsis gut als Gebetsnische (*Miḥrāb*) geeignet hätte, in die man aber normalerweise keine Tür einbricht.

Abila eine kompositäre Verwendung von Säulen und Pfeilern vor, wobei jedoch hier die Unterteilung der Seitenschiffe mit Hilfe von Säulen ungewöhnlich wäre.

Beim Vergleich der beiden geographisch benachbarten Basiliken in Gadara und Abila werden jedoch auch gravierende Unterschiede deutlich: Der wichtigste liegt in der Zwischenschaltung eines auf beiden Seiten apsidial abschließenden Transepts zwischen Sanktuar und Langhaus. Ein solches Querhaus ist jedoch in den orientalischen Kirchen des 4. Jhs. n. Chr. nicht geläufig. Hieraus kann man jedoch keine chronologischen Rückschlüsse in Bezug auf das Erbauungsdatum der Abilener Basilika ziehen. Es ist nämlich möglich, daß der Bau im 4. Jh. entstanden, aber im 6. Jh. baulich durch Hinzufügung des Transepts verändert worden ist. Ein Parallelfall liegt, wie oben gezeigt[760], mit der Geburtskirche zu Bethlehem vor. Auch die Baubeschreibung und Untersuchung der Basilika von Gadara zeigte, daß Eingriffe in den architektionischen Aufbau während justinianischer Zeit vorgenommen wurde.[761]

Die Seitenschiffe führen in Abila nicht zu einem verehrungswürdigen Ort hinter bzw. unter der Apsis, sondern sie enden - vorausgesetzt, daß der Grundriß korrekt ist - im Transept. Hier ist auf zukünftige Grabungsergebnisse zu hoffen. Auch das Fehlen des Atriums ist möglicherweise durch den noch sehr lückenhaften Stand der Erforschung dieses Baudenkmals zu erklären.

IV. 2. Syrien und Phönikien

In Dura Europos, der nordostsyrischen Grenzstadt zum Partherreich, baute ein Christ sein Haus für den Gottesdienst um. So entstand im Jahr 232 die überhaupt älteste Hauskirche[762], die archäologisch bisher nachgewiesen ist.

In der Zeit Konstantins d.Gr. wurden auf kaiserlichen Befehl hin, ähnlich wie in Palästina und anderen Teilen des christianisierten Reiches, Kirchenbauten auch in Syrien und Phönikien errichtet. In Heliopolis (*Baalbek*) ließ Konstantin den Venustempel niederreißen und eine Kirche an seiner Stelle erbauen.[763] In Antiocheia, dem Sitz des Patriarchen der Diözesanprovinz *Oriens*, forderte der Kaiser 325 die Errichtung einer „Goldene Kirche". Diese Anlage war ein oktogonaler Zentralbau, eine in dieser Zeit außergewöhnliche architektonische Schöpfung, die als Bauidee dem Allerheiligsten der Bethlehemer Geburtskirche nahestand.[764] Der antiochener Zentralbau wurde einige Jahre nach dieser im Jahr 341 eingeweiht.

Unter Theodosios I. (379-395) wurden die gesetzlichen Maßnahmen gegen die heidnischen Kulte verschärft und zahlreiche Tempel in Kirchen

---

[760] s. o. S. 146.
[761] s. o. S. 91.
[762] Vgl. Lassus 1947; 5 ff; RBK I (1966) 1220 ff. s. v. Dura Europos (K. Wessel); vollständig vgl. C. H. Kraeling, The Excavations at Dura Europos VIII 2 (1967); Krautheimer 1981, 27 f.
[763] *Vita Const.* III 58.
[764] *Vita Const.* III 50. „...*Ihr (Antiochia) als der Hauptstadt der dortigen Provinzen weihte er eine an Größe und Pracht ganz einzigartige Kirche*...". Zur Kirche vgl. A. Birnbaum, Repertorium für Kunstwissenschaft 36, 1913, 181 ff; E. B. Smith, The Dome (1950) 34 f; Donceel-Voûte 1988 22 ff.

umgewandelt. Dies geschah beispielsweise mit dem Tempel des Jupiter Heliopolitanus zu *Baalbek*[765] und mit dem des Jupiter Damascenus zu Damaskus.[766] Die Kirche an sich ist an dem zuletzt genannten Ort nur literarisch überliefert und liegt heute mit ihren Fundamenten unter der großen umaiyadischen Moschee.[767] Eine weitere bedeutende Basilika, die zugleich zu den frühesten des fünfschiffigen Typus im Orient gezählt wird, entstand 314 in der Stadt Tyros (*Sūr*) an der phönikischen Küste.[768]

Außer der Johannesbasilika von Damaskus ist der fünfschiffige Bautypus auch durch die Basilika des Sergios in der südsyrischen Stadt *Suwēda* gesichert. Ein weiterer, aber hinsichtlich seines Grundrisses nicht kanonischer Bau dieses Typs in *Dēr al-Ġuwānī* in der südsyrischen Basaltwüste (*al-Leǧǧā*) wurde von H. C. Butler dokumentiert und als Kirche identifiziert. Diese vier Bau-denkmäler werden im folgenden ihre Zusammenhänge mit den palästinischen und ostjordanischen Basiliken des fünfschiffigen Typus untersucht.

Von den übrigen frühchristlichen Sakralbauten Syriens[769], die im Laufe des 4. Jh. errichtet wurden, verteilen sich mehrere über das Gebiet des *Haurān*, wie etwa die 324 geweihte Kirche des Heiligen Sergios in *al-Hīt*[770] und die von Kafr (Ende des 4. Jhs.).[771] Im nordsyrischen Kalksteinmassiv entwickelte sich in dieser Zeit eine Sonderform des Bemas, einer inmitten des Sakralbaus erhobenen, halbkreisförmig abschließenden Tribüne.[772] Beispiele für den nordsyrischen Kirchenbau im 4. Jh. befinden sich in *Bankušā, Išāruk, Ma'ramaya, Nurīye, Ḫirbēt Hass, Dēr Sambel, Serǧilla, Miglīya, al-Bāra, Ruwēḥa, Rbe'ḥah und Būda*.[773]

IV. 2. 1. Die Johanneskirche in Damaskus

Damaskus (Abb. 36 Nr. 5) liegt inmitten einer ausgedehnten und äußerst fruchtbaren Bergrandoase (*Ġuṭā*) an den östlichen Ausläufern der phönikischen Gebirgsstöcke des Hermon und Antilibanon. Die Johannesbasilika[774] nahm das Zentrum der ummauerten Stadt ein und okkupierte den vormaligen heiligen Bezirk des Jupiter Damascenus. Das orthogonale, dem sog. Hippodamischen System entsprechende Straßennetz war seit ältester Zeit axial auf dieses Heiligtum orientiert; noch heute bildet es den Endpunkt des *Sūq al-*

---

[765] S. Westphalen, in: M. van Ess - Th. Weber (Hrsg.), Baalbek. Im Banne römischer Monumentalarchitektur (1999) 45 ff.
[766] Vgl. o. S. 95 Anm. 372.
[767] s. u. S. 152.
[768] s. u. S. 159 ff.
[769] Zu den Kirchen des 4. Jhs in Syrien vgl. Butler 1929, 12 ff; Lassus 1947, 5 ff; Foss1997, 189 ff.
[770] H. C. Butler, in: PPUAES 1929, 83; RBK II (1971) 962 s. v. Hauran (Restle).
[771] E. Littmann, in: PPUAES III (1915) 309.
[772] G. Descoeudres, Die Pastophorien im syro-byzantinischen Osten (1983) 61 ff.; zuletzt K. Strube, Die toten Städte (1997) 41 ff.
[773] Butler 1903, 87 ff. Strube a. O. 30 ff.
[774] Ausführlich vgl. R. Dussaud, Syria 3, 1922, 219 ff.; Creswell 1932, 100 ff; ders., Short Account of Early Muslim Architecture (1958) 44 ff.; J Nasrallah, Proche-Orient 35, 1985, 37 ff, 264 ff; ders., in: La Syrie de Byzance àl' Islam, VIIe - VIIIe siècles. Actes du Colloque international, Lyon - Paris 11-15 septembre 1990 (1992) 139 ff.

Hamidīye, einer der bedeutendsten Einkaufstraßen der neuzeitlichen Damaszener Altstadt.[775] Auch in byzantinischer Zeit bildete der sakrale Bau das Herz eines ausgedehnten Markt- und Handwerksbezirks. In theodosianischer Zeit entstand entlang der westlichen und östlichen Außenmauer des Heiligtums (*Peribolos*) eine große Markthalle, die man auf Grund ihrer zweischenklig-rechtwinkligen Anordnung „*das Gamma*" nannte.[776]

Im Inneren der heutigen Moschee erhebt sich ein schmiedeeiserner Kiosk, in dem ein nach muslimischem Brauch mit einem grünen Tuch bedeckter Schrein aufbewahrt wird. Dieser enthält als verehrungswürdige Reliquie das Haupt Johannes des Täufers. Es ist wahrscheinlich, daß sie das kultische Zentrum der frühchristlichen Basilika gebildet hat.

Die Basilika wurde in der Regierungszeit Kaisers Theodosius d. Gr. errichtet. In den Schriftquellen finden wir ansonsten nur spärliche Hinweise über den Kirchenbau. Der aus Syrien stammende Chronist Johannes Malalas erwähnt die christliche Anlage im Zusammenhang mit der Umwandlung des Jupiterheiligtums.[777] Auch die beiden um 680 Palästina bereisenden abendländischen Kleriker, der Bischof Arkulf und der Abt Adomnanus, berichten über die Kirche: „*Die große Königstadt Damaskus liegt auf einer weiten Ebene; sie ist von einem umfangreichen Mauerring umschlossen. ... Ebendort ist zu Ehren des heiligen Johannes des Täufers eine große Kirche errichtet worden*".[778]

Bei der weitgehend unblutigen Einnahme der Stadt durch die Muslime konnten die Christen durch Vermittlung der Patrizierfamilie *al-Manṣūr* Sonderkonditionen für den Erhalt ihrer Sakralbauten aushandeln. So verblieb auch die Johannesbasilika zunächst in christlicher Hand. Allerdings wurde der Bau auch teilweise dem Islam übereignet: Dem arabischen Chronisten *Ibn Šakir*[779] zufolge benutzen in dieser Zeit Christen und Muslime denselben Eingang in der südlichen *Peribolos*-Mauer, um in den Tempelhof zu gelangen. Die Christen begaben sich sodann nach Westen zu ihrer Kirche, während die Muslime nach Osten zu ihrer Gebetsstätte gingen. Erst in der mittleren Umaiyadenzeit, nämlich unter der Regierung des Kalifen *al-Walīd* (705-720) wurde die theodisianische Basilika umgebaut oder völlig abgetragen und an ihrer Stelle die noch heute existente große Moschee der Reichshauptstadt errichtet.

---

[775] Th. Weber, DaM 7, 1993, 144 ff.

[776] C. Watzinger - C. Wulzinger, Damaskus I.: Die antike Stadt (1921) 77 ff.

[777] Malalas XIII 5, 15 (Hrsg. L. Dindorf, Corpus Scriptorum Historiae Byzantinae [1831]) 344; The Chronicle of Malalas 344, Hrsg. E. Jeffreys - R. Scott, Byzantina Australiensia IV (1986) 187; Weber a. O. 167 Anm. 275; Ioannis Malalae Chronographia (Hrsg. I. Thurn, Corpus Fontium Historiae Byzantinae XXXV [2000] passim; zur Entwicklungsgeschichte des Tempels vgl. K. S. Freyberger, DaM 4, 1989, 61 ff. Taf. 17-28.

[778] Der Bischof Arkulf und der Abt Adomnanus XXVII, Übersetzung von Donner 1979, 400 f. Ob das Haupt des Johannes sich allerdings schon zu diesem Zeitpunkt in Damaskus befand, ist höchst unsicher. Der Pilger von Piacenza (46) will es nämlich 100 Jahre früher (um 570) in Emesa/ *Ḥoms* gesehen haben: „*Emiza*, *wird in das Haupt des heiligen Johannes des Täufers befindet; es wird in einem gläsernen Fasse aufbewahrt und wir haben es in dem Fasse mit eigenen Augen gesehen und angebetet*". Übersetzung von Donner 1979, 312. Marcellinus Comes (PL 51, 928 f.) berichtet um 550, ein Töpfer aus Emesa habe das Haupt des Johannes aus Samaria gestohlen. Um 512 scheint es sich in Emesa befunden zu haben, wie aus einer Notiz des Zacharias Rhetor (*Vita Severi Antiocheni*, bei M. A. Kugener, *Patrologia Orientalis* II [1907] 92). Bei seinem Aufenthalt in Emesa zwischen 724 und 730 hat es der Eichstätter Bischof Willibald dort nicht mehr gesehen. Zum Verbleib der Reliquie vgl. Donner 1979, 312 Anm. 220.

[779] Vgl. M. Quatremère, Historie des Sultans Mamluks de l'Égypte II 1 (1845) 263.

Aussagen über die Maße und über den Grundriß der Kirche sind nach sowohl nach der älteren Forschungsmeinung R. Dussauds[780] als auch nach der These K. A. C. Creswells[781] mit vielen Problemen behaftet. Sollte die Theorie R. Dussauds bevorzugt werden, müßte die damaszener Johannesbasilika in Damaskus bei der Diskussion der fünfschiffigen Basiliken ausscheiden.

Aufgrund der Proportionen des *Temenos*-Platzes (Taf. 52 A) ist für die Basilika Grundmaße von 65 m in der Länge und etwa 40 bis 45 m in der Breite zu postulieren (Abb. 42 A). Bei einer solchen Breite würde die Dachkonstruktion mindesten vier Säulenreihen erfordern, weshalb Stierlin die Basilika fünfschiffig mit vorgelagertem Narthex rekonstruiert. Demnach bestanden die eingezogenen Kolonnaden aus jeweils zehn Säulen, deren Bögen eine Spannweite von 4, 8 m und eine lichte Höhe von etwa 6 m erreichten. Die Decke wurde von korinthischen Kapitellen[782] und Keilsteinbögen getragen, die in der 'Umaiyādenmoschee Wiederverwendung gefunden haben. 21 weitere, aber deutlich schlankere Säulen wurden als Teile von Emporen gedeutet. Nach Creswell führten jeweils drei Portale in die Vorhalle und von dort aus drei weitere in das Innere der Basilika Kirche. In Verlängerung des Mittelschiffes war die Apsis wahrscheinlich halbrund nach Osten ausgezogen.

Zum Bau der Kirche verwendete man weitgehend älteres Baumaterial von Jupitertempel. Überreste des christlichen Baus befinden sich noch über dem Eingang an der Südfassade der Temenosmauer. Auf einem römischen Türgewände (Taf. 52 B) liest man in Anspielung auf einen Psalm (145, 13):

Ἡ βασιλία σου Χ(ριστ)έ βασιλία
πάντων τῶν αἰώνων καὶ ἡ δεσποτία
σου ἐν πάσῃ γενεᾷ καὶ γενεᾷ[783]

„*Dein Reich, o Christus, ist ein ewiges und deine Herrschaft wird über die Generationen dauern*".[784]

Ein weiteres Relikt des Kultortes konnte das wiederverwendete Relieffragment des Brustbildes eines Grabreliefs aus Kalkstein (Taf. 52 C)

---

[780] Nach der von R. Dussaud a. O. (s. o. S. 152 Anm. 774) entwickelten Theorie, die sich auf die Notiz des *Ibn Šhakir* stützt, ist die Johannesbasilika in den Bau der Moschee integriert worden. Demnach hätte die christliche Kirche nicht exakt an der Stelle des Jupitertempels, nämlich im Zentrum des inneren (*Temenos*-) Hofes (Taf. 52 A), sondern nach Südwesten versetzt gelegen. Hierbei hätten die christlichen Architekten einen Abschnitt der *Temenos*-Mauer in die Südmauer der Kirche integriert. Als weiteres Indiz für diese Theorie glaubte die ältere Forschung die Position der Psalmeninschrift in der *Temenos*-Mauer (Taf. 52 B) heranziehen zu können, die jedoch wahrscheinlich als Spolie in die Temenoswand gelangte.
[781] Creswell (1932) 125 f. Abb. 72 lehnte die Theorie ab, daß die Basilika an der Stelle der heutigen Moschee lag. Er ist dafür eingetreten, daß die christliche Kirche im westlichen Teil des Temenos-Hofes des Jupitertempels oder genau an der Stelle des Tempels lag. Er beruft sich die Nachrichten des *Ibn Šakir* (s. Anm. 676) und auf die Analogie zur Kirche auf Jupiter-Tempel in Baalbek. Eine innere Gliederung des Kircheninnenraumes ist jedoch nicht bei Creswell zu finden. Er vermutet jedoch (a. o. S. 72), daß die Kirche ähnlich wie die Basiliken des 4. Jhs. in Rom, Palästina, Konstantinopel und Ravenna aussah. Nach der Meinung von Stierlin a. O. 51 (Abb. 42 A, vgl. Taf. 52 A) liegt die fünfschiffige Basilika genau in der Mitte des *Temenos*. Für eine dezentralisierte Position auf dem Platz habe es keinen vernünftigen Grund gegeben.
[782] K. S. Freyberger, DaM 4, 1989, 61 ff.
[783] W. H. Waddington, Inscriptions Grecques et Latines de la Syrie (1870) 581 Insc. 2551 C S.
[784] Vgl. Ruprechtsberger 1993, 46.

repräsentieren, das als Spolie in der Nähe des Südwestecks der südlichen Temenos-Wand eingebaut worden ist.[785] Auch dies spricht dafür, daß die gesamte Temenos-Wand in diesem Abschnitt, in dem sich nach Meinung Dussauds die Basilika befunden haben soll, in umaiyadischer Zeit völlig neu aufgezogen worden ist.

Die Überlieferungslage ist, selbst wenn man der Theorie Creswells und Stierlin den Vorzug geben will, zu hypothetisch, um auf dieser Grundlage Vergleiche mit der Basilika in Gadara anzustellen. Die Verkehrsanbindung in Gadara ist in jeden Falle unterschiedlich, was wohl am ehesten dadurch zu erklären ist, daß der *Locus Sanctus* kein älteres Heiligtum, sondern ein paganes Grab besetzte. Über die Wirtschafsgebäude in der Umgebung der Gadarener Basilika ist beim derzeitigen Stand der Ausgrabungen noch kein detailliertes Bild zu entwerfen.

IV. 2. 2. Die sog. Sergios-Kirche in Suwēda

Suwēda (Abb. 36 Nr. 6) liegt am Fuß des westlichen Abhangs des *Ǧabal Ḥaurān/* römisch Mons Alsadamus (wegen des Siedlungsschwerpunkts der Drusen in dieser gebirgigen Region auch *Ǧabal Drūze* genannt) an der römischen Fernstraße zwischen *Bosra* (*Colonia nova Trajana*, die Hauptstadt der *Prvincia Arabia*) und *Qanawāt*, welche die Verlängerung der *Via Nova Traiana* nach Norden bildete. Die sog. Sergios-Kirche befand sich an einer der Hauptstraßen im Zentrum der byzantinischen Vorgängersiedlung des heutigen *Suwēda*, des antiken Dionysias.

Die Rekonstruktion der Geschichte der sog. Sergios-Kirche läßt sich bislang nur durch die Oberflächenuntersuchungen vornehmen, bei denen auf Ausgrabungen verzichtet wurde. Die älteste Dokumentation erfolgte durch den Comte M. de Vogüe[786] im frühen 19. Jh. In den 30er Jahren des 20. Jhs setzten F. W. Deichmann[787], in jüngerer Zeit P. Donceel-Voûte[788] die Forschungen an diesem Bau fort. H. C. Butler[789] macht keinerlei Bemerkungen zur Kirche, da ein Teil der Kirche zu privaten Wohnhäusern -wie heute- umgebaut waren, als er die Stadt aufsuchte.[790] In den jüngst vergangenen Jahren hat sich das *Institut Français d'Archéologie du Proche-Orient à Damas* unter der Leitung des Architekten M. Kalós der Erforschung von Dionysias zugewandt. Im Zuge dieser Arbeiten wurde auch die Basilika von *Suwēda* neu aufgemessen. Bis zum Erscheinen der in Kürze vorgesehenen Abschlusspublikation kann hier lediglich der ältere Forschungsstand referiert werden.

---

[785] Hinweis Th. Weber; Ähnliche Büstenbilder aus der Damaszener Umgebung vgl z. B. K. Parlasca, in: Trierer Winckelmannsprogramm III (1881) Taf. 7 Nr. 3; G. Koch, DaM 4, 1989, 166 Taf. 40 a.
[786] M. de Vogüè, Syrie Centrale I (1865) 60 Taf. 19.
[787] F. W. Deichmann, AA, 1941, 89 ff.
[788] Donceel-Voûte 1988, 308 ff; P. Donceel-Voûte, Le Muséon 100, 1987, 89 ff.; dies. AAS 41, 1997, 63 ff. Fig 1.
[789] H. C. Butler, in: PPUAES II A (1919) 355.
[790] Weitere Literatur vgl. J. Mascle, Le Djebel Druze (^{2}1908) 111 ff; R. Brünnow - A. von Domaszewski, Die Provincia Arabia III (1909) 91 ff.; Butler 1929, 189; A. Parrot, RBi 43, 1934, 97 ff.; Lassus 1947, 297; J.-M. Sodini, in: J.-M. Dentzer - J. Dentzer (Hrsg.), Le djebel al- 'Arab. Histoire et Patrimoine au Musée de Suweida (1991) 85; A. A. Assaf, Ǧabal Hauran und seine Denkmäler (1998) 84 ff.

Die Anlage enthält Baureste eines vorchristlichen Gebäudes, dessen Funktion unbekannt ist.[791] Das Mauerwerk dieser Bauphase weist nach den Beobachtungen des Comte M. de Vogüe gewisse Übereinstimmungen mit der *Sarāya* zu *Qanawāt* auf.[792] Gegen Ende des 4. oder zum Beginn des 5. Jh. n. Chr. fügte man an der östlichen Seite dieses Baues drei Apsiden hinzu und wandelte ihn in eine große Kirche um. Von ihr sind heute die östliche- und westliche Fassade der Außenmauern und Teile der Säulenreihen erhalten.[793] Die Datierung beruht vor allem auf der Zuweisung der Anlage an den in dieser Zeit aufkommenden tripasidialen Bautypus.[794] Im Gegensatz dazu faßt J.-M. Dentzer durch Hinweis auf typologische Ähnlichkeiten mit der konstantinischen Geburts- und Grabeskirche ein früheres Entstehungsdatum ins Auge.[795] Ebenso offen wie der Zeitpunkt der Umwandlung des paganen Baus in eine Kirche bleibt auch die Beantwortung der Frage, wann die Basilika von den Christen aufgegeben wurde. Hier hat man die Ergebnisse der jüngsten Untersuchungen von M. Kalós abzuwarten.

Bei der Kirche handelt es sich um eine fünfschiffige Basilika (Abb. 42 B), deren Baukörper von Säulenhallen umgeben war. Aufgrund dieser Besonderheit wurde der Grundriß früher irrtümlich auch als siebenschiffig rekonstruiert. Das Baumaterial besteht aus dem im Ḥaurān üblichen dunkelgrauen Basalt. Zudem wurden ältere Werksteine als Spolien wiederverwendet; insbesondere die korinthischen Kapitelle (Taf. 53 C) müssen zu einem Gebäude aus severischer Zeit gehört haben.

Die Gesamtlänge des Baus einschließlich des Narthex beträgt 67, 60 m und die maximale Breite 27,10 m.[796] Hierdurch ergibt sich ein lang gestreckter Grundriß. Die Länge des Kircheninnenraumes allein mißt 42 m. Vier Kolonnaden, bestehend aus jeweils acht Säulen, gliedern ihn in ein breites Mittelschiff und vier schmalere Seitenschiffe. Die Säulen der äußeren Arkaden haben einen geringeren Durchmesser als die der inneren. Der zentrale Teil des Innenraumes ist auf drei Apsiden hin nach Osten orientiert, die jeweils mit dem Mittelschiff und den beiden Innenschiffen korrespondieren.

Die Außenschiffe schließen blind ab und bilden an ihren Enden kleine rechteckige Räume aus, die als *Pastophorien*[797] gedeutet werden (Taf. 53 A). Diese besitzen Türen nicht nur zu den Außenschiffen, sondern auch zu den apsidial abschließenden Enden der Innenschiffe und in das zentrale Sanktuar (Taf 52 B).

Die über den Baukörper nach Osten vorspringende mittlere Apsis hat - bisher vorliegenden Plänen zufolge - einen nicht exakt halbkreisförmigen Grundriß, sondern ist in der Breite nach leicht oval gestaucht. Die beiden seitlich daran anschließenden Apsiden sind hingegen in die außen gerade

---

[791] Die Innenraumunterteilung des Vorgängersbaus läßt sich durch die Untersuchungen nicht ermitteln. Allerding ist eine Gliederung des älteren Gebäudes durch fünf Säulenreihen ist nicht auszuschließen.

[792] Vgl. Butler 1903, 357 ff.; Donceel-Voûte a. O 1997, 65 ff.

[793] Mündliche Mitteilung von Th. Weber, der die Kirchenruine im Dezember 1999 besucht hat.

[794] s. o. S. 136 mit Anm. 685.

[795] J.-M. Dentzer, in: Ruprechtsberger 1993, 89.

[796] J. Mascle a. O. 114 gibt die Breite hingegen mit 27, 80 m an. Ihm zufolge mißt das Mittelschiff in der Breite 12,30 m, jedes Seitenschiff (Innen- und Außenschiffe) 3,70 m.

[797] Zu den *Pastophorien* im syrischen Kirchenbau vgl. G. Descoeudres, Die Pastophorien im syrobyzantinischen Osten (1983) passim.

verlaufende Mauer eingeteilt. Auf Höhe der letzten östlichen Joche sind die beiden Seitenschiffe von dem übrigen Kirchenraum (möglicherweise ursprünglich durch Chorschranken) abgetrennt.

Donceel-Voûte zufolge hatte die Kirche in der Westfassade vier Eingänge, die lediglich in die Seitenschiffe, nicht aber in das Mittelschiff führten. M. de Vogüe hatte seiner Zeit jedoch die Westfassade mit fünf, d. h. in jedes Schiff führenden Portalen aufgenommen. Auf mittlerer Länge der Nord- und Südfassade öffnete sich jeweils ein weiteres kleineres Türchen, deren Existenz gesichert ist, in den Kircheninnenraum.

Die Außenwände der Kirche zeigen kein einheitliches Mauerwerk. Im östlichen Abschnitt unterscheidet man mindestens zwei verschiedene Techniken. Die Außenwände der Außenschiffe bestehen in diesem Bereich aus Blöcken mit geglätteten Spiegeln, die sorgfältig in Läufer und Binder gesetzt sind und somit der ältesten Phase, dem römischen Vorgänger, angehören. Die Innenschiffe weisen hingegen deutlich gröberes Mauerwerk auf und binden nicht in das feinere, seitlich daran anschließende ein. Hieraus läßt sich schließen, daß die drei Apsiden in einer späteren Periode hinzugefügt wurden.

Der Boden der Kirche war mit polychromen und teilweise figürlichen Mosaiken geschmückt.[798] In einem der erhaltenen Felder ist eine in langem Gewand wiedergegebene Person mit einem Kandelaber in einer Hand zu erkennen. Ferner ist in diesem Paneel die Inschrift an einen gewissen Sergios in griechischer Sprache zu lesen:

„Σέργιος καὶ ζῆ"

„ (Hier ist) Sergios und er lebt".

Der sorgfältigen Analyse A. Parrots[799] zufolge handelt es sich hierbei um ein Grabmosaik. Da der Dargestellte weder durch die Angabe eines *Nimbus* noch durch ein epigraphisches Attribut als ein Heiliger ausgewiesen ist, darf die häufig in der wissenschaftlichen Literatur zu lesende Bezeichnung „Sergios-Basilika" nicht als Patronym missverstanden werden. Eine zweite Mosaikinschrift (Taf. 53 B) überliefert aller Wahrscheinlichkeit den Namen einer der Stifter/innen:

„Σολόμη ἡ μ[ήτη]ρ
Γεωργίου
τοῦ ἐπισκόπου"

„*Salome, Mutter des Bischofs Georgios*"

Der Grundriß der fünfschiffigen Kirche unterscheidet sich deutlich von denen der anderen bisher betrachten Beispiele. Ein Grundrißmuster hat sich die gedrungen-rechteckige Form, wie sie an den Basiliken in Palästina und im Ostjordanland als charakteristisch für die konstantinischen Bauphasen

---

[798] Ein Teil des Mosaikbodens befindet sich heute im Museum von *Suwēda*, vgl. Parrot a. O. 97 ff. Taf. I-II.; Donceel-Voûte 1988, 311 Abb. 305.
[799] Parrot a. O. 100 ff.

herausgearbeitet worden ist, sondern erscheint lang gestreckt. Dies läßt sich jedoch dadurch erklären, daß die Basilika auf einen schon existierenden älteren Bau aufgesetzt wurde, der bezüglich der Dimensionen den Grundriß vorgab. Ein weiterer Unterschied besteht darin, daß die Basilika an den beiden Enden der Außenschiffe zwei Nebenräume (*Pastophorien*) besitzt, der typisch für den syrischen Kirchenbau seit dem 4. Jh. ist und sich dort aus der paganen Tempelarchitektur herleitet.[800] Über die Existenz von offenen Säulenhöfen, die den Kernbau im Westen und Osten einfaßten, ist beim gegenwärtigen Forschungsstand nichts bekannt.

IV.2 . 3. Die Klosterkirche in Dēr al-Ǧuwānī

Die kapellenartige Kirche[801] liegt in einem kleinen Dorf namens *Dēr al-Ǧuwānī* (Abb. 36 Nr. 7) im Zentrum der südsyrischen Basaltwüste *al-Leǧǧa*. Die Region war bereits im Altertum höchst unwirtlich und in weiten Teilen unzugänglich. Die Siedlung lag in der Spätantike etwa 12 km westlich der Strassentrasse, welche die Römer in nördlicher Verlängerung der *via nova Traiana* durch das Basaltfeld getrieben haben. Die hier zur Debatte stehende Kirche gehörte zu einem kleinen Kloster, welches dem Ort den arabischen Namen gegeben hat. Angesichts der Abgelegenheit dürfte es sich bei den dort lebenden Mönchen um die Angehörigen eines Anachoretenordens gehandelt haben, wie er für das byzantinische Syrien typisch ist.

Die Kirche wurde erstmals von H. C. Butler untersucht und aufgenommen. Zum Zeitpunkt seines Besuchs war die Anlage zwar intakt, diente jedoch profanen Zwecken der am Ort saisonal anwesenden Beduinen. Da der Bau nicht präzise aufgenommen wurde und diesbezügliche Inschriften fehlen, läßt sich ihre Baugeschichte in chronologischen Daten nicht fassen. Zudem läßt sich die Zuverlässigkeit der Butler'schen Bauaufnahme angesichts des heute erhaltenen Befundes in Zweifel ziehen.[802] Der generelle Typus eines solchen Gebäudes, dessen Flachdach von Transversalbögen getragen wird, ist für die Architektur der südsyrischen Basaltgebiete in römischer und byzantinischer Zeit charakteristisch, so daß einer zeitlichen Einordnung zwischen dem 4. und 9. Jh. n. Chr. nichts im Wege steht.[803]

Die Kirche hat, dem Plan Butlers zufolge, einen ungewöhnlichen Grundriß (Abb. 43 A; Taf. 54 A-B), der in der Forschung als fünfschiffig charakterisiert wird. Der Kernbau besteht aus einer breit-rechteckigen Halle (11,64 x 7,08 m), die durch vier Transversalbögen in ost-westlicher Richtung in fünf Schiffe unterteilt ist. Die nach außen vorspringende halbkreisförmige Apsis (Tiefe 3,60

---

[800] Descoeudres a. O. (s. o. S. 156 Anm. 797) 33. Zur paganen Herkunft der die zentrale Apsis flankierenden Nebenräume vgl. auch K. S. Freyberger, DaM 4, 1989, 61 ff.

[801] H. C. Butler, in: PPUAES II A 7 (1919) 436; Butler 1929, 121 Abb. S. 121; ferner M. Restle, in: RBK II (1971) 971 Abb. 5.

[802] Freundl. Mitteilung von Th. Weber, der im Dezember 1999 *Dēr al-Ǧuwānī* besucht und für diese Arbeit Photos (Taf. 54 A-B) bereitgestellt hat. Seinen Reisenotizen zufolge ist die Kirche heute im nördlichen Teil durch Überbauung völlig zerstört. Bei dem südlichen Außenschiff handelt es sich möglicherweise um eine spätere Zufügung.

[803] Die Kirchen Südsyriens wurden von J. -M. Dentzer typologisch untersucht. Ihm zufolge gehört diese Kapelle zu den Kirchen mit mehrschiffigen Innenräumen vgl. Ruprechtsberger 1993, 82 ff., bes. 89 Abb. 1. Nr. 2.

m) liegt in der Mitte der östlichen Langseite. An der westlichen Seite schließt sich eine Vorhalle an, die aber nicht die gesamte Breite des Kernbaus einnimmt (4,06 x 7,39 m). Die Nordwand dieses hier als eine Art *Exonarthex* bezeichneten Traktes fluchtet mit dem nördlichen Transversalbogen des Mittelschiffes, während die Südmauer die Südfassade der Kirche fortsetzt. Die Tiefe dieses Raums beruht auf zwei ost-westwärts geführten Gurtbögen, deren Konstruktion und Position jeweils denen des Innenraumes entsprechen. Die Kirche ist nur durch ein Portal in der Mitte der südlichen Fassade des *Exonarthex* zugänglich. Zum Kirchenraum öffnet sich von dort aus in rechtem Winkel ein Eingang in das Mittelschiff.

Die kleinen Proportionen und die ungewöhnliche Form des Baues lassen keinen typologischen Zusammenhang dieser relativ kleinen Kirche mit den bisher betrachteten Basiliken erkennen. Genauere Zuweisungen an einen bestimmten Typus müssen von einer neuen, exakteren Bauaufnahme abhängig gemacht werden. Wahrscheinlich war die Kirche das *Katholikon* des Klosters. Funktional-liturgische Gründe für die Fünfschiffigkeit dieser Anlage sind nicht erkennbar.

IV. 2. 4. Die Paulinos-Kathedrale in Tyros

Zusammen mit Sidon ist Tyros (Abb. 36 Nr. 8) einer der bedeutendsten südphönikischen Mittelmeerhäfen. Aus dem Neuen Testament geht hervor, daß sich Jesus kurzfristig in beiden Städten aufgehalten hat.[804] Aus der literarischen Überlieferung läßt sich jedoch weder herleiten, ob die Kathedrale etwas mit einem diesbezüglichen *Locus Sanctus* zu tun hat, noch wo sich der Bau genau innerhalb des Stadtgebietes befunden hat. Konnte wahrscheinlich eine im libanesischen Bürgerkrieg zufällig entdeckte, unpublizierte Basilika (Taf. 55 A-C)[805] mit dem literarisch überlieferten Bau identisch sein, so wäre für die konstantinische Kathedrale eine Lage im südöstlichen Stadtgebiet vorzuschlagen. Die Bischofskirche lag demnach am östlichen Ende der Landbrücke, welche seit Alexander d. Gr. die Küste mit der Insel verband. Demzufolge dürfte der christliche Sakralbau in byzantinischer Zeit nicht allzu weit von der südlichen Strandlinie gelegen haben, an der sich der „Ägyptische Hafen" befand.[806] Hier landete Paulus, von Rhodos kommend, im Jahre 55 n. Chr. Der Evangelist Lukas beschreibt in der Apostelgeschichte seinen Aufbruch von dort nach Jerusalem.[807]

Die angeblich früheste fünfschiffige Basilika[808] im östlichen Mittelmeerraum wurde, dem literarischen Zeugnis des Eusebios[809] zufolge, zwischen 314 und

---

[804] Matt. 15, 21; Mark. 3, 8.
[805] s. u. Anm. 811.
[806] Vgl. Sepp, Meerfahrt nach Tyrus. Zur Ausgrabung der Kathedrale mit Barbarossas Grab (1879) 210.
[807] *Praxeis* XXI 5.
[808] Grundlegende Literatur zur Basilika von Tyros: Sepp a. O. Abb. S. 210; C. Mango, The Art of the Byzantine Empire 213-1453 (1971) 4 ff; ders. Byzantine Architecture (1974) 61 ff.; J. Wilkinson, JbÖByz 32, 4, 1982, 553 ff.
[809] Eusebios, *Hist. Eccl.* X, 4, 37 ff. Im Kapitel 46 beschreibt der Kirchenhistoriker das Gotteshaus als Βασίλειος οἶκος. Nach der Meinung Klein a. O. (Anm. 679 S. 135) 79 handelt es sich um eine Umschreibung und zugleich eine Interpretation das Wortes Basilika, da die Kirche zwischen 314 und

317 n. Chr., also ein knappes Jahrzehnt vor der konstantinischen Geburtskirche, von Bischof Paulinos in Tyros errichtet. Eusebios, der in eigener Person von Paulinus zur Einweihung der neuen Kirche in die südphönizische Stadt eingeladen worden war, gibt eine recht genaue Beschreibung der Baumaterialien und macht relativ akkurate Angaben zur Ausstattung des Innenraumes. Dennoch bleiben die bisher vorgelegten, auf den Angaben des Eusebios beruhende Rekonstruktionen des Grundrisses (Abb. 43 B)[810] weitgehend hypothetisch und sind in der wissenschaftlichen Diskussion umstritten.

Trotz aller Kontroversen ergeben sich durch die literarische Tradition und darauf beruhende Grundrißrekonstruktion Sepps frappante Übereinstimmungen mit der noch unpublizierten Ruine, die 1955 im südöstlichen Stadtviertel der modernen *Ṣūr* zufällig beim Bau eines Hochhauses zutage trat (Taf. 54 A-C).[811] Um weiteres über die Identität dieser im 6. Jh. n. Chr erneuerten Kirche mit der literarisch überlieferten Paulinos-Kathedrale zu erfahren, bedürfte es allerdings einer Bauaufnahme, die noch aussteht.

Der Beschreibung des Eusebios lassen sich recht präzise Angaben über die Hauptteile der Kirche entnehmen. Im zehnten Buch ist in den Kapiteln 37 bis 46 seiner Kirchengeschichte diesbezüglich zu lesen[812]: *„(37) Der ganze Platz, den er sonach für den Bau absteckte, war viel größer (als bei der ersten Kirche). Nach außen befestigte er ihn in seinem ganzen Umfang mit einer ringsum laufenden Mauer, die der ganzen Anlage als sichere Wehr dienen sollte. (38) Ein großer und zur Höhe sich dehnender Torbau, den er den Strahlen der aufgehenden Sonne zu sich öffnen ließ, sollte schon denen, die noch fern und außerhalb der heiligen Umfriedigung stehen, in reichem Maße ein Bild dessen bieten, was das Auge im Inneren schauen darf. Er wollte damit geradezu die Blicke derer, die dem Glauben noch ferne stehen, auf die ersten Eingänge lenken. Niemand sollte vorübergehen, ohne zuvor beim Gedanken an die einstige Verödung und das erstaunliche Wunderwerk von heute in tiefster Seele ergriffen zu werden. In solcher Ergriffenheit, hoffte er, würde vielleicht mancher sich angezogen fühlen und so seine Schritte auf den bloßen Anblick hin nach dem Eingange lenken. (39) Wer nun durch die Tore eingegangen, durfte nicht sogleich mit unreinen und ungewaschenen Füßen das Innere des Heiligtums betreten. Er beließ vielmehr zwischen dem Tempel und den ersten Eingängen einen reichlich bemessenen Raum und schmückte diesen ringsum mit vier schräg abgedeckten Hallengängen, die allerseits auf Säulen ruhen, den Platz im Geviert umgebend. Den Raum zwischen Säule und Säule schloß er bis zu mäßiger Höhe mit hölzernem Gitterwerk. Die mittlere Fläche der Anlage aber beließ er als offenen Platz, wo man den Himmel sehen kann, helle Luft ihr gewährend und sie freigebend für die Strahlen des Lichtes. (48) Hier stellte er Symbole heiliger Reinigungen auf, indem er dem*

---

317 n. Chr. entstanden worden war.

[810] Sepp a. O. 210 Abb. ohne Zählung.

[811] Auf diese Ruinen wurde ich von Th. Weber aufmerksam gemacht, der Tyros im November 1998 besucht und die Baureste photographiert hat. Die Anlage ist nur durch eine kurze Beschreibung durch A. Badaoui, in: Liban, l'autre rive, Ausst.-Kat. Paris, Institut du Monde Arabe (1998) 215 veröffentlicht worden.

[812] Hier wird die Übersetzung von Ph. Haeuser, in: H. Kraft (Hrsg.), Kirchengeschichte ([3]1997) 422 übernommen. Wilkinson a. O. 353 ff. hat den gesamten Text der fraglichen Passage neu übersetzt und kommentiert.

Tempel gegenüber Brunnen errichten ließ, die in reichlich strömender Flut denen, die nach dem Inneren der heiligen Umfriedung vorschreiten, Reinigung bieten.

Dieser Ort, an dem die Eintretenden zuerst verweilen, dient dem Ganzen zugleich zu Schmuck und Zier und denen, die der ersten Einführung (in den Glauben) bedürfen, zu schicklichem Aufenthalt. (41) Den Anblick, den diese Teile gewähren, noch überbietend, brachte er an dem zuinnerst gelegenen und breiteren Hallengange, weit sich öffnend, die Zugänge zum Tempel an, in dem er unter den Strahlen der Sonne noch einmal drei Pforten nebeneinander errichtete, von denen die mittlere die beiden seitlichen an Höhe und Breite weit übertreffen sollte. Er schmückte sie auch, um sie auszuzeichnen, mit Bronzeplatten, die mit Eisen befestigt wurden, und buntem Zierat in erhabener Arbeit und gab ihr, der Königin, die beiden anderen gleichsam als Trabanten zur Seite. (42) Und im gleichen Sinne ordnete er auch, entsprechend der bei den Torbauten festgelegten Zahl, die Hallengänge zu beiden Seiten des Tempelhauptraumes an und ersann in der Höhe darüber, damit weiteres und reichlicheres Licht in das Gebäude eindringe, verschiedene Öffnungen und schmückte sie zierlich mit feiner Holzarbeit.

Das Königshaus aber stattete er mit noch reicherem und vornehmerem Material aus, in verschwenderischem Eifer der Kosten nicht achtend. (43) Ich halte es indessen für überflüssig, die Länge und Breite des Gebäudes hier zu beschreiben und zu schildern die strahlende Schönheit, die der Worte spottende Größe, den blendenden Anblick der Arbeiten, die zum Himmel strebende Höhe und, darüber lagernd, die kostbaren Zedern das Libanon, deren auch die göttliche Schrift zu erwähnen nicht vergaß, indem sie sagt: „Freuen werden sich die Bäume des Herrn und die Zedern des Libanon, die er gepflanzt". (44) Was soll ich jetzt einlässlich reden von der vollendeten Weisheit und Kunst, mit der das Ganze angeordnet, und von der überwältigenden Schönheit der einzelnen Teile, da das Zeugnis des Auges eine Belehrung durch das Ohr erübrigt?

Nachdem er so den Tempel vollendet, stattete er ihn zu Ehrung der Vorsteher mit hocherhabenen Thronen und überdies, in geziemender Reihe und Ordnung, mit Bänken für die Gesamtheit (des Klerus) aus und stellte zu allem hin in der Mitte als Allerheiligstes den Altar auf. Auch diesen Teil schloß er, damit die Menge ihn nicht betrete, durch hölzernes Gitterwerk ab, in erlesener Feinarbeit ausgeführt, ein wunderbarer Anblick für alle, die es sehen. (45) Auch so lieh er ihm durch allerlei Zier in Marmorart leuchtenden Schmuck. Sodann wendete er sich jetzt dem Äußeren des Tempels zu. Er ließ zu beiden Seiten in kunstvoller Weise Chöre und Räume von beträchtlichem Ausmaße anbringen, die an den Seiten dem Hauptbau zu einem Ganzen angegliedert und mit den zum Mittelbau führenden Eingängen verbunden sind und von unserem friedliebenden Salmon, dem Erbauer des Gotteshauses, für jene errichtet wurden, die noch der Reinigung und Besprengung mit Wasser und dem Heiligen Geiste bedürfen. So ist die oben erwähnte Weissagung nicht mehr leeres Wort, sie ist zur Tat geworden. (46) Denn es ward und ist jetzt wahrhaftig 'die letzte Herrlichkeit dieses Hauses größer als die erste."

Problematisch an dieser Passage ist die Aussage „*Diese Zahl der Türen entspricht den Schiffen zu beiden Seiten".*[813] Ein Teil der Wissenschaftler deutet sie dahingehend, daß der Innenraum der Kathedrale nur in drei[814], andere wiederum, unter ihnen auch Sepp, in fünf Schiffe gegliedert war.

Gleichwohl gibt es Elemente in der Beschreibung des Eusebios, die weniger problematisch sind: Das gesamte Areal der Kathedrale war von einer Befestigungsmauer (*Peribolos*) umgeben. Der Haupteingang (*Propylon*) lag „auf der Seite der aufgehenden Sonne", was nicht zwangsläufig bedeuten muß, daß auch die Kirche an sich nach Westen orientiert war. Man vergleiche in diesem Punkt das *Temenos* der Johannesbasilika von Damaskus (Abb. 42 A), bei dem das *Propylon* auf Grund des paganen Vorgängers gleichfalls im Osten liegt, die Basilika nach der Rekonstruktion Creswells dennoch geostet ist. An der östlichen Seite der Tyrener Kirche lag ein mit Säulenhallen umgebener Hof, in dessen Mitte sich ein Brunnen zum Reinigen befand. Auch solche Grundrißmuster sind uns im 4. Jh., etwa in Gerasa (Abb. 30 B) und Gadara (Abb. 30 A), durchaus geläufig.

Der Versammlungsraum der Gemeinde war durch Säulenreihen in Schiffe umstrittener Zahl unterteilt. Der *Naos* war ferner durch einen hölzernen Dachstuhl aus reich verziertem (wohl geschnitztem) Holzmaterial gedeckt und erhielt das Tageslicht durch einen Obergaden. Der Altar im Sanktuar war durch Holzschranken abgegrenzt, und in der Beschreibung ist von einer *Prohedrie* die Rede. Der Boden der Kirche war mit buntem Marmor „*in excellent designs*"[815] geschmückt. Gerade dieses Detail, das farbige *Opus Sectile*, stimmt mit dem neuentdeckten Bau in *Ṣūr* (Taf. 54 A-C) überein, so daß die libanesischen Ausgräber die Ruine mit der von Eusebios beschriebenen Kathedrale in Verbindung bringen. Auch die Gestaltung des Altarraumes und der Seitenschiffe ist, soweit sich den vorliegenden Photos entnehmen läßt, der Planrekonstruktion Sepps außerordentlich ähnlich.

Ein Marmorfragment mit einer griechischen Inschrift wurde 1860 von E. R. Renan entdeckt und von E. Jidejian mit der Kathedrale von Tyros in Verbindung gebracht.[816] Sie lautet:

„[ἐγ]ένετο ἡ πᾶσα μαρμαρο[γλυφία] (oder μαρμαρο[στρωσία])
το[ῦ] ....
Ἰη(σοῦ) Χ(ριστο)ῦ, ἐπὶ τῶν θεοσεβεστάτων
Ἀ[μμων]ίου διακόνου, καὶ Παντολ[έ]-
ον[τος] ἀναγνώστου ....
μη(νὶ) ἀρτεμισίῳ τοῦ ιβψ ἔτους, ἰνδ(ικτίωνος) ε΄ +"

„*Der gesamte Reliefschmuck aus Marmor (oder: der gesamte Marmorplattenboden) des ... (scil. Tempels o. ä.) Jesu Christi entstand unter den gottesfürchigsten*

---

[813] Diese wichtige Passage lautet im griechischen Originaltext (X 42, ed. G. Dindorf 1890, S. 463): τὸν αὐτὸν δὲ τρόπον καὶ ταῖς παρ' ἑκάτερα τοῦ παντὸς νεὼ στοαῖς τὸν τῶν προπύλων ἀριθμὸν διατάξας..." Wilkinson a. O. 555 übersetzt: „*Similarly the number of entrances matched that of the colonnades which run along the whole length of the temple on either sides.*"
[814] Brenk 1985, 45 f. und Mango a. O. (1986) 37 halten die Basilika für eine dreischiffige Anlage.
[815] Wilkinson a. O. 556.
[816] E. Renan, Mission de Phénicie (1864) 543; vgl. N. Jidejian, Tyre through the Ages (1969) 119.

IV. 2. Syrien und Phönikien

Ammonios, des Diakons, und des Pantoleon, des Vorlesers, im Monat Artemision (scil.: April) des Jahres 712 (= 586 n. Chr.) in der 5. Indiktion."

Die Datierung auf den April 586 ergibt sich, wenn man die Ära der Stadt Tyros zugrunde legt, die mit dem Jahr 126 v. Chr. beginnt. Das Problem besteht in der Ergänzung der ersten Zeile von μαρμαρο[γλυφία] (oder μαρμαρο[στρωσία]. Das Wort πᾶσα schließt die Interpretation aus, daß es sich bei den Baumaßnahmen um Reparaturen bereits vorhandener Ausstattung handelt. Da der Marmorboden der Paulinos-Basilika bereits im 4. Jh. n.Chr. literarisch bezeugt ist, kann die Restituierung μαρμαρο[στρωσία] nicht zutreffen, sofern man an der Zugehörigkeit der Inschrift zu der fünfschiffigen Paulinos-Basilika festhält. Der Einbau einer marmornen Abschrankung (μαρμαρο[γλυφία] wäre hingegen im 6. Jh. n. Chr. nichts Ungewöhn-liches, wie das Beispiel der Gadarener Basiliken und anderer hier betrachteten Bauten beweist.

Sepp fand am Strand ferner einige Säulenschäfte aus ägyptischen Granit, die er als Spolienmaterial für die rasche Vollendung des Bauwerks deutete.[817] Weitere Baudekors (Abb. 44 A-E), werden in der Publikation Sepps ohne weitere Kommentierung abgebildet. Er bemerkt, daß er diese „herrlichen Ornamente und blanke Marmorfragmente "an das Skulpturmuseum „in der neuen Deutschen Kaiserstadt" - womit nur Berlin gemeint sein kann - übersandt habe.[818]

Trotz der aufgezeigten Schwierigkeiten der Rekonstruktion lassen sich die Hauptelemente der frühchristlichen Paulinos-Kirche gut skizzieren. Zu ihnen gehören das östlich der Apsis gelegene Atrium mit Brunnen in seiner Mitte, dem wir bereits[819] oben den Brunnenhof der Kathedrale von Gerasa zur Seite gestellt haben. Auch der durch einen *Monopteros* gefaßte Brunnen (*Hagiasma*) der Gadarener Basilika (Abb. 31 B), der an die große Platzanlage der *Parvis* grenzte[820], illustriert die Beschreibung des Eusebios. Das Mittelschiff des Tyrener Kernbaus endete in einer erhöhten Altarzone, wogegen in der Beschreibung des Eusebios jedoch Hinweise auf die Apsis und Emporen fehlen. Ob die Kirche an der Stelle eines *Locus Sanctus* errichtet wurde und sich hier Pilgerverkehr entwickelte, bleibt ebenso unklar wie die Fünfschiffigkeit der Anlage. Ein Vergleich der Paulinos-Kathedrale mit den bisher behandelten frühchristlichen Basiliken wird erst dann zu weiteren Ergebnissen führen, wenn sich die Identität mit der in *Sūr* entdeckten Anlage bestätigt oder ein anderweitiger Fund nähere Aufschlüsse über die literarisch tradierte Paulinos-Kathedrale erbringt.

---

[817] Sepp a. O. 217.
[818] Eine Anfrage im Museum für frühchristliche und byzantinische Kunst in den Staatlichen Museen PK ergab, daß dort keine Bauornamentik aus Tyros aufbewahrt sind. Wo die fraglichen Stücke abgeblieben sind, ist derzeit nicht bekannt.
[819] s. o. S. 142.
[820] s. o. S. 13 f.

IV. 3. Ägypten

Frühchristliche Baudenkmäler des 4. Jh. sind für Ägypten fast ausschließlich literarisch überliefert, wie etwa für Antinooupolis die Theonas- und Athanasius-Kirchen. Zu den wenigen archäologisch nachgewiesenen Basiliken gehören die Theonas-Kirche in Alexandria, eine weitere in *Šams ad-Dīn* in der Oase *al-Ḫarga* sowie in *Kellia*. Die beiden zuletzt genannten gehören, zusammen mit einer noch unpublizierten fünfschiffigen Anlage in Antinooupolis[821], allerdings dem Ende des Jahrhunderts an. Von einer kontinuierlichen Entwicklung der christlichen Sakralarchitektur kann in Ägypten erst ab der ersten Hälfte des 5. Jhs. die Rede sein. Um 440 errichtete Schenute das berühmte „Weiße Kloster" (*Dēr al-Abiyaḍ*) bei *Suhaǧ*, das den Beginn einer lokal-koptischen Entwicklung markiert. Zur gleichen Zeit wurde eine Kirche in der mittelägyptischen Hauptstadt Hermopolis Magna (*Ašmunian*) gebaut.[822]

Wie den übrigen Provinzen des Römischen Reiches scheinen auch in der urbanen Architektur Ägyptens punktuell fünfschiffige Kirchen entstanden zu sein, „doch repräsentierten diese in Ägypten offenbar einen eigenen Typus".[823] Die wenigen bislang bekannt gewordenen Beispiele gehören an das Ende des 5. Jhs., so daß sich die Frage stellt, ob der Typus am Nil autochthon entstanden oder von auswärts, sprich vom benachbarten Palästina, adaptiert worden ist. Das Baudatum 495 ist für das Pachomios-Kloster in *Fāw el-Qibli* epigraphisch gesichert. Ein weiteres Beispiel in *'Ain Maḫura* gehört dem 5. oder schon dem 6. Jh. an. Auch ein dreischiffiger Bau in *Saqqara* wird um das Ende des 5. Jhs. datiert. Erst im Laufe des 8. Jhs ersetzte ein fünfschiffiger Bau die frühere dreischiffige Basilika von *Abū Mīnā*, die sich über dem *Martyrion* des Heiligen Menas erhob. Diese Baudenkmäler werden im folgenden hinsichtlich der oben gestellten Frage untersucht.

IV. 3. 1. Die Gruftkirche im Menas-Heiligtum zu Abū Mīnā

Die Siedlung *Abū Mīnā* (Abb. 36 Nr. 9), welche sich in der antiken Landschaft Mareotis befand, liegt in Nord-Ägypten an der Mittelmeerküste, etwa 40 km westlich von Alexandria. In christlicher Zeit beherbergte sie in ihrem südlichen Siedlungsgebiet ein bedeutendes Wallfahrtszentrum, in dem die Gruftkirche mit den sterblichen Überresten des Heiligen Menas[824] das wichtigste Gebäude darstellte. Die Pilgerstätte um die Grabesstätte des Heiligen erhielt erst in ihrer sechsten Bauphase (8. Jh.) eine fünfschiffige Kirche, die in ihrem östlichen Teil mit einer im Grundriß kreuzförmigen, dreischiffigen Transept-Basilika in Verbindung stand. Dieser Komplex ist der überhaupt größte christliche

---

[821] s. u. S. 171.
[822] Brenk 1985, 234 ff.
[823] P. Grossmann, in: Ägypten Schätze aus dem Wüstensand. Kunst und Kultur der Christen am Nil (1996) 43.
[824] Die baugeschichtlichen Ergebnisse der mehrjährigem Ausgrabungen des Deutschen Archäologischen Instituts Kairo in *Abū Mīnā* wurden abschließend von P. Grossmann, Abū Mīnā I, die Gruftkirche und die Gruft (1989) vorgelegt. Weitere Literatur: vgl. ders., MDIK 36, 1980, 204 ff.; ders., Mittelalterliche Langhaus-Kuppelkirchen und verwandte Typen in Oberägypten, ein Studie zum mittelalterlichen Kirchenbau in Ägypten (1987), 107 Abb. 42.; P. Grossmann a. O (1996) Samuel - Habibi 1996, 33 ff.

Kultbau im koptischen Ägypten und erreichte Berühmtheit bis nach Europa. Der Heilige Menas[825] erlitt 295/ 296 n. Chr. unter der Regierung des Diokletian in der kleinasiatischen Stadt Kython (Phrygien) das Martyrium. Auf eigenem Wunsch hin wurde er jedoch in der nordägyptischen Stadt begraben, die nach ihm benannt wurde. Diese Siedlung[826] entstand ohne Vorgänger erst im 4. Jh. n. Chr. im Zuge des florierenden Wallfahrtsbetriebs und beherbergte an öffentlichen Gebäuden mehrere Herbergen (*Xenodocheia*) und Bäder (*Balaneia*). Das Pilgerheiligtum von *Abū Mīnā* erlitt im Laufe seiner Geschichte mehrere Katastrophen, so z. B. während des Persereinfalls von 619 n. Chr. Nachdem die Anlage im 11 Jh. endgültig zerstört worden war, überführte man die Reliquien einige Zeit später, im 14 Jh., nach Kairo, wo sie noch heute in der Menas-Kirche in der Altstadt aufbewahrt werden.

Das Menas-Heiligtum zu *Abū Mīnā* wurde in den ersten Jahren des 20. Jhs. von C. M. Kauffmann[827] ausgegraben, zahlreiche Kleinfunde gelangten in das Liebieghaus der Stadt Frankfurt am Main.[828] In den 70er Jahren des gleichen Jahrhunderts wurden die Arbeiten durch das Deutsche Archäologische Institut Kairo unter der Leitung von Peter Grossmann fortgesetzt. Im Zuge dieser baugeschichtlichen und archäologischen Untersuchungen konnte der Kirchenkomplex völlig freigelegt (Taf. 55 A-B) und neu interpretiert werden.

Den jüngsten Untersuchungen zufolge läßt sich die bauliche Entwicklung in sechs Bauphasen[829] unterteilen. Gegen Ende des 4. Jhs. entstand zunächst ein kleiner kubischer Bau (Phase I) über einer älteren Katakombe (Abb. 45 A), in der man das Grab des Heiligen Menas lokalisierte. Wegen seiner geringen Abmessungen wird dieses Gebäude als ein Kenotaph betrachtet (Abb. 45 B). Zu Beginn des 5. Jhs. wurde um den Kenotaph ein größeres Mausoleum aus gebrannten Lehmziegeln (Phase II) gebaut, von dem nur wenige Reste nachgewiesen worden. Nachdem die Zahl der Pilger zugenommen und sich das Lehmziegelgebäude zur Aufnahme des Besucherstromes als nicht mehr ausreichend erwiesen hatte, wurde während der ersten Hälfte des 5. Jhs. eine dreischiffige Basilika (Phase III) gebaut (Abb. 45 C). Östlich davon errichtete man, in seiner Breite der der Kirche genau entsprechend, einen dreischiffigen Annex (sog. Ostanbau), der in seinem nördlichen Schiff eine in die Gruft hinabführende Treppe besitzt. Gleichzeitig verband man die Basilika im Westen mit einem Baptisterium. Am Ende des 5. Jh. wurde die Anlage nach Osten hin erweitert, indem man eine weitere, aber größere dreischiffige Basilika mit Querhaus an der östlichen Flanke des Ostanbaues errichtete (Phase IV, Abb. 45 D; Taf. 55 B).

In justinianischer Zeit erfuhr das Heiligtum in seiner Entwicklung tiefgreifende Neuerungen. Die ältere dreischiffige Gruftkirche erhielt durch eine Neugliederung des Innenraumes die Gestalt eines *Tetrakonchos* (Abb 46

---

[825] Vgl. Biographisch-bibliographisches Kirchenlexikon V (1993) 1248 f. s. v. Menas (W. Kohl); Lexikon für Theologie und Kirche VII (1998) 96 s. v. Menas v. Ägypten (J. Engemann).
[826] Topographischer Plan der gesamten Wallfahrtssiedlung bei P. Grossmann, Abū Mīnā - A Guide to the Ancient Pilgrimage Center (1986) Abb. 1.
[827] Zu Ergebnissen seiner Ausgrabungen vgl. C. M. Kauffmann, Die Heilige Stadt der Wüste, unsere Entdeckungen, Grabungen und Funde in der altchristlichen Menasstadt (1924).
[828] Vgl. W. Selesnow, Liebieghaus-Museum alter Plastik, Bildwerke der Sammlung Kauffmann II, Lampen aus Ton und Bronze (1988) 68 ff. Kat-Nr. 385-295 S. 295 ff. Taf. 41-50.
[829] Der Beschreibung liegen die von Grossmann a. O. publizierten Ergebnisse zugrunde.

A), der jedoch von den älteren Außenwänden rechtwinklig umschlossen blieb (Phase V). An der nordöstlichen Ecke führten nun, außerhalb des Kernbaus, zwei Treppen zur Gruft hinab. Das Querhaus der großen, östlich anschließenden Basilika wurde zu dieser Zeit in Form eines dreischiffigen Transepts erweitert. Mit diesen Veränderungen erreichte das Heiligtum seine größte räumliche Ausdehnung.

Im Jahr 619 wurde der gesamte Komplex während der persischen Eroberung Ägyptens verwüstet. Auf Wunsch der christlichen Gemeinde nach Erhaltung des Kults und einer räumlichen Vergrößerung errichtete man über der Gruft unter dem koptischen Patriarchen Michael I. im mittleren 8. Jh. (744-768) eine neue große fünfschiffige Basilika (Phase VI, Abb. 46 B; Taf. 55 A) anstelle der justinianischen Vierkonchenkirche. Hierbei erweiterte man den Bau nach Osten bis zur Westfassade des zerstörten großen Transeptbaus, der selbst nicht wieder aufgebaut wurde.

Der im Rahmen dieser Untersuchung interessierende fünfschiffige Teil der Anlage (Abb. 46 B) gehört also dem Bauzustand des 8. Jhs. (Phase VI) an. Von der damals errichteten Basilika sind die Stylobate der vier Säulenreihen des *Naos*, geringe Teile der westlichen Wand, die den später neu unterteilten Narthex des Transeptbaus trennt, und ein Segment der halbkreisförmigen zentralen Apsis erhalten. Beiderseits von dieser befinden sich kleinere, von den Innenschiffen aus begehbare Räume, die ebenfalls apsidial abschließen, aber im Gegensatz zu der großen Apsis des Sanktuars über die Ostmauer in den zwischengeschalteten Hof hinausragen.

Durch die Kolonnadengliederung des Innenraumes entstanden zwei breite Seitenschiffe, die das ungefähr doppelt so breite Mittelschiff im Norden und Süden flankierten. Das Mittelschiff erreicht eine lichte Weite von 7,35 m, welche der Gesamtbreite des südlichen Seitenschiffs entspricht. Auf der Nordseite sind die entsprechenden Werte um 25 bis 30 cm geringer. Im einzelnen lassen sich über den beiden äußeren Stylobaten je acht Säulen mit einheitlichen Achsabständen von rund 2,55 m errechnen. Die Interkolumnien müssen bei einer solchen Entfernung mit Arkaden überbrückt gewesen sein. Bei der Kolonnadengliederung des Innenraumes integrierte man die Reste der westlichen Säulenreihe der justinianischen Kirche in die Trennwand zwischen dem westlich vor der fünfschiffigen Basilika gelegenen Narthex und dem *Naos* (vgl. Abb. 46 B). Nach Osten erstreckte sich die Kirche bis an die Fassade der ehemaligen Transept-Basilika, in deren breiten Mitteleingang die Apsis der neuen Anlage eingefügt wurde.

Die ungefähr 0,8 m starken Außenwände der beiden Langseiten ersetzten die schmalen Korridore, welche den kleineren Bau des 5. Jhs. n. Chr. im Norden und Süden säumten. Sie fluchten in ihrem Verlauf nicht mit denen des Transept-Baus, sondern sind leicht nach innen eingezogen. Zwischen der Gruftkirche und der dreischiffigen Transept-Basilika ist der Narthex der letzteren mit Nebenräumen eingeschoben. Im Nordost-Eck des nördlichen Außenschiffes führen zwei rechtwinklig abknickende Treppen in den Gruftbezirk hinab (Abb. 46 B). Die westliche interpretiert Peter Grossmann als Eingang, während er die östliche als Ausgang ansieht. Diese beiden antithetischen Treppenzugänge zum Märtyrergrab ermöglichten eine Zirkulation des Besucherstromes.

Im Westen ist der fünfschiffen Basilika ein Narthex vorgeschoben, von dem nur wenige Spuren erhalten sind. Von hier aus erreichte man den *Naos* durch drei Portale, von denen das breite mittlere in das Mittel-, die schmäleren äußeren in die beiden Außenschiffe führten. Die östliche Abschlußwand der fünfschiffigen Anlage, die sog. *Ḥūra*-Trennwand, wurde an jener Stelle errichtet, die in der vorangehenden Bauphase durch die östliche Stützwand des Narthex der Transept-Basilika besetzt war, während die östliche Grenze dieser Halle mit der östlichen Grenze der neuen Basilika zusammenfiel.

Als Baumaterial verwendete man für die fünfschiffige Basilika kubisch zugerichtete Haussteine aus lokalem Kalkstein. Diese Quader haben unterschiedliche Größen und sind nicht sonderlich sorgfältig gearbeitet. Daneben wurden auch ältere Kalksteinblöcke und Marmorfragmente wiederverwendet.

Trotz erheblich späterer Bauzeit ergeben sich zwischen der jüngsten Gruftkirche von *Abū Mīnā* und der fünfschiffigen Basilika von Gadara einige interessante Übereinstimmungen, die Aufschlüsse über die Organisation des Pilgerverkehrs liefern. Wie in Gadara wurde auch in *Abū Mīnā* eine ältere pagane Grabanlage in den Sakralbau einbezogen, hier hingegen völlig für den christlichen Märtyrerkult in Anspruch genommen. In beiden Fällen bilden die paganen Grabanlagen den Mittelpunkt der architektonischen Planungsachsen. Auch die lichten Weiten der Schiffe, ja sogar die geringere Gesamtbreite der nördlichen Seitenschiffe, stimmen frappant überein. Daß die verehrungswürdige Stelle, der *Locus Sanctus*, außerhalb östlich des Kernbaus zugänglich war und von zwei Sakralbauten umschlossen war, ist als Bauidee möglicherweise direkt von palästinischen und transjordanischen Vorbildern des 4. Jhs. übernommen worden: Als Beispiele für sei auf die Grabeskirche in Jerusalem[830], die Kathedrale in Gerasa[831] und auch die Basilika in Gadara verwiesen.[832] Auch die antithetische Position der in die Gruft hinabführenden Treppen, welche die Zirkulation des Besucherverkehrs ermöglichten, stimmt mit der für die Gadarener Krypta vorgeschlagene Rekonstruktion[833] überein.

Aufgrund dieser Übereinstimmung der fünfschiffigen Gruftkirche in *Abū Mīnā* mit erheblich früheren Pilgeranlagen in Palästina und Transjordanien, plädiere ich dafür, die eingangs[834] gestellte Frage nach der Adaption palästinischer Vorbilder für den Fall der Pilgerkirche von *Abū Mīnā* positiv zu beantworten. Doch wie sind die übrigen fünfschiffigen Anlagen in Ägypten bezüglich auf dieses Ergebnisses zu beurteilen, die nach Ansicht P. Grossmanns einen eigenständigen Bautypes ausgebildet haben?[835]

IV. 3. 2. Die Ostkirche in ʿAin Maḫūra

ʿAin Maḫūra liegt an der ägyptischen Mittelmeerküste, 12 km westlich des antiken Tempels von *Taposiris Magna* (Abb. 36 Nr. 10). An diesem Ort

---

[830] s. o. S. 138 ff.
[831] s. o. S. 163 Anm. 819.
[832] Allerdings bleibt es beim derzeitigen Stand der Ausgrabungen unklar, ob sich dort ein weiterer Kirchenbau östlich an die justinianische Loggia anschloß, vgl. o. S. 29.
[833] s. o. S. 23.
[834] s. o. S. 163.
[835] s. o. S. 164.

befinden sich zwei frühchristliche Kirchen, von welchen lediglich die im östlichen Siedlungsquartier den hier interessierenden fünfschiffigen Bautypus vertritt.

Den von P. Grossmann vorgelegten Ausgrabungsergebnissen zufolge gehört diese Kirche[836] in das 5. bis 6. Jh.

Von der Kirchenruine (Abb. 47 A) haben sich lediglich die Fundamente erhalten, die nicht präzise geostet, sondern eher nach Nordosten ausgerichtet sind. Der Einfachheit halber wird bei der folgenden Beschreibung dennoch von einer kanonischen Ostorientierung ausgegangen.

Als Baumaterial verwendete man gebrannte Lehmziegeln. Andere Gesteine sind nicht (mehr) nachzuweisen. Die Anlage besteht aus dem Kernbau, der im Grundriß breitrechteckigen fünfschiffigen Basilika, an die im Norden zwei Baptisterien, im Norden ein *Exonarthex* und im Westen ein Vorhof angeschlossen ist. Der Innenraum der Basilika war von der Kolonnade des *Exonarthex* durch zwei Türen und durch eine weitere in der Westfassade aus zugänglich. Wie die noch *in situ* befindlichen Säulenbasen zeigen, war der Naos in fünf Schiffe unterteilt. Die vier Pfeiler der westlichen Joche, welche den Abschluss der vier Säulenreihen bilden, haben unterschiedliche Formen. Die im Mittelschiff haben einen gammaförmigen Querschnitt, während die der seitlichen Schiffe einen rechteckigen besitzen. Zwischen den beiden gammaförmigen Pfeilern des Mittelschiffes waren zwei Säulen eingestellt. Durch diese Anordnung der Säulen entsteht im Westen ein breiter Korridor, der mit den Seitenschiffen U-förmig kommuniziert. Das Mittelschiff hingegen erhält den Charakter einer in sich geschlossenen Raumeinheit. Der östliche Abschluss, wo sich einst das von der Apsis umschlossene Sanktuarium befunden haben muß, ist nicht mehr erhalten. Ein Haufen aus Lehmziegeln in der Mitte des östlichen Areal deutete P. Grossmann[837] als Versturz des Apsidengewölbes. Darunter entdeckten die Ausgräber einen Plattenbelag aus Kalksandstein, in dem sich die Standspuren eines vierbeinigen Altartisches abzeichneten. Das südliche Innenschiff bot durch ein Portal Zugang zu dem „vorderen" Baptisterium, das mit einer runden Treppen-*Piscina* ausgestattet war. Das Becken war einst durch einen Baldachin mit Holzabschrankung überdeckt.

Westlich der Kirche befindet sich ein zweischiffiger Bau, der einige Meter nach Norden versetzt ist, so daß seine Nordwand auf der Flucht der nördlichen Säulenstellung des *Exonarthex* zu liegen kommt. Die Funktion dieses Traktes konnte von P. Grossmann nicht geklärt werden.

Der Innenraum der Kirche erhält durch die Einfügung der beiden Säulen im westlichen Pfeilerjoch des Mittelschiffes eine Art „Transept" im Eingangsbereich, weist aber zusätzlich auch die für den syrischen Kirchenbau typischen Nebenräume beiderseits der Apsis auf.[838] Die Gestaltung des westlichen Abschnittes des Kircheninnenraumes, der man in Ägypten auch an dreischiffigen Typen[839] begegnet, unterscheidet sich deutlich nicht nur von den

---

[836] P. Grossmann - H. Jaritz, MDAIK 36, 1980, 225 ff.; P. Grossmann, in: M. Georg - E. Pusch (Hrsg.), Festschr. E. Edel (1979) 185 ff. Abb. 2.
[837] Grossmann a. O. (1979) 188.
[838] Vgl. o. S. 137 mit Anm. 691.
[839] Vgl. z. B. P. Grossmann, Mittelalterliche Langshaus-Kuppelkirchen und verwandte Typen in Oberägypten (1982) 129 Abb. 53 (Jeremiaskirche in *Saqqara*); Brenk 1985, 241 Fig. 69; 71 (Nordbasilika in *Abū Mīnā*); 72 (Kirche vor dem Pylon des *Luxor*-Tempels).

basilikalen Grundrissen der Pilgerkirchen Palästinas, sondern auch von dem Plan der Gruftkirche des Menas-Heiligtums von *Abū Mīnā*. Im Vergleich zu den bisher betrachteten Beispielen der fünfschiffigen Basiliken ist ferner der in der östlichen Langseite in den Kernbau einbezogene Altarraum ungeläufig, an den ein Baptisterium im südöstlichen Seitenraum anschloss. Ungewöhnlich ist ferner die Existenz eines zweiten Taufraumes nordöstlich des Sanktuars.

IV. 3. 3. Die Pachomios-Basilika in Fāw Qiblī

Fāw Qiblī, das in koptischen Schriftquellen als Pabau erscheint, liegt in Oberägypten, am mittleren Lauf des Nil, ungefähr 18 km nordöstlich von *Nag Hamadi*, 9 km östlich vom *Ğabal al-Tarif* (Abb. 36 Nr. 11). Die fünfschiffige Anlage befindet sich am nördlichen Rand des heutigen Siedlungort von *Fāw Qiblī*.

Der Name des Heiligen Pachomios (292-346 n. Chr.)[840] ist eng mit der Formierung und der Entwicklung des frühchristlichen Mönchtums in Oberägypten verbunden. 320 gründete er zunächst ein Kloster in Tabennesis, dessen Regel für andere monastische Gemeinschaften zum Vorbild erhoben wurde. Nach Aussage einer koptischen Legende richtete Pachomios wenige Jahre (340) vor seinem Tod in Pabau ein weiteres Kloster ein, dessen Weihedatum durch eine koptisch-arabische Inschrift mitgeteilt wird.[841] Das an diesem Ort gebaute Pachomios-Kloster wurde bald sehr berühmt und zum Zentrum des Mönchsbewegung in dieser Region.

Im Laufe der baugeschichtlichen und archäologischen Untersuchungen der über mehrere Kampagnen ausgegrabenen, zum besagten Kloster gehörigen Basilika[842] konnten P. Grossmann und B. Van Eldern 1977/78 zwei unterschiedliche Bauphasen feststellen. Die ältere, als dreischiffig konzipierte Anlage dürfte noch in die Lebenzeiten des Pachomios, d. h. in die erste Hälfte des 4. Jhs. n. Chr., zurückreichen, wie epigraphische Hinweise vermuten lassen. Die um zwei weitere Seitenschiffe bereicherte Basilika wurde nach P. Grossmann[843] allerdings erst im Jahr 459 durch Bischof Timotheos eingeweiht. Vermutlich fiel dieser Bau in der Zeit des Fatimiden-Kalifen *al-Ḥākim* (11 Jh.) der Zerstörung anheim, denn der armenische Schriftsteller *Abū Ṣaliḥ*[844] fand in *Fāw Qiblī* bei seinem Besuch im Jahr 1208 nur noch Ruinen vor.[845]

Von der Basilika haben sich lediglich die Fundamente erhalten, die jedoch eine enorme Stärke von 2, 30 m. erreichten. P. Grossmann interpretierte diese sehr breiten Gründungen als Bankette für dünneres aufgehendes Mauerwerk. Die Säulenschäfte, die aus lokalem Granit gearbeitet sind, lagen im Bereich der

---

[840] Zum Leben Pachomios vgl. B. van Eldern - J. M. Robinson, GM 24, 1977, 58 f.
[841] Französische Übersetzung der Inschrift: A. van Lantschoot, Muséon 47, 1934, 13 ff.
[842] Die Kirche wurde zuerst von D. Debono 1968 ausgegraben, vgl. BIFAO 70, 1971, 191 ff. Die Arbeiten wurden später von B. van Eldern und J. M. Robinson fortgesetzt, vgl GM 24, 1977, 57 ff.; P. Grossmann, BiblA 42, 4, 1979, 232 ff.; ders.- G. Lease, in : GM 114, 1990, 9 ff.; ders. a. O. (1996) 3 Abb. 1.
[843] Grossmann a. O. (1996) 45.
[844] Vgl. The Churches and Monasteries of Egypt and some neighbouring Countries attributed to Abu Salih the Armenian, Hrsg. B. Evetts (1969).
[845] Vgl. Van Eldern - Robinson a. O. 258 f.

Kirche. Einige von ihnen, soweit sie komplett erhalten sind, erreichen eine Länge von 5, 35 bis 5, 38 m. Das Gelände der Basilika wurde, besonders entlang der Außenmauern des Kernbaus von innen und außen sowie entlang der Stylobate der Kolonnaden, sowohl noch während der Nutzung als auch nach der Zerstörung für zahlreiche Bestattungen genutzt.

Der Grundriß der Basilika (Abb. 47 B) beschreibt die Form eines gelängten Rechtecks, dessen Langseiten ungefähr doppelt so breit wie die Schmalseiten sind (35 - 40 m x 70 m). Der Kircheninnenraum ist auf die annähernd ¾-kreisförmige Apsis nach Osten hin orientiert. An die südliche Seite der Apsis schließt ein rechteckiger Nebenraum an, der die gleiche Breite wie die beiden südlichen Seitenschiffe hat. Der diesem entsprechende nördliche Raum ist hingegen durch eine Mauer in Ost-Westrichtung unterteilt, womit im Norden zwei mit den nördlichen Seitenschiffen korrespondierende Sakristeien entstehen. Die östliche Fassade der Kirche ummantelt die Apsis und die Nebenräume geradlinig.

Der Innenraum der Basilika ist in Ostwest-Richtung durch vier Kolonnaden in fünf Schiffe gegliedert. Zwischen den äußerst westlichen Säulenjochen der Mittelschiffkolonnaden sind zwei weitere Säulen eingestellt, wodurch das für den ägyptischen Bautypus charakteristische Querhaus („westliche Schiff") vor dem Eingang entsteht. Diese Raumwirkung wird im vorliegenden Fall noch dadurch verstärkt, daß in der gleichen Flucht jeweils eine weitere Säule in der Mitte des nördlichen und südlichen Innenschiffes eingefügt ist. Bemerkenswert ist ferner, daß die beiden Außenschiffe im Vergleich zu den inneren sehr schmal sind und die gleiche Breite wie das „westliche Schiff" besitzen. Sie bilden zusammen mit diesem ein *Ambulatorium*, in dem man das Mittel- und die beiden Innenschiffe von drei Seiten umschreiten konnte. Das Mittelschiff erreicht nicht die doppelte Breite der beiden seitlichen Schiffe, wie es sonst üblich ist, sondern nähert sich der Breite der beiden Innenschiffe. Die Säulen standen auf einem ziemlich hoch aufragenden Stylobat, welches sich 40 cm über das Bodenniveau der Kirche erhebt. Um dem Besucher den Zugang zu den einzelnen Schiffen zu erleichtern, wurden an mehreren Stellen entlang der erhöhten Stylobate kleine Treppen angesetzt. An der westlichen Fassade ist von außen eine Kolonnadenhalle angeschoben, die einen sehr schmalen offenen Narthex bildete. Sein Boden war mit Platten aus dunklem Granit gepflastert. Im Unterschied dazu war der des Kircheninnenraumes durch helle Kalksteinplatten gedeckt.

Auf Grund ihrer großen Abmessungen darf die fünfschiffige Basilika in *Fāw Qiblī* als die größte unter den bisher betrachteten Bauten des fünfschiffigen Typus betrachtet werden. Hinsichtlich ihrer Dimensionen wird sie lediglich von den konstantinischen Großbauten in Italien übertroffen. Außergewöhnlich sind ferner die hohen Stylobate und die ausgesprochen schmalen Außenschiffe. Trotz dieser Besonderheiten weist jedoch die Kirche Ähnlichkeiten mit anderen ägyptischen Kirchen auf, wie z. B die Einfügung von Säulen in den westlichen Jochen der Arkaden und die seitlich der Apsis anschließenden Nebenräume.

Bemerkenswert ist auch, daß der Boden des Narthex farblich gegenüber dem des Innenraumes abgesetzt ist. Die differenzierte Verwendung farblich unterschiedlicher Gesteine ist der Gadarener Basilika vergleichbar und könnte neben ästhetischen Effekten auch organisatorischen Belangen für den

Besucherverkehr gedient haben. Auch die Bankettfundamentierung in *Fāw Qiblī* ähnelt der in Gadara angewandten Mauertechnik. Mangels einer Krypta wurde die Bestattung von Toten in *Fāw Qiblī* in Senkgruben vorgenommen, die in den Kirchenboden eingelassen waren. Eine Hierarchisierung wie in Gadara und *Abū Mīnā* ist dabei nicht festzustellen, doch dürften die Verstorbenen hier wie dort den gehobenen klerikalen und sozialen Schichten angehören.

IV. 3. 4. Die Süd-Kirche in Antinooupolis.

Antinooupolis (arabisch *Ansinā*) liegt ebenfalls in Oberägypten (Abb. 36 Nr. 12). Im 3. und 4. Jh. n. war die Stadt die Kapitale von Thebiad und *Aswān*. In dieser Zeit hat sie durchaus auch die Aufmerksamkeit der römischen Kaiser auf sich gezogen, da der Ort auf Grund seiner landschaftlichen Lage als einer der schönsten in Oberägypten galt. So wurden damals in kaiserlichem Auftrag ein Theater, ein Ehrenbogen, eine Therme und eine Kolonnadenstraße errichtet. In christlicher Zeit entwickelte sich die Stadt urbanistisch weiter, und mehrere Kirchen wurden eingeweiht. In der innerstädtischen sog. Südnekropole der Stadt befindet sich die uns interessierende fünfschiffige Basilika.

Bis heute sind innerhalb des städtischen Siedlungsgebietes vier Kirchenanlagen nachgewiesen: Die älteste, im 4. Jh. n. Chr. erbaute Kirche liegt im südöstlichen Quartier. Sie birgt unter ihrer Apsis eine Krypta, die durch beiderseits davon hinabführende Treppen zugänglich war.[846] In der Nordnekropole befindet sich eine weitere, ebenfalls dem 4. Jh. angehörende Kirche.[847] Wie die übrigen ist auch die in der sog. Südnekropole gelegene fünfschiffige Anlage vermutlich noch in das 4. Jh. zu datieren.[848] Eine deutlich jüngere, wohl im 6. Jh. entstandene, aber noch nicht ausgegrabene Kirche, deren Ruinen sich im Gelände obertägig erkennen lassen, liegt im Stadtzentrum.[849]

Die fünfschiffige Kirche ist bislang völlig unzureichend veröffentlicht. Es handelt sich nach S. Donadoni und P. Grossmann um ein ungewöhnlich großes Gebäude von basilikalem Plan mit einem besonderen gestalteten tripartitem Sanktuar. Die Innenwand der im Grundriß halbkreisförmigen Apsis ist mit einer Reihe von Säulen verblendet.

Da von dem Bau kein Plan vorliegt, ist eine typologische Einordnung und ein Vergleich mit der Gadarener Basilika nicht möglich.

IV. 3. 5. Die Basilika in Armant (Hermonthis)

Armant (Hermonthis) ist eine antike Stadt in Oberägypten (Abb. 36 Nr. 13),

---

[846] Vgl. G. Uggeri, La chiesa paleocristiana presso la porta orientale: Antinoe 1965-1968 (1974) 37 ff.

[847] M. Manfred, Atène e Roma 11, 1966, 191.

[848] Nur sehr summarisch beschrieben, vgl. CE I (1991) 146 s. v. Antinoopolis (S. Donadoni - P. Grossmann); vgl. P. Grossmann a. O. (1996) 44.

[849] Vgl. S. Donadoni - P. Grossmann a. O 146.

am östlichen Ufer des Nils gelegen. Sie befindet sich in einer Entfernung von etwa 13 km südwestlich von Luxor, im Gebiet von *Qinā*. Die Ruinen der fünfschiffigen Basilika nehmen das Gelände südlich des dortigen Month-Tempels ein.

Der koptischen Überlieferung zufolge spielte *Armant*, auf griechisch Hermonthis[850] genannt, schon mit dem Beginn der Christianisierung Ägyptens eine bedeutende Rolle. Bereits im 4. Jh. n. Chr. war die Stadt Sitz von Bischöfen, von denen Plenes während der Amtszeit des Patriarchen Athanasius` I. (326-373) namentlich bekannt ist. Die Basilika gehört wahrscheinlich zu den ältesten christlichen Baudenkmälern Ägyptens.[851] Ihre Ruinen, von denen im frühen 19. Jh. noch Spuren sichtbar waren, sind heute gänzlich verschwunden. Auf der Grundlage von Aufzeichnungen der Besucher dieser Zeit konnte P. Grossmann einen Rekonstruktionsvorschlag für den Kirchengrundriß vorlegen.[852]

Diesem Wiederherstellungsversuch[853] zufolge beschreibt der Grundriß der Basilika[854] ein nach Osten orientiertes Rechteck, das mit einer halbrunden, durch fünf Nischen im Inneren gegliederten Apsis abschließt (Abb. 48 A). Jeweils auf Breite der beiden Seitenschiffe flankieren im Norden und im Süden breitrechteckige Nebenräume beiderseits der Apsis auf beiden Seiten. Diese waren von den Innenschiffen aus zu erreichen. Die östliche Außenfassade umschließt die Apsis zusammen mit den beiden Nebenräumen geradlinig.

Der Innenraum der Basilika weist vier Kolonnadenreihen auf, die jeweils aus elf Granitsäulen bestehen. Zwischen den äußerst westlichen Jochen des Mittelschiffes sind zwei Säulen eingestellt. Durch diese Einfügung entsteht das Westschiff, das für ägyptische Kirchenbauten typisch ist. Der Kirchenraum war durch eine zentrale Tür in der Westfassade zum Mittelschiff hin zugänglich. Der Baukörper ist im Norden und im Süden von jeweils einreihigen Säulenhallen umgeben. Diese beiden Hallen enden im Osten in je einem quadratischen Raum, dessen Breite derjenigen der Apsisnebenräume entspricht.

Zur Kirche gehörte ferner ein Narthex, an dessen westlichen Seite fünf Räume in einer Reihe von Norden nach Süden folgen. Der mittlere, dem Haupteingang zum Kircheninnenraum gegenüber gelegene besitzt eine apsidiale Einziehung in der Ostwand. Welche Funktion diese Kammer gespielt haben mag, ist nicht eindeutig zu klären. P. Grossmann[855] vertritt die Meinung, daß diese westliche Nische als eine Scheinapsis und als Rahmen eines Einganges anzusehen ist.

Die halbkreisförmige Apsis, die im Inneren durch fünf Nischen gegliedert ist, und die westliche Apsis des Narthex sind im Vergleich zu den hier betrachteten ägyptischen Kirchenbauten singulär. Die nischengegliederte Apsis findet allenfalls eine Entsprechung in der Basilika im nordafrikanischen

---

[850] Vgl. R. Stewart - P. Grossmann, in: CE I (1991), 233 ff.
[851] Eine genaue Datierung des Gebäudes ist allerdings der Literatur nicht zu entnehmen, da die Grundrissrekonstruktion der Kirche bis heute fraglich ist, vgl. ausführlich P. Grossmann, in: Studien zur spätantiken und byzantinischen Kunst I, Festschr F. W. Deichmann. (1986) 143 ff.
[852] Vgl. A. J. Butler, Ancient Coptic Churches of Egypt I (1884) 358 f.; Grossmann a. O 143 ff.
[853] Grossmann a. O. (1986) Abb. 5
[854] S. al Syriany - B. Habib, Guide to Ancient Coptic Churches and Monasteries (1990) 39 f. Abb. 34.
[855] Grossmann a. O. (1986) 150.

Matifou (Abb. 54 A).[856] Trotz dieser abweichenden Gestaltung weist die Innengliederung des Baues typische Merkmale der ägyptischen Kirchenarchitektur auf, wie etwa die Einfügung von Säulen in den westlichen Jochen des Mittelschiffes und die Apsisnebenräume. Den Säulenhöfen, die den Baukörper im Norden und Süden einfassen, begegnet man in der sog. Sergios-Kirche in *Suwēda*.[857] Auf syro-palästinische Einflüsse auf die Kirchen Ägyptens und Nubiens wurde bereits oben hingewiesen, so etwa in Zusammenhang mit der Gruftkirche von *Abū Mīnā*, der Ostkirche in *'Ain Maḫūra* und der Basilika in *Fāw Qibli*.[858]

IV. 3. 6. Die große Kirche im Tempel des Ramses III. in Madinat Habū/Luxor

Madinat Habū[859] wurde von Ramses III. (1181-1150 v. Chr.), dem zweiten König der 20. Dynastie, für seinen Totenkult errichtet. Dieser Stadtteil des oberägyptischen Theben liegt am Westufer des Nil (Abb. 36 Nr. 14). Die große fünfschiffige Basilika, bekannt als die heilige Kirche des *Jēme*, erstreckte sich im Areal des zweiten Tempelhofs.

U. Monnaret de Villard[860], der die Ruine in den 30er Jahren des 20. Jhs. noch am Ort untersuchen konnte[861], datiert die Kirche zwischen das 5. und das 7. Jh. n. Chr. P. Grosmann[862] konnte das Entstehungsdatum der Anlage auf die zweite Hälfte des 6. Jhs. n. Chr. eingrenzen. Die Kirche sowie die zugehörige koptische Siedlung wurden im 9. Jh. n.Chr. aus unbekannten Gründen verlassen. Die Reste der in das alte Heiligtum eingebauten Kirche, die noch im frühen 20. Jh. vorhanden waren, wurden vollständig abgetragen, als man den Ramses-Tempel restaurierte. Die Apsis der Kirche (Taf. 57 A)[863] war vordem deutlich zu erkennen.

Für den Einbau der Kirche[864], die nach Osten orientiert ist, benutzte man den bereits vorhandenen rechteckigen Platz des zweiten Tempelhofes (Abb. 50 A-B; Taf. 57 A).[865] Der Boden der Kirche lag auf dem gleichen Niveau wie dessen westliche Kolonnadenhalle. Die Außenfassaden entstanden im Norden und im Süden durch Aufmauerung der Zwischenräume zwischen den quadratischen Pfeilern des altägyptischen Tempelhofes. Auch im Westen füllte man die antiken Interkolumnien, um der Kirche eine repräsentative Eingangsfassade zu geben. Im Osten lehnt sich die Apsis an die alte Hofmauer. In ihren Scheitel tiefte man eine kleinere Rundnische ein. Die Interkolumnien

---

[856] s. u. S. 191 f.
[857] s. o. s. 155 ff.
[858] Vgl. o. S. 168 ff.
[859] Kurz zur Ortsgeschichte in koptischer Zeit, in: CE V (1991) 1496 f. s. v. *Madinat Hābū* (P. Grossmann).
[860] U. Monnaret de Villard, in: U. Hölscher, The Excavation of Medinat Habu V, Post - Ramsessid Remains (1954) 54.
[861] Monnaret de Villard a. O. (1954) 51 ff.
[862] Grosmann, in: CE 5, 1497.
[863] U. Hölscher, The Excavation of Medinat Habu V, Post - Ramsessid Remains (1954) Taf. 33 b.
[864] Für die Rekonstruktion des Kirchenbaus beruft sich Uvo Hölscher a. O. 51 ff. auf die Bemerkungen de Villards.
[865] Hölscher a. O. Taf. 45.

zwischen den östlichen Kolonnaden und der Umfassungsmauer des ursprünglichen Hofes wurden abgeriegelt, um Apsisnebenräume zu erhalten. Diese beiden Räume waren von den Innenschiffen der Kirche, der südliche zusätzlich durch einen schmalen Durchlaß auch von der Apsis zugänglich. Der Kircheninnenraum besaß eine Tür in der östlichen Fassade und jeweils eine weitere in der Mitte der beiden Langfassaden.

Die Fünfschiffigkeit des Innenraums erzielten die koptischen Architekten durch den Einbau von vier neuen Kolonnadenreihen, die aus jeweils neun Säulen bestanden. Ihre monolithischen, aus Sandstein gearbeiteten Schäfte standen auf quadratischen Basen. Sie erreichten eine Höhe von 4,85 m und trugen korinthische Kapitelle. Zwei weitere Säulen wurden zwischen den südlichen äußeren Jochen des Mittelschiffes eingestellt, um den typischen Umgangseffekt herzustellen. Vor der Apsis, auf der Höhe des äußerst östlichen Joches, stellte man ebenfalls zwei Säulen ein, die wahrscheinlich eine Triumpharkade vor der Apsis getragen haben. Das Areal zwischen den Umfassungsmauern des ursprünglichen Hofes und den neu eingezogenen Außenfassaden der Kirche diente in byzantinischer Zeit als eine Art galerieartiger Umgang.

Obwohl es sich bei dem Kirchenbau um die Umwandlung einer bereits vorhandenen älteren architektonischen Struktur handelt, zeigt die innere Gliederung des Kircheninnenraumes die typischen Merkmale der Kirchenarchitektur Ägyptens und Nubiens.[866] Im östlichen Abschnitt weist er die halbkreisförmige ummantelte Apsis auf, die von zwei Nebenräumen umgeben ist. Die im Westen eingestellten Säulen führten zu dem Raumeffekt des Westschiffes. Vergleichbare äußere Umgangsgalerien sind auch von anderen Kirchenbauten Ägyptens wie etwa der Kirche von *Armant*[867] und von der Severus-Kirche im nordafrikanischen *Sbeitla*[868] bekannt. Die zuletzt genannte war ebenfalls auf den Ruinen eines paganen Tempels errichtet worden.

IV. 3. 7. Die Kirche des Märtyrers Kyriakos und seiner Mutter Julitta in Taḥtā

Taḥta liegt am westlichen Nilufer nordwestlich des mittelägyptischen Sūhāġ (Abb. 36 Nr. 15). Die Kirche[869] befindet sich in *Sahl Taḥtā* neben der heutigen Bischofskirche des Ortes.

Kyriakos und seine Mutter Julitta erlitten das Martyrium in diokletianischer Zeit.[870] Die genaue Entstehungszeit des Baues läßt sich bislang nicht ermitteln. Er wurde jedoch mehrmals in verschiedenen Perioden vergrößert.

Bei der Kirche handelt es sich um einen Kuppelbau[871], der im Kern in vier

---

[866] Vgl. z. B. die Westkirche in ʽAin Maḥūra o. S. 166 f. und die Kirche des Pachomios-Klosters in Fāw Qiblī o. S. 167 f.
[867] Vgl. o. S. 171 f.
[868] s. o. S. 199 f.
[869] Die Kirche wurde von Butler a. O. (Anm. 837) 366 nur kurz erwähnt. Er schreibt, daß sich eine koptische Kirche am Ort befindet, dazu Samuel - Syriany a. O. (Anm. 839) 83 f. Abb. 92. Die Datierung des Baues sind weder bei Butler noch bei Samuel - Syriany zu finden.
[870] T. Oklandi, in: CE III (1991), 671.
[871] Zu den koptischen Kuppelbauten vgl. B. Samuel - B. Habib, The Coptic Dome (o. J.) passim.

gleichmäßig große Schiffe unterteilt ist (Abb. 52 A). Auf der Breite der vier östlichen Joche wurde die Anlage um etwa 1, 20 m nach Norden erweitert. Mit dieser Raumvergrößerung entstand im Norden ein schmales Seitenschiff, das die Kirche zu einer fünfschiffigen Anlage macht. Die Schiffe haben mit Ausnahme des nördlichen jeweils die gleiche Breite. Sie enden im Osten in fünf Kammern, von denen die vier größeren überkuppelt sind und deren Rückwände jeweils eine kleine Nischen besitzen. Zum *Naos* öffnen sich diese Kammern auf nahezu voller Breite, ihre Längswände weisen Anten mit T-förmigen Querschnitten auf. Untereinander stehen diese liturgischen Räume durch jeweils eine Tür in Verbindung. In welchem von ihnen die Reliquien der beiden namensgebenden Märtyrer aufbewahrt und verehrt wurden, läßt sich der vorliegenden Literatur nicht entnehmen. Den Kirchenraum betrat man zum Mittelschiff durch ein einziges Portal.

Die Märtyrerkirche von *Taḥtā* ist von Interesse, da sie eine typologische Verbindung der ägyptischen zur abessinischen Architektur herstellt. Ihr in sich geschlossener rechteckiger Grundriß und die fünf in einer Flucht nebeneinander liegenden Sanktuare, die den östlichen Abschluß des fünfschiffigen *Naos* bilden, lassen sich mit der Kathedrale von Aksum[872] und der Erlöser-Kirche von *Lālibalā*[873] gut vergleichen (Taf. 52 B, C).

IV. 4. Nubien

Die Nubien genannte Kulturlandschaft, die sich heute zum größten Teil mit der modernen arabischen Republik Sudan deckt, erstreckt sich zwischen dem ersten Katarakt bei *Aswān* in Ägypten und dem fünften nördlich der sudanesischen Hauptstadt *Ḫarṭūm*. Sie umfaßt das Territorium entlang des mittleren Lauf des Stromes und zwischen den sich verzweigenden Armen des Weißen und Blauen Nils. Am Anfang des 5. Jh. n. Chr. umfaßte diese Region die Territorien der Königreiche *Nobatia*, *Makuria* und *Alodia*, die etwa um die Mitte des 6. Jhs durch koptische Missionare aus Ägypten zum Christentum bekehrt wurden.[874] Ab dieser Zeit wurden im Großraum Nubien zahlreiche Kirchen gegründet[875], unter denen man auch die im folgenden behandelten fünfschiffigen Anlagen findet. Diese sind jedoch vergleichsweise spät, d. h. zwischen dem 6. und 8. Jh. entstanden.

---

[872] s. u. S. 183 ff.
[873] s. u. S. 186 f.
[874] Zur Christianisierung Ägyptens und Nubiens vgl. U. Monneret, Storia della Nubia Cristiana (1938) passim; J. M. Plumley, PEQ 89, 1957, 70 ff.; P. O. Scholz, in: TRE XXIV (1994) 687 ff. s. v. (Nubien, frühchristliche Zeit); J. Willeitner, Nubien: antike Monumente zwischen *Aswān* und Khartum (1997) 69 f; A. Lohwasser, in: NP VIII (2000) 1039 ff. s. v. (Nubien).
[875] Zur Entwicklung der christlichen Sakralarchitektur in Nubien vgl. U. Monneret de Villard, in: Orientalia Christiana Analecta 118, 1938; ders. La Nubia medioevale I-IV (1935-1957); W. Y Adams, JARCE 4, 1965, 87 ff., K. Michalowski, Faras, die Kathedrale aus dem Wüstensand (1967) 27 ff.; C. J. Gardberg, Late Nubian Sites, Churches and Settlements, the Scandinavian joint Expedition to Sudanese Nubia VII (1970); E. Dinkler (Hrsg.); Kunst und Geschichte Nubiens in christlicher Zeit (1970); F. W. Deichmann - P. Grossmann, Nubische Forschungen (1988).

IV. 4. 1. Die Friedhofs-Kirche auf dem Ğabal 'Adda.

Der Ğabal 'Adda erhebt sich am östlichen Ufer des Nils (Abb. 36 Nr. 16) etwa 200 km südlich von *Aswān* und 50 km südlich von *Qaṣr Ibrīm*. Da der Bau in einem Friedhof liegt, aber kein Grab mit seinen Mauern überschneidet, wird angenommen, daß er während der Belegung der Nekropole entstanden und demnach als Friedhofskirche zu deuten ist. Die Gräber lagen sowohl im Innenraum als auch im freien Gelände.

Alle Beisetzungen wurden im Zeitraum der Kirchennutzung und auch nach deren Zerstörung vorgenommen. Eins der Senkgräber liegt innerhalb des Sanktuars axial so ausgerichtet, daß seine östliche Schmalseite genau auf der Sehne der Apsis zu liegen kommt. Es liegt deshalb auf der Hand, daß dieses Grab jener Person zuzuordnen ist, der die Kirche geweiht war. Ihre Identität ist jedoch nicht geklärt.

Die Anlage wurde zuerst von U. Monneret de Villard[876] in den dreißiger Jahren des 20. Jh. untersucht. Im Zuge dieser Arbeiten wurde jedoch die Fünfschiffigkeit der Kirche nicht erkannt. Da die nördliche Arkade durch eine Mauer in einer späteren Bauphase abgetrennt worden ist, sprach Monneret de Villard die Kirche als vierschiffig an. Daß jedoch fünf Innenraumschiffe vorliegen, fiel F. W. Deichmann und P. Grossmann[877] bei einem Besuch auf, während sie baugeschichtliche Studien durchführten und Ergänzungs-masse für einen aktuelleren Plan (Abb. 51 B) aufnahmen.

Im Gegensatz zu den übrigen Kirchen Nubiens datierten Deichmann und Grossmann[878] diese Kirche relativ spät, nämlich in das 7. oder in die erste Hälfte des 8. Jhs.

Der Innenraum der im Ursprungszustand in Bruchsteinmauerwerk errichteten Kirche (Abb. 51 B) ist durch vier Pfeilerreihen, jeweils aus sieben Arkaden bestehend, in fünf Schiffe unterteilt. Die Innenschiffe sind deutlich schmaler als die äußeren, welche, zusammen genommen, wiederum schmaler als das Mittelschiff sind. Ein solches Proportionsverhältnis zwischen Mittel-, Innen- und Außenschiffen ist im Vergleich zu den bisher betrachteten Basiliken ungewöhnlich.

Ein durch starke Mauern vom *Naos* abgetrennter Quersaal, in dessen Ostwand dem eine breitovale Nische eingelassen ist, die als Apsis diente, bildet den östlichen Abschluss des Versammlungsraumes der Gemeinde. Beiderseits der Apsis liegt je ein im Grundriß fast quadratischer Nebenraum, dessen Breite der des jeweils westlich anschließenden Innenschiffs entspricht. Diese Seitenräume öffnen sich zum zentralen, apsidial abschließenden Teil des Sanktuars, in dessen Zentrum das besagte Grab liegt. An dieser Stelle dürfte auch der Altar gestanden haben. Die südliche Nebenkammer besitzt einen Durchgang in der südlichen Mauer zum südlichen Außenschiff. Im nördlichen Seitenraum führt eine weitere Tür nach Osten in einen breiten Korridor, der von außen an das Sanktuar angeschoben ist und die gesamte Breite der Kirche einnimmt. Dieser war mit dem *Naos* über die Außenschiffe verbunden. Beide

---

[876] U. Monneret de Villard, La Nubia medioevale I (1935) 178 f.; W. Y. Adams, JARCE 4, 1965, 128 Nr. 55.
[877] Deichmann - Grossmann a. O. 53 ff.
[878] Deichmann - Grossmann a. O. 56.

Apsisnebenräume weisen jeweils ein weiteres Senkgrab auf, das in beiden Fällen allerdings nicht axial ausgerichtet, sondern schräg von Südwesten nach Nordosten angelegt ist. Der Durchgang vom geschlossenen Altarraum in das Mittelschiff ist verhältnismäßig schmal. Zwei schlanke, in die Laibung eingestellte Säulen scheinen eine Archivolte getragen und auf diese Weise die Öffnung in der Art eines Triumphbogens betont zu haben. Diese beiden im Querschnitt runden Säulen stehen nicht frei, sondern lehnen sich an die Durchgangswandung des Türrahmens.

Der Innenraum der Kirche ist im vorliegenden Fall ausschließlich durch Pfeilerstellungen gegliedert. Er unterscheidet sich dadurch von den übrigen fünfschiffigen Basiliken, deren Versammlungsräume entweder nur durch Säulen oder kompositär durch Säulen und Pfeiler unterteilt sind. Eine weitere Besonderheit der Anlage auf dem Ǧabal 'Adda besteht darin, daß sie eine Art Korridor hinter der Apsis besitzt, der mit den Außenschiffen kommuniziert.[879] Hierdurch entsteht eine Art Umgang, durch den eine Prozession der Gläubigen von außen um das Sanktuar geführt werden konnte. Ein solches *Ambulatorium* ist in den meisten Kirchen Nubiens anzutreffen. Die Apsiswand bildet somit nicht den östlichen Abschluss des Kernbaus, sondern wird durch dieses architektonische Element in ihn einbezogen. Die hier betrachtete Basilika besitzt kein sog. westliches Schiff, wie es für die meisten Kirchen Ägyptens und Nubiens typisch ist.

Die Deutung des Baus als eine Grabes- bzw. Friedhofkirche wird durch die 15 in den Kirchenboden abgesenkten Kistengräber gestützt. Die hier beigesetzten Personen scheinen *ad sanctum* begraben worden zu sein, wie dies bereits in Gadara festzustellen war.[880] Bemerkenswert ist, daß das zentrale Grab axial vor der Apsis liegt und seitlich von diesem, in den Zentren der Nebenräume, zweitere Grablegen angelegt sind. Ähnlich wie in Gadara liegt auch hier auf dem Ǧabel 'Adda eine hierarchisch differenzierte Dreizahl von hervorgehobenen christlichen Persönlichkeiten vor. Die privilegierte Position dieser drei Bestattungen läßt sich gut mit der sepulkralen Praxis in Gadara vergleichen, obwohl sich dort die drei Heiligengräber in der unterirdischen Krypta, jedoch von oben einsehbar, befinden. Die Bauidee des von außen um die Apsis laufenden Durchgangs entspricht der umlaufenden Loggia in der justinianischen Basilika von Gadara und läßt auf vergleichbare liturgische Gewohnheiten bei der Verehrung der Heiligen rückschließen. Diese Form des Umganges haben wir oben mit dem Vorbild der Grabeskirche dargestellt.[881]

IV. 4. 2. Die Kathedrale von Qaṣr Ibrīm.

Die antike Stadt *Qaṣr Ibrīm* liegt in Unternubien etwa 40 südlich von *Abu Simbel* (Abb. 36 Nr. 17). Sie war die alte Residenz der Könige des Reiches Nobatia. Später hat Faras diese Rolle übernommen. Im 6. Jh. verwandelten die

---

[879] Kirchen mit einem Korridor hinter der Apsis waren schon seit dem Ende des 4. und dem Anfang des 5. Jhs. in Palästina bekannt, wie Beispiele in *eṭ-Ṭabġā*, Tiberias und auf der Sinaihalbinsel (Katharinenkirche) zeigen, vgl. Bietak - Schwarz 1998, 393 ff. Zu möglichen Einflüssen auf die nubische Architektur ab dem 4. Jh. n. Chr. vgl. ebenda. 304 ff.
[880] s. o. S. 3 Anm. 18.
[881] s. o. S. 137 ff.

Christen den paganen Tempel des Königs Taharqa[882] in Qaṣr Ibrīm in eine christliche Kirche. Sie gilt als der mithin älteste der christlichen Bauten Nubiens. Die später an anderer Stelle errichtete Kathedrale liegt in dem nordwestlichen Teil der Stadt.[883]

Die Bischofskirche[884] wurde 1963 vollständig freigelegt.[885] Der Ausgräber J. L. Plumley datiert sie in die zweite Hälfte des 6. oder an den Beginn des 7. Jhs. Die Anlage wurde, Abū Ṣaliḥ zufolge, bei der Eroberung der Stadt durch Šams ed-Dawla, dem Bruder des Mamlukischen Sultans Ṣalaḥ ed-Dīn, im Jahr 1173 teilweise beschädigt. Plumley wies im archäologischen Befund nach, daß bei dem Bau weitere Schäden durch Einwirkung eines Erdbeben aufgetreten waren. Im 14 Jh. wurde auf der Ruine der Kirche eine Moschee errichtet.[886]

Der Innenraum der Basilika (Abb 48 A) ist fünfschiffig gegliedert. Das Mittelschiff wird durch zwei Reihen aus sechs Granitsäulen begrenzt. Die Seitenschiffe weisen hingegen Arkaden auf, die aus je vier Pfeilern bestehen und nicht mit den Säulen fluchten. Sämtliche Pfeiler- und Säulenbasen wurden *in situ* vorgefunden. Das westlichste Joch des Mittelschiffs schließt mit langrechteckigen Pilastern ab, die von Norden nach Süden ausgerichtet sind. Mit diesen fluchten gammaförmige Pfeiler an den westlichen Enden der Seitenschiffarkaden. Durch diese Gliederung entsteht der für koptische Sakralbauten typische westliche Trakt, der zusammen mit den beiden Außenschiffen als *Ambulatorium* von außen um die Innenschiffe lief. Seitlich der rechteckig ummantelten Apsis schließen sich zwei Nebenräume an, die sich zu den Innenschiffen öffneten. Der südliche Nebenraum diente - typisch für den ägyptisch-koptischen Bereich - als Baptisterium, wie es exemplarisch in *'Ain Maḥūra*[887] zu beobachten war. Die beiden Nebenräume haben keine Rückwände, sondern gehen in einen schmalen Korridor über, der von außen an der Rückwand der Apsis entlangläuft. Der Ostkorridor war bei einer Gesamtbreite von 3 m zweischiffig unterteilt und verlief über die gesamte Breite der fünf Langhausschiffe. Dieser Korridor war hinter der Apsis durch eine Mauer mit einer weniger als 1 m breiten Tür eingeengt. Wie bei der Friedhofskirche auf dem *Ǧabal 'Adda* wird dadurch die Apsis in den Kernbau eingeschrieben und eine Art *Ambulatorium* gebildet.

Der Kircheninnenraum ist im vorliegenden Fall durch Säulen und Pfeiler kompositär gegliedert, wie dies in Gadara[888] und Jerusalem[889] der Fall ist. Der für die koptische Sakralarchitektur typische, vom Westtrakt ausgehende und über die Außenschiffe geführte Umgang setzte sich über die Apsisnebenräume in den östlichen Korridor fort. Diese Gestaltung des *Ambulatorium* erklärt, warum die Säulen- und Pfeilerjoche des Mittel- und der Außenschiffe nicht miteinander fluchten und warum die Architekten auf eine Pfeilersetzung am

---

[882] Taharqa (690-664 v. Chr.) beherrschte Ägypten bis 667. In diem Jahr wurde das Nilland von dem assyrischen König Assurbanipal erobert, vgl. LAW III (1965) 2975 s. v. Tahraqa.
[883] Stadtplan bei J. M. Plumley, JEA 65, 1970, Abb XXVI.
[884] W. Godlewski, Les Baptistères Nubiens, in: Faras VI (1979) 127 f f. Plan 94.
[885] J. M. Plumley, JEA 50, 1964, 3 ff.; ders., in: Akten des VII. Internationalen Kongresses für Christliche Archäologie, Citta del Vaticano (1969) 531 ff.
[886] G. M. Plumley a. O. (1964) 5.; Godlewski a. O. (Anm. 877) 127.
[887] vgl. o. S. 164 Abb. 47 A.
[888] s. o. S. 17 f.
[889] s. o. S. 138 ff.

Übergang zwischen den Außenschiffen zu den Apsisnebenräumen ganz verzichteten. Auf die Entsprechung des apsidialen Umgangs mit der Basilika in Gadara und der Grabeskirche in Jerusalem wurde bereits bei der Untersuchung der Basilika auf dem *Ğabal 'Adda* hingewiesen.[890]

IV. 4. 3. Alt-Dongola.

Alt-Dongola[891] (arabisch *al-'Ağūz*) liegt auf einem Steinhügel am östlichen Nilufer auf etwa halber Strecke zwischen dem dritten und vierten Katarakt (Abb. 36 Nr. 18 A-B). Es war Hauptstadt des nubischen Königreiches Makuria und seit der zweiten Hälfte des 6. Jh. Sitz eines Bischofs. Die materiellen Spuren der wirtschaftlichen und kulturellen Blüte in dieser Zeit sind vielfältig: Im Ort und in seiner näheren Umgebung konnten insgesamt 14 Kirchenbauten archäologisch nachgewiesen werden, wovon zwei dem fünfschiffigen Bautypus zugewiesen werden können.

Als Baumaterialien herrschten in ganz Nubien, besonders aber in Alt-Dongola Lehmziegel sowohl in gebranntem als auch in luftgetrocknetem Zustand vor, wobei beide Varianten an ein und demselben Bau Verwendung finden konnten. Farblich zu den roten bis braunen Lehmziegeln kontrastierendes Gestein, wie etwa der helle Kalkstein und der dunkle Granit, wurden für Kolonnaden und Arkaden benutzt.

Alt-Dongola entwickelte sich urbanistisch im Zeitraum zwischen dem Ende des 5. Jhs. und dem Beginn des 9. Jhs. Bauaktivitäten werden aber durchaus noch danach greifbar: Im Siedlungsgebiet außerhalb des Mauergürtels wurden vereinzelt Kirchen noch bis in das 14. Jh. errichtet.

Eine außerhalb der Stadtmauer befindliche dreischiffige Basilika, die als die älteste[892] Nubiens gilt, und ein im Grundriß kreuzförmiges, mit rechteckigen Außenkontoren ausgestattetes Mausoleum gehören in die Epoche bald nach dem Einzug des Christentums in diesen Teil Nordostafrikas, also etwa um die Mitte des 6. Jhs.[893] Gegen Ende dieses Jahrhunderts wurde das Mausoleum in eine fünfschiffige Basilika umgewandelt. Sie wird auf Grund ihres gepflasterten Bodens als „*Church of the Stone Pavement*" bezeichnet. Im Laufe der zweiten Hälfte des 7. Jhs. wurde sodann die erste Kathedrale, die sog. Granit-Kolonnaden-Kirche, errichtet. Gegen Mitte des 9. Jhs. erhielt der zuerst genannte Bau durch verschiedene Um- und Einbauten einen kreuzförmigen Plan und erreichte durch Erweiterungen eine Größe, die in Alt-Dondogla und in ganz Nubien ihresgleichen sucht. Diese Grundrißgestaltung war zukunftsweisend, denn die jüngsten Zentralbauten in Alt-Dongola (12. bis 14. Jh.), wie etwa die Nordost- oder die Nordkirche, zeigen einen quadratischen Plan mit eingeschriebenem Kreuz. Diese Variante der Kreuzkuppelkirche

---

[890] Zum *Ğabal 'Adda* s. o. S. 174 ff.
[891] Neu-Dongola liegt am westlichen Nilufer.
[892] Vgl. Godlewski a. O. 128.
[893] Die Sakralbauten von Alt-Dongola zeigen klare Einflüsse von der Architekturmonumente Konstantinopels. Durch einen Besuch von Kirchenrepräsentanten aus Makurien in der Reichshauptstadt haben die nubischen Christen ihre Bauideen entwickelt, wie W. Godlewski („in: ΘEMEΛIA III: Spätantike und koptische Studien, Festschr. P. Grossmann, Hrsg. M. Krause - J. Schaten [1998] 128) vermutet.

dominiert die spätbyzantinische Architektur nicht nur in Nubien sondern im gesamten Reich.[894]

In folgenden sollen die beiden in Alt-Dongola befindlichen Kirchen des fünfschiffigen Typus näher betrachtet werden.

IV. 4. 3. 1. Die Steinpaviment-Kirche

Die Basilika[895] ersetzte das im Grundriß rechteckige, ost-west-orientierte Mausoleum (Abb. 48 B-C), wobei die Innenraumaufteilung des alten Grabbaus tiefgreifend verändert, die äußeren Mauern jedoch belassen wurden. Auch die Trakte an der westlichen und östlichen Schmalseite blieben unverändert. Der Innenraum der neuen Kirche (Abb. 48 C) wurde durch vier Kolonnaden mit jeweils fünf Säulen aus Granit der Länge nach aufgeteilt. Vier Nebenräume, die in ihren Breiten jeweils den Seitenschiffen entsprechen, flankieren die im Osten gelegene Apsis in Norden und Süden. Mit dem Versammlungsraum der Gemeinde standen nur die beiden inneren durch zwei Portale in Verbindung, während die äußeren weitgehend abgeschlossen waren. Die inneren Kammern münden im Osten in eine schmale korridorartige Passage, die hinter der Apsis verläuft.[896] Der unmittelbar südlich der Apsis anschließende Raum diente als Baptisterium. In der Mitte dieses Taufraumes ist ein kreisförmiges Becken mit gegenständig von Osten und Westen hinabführenden Treppchen in den Boden abgetieft. Der westliche Abschluß der Basilika folgte noch ganz dem Plan des alten Mausoleums. Durch die westliche Fassade der Basilika konnte man zuerst ein T-förmiges Vestibül betreten, welches eine Art *Esonarthex* bildet. Beiderseits dieser Vorhalle schließen zwei rechteckige Nebenräume an, die hinsichtlich der Breiten wiederum den beiden Seitenschiffen entsprechen. Der Boden der Kirche ist mit Steinplatten abgedeckt, die dem Bau den Namen gegeben hat.

Die Anlage entstand durch Umwandlung eines älteren Mausoleums. In seinem westlichen Abschnitt wies dieses die für Nubien und Alt-Dingola typischen Hauptelemente der Kirchenarchitektur auf. Der *Esonarthex* und die Apsisnebenräume mit dem *Ambulatorium* scheinen vorbildhaft für andere nubische Bauprojekte gewesen zu sein, da es sich bei dieser Basilika um die bislang älteste des Typus in Nubien handelt. Wie bereits in Zusammenhang mit der Kathedrale von Qasr Ibrīm angemerkt wurde[897], erklärt sich der apsidiale Umgang durch Einfluß aus dem palästinisch-ostjordanischen Raum, wobei das Kopieren des Grundrißmusters durchaus auch durch direkte Kontakte erklärt werden könnte, ohne daß wir mit W. Godlewski die Vermittlung durch Konstantinopel postulieren müßten.[898] So weist der Grundriß des Hypogäums in Alt-Dongola augenfällige Übereinstimmungen mit dem der Apostelkirche von Gerasa auf (Abb. 48 D). Einflüsse aus dem gleichen Raum werden auch

---

[894] ebenda 133.
[895] Zur Kirche vgl. W. Goldlewski a. O. (1979) 103 ff.; W S. Jakobielski, in: M. Krause (Hrsg.) Nubische Studien, Tagungsakten der 5. internationalen Konferenz der International Socity for Nubian Studie Heidelberg 22.-25. September 1982 (1986) 301 f.; Godlewski, Nubica 1-2, 1990, 551 ff.
[896] Zu diesem Architekturteil in nubischen Kirchen vgl. W. Y. Adams, JARCE 4, 1965, 112 ff.
[897] s. o. S. 177 ff.
[898] s. o. 178 Anm. 868.

bei Grundriß und räumlicher Disposition der Granitsäulen-Basilika greifbar, die mit der Kirche der Propheten, Aposteln und Märtyrer in Gerasa des mittleren 5. Jhs. (464/5 n. Chr.)[899] und anderen kreuzförmigen Bauten in Palästina verglichen wird.

IV. 4. 3. 1. Die Granitsäulen-Kirche

Die sog. Granitsäulen-Kirche[900] des 7. Jhs. ist genau genommen ein Zentralbau von exakt quadratischem Plan (Abb. 49 A-B). Der Innenraum wird durch zwei sich im Zentrum überkreuzende Achsen bestimmt, die im Norden, Süden und Osten in eingeschriebenen Apsiden enden. Im Westen liegt dem *Naos* eine Vorhalle mit einer kleinen rückwärtigen Kammer im Norden vor. Der Sakralraum wird durch vier Reihen aus je vier Granitsäulen gegliedert, die in der Flucht der Rahmenpilaster der Apsiden stehen. Die von Osten in den Versammlungsraum ausgreifende Altarzone war offenbar abgeschrankt und endete im Osten in einer sehr tiefen, dem vorliegenden Plan zufolge mit einem *Synthronon* ausgestatteten Apsis. Vom nördlichen Außenschiff erreicht man einen gammaförmig um die rechtwinklig ummantelte Apsis-Rückwand gelegten Umgang, der sich durch eine kleine Tür in das südliche Innenschiff öffnet. Der symmetrisch dem nördlichen Abschnitt des *Ambulatoriums* entsprechende Trakt ist von der südlichen Apsis aus zugänglich und besteht aus einem lang gestreckten, im Osten halbrund abschließenden Raum. Eine kreuzförmige *Piscina* mit Eingangtreppe läßt in ihm ein Baptisterium erkennen. Im südwestlichen Eck führt eine rechtwinklig abgeknickte Treppe auf die Empore. Diesem Treppenhaus entspricht ein weiterer Raum unklarer Bestimmung im nordwestlichen Eck des *Naos*.

Obwohl es sich bei der Kirche um einen Zentralbau handelt, läßt sie sich dennoch, infolge der Teilung des Innenraumes durch vier Säulenreihen, den Basiliken des fünfschiffigen Typus zuweisen. Die kreuzförmige Gestaltung des Sakralraums wiederholt den Grundriß des schon am gleichen Ort betrachteten Mausoleums des 6. Jh. (Abb. 49 B). Bei der Diskussion der Steinpaviment-Kirche wurde bereits darauf hingewiesen, daß solche kreuzförmigen Zentralbauten mit Vorbildern im Ostjordanland, insbesondere mit der Apostelkirche in Gerasa, verbinden lassen. Dies läßt auf direkte Kontakte zwischen nubischen Christen und jenen des ostpalästinischen Raumes erklären.

Umgekehrt werden Berührungen dieser beiden Kulturräume in der Zeit zwischen dem 4. und 8. Jh. auch durch den numismatischen Befund in der fünfschiffigen Basilika von Gadara erhellt: Aus dem dortigen *Naos* kommen 20 Gußimitationen südägyptisch-aksumitischer Prägungen aus der Regierungszeit des ʿĒzānā und seiner Nachfolger[901] sowie aus den Amtsjahren des Gratianos, Valentinianos II., Theodosios I., Arkadios und Honorios (sämtlich zweite Hälfte des 4. und 5. Jh. n. Chr.) sowie des Leo I. und der

---

[899] Zur Kirche und zum Typus Vgl. Crowfoot 1941, 85 ff.
[900] P. M. Gartikiewicz, in: Nubia, Récentes Recherches, Actes du Colloque Nubiologique International au Musée National de Varsovie 19-22 Juni 1972 (1975) 54 f. Abb 3; ders., The Cathedral in Old Dongola and its Antecedens, in: Nubia I. Dongola II (1990) 29 ff.; Godlewski a. O. (1979) 130 f.
[901] Vgl. H.-Chr. Noeske, in: UQ IV 3, Kat.-Nr. Mz 1256 (in Vorbereitung).

Verina (457-474).[902] Vereinzelt wurden solche Fälschungen axumitischer Nominale in Ägypten und Palästina, jedoch im ostjordanischen Raum bisher noch nie in so großer Zahl nachgewiesen.[903] Dieser Befund kann nur so erklärt werden, daß zur Zeit der ältesten Nutzung der Basilika engere wirtschaftliche, wahrscheinlich auch religiöse Kontakte zu diesem scheinbar entlegenen nordostafrikanischen Kulturraum bestanden. Interessanterweise beginnt die Münzserie in Gadara erst nach Einrichtung der monophysitischen abessinischen Reichskirche unter 'Ēzānā. Wäre es nicht denkbar, daß mit dem Besuch nubisch-axumitischer Pilger nicht nur diese Münzfälschungen nach Gadara, sondern umgekehrt auch architektonische Bauideen vom Ostjordanland nach Nubien und Abessinien gelangten?

Die Steinpaviment-Kirche in Alt-Dongola weist insofern die typische Gestaltung nubischer Kirchen auf, als auch sie in ihrem östlichen Abschluss durch die Apsisnebenräume mit einem *Ambulatorium* hinter der Apsis verbunden ist. W. Goldlewski[904] glaubt, daß derartige kulturelle Kontakte zwischen Nubien und dem byzantinischen Ostjordanland auf Grund der arabischen Eroberung des südöstlichen Teiles des byzantinischen Reich nicht möglich gewesen seien. Aus diesem Grund vertritt er die Meinung, der in Alt-Dongola vorliegende Kirchentypus, insbesondere die Granitsäulen-Kirche, sei eine bodenständige Schöpfung von einheimischen nubischen Architekten. Indes beweisen die Fundmünzen aus der Gadarener Basilika, daß Kontakte bereits sehr viel früher, nämlich schon im 4. und 5. Jh. n. Chr. bestanden haben. Außerdem konnte bei der Darlegung der Bauphasen nachgewiesen werden, daß der christliche Ritus nicht nur in Gadara, sondern auch in anderen Teilen Palästinas, Syriens und des Ostjordanlandes unter umaiyadischer Herrschaft ungehindert weiterpraktiziert wurde.[905] Aus diesem Grund möchte ich die These Goldlewskis in Frage stellen und dafür plädieren, daß die Ausbildung eines Umgangs zu liturgischen Zwecken in der nubischen Architektur auf kulturellen Kontakt mit dem christlichen Vordern Orient zurückzuführen ist.

IV. 5. Äthiopien

Das christlich-abessinische Reich erstreckte sich über das Bergland von Habesch südlich der nubischen Königtümer Makuria und Alodia, auf dem Territorium des heutigen Eritrea und in der nördlichen Hälfte Äthiopiens. Es wurde von Aksum (Abb 36, 18) aus verwaltet, welches die Hauptstadt des nach ihr benannten aksumitischen Reiches geworden war. Die Stämme dieses Gebietes rekrutierten sich größtenteils aus südarabischen Bevölkerungsgruppen, vor allem aus Sabäern, welche während des 1. Jts. v. Chr. durch Handel in das nordostafrikanische Gebiet infiltriert waren. Noch im 1. Jh. n. Chr. war das nachmalige axumitische Gebiet eine Kolonie von Saba.

Im Jahr 340 n. Chr. wurden die Könige Abraha und Asbaha - bekannt auch unter den Namen 'Ēzānā und Se'eānā - getauft. Mit diesem Akt wurde das

---

[902] Ebenda Kat.-Nr. Mz 1257-1276.
[903] Vgl. H.-Chr. Noeske, in: Krause - Schaten a. O. S. 179 (Anm. 903) 249 ff.
[904] W. Goldlewski (1998) a. O. 132.
[905] vgl. o. S. 94 f.

Christentum zur staatlichen Religion des Landes erhoben[906], obwohl es stets außerhalb der Regierungsgewalt des byzantinischen Kaisers gelegen hat.[907] Die axumitischen Könige gingen im Laufe der Geschichte ihres Reiches mehrere Allianzen mit Byzanz ein und eroberten das von den judaisierten Ḥimīyariten beherrschte Südarabien zeitweise für das Christentum zurück.[908] In dieser Zeit entstanden auf die Initiative des aksumitischen Negus im südarabischen Raum mehrere christliche Sakralbauten[909], von denen der bekannteste die literarisch und archäologisch überlieferte Kathedrale von Ṣan'ā' ist.[910]

IV. 5. 1. Die Kirche St. Maria Zion (Māryām Seyon) in Aksum

Aksum (Abb. 36 Nr. 19) liegt im Herzen der heute von den modernen Staaten Äthiopien und Eritrea umstrittenen nordäthiopischen Bergprovinz Tigray. Die Kathedrale erhebt sich auf einem flachen Hügel am nördlichen Rand der modernen Stadt vor dem Ausgang des Tales Geza 'Agma, welches sich zwischen den Bergen Mai Qoho und Beta Giorgis nach Nordwesten zu der nördlichen Gruppe der bekannten Stelen und den Gräbern des Kaleb und Gabra Masqai zieht.

Der älteste Bauzustand der Kathedrale von Aksum läßt sich nicht mit Gewißheit datieren, da die vorliegenden Angaben in sich widersprüchlich sind und archäologische Ausgrabungen wegen der Heiligkeit des Ortes nicht gestattet wurden. Nach epigraphischen Quellen gelten die Herrscher-Brüder Abraha (= "*der das Licht aufleuchten ließ*") und Asbaha (= „*der die Morgendämmerung herbeibrachte*") als Erbauer dieser Kirche.[911] Auf den aksumitischen König nehmen Inschriften auf der Lehne eines Throns Bezug, der im kleinen Schatzhaus der Zion-Kirche aufbewahrt wird:

(1)„ *Herr des Himmels*" (VV. 1.5.38.39.45.46.49.52). *Dieser Herr des Himmels ist auch „auf Erden siegreich über alle Wesen*" (V.1); „*er hat*

---

[906] Nach äthiopischer Tradition landeten im 4. Jh. n. Chr. an der äthiopischen Küste zwei christliche Kaufleute aus Tyros namens Frumentios und Aedesios (vgl. The Dictionary of Ethiopian Biography I [1975] 64 f. s. v. Frumentius [A. K. Irvine]; H. Brakmann, ΤΟ ΠΑΡΑ ΤΟΙC ΒΑΡΒΑΡΟΙC ΕΡΓΟΝ ΘΕΙΟΝ. Die Einwurzelung der Kirche in spätantiken Reich von Aksum [1994] 67 ff.). Von der Küstenbevölkerung wurden sie zum Königshof gebracht. Sie bekehrten den Herrscher und gründeten somit die abessinische Kirche. Frumentius (Ge'ez: Frēmnatos), auch bekannt als Abba Salāma I. und Abba Salāma Käsaté-Berhan, war der erste Bischof Äthiopiens, vgl. F. Heyer, Die Kirche Äthiopiens (1971) 217. Nach Hist. Eccl. MPG III 4, 482 ff. sandte Konstantius II. Missionare unter Führung des indischen Bischofs Theophilus von Diu (vgl. G. Ficcadori, Teofilo Indiano I, in: Studies of Classical Orient 33, 1983, 295 ff.) zu jenen „*die früher Sabäer genannt wurden*". Der Kaiser gab den Gesandten Geld mit „*daß davon Kirchen für römische Seeleute und Neubekerte gebaut würden*." Der besagte Theophilos brach von Südarabien aus auch nach Aksum auf. Vgl. Heyer a. O. 217 Anm. 17.
[907] Zu den Anfängen des Christentums in Äthiopien vgl. E. Hammerschmidt, Zeitschrift für Missionswissenschaft und Religionswissenschaft 38, 1954, 281 ff.; Heyer a. O. 217 ff.; S. H. Sellassie, Ancient and Medieval Ethiopian History (1972) 97 ff.; A. Grillmeier, Jesus, der Christus im Glauben der Kirche (1990) 301 ff.; S. Munro-Hay, Aksum, An Ancient African Civilisation of Late Antiquity (1991) 80 ff.; Brakmann a. O. passim; H. Brakmann, Nubica 5, 13 ff.
[908] Zu den Beziehungen zwischen Byzanz und Südarabien vgl. I Shahid, DOP 33, 1979, 23 ff.; ders., Byzantium and the Arabs in the Fourth Century (1984) 74 ff.
[909] Zusammenfassend B. Finster, AA 1996, 287 f f.
[910] Zur Kathedrale von Ṣan'ā' vgl. B. Finster - J. Schmidt, in: N. Nebes (Hrsg.), Arabia Felix, Festschr. W. W. Müller (1994) 67 ff. (mit Diskussion älterer Lit.).
[911] Brakmann a. O. 117 ff.

mich (den König) geschaffen" (V. 5); *„er hat mir geholfen und mir die Herrschaft gegeben"* (V. 45); *„er stärke meine Herrschaft"* (V. 46); *„der mich zum König gemacht hat* (V 49), *da er auch „der Herr der Erde ist, die ihn (den vom König errichteten Thron) trägt"* (V. 50); (2) *„Herr des Alls"* (V. 5 und 7).

In Überstimmung hiermit kam E. Littmann durch historische Überlegungen zu dem Ergebnis, daß das Christentum tatsächlich um die Mitte des 4. Jhs. n. Chr. in Äthiopien eingeführt worden ist.[912] Nach einer lokalen Legende raubte der erste König des Landes Menilek I., ein angeblicher Sohn des Salomon und der Königin von Saba, die Bundeslade des Volkes Israel aus dem Tempel in Jerusalem und brachte diese nach Aksum. Auf Grund dieser Sage wird die Kirche *Māryām Seyon* (=„Zion-Kirche") genannt. Früher soll sich an der Stelle der Kirche ein von bösen Geistern bewohnter Stumpf befunden haben. Gott in eigener Person sei den Anwohnern gegen jene zu Hilfe gekommen, indem er auf dem Berg *Makajada Egzī*(= „Fußspur des Herrn") zur Erde niederfuhr und Staub aus dem Himmel hinunterwarf, so daß der Stumpf austrocknete. Nach Th. V. Lüpke[913] wird auf dem besagten Berg eine Steinplatte mit zwei Vertiefungen gezeigt, welche im Volksglauben als die Abdücke der Füße Gottes angesehen werden.

Die erste Bischofkirche von Aksum setzt im 6. Jh. ein älteres griechisches *Martyrium Arethae* voraus. Diese Grabanlage stand wahrscheinlich an der Stelle der noch zur Zeit der Deutschen Aksum-Expedtion erhaltenen Zion-Kirche, die in das 17 Jh. datiert wird und erst 1960 durch einen Neubau ersetzt wurde. Dieser Komplex steht auf den Grundmauern einer fünfschiffigen Basilika, die 1535 durch den muslimischen Imām von Harar namens Ahmad Grān zerstört worden war. Kurz davor beschrieb der portugiesische General F. Alvarez[914] diesen älteren Vorgängerbau als die *„altarreiche Kirche Māryām Seyon"*. Weitere Einzelheiten eben dieser Kirche werden in der aksumitischen Chronik beschrieben, die E. Littmann als Leiter der Deutschen Aksum-Expedition in deutscher Übersetzung vorlegte.[915]

Die Existenz einer alten Basilika, die in frühchristlicher Zeit und in altäthiopischem Baustil errichtet wurde, wird durch außer diesen beiden literarischen Quellen noch durch jüngere Forschungsergebnisse greifbar. D. W. Phillipson legte erstmals eine genauere Baubeschreibung des neuzeitlichen Baus vor. Auf Grund seiner Beobachtungen kam er zu dem Ergebnis, daß an einigen Stellen der Fundamente der neuen Kathedrale des Jahres 1960 noch Reste von altäthiopischem Mauerwerk erhalten sind.[916]

---

[912] DAE I, Abschnitt III; zum Christentum im aksumitischen Reich vgl. Brakmann a. O. 51 ff.
[913] DAE II 136.; der Stein ist heute nicht mehr nachzuweisen, er wurde 1980 während militärischer Operationen in der Region zerstört, vgl. D. W. Phillipson, The Monuments of Aksum (1997) 169.
[914] *„Diese Kirche ist sehr groß / und hat fünf höher und breiter Fach / die alle gewelbet / und ob dem gewelb mit erden und estrich beschlagen / und die gewelb ampt den wenden sehr schön ausgemalet sind / und ist die ganze Kirchen mit werkstücken gepflastert / welche gar schön und künstlich zusammen gefüget / Und hat sieben Capellen / die stehen alle mit dem rück gegen auffgang der Sonnen / mit ihren Altaren gantz zierlich zugerichtet"*, Übersetzung von Th. V. Lüpke, in: DAE II 139; englische Übersetzung bei Phillipson a. O. 174.
[915] Beschreibung dieser Elemente vgl. DAE II 137 ff.; E. Littmann datiert die Grundsteinlegung und Vollendung der Kirche in das 1. Jh. n. Chr., vgl. DAE II 139; dazu ferner Phillipson a. O. 175 f.
[916] Phillipson a. O. 170 ff.

Nach der Littmann'schen Übersetzung der aksumitischen Chronik lautet die die fünfschiffige Basilika betreffende Passage: „*Bis zu 15 Ellen[917] hat man ihre Fundamente nicht gefunden; und das steinerne Pflaster liegt 7 Ellen hoch, vom Erdboden bis zum Eingang von Zion, und die Dicke der Mauer beträgt 7 Ellen, und ihre Länge von Westen nach Osten 125 Ellen und von Norden nach Süden 92 Ellen. Seine Breite betägt 53 Ellen und seine Höhe vom Boden bis zur Spitze der Zinne 32 Ellen. Säulen von Bauwerke 30; Säulen von Stein 32, alle zusammen 62. Große Türöffnungen gen Westen draußen 4, und drinnen 4; und an Hauptgemache 1; im Süden 1; im Norden...; (die Zahl fehlt); am Hause des Georg 1, am Hause des Johannes 1; am Schatzhaus 2, am Hause des Gabriel 2; am Versammlungshause 1; am Hause der Maria Magdalena 1, allen zusammen 20 Öffnungen. Und Türen aus Zedernholz 461, und ihre Fenster 168; und ihre Querbalken (?) 780; Bögen 10; Affenköpfe 3815; Wasserrinnen 91. Im Jahre 39 der Erbarmung (das wäre 32/33 n. Chr.) wurde der Grundstein gelegt, und sie wurde vollendet im Jahre 91 der Erbarmung (85/85 n. Chr.). Die Welt aber ist ein Traum und ein Schatten, und niemand fügt hinzu, sondern alles vergeht*".

Aufgrund der Interpretation dieser Passage und durch weitere Beobachtungen am Bau rekonstruierte Th. V. Lüpke den Grundriß der Kirche als eine Anlage mit fünf Schiffen (Abb. 52 B). Die durch den Text vorgegebene Länge von 125 Ellen entspricht etwa 62,5 m[918] und die Breite von 92 Ellen 46 m.[919], womit sich ein gestreckter Grundriß mit einer *ratio* von 4 zu 3 ergibt. Es gab offenbar zwei unterschiedliche Arten von Stützreihen, nämlich Säulen mit runden Querschnitten sowie aus Steinquader aufgemauerte Pfeiler mit viereckigem Grundrissen. Diese kompositäre Verwendung von Stützelementen findet man auch an anderen Orten der Region, nämlich in *Asmara* und *Dabra Dimā*.[920] vor. Diese rekonstruierte Kirche hat fünf Schiffe (Abb 52 B), die von den Kolonnaden gleichmäßig unterteilt sind. Der Boden war mit einem sorgfältig gearbeiteten Steinpflaster gedeckt. Die Kirche hat sieben Kapellen im Osten. Fünf von ihnen liegen in der Flucht der Schiffe und die beiden anderen springen außerhalb des Kirchenkörpers nach Norden und Süden vor.

Lüpke schließt ferner aus der Beschreibung des Alvares[921], daß die Kirche Emporen hatte. Er beruft sich hierbei auf die Analogie der Kirche in Debra Domo und glaubt, daß diese architektonischen Elemente in ganz Äthiopien üblich gewesen sind. In der Kirche zu Aksum gab es ferner einen aus einem älteren Kapitell gearbeiteten Thron, der bei Krönungszeremonien eine Rolle spielte. Hierbei umkreisten die Soldaten den König während die Priester im Chor der Kirche sangen.[922]

Die Umgebung der Kirche konnte Lüpke auf der Grundlage der

---

[917] Eine äthiopische Elle entspricht „fast einem halben Meter", vgl. DAE II, 139.
[918] Auf dem Plan gibt Th. V. Lüpke, in: DAE II, 140 Abb. 294 jedoch ein Längenmaß von nur 60 m an. Bei Phillipson a. O. 177 Abb. 256 fehlen die Maßeinträge.
[919] Im Gegensatz dazu ist im Plan (ebenda) ein Breitenmaß von 42 m angegeben.
[920] DAE II Abschnitt F Kapitel I.
[921] „*Der Chor ist auf die Weise gemacht wie bey uns / allein der ist so niedrig / das man mit dem Kopf sicher am gewelb anstösst / Uft demselben Chor ist noch ein ander Chor gebawet / der wird aber nicht viel gebraucht*", vgl. Th. V. Lüpke, in: DAE II, 139.
[922] Vgl. Phillipson a. O. 1997.

Beschreibung des Alvarez[923] rekonstruieren. Das Gelände des Heiligtums war durch eine hohe Mauer eingefaßt. Der mit Steinplatten gepflasterte Umgang zwischen der Mauer und der Kirche war noch 1906 erhalten. Dieser Umgang wurde von einem Vorhof umschlossen, der aufgrund der in ihn eingeschlossenen ein- und zweigeschossigen Wohnungen wie ein kleines Siedlungsquartier wirkte.

Für das Christentum Abessiniens hat die Kathedrale von Aksum eine überragende Bedeutung im Sinne einer Reichskirche, vergleichbar der Peterskirche zu Rom[924] oder der Hagia Sophia zu Konstantinopel.[925] Das in diesen Bauten praktizierte Krönungszeremoniel legitimierte den regierenden Machthaber. Der verehrungswürdige Gegenstand, die alttestamentliche Bundeslade, wurde angeblich aus Jerusalem nach Nordäthiopien „verpflanzt" und bildete den verehrungswürdigen Kern der aksumitischen Kathedrale. Religionsgeschichtliche Außenbezüge nach Palästina und Phönikien schlagen sich nicht nur durch dieses heilige Objekt, sondern auch in den Legenden um die Christianisierung nieder.

Ein Problem stellen im vorliegenden Fall die Datierungsansätze der einzelnen Bauphasen dar, die bisher weitgehend aus der schriftlichen Überlieferung entwickelt worden sind. Insbesondere der hier interessierende Zustand der fünfschiffigen Anlage, die vielleicht auf die ersten christlichen Könige des 4. Jhs. zurückgeht, bleibt weitgehend hypothetisch. Wie E. Littmann in seiner Übersetzung der aksumitischen Chronik anmerkt[926], muß am Ort der Kirche ein älterer paganer Bau seit dem 1. Jh. n. Chr. existiert haben. Sollte diese Tradition tatsächlich der Wahrheit entsprechen, so ist mit einer Umwandlung dieses Vorgängerbaus in eine Kirche zum Zeitpunkt der Christianisierung Äthiopiens zu rechnen. Hierfür könnte auch sprechen, daß die Bauform des untergliederten rechteckigen Grundrisses für die abessinische Sakralarchitektur untypisch ist. Konstruktiv weist die Kathedrale hingegen typisch südarabisch-abessinischen Element auf, wie etwa die über die Mauerschale vorspringenden Binder. Solche „Affenköpfe"[927] lassen sich von der sabäischen Baukunst herleiten: Besonders schöne Beispiele bietet der Staudamm von *Mā'rib*.[928] Typisch für die abessinische Architektur sind ferner die Umfassungsmauer und das Fehlen einer geosteten Apsis im Sanktuar.

Die Fremdeinflüsse schlagen sich besonders in der Gliederung des Grundrisses, insbesondere in der fünfschiffigen Aufteilung des Innenraumes nieder, der im Osten in fünf rechteckigen Kammern endet. Diese dürften wohl die Funktion der Apsisnebenräume, vergleichbar den syrischen *Pastophorien*, erfüllt haben. Die Herkunft solcher Fremdelemente aus dem palästinischen Raum darf man für wahrscheinlich halten, da - wie bereits oben dargelegt[929] - kulturelle Kontakte zwischen Palästina und Nordostafrika über das Pilger-

---

[923] Zur Beschreibung DAE II. 140.
[924] s. u. S. 228 ff.
[925] s. u. S. 206 ff.
[926] s. o. S. 183.
[927] Finster - Schmidt a. O (Anm 895) 70; J. Schmidt, ABADY 7, 1995, 24 ff.
[928] B. Finster, ABADY 3, 1986, 74.
[929] s. o. 182.

wesen vielfach nachgewiesen sind.[930] Ägypten oder Nubien[931] als Ursprung der fünfschiffigen Bauidee sind im vorliegenden Fall sicher auszuschließen, da die dortigen Kirchenanlagen erheblich jünger als die Kathedrale von Aksum sind, vorausgesetzt, man akzeptiert für letztere eine Bauzeit im 4. Jh.

Die Kathedrale von Aksum kann nicht erst im 6. Jh. entstanden sein, da in den vorliegenden Schriftquellen bereits damals die Existenz eines älteren Sakralbaus vorausgesetzt wird. Ob diese Kirche des 6. Jh. jedoch als Erweiterung der älteren Anlage zu verstehen ist, die deren Grundriß übernahm, oder ob damals auf den Ruinen des Vorgängers eine völlig neu geplante Kirche gebaut wurde, läßt sich natürlich nur durch eine Ausgrabung klären, die bis heute aus religiösen Gründen noch nicht möglich ist.

IV. 5. 2. Die Erlöser-Kirche (Bēta Madhanē ʿĀlam) zu Lālibalā

Lalibala liegt im Nordosten des modernen Staates Äthiopien, etwa 200 km südlich von Aksum (Abb. 36 Nr. 20). Am westlichen Rand der rezenten Siedlung befindet sich die Felsen-Kirche mit einem fünfschiffigem *Naos* (Taf. 57 B).

Die Kirche Bēta *Madhanē* ʿĀlam (=*"Haus des Erlösers der Welt"*)[932] wurde zwischen 1400 und 1450 errichtet. Sie wird hier im Zusammenhang der fünfschiffigen frühchristlichen Basiliken mitbehandelt, da sie, wie Dabbert glaubt, eine genaue Kopie der im 16 Jh. zerstörten frühchristlichen Zionkirche von Aksum ist.[933] Auf Grund des bis heute vorzüglichen Zustandes des Baus kann man sich die Prototypen der frühen aksumitischen Sakralbauten gut vorstellen. Die Kirche gehört zu den größten und gilt als die schönste aller äthiopischen Felskirchen.

Die Kirche ist vollständig aus einem gewachsenen Felsblock von 33, 7 m Länge, 23, 7 m Breite und 11, 5 m Höhe herausgeschlagen. Außen läuft ein *Peristyl* aus frei gearbeiteten Pfeilern um (Taf. 57 B). Der Innenraum der Kirche (Abb. 52 C) ist durch vier Arkaden aus je acht Pfeilern in fünf Schiffe gegliedert. Alle Kirchenschiffe haben die gleiche Breite, wie es für die aksumitische Kathedrale vermutet wurde. Die Seitenschiffe sind mit Flachdächern, das Mittelschiff hingegen mit einem über diesem aufragenden Tonnengewölbe gedeckt. Die Pfeiler sind durch Arkadenbögen in Längsrichtung (Ost-West) verbunden. Zwischen ihnen stellen nord-südgespannte Gurtbogen die Quergliederung in den Seitenschiffen her. Die Arkaden und die Querbögen lagern an den Außenwänden auf vorgelegten Pilastern, die untereinander mit Blendbögen kommunizieren. Die im Westen ausgesparten Trennwände, die meist nur bis unter die Bogenöffnungen reichen, teilen einen Narthex und das Treppenhaus zu einem Oberraum ab. Die beiden östlichen Joche sind über das Niveau des Fußbodens des übrigen Raumes

---

[930] vgl. o. S. 106, insbesondere Knauf a. O. (S. 106 Anm. 429) 285 ff.
[931] s. o. S. 160 ff. 168 ff.
[932] C. F. Beckengham - G. W. B. Huntingford, The Prester John of the Indies: a True Relation of the landes of the prester John, being the narrative of the Portuguese Embassy to Ethiopia in 1520 written by Father Francisco Alvares (1961) 198 ff.; DAE III 90 Abb 242. G. Gerster, Kirchen im Fels. Entdeckungen in Äthiopien (1968) 92 ff. Abb. 48.
[933] Gerster a. O. 93.

erhöht. Auf Breite der Mittel- und Innenschiffe ist dieser von den beiden seitlichen Schiffen abgegrenzt, sodaß ein von zwei Nebenkammern abgegrenzter Altarraum entsteht.

Obwohl die Kirche erst im 15 Jh. errichtet worden ist, repräsentiert sie dennoch die rechteckige Grundriß-Leitform der frühen äthiopischen Kirchen, wie bei anderen Beispielen in Aksum, *Dabra Dimā* und *Asmara*.[934] Ihre Fünfschiffigkeit, die in den Kirchen Äthiopien nur bei der Kathedrale von Aksum festgestellt wurde, bleibt jedoch singulär. Für die Herkunft der Bauidee gelten die gleichen Erwägungen, die oben für die aksumitische Kathedrale angestellt worden sind.

IV. 6. Nordafrika

Der geographische Großraum der nordafrikanischen Mittelmeerküste verteilt sich heute auf die modernen arabischen Staaten Marokko, Algerien Tunesien und Lybien. In byzantinischer Zeit umfaßte dieses große Gebiet die Provinzen *Mauretania, Numidia, Afrika* und *Tripolitana*. Die Epoche der Spätantike[935] gliedert sich in Nordafrika in drei Hauptperioden: Die erste reicht von der vorkonstantinischen Zeit (etwa 300 n. Chr.) bis zum Einfall der Vandalen im Jahr 429; die zweite, welche unter dem Zeichen der Vandalenherrschaft stand, endete mit der byzantinischen Rückeroberung in justinianischer Zeit (530). Eine weitere Zäsur setzte die arabische Eroberung im späten 7. Jh.[936]

Bereits früh im 4. Jh. wurden Kirchenbauten in Nordafrika errichtet. Die meisten von ihnen galten dem aufblühenden Kult lokaler Märtyrer. Im 5. Jh. nahm der Pilgerbetrieb einen großen Aufschwung, so daß nicht nur lokale Heilige verehrt, sondern Reliquien von anderen Regionen des Mittelmeers eingeführt wurden. Charakteristischerweise weihte man solche Kirchen meist innerhalb des städtischen Siedlungsgebiets.

Die Leitform der nordafrikanischen Sakralarchitektur ist die dreischiffige Basilika. Andere architektonische Grundformen wie etwa Zentralbauten, waren in Nordafrika nicht sehr beliebt.[937] Die Innenräume der basilikalen Anlagen wurden sowohl durch Säulen als auch durch Pfeiler, manchmal auch in kompositärer Verwendung beider Stützentypen unterteilt. Ein Charakteristikum nordafrikanisch-christlicher Sakralarchitektur ist ferner die Unterteilung der Seitenschiffe durch Doppelsäulen, wie man sie exemplarisch bei den im folgenden zu behandelnden Bauten in Karthago[938] und Cuicul[939] beobachtet. Stets sind die gliedernden Raumstützen durch Arkaden verbunden, horizontale Architrave sind in Nordafrika nicht nachgewiesen worden. Im Osten enden die Innenräume in halbkreisförmigen, von kleineren Nebenkammern flankierten Apsiden, die außen in der Regel rechteckig ummantelt, d. h. in den Baukörper

---

[934] s. o. S. 185 Anm. 920.
[935] Grundlegend zur christlichen Architektur in Nordafrika: N. Duval, MEFRA 84, 1972, 1072 ff.; W. Gessel, Monumentale Spuren des Christentums in Nordafrika, AW XII Sondernummer (1981).
[936] Vgl. J. Christern, in: Brenk 1985, 253 f.
[937] Vgl. Gessel a. O. 26 ff.; Krautheimer 1981, 198 ff., R. Milburn, Early Christian Art and Architecture (1988) 153 ff.
[938] s. u. S. 193 ff.
[939] S. u. S. 191 f.

integriert sind. Nach außen vorspringende Apsiden sind weniger geläufig. An der dem Sanktuar gegenüberliegenden Seite ist in den Versammlungsraum der Gemeinde normalerweise eine zweite Apsis eingefügt. Diese wurden entweder in einem Zug mit der Kirche errichtet oder später angebaut. Die Altäre standen in den meisten Fällen nicht in der östlichen Apsis, sondern in der Mitte des Mittelschiffes.

Einige der größer dimensionierten Basiliken besitzen eine fünfschiffige Innenraumgliederung[940], wie etwa die hier zu betrachtenden Beispiele in Orleansville (el-Aṣnām)[941], die Kirche im christlichen Viertel von Cuicul (Ǧamīla)[942] und die Dermeš-Basilika in Karthago.[943] Weitere fünfschiffige Anlagen sind ferner in Matifou (Nr. 1 Bau II)[944], Tarbaka (Nr. 2, Fünfschiffigkeit unsicher)[945], Sergemnes (Nr. 2, Fünfschiffigkeit unsicher)[946], La Skhira[947] und Thelpete[948] sowie in Ṣbaiṭla die Servus-, Vitalis-, Silvanus- und Fortunatuskirchen[949] belegt.

In der ehemaligen Hauptstadt des punischen Seereiches Karthago treten hybride Weiterentwicklungen auf, wie etwa die siebenschiffige Cyprians-basilika und eine neunschiffige Basilika (Domos el-Karita).[950] Diese vielschiffigen Kirchengebäude sind eine Besonderheit Nordafrikas, denn in keinem anderen Teil des byzantinischen Reiches läßt sich vergleichbares aufzeigen.

Da die nordafrikanischen Kirchenbauten in der Wissenschaft als eine eigenständige und in sich geschlossene Gruppe betrachtet werden, die sich von der christlichen Architektur des übrigen Reichsgebiets deutlich abhebt, werden sie nicht einzeln, wie die bisher betrachteten Beispiele, sondern kollektiv am Ende des Überblicks mit den palästinischen und ostjordanischen Basiliken verglichen.[951]

IV. 6. 1. Die Basilika in Castellum Tingitanum (Orléansville/ al-Aṣnām).

Orléansville/ al-Aṣnām[952], derzeit el-Šaliff genannt (Abb. 36 Nr. 21), liegt im Landesinneren des heutigen Algerien, ungefähr 168 km südwestlich der Hauptstadt Algier in einer dank künstlicher Bewässerung landwirtschaftlich nutzbaren Zone.[953] Die moderne Stadt wurde 1843 als militärischer Vorposten über der antiken römischen Siedlung Castellum Tingitanum gegründet, welche

---

[940] Vgl. Christern 1960, 24 mit Anm. 14.
[941] s. IV. 6. 1.
[942] s. u. S. 191 f.
[943] s. u. S. 193 f.
[944] s. u. S. 191 f.
[945] s. u. S. 197 f.
[946] s. u. S. 202 f.
[947] s. u. S. 195.
[948] s. u. S. 196.
[949] s. u. S. 199 ff.
[950] Zu den Kirchen in Karthago vgl. W. H. C. Frend, Town and Country in the Early Christan Centuries (1980) 21 ff.
[951] s. u. S. 136 ff.
[952] Bis zum Befreiungskrieg von 1964 hieß die Siedlung Orléansville. Wegen der Assoziation mit dem Erdbeben wurde der Name al-Aṣnām (="Götzenbild") 1981 in el-Šaliff geändert.
[953] F. Prevost, RA 4, 1847, 659 ff. Christern 1960, 280.

zur *Provincia Mauretania* gehörte. Die Ruine der Kirche lag im östlichen Teil des antiken Siedlungsgebietes. Zur ursprünglichen infrastrukturellen Erschließung der Anlage lassen sich angesichts der lückenhaften archäologischen Erforschung des Ortes keine Aussagen machen. Die französischen Forscher des 19. Jhs. berichten von zwei weiteren Kapellen in der näheren Umgebung der fünfschiffigen Basilika, beide inmitten einer Nekropole. Eine weitere byzantinische Kirche, deren Bautypus nicht näher bekannt ist, fiel im Zuge der Neugründung von 1843 dem Bau eines Militärhospitals zum Opfer.[954]

Die Geschichte der antiken und byzantinischen Stadt ist mangels Quellenbelege weitgehend ins Dunkle gehüllt. Immerhin sind für das 5. Jh. n. Chr. am Ort mehrere Bischöfe der Reichsdiözese *Mauretania* nachgewiesen, was auf eine gewisse Bedeutung dieses episkopalen Sitzes hindeutet. Weihinschriften zufolge, die im nördlichen Kircheninnenschiff nachgewiesen sind, wurde die fünfschiffige Anlage wahrscheinlich als eine Stadtkathedrale bereits im Jahrhundert zuvor, nämlich im Jahr 324 eingeweiht. Sie wird als generell eine der ältesten Kirchen oder als die überhaupt älteste fünfschiffige Basilika Nordafrikas betrachtet.

Die Basilika[955] erhob sich isoliert auf freiem Gelände ohne Verbindung mit anderen Gebäuden (Abb. 53 A). Der leicht trapezoid verzogene Grundriß nähert sich einem gesteckten Rechteck mit Seitenlängen von 26 x 16 m.[956] Die Anlage ist exakt in Ost-Westrichtung orientiert (Abb. 53 A). Sie besitzt die für Nordafrika typischen beiden in den Baukörper integrierten, jeweils 2,50 m tiefen Apsiden, von denen die westliche um 400 nachträglich eingefügt wurde. 75 Jahre später legte man in ihr das Grab des Bischofs Reparatus an. Das von der östlichen Apsis umschlossene Sanktuar erhebt sich über einer kleinen Hallenkrypta. Die beiden halbkreisförmigen Einbauten ragen nach innen in den *Naos* hinein während ihre Außenwände in die Schmalseiten des Baus eingeschrieben sind. Hierdurch ergibt sich eine Abteilung der östlichen Enden der Seitenschiffe als Nebenräume des Sanktuars.

Der große Innenraum der Basilika ist durch vier Reihen aus jeweils 8 quadratischen Pfeilern in fünf Schiffe unterteilt. Das Mittelschiff erreicht eine Breite von 6 m, die Außen- und Innenschiffe von jeweils 2 m. Da im nord- und südwestlichen Eck Treppen nachgewiesen sind, darf man davon ausgehen, daß über den Seitenschiffen in einer späteren Bauphase Emporen einzogen worden sind. Der Boden des *Naos* war mit einem geometrischen Mosaik auslegt. Im nördlichen Innenschiff waren zwei gleichfalls aus *opus tessellatum* gefertigte Felder mit lateinischen Inschriften[957] eingefügt.

---

[954] Vgl. Duval - Caillet 1992, 11.
[955] Zur Kirche vgl. S. Gsell, Les monuments antiques chrétiennes de Tunisie (1913) 263 ff.; Krautheimer 1981, 45 f.; mit weiteren Literaturangaben Duval - Caillet 1992, 11 ff.
[956] Die Außenmaße der Kirche werden jedoch davon abweichend von Duval - Caillet 1992, 11, mit 33 x 14 m angegeben.
[957] Duval - Caillet 1992, 12.

IV. 6. 2. Die Basilika in Cuicul (Ğamīla)

Die antike Stadt Cuicul[958] (Ğamīla, Abb 36 Nr. 22), einst Zentrum des numidischen Königreiches, liegt im östlichen Abschnitt der heutigen algerischen Mittelmeerküste etwa 80 km westlich von Constantine. Im südlichen Außenbezirk des städtischen Siedlungsgebietes erstreckte das christliche Heiligtum, das aus einer Doppelkirchenanlage, einer kleineren Kapelle, einem Baptisterium und einem Bad besteht. Die nördliche Kirche ist eine dreischiffige Anlage, während die südliche, hier betrachtete Basilika dem fünfschiffigen Typus angehört. Der Gesamtkomplex liegt an einer von Südwesten nach Nordosten herangeführten Straße, die als Prozessionsweg für den Pilger angesehen wird. Die nördliche Kirche könnte wahrscheinlich die Bischofskirche gewesen sein, während die fünfschiffige Basilika dem Pilgerbetrieb gedient haben mag.

Die Stadt wurde in der Regierungszeit des Kaisers Nerva (96 – 98) gegründet. In römischer Zeit wurde das Forum, das den *Cardo Maximus* begrenzt, als Stadtzentrum, ferner ein Theater und eine Gerichtsbasilika errichtet. Der extramural gelegene christliche Kultbereich einschließlich der fünfschiffigen Basilika entstand am Anfang des 5. Jhs.

Die Basilika[959] ist ein im Grundriß rechteckiger Bau (Abb. 53 B; Taf. 58 B), der auf die Apsis nach Osten orientiert ist. Unter dieser befindet sich eine Krypta mit einem von Säulen getragenen Gewölbe, in der die Reliquien der Bischöfe von Cuicul aufbewahrt wurden. Das aufgehende Mauerwerk der Apsis dieser unterirdischen Krypta bildete den westlichen halbkreisförmigen Abschluss der Kirche. Der Zugang zur Grablege war durch eine rechwinklige Treppe vom Ostende des nördlichen Außenschiffes aus möglich.

Der Innenraum der Basilika ist durch vier Stützreihen aus jeweils zehn freistehenden Pfeilern in fünf Schiffe gegliedert, die im Osten und Westen als den Wänden vorgelegten Pilaster enden. Das Mittelschiff ist durch zwei Reihen aus Doppelstützen, bestehend aus Säulen und Pfeilern, von den seitlichen Trakten abgetrennt. Die Breite des Mittelschiffes entspricht der Gesamtbreite der beiden Seitenschiffe. Durch ein weites dreiteiliges Portal betritt man in der Mitte der westlichen Fassade der Kircheninnenraum. Ein weiterer Eingang befindet sich im westlichen Ende der Südfassade. Er verbindet die Basilika mit einem rechteckigen Hof, der an die südwestliche Ecke des Baukörpers angeschoben ist. Über den Innenschiffen nimmt man - obwohl keine Treppenaufgänge nachgewiesen sind - Emporen an.

IV. 6. 3. Matifou (Rusguniae)

Matifou, die Nachfolgerin einer antiken Siedlung namens Rusguniae[960], liegt

---

[958] Zur Stadt vgl. PECS 249 f., s. v. Cuicul. (P.-A. Février).

[959] Zur Basilika vgl. J. Christern, in: Akten des VII. Internationalen Kongreß für christliche Archäologie, Trier (1965) 416 ff.; P.-A. Février, CArch 14, 1964, 1 ff.; J. Christern, in: Brenk 1985, 265 Abb. 300 Fig. 76 a-b.; Gessel a. O. (Anm. 920) 72 Abb.; Krautheimer 1981, 203; J.-P. Sodini - K. Kolokotsas, Aliki II: La Basilique Double (1984) 297 f Abb. 236.

[960] Zur Stadtgeschichte vgl., in: Lexikon für Theologie und Kirche VI (³1997) 1474 s. v. Matifou (W. M. Gessel); PECS 776 s. v. Rusguniae (P.-A. Février).

auf der Landzunge, welche die Bucht von Algier nach Osten abschließt (Abb. 36 Nr. 23).[961] Am Ort wurden eine römische Therme und eine frühchristliche fünfschiffige Basilika entdeckt. Die Kirche befindet sich inmitten eines Friedhofs, der innerhalb der Stadtmauer am nördlichen Rand des Stadtgebietes in der Nähe weiterer nördlich davon gelegener Nekropolen angelegt wurde.

Die Stadt ist eine phönizische Gründung. In römischer Zeit wurde sie von Kaiser Augustus zur Kolonie erhoben. Vom 4. Jh. n. Chr. bis zur arabischen Eroberung war Matifou Sitz eines Bischofs der byzantinischen Provinz *Mauretania Kaisareia* und diente seit der Spätantike als Garnison. Die Ruinen der antiken Stadt wurden im 19 Jh. zum Zweck des Ausbaus der nahegelegenen algerischen Hauptstadt abgetragen.

Die fragliche Basilika[962] wurde im 4. Jh. oder frühen 5. Jh. zunächst als dreischiffige Anlage gegründet. Während der Vandalenzeit traten Zerstörungen durch Brandeinwirkung ein. Nach der byzantinischen Eroberung durch Justinian veranlaßte Bischof Mauricius den Wiederaufbau. Durch die Baumaßnahmen des 6. Jh. wurde die Gliederung des Basilika maßgeblich verändert. Den Innenraum der damaligen dreischiffigen Anlage gliederte man damals fünfschiffig. Die westliche Gegenapsis, die an der Stelle des westlichen Eingangs der älteren Kirche eingebaut ist, gehört ebenfalls dieser zweiten Bauphase an. Die Datierung der Anlage beruht auf den epigraphischen Merkmalen von Inschriften, die auf Grabplatten der älteren Kirche und auf dem Mosaikboden des späteren Baues überliefert sind.

Der im Grundriß rechteckige Bau ist inklusive der beiden Apsiden 40,4 m lang und 19,4 m breit. Der Innenraum war in gewohnter Weise durch vier Stützreihen in fünf Schiffe gegliedert. Das Mittelschiff erreicht eine Breite von 4,80 m. Die Seitenschiffe haben eine Gesamtbreite von jeweils 6 m (Abb. 54 A), wobei das jeweils innere und äußere einheitlich 3 m breit sind. Das Mittelschiff wird durch Säulen von den Innen- und diese wiederum durch Pfeiler von den Außenschiffen getrennt. Der Altar erhob sich auf einer Plattform, die 10 m vor der östlichen Apsis liegt. Die beiden Schmalseiten des Baus weisen jeweils eine halbkreisförmige Apsis auf, deren Konturen nach Außen aus dem Baukörper hervortreten. In die östliche Hauptapsis wurden fünf kleinere halbrunde, von Säulen verblendete Nischen eingefügt, auf denen die Kalotte der Apsis auflag. Diese Apsis wurde von außen durch eine in der Hauptachse der Kirche liegenden Strebemauer verstärkt. Beiderseits des Sanktuars befinden sich viertelkreisförmige Nebenräume, die durch Mauern begrenzt werden, welche die beiden Ecken des Baus mit der Apsismauer verbinden. Der nördliche Apsisraum war vom nördlichen Außenschiff aus zugänglich, während man in den südlichen Raum nur von der Apsis selbst gelangen konnte. Die Gegenapsis, welche der zweiten Bauphase angehört, hat die gleichen Maße wie die östliche, ist aber ohne Nischen an deren Innenseite gegliedert. Im Boden dieser Apsis sind vier Gräber eingetieft.

---

[961] Vgl. Christern 1960, 279.
[962] Zur Basilika mit vollständigen Literaturangaben vgl. Duval - Caillet 1992, 52 ff. Abb.

IV. 6. 4. Karthago

Der alte westphönizische Hafen Karthago, heute *Carthage* (Abb. 36 Nr. 24 A-B), die Hauptstadt des punischen Reiches, liegt an der tunesischen Mittelmeerküste, ungefähr 15 km nordöstlich der Hauptstadt Tunis. In frühchristlicher Zeit beherbergte die Stadt mehrere vielschiffige Basiliken der bereits oben erwähnten hybriden Form.[963] Es sind dies zum einen die siebenschiffige, dem Andenken des Hauptmärtyrers Cyprian (um 200 - 258 n. Chr.) gewidmete Basilika und zum anderen eine neunschiffige, *Damous el-Karita* genannte Anlage sowie zwei fünfschiffige Kirchen. Der erste von den beiden zuletzt genannten, hier interessierenden Sakralbauten, die sog. *Dermeš-1-Kirche*, liegt innerhalb der Stadt (*intra muros*) ungefähr 250 m nordwestlich der Antoninus-Thermen. Die zweite liegt im Zentrum des heutigen *Carthage* (Abb. 36 Nr. 24) östlich der Straße *La Goulette-Sidi bou Said*. Auch sie befand sich im Altertum innerhalb des städtischen Siedlungsgebietes zwischen den *Decumani* II und III an der Stelle des sog. „unteren" römischen Forums.

Karthago[964] wurde von Tyros aus gegründet und bildete das städtische Zentrum einer ausgedehnten phönizischen Kolonie in Nordafrika. Im 9. Jh. v. Chr. wurde sie Kart Hadšt (Neue Stadt) genannt. Nach der Zerstörung durch die Römer im Dritten Punischen Krieg (149 - 146 v. Chr.) begann eine neue Blütezeit Karthagos erst wieder am Ende des 1. Jhs. n. Chr. Während des Besuchs Hadrians im Jahr 128 n. Chr. wurde der Bau des großen Aquäduktes begonnen. Der Kaiser verlieh der Stadt den Ehrentitel Hadrianopolis. In der Regierungszeit des Antoninus Pius (138 - 161 n. Chr.) wurde ein großer Teil der öffentlichen Gebäude, wie etwa die Thermen, das Forum und eine Anzahl von Tempeln, durch eine Brandkatastrophe zerstört. Kurz danach wurde die Stadt wieder aufgebaut. Ihr erneuter Niedergang zeichnete sich mit der Eroberung durch die Vandalen im Jahr 439 n. Chr. ab. 533 wurde sie während der Regierungszeit Justinians durch den byzantinischen General Belisar von der vandalischen Besatzung befreit. Sie erhielt damals den Ehrennamen Iustiniana. Im Jahr 698 fiel die Stadt in die Hände der Araber.

Anzeichen für die Anfänge des Christentums liegen schon relativ früh vor, nämlich seit dem 2. Jh. n. Chr. Von der kirchengeschichtlichen Bedeutung der Stadt in frühchristlicher Zeit, in der sie vor allem als Zentrum des Donatismus hervortrat, zeugt die Tatsache, daß hier mehrere ökumenische Konzilien[965] abgehalten wurden und eine Liste von 32 Bischöfen[966] überliefert ist. Während der byzantinischen Zeit entstanden hier die bedeutendsten Kirchen Nordafrikas. Mehr als 24 Kirchenanlagen der Stadt sind entweder literarisch oder archäologisch belegt.

---

[963] s. o. S. 188 f.

[964] Zu Karthago vgl. RBK III (1978)1158 ff. s. v. Karthago (J. Christern); W. H. C. Frend, Town and Country in the Early Christian Centuries (1980) 21 ff.; A. Ennabli (Hrsg.), Pour Sauver Carthage. Exploration et Conservation de la Cité Punique, Romaine et Byzantine (1992) passim; ders. Carthage. Une Metropole chrétienne du IVe à la fin du VIIe siècle (1997) passim; N. Duval, in: AntTrad 5, 1997, 309 ff.

[965] So z. B. die erste karthagische Synode im Jahr 220 und die Synode des Jahres 411, in der der Donatismus verboten wurde, vgl. RBK III (1978) 1162 s. v. Karthago (J. Christern).

[966] So z. B. Agrippinus (220), Cyprian (bis 258), Donatus (ab 313) vgl. RBK III (1978) 1163 s. v. Karthago (J. Christern).

IV. 6. 5. 1. Die „Dermeš I"-Basilika

Die nach dem *Dermeš*-Quartier des modernen Carthage benannte Kirche, die zur Unterscheidung von einer benachbarten kleineren, aber nicht fertiggestellten und später abgerissenen Kultanlage (*Dermeš*-2) mit der Nummer 1 versehen wird, ist vermutlich im 6. Jh. n. Chr. auf älteren Vorgängerbauten entstanden. Aufgrund ihrer zentralen Lage im antiken Stadtgebiet und ihrer Verbindung mit einem Baptisterium hat man vermutet, daß es sich bei ihr um die Titularkirche des karthagischen Metropoliten handelt.[967]

Diese Basilika[968] ist in ihrer Grundform ein im Grundriß rechteckiger Bau (Abb. 54 B), der auf die erhöhte, innen halbrunde, von außen siebenseitig polygonal ummantelte Apsis genau nach Osten orientiert ist. Letztere hat die gleiche Breite wie das Mittelschiff. Das Langhaus des Baues hat eine Länge von 28 m und eine Breite von 20 m. Der Innenraum ist in fünf Schiffe unterteilt, wobei das Innenschiff durch Doppelsäulen, die seitlichen durch einfache Säulenreihen begrenzt sind. Der Altar stand nicht in der Apsis, sondern auf Höhe des dritten westlichen Joches des Mittelschiffes, also etwa in der Mitte des *Naos*, in einem eigens durch Schranken gefassten T-förmigen Raum. Ein Umgang im Osten führte sowohl zur Apsis als auch von Norden und Süden in das Mittelschiff.

An der Nordseite des Kirchenbaus ist ein Komplex von acht Gebäuden angefügt. Der westliche quadratische Raum mit innerem Säulenumgang wurde als Baptisterium identifiziert. In der Mitte dieser Taufkapelle befand sich eine von außen sechseckig umgrenzte, innen runde *Piscina*. Östlich davon schließt sich eine weitere kleine einschiffige Kirche an. Zwischen dieser und der fünfschiffigen Basilika lag ein offner Hof. An der Südseite des großen fünfschiffigen Baus befinden sich weitere, aber wegen der schlechten Erhaltung nicht mehr genau zu dokumentierende Annexräume. Der Boden der fünfschiffigen Kirche sowie der des ganzen Komplexes mit Ausnahme des Hofs war von Mosaiken mit geometrischen Motiven bedeckt.

IV. 6. 4. 2. Die "Byzantinische" Basilika.

Die Ruinen dieser Kirche[969] wurden 1969 und 1970 durch neue bauliche Aktivitäten in der Stadt enteckt. Kurz danach wurde dort auf Initiative der UNESCO eine internationale Ausgrabung durchgeführt. Bei diesen Arbeiten legten die Archäologen die von ihnen als "byzantinisch" bezeichnete Basilika ("the Byzantine basilica") frei. Diese ersetzte im 6. Jh. eine ältere Anlage, wahrscheinlich ebenfalls eine Kirche aus Ende des 4. Jhs., welche während der Vandalenzeit aufgelassen worden war. Die Basilika wurde, wie die Ausgräberin glaubt, in der zweiten Hälfte des 7. Jh. angeblich im Zuge der

---

[967] Christern a. O. 1167.
[968] Zur Kirche vgl. J. Vaultrin, Les Basiliques chrétiennes de Carthago (1933) 113 f.; N. Duval, MEFRA 84, 1972, 1081 ff.; J. Christern a. O. 1166 f.; Sodini - Kolokotsas a. O. 299 ff. Abb. 239.
[969] A. Ennabli, WorldA 18, 1986, 300 ff. Abb. 4-5; ders. Carthago, Exploration et conservation de la cité punique et byzantine (1992) 177 ff. Abb. S 179 (mit Lit. Angaben).

arabischen Eroberung zerstört.[970] Danach wurden in dem besagten Areal Wohnhäuser errichtet.

Bei der Basilika handelt sich um einen rechteckigen Bau (Abb. 55 A-B) mit zwei im Osten und Westen aus dem Baukörper hervortretenden halbrunden Apsiden, die auf der gleichen Achse liegen und ein und derselben Bauphase angehören. Der Grundriß misst 25 m in Nord-Südrichtung und 38,75 m einschließlich der beiden Apsiden in der Ost-Westrichtung. Die östliche Apsis hat eine Tiefe von 8,80 m während die westliche weniger, d. h. nur 5 m, tief ist. Beide haben jedoch die gleiche Breite, welche genau der des Mittelschiffes entspricht. Die Apsiden sind nicht von außen ummantelt, wie dies bei vielen Kirchen Nordafrikas üblich ist.

Der Innenraum der Kirche ist durch vier, jeweils aus sieben Säulen bestehenden Kolonnadenreihen unterteilt. Das Mittelschiff ist mit 9,70 m, etwa 3 m breiter als die beiden seitlichen Schiffe. Das Innere erreicht eine Breite von 3,30 m, das äußere von 3,60 m, zusammen also eine Gesamtbreite von 6,90 m. Die Basen der Kolonnadenreihen des Mittelschiffes sind größer als die der seitlichen.

An der nordöstlichen Flanke der Basilika befindet sich ein Baptisterium, das in der gleichen Zeit wie die Basilika errichtet wurde. Die Mauern der Taufkapelle schließen außen rechwinklig ab, während der Innenraum durch vier in den Ecken eingeschriebenen Konchen achteckig gegliedert ist. In Raummitte befindet sich ein oktogonales Becken (*Piscina*), das durch vier Treppenstufen zu erreichen ist. Über dem Taufbecken erhebt sich ein gleichfalls oktogonales *Ziborium*. Der Boden der Basilika sowie der des Baptisteriums war mit polychromen Mosaiken reich geschmückt, welche diverse geometrische, florale und zoomorphe Motive zeigen.

IV. 6. 5. Die große Basilika in La Skhira (Lariscus)

Der antike Ort Lariscus liegt am Golf von Gabés im Mittelabschnitt der tunesischen Mittelmeerküste (Abb 36 Nr. 25). Er wurde durch die Schlacht von 548 zwischen Troglita und Antalas berühmt. Der in der Literatur als die „große Basilika" bezeichnete Bau liegt in der Randzone des antiken Siedlungsgebietes.

In *La Skhira* wurden mehrere christliche Nekropolen und zwei Basiliken entdeckt, von denen nur die größere dem fünfschiffigen Typus angehört. Bei ihr ließen sich bisher zwei Bauphasen identifizieren: Im 5. Jh. wurde die Basilika errichtet; später, im 6. Jh., erhielt die Kirche einen Mosaikboden und die östliche Gegenapsis.

Auch bei dieser Anlage beschreibt der Grundriß ein Rechteck mit den Längen 25 x 20,5 m, das aber in Unterschied zu den bisher betrachteten Basiliken nicht nach Osten, sondern in Südwest-Nordostrichtung auf die Westapsis orientiert ist (Abb. 55 C).[971] Die Außenmauern bestehen aus ungebrannten Ziegeln und trugen zusammen mit den innen eingestellten Säulen

---

[970] Ennabli a. O. 303.
[971] M. Fendri, Basiliques chrétiennes de la Skhira (1961); RBK I (1966) 842 ff. Abb. 2 (M. Restle); PECS 484 f. s. v. Lariscus (A. Ennabli).

einen hölzernen Dachstuhl, der mit Ziegeln gedeckt war. Die fünfschiffige Innenraumgliederung erfolgt bei diesem Beispiel durch vier Kolonnadenreihen aus jeweils neun Säulen. Im Osten schließt sich an die Kirchenfassade eine 3 m breite *Porticus* an, in deren Mitte, gegenüber dem mittleren Eingang zum Mittelschiff, zwei Pfeiler mit T-förmigen Querschnitten eingestellt waren. Die östliche, mit einer Priesterbank (*Synthronon*) ausgestattete Gegenapsis wurde in der zweiten Bauphase an der Stelle des östlichen Haupteingangs zusammen mit den Mosaikböden hinzugefügt.

4 m hinter der westlichen Apsis befindet sich ein im Grundriß rechteckiges Baptisterium (11 x 9 m), welches mit dem Haupttrakt der Basilika durch ein Vestibül verbunden ist. Dieser Raum ist durch zwei jeweils aus 6 Säulen bestehende Kolonnaden gegliedert. In der Mitte befindet sich eine kreuzförmige *Piscina* in einer oktogonalen Beckenfassung, die von einen quadratischen, auf vier Säulen ruhenden Ziborium bedeckt war. Die Böden von Basilika und Baptisterium waren mit Mosaiken ausgelegt, deren Motive denen der byzantinischen Basilika von Karthago ähneln.

IV. 6. 6. Die Basiliken in Thelepte

Thelepte (Abb. 36 Nr. 25) ist jene Ruinenstätte, die von den arabischen Bewohnern *Medīnat el-Qadīma* (=Altstadt) genannt wird. Sie liegt in der heutigen nordafrikanischen Republik Tunesien etwa 65 km südöstlich von Tebessa und 5 km von Feriana entfernt. Der Ort verfügt über zwei Basiliken des fünfschiffigen Typus: Das erste Beispiel (Kirche I) befindet sich in der antiken Nekropole am östlichen Stradtrand rechter Hand jener Straße, die von Feriana nach Kasserine führt. Die Kirche IV liegt nordöstlich der Zitadelle.[972]

Die Stadt Thelepte ist eine römische Gründung, die der *Provincia Africa Proconsularis (Byzancena)* zugeordnet war. Aus dieser Epoche sind Übereste von Thermen, eines Theaters und diverser Gräber erhalten. Die Anfänge des Christentums datieren aus der Mitte des 3. Jhs. n. Chr.: um 418 wurde die Stadt Schauplatz einer Provinzialsynode. Die Bedeutung der Stadt in christlicher Zeit läßt sich an insgesamt elf Kirchen ablesen. Die beiden fünfschiffigen Basiliken, die wegen der unbekannten Patronate neutral als Kirchen Nr. I und IV gezählt werden [973], wurden während der ersten Hälfte des 5. Jhs. aus bereits am Ort befindlichen paganen römischen Basiliken entwickelt.

IV. 6. 6. 1. Die Kirche I

Der im Grundriß langrechteckig gestreckte Bau (Abb. 56 A)[974] ist auf die Apsis hin nach Nordosten orientiert. Der Innenraum der Basilika wurde durch vier Reihen jeweils aus zwölf Stützen fünfschiffig gestaltet. Das Mittelschiff

---

[972] Stadtplan N. Duval, MEFRA 84, 1972, 1113.
[973] Gauckler 1913, 21; ders. Atti del 2. congresso internazionale di archeologia cristiana II 1900 (1902) 195 ff.
[974] Zu der Kirche vgl. Gauckler1913, 23; RBK I (1966) 842 Abb. 3 (M. Restle); P. Romanelli, Enciclopedia Classica III, VII, Topografia e Archeologia dell'Africa Romana Abb. 306 b.

ist durch zwei doppelte Stützenreihen, bei denen innen Säulen und außen Pfeiler mit gestreckt-rechteckigen Querschnitten kombiniert wurden, von den seitlich anschließenden Trakten unterschieden. Die Stützen der Seitenschiffe bestehen hingegen nur aus einfachen Säulen. Die halbkreisförmige Apsis tritt im Osten nach außen aus dem Baukörper vor. Die Außenschiffe waren von Kreuzgewölben abgedeckt. Das mittlere und die beiden inneren Schiffe dürften hingegen aus Holz konstruierte und mit Ziegeln gedeckte Walm- bzw. Pultdächer gehabt haben.

Im Westen ist der Basilika eine schmalere, dreiteilige Vorhalle vorgelagert, die den Zugang zum Mittel- und den beiden Seitenschiffen ermöglichte. An der nördlichen Fassade schließt sich ein kleiner, im Grundriß rechteckiger Bau mit halbkreisförmig im Osten nach außen vorspringender Apsis an. Er ist sowohl von Westen als auch vom nördlichen Außenschiff des Innenraumes zugänglich. Man nimmt an, daß der als Baptisterium gedeutete Bau im Inneren dreischiffig gegliedert war.

IV. 6. 6. 2. Die Kirche IV

Diese im Grundriß rechteckige Basilika (Abb 56 B)[975] ist wie die Kirche Nr. I auf das apsidial abschließende Sanktuar nach Nordosten hin orientiert. Der Innenraum des Baus ist durch vier, jeweils aus 13 Säulen bestehende Kolonnadenreihen fünfschiffig unterteilt.

Die Apsis bildet zusammen mit seitlichen Sakristeiräumen eine Art dreigeteiltes Querschiff, dessen rechteckiger Grundriß im Norden gegenüber dem Naos verlängert ist. Dieser Teil schließt die innen halbkreisförmige, außen polygonal ummantelte Apsis durch Einfügung von kleinen rückwärtigen Kammern in sich ein. Die Länge dieses Traktes entspricht der zweier Interkolumnien des Versammlungsraums, während der Durchmesser der Apsis exakt der Breite des Mittelschiffes entspricht. Da eine Abschrankung fehlt, war das Sanktuar vom Mittelschiff aus direkt zu betreten. Der südliche Flankierungsraum ist von außen her durch eine Tür in der Südwand zugänglich.

An der westlichen Seite des *Naos* schließt sich eine Vorhalle (*Narthex*) an, von der aus man den Versammlungsraum der Gemeinde durch drei Portale betreten konnte. Diese führen in das Mittel- und in die beiden Innenschiffe.

IV. 6. 7. Die Kirche Nr. II in Tabarka (Thabraca)

Das antike Thabraca (Abb. 36 Nr. 27) liegt im westlichen Abschnitt der tunesischen Mittelmeerküste etwa 20 km östlich der heutigen algerisch-tunesischen Grenze. Diese folgt dem Grenzverlauf zwischen der *Provincia Africa Proconsularis* und der *Provincia Mauretania*, die durch die Mündung des Flusses Tusca, dem heutigen *Zaine*, bestimmt wurde.[976]

---

[975] Gauckler 1913. 23; ders., Atti del 2. congresso internazionale di archeologia cristiana II 1900 (1902) 214 ff.
[976] Gauckler 1913, Abb 16; ders., In: Bulletin archéologique du comité travaux historique et scientifiques (1894) 193; Christern 1960, 282.

Die Stadt wurde von den Phönikern gegründet. In byzantinischer Zeit prägte das Christentum die städtische Kultur nachhaltig. Dies zeigt sich vor allem in zahlreichen Mosaiken auf den Begräbnisstätten von Christen. Die figürlichen Darstellungen entwerfen ein recht umfassendes Bild vom Alltag der dortigen Bewohner in justinianischer Zeit. Von dem alten Thabarca selbst sind indes heute mit Ausnahme Fundamentreste zweier Basiliken (Kirchen Nr. I und II) keinerlei Spuren mehr erhalten.

In der dreischiffigen Friedhofskirche Nr. I wurde ein Grabmosaik aus dem 4. Jh. n. Chr. mit den Flächenmaßen von 20,30 m x 1,15 m entdeckt. Auf ihm erkennt man die einzige bisher bekannte Darstellung der nordafrikanischen Basilika, die aber wohl als dreischiffig zu klassifizieren ist.[977] Die hier zur Debatte stehende fünfschiffige Anlage (Kirche II) ist schwer zu datieren, da P. Gauckler keinerlei diesbezügliche Angaben macht. Man wird nicht fehlgehen, wenn man von einer Entstehungszeit zwischen dem 4. und 7. Jh. n. Chr. ausgeht. Angesichts des Reichtums der Stadt in justinianischer Zeit wird man eher zu einem späteren Datum im 6. Jh. tendieren, eine präzisere Eingrenzung ist nur durch eine Untersuchung im Feld möglich.

Der von P. Gauckler in einer unkommentierten Grundrißzeichnung publizierte Bau (Abb. 57 A) ist hinsichtlich seiner Ausrichtung mangels Angabe eines Nordpfeils unklar. Man kann deshalb nur vermutungsweise von einer Orientierung nach Osten ausgehen.

Die Anlage scheint recht große Grundmaße besessen zu haben. Bei einer Nachmessung mit Hilfe des Maßstabes ergibt sich eine Axiallänge von 43 m mit Apsis und eine Breite von 35 m (ohne Baptisterium). Das Sanktuar beschreibt keinen exakten Halbkreis, vielmehr verlaufen seine Wände im vorderen Abschnitt geradlinig. So entsteht ein ungemein tiefes Raumelement mit einer Länge von ca. 10 m. Die Apsis der Kirche liegt nicht genau in der Fassadenmitte, sondern ist um etwa 1,80 m. nach „Norden" verschoben.

Schon allein die recht großen Breitenmaße des Innenraumes legen eine fünfschiffige Gliederung der Kirche nahe.[978] Ob die im „südlichen" Seitenschiff von P. Gauckler eingezeichnete Mauer als aufgehende Trennwand oder als Stylobat aufzufassen ist, wird aus der Dokumentation nicht klar. Wahrscheinlich handelt es sich um die Fundamentzone einer Stützenreihe, da nirgendwo ein Zugang zu diesem geschlossenen Trakt zu erkennen ist. Die beiden im Grundriß verzeichneten quadratischen Basen liegen jedoch nicht an den Stellen, an denen man die Kolonnaden des Mittel- und nördlichen Seitenschiffes erwarten würde.

An die „Nordfassade" der Kirche ist ein im Grundriß achteckiges, mit einer Kuppel aus radialen Bögen gedecktes Baptisterium angeschoben, welches nur aus dem Kircheninnenraum zugänglich ist. In jede Sehne des Oktogons des Innenraums ist jeweils eine halbkreisförmige, halbrund abschließende Nische eingetieft. Diese Nischen waren mit freistehenden, an die Wand geschobenen Säulen verblendet, auf denen die Spannbögen der Kuppel ruhten. Diese Säulen sind wohl in korinthischer Ordnung mit Kapitellen und Basen gestaltet, die auf würfelförmigen Postamenten stehen. In Raummitte ist die im Grundriß

---

[977] Die anhand des dargestellten Zeichens rekonstruierte Basilika vgl. Krautheimer 1981 Abb. 152.
[978] Die Anlage wird von Christern (1960) 24, 282 unter die fünfschiffigen Basiliken Nordafrikas aufgenommen.

hexagonale Piscina im Boden abgesenkt, in die drei Treppen entlang ihrer Innenwände hinabführen.

IV. 6. 8. Ṣbaiṭla (Sufetula)

Ṣbaiṭla, die römische Stadt Sufetula (Abb. 28 A-C), liegt im Landesinneren der arabischen Republik Tunesien, etwa 50 km nördlich von *Thelepte*. Die Stadt erstreckte sich auf einem nicht sonderlich hohen Plateau, das nach drei Seiten Möglichkeit zur Ausdehnung einer Siedlung bot. Im Norden bildet der Flußlauf des Oued Ṣbaiṭla, eine natürliche Grenze, der die Stadt in einer Krümmung umfließt. Diese wurde nach regelmäßigem Plan mit rechwinklig angelegtem Straßensystem errichtet, das größtenteils gepflastert ist.

In byzantinischer Zeit verfügte die christliche Einwohnerschaft von Sufetula über insgesamt neun Kultanlagen. Die größte der drei fünfschiffigen Basiliken, die Vitalis-Kirche, liegt zusammen mit der dreischiffigen Kathedrale innerhalb der Stadt, an der nördlichen Seite des *Decumanus Maximus*, der die Stadt von Nordwesten nach Südosten durchquert. Die gleichfalls fünfschiffige Servus-Basilika befindet sich an der südöstlichen Peripherie der Stadt, östlich des römischen Theaters. Die dritte fünfschiffige Basilika, die den Heiligen Silvianus und Fortunatus geweiht ist (Kirche VI), erhebt sich inmitten der Nekropole im Südwesten außerhalb des städtischen Siedlungsgebietsgebietes, in einer Entfernung von ungefähr 600 m Luftlinie von den Kapitolstempeln, und jenseits der modernen Asphaltstraße von Kasserine nach Sbeitla.

Die Stadt wurde wahrscheinlich in flavischer Zeit oder etwas später gegründet. Das orthogonale Straßennetz, das Forum, die Aquädukte und Thermen machen sie zu einer typisch römischen Stadt der *Provincia Africa Byzacena*. Vom 4. bis in das 6. Jh. n. Chr. wurde Sufetula durch eine ausgedehnte Bautätigkeit, vor allem durch eine Reihe christlicher Kultbauten, aber auch durch verschiedene profane Gebäude erweitert. In dieser Zeit errichtete man acht Kirchen und eine Kapelle, von denen die drei oben genannten den fünfschiffigen Typus vertreten.

Das Christentum dürfte aber schon weit früher seinen Einzug in die Stadt gehalten. Schon für das Jahr 256 ist ein Bischof von Sufetula bekannt. Während der vandalischen Epoche blieben die vordem bestehenden Gebäude weiter in Nutzung. Erst nach dem Sieg Belisars 534 n. Chr. erhielt Sufetula durch Umwandlung in einen byzantinischen Stützpunkt einen stärker militärischen Charakter. Der Ort wurde am Ende des 7. Jh. von den Arabern angegriffen und eingenommen, jedoch nicht zerstört.[979] Wann die Kirchen danach in Verfall gerieten, ist unklar.

---

[979] Zur Stadtgeschichte mit Literaturangaben vgl. Duval - Baratte 1973 8 ff.; F. Béjaoui, Sbeïtla, L'antique Sufetula (1994) 7 ff.

IV. 6. 8. 1. Die St. Vitalis-Basilika (Basilika II)

Die St. Vitalis-Basilika[980] wurde von der christlichen Gemeinde gegen Ende der vandalischen Besetzung oder zu Beginn der byzantinischen Herrschaft, also gegen Ende des 5. oder am Anfang des 6. Jhs. n. Chr., westlich der Kapelle des Jucundus und der dreischiffigen Kathedrale erbaut. Die Ausgräber konnten drei Bauphasen unterscheiden, die zwischen der Erbauungszeit und dem 7. Jh. n.Chr. datiert werden. Sie sollen unten bei der Beschreibung näher erläutert werden.

Der im Grundriß langrechteckige Bau hat eine Gesamtlänge von 50 m und eine Breite von 25 m (Abb. 57 B; Taf. 58 B). Die Kirche ist in Nord-Süd Richtung mit einer geringfügigen Abweichung nach Osten orientiert. Sie war durch zwei Portale in der östlichen Langseite, ein weiteres, gleichfalls in das östliche Außenschiff führende im östlichen Abschnitt der Nordfassade und ein viertes in der westlichen Langseite zugänglich.

Die Basilika vertritt den Typus einer fünfschiffigen Anlage mit einer außen rechteckig ummantelten halbkreisförmigen Apsis an der südlichen Schmalseite. Die nördliche bildet ein ursprünglich rechteckiges Vestibül aus, das nach außen aus dem Baukörper vorspringt. In der zweiten Bauphase wurde in dieses eine halbkreisförmige Struktur eingebettet, die wohl als Gegenapsis zur südlichen aufzufassen ist. Der Innenraum der Basilika erhält durch vier Stützreihen, die jeweils aus 10 Doppelsäulen bestehen, eine Unterteilung in fünf Schiffe. Das Breitenmaß des Mittelschiffes beläuft sich auf das Doppelte der beiden Außenschiffe, die selbst wiederum schmaler als die beiden inneren sind. Das gesamte Mittelschiff war durch Schranken, die ebenfalls der zweiten Bauperiode angehören, von den übrigen Teilen abgetrennt. Dies geht aus den in die Interkolumnien der Mittelschiffkolonnaden eingesetzten Steinblöcken hervor, die auf ihren Oberseiten eingetiefte Rillen für Schrankenplatten aufweisen. Das Mittelschiff öffnete sich zu den Seitenschiffe durch Öffnungen in der Abschrankung auf beiden Seiten der zweiten und neunten, jeweils von Norden gezählten Interkolumnien. Der Altar stand, wie es in den nordafrikanischen Kirchen üblich ist, in der Mitte des Mittelschiffes und war durch weitere Schrankenplatten abgeschirmt. Das Presbyterium befand sich in der nördlichen Apsis während die südliche ein Grab einnimmt, das in der dritten Bauphase von einen Altar überdeckt wurde.

Über die gesamte Breite der östlichen Seitenschiffe schließen sich ein Nebenraum an die südliche Apsis und zwei weitere Kammern auf der gegenüberliegenden Seite an. Der südlichen Flanke der Basilika ist ein Komplex angeschoben, der aus vier Räumen und einen Baptisterium besteht. Die Taufkapelle, die hinsichtlich ihrer Breite genau mit der Südapsis und dem Mittelschiff korrespondiert, bindet von außen axial an das Presbyterium an. Es endet im Süden in einer ¾-kreisförmigen Nische, die in einen südlich anbindenden korridorartig langgestreckten Raum hineinragt. In der Mitte des Baptisterium erkennt man die mosaikgeschmückte *Piscina,* die durch ein von vier Säulen getragenes Ziborium überdeckt war, wie die Standspuren der Stylobate und die Reste von Rundbasen beweisen. Eine Mosaikinschrift auf

---

[980] A. Merlin, Forum et églises de Sufetula, Notes et Documents V (1912) 26 ff.; A. Merlin, RevAfr 1917, 3 ff. Abb 1-3; Christern 1960, 281; Duval - Baratte 1973, 49 ff. Abb. 29-30.

dem Rand des Beckens liefert den Hinweis auf Vitalis und Cardela. Die seitlich an das Baptisterium anschließenden Räume waren wahrscheinlich überkuppelt, woran die in Raummitte eingestellten Säulengevierte denken lassen. Von diesen sind wiederum lediglich die Basen erhalten.

Der Boden der Basilika war mit farbigen Mosaiken prachtvoll geschmückt, die sich an mehreren Stellen erhalten haben. Die geometrischen und floralen Schmuckmotive variieren von einem Schiff zum anderen. Die Interkolumnien zeigen ebenfalls verschiedene Muster.

IV. 6. 8. 2. Die Servuskirche (Kirche III)

Die Servuskirche in *Sufetula*[981] wurde im 6. Jh. innerhalb des Peristylhofes eines alten paganen Tempels errichtet. Welcher Gottheit dieser Vorgängerbau geweiht war, bleibt unbekannt. Die viereckig erhöhte römische *Cella* wurde unter Beibehaltung der alten Außenmauern in ein Baptisterium umgewandelt. In der Apsis der Kirche ließ sich das Grab eines Heiligen namens Servus inschriftlich nachweisen. Nach ihm wird die Basilika „Servus-Kirche" genannt.

Der Kirchenbau besteht aus vier Teilen, die innerhalb des von Säulenhallen gefassten Vorhofs des Tempels liegen (Abb. 58 A). Die Außenmauern der Kirche nehmen die Stelle der alten Stylobate ein. Zwischen der westlichen Umfassungsmauer des Tempels und der Westfassade der Kirche fügte man eine Apsis ein, die innen halbkreisförmig gebogen ist und geradlinig in der Flucht der westlichen Außenmauer abschließt. In ihr wurden ingesamt vier Senkgräber gefunden, von denen das des Servus genau in der Mittelachse der Kirche positioniert ist.

Vier Kolonnaden mit sieben Interkolumnien, jeweils aus sechs Säulen bestehend, gliedern den Innenraum in fünf Schiffe. Im Zentrum des Mittelschiffes befand sich der Altar, der in einem quadratischen, durch Schrankenplatten eingefassten Raum stand. An die nördliche Außenfassade ist eine von Blendarkaden bekrönte Säulenreihe angelehnt, die zur nördlichen Porticus des alten Tempelperistyls gehören. Diese trennt die Basilika vom Baptisterium, dessen Taufbecken in der paganen *Cella* angelegt worden ist. Die *Piscina* hat eine hexagonale Grundform und war durch einen von vier Säulen gestützten Baldachin überspannt. Im Areal östlich des Baptisteriums baute man eine einschiffige Kapelle mit halbkreisförmiger Apsis an, welche die Umfassungsmauer des alten Heiligtums durchdringt und nach außen hervortritt. Der Meinung N. Duvals zufolge diente dieser Annex der heiligen Ölsalbung der Getauften.[982]

IV. 6. 8. 3. Die St. Silvianus und Fortunatus-Basilika

Die Kirche wurde in justinianischer Zeit über einer älteren Kapelle des 4. Jhs n. Chr. im Gelände des Friedhofes errichtet. Sie beherbergt 18 Senkgräber,

---

[981] Vgl. Merlin a. O. 35 ff.; Duval - Baratte 1973, 75 ff. Abb. 48; Sodini - Kolokotsas a. O. 302 f. Abb. 241.
[982] Duval - Baratte1973, 78.

allein 10 davon befinden sich im nördlichen Apsisnebenraum. In einer Mosaikinschrift unter der zentralen Kuppel werden als Patrone die beiden Märtyrer Silvanus und Fortunatus genannt, deren Ruhestätten innerhalb der Kirche nicht ermittelt werden können, obwohl zahlreiche Grabinhaber inschriftlich genannt werden. Auch aus der Verteilung der Gruben lassen sich keine diesbezügliche Rückschlüsse ziehen, da eine Anordnung *ad sanctum*[983] nicht zu erkennen ist. Hinsichtlich ihrer Funktion läßt sich die Basilika, die zu den seltenen Zentralbauten Nordafrikas gezählt wird, dennoch als Grab- und Pilgerkirche bestimmen.

Bei der Basilika der Märtyrer Silvanus und Fortunatus handelt es sich um einen Zentralbau (Abb 58 B), der einen notwendigerweise gedrungenen Grundriß besitzt und in seinem Zentrum überkuppelt war. Er ist auf die halbkreisförmige, von außen ummantelte Apsis, die von zwei Nebenräumen umgeben ist, nach Südwesten hin ausgerichtet. Der Bau hat eine Länge von 25 m und eine Breite von 20 m, die an der Nordwestfassade anschließende Kolonnade nicht mitgerechnet. Von dieser Portikus, die auf einem tieferen Niveau als der Boden der Kirche liegt, war die Anlage durch Treppen und drei zu den Mittel- und Innenschiffen führenden Portale zu erreichen.

Der Innenraum der Kirche ist durch vier Stützenreihen unterschiedlicher Art gegliedert. Die Mittelschiffkolonnaden weisen die für Nordafrika charakteristischen Doppelsäulen auf. Als Besonderheit ist hier hervorzuheben, daß die zentrale Kuppel von vier Säulen getragen wurde, die auf quadratischen, mit Marmor verkleideten Basen standen,. Für die Unterteilung der Seitenschiffe verwendete man vier Pfeiler mit gelängten gammaförmigen Querschnitten, die mit den Trägern der Kuppel Joche bilden. Diese bildeten wahrscheinlich das Auflager für zwei Kreuzgratgewölbe, welche die Kuppel seitlich flankierten. Die gammaförmigen Pfeiler beschreiben zusammen mit den Doppelsäulen ein Kreuz im Zentrum der Kirche. Obwohl diese aufgrund Innenraumaufteilung als eine Zentralanlage angesprochen werden muß, ist zugleich durch die Säulen, die mit den gammaförmigen Pfeilern fluchten, eine auf die Apsis und deren Seitenräume ausgelegte Fünfschiffigkeit gegeben.

In der Apsis befand sich der Altar, von dem die Reste der Mensaplatte gefunden wurden. Beiderseits des Sanktuars schließen sich die Nebenräume an. Der linke ist mit Gräbern belegt, von denen einige durch Grabinschriften gekennzeichnet sind. Der rechte Raum wurde völlig zerstört vorgefunden.

IV. 6. 9. Die Basilika in Segermes (Enchir Harāt)

Das antike Segermes, das heutige *Henchir Harāt*, liegt, 15 km nach Osten von der Küstenlinie entfernt, im Landesinneren von Nordosttunesien, 38 bzw. 65 km südöstlich von den antiken Hafenstädten Neapolis und Karthago (Abb. 36 Nr. 29. Das Stadtgebiet[984] beherbergte zwei Basiliken: die erste[985] erhob sich

---

[983] s. o. S. 3 Anm 18.
[984] Topographischer Plan bei. P. Ørsted - L. Ladjimi Sebaï, JRA 5, 1992, 85.
[985] Bei dieser Anlage handelt es sich um eine dreischiffige Anlage mit einem Baptisterium, die 1987 entdeckt wurde, dazu vgl. Ørsted - Ladjimi Sebaï a. O. 94 f. Die von Gauckler a. O. Abb. X. bezeichnete Basilika wurde offenbar nicht weiter untersucht, vgl. Ørsted - Ladjimi Sebaï a. O. 94 An. 58.

unweit südwestlich des Forums, die zweite, eine fünfschiffige Anlage, befindet sich am westlichen Rand des Siedlungsgebietes.

Der antike Ort wurde um 180 n. Chr. durch Marc Aurel (161-198 n. Chr.) zu einer munizipalen Stadt erhoben: „*municipium Aurelium Augustum*". In der Spätantike gehörte sie als Bischofssitz der *Provincia Byzacena* an. Aus römischer Zeit sind im Ort die Ruinen eines Tempels, eines Forums, eines Bades und der beiden Basiliken noch heute erhalten.[986]

Datierungsvorschläge der Basiliken lassen sich den vorliegenden Publikationen nicht entnehmen. Wie auch im Fall bisher betrachteten nordafrikanischen Beispielen, liegt es auf der Hand, von einer Entstehung innerhalb des allgemeinen zeitlichen Rahmens zwischen dem 4. und 7. Jh. n. Chr. auszugehen. Eine Datierung in der früheren Phase, d. h. im 4. oder am Anfang des 5. Jh. n. Chr., ist wahrscheinlicher als in der späteren, da eine Gegenapsis oder die von außen ummantelte Apsis, jene Charakteristika der Bauten des 6. Jhs. n. Chr., bei der hier zur Debatte stehenden Basilika fehlt.

Der von P. Gauckler[987] vorgelegte unkommentierte Grundriß (Abb. 59 A) bleibt bis heute die einzige Information zu dem fraglichen Kirchenbau. Dem von P. Ørsted und L. Ladjimi Sebaï publizierten topographischen Plan zufolge scheint er mit seiner Apsis nach Südwesten hin orientiert gewesen zu sein.

Die Basilika besitzt einen rechteckigen, gedrungenen Grundriß, der eine Breite von 18 m und eine Länge 20 m - die Apsis allein ist 4, 5 m lang - erreicht.[988] Das Sanktuar beschreibt keinen exakten Halbkreis, sondern ist wie bei dem Beispiel in Tharbaka[989] in die Tiefe ausgezogen, seine geborgene Rückwand ist von außen durch zwei rechteckige Sterbepfeiler verstärkt. Auf dem vom Gauckler publizierten Grundriß erkennt man eine äußere Ummantelung der Apsis, welche zu einer späteren Bauphase gehören muß.[990]

Die Fünfschiffigkeit der vorliegenden Kirche steht durch die *in situ* nachgewiesenen quadratischen Basen von vier Kolonnaden außer Frage.[991] Auf der Breite der Apsis fluchten die beiden mittleren Stylobate, die jeweils sieben Säulen tragen. Während die Säulen im Nordosten an die Wand angeschoben sind, korrespondieren die im Südwesten mit vorgelegten Pilastern, so daß sieben Interkolumnien entstehen. Die Seitenschiffe im Norden und Süden sind ebenfalls durch Säulen unterteilt, die in ihren Jochen analog zu denen des Mittelschiffes liegen. Die Seitenschiffe werden durch diese Säulenstellungen in ihren Breiten nicht halbiert; vielmehr entspricht die Aufteilung einem Proportionsverhältnis von 1:2. In der Achse des Mittelschiffes öffnet sich auf seiner gesamten Breite ein einziges weites Portal in den Innenraum.

---

[986] Zur Ortsgeschichte vgl. RE II (1923) 1055 s. v. Segermes (Dessau); Ørsted - Ladjimi Sebaï a. O. 69. 84.

[987] Gauckler a. O. Abb. X.

[988] Diese Maße ergeben sich durch eine Nachmessung des Grundrisses mit Hilfe des Maßstabs.

[989] s. o. S. 197.

[990] Diese Ummantelung erscheint nicht in durchgängigen schwarzen Linien gezeichnet, sondern sind heller staffiert.

[991] Die Anlage wird dennoch von Christern (1960) 24 An. 14 unter die fünfschiffigen Basiliken Nordafrikas nur mit Fragezeichen aufgenommen.

IV. 6. 10. Diskussion der Kirchen Nordafrikas

Wie bereits oben[992] angemerkt, scheint es für die Orientierung der nordafrikanischen Kirchen keine verbindliche Regelung gegeben zu haben. Sie weisen bisweilen starke Abweichungen nach Norden oder Süden auf. Nur einige, wie etwa die Kirche in al-*Aṣnām* (Orléansville), die Doppelanlage in Cuicul und die Basilika in *Matifou*, sind exakt nach Osten ausgerichtet. Eine offenbar lokale Besonderheit der Kirchen in *Sbaiṭla* besteht in der Anlage des Sanktuars im Westen bzw. Südwesten. Dies unterscheidet die Kirchen Nordafrikas von den Kirchen der anderen Regionen des byzantinischen Reiches insbesondere von denjenigen Palästinas, deren Haupteingänge stets auf der dem Sonnenaufgang gegenüber liegenden Seite zugewandt waren. Die Haupteingänge der afrikanischen Kirchen befinden im Gegensatz dazu oft auch in der Nord- oder in der Südfassade. Die Ostorientierung der Gadarener Basilika ist durch das Atrium betont, während die zusätzliche Monumentalisierung des Nordeingangs dort durch die topographische Situation der nördlich gelegenen Hauptstraße vorgegeben war. Die Position der Eingänge erklärt sich in Nordafrika am plausibelsten durch die sog. Gegenapsis. Diese bildet - wie einleitend bemerkt - eins der charakteristischen Elemente der Kirchenarchitektur Nordafrikas, das bei den fünfschiffigen Basiliken im übrigen Reichsgebiet keine Parallele findet.

Ein weiteres nordafrikanisches Charakteristikum ist die Anlage des erhöhten Altarraumes im Mittelschiff statt, wie sonst üblich, innerhalb des von der östlichen Apsis umschlossenen Sanktuars. Als Beispiele hierfür sei an die Kirche in *Matifou*, die Vitalis-Kirche in *Sbaiṭla* und an die Dermš-1-Basilika in Karthago erinnert. Vergleichbar ist die zentrale Position des *Bemas* in den Kultbauten des nordsyrischen Kalksteinmassivs.[993] Die Verschiebung des verehrungswürdigen Ortes in das Zentrum des *Naos*, wie es in Gadara durch die Lage des *Oculus* zu beobachten ist[994], kann mit den besagten nordafrikanischen und nordsyrischen Liturgiebräuchen nicht verglichen werden. In Gadara waren es wiederum primär topographische Gründe, welche die Bauherrn veranlaßten, das kreisrunde Lichtfenster des römischen Hypogaeums zum Planungszentrum zu machen.

Das Verhältnis von Länge zu Breite der Grundrisse nordafrikanischer Basiliken läßt wiederum keine Gesetzmäßigkeit erkennen. Die meisten Beispiele haben langrechteckige Grundrisse. Daneben sind auch annähernd quadratisch-gedrungene Pläne, vergleichbar dem der Gadarener Basilika, anzutreffen. Als Beispiele hierfür sei auf die Anlagen in Segermes[995], in Karthago[996] und in Thabraka[997] hingewiesen. Die beiden zuletzt genannten Basiliken teilen darüber hinaus untereinander Gemeinsamkeiten wie etwa die Anfügung von Baptisterien an der Nordfassade und das Fehlen der ansonsten typischen Gegenapsis.

In den meisten Fällen sind die Mittelschiffe nordafrikanischer Kirchen

---

[992] s. o. S. 188 f.
[993] s. o. S. 76 mit Anm. 257
[994] Vgl. o. S. 24.
[995] s. o. S. 207 f.
[996] s. o. S. 192 ff.
[997] s. o. S. 197.

durch Kolonnaden aus Doppelsäulen oder einer Kombination von Pfeilern mit Säulen gegliedert. Ebenso häufig ist die kompositäre Verwendung von Pfeilern und Säulen zur Unterscheidung der Mittel- von den Seitenschiffen. Der Fall der Kirche der Heiligen Silvianus und Fortunatus in Sbaitla, in der Stützen aus vier Säulen die zentrale Kuppel tragen und auf quadratischen Basen ruhten, muß als Einzelfall angesehen werden.

Die halbkreisförmigen, von außen ummantelten Apsiden sind die dominierende Form an beiden Schmalseitenabschlüsse der frühchristlichen Kirchen in Nordafrika. Die Innengliederung der östlichen Apsis der Kirche in Matifou durch kleine Rundnischen wurde oben mit der Parallele im ägyptischen *Armant* zusammengebracht[998], doch ist es fraglich, ob hier direkte Abhängigkeiten bestehen oder ob die Ähnlichkeit auf einem jeweils voneinander unabhängigen Entwurf beruht. Die nischengegliederte Apsis bleibt jedoch sowohl in Ägypten als auch in der Byzacene ohne überzeugende weitere Parallele. Die *Pastophorien* beiderseits der Apsis folgen syrischen Vorbildern, wobei die Nebenräume mit ¼-kreisförmigen Grundriß in der Kirche Matifou als singuläre Einzelerscheinung zu werten sind.

Des weiteren wird unter den nordafrikanischen Basiliken eine unter der Apsis gelegene Hallenkrypta durch die Doppelkirche in Cuicul überliefert. Im übrigen Nordafrika sind bei dreischiffigen Anlagen solche Krypten in der Regel durch Säulen gegliedert und überwölbt. Die Lage und die Form der unterirdischen Apsidenkrypta in Cuicul, läßt sich mit der Gadarener Basilika gut vergleichen. In Cuicul führt eine abgewinkelte Treppe wie in Gadara aus dem Nordschiff in das Untergeschoß; hier wie dort setzt sich die kreisrunde Substruktion nach oben als Apsis des Sanktuars fort. Bei beiden Beispielen nahm somit der verehrungswürdige Ort des Pilgerkults den Hauptabschluß der Kirche ein, wie dies freilich bei den meisten konstantinischen Basiliken der Fall ist. Ob dies in Nordafrika durch Einflüsse eher aus Palästina oder eher aus Rom[999] zu erklären ist, läßt sich nicht entscheiden. Obwohl die Kirchen Nordafrikas aus oben genannten Gründen als geschlossene Gruppe betrachtet werden müssen[1000], lassen sich verschiedene Abhängigkeiten von den konstantinischen Basiliken in Rom, Palästina und Konstantinopel, die als besonders vorbildlich galten, deutlich ermitteln.

Einflüsse aus der justinianischen Bautätigkeit in der Reichshauptstadt Konstantinopel glaubt N. Duval[1001] bei den seltenen Zentralbauten erkennen zu können, zu denen das hier behandelte Beispiel der Silvanus und Fortunatus-Kirche in Sbaitla gehört. Hinsichtlich eines möglichen Zusammenhangs mit der sakralen Architektur des „Heiligen Landes" sei auf den Typus der Doppelkirche hingewiesen. Diese sind in Nordafrika ebenso wie im ostjordanischen Raum anzutreffen. Als Belege lassen sich dort die Kathedrale mit der Theodoros-Kirche in Gerasa[1002] und die mit einem Zentralbau verbundene dreischiffige Basilika auf der Westterrasse von Gadara[1003] anführen. Die

---

[998] s. o. S. 171 f.
[999] Vgl. u. S. 228 ff.
[1000] Zu den einzelnen Merkmale der nordafrikanischen Kirchenbauten vgl. Gessel a. O. (Anm. 920) 3 ff. bes. 31 ff.
[1001] Duval - Baratte 1973, 106.
[1002] S. o. S. 99 Anm. 396.
[1003] Vgl. U. Wagner - Lux - K. J. H. Vriezen, ZDPV 1993, 64 ff.

Doppelanlage in Gerasa ergab sich durch axiale Staffelung, wie dies auch für die fünfschiffige Basilika in Gadara nicht ausgeschlossen werden darf.[1004] Die Doppelanlagen der nordafrikanischen Kirchen sind hingegen stets parallel zueinander errichtet.[1005]

Die Lage der Baptisterien hinter der Apsis als ein zentraler, runder oder quadratischer Raum kann bei den christlichen Sakralbauten Nordafrikas als eine weitere charakteristische Eigenschaft gelten, wobei die Analogien aus anderen Teilen des byzantinischen Reichsgebiets keine Regelmäßigkeit erkennen lassen.[1006] Die Taufräume lagen manchmal auch in der westlichen Gegenapsis oder in einem der beiden Apsisnebenräume. Die in den meisten Fällen eckigen Piscinen nahmen die Mitte dieser Taufräume ein und waren von einem Ziborium überdeckt.

Die überwiegende Zahl der hier betrachteten fünfschiffigen Kirchen in Nordafrika sind als Memorialbasiliken zu interpretieren, die über den Gräbern von Märtyrern oder Bischöfen errichtet worden sind. In Einzelfällen dienten sie auch als Kathedralen.

IV. 7. Konstantinopel und Kleinasien

Das antike Kleinasien umfaßt das Gebiet zwischen dem Schwarzen Meer, der Ägäis, dem östlichen Mittelmeer und dem Kaukasus. Die in diesem Kapitel untersuchten fünfschiffigen Basiliken sollen im folgenden ohne Berücksichtigung der Grenzen der Provinzgrenzen behandelt werden.

In diesem geographischen Großraum waren während des griechisch-römischen Altertums zahlreiche jüdische Diaspora-Gemeinden ansässig. Diese bildeten den Ausgangspunkt für die Verbreitung des Christentums in Kleinasien. Sie waren auch die Ziele der Apostel auf deren Reisen, die bekanntlich eine maßgebliche Rolle in der Geschichte des Christentums gespielt haben.[1007] Zusammen mit Griechenland bildete Kleinasien in den folgenden Jahrhunderten das Kerngebiet des byzantinischen Reiches.

Aus dem 4. Jh. ist an christlichen Kultbauten in Kleinasien kaum etwas erhalten, diese Feststellung trifft insbesondere für Konstantinopel zu. Die meisten Denkmäler stammen aus späterer Zeit, vornehmlich aus dem 6. Jh. Die Kirchen gehören überwiegend dem dreischiffigen Basiliken- oder dem überkuppelten Zentralbautypus an, wobei die Seitenschiffe in der Regel mit Emporen ausgestattet sind.[1008] Im Gegensatz dazu läßt sich kein Beispiel für den fünfschiffigen Typus mit letzter Sicherheit in Kleinasien nachweisen. So etwa kann der konstantinische bzw. theodosianische Vorgängerbau der Hagia Sophia in Konstantinopel mangels eindeutiger Befunde nur sehr spekulativ als fünfschiffig rekonstruiert werden. Auch der als fünfschiffig bezeichnete östliche Trakt der Johannes-Kirche in Ephesos beruht allein auf Vermutungen,

---

[1004] s. o. S. 97 ff.
[1005] Zu den Doppelkirchen vgl. E. G. van Welie, Boreas 16, 1993, 165 ff.
[1006] Vgl. Ristow a. O. (Anm. 107)15 ff.; vgl. auch o. S. 34 ff.
[1007] 1, 2 Eph.
[1008] Zur Geschichte und den Denkmälern Kleinasiens in Auswahl vgl. J. Strzygowski, Kleinasien, ein Neuland der Kunstgeschichte (1903) passim; S. Guyer, ByzZ 32, 1933, 331 ff.; O. Feld, in: Brenk 1985, 155 ff.

nicht aber auf sicheren archäologischen Indizien. In ihrem östlichen Teil besitzt die Grabeskirche *extra muros* in Korykos (6. Jh.)[1009] einen zwar einen fünfteiligen triapsidialen Chorraum, doch ist dies für sich genommen kein Argument für die Zuordnung zu dem hier behandelten Typus.

IV. 7. 1. Die Hagia Sophia in Konstantinopel

Die Reichshauptstadt liegt an der Meeresenge des Bosporus, der das Schwarze Meer mit dem Marmara-Meer verbindet (Abb. 36 Nr. 30). Die Sophienkirche nimmt das Zentrum der alten Stadt nordöstlich des Hippodroms ein und südwestlich des Palastes. Sie spielte bekanntermaßen in der byzantinischen Geschichte als Krönungsort der Kaiser und als Kirche des Patriarchen eine bedeutende Rolle.

Eine detaillierte Geschichte der Hauptstadt des byzantinischen Reiches sowie eine weiter ausgreifende Bau- und Kunstgeschichte der Hagia Sophia braucht hier nicht vorgelegt werden, da Konstantinopel und seine Denkmäler in jedem Handbuch der byzantinischen Kunst und Geschichte ausführlich behandelt werden.[1010] Außerdem steht die architektonische Gestaltung der jeweiligen Bauphasen weiter in der wissenschaftlichen Diskussion. Uns interessieren hier lediglich die Spuren des Vorgängers der berühmten justinianischen Fassung aus dem 4. Jh. n. Chr., insoweit sie auf einen fünfschiffigen Plan schließen lassen.

Die Errichtung der ältesten Palastkirche wurde möglicherweise von Konstantin d. Gr. oder dessen Sohn Konstantios II. initiiert.[1011] Als Kirche der Hauptstadt wurde sie nämlich erst am 15. Februar 360 n. Chr., also in der Regierungszeit Konstantinsohnes, durch Bischof Eudoxios feierlich dediziert. In dieser Zeit nannte man den Bau μεγάλη ἐκκλησία (="die große Kirche"). Diese konstantinische Anlage wurde 404 durch einen Brand beschädigt. Ihre Restaurierung wurde von Theodosios II. veranlaßt. Unklar ist, ob damals ein völlig neuer Bau entstand oder ob man den älteren, in Ruinen liegenden wieder hergestellt hat. Da dieser schon am 10. Oktober 405 erneut geweiht wurde und die Bauzeit demzufolge nur ein Jahr betrug, ist die zuletzt genannte

---

[1009] Die Kirche besteht aus einem Atrium, einem Narthex und dem *Naos*. Der dem basilikalen Typus zugeordnete *Naos* ist in drei Teile geteilt. Es sind dies ein doppeltes, von einer Säulenreihe geteiltes Querschiff im Westen, ein hervorgehobener dreischiffiger Zentralraum und ein fünfteiliger Chorraum. Die Kirche wird um die Mitte des 6. Jhs. datiert. Hierzu vgl. Herzfeld - Guyer a. O, 126 ff.; RBK IV (1990) 212 ff. s. v. Korykos (F. Hild).
[1010] Zur politischen Geschichte Konstantinopels und des byzantinischen Reiches A. A. Vasiliev, Histoire de L' Empire Byzantin (1932) 71 ff; G. Ostrogorsky, Geschichte des byzantinischen Reiches (1952) 37 f., zu den Baudenkmälern der Stadt vgl. A. M. Schneider, Konstantinopel, Gesicht und Gestalt einer geschichtlichen Weltmetropole (1956); ders., Byzanz, Vorarbeiten zur Topographie und Archäologie der Stadt (1967); F. W. Deichmann, Studien zur Architektur Konstantinopels im 5. und 6. Jh. (1956) passim; A. M. Schneider, Die Hagia Sophia (1938); E. Kähler, Die Hagia Sophia (1967) 20 ff.; T. F. Mathews , The Early Churches of Constantinople Architecture and Liturgy (1971) passim; Müller-Wiener (1977) passim; zur justinianischen Hagia Sophia vgl. Mango 1978, 61 ff.; zuletzt R. J. Mainstone, Hagia Sophia (1988) passim.
[1011] Eine anonyme mittelbyzantinische Quelle erwähnt die Hagia Sophia als Bauprojekt Konstantins, vgl. Th. Preger (Hrsg.), *Anonymi narratio de aedificatione tempi S. Sophia, in: Scriptores originum Constantinopolitarum* I (1901) 75. Dies wird von Michael Glykas bestätigt, I. Becker (Hrsg.) *Michaelis Glycae Annales* (1863) 495. Johannes Zonaras bezeichnet hingegen den Konstantin-Sohn Konstantios als Bauherrn, vgl. E. M. Antoniadis, Ἔκφρασις τῆς Ἁγίας Σοφίας I (1907) 3 ff.

Möglichkeit die wahrscheinlichere. Im Jahr 532 fielen beim Nika-Aufstand zahlreiche Bauten in der Stadtmitte, darunter auch die *Hagia Sophia*, die *Hagia Eirene*, die Bäder des Zeuxipos und ein Teil des kaiserlichen Palastes, der Zerstörung anheim. Die dritte feierliche Einweihung, diesmal des berühmten justinianischen Neubaus, fand fünf Jahre später, am 27. Dezember 537, statt.[1012]

Informationen über Form und Größe der konstantinischen Urfassung liegen nicht vor. Aber da die Kirche die erste Bischofkirche der Hauptstadt und auch die Bezeichnung μεγάλη ἐκκλησία, läßt schon auf einen Bau von beachtlichen Dimensionen schließen. In der Tat besitzt die heute erhaltene justinianische Sophienkirche monumentale Abmessungen (vgl. u. S. 207). Die konstantinische Version dürfte hinsichtlich ihres Plans der nachfolgenden theodosianischen Kirche recht genau entsprochen haben, vorausgesetzt, daß man der oben dargelegten Vermutung bezüglich der Renovierung des Jahres 404/5 folgt.

Von der theodosianischen Anlage sind spärliche Reste der Säulenvorhalle und des an der östlichen Ecke befindlichen *Skeuophylakions* durch die von A. M. Schneider 1935 durchgeführten Grabungen nachgewiesen.[1013] Die Ergebnisse dieser Ausgrabung lassen vermuten, daß die Fundamente der vorjustinianischen Kirche unter dem Bau des 6. Jhs. noch intakt sind.

Auf der Grundlage von Hinweisen aus der byzantinischen Literatur und den spärlichen, archäologisch nachgewiesenen Fundamenten rekonstruierten W. Kleiss und W. Deichmann ein sehr hypothetisches und umstrittenes Bild von dem theodosianischen Vorgänger der *Hagia Sophia*. 8 m westlich des *Exonarthex* und ungefähr 2 m unter heutigem Niveau deckte Schneider die Fundamente eines älteren *Propylons* (Abb. 59 A; Taf. 59 A) mit verschiedenen zugehörigen, in das späte 4. Jh. n. Chr. datierten Bauelementen auf, wie etwa sechs *in situ* befindliche Säulenbasen, Reste des Mosaikbodens und diverse Gesimsblöcke. Diese *Portikus* besitzt in ihrer Mitte einen Durchgang, deren Achse sich mit jener der justinianischen Kirche deckt. Über die seitliche Begrenzung der *Portikus* konnte die Ausgrabung jedoch keinerlei Erkenntnisse vermitteln, so daß die genaue Zahl der Eingänge nicht bestimmt werden kann. Von Westen her war der monumentale Eingang über eine sechsstufige Freitreppe zu erreichen, die auf eine westlich von ihm gelegene Straße hinabführt. Östlich des Fundaments des *Propylons* wurde ein in Nord-Südrichtung verlaufendes Kanalsystem unter dem Straßenpflaster nachgewiesen.

Dieser Befund wurde von der Forschung unterschiedlich interpretiert. A. M. Schneider ging davon aus, daß der *Portikus* zu einem Narthex gehörte, ohne Alternativen dazu vorzuschlagen.[1014] W. Kleiss deutete diesen Befund als Mauer eines Narthex mit der Kolonnadenhalle eines Vorhofes. Auf dieser Grundlage rekonstruierte er eine fünfschiffige Anlage mit einer Säulenvorhalle, an die ein rechteckiges Atrium anschließt (Abb. 60 A).[1015] Dieser Vorschlag

---

[1012] Vgl. Müller-Wiener (1977) 84 ff.
[1013] A. M. Schneider, Die Hagia Sophia zu Konstantinopel (1938) passim, Grabungsplan Abb. 2 a; ders., Die Grabung im Westhof der Sophienkirche zu Istanbul (1941) passim.
[1014] Schneider a. O. (1941) 16 Taf. 8.
[1015] W. Kleiss, IstMitt 15, 1965, 175 ff. Abb. 5.

IV. 7. Konstantinopel und Kleinasien

wird jedoch von der Forschung zurecht abgelehnt[1016], da das Niveau des Geländes westlich des vermuteten *Propylons* sehr stark abfällt und es dort keine Spuren eines Vorgängers der justinianischen Atriumsanlage gibt. Weitere Gegenargumente stellen auch die Straße und die westlich von ihr gelegenen Treppen dar, die innerhalb eines Atriums undenkbar sind.[1017] Vielmehr deutet der von Schneider festgestellte Befund darauf hin, daß die seinerzeit freigelegten Mauern mit den zugehörigen Architekturteilen allein zu einem *Propylon* gehört haben (Abb. 59 B). Diese Rekonstruktion wird von der Mehrzahl der Forscher akzeptiert, bleibt aber bis heute vorläufig.[1018]

Über Gliederung des Innenraumes, die Dimensionen sowie den Plan des konstantinisch-theodosianischen Vorgängers der *Hagia Sophia* gibt es keine Hinweise. Die Grundzüge können jedoch unter gewissen Voraussetzung hypothetisch erschlossen werden: Den westlichen, der Straße zugewandten Abschluß der Gesamtanlage bildet das *Propylon*, welches durch die Ausgrabung Schneiders nachgewiesen ist.[1019] Östlich davon schloß sich wahrscheinlich ein Vorraum an, der in den *Naos* überleitete. Daß der zuletzt genannte tatsächlich dem basilikalen Typus angehört, kann nur vermutet werden, da diese Architekturform in der Zeit Konstantins und seiner Söhne bevorzugt wurde. Alternative Lösungen, wie etwa kreisförmige, runde oder oktogonale Grundrisse, wurden in der Forschung zurecht nie diskutiert. Bei Annahme eines basilikalen Langhauses wäre eine Gliederung des Innenraumes durch vier Säulenreihen wahrscheinlicher als nur durch zwei.[1020] Dies wird im folgenden kurz erläutert.

Unter der Voraussetzung, daß die justinianische *Hagia Sophia* die Fundamente der konstantinisch-theodosianischen Basilika nutzt und somit dieser in ihren Grundmaßen (außen: 71 x 77 m; innen: 69, 70 x 74,60 m) weitgehend entspricht, könnte man ferner davon ausgehen, daß auch die Lage der Apsis des jüngeren mit jener des älteren Baus korrespondiert (Vgl. Abb. 60 A und B). Wenn die beiden Pfeiler, welche die Apsis das justinianischen Baues und von innen das Hauptportal der heute erhaltenen Version der Kirche flankieren, ebenfalls auf den Säulenreihen der älteren Kirche stehen, schlossen an das etwa 18 m breite Innenschiff die Seitenschiffe mit einer Breite von jeweils etwa 25 m an. Diese Proportionen lassen aus den gleichen Gründen, aus denen man vor den Grabungen von 1998 für den Innenraum der Gadarener Basilika vier Stützreihen postuliert hatte[1021], an eine fünfschiffige Gliederung denken (Abb. 60 B; Taf. 59 A). Sofern diese Überlegungen tatsächlich der Realität entsprechen, ist die fünfschiffige, erstmals von W. Kleiss vertretene Rekonstruktion des Innenraumes (vgl. Abb. 60 A) und die Hypothese Krautheimers[1022] hinsichtlich der Identität der Grundmaße der konstantinisch-theodosianischen mit denen der justinianischen Fassung als wahrscheinlich anzusehen.

[1016] s. u. 208.
[1017] Kleiss a. O. 179.
[1018] Vgl. T. F. Matthews, The Early Churches of Constantinopel: Architecture and Liturgy (1971)14 ff.; Müller-Wiener a. O. 84 Abb. 86.
[1019] Schneider a. O. (1937) Abb. 2 a; Krautheimer 1981, 72 weist auf der parallele Situation von *Propylon* und Straße bei der konstantinischen Grabeskirche in Jerusalem hin.
[1020] Vgl. Mathews a. O. 18 f.
[1021] Vgl. o. S. 2 mit Anm. 10.
[1022] Krautheimer 1981, 72 ff.; ders., Three Christian Capitals. Topography and Politics (1982) 50 ff.

Da sich diese Wiederherstellung weder durch die schriftliche Überlieferung noch durch archäologische Indizien stützen läßt, darf der fünfschiffige Vorgänger der justinianischen Sophienkirche in die vorliegende Untersuchung nur unter dem Vorbehalt der Hypothese einbezogen werden. Die so ermittelten gedrungenen Proportionen erinnern an die der Grundrisse der Geburtskirche in Bethlehem[1023] und der Basiliken in Gadara und Abila.[1024]

IV.7. 2. Die Johanneskirche in Ephesos

Die ausgedehnte Ruinenstätte ist etwa in der Mitte der kleinasiatischen Westküste bei der modernen türkischen Großstadt Izmir gelegen (Abb. 36 Nr. 31). Ephesos ist heute etwa 7 km vom Ufer des Mittelmeeres entfernt. In der Antike erstreckte sich das Stadtgebiet hingegen bis unmittelbar an das Meer. Die Küstenlinie hat nämlich ihren Verlauf wegen Anschwemmungen mehrmals geändert.[1025] Die Johannes-Kirche liegt extramural vor dem Nordwesttor auf dem zentralen Plateau des Ayasoluk-Hügels. Sie erhebt sich über dem Mausoleum, in dem nach christlicher Überlieferung der Evangelist Johannes begraben worden sein soll.

Die Geschichte von Ephesos beginnt im 10. Jh. v. Chr. im Zuge der griechischen Kolonisation Ioniens. Zu Beginn des 6. Jhs. v. Chr. stand die Stadt unter lydischer Herrschaft. In der Zeit des legendären Königs Kroisos erfahren wir erstmals etwas über das Artemisheiligtum, das sich in den folgenden Jahrhunderten zum führenden kultischen Zentrum Ioniens entwickelte. Gegen Ende des 6. Jhs. v. Chr. wurde Ephesos zum Ausgangspunkt des Aufstands der Ionier gegen die Achämeniden, der die Perserkriege auslöste. Im Jahre 334 v. Chr. zog Alexander d. Große in Ephesos ein. Aus diesem Anlaß wurde der 350 v. Chr. niedergebrannte Tempel der Artemis wieder aufgebaut. In römischer Zeit war Ephesos die Hauptstadt der Provincia Asia und überhaupt eine der größten Städte Kleinasiens.[1026] Prachtvolle Marktanlagen, Thermen, Gymnasien, ein Stadion, die Bibliothek des Celsus und das Theater dominierten das Bild der Stadt. Der damals noch praktizierte Artemiskult drängte die frühen Christen bald in die Opposition gegen die Paganen. Die ephesische Gemeinde der Stadt wurde von Paulus gegründet, der den Evangelisten Johannes zum ersten Bischof weihte.[1027]

Von den christlichen Denkmälern der ersten drei Jahrhunderte nach der Zeitenwende ist nichts erhalten. Die älteste Bischofskirche, die Basilika beim östlichen Gymnasium, entstand gegen Ende des 4. Jhs. Die große Marienkirche gehört dem Anfang des 5. Jhs. an. Die Grabeskirche des Evangelisten Johannes stellte bald das größte und wichtigste Wallfahrtsheiligtum der Stadt dar. Bei der frühesten, dem Andenken des Evangelisten gewidmete *Memoria* handelte

---

[1023] s. o. S. 145 ff.
[1024] s. o. S. 148 ff.
[1025] Vgl. O. Benndorf, in: Ephesos I (1960) 14 ff.
[1026] Allgemein zur Stadtgeschichte Ephesos s. Forschungen in Ephesos I, a. O. 9 ff.; M. Baran, Ephesos und Umgebung (o. J.), passim.; Zur Stadtgeschichte in christlicher Zeit zuletzt vgl. D. Knibbe, Ephesus, Geschichte einer bedeutenden antiken Stadt and Portrait einer modernen Grossgrabung (1998) 198ff.
[1027] *Epist. Eph.*

es sich möglicherweise um einen Viersäulenbau, der mit seinem kreuzförmigen Gewölbe das verehrte Grab überspannte und chronologisch in die zweite Hälfte des 3. Jhs. oder an den Beginn des 4. Jhs. n. Chr. zurückgeht. In der zweiten Hälfte des 4. Jhs. wurde die *Memoria* durch eine dreischiffige Basilika mit Querhaus erweitert. Das Zentrum der kreuzförmigen Anlage bildete das ältere Geviert, welches sich über dem Hypogäum erhob. Der Anbau des Ostflügels dürfte in der ersten Hälfte des 5. Jhs. erfolgt sein, doch ist dies, wie weiter unten dargelegt wird, nicht unumstritten. In justinianischer Zeit wurde die gesamte Anlage[1028] abgerissen und durch eine größere Kuppelkirche ersetzt.[1029]

Von der vorjustinianischen Johanneskirche [1030] konnten nur spärliche Reste bei der systematischen Ausgrabung durch das Österreichische Archäologische Institut nachgewiesen werden. Aus diesen Spuren ließ sich ein weitgehend hypothetischer Grundriß ermitteln (Abb. 61 A-B).

Die alte, nach Osten orientierte Kirche bestand demnach aus vier architektonischen Elementen: Im Westen lag ihr ein doppelter Narthex mit einer tiefen Vorhalle vor, die aus rechteckigen Eckrisaliten mit zwei eingestellten Säulen besteht. Dieser monumentale Eingang öffnet sich in das rechteckige Langhaus der Anlage, das durch zwei Säulenstellungen in drei Schiffe gegliedert ist. Am östlichen Ende dieses Traktes schließt sich ein gleichfalls dreischiffiger Querraum an, dessen Breite jener des Langhauses entspricht. Sein Zentrum lag über dem Grab des Evangelisten und beherbergte somit den kultischen Kern der Gesamtanlage. Den östlichen Abschluß des Querhauses bildet eine halbkreisförmige Apsis, die in den von Osten angeschobenen Flügel hineinragt. Diesen Trakt hält man für fünfschiffig, weshalb die Johanneskirche im Rahmen dieser Untersuchung diskutiert werden muß. Die Forschungsmeinungen über die Chronologie dieses Elements gehen auseinander: Während einige Wissenschaftler davon ausgehen, daß auch die vorjustinianische Johanneskirche nach einheitlichem Entwurf in einem Zuge errichtet wurde, halten andere den Ostflügel für eine spätere Zufügung.[1031] Man konnte jedoch eher zu der zweiten Position tendieren.

Der Ostflügel beschreibt einen gedrungenen langrechteckigen Grundriß, der axial auf das westlich gelegene Langhaus ausgelegt ist. Die Säulen seines Mittelschiffes fluchten mit den Stylobaten des Mittelschiffs der dreischiffigen Basilika, während die Säulenreihen der Seitenschiffe des Ostflügels in der Verlängerung der nördlichen und südlichen Fassadenmauern liegen. Im Osten schließt dieser Trakt mit einer segmentförmigen Apsis ab, die nach außen aus dem Baukörper hervortritt. Zu den Außenschiffen dieses Flügels öffnen sich Portale, die beiderseits der Apsis des Querhauses ausgespart sind. Mit diesen korrespondieren zwei weitere Türen in der Ostwand des Osttraktes.

Der Plan des von elf Kuppeln bekrönten justinianischen Nachfolgerbaus

---

[1028] Zum Bau der justinianischen Zeit vgl. M. Soteriu, ADelt 7, 1921/22, 89 ff.; J. Keil u. a., die Johanneskirche, in: Forschungen in Ephesos IV 3 (1951) passim; M. Baran, TürkAD 12, 1, 1962, 50 ff.; zuletzt A. Thiel, Die Johanneskirche in Ephesos, Diss. Mainz 1997 (unveröffentlicht).
[1029] Prokop, *de aedif.* V. 1, 4-6, (Hrsg. Haury 150); zur Chronologie der justinianischen Kirche vgl. M. Büyükolanci, in: Akten des XII. Internationalen Kongresses für Christliche Archäologie, Münster (1995) Bd. 1, 598 ff.
[1030] vgl. H. Hörmann, Ephesos IV, 3, passim; H. Vetters, JbÖByz 15, 1966, 273 ff.
[1031] Hörmann a. O. 229; Vetters a. O.; Vgl. RBK II (1971) 182 (M. Restle).

(Taf. 59 B)[1032] rezipiert zwar die durch den Vorgänger vorgegebene Kreuzform, ist aber gegenüber diesem in seinen Grundmaßen erweitert. An der Westseite der Kirche schließt sich an den jüngeren Bau ein rechteckiges, 40 x 30 m großes Atrium an, dessen im Niveau tiefer gelegener Hof von Säulenhallen eingefaßt ist. Nach Osten folgt ein zweigeschossiger, von fünf Kuppeln überwölbter Narthex. Das weiterhin dreischiffige Langhaus wurde mit Emporen über den seitlichen Schiffen und zwei axial aneinandergereihten Pfeilergevierten ausgestattet, die zwei Kuppeln tragen. Im Osten schließt sich das Querhaus an, das in drei überkuppelte Raumabschnitte untergliedert ist, von denen der mittlere die *Memoria* mit dem Grab barg. Über der Stelle des Heiligengrabes lag der Altar. Im Osten endet der justinianische Bau wiederum in einem angeschobenen Trakt, der aber durch Verbreiterung des Querhauses nach Osten im Vergleich zu dem des Vorgängers verkürzt wirkt. Er geht von einem rechteckigen Vestibül in die halbkreisförmige, außen vorspringende Apsis über. Seitlich von dieser sind in die Ecken des Osttraktes größere zwei quadratische Räume eingeschrieben, so daß eine dreiteilige Gliederung entsteht. Diese drei Kompartimente sind mit drei Kuppeln gedeckt.

Den Schnittpunkt der beiden architektonischen Planungsachsen des ephesischen Heiligtums nahm sowohl in der jüngeren als auch in der älteren Bauausführung das Grab des Johannes ein. Es liegt demnach nicht am östlichen Abschluß, sondern exakt in der Mitte der Hauptachse (sofern man den Narthex beim Längenvergleich unberücksichtigt läßt). Diese Hervorhebung des Grabes durch die Planung kann aber nur dann zutreffen, nur wenn der Ostflügel in einer späteren Phase an das Lang- und Querhaus angefügt wurde.

Die zentrierte Lage des Johannesgrabes unterscheidet sich nämlich von der anderer berühmter Pilgerheiligtümer des byzantinischen Reiches. Die heiligen Gräber waren grundsätzlich im Hauptabschluß der über ihnen errichteten Kultbauten angelegt, wie dies z. B. bei der Grabeskirche in Jerusalem oder bei der Gadarener Basilika der Fall ist. Aus dem ungewöhnlichen räumlichen Verhältnis der Grabanlage zu dem zugehörigen Heiligtum läßt sich für die ephesische Johanneskirche folgen, daß es sich bei der fünfschiffigen Basilika der vorjustinianischen Phase um einen zeitlich späteren Ausbau der ursprünglich dreischiffigen Kirche handelt, den man vornahm, um den Bedürfnissen eines gesteigerten Wallfahrtsbetriebes genüge zu leisten. Als vergleichbare räumliche Erweiterung darf auf die Gruftkirche in *Abū Mīnā* hingewiesen werden.[1033]

IV. 8. Griechenland

Die Ausgangssituation für die Erforschung von Sakralbauten des 4. Jhs. ist in Griechenland kaum besser als in Kleinasien, denn nur wenige Beispiele, wie etwa die Basilika in Epidauros, sind ausgegraben und veröffentlicht. Häufig verbergen sich ihre Strukturen unter späteren Neubauten. Die frühchristliche Architektur konzentriert sich in Griechenland zeitlich auf das 5. Jh. und fand mit der Bautätigkeit Justinians bis zur Mitte des 6. Jh. ihren vorläufigen

---

[1032] Ausführlich mit Rekonstruktion Thiel a. O. Beilagen.
[1033] s. o. S. 164 ff.

Höhepunkt. Zahlreiche Denkmäler, wie etwa die in Nikopolis, Philippi und Amphipolis, sind aus dieser Epoche bekannt, da ihr Erhaltungszustand besser ist oder sie nach älteren Vorbildern erbaut wurden, wie das Beispiel der Basilika des Heiligen Demetrios in Thessaloniki zeigt.

Auch in Griechenland bilden Bauten des basilikalen Typus die Leitform der frühchristlichen Sakralarchitektur, gegenüber derjenigen der Zentralbauten zahlenmäßig deutlich zurückstehen. Die Kircheninnenräume waren meist durch Säulen gegliedert, die miteinander durch Arkaden verbunden waren. Pfeiler waren im Vergleich dazu selten. Üblicherweise besaßen die griechischen Basiliken Nebenbauten wie Atrien und Nartheses, die in der Liturgie eine wichtige Rolle spielten. Die im syrisch-palästinensischen und nordafrikanisch-ägyptischen Gebiet verbreiteten Apsisnebenräume sind hier selten vertreten. Dem hier behandelten fünfschiffigen Typus lassen sich in Griechenland nur vier Beispiele zuordnen.

IV. 8. 1. Die Basilika des Hagios Demetrios in Thessaloniki

Thessaloniki ist das überragende städtische Zentrum im Norden des heutigen Griechenland, im innersten Winkel des makedonischen Meeresbusens gelegen (Abb. 36 Nr. 32). Die Demetrios-Basilika befindet sich nördlich des Forums und ist auf den Ruinen einer römischen Badeanlage des 2. Jhs. errichtet. In dieser erlitt der Heilige Demetrios das Martyrium und man verwendete einen Teil des älteren Profanbaus zur Errichtung seiner Memoria.

Das archaische und klassische Thermos wurde 316/315 v. Chr. von dem makedonischen Dynasten Kassandros (355-297) aus dem Haus der Antigoniden neu gegründet und nach seiner Gemahlin Thessaloniki umbenannt. In hellenistischer Zeit hatte die Stadt nur die untergeordnete Bedeutung eines Seehafens, weitab von den königlichen Residenzen in Pella und Aigai. Ihre Blüte begann in erst in nachhellenistischer Zeit, nachdem sie 148 v. Chr. zum Sitz des römischen Stadthalters erhoben worden war.

Allein schon die verkehrgeographische Lage an der *Via Egnatia* und an der Küste des thermäischen Golfes begünstigte die Ausbreitung orientalischer Religionen in Thessaloniki. Die Existenz der dort ansässigen Gemeinde wird durch die Briefe des Paulus bereits für das 1. Jh. n. Chr. hinlänglich bezeugt.[1034] Kurz vor der Anerkennung des Christentums als Staatsreligion des *Imperium Romanum* erhob der Tetrarch Galerios Maximianos (305-311) Thessaloniki zur Hauptstadt seines Reichsteils. Von den Baudenkmälern dieses Kaisers haben sich der reliefgeschmückte, im Jahr 297 n. Chr. anläßlich des Siegs über die Perser errichtete *Tetrapylon* und sein als „Rotunde" bezeichneter Grabbau sowie Teile des Palastes erhalten. Die christlichen Baudenkmäler des makedonischen Zentrums erreichten einen unzweifelhaften Höhepunkt der byzantinischen Sakralarchitektur nicht nur in ihrer frühen Phase, sondern auch in der mittel- und spätbyzantinischen Zeit.

Hagiographische Quellen berichten, daß das Martyrium des Heiligen Demetrios im westlichen Teil des römischen Bades und das Begräbnis an eben diesem Ort vorgenommen wurde. Nach dem Toleranzedikt umbauten die

---

[1034] s. Epist. Eph. passim.

Christen den *Locus Sanctus* mit einer architektonischen Anlage, um den Kult des Martyrers zu institutionalisieren. Der Gedenktag des Heiligen wird bis heute am 26. Oktober jedes Jahres in der Kirche feierlich begangen, so daß Pilger aus verschiedenen Ländern dieses Heiligtum besuchen.

Kurz nach 313 entstand ein kleines Haus (*Domicilium*) an der Gedenkstätte (Abb. 62 A). 412/413 wurde eine große Kirche von Leonitos IX. errichtet und dem heiligen Demetrios geweiht. Ob diese Kirche des frühen 5. Jhs. bereits eine fünf- oder nur eine dreischiffige Anlage war, ist nicht zu ermitteln. Die Stadt Thessaloniki wurde zwischen 629 und 634 durch Slaven zerstört. Kurze Zeit danach trat die fünfschiffige, von Bischof Johannes initiierte Anlage an die Stelle der älteren. G.-M. Sotiriou[1035] äußerte die Auffassung, daß diese Kirche des 7. Jhs. auf den Fundamenten des 5. Jhs. steht. Dabei seien die Säulen des Vorgängers durch Pfeiler ersetzt worden. Nach seiner Meinung mußten sämtliche Säulen, Kapitelle, Kämpfer und auch Marmorverkleidung zwischen und über den Archivolten erneuert werden. J.-M. Spieser[1036] und B. Brenk[1037] schlagen aber eine Datierung für diese Bauskulptur und damit für die Kirche in die Zeit um 500 bis 520 n. Chr. vor. Diese letzte Kirche[1038] bestand als das Zentrum des lokalen Märtyrerkults bis 1493 fort. In diesem Jahr wurde sie von den Türken in eine Moschee umgewandelt.

Erst nach der Befreiung von der osmanischen Herrschaft wurde die Anlage 1912 wieder ihrer ursprünglichen Bestimmung als christlicher Kultbau zugeführt. Ein dramatischer Schicksalsschlag traf die Basilika im 6. August 1917. An diesem Tag wurde sie durch einem Brand fast völlig zerstört. 1948 wurden die Arbeiten zur Wiederherstellung des ursprünglichen Zustandes der vollendet. Der Unterbau der alten Kirche, der aus Ziegelmauerwerk besteht, hatte sich teilweise erhalten. Bei der Restaurierung wurde jedoch nicht nur Baumaterial der originalen Basilika, sondern auch weitere Spolien aus anderen antiken Bauzusammenhängen wiederverwendet. Die Basilika des Hagios Demetrios gehört in ihrem heutigen Zustand zu den bedeutendsten frühchristlichen Denkmälern, obwohl ihre Bauphasen im einzelnen rätselhaft und theoretisch bleiben. Die folgende Beschreibung beruht auf den grundlegenden Monographien von M. G. Soteriou und weiteren Beobachtungen, die in erster Linie von B. Brenk stammen.[1039]

Von dem Martyrium des 4. Jhs. ist nur die halbkreisförmige Apsis nachgewiesen, die mit jener der zeitlich nachfolgen Kirche identisch ist (Abb. 62 B). Die Apsis hat eine Breite von 9 m, welche der des Mittelschiffs in seinem heutigen Zustand entspricht. Das zuletzt genannte erstreckte sich zwischen den Außenmauern des römischen Bades, in das die Kirche eingebaut wurde. Wieweit sich das Martyrium nach Westen fortsetzte, konnte durch die

---

[1035] G.-M. Sotiriou, Αἱ χριστιαινικαὶ θήβια Θεσσαλίας (1931) 211 ff.; ders., Ἡ Βασιλικὴ τοῦ Ἁγίου Δημητρίου Θεσσαλονίκης (1952); Vgl. auch R. F. Hoddinott, Early Byzantine Churches in Macedonia and Southern Serbia. A Study of the Origins and the Initials of East Christian Art (1963) 125 ff.; Spieser a. O. (s. o. S. 63 Anm. 201) 165 ff.; A. Mentzos. Makedonika 21, 1981, 201 ff.

[1036] Thessalonique et ses monuments du Ive au VI siècle. Contribution à l' ètude d' une ville palèochrètienne (1984) 177.

[1037] B. Brenk, Boreas 17, 1994, 27 f.

[1038] C. Walter, in: Eastern Churches Review 5, 1973, 157 ff.; E. Kleinbauer, Byzantion 40, 1970, 36ff.; Ch. Bakirtzis, The Basilika of St Demetrius (1988); E. Marki, in: T. Papazotos (Hrsg.), Thessaloniki and its monuments (1988), 48 ff.

[1039] B. Brenk, Boreas 17, 1994, 27 ff.

Ausgrabungen nicht ermittelt werden. Es könnte sich jedoch durchaus bis zur westlichen Grenze des römischen Bades erstreckt haben.

Als Leontius die Initiative ergriff, die Gedenkstätte mit einer neuen, großen Kirche zu überbauen, ließ er die Reste des römischen Bades und das westlich von diesem gelegenen Stadium sowie den Bau des 4. Jhs. abreißen. Der östliche Teil der Therme, in dem die Reliquien des Martyrers aufbewahrt waren, wurde in eine Krypta umgewandelt (Abb. 62 A). Die über dieser Krypta errichtete fünfschiffige Basilika des 5. Jhs. ließ sich auch durch archäologische Untersuchungen nicht klar von den jüngeren Bauresten unterscheiden.

Im Westen besitzt die Anlage einen schmalen Narthex, dessen Länge die Breite des Kirchenraumes einnimmt. Im Süden liegt dieser Vorhalle ein im Grundriß quadratischer Raum vor, dessen Treppenanlage, zu den Emporen hinaufführt. Auf den nördlichen Abschnitt des Narthex wurde später ein Glockenturm gesetzt. Zum Mittelschiff öffnet sich vom Narthex ein *Tribelon*, ein Portal, das durch zwei eingestellte Marmorsäulen in drei Durchgänge unterteilt ist. Zu den beiden Innenschiffen öffnen sich zwei weitere, oben rund abschließende Tore.

Der Innenraum der Kirche (Abb. 63 A; Taf. 60 A) ist durch vier Kolonnadenreihen in fünf Schiffe geteilt. Die seitlichen Schiffe sind durch zwölf Kolonnaden unterteilt, die zwar parallel zu denen des Mittelschiffes verlaufen, aber kleiner sind. Sie tragen Emporen, deren Böden über den inneren auf einem höheren Niveau als die der äußeren liegen. Das Mittelschiff hat die gleiche Breite wie die zwei seitlichen Schiffe und wird durch zwei Kolonnadenreihen, jeweils aus zehn Kolonnaden aus Marmor und zwei Pfeilern bestehend, von der lateralen Trakten getrennt. Der *Naos* endet im Osten mit dem Sanktuar, dessen Apsis einen halbkreisförmigen Grundriß hat und dessen Wand durch fünf Fenster unterbrochen ist.

Am westlichen Ende des *Naos* ist ein Querhaus ausgezogen, dessen Boden auf dem gleichen Niveau wie der des Mittelschiffes liegt. Dieses Transept wird durch drei Transversalbögen in drei Abschnitte geteilt, das im mittleren gelegene Sanktuar ist durch Schranken von dem Versammlungsraum der Gemeinde abgeschirmt. In seiner Mitte steht der Altar, unter dem sich eine kreuzförmige Konstruktion befindet, die auf Griechisch *Enkanion* oder *Katathesis* genannt wird. Entlang der halbrunden Apsis läuft ihrer Innenseite eine Stufenreihe für die Kleriker (*Synthronon*).

Die Blutampulle des Heiligen unter dem Altar und die Krypta, die unter dem Sanktuar liegt, bilden das Zentrum des heiligen Kultes. Die Krypta folgt in ihrem halbkreisförmigen Grundriß und in der Ostorientierung der darüber liegenden Apsis. Von Osten ist ihre Apsis von fünf Öffnungen unterbrochen. In ihrer Westwand besitzt sie fünf Nischen. In der Mitte der Krypta steht ein halbkreisförmiges Ziborium, dessen Dach auf sieben Säulen ruht. An seinem westlichen Eingang befindet sich das Becken mit dem heiligen Wasser. Das zentrale Areal ist von U-förmigen Portiken im Osten, Norden und Süden umgegeben. An der Südwestecke der Krypta schließt sich eine kleine Kapelle mit einer gleichfalls nach Osten orientierten Apsis an, in deren Scheitel eine Tür eingebracht ist. Vom südlichen Teil des Querhauses kann man die Krypta über eine Treppe betreten. Das Mittelschiff sowie das Querhaus tragen Satteldächer, die seitlichen Schiffe sind mit Pultdächern gedeckt.

Nach der Zerstörung in den Jahren 629 bis 634 beim Slaweneinfall wurde die Kirche nach dem Plan der zerstörten Anlage wiedergebaut (Abb. 64 A), ebenso nach der Brandkatastrophe des Jahres 1917 (Abb. 64 B).

Der Innenraum der Basilika des 5. Jhs. (Abb. 62 A-B) war mit kostbaren Materialien ausgeschmückt, die in dem heute erhaltenen Bau noch sichtbar sind. Die Bögen zwischen den Kolonnaden, deren Pfeiler, die Kapitelle, das Ziborium, die Fensterpfosten und die Schrankenwände sind aus verschiedenfarbigem Marmor gefertigt, ebenso die Wandverkleidungen des Narthex und des *Naos*. Die Böden zwischen den Arkaden sind in *opus sectile* gestaltet. Die Kolonnaden des Haupteingangs bestehen aus thessalischem Marmor und tragen theodosianische Kapitelle. Die Säulenschäfte des Querhauses sind aus rötlichem ägyptischen Marmor gefertigt und mit schwarzen Granitkapitellen ausgestattet.

Unter den Kapitellen lassen sich mindestens vier Haupttypen unterscheiden: 1. Die theodosianischen Kapitelle weisen zwei Reihen von Akanthusblätter und je eine Volute unter den vier Ecken der Abakusplatte auf. Sie entsprechen dadurch dem Typus der römischen Kompositkapitells, sind aber in ihrer Ausführung schematischer. 2. Weitere zweizonige Kapitelle besitzen statt der Voluten entweder vier plastische Adler oder vier Widderköpfe. 3. Sog. windbewegte Akanthusblattkapitelle bestehen ebenfalls aus zwei Blattreihen, deren Spitzen sich in der unteren Zone nach rechts , in oberen nach links biegen. 4. Die Pilasterkapitelle besitzen Akanthus- oder Weinblätter und sind mit verschiedenen figürlichen Motiven wie Vögeln und Kantharoi geschmückt.

Die Kirche des Hagios Demetrios in Thessaloniki ist im Vergleich mit dem Gadarener Exemplar von besonderem Interesse, da es eine ähnliche Verbindung von Krypta und Sanktuar aufweist. In beiden Fällen wird der verehrungswürdige Ort von einer Apsis umschlossen, die sich nach oben als Rückwand des Altarraumes fortsetzt. Ob diese Gemeinsamkeit als direkte Abhängigkeit oder als zwei ähnliche, voneinander unabhängig entstandene Bauideen zu interpretieren sind, muß offen bleiben.

Der gedrungene Grundriß, die Emporen und die Arkaden lassen sich mit den Elementen der Kirchen Palästinas vergleichen. Die Hagios Demetrios-Kirche unterscheidet sich jedoch von den letzteren durch ihr Querhaus, welches in den Kirchen des östlichen Mittelmeergebiets in vorjustinianischer Zeit weniger häufig zu finden ist. Im vorliegenden Fall ist eine Übernahme aus Rom nicht auszuschließen. Aus diesen Gründen läßt es sich schwer entscheiden, ob die Basilika des Hagios Demetrios mehr von den Kirchen des Orients oder denen des Westens beeinflußt wurde. Wenn man aber den Wiederaufbau der fünfschiffigen Basilika des 5. Jhs. im geschichtlichen Kontext der damaligen Zeit betrachtet, erfährt man, daß der Bau von Einflüssen aus dem östlichen Teil des byzantinischen Reiches geprägt war. Die konstantinischen Kirchen des Heiligen Landes waren wahrscheinlich ein Vorbild nicht nur für die Kirchen Griechenlands, sondern auch generell für die Kultbauten der christlichen Welt.

IV. 8. 2. Die Basilika in Epidauros

Das Heiligtum von Epidauros liegt im nördlichen Abschnitt der argolidischen, in den saronischen Golf hineinragenden Halbinsel, etwa 50 km Luftlinie südwestlich von der Hauptstadt Athen (Abb. 36 Nr. 33). Die Basilika befindet sich nordöstlich des antiken heiligen Bezirks.

Epidauros war das zentrale Heiligtum des Heilgottes Asklepios auf der Peloponnes[1040], dessen Kult auch nach der Ausbreitung des Christentums lebendig blieb. Die christliche Basilika wird mit Hilfe der stilistischen Beurteilung des Mosaikbodens in die Jahre um 400 datiert. Wenn dieser zeitlichen Einordnung zuzustimmen ist, dann handelt es sich bei ihr um eine der frühesten Basiliken mit dreiteiligem Querhaus in Griechenland.

Der Bau[1041] besteht aus folgenden Grundelementen (Abb. 65 A): Im Osten erstreckt sich ein im Grundriß quadratisches Atrium, dessen offener Hof im Norden, Süden und Westen von Säulenhallen umgeben ist. Im Osten wird der Platz durch eine Mauer vom Narthex völlig separiert. Die Vorhalle war somit nur durch die nördliche und südliche Portikus des Atriums zugänglich. An der nördlichen Seite des Vorhofs schließen sich zwei rechteckige Räume an, die durch eine korridorartige Passage in nordsüdlicher Richtung voneinander getrennt sind. Die beiden Kammern öffnen sich nur in die nördliche Säulenhalle des Atriums. Dieses ist an seiner südlichen Seite in genauer Entsprechung zum nördlichen Teil gestaltet. Ein Unterschied besteht lediglich darin, daß der östliche Raum in zwei kleinere Kompartimente untergliedert ist. Diese öffnen sich wiederum auf das Atrium.

Zwischen Kircheninnenraum und Atrium ist ein langer schmaler Narthex eingeschoben, der im Norden und Süden über den Körper der Kirche und des Atriums hinausragt. Von ihm führten fünf Portale in die Kirche, jeweils eine in jedes Schiff.

Der rechteckige gedrungene Innenraum der Basilika ist durch zwei Kolonnadenreihen jeweils aus sieben Säulen im Mittelschiff sowie durch Pfeilerreihen, ebenfalls aus sieben im Querschnitt rechteckigen Pfeilern bestehend, in den Seitenschiffen fünfschiffig gegliedert. Die Säulen- und Pfeilerreihen reichen nicht bis zur östlichen Wand der Basilika, sondern enden ungefähr zwei Meter vor ihr. Durch diese Maßnahme entsteht ein östlicher Raum, der als Querschiff zu betrachten ist. Dieser fünfteilige Querraum wurde durch rechteckige Pfeiler beiderseits der Apsis vom Mittelschiff abgegrenzt, während die nach außen anschließenden Trakte durch Mauern mit kleinen Mitteltüren vom *Naos* getrennt sind. Im Osten endet der Bau mit der halbkreisförmigen Apsis, deren Breite der des Mittelschiffes entspricht.

Entlang der nördlichen Außenwand schließt sich ein lang- rechteckiger, aus vier Räumen bestehender Komplex an, der wohl als *Parekklesion* zu deuten ist. Diese Kammern sind nur von dem nördlichen Außenschiff der Basilika aus zu erreichen. An den westlichen Abaschnitt des *Parekklesion* ist von Norden ein weiterer, aus drei Räumen gebildeter Trakt angeschoben, der

---

[1040] Zur Geschichte des Asklepiosheiligtums von Epidauros im Überblick vgl. R. A. Tomlinson, Epidauros (1983) 9 ff.
[1041] Vgl. Sotiriou a. O. (Anm. 1028 S. 212) 198 ff. Abb 32; Orlandos 1952, 50 f Abb. 26.; Krautheimer 1981, 125 f. Abb 72.

durch eine Verlängerung des Narthex nach Norden erreichbar war. Der mittlere Raum stand als Baptisterium zur Verfügung, worauf das in Bodenmitte eingetiefte Becken mit Ziborium hinweist.

Obwohl Pfeilerarkaden in Griechenland nur selten verwendet wurden, ist der Innenraum der epidaurischen Basilika durch je sieben Säulen als Begrenzung des Innenschiffes und Pfeiler in den Seitenschiffen kompositär gegliedert, was der Verteilung eben dieser Stützelemente in der Basilika von Gadara entspricht. Diese Gemeinsamkeit ist insofern beachtenswert, da auf mögliche palästinische Einflüsse bereits bei der Untersuchung der Demetrios-Kirche[1042] von Thessaloniki hingewiesen wurde. Das dreiteilige Transept in der Kirche von Epidauros und in der unten zu behandelnden Basilika in Nikopolis[1043] wird in der Forschung mit dem Querschiff in der Kirche der Heiligen Tekla in Mailand verglichen.[1044] Die Basilika von Epidauros ist jedoch etwa 40 Jahren jünger als die genannten Vergleichsbeispiele in Gadara und Mailand. Sowohl westliche als auch östliche Einflüsse können für die Sakralbauten in Griechenland als Folge der wirtschaftlichen Beziehungen zwischen den beiden Teilen der römischen Welt postuliert werden, die zudem durch die zentrale geographische Lage Griechenlands begünstigt waren.

Ähnlich kompositäre Unterteilungen des Innenraumes sind auch in der Grabeskirche in Jerusalem[1045] und in der Kathedrale zu *Qaṣr Ibrīm*[1046] zu beobachten. Ein Unterschied liegt jedoch darin, daß die das Langhaus der Basilika in Epidauros mit einem dreiteiligen Querschiff im Osten endet, welches in Jerusalem und *Qaṣr Ibrīm* gänzlich fehlt.

IV. 8. 3. Die Basilika B in Nikopolis

Die Ruinenstätte von Nikopolis[1047] befindet sich auf der Halbinsel, die den ambrakischen Golf an der mittelgriechischen Westküste gegen das Ionische Meer abschirmt. In einer Entfernung von etwa 6 km von der Distrikthauptstadt Preveza nahm die Stadt im Altertum eine strategisch günstige Lage an dem etwa 2 km breiten Isthmus der Mazoma-Lagune ein. An der Mündung des Flusses Lykos markierte sie die Stelle des Sieges des Pompeius über Mithridates im Jahre 66 v. Chr. (Abb. 36 Nr. 34), der die Gründung einer römischen Veteranen-Kolonie nach sich zog. Die fragliche Basilika erhob sich im nördlichen Abschnitt des frühbyzantinischen Stadtgebiets.

Im Jahr 31 v. Chr. erfolgte die eigentliche Stadtgründung durch Augustus nach der Schlacht von Actium, an deren für den *Princeps* erfolgreichen Ausgang das Toponym erinnert. Fortan war Nikopolis die Hauptstadt der römischen *Provincia Epirus*, die nach der Reichsreform des Diokletian *Provincia Epirus Vetera* zur Unterscheidung der benachbarten *nova* genannt

---

[1042] s. o. S. 212 ff.
[1043] s. u. S. 218 f.
[1044] Vgl. Krautheimer 1981, 124 ff.
[1045] s. o. S. 138 ff.
[1046] s. o. S. 177 f.
[1047] Kurz zur Stadtgeschichte vgl. PECS 625 f. s. v. Nikopolis (R. P. Harper); P. Soustal - J. Koder, Nikopolis und Kephalenia, Tabula Imperii Byzantini III, (1981) 213 f.; F. Krinzinger, in: Echo. Festschr. J. B. Trentini (1990) 167 ff.

wurde. 375 n.Chr. wurde die Stadt durch einen Erdbeben zerstört. In frühchristlicher Zeit war sie provinziales Verwaltungszentrum und hatte in der reichskirchlichen Diözesanordnung den Rang einer Metropolis.
Im 6. Jh. setzte Justinian die Stadtmauer wieder instand. Frühchristliche Kultbauten entstanden zunächst ausschließlich in dem städtischen Gebiet und erst nachfolgend im Umland, so daß Nikopolis auch als künstlerisches Zentrum der Provinz bezeichnet werden darf.[1048] Immerhin sind hier fünf Basiliken nachgewiesen, von denen die hier zu behandelnde Basilika B dem fünfschiffigen Typus angehört. Einer in einem der Nebenräume erhaltenen Mosaikinschrift zufolge wird die Anlage auch „Alkison-Basilika" genannt. Aus welchem Anlass sie errichtet wurde oder welchem Heiligen sie geweiht war, ist nicht bekannt.

Bei diesem Bau[1049] handelt es sich um eine im Grundriß langrechteckige fünfschiffige Anlage (Abb. 65 B; Taf. 60 B) mit Vorhalle und einem eingeschriebenen dreiteiligen Querschiff im östlichen Abschluß, der in seinem Zentrum eine außerhalb des Baukörpers vorspringende halbkreisförmige Apsis aufweist. Diese ist von außen durch drei Strebepfeiler verstärkt. Der Innenraum westlich des Querhauses ist durch vier, jeweils aus 12 Säulen bestehenden Kolonnaden gegliedert. Das Transept ist auf Flucht der Kolonnadenreihen des Mittelschiffes durch zwei zwischen Pilastern eingestellten Säulen unterteilt. In der südlichen Hälfte des Mittelschiffes stand ein *Ambo* mit zwei mehrstufigen Treppen. Der im Westen vorgelagerte Narthex ist nach Norden und Süden über die Breite des Langhauses ausgezogen. Von hier aus betrat man die Kirche durch fünf Portale, deren Lage mit jeweils einem der fünf Schiffe korrespondiert. An der südlichen Seite des Narthex schließt sich eine kleine Kapelle mit halbkreisförmiger Apsis an. Im Westen liegt ein Atrium, welches aus zwei, den Hof im Norden und Süden einfassenden Säulenhallen besteht.

Der Innenraum der Basilika von Nikopolis ist in ihrem Innenraum lediglich durch Säulenreihen gegliedert. Bis auf diesen Unterschied gleicht ihr Baukonzept dem der Kirche von Epidauros.[1050] Beide verfügen über einen Vorhof mit einem schmalen Narthex, der über die Breite des Langhauses nach beiden Seiten ausgezogen ist. Eine weitere auffällige Gemeinsamkeit der Vorhallen besteht darin, daß sie nur durch zwei Türen vom Vorhof aus zugänglich waren und somit die liturgischen Räume selbst nach außen hin abschirmten. Analog zu den fünf Schiffen öffnete sich der Narthex durch fünf Türen in den *Naos*, wie dies auch in Gadara zu beobachten ist.

IV. 8. 4. Die Kirche in Kenchreai bei Korinth

Die nordpeloponnesische Stadt Korinth lag auf den ersten Terrassen des achaeischen Hügellandes und zu Füßen des steilen Akropolis-Felsens. Ihre Entfernung zur Küste betrug in der Antike wie heute etwa 3,5 km (Abb. 36

[1048] Zur Geschichte der Stadt vgl. RE XVII (1936) 511 ff. s. v. Nikopolis (F. Schober); Soustal - Koder a. O. 81 ff.
[1049] Zur fünfschiffigen Basilika vgl. Orlandos, Praktika 1964, 179 ff.; ders., Ergon 1966, 173 f.; RBK II (1971) 215 ff. s. v. Epiros (D. I. Pallas); Soustal - Koder a. O. 214.
[1050] s. o. S. 216 f.

Nr. 35). Damals besaß die Stadt zwei Häfen: Das am saronischen Golf gelegene Kenchreai als Ost- und Lechaion am Meerbusen von Korinth als Westhafen. Die fünfschiffige Kirche[1051] in Kenchreai nahm die Stelle eines älteren, wahrscheinlich der Isis dedizierten Heiligtums ein.

Die Blüte der Handelsstadt Korinth reicht in das Zeitalter der dorischen Koloniegründungen, in das 7. Jh. v. Chr., zurück. Einen gravierenden Einschnitt stellt die Zerstörung des Jahres 146 v.Chr. durch den römischen Feldherrn Mummius dar. Während des Feldzuges gegen die Lusitaner wurde Korinth von Julius Caesar 44 v. Chr. wieder aufgebaut und nach dem Sieg von Actium im Jahr 27 v. Chr. zur Hauptstadt der römischen *Provincia Achaia* erhoben. Eine Christengemeinde, bei der sich Paulus mehrfach aufhielt, existierte schon im 1. Jh. n. Chr.[1052]

Die fünfschiffige Basilika wurde erheblich später, zwischen dem Ende des 5. Jhs und dem Anfang des 6. Jhs auf den Ruinen eines älteren Gebäudes errichtet. Nach der Zerstörung durch das Erdbeben des Jahres 522 wurde sie beim Wiederaufbau räumlich auf eine dreischiffige Basilika reduziert. Nach einer Reihe von mehreren katastrophalen Erdbeben, welche die Stadt zwischen 550 und 556 heimsuchte, gaben die Einwohner die erneut in Ruinen liegende Kirche endgültig auf.

Die Kirche besitzt ein einen Grundriß, der ein breites Rechteck mit den Maßen 21,5 x 24 m (einschließlich der Apsis) einnimmt (Abb 66 A-C; Taf. 61 A) und nach Südosten hin auf die halbkreisförmige Apsis orientiert ist. Vor dieser breitet sich das 4,5 m tiefe *Bema* aus. Das Mittelschiff wird durch Pfeilerreihen, die jeweils fünf Stützen umfassen, von den seitlichen Trakten getrennt. Letztere sind durch Säulenreihen unterteilt. An der nordwestlichen Fassade des Hauptraums schließt sich ein schmaler Narthex an, der die gesamte Breite der Basilika einnimmt. Westlich davon folgen mindestens fünf rechteckige, aber unregelmäßig angeordnete Räume, die älter als die Kirche sein müssen. Der mittlere wurde in ein Baptisterium umgewandelt, dessen Taufbecken viereckig und von einem Baldachin überdacht war. Einen weiteren älteren, an der südöstlichen Ecke der Basilika gelegenen Bau mit einer Apsis wandelte man in eine Kapelle um, die vom südlichen Außenschiff her zugänglich war.

Die Böden des Mittelschiffs, der Innenschiffe, des Bemas und des Baptisteriums waren mit Mosaiken bedeckt. Im Unterschied dazu war der Laufhorizont der Außenschiffe mit farbigen, zu geometrischen Mustern gesetzten Marmorplatten (Plattenmosaik) geschmückt.

Die Basilika in Kenchreai fügt sich gut in das Bild, das aus der Betrachtung der oben behandelten frühchristlichen Kultanlagen Griechenlands entwickelt wurde. Eine Abweichung besteht jedoch in der breitrechteckigen Proportionierung des Grundrisses. Dies erklärt sich aus dem Umstand, daß die Kirche auf einem schon existierenden Bau errichtet worden war und somit dem von diesem vorgegebenen Fundament folgen mußte.

Die Lage der Kapelle, die eine Verlängerung der südlichen Schiffe der

---

[1051] Zur Kirche vgl. R. L. Seranton - E. S. Ramage, Hesperia 36, 1967 152 ff.; ausführlich R. L. Seranton - J. W. Shaw - L. Ibrahim, Kenchreai, Eastern Port of Corinth. Topography and Architecture (1988) 46 ff, 70 f, 107 ff.; RBK IV (1990) 746 ff. s. v. Korinth (D. I. Pallas).
[1052] 1. und. 2. Kor.

Kirche nach Südosten darstellt, ist mit der Position des Baptisteriums des 6. Jhs. n. Chr. der Gadarener zu vergleichen. In beiden Fällen waren diese Räumlichkeiten aus dem Kirchen-raum durch Türen in ihrer östlichen Fassade zu erreichen.

IV. 9. Zypern

Zypern, nach Sizilien die zweitgrößte Mittelmeerinsel, nimmt kulturgeographisch den Schnittpunkt zwischen den ägäischen und altorientalischen Kulturkreisen ein. Ihr Abstand zur östlich gelegenen syrischen Küste beläuft sich auf ungefähr 96 km und der zur kleinasiatischen Küste auf 65 km.

Die Reihe der erhaltenen frühchristlichen Denkmäler[1053] der Insel beginnt am Ende des 4. Jhs. In der Zeit davor wurde Zypern von verheerenden Naturkatastrophen, wie etwa durch Erdbeben und Dürreperioden zwischen 332 und 342, heimgesucht.[1054] Gegen Ende dieses Jahrhunderts entstanden an verschiedenen Orten der Insel Kirchenbauten des basilikalen Typus, während Zentralbauten dort niemals heimisch wurden. Die frühesten Beispiele sind die ursprünglich siebenschiffige Basilika des *Hagios Epiphanios* in Salamis, die der *Hagia Kyriaki* in Paphos[1055] und die *Acheiropoietos* in Lambousa.[1056] Bei dem Bau, der archäologisch unter der Basilika in Soloi festgestellt wurde, könnte es sich ebenfalls um eine Anlage des fünfschiffigen Typus handeln, doch ist diese Zuweisung unsicher. A. Papageorghiou zufolge stellten neben den konstantinischen Basiliken des heiligen Landes und Roms vor allem die Bauten der neuen Reichshauptstadt die Vorbilder der Sakralbauten Zyperns dar.[1057] Zu Beginn des 5. Jhs. entstanden auf Zypern auch dreischiffige Basiliken großer Dimensionen, zu denen die Kathedrale in Kourion gehört.[1058] Diese und die Basilika Kampanopetra zu Salamis werden hier kurz behandelt, da entlang ihrer Nord- und Südfassade zwei symmetrische Annexe, die *Katechumena*, angebaut sind.

IV. 9. 1. Salamis

Salamis bildete an der zyprischen Ostküste den bedeutendsten Hafen des Insel (Abb. 36 Nr. 36 A-B) und verfügte über zwei fünfschiffige Basiliken. Die erste

---

[1053] Allgemein zur Geschichte der Insel vgl. G. F. Hill, A History of Cyprus I (1940) passim. Zu den Denkmälern christlicher Zeit in Zypern vgl. G. A. Soteriou, Βυζαντινά Μνημεῖα τῆς Κύπρου (1935) passim; E. Chrysos, in: A. A. M. Bryer - G. S. Georghallides (Hrsg.), The Sweet Land of Cyprus (1993) 3 ff.; E. Hein - A. Jakovljevic - B. Kleidt, Zypern: Byzantinische Klöster und Kirchen (1996) 11 ff.; A. Papageorghiou, in: Bryer - Georghallides a. O. 27 ff.

[1054] Vgl. Hill a. O. 245; V. den Van, La Legende de St. Spyridon evêque de Trimithoute (1953) 10 f.; A. Papageorghiou, in: V. Karageorghis (Hrsg.), Acts of the International Archaeological Symposium „Cyprus Between the Orient and the Occident" Nicosia 8-14 September 1985 (1986) 490; A. Papageorghiou, in: Bryer - Georghallides a. O. 30 ff.

[1055] Vgl. A. Papageorghiou, Corso di Cultura sull' Arte Ravennate e Bizantina 32, 1985, 305 ff.

[1056] Papageorghiou a. O. (1985) 304.

[1057] Zu den Charakteristika zyprischer Kirchenarchitektur und ihrer Beeinflussung vgl. Papageorghiou a. O. (1980) 492 ff.

[1058] Zur Basilika in Kourion vgl. A. H. S. Megaw, DOP 30, 1976, 345 ff.; ders., RDAC 1979, 358 ff.; zu weiteren Basiliken des 5. Jhs. vgl. Papageorghiou a. O. (1980) 491.

nahm ein zentrales Areal in Stadtmitte südlich des sog. Granit-Forums und nördlich des Zeustempels ein. Die zweite, auf neugriechisch *Kampanopetra* (="Glockenfels") genannte Kirche liegt im östlichen Teil der Stadt unmittelbar am Strand südlich einer römischen Villa.

Obwohl Paphos das administrative Verwaltungszentrum der Insel während der Kaiserzeit war, betrachtete man damals die Rivalin Salamis[1059] als wirtschaftliche und zugleich größte Metropole der Inselprovinz. Ihre Lage ermöglichte einen Aufstieg zum Drehpunkt des levantinischen Orienthandels. In vorchristlicher Zeit entstanden in der Stadt eine Reihe öffentlicher Gebäude, darunter ein Gymnasion und ein Theater. Die heftigen Erdbeben der Jahre 332 und 342 verursachten große Schäden im Baubestand der Spätantike. Zu dieser Zeit wurde Salamis Constantina genannt und war bereits eine weitgehend christianisierte Stadt mit Bischofsitz. Einer der wegen seiner literarischen Tätigkeit bedeutendsten Bischöfe war Epiphanios (315 - 403 n. Chr.)[1060], der aus Palästina stammte und 367 nach Zypern kam. In Salamis errichtete er die im folgenden behandelte fünfschiffige Basilika, in der er nach seinem Tod im beigesetzt wurde.

Die zweite Anlage, die *Kampanopetra*, ist erheblich späteren Datums: Sie stammt aus der Mitte des 6. Jhs. n. Chr.

IV. 9. 1. 1. Die Basilika des Hagios Epiphanios

Die von Epiphanios in Auftrag gegebene Basilika des 4. Jhs. war ursprünglich siebenschiffig (Abb. 67 A). Im Vergleich zu den Innenschiffen fielen die äußeren allerdings sehr schmal aus. An den Langseiten schlossen sich außen zwei enge Korridore an, deren westliche Endpunkte zu den Emporen hinaufführende Treppenhäuser einnahmen. Im Zuge der Baumaßnahmen des 6. Jhs. wurde jeweils eine Säulenreihe der beiden Innenschiffe entfernt, wodurch sich die Zahl der Schiffe auf fünf reduzierte. In dieser Zeit wurde ferner die gesamte westliche Fassade der Basilika erneuert. Auch das *Synthronon* in der Apsis stammt aus dieser Periode.

Die fünfschiffige Kirche endet in einer Osten in einer segmentförmigen Apsis, die von zwei kleineren ummantelten Nebenapsiden flankiert wird. Bei diesen handelt es sich um ältere Relikte der beiden Innenschiffe der Kirche des 4. Jhs.

Durch eine Reihe von Durchlässen zwischen den östlichen Jochen und der Ostwand konnte man die Abschlüsse der Seitenschiffe vom Altarraum aus erreichen. Diese architektonische Gestaltung ist eine Eigenart der zyprischen Kirchenbauten, die außerhalb der Insel nirgendwo sonst anzutreffen ist.

In der hier vorliegenden Bauidee des dreiapsidialen Raumabschlusses erkennt A. H. S. Megaw palästinische Einflüsse, die durch Epiphanios *in personam* nach Zypern vermittelt worden seien.[1061] Daß die vom Altarraum in die Seitenschiffe geführten Eingänge mit den Pastophorien syrischer Kirchen

---

[1059] Zur Geschichte der Stadt vgl. V. Karageorghis, Salamis. Die zyprische Metropole des Altertums (1970) passim.
[1060] Vgl. o. S. 137 Anm. 698.
[1061] A. H. S. Megaw, DOP 28, 1974, 62 Anm. 19; Megaw vergleicht diesen östlichen Abschluß der Kirche mit dem der Gethsemane-Kirche in Jerusalem.

zusammenhängen, zieht er jedoch in Zweifel, da letztere jünger als die von Epiphanios gestiftete Kirche seien.

Die fünfschiffige Basilika des *Hagios Epiphanios* war im Westen durch fünf Portale zugänglich, während sich im Osten ein zusätzlicher Platz an die außen vorspringende Apsis anschloß. Solche „Osthöfe" sind auch bei den anderen, weiter unten behandelten kyprischen Basiliken anzutreffen, wobei die Funktion dieser Elemente im Dunkeln liegt. Hinsichtlich der räumlichen Anordnung herrscht Übereinstimmung mit der Gadarener Basilika, wo sich statt des Hofs die tiefer gelegene Krypta östlich der Apsis ausbreitet. Solche Anlagen scheint Epiphanios aus eigener Anschauung gekannt zu haben. Die axiale Staffelung von Höfen westlich und östlich der Langhäuser, wie sie auch an der Kathedrale zu Gerasa zu beobachten ist, haben wir oben vom Vorbild der konstantinischen Fassung des heiligen Grabes in Jerusalem abgeleitet.[1062]

IV. 9. 1. 2. Die Basilika der Kampanopetra

Bei der zweiten salaminischen Basilika[1063] handelt es sich genau genommen um eine dreischiffige Anlage, die aber durch die beiden im Norden und Süden angeschobenen Trakte, die von den Innenraum der Basilika getrennt sind, fünfschiffigen Charakter erhält (Abb. 69 A). Die beiden Korridore waren von den Seitenschiffen durch Mauern abgetrennt, standen aber über kleine, in der Mitte des Langhauses eingebrachte Türen mit dem *Naos* in Verbindung. Das Langhaus besteht aus dem breiten Mittelschiff, das beiderseits von je einem schmalen Seitenschiffe durch jeweils eine aus zwölf Kolonnaden bestehenden Säulenreihe unterschieden ist. Im Osten endet das Mittelschiff auf seiner vollen Breite mit der zentralen halbkreisförmigen Apsis, die von zwei kleineren polygonalen am Abschluß der seitlichen flankiert ist.

Die Vorhalle erstreckt sich über die Gesamtbreite der westlichen Fassade einschließlich der *Katechumena*. Im Norden und Süden läuft sie in halbkreisförmigen Apsiden aus. Westlich davon liegt das rechteckige Atrium, in dessen Mitte ein im Grundriß oktogonales Brunnenhaus (*Phiale*) steht. Hinter der Apsis befindet sich ein weiterer relativ großer, im Grundriß rechteckiger und seitlich von Säulenhallen eingefasster Platz.

A. Papageorghiou stellt zwischen der *Kampanopetra* und den Kirchen Palästinas eine Verbindung her und verweist auf die Einfassung des Atriums westlich des Narthex durch vier Kolonnadenhallen, wie sie in ähnlicher Form bei der Geburtskirche in Bethlehem anzutreffen ist (Abb. 40 A-B).[1064] Auch die Platzanlage erinnert an die konstantinische Grabeskirche in Jerusalem (Abb. 38 A-B).[1065] Auf die Parallelen der axialen Staffelung von Platzanlagen im Ostjordanland haben wir bereits bei der Behandlung der Basilika des *Hagios Epiphanios* hingewiesen.[1066]

[1062] Vgl. o. S. 138 ff.
[1063] Zu der Kirche vgl. Roux a. O. 12 (Anm. 43) passim.
[1064] s. u. S. 145 ff.
[1065] Papageorghiou a. O. (1986) 495.
[1066] s. o. S. 203 f.

IV. 9. 2. Die Kirche Hagia Kyriaki Chrysopolitissa in Nea Paphos

Die mit Salamis konkurrierende Hafenstadt Paphos liegt an der kyprischen Südwestküste (Abb. 36 Nr. 37). Die Kirche der *Hagia Kyriaki* Chrysopolitissa befindet sich *intra mouros* an der südwestlichen Peripherie der antiken Siedlung in unmittelbarer Nähe des östlichen Stadttors des antiken Paphos.

In das Licht der Geschichte tritt Paphos[1067] gegen Ende des 4. Jhs. v.Chr., 320 v. Chr. wurde es von den Ptolemäern zur Hauptstadt der Insel erhoben und galt fortan als deren bedeutendster westlicher Hafen. Die administrative Vorrangstellung konnte Paphos bis zur Ankunft des Ephiphanios nach der Mitte des 4. Jhs. n. Chr. behaupten. Obwohl seit damals Salamis an Bedeutung gewann, blieb Paphos Sitz eines eigenen Bischofs. Kyrillos, der älteste bekannte Bischof von Zypern, nahm 324 n. Chr. am Konzil in Nikaia teil. Weitere klerikale Repräsentation von aus Paphos sind in den diesbezüglichen Akten als Teilnehmer an den Konzilien in Ephesos (341 n. Chr.) und in Konstantinopel (381 n. Chr.) bezeugt.

Die Baugeschichte des 4. Jhs. n. Chr. läßt sich im Falle von Paphos nicht rekonstruieren, da die Denkmäler dieser Zeit den erwähnten Naturkatastrophen zum Opfer gefallen sind. Die Ergebnisse archäologischer Ausgrabungen zeigen zudem, daß nach den Erdbeben des 4. Jhs. n. Chr. der westliche Teil der Stadt nie wieder besiedelt wurde.[1068] Erst am Ende des 4. oder am Anfang des 5. Jhs n. Chr. wurden repräsentative Kirchenbauten in Angriff genommen. Im Rahmen dieser Aktivitäten theodosianischer Zeit entstanden die dreischiffige Basilika der Panaghia Limeniotissa („Allerheiligste des Hafens") und der fünfschiffige Monumentalbau, überhaupt der größte seiner Art auf der ganzen Insel, auf dessen Ruinen sich die heutige Kapelle der *Hagia Kyriaki* erhebt.

In ihrem ursprünglichen Zustand, der chronologisch an das Ende des 4. Jhs. zurückgeführt werden kann, hatte die Kirche, wie die des Hagios Epiphanios zu Salamis, ein siebenschiffiges Langhaus. Mit einer Breite von 38 m und Längen von 48 m im Norden und 53 m im Süden beschreibt ihr Grundriß ein Trapez mit schräg verlaufender Westwand. Der frühe Bau war auf zwei ursprünglich nebeneinander liegende Apsiden, die den Abschluß des Mittelschiffes bildeten, in östliche Richtung orientiert. An die Westfassade ist ein 4 m breiter Narthex angeschoben. Westlich von diesem erstreckte sich ein im Grundriß rechteckiges Atrium. Der Boden der gesamten Anlage einschließlich des Atriums und des Narthex ist mit polychromen Mosaiken ausgelegt, die geometrische und florale Motive aufweisen.

Im 6. Jh. n. Chr. wurden die Kolonnadenreihen der beiden äußersten Schiffe abgetragen (Abb. 67 B; Taf. 61 B). Im Rahmen dieser Arbeiten trug man die beiden Apsiden des Sanktuars ab und ersetzte diese durch eine zentrale, die innen im Grundriß die Form eines Kreissegments hat und außen polygonal ummantelt ist. Diese wird von zwei ähnlich gestalteten, aber kleineren Apsiden flankiert, die den östlichen Abschluß der Innenschiffe bilden. Der zentralen Apsis wurde in einem Abstand von 12 m eine weitere axial entsprechende vorgelegt, in der man den Altar vermutet. Im Zuge dieser

---

[1067] Zur Geschichte der Stadt vgl. F. G. Maier - V. Karageorhis, Paphos, History and Archaeology (1984) 24 ff.
[1068] Vgl. A. Papageorghiou, in: Bryer - Georghallides a. O. 29.

Umbauten beseitigte man den Mosaikboden im Mittelschiff, an dessen Stelle ein aufwendiges *Opus-Sectile*-Paviment trat. All diese Änderungen wurden unter Bischof Sergios ausgeführt, der inschriftlich als Bauherr in den damals neu angelegten Mosaikfeldern überliefert ist.

Die Basilika des 4. Jhs. n. Chr. ist aufgrund ihres trapezoiden Grundrisses ungewöhnlich und unterscheidet sich zudem von den Kirchen Zyperns durch den zweiapsidialen Abschluss ihres Sanktuars. Auch die hinter der Apsis gelegene Platzanlage fehlt, doch könnte der Raum zwischen den beiden Apsiden des 6. Jhs. n. Chr. deren Funktion übernommen haben. Dieses Arrangement erinnert an die Johanneskirche von Ephesos (Abb. 61 A).[1069] Mit ihrem sieben- bzw. fünfschiffigen Innenraum, dem Narthex und dem Atrium steht jedoch die Kirche der *Hagia Kyriaki Chrysopolitissa* zusammen mit den übrigen kyprischen Basiliken in der Tradition der konstantinischen Kirchenbauten Palästinas.

IV. 9. 3. Die Acheiropoietos-Basilika in Lambousa (Lapithos)

Das antike Lapithos liegt am Kap Kormakitis an der Nordküste von Zypern (Abb. 36 Nr. 38), in einer Entfernung von etwa 30 km westlich von Kyrenia. Die frühbyzantinische fünfschiffige Basilika[1070] befindet sich im Zentrum des von einer Stadtmauer umschlossenen antiken Lapithos unter einer mittelbyzantinischen Klosterkirche (*Katholikon*), welche zur Verehrung eines „nicht von Hand gemachten" Gnadenbildes (griech. *Acheiropoietos*) im 11. Jh. errichtet worden ist.[1071] Der Verlauf der Stadtgeschichte entspricht in frühbyzantinischer Zeit weitgehend dem anderer kyprischer Städte wie Salamis und Kourion, so daß hierauf nicht weiter eingegangen werden muss.

Die Basilika unter dem *Acheiropoietos*-Kloster konnte nur in ihren östlichen Teilen freigelegt werden, um den mittelbyzantinischen Nachfolgebau nicht zu gefährden (Abb. 68 A). Die Klosterkirche nimmt das Areal des Mittelschiffs der älteren Basilika ein. Die zentrale, segmentförmige Apsis des Vorgängerbaus bildet den östlichen Abschluß des *Katholikon*. Die freigelegten Abschnitte des älteren Baus zeigen, daß dessen Innenraum fünfschiffig gegliedert war und daß dieser mit der Apsis abschloß. Auch die Innenschiffe endeten in zwei kleineren, die zentrale flankierenden Apsiden. Die somit dreiapsidial abschließenden inneren Teile sind außen durch eine orthogonal abgewinkelte, geradlinige Mauer ummantelt. Die ursprüngliche Gestaltung des westlichen Teils bleibt aufgrund der unvollständigen Grabung unklar. Ebenso ungewiß ist es, ob die ältere Basilika als eine Kirche benutzt wurde.

Die dreiapsidiale Gliederung der östlichen Abschlüsse der Kirche, die auch bei anderen Sakralbauten der Insel wie etwa bei der Kirche in Soloi (Abb. 68 B)[1072] und der *Kampanopetra* (Abb. 69 A) vorkommt, ist in der Sakral-

---

[1069] s. o. S. 209 ff.
[1070] Vgl. A. Papageorghiou a. O. (1963) 17; ders., a. O. (1985) 499 Abb. 3; ders., in: Bryer - Georghallides a. O. 43; Ch. Delvoye, in: XVe Congres International d'Etudes Byzantines, Athènes (1976) 13.
[1071] Zum Kloster vgl. Hein - Jakovljevic - Kleid a. O. (Anm. (1032)144 f.
[1072] Vgl. A. S. H. Megaw, in: Bryer - Georghallides a. O. 53 ff Abb. 1.

architektur Syriens, Nubiens und Nordafrikas verbreitet.[1073] Ähnlich flankierende Nebenapsiden trifft man im palästinisch-syrischen Raum in der Zion-Kirche[1074] zu Jerusalem und in der Sergios-Basilika zu *Suwēda* an.[1075]

IV. 9. 4. Die Kirche in Soloi

Zwischen Lapithos und Arsinoë liegt Soloi an der kyprischen Nordküste etwa 15 km südwestlich von Morphou entfernt (Abb 36 Nr. 39). Die Basilika stand auf einer künstlichen Terrasse 200 nordöstlich der Akropolis.[1076] Auf ihren Ruinen wurde eine im Mittelalter eine kleinere Kirche gebaut.

Seit der Spätbronzezeit war Soloi wegen seiner Kupferminen von Bedeutung.[1077] Neben Kourion bildete die Stadt in archaischer Zeit ein eigenes Königreich und hatte eine durchgängige Besiedlung in hellenistischer, römischer und byzantinischer Zeit. Die hier zu untersuchende fünfschiffige Basilika datiert man in ihrem ursprünglichen Zustand auf der Grundlage von Münzfunden in die zweite Hälfte des 4. Jh. n. Chr. Auch im vorliegenden Fall wurde der Bau in justinianischer Zeit tiefgreifend, nämlich in eine dreischiffige Anlage des dreiapsidialen Typus, verändert. Während der arabischen Eroberung um die Mitte des 7. Jhs. traten Schäden ein, die jedoch später behoben wurden, um den Bau weiterhin als Kirche benutzen zu können.[1078]

Der von den Ausgräbern als „Basilika A" bezeichnete Bau des 4. Jhs. konnte nur teilweise von den justinianischen Bauabschnitten im südwestlichen Innenbereich der Anlage unterschieden werden (Abb. 68 B).[1079] Der Verlauf der Außenmauern ist nicht bekannt; die Annahme liegt jedoch nahe, daß der spätere Bau diese als Fundamente einbezog. Der ursprüngliche Mosaikboden war im untersuchten Areal mit dem *Opus Sectile* der späteren Basilika vollständig überdeckt. Die Fünfschiffigkeit der frühen Anlage darf durch die Entdeckung eines Teils der Säulenstellung des Mittel- und der beiden südlichen Schiffe als gesichert betrachtet werden.[1080] Der vermutlich 45 m x 22,50 m große Innenraum der älteren Basilika war demnach durch vier Säulenreihen gegliedert (Abb. 68 B).[1081] Das Mittelschiff erreicht eine Breite von 6,75 m während die Außenschiffe mit einer Weite von 4, 50 m um 50 cm breiter waren als die Innenschiffe. Der Bau endete im Osten vermutlich mit der gleichen halbkreisförmigen Apsis, die den Abschluß der späteren Kirche bildet.

[1073] Vgl. z. B. die Klaudianos-Kirche in *Umm al-Ǧimāl* und die Kirche der Heiligen Sergios und Bakchos in *Umm as-Sūrāb*, Butler 1929 45 f. Abb. 44 und 45. Für die nubische Kirchen vgl. o. 174 ff.; Nordafrika S. 202 ff.
[1074] s. o. S. 142 ff.
[1075] s. o. S. 153 ff.
[1076] Vgl. A. Papageorghiou a. O. (1993) 43 f. Stadtplan Abb. 11.
[1077] Einen Überblick der Stadtgeschichte bietet P ECS 850 f. s. v. Soloi (K. Nicolaou).
[1078] Im Atrium des Baues fand man während der Ausgrabungen eine Inschrift, welche die Restaurierung der Kirche und andere Bauten am Ort nach 655 n. Chr. datiert.
[1079] Papageorghiou a. O. (1964) 15; ders., BCH 90, 1966, 352 ff.; A. H. S. Megaw, DOP 28, 1974, 64 Abb. B; J. des Gagniers, in: N. Robertson (Hrsg.) The Archaeology of Cyprus, Recent Development (1975) 222 ff. Abb. 4; J. des Gagniers - Tran Tam Tinh, Soloi, dix campagnes de fouilles 1964-1974 (1985) 10 ff.; vgl. auch mit ausführlicher Literatur W. A. Daszewski - D. Michaelides, Mosaic Floors in Cyprus (1988) 87 f.; zum Mosaik aus der Kirche vgl. dens. 94 Abb. 3.
[1080] des Gagniers a. O. 222 vermutet, daß die erste Basilika eine dreischifige Anlage war.
[1081] des Gagniers - Tran Tam Tinh a. O. 10 ff. Abb. 1.

Im Laufe des 5. oder des 6. Jhs. wurden drei kreisförmige Wasserbassins im Mittelschiff angelegt. Wozu diese und damit der Bau insgesamt gedient haben, bleibt rätselhaft. In der zweiten Phase erweiterte man das Mittelschiff durch größere Kolonnaden, so daß der Bau eine Länge von 52 m und eine Breite von 30, 40 m erreichte. Der Boden der neuen Anlage wurde um etwa 80 cm aufgeschüttet und mit farbigen Marmorplatten (*Opus Sectile*) gedeckt. Am Ende der Seitenschiffe fügte man jeweils eine weitere Apsis hinzu, so daß eine insgesamt dreiapsidiale Anlage entstand. An der Westfassade lag ein im Grundriß quadratisches Atrium mit einer hexagonalen *Phiale*. Dieses Brunnenhaus dürfte auf den ursprünglichen Bauzustand des 4. Jhs. zurückgehen, da nach Meinung J. des Gargniers[1082] das Marmorpflaster der späteren Kirche um die sechseckigen Fundamente ausgespart ist. Dies bedeutet, daß die ursprüngliche Basilika des 4. Jhs. über ein Atrium verfügte.

Obwohl genauere Kenntnisse über die Basilika in ihrem Urzustand fehlen, läßt sich jedoch anhand der ausschnittsweise untersuchten Fläche feststellen, daß sie typologisch den im 4. Jh. n. Chr. verbreiteten zyprischen Kirchenbauten mit fünf Langhausschiffen zuzuordnen ist.

IV. 9. 5. Die Kathedrale in Kourion

Kourion, in römischer Zeit Curium genannt, ist ein weiterer Hafen an der südwestlichen Küste der Insel, etwa 16 km westlich der heutigen Großstadt Limassol (Abb. 36 Nr. 40). Die Basilika befindet sich auf der Akropolis südlich des römischen Nymphäums und einer Stoa.

Auch Kourion[1083] war von archaischer Zeit an bis zur arabischen Eroberung im Jahr 647 kontinuierlich besiedelt und als Zentrum eines monarchisch geführten Stadtstaates von politischer Bedeutung. Auch hier traten während der Erdbeben der Jahre 332 und 342 n. Chr. erhebliche Zerstörungen ein. Die Basilika[1084] wurde etwa 50 Jahre nach den Naturkatastrophen, also gegen Ende des 4. Jhs., von Bischof Zeno gebaut.

Wie im Falle der *Kampanopetra* zu Salamis handelt es sich bei der Basilika in Soloi um eine dreischiffige Anlage mit den Grundmaßen von 55 x 37 m, die auf die im inneren halbkreisförmig, außen polygonal ummantelte und von zwei Nebenräumen flankierte Apsis nach Osten orientiert ist (Abb. 69 B). Zwei Kolonnadenreihen, aus jeweils 12 Säulen bestehend, säumen das Mittelschiff, an das zu beiden Seiten zwei Lateralschiffe anschließen. Ein Säulengeviert, das einen Baldachin getragen haben dürfte, erhebt sich vor der Apsis. Entlang der nördlichen und südlichen Fassade schließen zwei korridorartig schmale Annexe, die *Katechumena*, an dem Baukörper der Basilika an. Daß sie als eine räumliche Einheit mit den übrigen Teilen des Langhauses aufgefaßt wurden, läßt sich der Gestaltung des Narthex ablesen, der dem *Naos* über dessen Gesamtbreite einschließlich der *Katechumena* im Westen vorliegt. Aufgrund

---

[1082] des Gargniers a. O. 226.
[1083] Zur Stadt und ihrer Geschichte vgl. D. Soren - J. James, Kourion, The Search for a Lost Roman City (1988) passim.
[1084] Vgl. A. H. S. Megaw, DOP 30, 1976 345 ff.; Ausführlich zur Kirche mit Datierungskriterien, Analyse und Literaturangaben vgl. A. S. H. Megaw, in: Bryer - Georghallides a. O. 53 ff.; D. Christou, Kourion, its Monument and Local Museum (1996) 34 ff.

der räumlichen Anbindung dieser Seitentrakte möge auch diese Kirche den hier behandelten Bauten an die Seite gestellt.

Der Haupteingang lag nicht im Westen, wie dies als Normalfall zu betrachten ist, sonderen im Norden. An der Nordwestseite befindet sich ein quadratischer, vierseitig von Säulenhallen gerahmter und mit einer zentralen hexagonalen *Phiale* ausgestatteter Platz. In der Ost-West-Achse dieses Atriums, das nicht wie sonst üblich auf das Langhaus zentriert, sondern diesem gegenüber versetzt ist, liegt ein apsidial abschließendes Baptisterium. Ein weiterer kleiner Vorhof mit einer zweiten hexagonalen *Phiale* bindet zusammen mit einem Konglomerat aus diversen Nebenbauten an die westliche Flanke des Narthex an.[1085]

Die Erweiterung der dreischiffigen Basilika durch zwei Korridore entlang der seitlichen Schiffe wiederholt die Bauidee der *Kampanopetra*-Basilika in Salamis.[1086] Das Atrium scheint aus topographischen Gründen an der nordwestlichen Seite der Basilika angefügt worden zu sein. Der kleine Hof hinter der Apsis, der nicht durch *die Katechumena*, sondern durch die Innenschiffe zu erreichen ist, erinnert wiederum an die Basiliken Palästinas.[1087] Auch die Ausstattung des Kirchenbodens mit *opus sectile* und der Wände mit Glasmosaik sowie das monopterosartig gefaßte Brunnenhaus (*Phiale*) bietet gute Vergleichsmöglichkeiten zur Gadarener Basilika.

IV. 10. Italien

Die hier behandelten frühchristlichen Sakralbauten des fünfschiffigen Typus sind in Italien nur mit fünf Beispielen vertreten. In der alten Reichshauptstadt Rom reichen die Ursprünge der Bischofskirche des Heiligen Petrus (*San Pietro*) im Vatikan und die Kirche des Heiligen Johannes auf dem Lateran (*San Giovanni in Laterano*) in konstantinische Zeit zurück. Die vor den Mauern gelegene Paulus-Basilika (*San Paolo fuori le mura*), deren Vorbild die vatikanische Kirche war, wurde erst in theodosianischer Zeit vollendet.

Die Arbeiten am Vorgänger der heutigen Lateransbasilika sind schon bald nach dem Mailänder Toleranzedikt (313 n. Chr.) begonnen worden. Sie gilt demzufolge als überhaupt die älteste fünfschiffige Sakralanlage des Christentums, die etwa ein Jahrzehnt vor die Grabeskirche datiert werden muß. Die Peterskirche wurde von Konstantin nach 324 und vor 337 n. Chr., also etwa gleichzeitig mit der Grabeskirche in Jerusalem, errichtet. Wie die Paulus-Kirche hatte auch sie einen ursprünglich extramuralen Standort, denn sie erhob sich außerhalb der aurelianischen Stadtmauer in einer älteren Nekropole über dem Grab des Apostels Petrus.

Um die Mitte des 4. Jhs. n. Chr. legten die Architekten den aufwendigen Bautypus bei der Planung der Kathedrale von Mailand zugrunde, die später der Heiligen Thekla geweiht wurde. Am Ende des 4. Jhs. n. Chr. wählte ferner Ursus, einer der Bischöfe von Ravenna, für den Bau seiner Stadtkathedrale

---

[1085] Westlich der Basilika fällt das Gelände in der See-Richtung steil ab, so daß kein Platz für ein Atrium zur Verfügung stand. Aus diesem Grund wurde das quadratische Atrium im Norden angelegt.
[1086] s. o. S. 222 f.
[1087] Vgl. o. die Diskussion der *Kampanopetra-Kirche* in Salamis S. 222.

eben jenen fünfschiffigen Plan, der kurz vorher durch Konstantin für die bedeutendsten Heiligtümer der Christenheit in Rom und Jerusalem zur Anwendung gekommen ist.

IV. 10. 1. Sankt Peter (San Pietro) im Vatikan

Für die Peters-Kirche[1088] wählte man einen Standort im aufgelassenen paganen Friedhof des Vatikans (Abb. 36 Nr. 41). Der Sakralbau erhob sich auf einem 8 m hohen künstlichen Podium über mehreren heidnischen Sepulkralbauten des 2. und 3. Jhs n. Chr. An dieser Stelle war der Apostel Petrus nach seinem im Jahr 67/ 68 n. Chr. erlittenen Martyrium bestattet worden. Sein Grab[1089] war durch eine kleine *Ädikula* gekennzeichnet, die bereits um die Mitte des 2. Jhs. n. Chr. entstanden war und später den Kern der konstantinischen Kirche bildete.

Das exakte Entstehungsdatum der konstantinischen Kirche ist unklar. Man nimmt im Allgemeinen an, daß der Baubeginn der fünfschiffigen Basilika mit Atrium und Querschiff nach dem Sieg Konstantins über Licinus zwischen 324 und seinem Tod 337 erfolgt ist.[1090] Diese Rahmendaten können nicht weiter eingegrenzt werden. In der Amtszeit des Papstes Damasus (366 - 380 n. Chr.) erhielt die Basilika im rechten Querschiff ein Baptisterium. Ein externer Rundbau wurde zwischen 390 und 395 n. Chr. an der Südwestecke des südlichen Querschiffes hinzugefügt, der wahrscheinlich die Gräber der Kaiser Honorius, Theodosius und Valentinianus enthielt. Unter Papst Georg d. Gr. (590 - 604) wurde das Areal des Grabes Petri mit einer Ringkrypta umgeben. Über dieser stand in dieser Zeit ein Altar mit Ziborium.[1091] Bis zu ihrer Plünderung im Jahre 846 durch die Langobarden und bis zur ein Jahr später eingetretenen Brandkatastrophe im Borgo[1092] wurde in der Umgebung der Basilika eine größere Zahl diverser religiöser und profaner Nebenbauten errichtet. Infolge erneuter Beschädigungen und anfälliger Restaurierungsarbeiten wurde die konstantinische Peterskirche im 15. und 16. Jh. abgerissen und durch den Bau der Renaissance-Basilika ersetzt (Abb. 71 B).[1093] Hierdurch ging der Vorgänger gänzlich verloren. Er läßt sich allenfalls noch anhand alter Zeichnungen (Abb. 71 A)[1094], später Quellen und archäologischer Untersuchungen des 20. Jhs. rekonstruieren.

Wegen der Geländevorgaben des Terrains und wegen der Lage des heiligen Apostelgrabes mußte die konstantinische Anlage nach Westen orientiert werden (Abb. 70 A-B; Taf. 62). Die Kirche gilt mit einer Gesamtlänge von 120 m (mit Atrium 220 m) und einer Breite von 64 m als der größte Sakralbau der

---

[1088] Ausführlich mit weiteren Literaturangaben zu *San Pietro in Vaticano* W. Buchowiecki, Handbuch der Kirchen Roms I (1967) 103 ff.; Krautheimer V (1977) 165 ff.

[1089] Dazu vgl. H. G. Thümmel, Boreas 16, 1993, 97 ff.; L. Reehmans, Boreas 20, 1997, 49 ff.

[1090] Vgl. ebenda 170 ff; ferner A. Arbeiter, Alt-St. Peter in Geschichte und Wissenschaft (1987) passim.

[1091] Zum Apostelgrab unter *San Pietro* vgl. J. B. Ward-Perkins, Studies in Roman and Early Christian Architecture (1994) 469 ff.

[1092] Zur Geschichte des Borgo vgl. M. F. Dell'Arco, Petersdom und Vatikan (1982) 29 ff.

[1093] Zur Geschichte der neuen Peterskirche vgl. Buchowiecki a. O. 115 ff.

[1094] So stellt z. B. ein Kupferstich aus dem 17 Jh. Weihung der alten durch Konstantin und die der der neuen Basilika durch Papst Julius II. dar (Abb. 71 A), vgl. Dell'Arco a. O. Abb. S. 8.

Christenheit. An die Ostseite des Langhauses war ein zweiter Hof über eine Fläche von 57 m x 55 m mit umlaufender Säulenhalle angefügt. Zwischen der Apsis und dem Langhaus wurde der *Naos* durch ein 90,95 m breites Querhaus erweitert. Unmittelbar vor der Apsis stand die *Ädikula* des Petrus-Grabes, die von einem Baldachin überfangen war.

In der Ostfassade öffneten sich fünf Portale zum Kircheninnenraum; drei führten in das Mittel- und je ein weiteres in die Innenschiffe. Die Außenschiffe besaßen keine Türen. Der Innenraum war in vier Säulenreihen gegliedert, die aus jeweils 21 Säulen bestanden. Mächtige T-förmige Pfeiler trennen das Mittelschiff vom Querhaus. Das zuerst genannte öffnete sich auf Breite der Apsis nach Westen, während die Seitenschiffe durch eingestellte Säulen von ihm unterschieden waren. In der Flucht der seitlichen Außenfassaden der Kirche waren die beiden Enden des Querhaus durch zwei Säulen unterteilt.

Die Kirche war als monumentale fünfschiffige Anlage konzipiert, um den Pilgerverkehr zur Kultstätte Petri zu organisieren. Die Lage der Begräbnisstätte des Apostels innerhalb der Apsis läßt sich mit der des zentralen Grabes der Gadarener Basilika zu vergleichen. Der Querraum im Anschluß an die Langschiffe ermöglichte es dem Besucher, die Kultstätte aus der Distanz zu beobachten. Ein distanziertes Betrachten des *Locus Sanctus* war in auch der Gadarener Basilika des 4. Jhs. vorgesehen, allerdings nicht vom *Naos*, sondern nur über die Kryptenbrüstung von außen. In dieser Zeit führten in Gadara zwei Treppen, die in den östlichen Enden der Außenschiffe lagen, in die unterirdischen Trakte des Heiligtums hinab. Die Prozession der Gläubigen wurde zirkulierend an den heiligen Orten und Gräbern vorbeigeführt. Erst die Errichtung der Loggia in der dritten Bauphase führte zu einer engeren, aber doch räumlich distanzierten Verbindung des Pilgerverkehrs zwischen dem *Naos* und der Krypta.

Die Loggia in Gadara erfüllte somit eine ähnliche Funktion wie die im 6. Jh. eingebaute Ringkrypta der Peterskirche. Sie erlaubte den Pilgern eine freies Bewegen um die heilige Stätte, ohne den im Sanktuar und Mittelschiff vollzogenen Gottesdienst zu stören. In der Peterskirche sind die Seitenschiffe von dem Querhaus durch in die Durchgänge eingestellte Säulen getrennt, was bedeutet, daß die Außenschiffe nicht dem Pilgerverkehr, sondern allein dem Gottesdienst dienten. Diese von B. Brenk[1095] vertretene Interpretation wirft die Frage nach der Funktion der Außenschiffe auch bei den anderen fünfschiffigen Basiliken auf.

IV. 10. 2. Rom

IV. 10. 2. 1. Die Basilika S. Giovanni in Laterano.

Die Lateransbasilika lag zwar an der südöstlichen Peripherie des städtischen Siedlungsgebietes von Rom, aber noch innerhalb der aurelianischen Mauer (Abb. 36 Nr. 42 A). Sie ist somit der älteste monumentale Kirchenbau nach dem Aufstieg des Christentums zur Staatsreligion. Seine Errichtung wurde im Jahr 313 auf den Ruinen einer Kaserne aus der Regierungszeit des Septimius

---

[1095] JbAC 20, 1, 1995, 75.

Severus (*Castra Nova Equitum*) vorgenommen. Die Basilika wurde später zwar mehrfach umgebaut, ist jedoch in ihrer ursprünglichen Substanz weitgehend erhalten geblieben (Taf. 63 A).[1096]

Bei der Beschreibung stütze man sich im wesentlichen auf die Bemerkungen und Rekonstruktionen R. Krautheimers.[1097] Durch seine Untersuchungen wurden vier unterschiedlicher Architekturteile des konstantinischen Baus entdeckt, welche eine Wiederherstellung der frühen Anlage ermöglichten (Abb. 72 A-B).

Bei *San Giovanni in Laterano* handelt es sich um eine nach Westen ausgerichtete fünfschiffige Basilika mit einem niedrigen, von R. Krautheimer „Schiff-Transept" („aisle transept") genannten Querhaus, das im Grundriß über den Baukörper nach Norden und Süden vorsprang.[1098] Dieser Trakt überschneidet nicht die durchlaufenden Langhausschiffe, sondern fungiert als ein Lateralannex außerhalb des Basilikakörpers. Dies unterscheidet die Anlage von anderen, wo das Transept Mittel- und Innenschiff unterbricht. Wie dieses Schiff-Transept mit den übrigen Langhausteilen kommunizierte, mußte Krautheimer offenlassen. In vergleichbaren Fällen wie etwa bei der Peterskirche bildete das Querhaus das Ende des Kirchenschiffe. Die Stylobate des Mittelschiffs liefen in der Lateransbasilika ohne Unterbrechung bis zur halbkreisförmigen Apsis fort, die nach außen hin aus dem Baukörper hervortritt. Die Innenschiffe hatten die gleiche Länge wie das mittlere, wobei das sich das exakte Maß wegen der unklaren Situation der östlichen Grenze des Langhauses nicht mehr ermitteln läßt.[1099] Die Enden der Außenschiffe waren zurückgesetzt, d. h. sie waren um 15 m kürzer als die übrigen.

Die Kirche hatte in ihrem ursprünglichen Zustand vermutlich eine Länge von 75 m und eine Breite von 55 m. Mit diesen Maßen ist sie die drittgrößte Basilika nach der römischen Peters- und Paulskirche. Das Mittelschiff wird beiderseits durch je 15 Marmorsäulen mit ionischen Kapitellen von den Seitenschiffen getrennt, diese wiederum sind durch korrespondierende Säulenreihen mit Kompositkapitellen unterteilt. Das Mittelschiff war von einem Satteldach gedeckt, wobei Pultdächer jedes Seitenschiffpaar überspannten (vgl. Abb. 72 B). Ob die Anlage in ihrer Frühphase ein Atrium besass, ist unklar. In der Zeit ihrer Errichtung wurde neben der Basilika ein oktogonales Baptisterium von etwa 20 m Durchmesser angelegt. Dies ist als das erste freistehende Baptisterium seiner Art zu betrachten.[1100]

Eine Interpretation des hier genannten „Schiff-Transepts", durch das sich *San Giovanni in Laterano* von den anderen der Stadtkirchen Roms unterscheidet, ist problematisch. In der Peters- und in der Paulskirche heben die Querhäuser die verehrungswürdigen Apostelgräber hervor. Ein solcher *Locus Sanctus* fehlt jedoch in der Johannes-Basilika auf dem Lateran. Abgesehen von dieser merkwürdigen Gestaltung des Transepts läßt sich der Typus der fünfschiffigen Basilika mit der Peterskirche gut vergleichen.

[1096] Zusammenfassung der Baugeschichte Vgl. Bucho wiecki a. O. 61 ff.
[1097] Vgl. Buchowiecki 1967, 61 ff.; Krautheimer V (1977), 1 ff.; ders, Studies in Early Christian, Medieval, and Renaissance Art (1983) 21 ff.
[1098] Form und Funktion des Querhauses in den frühchristlichen Kirchen vgl. R. Krautheimer, Studies in Early Christian, Medieval, and Renaissance Art (1983) 59 ff.
[1099] Krautheimer a. O (1983). 23.
[1100] Vgl. Brenk 1985, 40.

IV. 10. 2. 2. Die Basilika San Paolo fuori le mura

San Paolo fuori le mura[1101] befindet sich in Aquae Salviae, heute Tre Fontana, über dem Grab des Apostels Paulus (Abb. 36 Nr. 42 B). Die in ihrem ursprünglichen Zustand dreischiffig ausgeführte Basilika wurde unter Konstantin 324 n. Chr. vollendet. Im Jahr 386 wurde sie zerstört und bald darauf als fünfschiffige Anlage wieder aufgebaut. Diesen Neubau vollendete man unter Kaiser Honorius zwischen 395 und 442. Die Basilika wurde danach mehrmals restauriert, so z. B. im Jahr 450 durch Kaiserin Galla Placida. Unter Papst Symmachus (498 - 514) wurde die Apsis der *Confessio* und das Atrium neu gestaltet. Nach Verwüstung durch die Langobarden erneuerte man das Dach zwischen 739 und 741. 772 bis 795 erfolgten weitere Restaurierungsarbeiten durch Papst Hadrian I. Das Erdbeben des Jahres 801 verursachte starke Schäden, so daß der Bau 45 Jahre danach völliger zerstört darniederlag. Dennoch stellte man die Grabeskirche des Apostels im mittleren 9. Jh. wieder her. Ein Brand verwüstete die Basilika im Jahr 1823, wonach die Neuweihung 22 Jahre später, im Jahr 1845 stattfand. Trotz wechselvoller Geschichte, gezeichnet durch vielfältige Zerstörung und Renovierung, hat *San Paolo fuori le mura* seine ursprüngliche Form als fünfschiffige Basilika bis heute bewahrt (Taf. 63 B).

Die nach Osten orientierte Anlage der theodosianischen Zeit war, wie heute, eine fünfschiffige Basilika mit einem Querschiff im Osten und einen von Portiken gerahmten Atrium im Westen (Abb. 73 A-B). Die Westfassade der Kirche besaß, wie die Petersbasilika, drei zum Mittel- und weitere in die Innenschiffe führende Türen.

Der rechteckige Bau erreichte eine Länge von 131,66 m und eine Breite von 65 m. Die Breite des Mittelschiffes betrug 24,6 m, während die Seitenschiffe jeweils eine Gesamtbreite von 9, 8 m hatten. Mit einer Länge von 74,8 m und einer Breite von 28,5 m ragte das Querschiff über dem Körper des Kirchenraumes seitlich hinaus und endet im Osten mit der halbkreisförmigen Apsis. Dieses Transept trennte vier mächtige, im Querschnitt T-förmigen, auf der Flucht der Säulenstellung das *Naos* gestellte Pfeiler. Auf der Innenseite der beiden Pfeiler des Mittelschiffes sind zwei Säulen eingestellt, die den Triumphbogen trugen. Diese vom Säulengetragene Archivolte markierte die westliche Grenze des heiligen Bezirks um das Apostelgrab.

Das Langhaus der Basilika ist durch vier Reihen von jeweils 20 Säulen bestehenden Kolonnadenreihen unterteilt. Bei den Säulenschäften und den Kapitellen des Mittelschiffs handelt es sich um ältere Spolien. Allein 24 von ihnen stammen aus der *Basilica Aemilia* auf dem *Forum Romanum*. In den Seitenschiffen weisen die Kapitelle Reihen aus Vollblättern auf, die nicht als Akanthus ausgearbeitet wurden. Man nimmt an, daß diese für den Kirchenbau hergestellt worden sind und somit dem 4. Jh. n. Chr. angehören.[1102]

Bezüglich ihres Baukonzepts gibt sich die Pauls-Basilika als direkte Nachfolgerin der Peterskirche zu erkennen. Ein Unterschied zwischen beiden

---

[1101] Ausführlich zur Kirche vgl. F. W. Deichmann, Frühchristliche Kirchen in Rom (1958) 11 ff.; Buchowiecki 1967, 214 ff.; Krautheimer V (1977) 93 ff.; D. Hoth, Die Basilika San Paolo Fuori le Mura von Rom (1981).
[1102] Vgl. Krautheimer 1981, 92.

Anlagen besteht jedoch darin, daß die Paulus-Kirche auf die Apsis hin geostet[1103], während *San Pietro* aus genannten topographischen Gründen in umgekehrte Richtung orientiert ist. Das Querhaus der Paulus-Kirche ist insgesamt kürzer und tiefer als das der Peters-Basilika. Es ragte nur wenig über den im Grundriß rechteckigen Baukörper des Langhauses hinaus. Das Grab des Apostels-Paulus lag wie das Petrus in der Hauptachse des Baus, allerdings befindet es sich nicht inmitten der Apsis, sondern am Rand des von Säulen flankierten Triumphbogens im Langhaus. Dies bedeutet, daß das der *Locus Sanctus* vom Mittelschiff aus gut zu überschauen war. Hindurch entstand ein tiefes, apsidial abschließendes Sanktuar hinter der Ruhestaed des Heiligen, was Schwierigkeiten der Interpretation nach sich zieht. Möglicherweise bot man den Pilgern dadurch die Möglichkeit, näher an die Gedenkstätte des Heiligen heranzukommen.

IV. 10. 3. Die Basilika Ursiana in Ravenna

Die nordostitalienische Provinzstadt Ravenna, zeitweise Hauptstadt des byzantinischen Exarchats und später Residenz des Gothenkönigs Theoderich, nimmt eine Randlage im Süden des Delta des Po (*Cispadana*), in etwa 6 km Entfernung zu dem heute verlandeten Adriahafen Classe, ein. Die Basilika Ursiana, die an einem Ostersonntag der Auferstehung (griech. : ἀνάστασις) Christi geweiht wurde, erhob sich in der Spätantike in der städtischen *Regio Herculana* am nördlichen Ende des *Decumanes Maximus*, der, von *Posterula Latronum* kommend, von Nordosten nach Südwesten das Stadtgebiet durchlief (Abb. 36 Nr. 43).[1104] Die Kirche stieß mit ihrer Apsis an die westliche Seite der römischen Stadtmauer. Südlich schloss sich an den Komplex der erweiterte Bischofspalast (*Episcopium*) an.

Die Blütezeit Ravennas liegt um die Wende des 4. zum 5. Jhs. bis zur Epoche des Ostgothenreiches im 6. Jh., nachdem die vormals eher unbedeutende Landstadt mit ihrem nahegelegenen Adriahafen durch Honorius im Jahre 402 n. Chr. zur Residenz des oströmischen Kaisers im Westen erhoben worden war.[1105] Mit dieser Aufwertung ging eine intensive Bautätigkeit einher. So wurden in der ersten Hälfte des 4. Jhs. und im Laufe des 5. Jhs. in der schnell expandierenden kaiserlichen Residenzstadt zahlreiche christliche Monumente errichtet, die sich mit ihren weltberühmten Mosaiken zum größeren Teil bis heute erhalten haben.

Die *Basilika Ursiana* auch auf Griechisch *Hagia Anastasis* genannt[1106], gehört nach *San Giovanni Evangelista* zu den ältesten Kirchenbauten der Stadt. Sie wurde durch Bischof Ursus zwischen 370-396 n. Chr. noch vor der Verlegung des kaiserlichen Hofes errichtet und demzufolge *Basilica Ursiana* genannt. Im Jahre 1733 ersetze man die alte fünfschiffige Anlage durch eine neue Kirche, die heutige Kathedrale. Von dem Vorgängerbau liegen glücklicherweise Grundriß- und Schnittzeichnung des 18 Jhs. vor (Abb. 74 A-C),

---

[1103] Eine Orientierung nach Westen wäre auch aus topographischen Gründen unmöglich.
[1104] Deichmann II 1 (1974), 4; Zur Topographie der Stadt ausführlich Deichmann II 3 (1989)11 ff.
[1105] Geschichte der Stadt ebenda 77 f f.
[1106] H. Holtzinger, Altchristliche und Byzantinische Baukunst (1909), 66 ff. Abb. 65; G. Rivoira, Roman Architecture and its Principles of Construction under the Empire (1925) 261 f.

so daß man über dessen Aussehen ein gutes Bild gewinnen kann. Im Inneren des Barockbaus wurden nur vereinzelte Bauglieder der *Basilica Ursiana* wiederverwendet wie etwa die Säulen des Mittelschiffes und die beiden Marmorsäulen des ursprünglichen Triumphbogens. Von den älteren Anlage stammen, nach Meinung Deichmanns, des weiteren zwei Mosaikfragmente, die sich heute im *Museo Arcivescovile* (Taf. 62 B-C) aufbewahrt werden. Diese beiden Stücke sind stilistisch an das Ende des 4. Jhs. n. Chr. zu datieren.[1107]

Die exakten Abmessungen des alten Baues[1108] lassen sich wegen der Veränderungen des frühen 18. Jhs. nicht mehr ermitteln, da heute nur noch Abschnitte des Apsisfundaments der *Ursiana* erhalten sind. Die alten Zeichnungen zufolge handelte es sich bei ihr um eine fünfschiffige Anlage, die durch vier Kolonnaden, jeweils aus 14 Säulen bestehend,[1109] erzielt wurde. Im Osten endet das Langhaus in der außerhalb des Kirchenkörpers vorspringenden Apsis, die von außen polygonal ummantelt und innen halbkreisförmig gebildet ist.[1110] In der Apsis legte man eine dem apsidialen Grundriß des Sanktuars folgende Hallenkrypta[1111] an. Aus der Grundrißdokumentation der Barockzeit geht hervor, daß die frühchristliche Basilika fünf Portale in der westlichen Fassade besaß, die sich jeweils in das entsprechende der Fünfschifflanghaus öffneten. Zwei weitere Türen in jeweils der nördlichen und südlichen Fassade ermöglichten zusätzlich den Zutritt in die entsprechenden Außenschiffe.

Der Boden der Kirche war mit den bereits erwähnten Mosaiken geschmückt, die als die ältesten ihrer Art im byzantinischen Ravenna zu betrachten sind. Bis auf die schon erwähnten Fragmente und die Apsisfundamente ist allerdings von der alten *Basilica Ursiana* nicht mehr erhalten.[1112]

Unter den ravennatischen Kirchen des basilikalen Typus vertritt die *Ursiana* als einzige die fünfschiffige Spielart. Nach Meinung Deichmanns[1113] hatte sich Bischof Ursus für den Bautypus entscheiden, da er die berühmten Vorbilder der konstantinischen Zeit dessen, wie die Peter-Kirche zu Rom, die Grabeskirche zu Jerusalem und die Geburtskirche zu Bethlehem, möglicherweise auch die konstantinische Hagia Sophia der neuen Reichshauptstadt, vor Augen hatte. In eben dieser Zeit entstanden auch andernorts Basiliken des fünfschiffigen Typus nach den konstantinischen Prototypen, wie etwa *San Paolo fuori le mura* zu Rom, der *Hagios Epiphanios* in Salamis und die *Hagia Kyriaki Chrysopolitissa* in Nea Paphos auf Zypern. Dies könnte darauf hinweisen, daß die fünfschiffigen Basiliken wegen ihres Repräsentationspruches eine allgemein beliebte Leitform dieser Zeit darstellen, wobei die spätkonstantinische Gadarener Basilika eine chronologisch vermittelnde Stellung einnimmt. Tendenziell mag man dabei der von F. W. Deichmann

---

[1107] Vgl. Deichmann II 3 (1989) 359.
[1108] Vgl. G. M. Zaffagnini, FelRav 40, 1965, 5 f; ders., FelRav 41, 1966, 69 ff.; Deichmann I (1974) 128 ff; Deichmann II 1 (1974) 3 ff.
[1109] Der bei Holzinger a. O. abgebildete Grundriß gezeigt daß die Arkadenreihen aus jeweils 23 Säulen bestanden. Dagegen vertritt Deichmann II 3 (1989) 251 (Tabelle) die Meinung, daß sich die Säulenzahl auf insgesamt 4 mit 15 Arkaden belief.
[1110] Form der Apsis vgl. Deichmann II 3 (1989) 246.
[1111] Deichmann II 1 (1974) Abb. 1.
[1112] Vgl. Anm. 1107.
[1113] Deichmann I (1974), 128.

vermuteten Einflußrichtung aus Palästina folgen, obwohl einige Elemente wie etwa das dort obligatorische Atrium bei dem hier behandelten ravennatischen Beispiel fehlt. Auch sollte in diesem Zusammenhang nicht übersehen werden, daß die *Basilica Ursiana* kein Querschiff besaß, welches für die Stadtrömischen Kirchen typisch ist. Somit darf man folgern, daß Ursus die Vorbilder für das von ihm in Ravenna durchgeführte Bauprojekt aus der östlichen Hälfte des byzantinischen Reiches bezog.

IV. 10. 4. Die Basilika der Santa Tecla in Mailand

Mailand, das römische Mediolanum, bildete seit augustischer Zeit das politische und urbane Zentrum der transpadanischen Region und ist heute Hauptstadt der norditalienischen lombardischen Provinz. Die Kirche Santa Tecla, auch „*Chiesa Maggiore*" genannt, lag im Kern der spätrömischen Stadt (Abb 36 Nr. 44). Die Reste der Basilika wurden 1943 an der westlichen Seite des heutigen Doms entdeckt (Abb. 75 A). Während des zwischen 1960 und 1962 erfolgten Baues der U-Bahnstation an der *Piaza del Duomo* wurde diese Anlage weiter ausgegraben.[1114] Das alte, im Osten der Apsis angefügte Baptisterium liegt unter der Treppe der heute erhaltenen Kathedrale des 14 Jhs.

Mailand kam um die Mitte des 4. Jhs. n. Chr. zur Blüte, als die Stadt im Jahr 353 zeitweilig zur Kaiserresidenz erhoben wurde.[1115] Einen Höhepunkt erreichte die Bautätigkeit in der Amtszeit des Bischofs Ambrosius (374-397), der führenden Persönlichkeit der Stadt. Sechs Jahre nach dem Tod des Ambrosius (402) verlegte man den kaiserlichen Hof von Mailand nach Ravenna, so daß nach Einfall der Langobarden ein neues Kapitel der Stadtgeschichte eröffnet wurde.

In der zweiten Hälfte des 4. Jhs. n. Chr. war die Stadt, angeregt durch die Führungspersönlichkeit des Ambrosius, ein Zentrum der frühchristlichen Theologie und Architektur. In dieser Epoche entstanden in Mailand fünf große Kirchen: *San Nazaro, San Simpliciamo, San Giovanni, Santa Tecla und San Lorenzo*. Der Bau der Basilika der *Santa Tecla*, die älteste von diesen, wurde wahrscheinlich schon im Jahre 353 in Angriff genommen. Bei einer Erweiterung des *Naos* im Jahre 400 wurde die ursprüngliche Apsis beseitigt und durch eine neue östlich von ihr, gelegene ersetzt.

Die frühchristliche Kirche präsentiert sich, der Rekonstruktion A. de Capittani d'Arzago's zufolge, als eine fünfschiffige Anlage (Abb. 75 A-B), die im Mittelschiff mit einer im Grundriß halbkreisförmigen, nach Südosten orientierten Apsis abschließt. Diese war von Außen durch zwei Streben verstärkt.

Der Innenraum der rechteckigen Anlage (82 x 45 m) ist in zwei Abschnitte gegliedert: Im Westen besteht sie aus dem Hauptraum, der durch vier, aus sechs Säulen und sieben Interkolumnien, bestehenden Kolonnaden gegliedert

---

[1114] Ausgrabungsberichte zur frühen Kirche einschließlich ihrer Baugeschichte und Rekonstruktion vgl. A. de Cappitani d'Arzago, La „Chiesa Maggiore" di Milano Santa Tecla (1952) passim; M. Mirabella Roberti, in: Arte Lombardea 8, 1963, 77 f.; Krautheimer 1981, 82 ff.; M. P. Rossignani, in: Milano Capitale dell' Impero Romano 286 - 402 (1990) 434 ff.

[1115] Zur Geschichte der Stadt vgl. A. Mirabella Roberti, Milano Romana e Paleocristiana (1972) passim; zur christlichen Architekturgeschichte v gl. Rossignani a. O. 432 ff.

ist. Am Ende der siebten Interkolumniums sind die nördlichen und südlichen Seitenschiffe durch eine Mauer vom östlichen Teil des Baues abgetrennt. Hierdurch entsteht im Osten ein rechteckiges Transept, das Analog zum Hauptraum fünfschiffig unterteilt ist. Hierbei weisen die vierreihigen Kolonnaden jedoch nur vier Säulen, wobei die jeweils äußeren mit an den Innenwänden der Außenschiffe vorgelegten Pilastern korrespondieren. Die beiden großen Raumkompartimente kommunizieren durch eine Öffnung in der Trennungsmauer, welche die gesamte Breite des Mittelschiffes einnimmt und derjenigen der halbrunden Apsis entspricht.

Auf die Breite der Außenschiffe wurde der Körper der Basilika nach Osten erweitert, so daß zwei Apsidennebenräume entstanden, deren Rückwände auf Höhe des Scheitels der Apsis lagen. Diese im Grundriß annähernd quadratischen Kammern waren durch Türen von den Außenschiffen her zugänglich. Hinter der Apsis befand sich, etwas nach Süden versetzt, das im Grundriß oktogonale Baptisterium, das im Inneren durch alternierende Rund- und Rechtecknischen gegliedert ist.

Die Basilika der Santa Tecla in Mailand steht hinsichtlich ihres Grundrisses den stadtrömischen Kirchenbauten konstantinischer Zeit nahe, die sich durch ihre monumentalen Abmessungen und durch das zwischen Apsis und Langhaus eingeschobene Transepts auszeichnen. Das Transept der Mailänder Basilika ist allerdings in das Rechteck des Grundrisses eingeschrieben und ragt an keiner der beiden Langseiten über den Kirchenkörper hinaus.[1116] Das Querhaus war hier nur durch eine große Bogenkonstruktion auf die Breite des Mittelschiffes zu erreichen. Von dort aus sprang eine abgeschrankte rechteckige Plattform in den *Naos* vor, von deren Front ein länglicher, gleichfalls mit Chorschranken versehener Steg nach Westen ausgezogen war.[1117] Diese Anordnung hatte zur Folge, daß eine Kommunikation zwischen den beiden großen Kompartimenten das Lang- und Querhaus nur durch den Altarraum möglich war. Auch hierdurch unterscheidet sich das Mailänder Beispiel von den stadtrömischen Parallelen.

[1116] Zu den Querhäusern im 5. Jh. vgl. z. B. die Basilika in Epidauros s. o. S. 215 f. und die Basilika in Nikopolis s. o. S. 218 f.
[1117] Das Areal über den heiligen Gräbern bei den genannten Beispielen zu Rom lag im Querhaus, wo auch der Altar stand. In der Kathedrale zu Mailand ist eine solche Unterteilung des Kirchenraumes ist nicht klar zu erkennen.

V. ERGEBNIS: BASILIKA UND NETZWERK

Die Baubeschreibung der fünfschiffigen Basilika von Gadara, der Überblick über die *Loca Sancta* des Heiligen Landes und die regional gegliederte typologische Untersuchung vergleichbarer frühchristlicher Kirchenanlagen führen zu folgenden Ergebnissen.

V. 1. Die geographische Verteilung fünfschiffiger Basiliken

Betrachtet man die geographische Verteilung fünfschiffiger Basiliken (Abb. 36) unter rein statistischen Aspekten, zeichnen sich folgende räumliche Schwerpunkte ab:

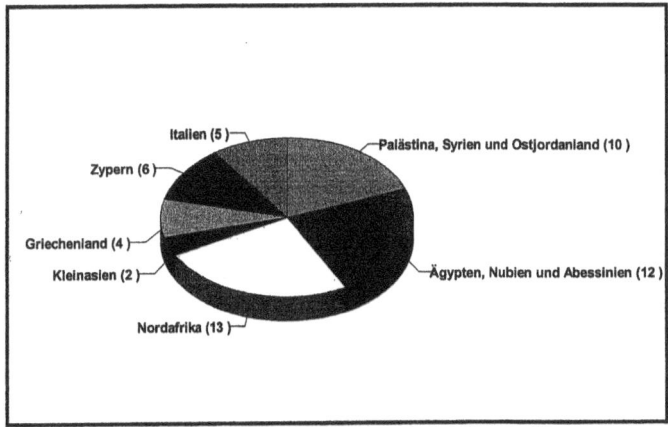

Darstellung der geographischen Verteilung fünfschiffiger Basiliken

Das Diagramm zeigt, daß sich die fünfschiffigen Basiliken zahlenmäßig zu zwei Dritteln über den geographischen Großraum Westasien (Zypern nicht eingeschlossen!), Nordost- und Nordwestafrika verteilen. Rechnet man Zypern hinzu, wird das proportionale Verhältnis noch eindeutiger, denn es sind dann mehr als drei Viertel aller bisher bekannten Beispiele, die in diesem Gebiet gebaut wurden. Wir sind daher berechtigt, den Typus der fünfschiffigen Basilika als eine primär levantinisch-afrikanische Bauform zu definieren, ohne damit ihre geographischen Ursprünge präjudizieren zu wollen.

Westasien und Nordafrika sind, wie die bislang erzielten Ergebnisse des Mainzer Sonderforschungsbereichs 295: *„Kulturelle und sprachliche Kontakte"*[1118] erweisen, ein geeignetes Untersuchungsfeld, auf Kontakt beruhende, netzwerkartige Abhängigkeit zu zeigen. Insofern paßt das Beispiel der fünfschiffigen Basilika in Gadara gut in diesen räumlichen Kontext.

Hieran knüpft sich die Frage, auf welchem Wege der Kontakt ablief oder, der Terminologie des SFB folgend, wer der Kontaktträger bei der Verbreitung des Bautypus gewesen ist. Bei zahlreichen der frühen Basiliken stand der Kaiser in Person als Auftraggeber hinter den Bauprojekten: Konstantin d. Gr. veranlaßte die Errichtung der Lateransbasilika (313 n. Chr.), der Grabeskirche (325 - 335 n. Chr.), der Geburtskirche (333 n. Chr.), der Peters-Kirche (324 - 337 n. Chr.) und möglicherweise auch der ursprünglichen Hagia Sophia. Das zuletzt genannte Beispiel wurde unter dem Konstantinssohn 360 n.Chr. geweiht, wodurch die Vermutung nahegelegt wird, daß der Kaiser in Person bei der Vollendung des Projekts beteiligt war. Inwieweit das persönliche Engagement des Theodosios II. bei der Umwandlung des damaszenischen Jupitertempels in eine möglicherweise fünfschiffige Basilika oder der ephesischen Johanneskirche beteiligt war, läßt sich aufgrund der lückenhaften Quellenlage nur schwer abschätzen. Aus der ausführlichen Erwähnung kaiserlicher Renovierungsmaßnahmen durch Prokop dürfte bei vielen der hier betrachteten Beispiele, einschließlich der Gadarener Basilika, die Neugestaltung in der ersten Hälfte des 6. Jhs. der persönlichen Initiative Justinians zuzuschreiben sein.

Neben der staatlichen Autorität kommen auch hochrangige Kleriker als Kontaktträger in Frage. Evident ist dies im Falle des Bischofs Epiphanios von Salamis herausgearbeitet worden, der palästinische Vorbilder nach Zypern transferierte. Die überhaupt am frühesten eingeweihte Basilika in Tyros entstand zwischen 314 und 317 n. Chr. auf Veranlassung des Bischof Paulinos. Ebenso läßt sich bischöfliches Engagement im Falle der Kathedrale von Ravenna (Ursus) für die Einführung des orientalischen Bautypus konstatieren. Die Rolle des aus Tyros stammenden axumitischen Königs ʻĒzānā bei der Einführung des fünfschiffigen Bauplanes nach Abessinien kann hingegen nicht näher bestimmt werden.

Leider schweigen die Quellen für die überwiegende Zahl der afrikanischen Beispiele. Doch konnte in einzelnen Fällen wahrscheinlich gemacht werden, daß der Transfer des fünfschiffigen Bauplanes von Palästina bis hin nach Nubien und Abessinien nicht unbedingt durch einzelne hochstehende Persönlichkeiten, sondern auch durch den allgemeinen Pilgerverkehr erfolgt sein könnte. Abessinische Besucher ließen sich in Gadara durch Münzfunde nachweisen.

Nur für die Grabeskirche in Jerusalem ist die Herkunft des Architekten überliefert. Es handelt sich bei ihm nicht um einen stadtrömischen Künstler, was man angesichts des kaiserlichen Auftraggebers zunächst vermuten möchte,

---

[1118] Sonderforschungsbereich 295, Arbeits- und Ergebnisbericht 1997 - 1998 - 1999 (1999) 200 f f.

sondern um einen Syrer. Auch das frühe Beispiel der Paulinoskirche in Tyros mag dafür sprechen, daß der fünfschiffige Bauplan seinen Ursprung im Orient hatte und daß die stadtrömischen Basiliken nach östlichen Vorbildern entstanden sind.

V. 2. Die chronologische Verteilung fünfschiffiger Basiliken

Auch in Bezug auf die chronologische Verteilung der fünfschiffigen Basiliken ist zunächst ein statistisches Schaubild recht aufschlussreich:

Das Diagramm läßt erkennen, daß der Typus der fünfschiffigen Basiliken vor allem dem 4. Jh. n. Chr. angehört. Genau 50% der hier behandelten Beispiele lassen sich in diesen Zeitraum datieren. Schwerpunkte zeichnen sich sowohl in Italien als auch im Orient unter der Regierungszeit Konstantins, seiner Söhne und Theodosios' II. ab. In vielen Fällen ist der Übergang in das nachfolgende 5. Jh. n.Chr. chronologisch nicht exakt zu fassen. Bei den meisten Kirchen, deren Datierung für das 5., 6. oder die nachfolgenden Jahrhunderten zu bestimmen ist, handelt es sich um Erweiterungsmaßnahmen älterer dreischiffiger Basiliken, wofür exemplarisch auf die Gruftbasilika in *Abū Mīnā* oder die Kirche des Hagios Demetrios in Thessaloniki verwiesen sei.

Als Erklärung für das Auftreten des fünfschiffigen Bautyps im nubischen Raum während des 6. Jhs. bietet sich die dort verzögerte Christianisierung an. In

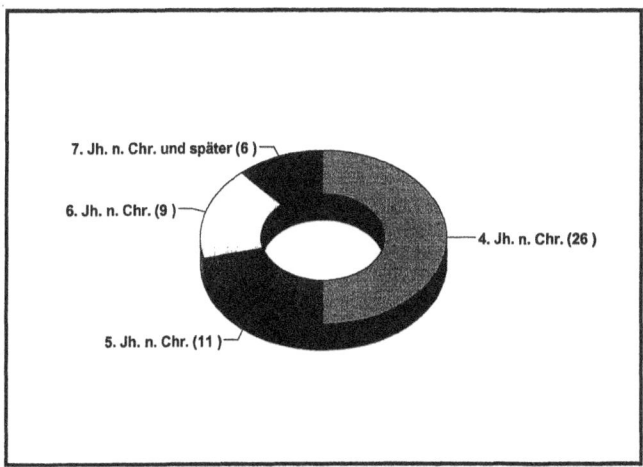

Darstellung der chronologischen Verteilung fünfschiffiger Basiliken

Nordwestafrika wird die typologische Tradition, die am Anfang des 5. Jhs. beginnt, durch den Einfall der Wandalen unterbrechen. An sie knüpfte man erst in justinianischer Zeit wieder an. Schwierig ist die Deutung des Befundes in Griechenland, denn die vier dort nachgewiesenen Basiliken gehören der Zeit zwischen dem Ende des 4. Jh. und dem 6. Jh. n. Chr. an.

V. 3. Kontakt und Wandel im Netzwerk

Im theoretischen Konzept des Mainzer SFBs[1119] wurden die Phänomene von Kontakt und Wandel, die sich auch im historisch-architektonisch Befund der hier betrachteten Bauten niederschlagen, durch ein Netzwerk aus starken und schwachen Beziehungen erläutert. Diese Relationen können ein- oder wechselseitig sein, was sich aber bei den frühchristlichen Denkmäler aufgrund formaler Kriterien nicht immer eindeutig bestimmen läßt. Es stellt sich abschließend die Frage, inwieweit sich dieses aus der Linguistik entwickelte Modell auf das Beispiel der fünfschiffigen Basiliken übertragen läßt.

Als Prämisse für einen solchen abstrakten Vergleich müssen zunächst die theoretischen Termini mit den hier gebrauchten relativiert werden.

Kontaktmedium = Plan der fünfschiffigen Basilika
Kontaktträger = Kaiser, Bischöfe, Pilger
Kontakttypen = Stiftung, Wallfahrt

Die in dieser Untersuchung zugrunde gelegte landschaftliche Gliederung des Materials in die geographischen Großräume Palästina-Syrien-Ostjordanland, Ägypten-Nubien-Abessinien, Nordafrika, Griechenland, Kleinasien, Zypern und Italien läßt an die Existenz partieller Netzwerke denken, die untereinander und extern kommunizierten. Dem von W. Bisang vorgelegten Konzept zufolge ist ein solches Geflecht aus Innen- und Außenbeziehungen folgendermaßen graphisch von ihm dargestellt.

Der Definition Bisangs zufolge kennzeichnen die Punkte Individuen und deren Beziehungen Striche, wobei die „schwache" Beziehung durch einen Strich, die „starke" durch einen Doppelstrich angedeutet wird. In diesem Netzwerk kristallisieren sich Strukturen heraus, die „wiederum auf einer nächst höheren Ebene als Einheiten in Verbindung stehen." Solche Einheiten werden durch Kreise bzw. durch Ellipsen symbolisiert. „Auch zwischen solchen Kreisen läßt sich - aufgrund der Anzahl der Verbindung, zwischen starken und schwachen Beziehungen unterscheiden. Es ergeben sich also wiederum...vergleichbare Bilder, nur

---

[1119] Arbeits- und Ergebnisbericht a. O. 348 ff.

daß die Knoten, hier durch Kreise symbolisiert, nicht Individuen, sondern Gruppierungen höherer Ordnung darstellen."[1120]

Die Gestaltung einer Graphik, die das Beziehungsnetz der fünfschiffigen Basiliken darstellt, ist nur dann möglich, wenn man das „Individuum" der Bisang'schen Definition mit dem einzelnen Denkmal gleichsetzt. Ein solches Verfahren ist, wie die kontroversen Diskussionen der Theorie-Sitzungen des SFB's gezeigt haben, nicht unproblematisch, da das archäologische Denkmal die Art und Weise der individuellen Interaktion nicht offenlegt.

Ebenso schwierig ist die Definition, was im Vergleich zwischen zwei archäologischen Denkmälern als „schwache" und was als „starke" Beziehung zu verstehen ist. Die Glaubwürdigkeit des hier unternommen Versuchs, die Gestaltung der fünfschiffigen Basiliken durch ein theoretisches Konzept zu erklären, hängt davon ab, ob man der Gleichsetzung von Individuum und Denkmal zustimmt oder nicht. Wenn man ferner zugesteht, daß sich wechselseitige Abhängigkeiten in der Proportion und Komposition von Bauplänen niederschlagen, lassen sich nicht nur die einzelnen Denkmäler wie Individuen, sondern auch landschaftliche Gruppen als Gruppierungen höherer Ordnung miteinander in Beziehung setzen. Hieraus ergibt sich ein experimentelles Schaubild, welches zukünftig weiter diskutiert werden kann:

Betrachtet man die Grundmasse der untersuchten Bauten (vgl. Tabelle Kap. V. 5), kommt man zum Ergebnis, daß sich die Kirchen Palästinas („Osten") von denen Italiens („Westen") in einigen Punkten maßgeblich unterscheiden. Vergleicht man die Proportionen der Kirchen Palästinas, wird man konstatieren dürfen, daß diese überwiegend einen deutlich gedrungeneren Grundriß besitzen. Dagegen zeigt der Grundriß der Kirchen Italiens eine in der Regel langrechteckige Form monumentaler Dimensionen.

In anderen landschaftlichen Regionen wie in Nordafrika und Griechenland sind hingegen gedrungene und rechteckige Grundrisse zu finden, obwohl tendenziell Einflüsse aus Palästina sich erkennen lassen. In Ägypten, Nubien und Abessinien war der palästinische Typus dominierend, wie sich den überwiegend gedrungenen Grundrißproportionen entnehmen läßt.

Ein weiterer wesentlicher Unterschied zwischen den Kirchen des Ostens und denen des Westens besteht darin, daß die zuletzt genannten ein architektonisches Element, das Transept, besitzen, das bei den Basiliken Palästina ursprünglich gänzlich fehlt und erst bei der justinianischen Renovierungsphase eingeführt wird. Dieser Querraum ist, in jedoch in modifizierter Form, bei den Kirchen Griechenlands anzutreffen. In den fünfschiffigen Basiliken Ägyptens, Nubiens, Nordafrikas und Zyperns ist ein solches Transept nicht zu finden.

[1120] Ebenda 359.

242   V. Ergebnis: Basilika und Netzwerk

Das Schaubild zeigt die Formen der untersuchten fünfschiffigen Basiliken und ihre geographische Verteilung. Die Pfeilrichtung gibt direkte Kontakte zwischen den Regionen an. Vgl. Abb. 36.

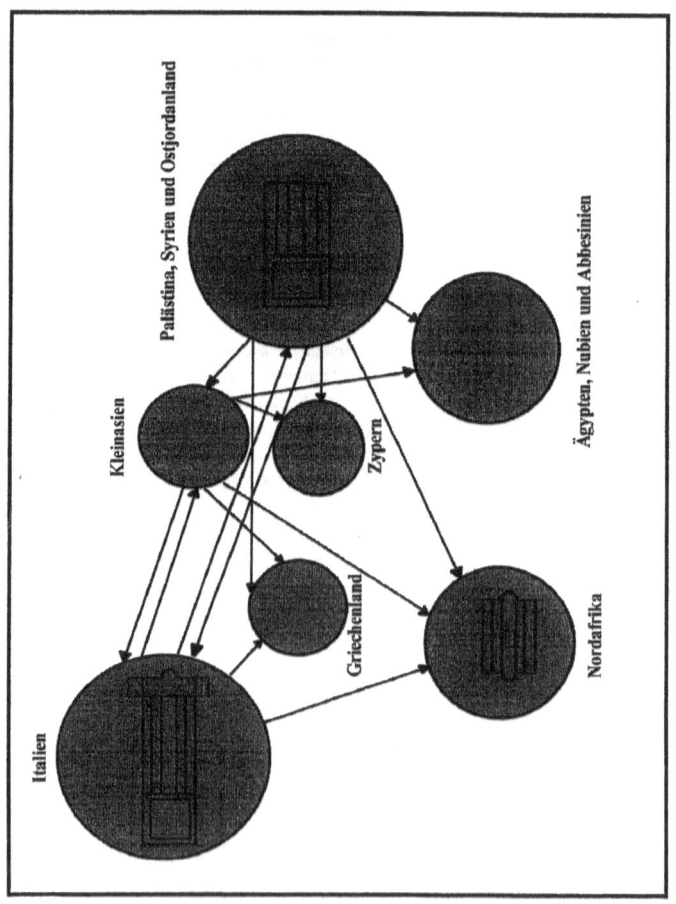

In Nordafrika entwickelte sich ein besonderer Typus der fünfschiffigen Basilika, der durch seine Innengliederung von den Beispielen in Palästina, Italien und den übrigen Gebieten abweicht. Er zeichnet sich durch die Aufstellung des erhöhten Altarraumes im Mittelschiff, die Einfügung der Gegenapsis und die Gliederung der Innenräume durch Kolonnaden aus gedoppelten Stützen aus.

V. 4. Gründe für die Verwendung des fünfschiffigen Bautypus

Die Frage, ob die beiden Außenschiffe eine bestimmte liturgische Bestimmung zu erfüllen hatten, wie etwa zur Regulierung des Pilgerverkehrs, kann durch den Befund der Gadarener Basilika nur hypothetisch beantwortet werden.

Wenn die Rekonstruktion sich bestätigen läßt, endete das nördliche Außenschiff der Gadarener Basilika in seiner Errichtungszeit (Bauphase II b) im Osten mit einer Treppe, die zur unterirdischen liegenden Krypta führte. Durch diese seitlichen Trakte konnte man also im Norden die christliche Grabanlage erreichen und im Süden das angenommene Baptisterium. Durch die Änderungen der Renovierungsphase (Bauphase III) wurden die Treppe abgedeckt, und die Besichtigung der Gräber war von oben durch die Loggia möglich, die allerdings durch die Innenschiffe zu erreichen war. Durch die Neuanlage des Baptisteriums im Südosten verlor zumindest das südliche Außenschiff seine liturgische Funktion nicht. Zudem konnte man bei großem Pilgeraufkommen auch die äußeren Seitenschiffe für den Zugang zur Loggia nutzen. Das würde auch erklären, daß die Außenschiffe in der Gadarener Kirche durch Öffnungen im Westen, Norden und Süden zugänglich waren.

Ein Vergleich mit den Kirchen Palästinas zeigt, daß die heiligen Orte stets von den Innenschiffen aus zu erreichen waren, wie die Beispiele der Geburtskirche in Bethlehem und der Gadarener Basilika lehren. Eine Verbindung zwischen Innen- und Außenschiffen war aber nicht unmöglich. Die umschlossenen Räume der heiligen Gräber im Querraum der stadtrömischen Basiliken waren ebenfalls nicht unbedingt durch die Außenschiffe zu erreichen. Dies zeigt sich deutlich an den eingestellten Säulen am Ende der Außenschiffe in der Peters-Kirche im Vatikan, welche das Betreten des Transepts verhindert haben.

Neben ihrer liturgischen Funktion waren die Außenschiffe zusammen mit den übrigen für den Gottesdienst bestimmt. Ebenso möglich ist eine rein praktische bzw. ästhetische Erklärung, etwa um Überdachungsschwierigkeiten zu überwinden, Erweiterungsmöglichkeiten des Kircheninnenraumes zu gewährleisten und dem basilikalen Innenraum einen besonders repräsentativen Charakter zu verleihen. Dies kann man für viele Basiliken vermuten, die keine verehrungswürdige Orte (*loca Sancta*) an ihrem Abschluß haben.

V. 5. Übersicht über die fünfschiffigen Basiliken

NR.	ORT	PATRONAT	DATIERUNG	GRUNDMAßE	ATRIUM	NARTHEX	BAPTISTERIUM	KRYPTA
	Gadara	Dämonenaustreibung, Zachaios	360 - 370	23, 18 x 21, 50	X		X	X
1 A	Jerusalem	Grabeskirche	325 - 335		X			X
1 B	Jerusalem	Christi Himmelfahrt	392-394	60 x 45		X		
2	Bethlehem	Christi Geburt	333	27 (18 Oktogon) x 26	X			
3	Gaza	Synagoge	508/9	30 x 26				
4	Abila	?	4. Jh. ?					
5	Damaskus	Johannes d. Täufer	Ende des 4. Jhs.	65 x 40 (?)				
6	Swēda	?	Ende 4. Jh.	42 (67 mit Narthex) x 27				
7	Dēr al-Ġuwānī	?	4. bis 8. Jh. (?)	11, 64 x 7				
8	Tyros	?	314 - 317	?	X			
9	Abū Mīnā	Menas	8. Jh. (Phase VI)	37 x 23	X	X	X	X
10	'Ain Maḫūra	?	5. - 6. Jh.	15, 5 x 15, 5				
11	Faw Qibli	Pachomios	5. Jh.	70 x 40		X	X	
12	Antinooupolis	?	4. Jh.					
13	Armant (Hermonthis)	?	4. Jh. (?)	32 x 20		X		
14	Medinat Habu	Jeme (?)	5. - 7. Jh.	40 x 25				
15	Taḥtā	Märtyrer Kyriakos und seine Mutter Julita	?	24 x 12				
16	Gabal Ada	?	7. Jh.	26 x 15				
17	Qaṣr Ibrīm	?	6. Jh	27 x 18			X	
18 A	Alt Dongola	?	Ende 6. Jh.				X	
18 B	Alt Dongola	?	7. Jh.					
19	Aksum	Maria Zion	4. Jh. (?)	62, 5 x 40			X	
20	Lālibāla	Haus des Erlösers	15. Jh.					
21	el-Aṣnām	?	324	26 x 16				
22	Cuicul	?	5. Jh.			X	X	X
23	Matifou	?	6. Jh.	40, 40 x 19, 40				

Nr	Ort	Name	Jh	Maße				
24 A	Karthago	?	6. Jh.	28 x 20		X		
24 B	Karthago	?	7. Jh.	38, 75 x 25		X		
25	La Skhira	?		25 x 20		X		
26 A	Thelepte	?	5. Jh.			X		
26 B	Thelepte	?	5. Jh.					
27	Thabraka	?						
28 A	Ṣbaiṭla	Vitalis	5. Jh.			X		
38 B	Ṣbaiṭla	Servus	6. Jh.			X		
28 C	Ṣbaiṭla	Silvianus und Fortunatus	6. Jh.	25 x 20				
29	Segermes	?	4 - 6. Jh.	20 x 18				
30	Konstantinopel	Hagia Sophia	4. Jh.	?				
31	Ephesos	Johannes d. Evangelist	4. Jh.	?		X		X
32	Thessaloniki	Demetrios	5. Jh.			X		X
33	Epidauros	?	4. Jh.	60 x 54	X	X		
34	Nikopolis	?	6. Jh.		X	X		
35	Korinth	?	5. - 6. Jh.	21 x 42		X		
36 A	Salamis	Epiphanios	6. Jh.					
36 B	Salamis	?	6. Jh.		X	X		
37	Paphos	Kyriaki	6. Jh.		X	X		
38	Lambousa		Ende 4. Jh.					
39	Soloi	?	Ende 4. Jh.	45 x 22	X	X		
40	Kourion	?	Ende 4. Jh.	55 x 37	X	X	X	
41	Vatikan	Petrus	4. Jh.	120 x 64	X			X
42 A	Rom-Laterano	Johannes	4. Jh.	75 x 55 (?)				
42 B	Rom	Paulus	Ende 4. Jh.	131 x 65 (mit Narthex)		X		X
43	Ravenna	Auferstehung Christi	4. Jh.					
44	Mailand	Tecla	4. Jh.	82 x 45				

ABBILDUNGEN

Abb. 1

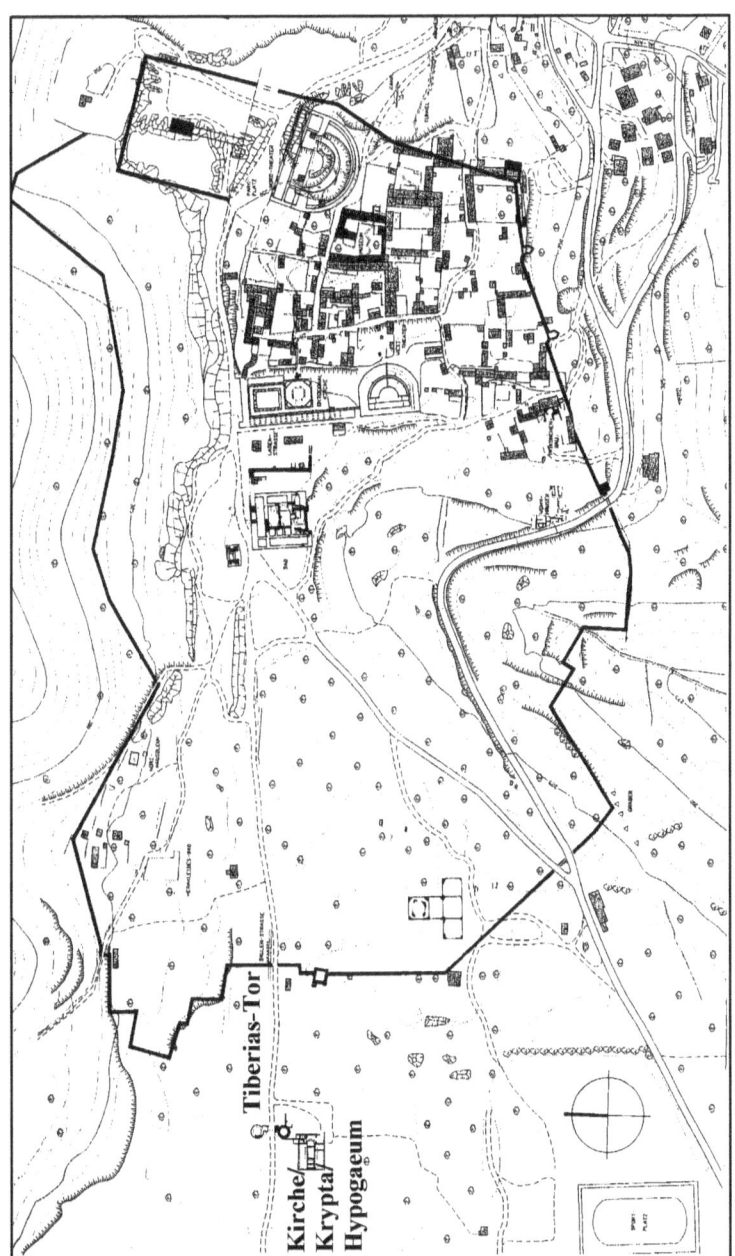

Topographischer Plan von Gadara mit rekonstruiertem Verlauf der frühkaiserzeitlichen Stadtmauer.

Abb. 2

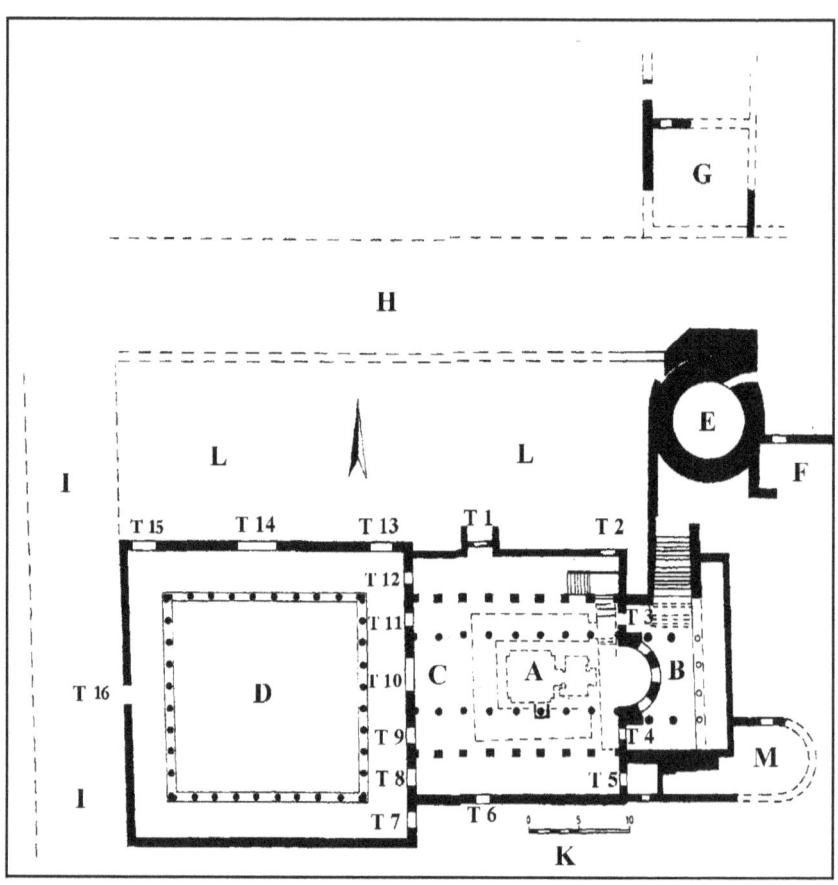

Topographische Situation der fünfschiffigen Basilika im 4. Jh. n. Chr.

A: Römisches Hypogäum (Grabkammer mit Loculi und Ossuaria, Vorraum und Kryptoporticus); B: Frühchristliche Krypta; C: Basilika; D: Atrium; E: Sockel des südlichen Turms des Tiberiastors; F: Spätantikes Spoliengebäude ("Peribolos"); G: Spätantikes Vorratsgebäude über dem Fundament des Tiberiastores; H: Hauptstraße (Decumanus Maximus); I: Cardo; K: Südliche Gasse oder Platz; L: Nördliche Platzanlage (Parvis); M. Baptisterium; T: Türen (T 1-16, vgl. Abb. 3).

Abb. 3D

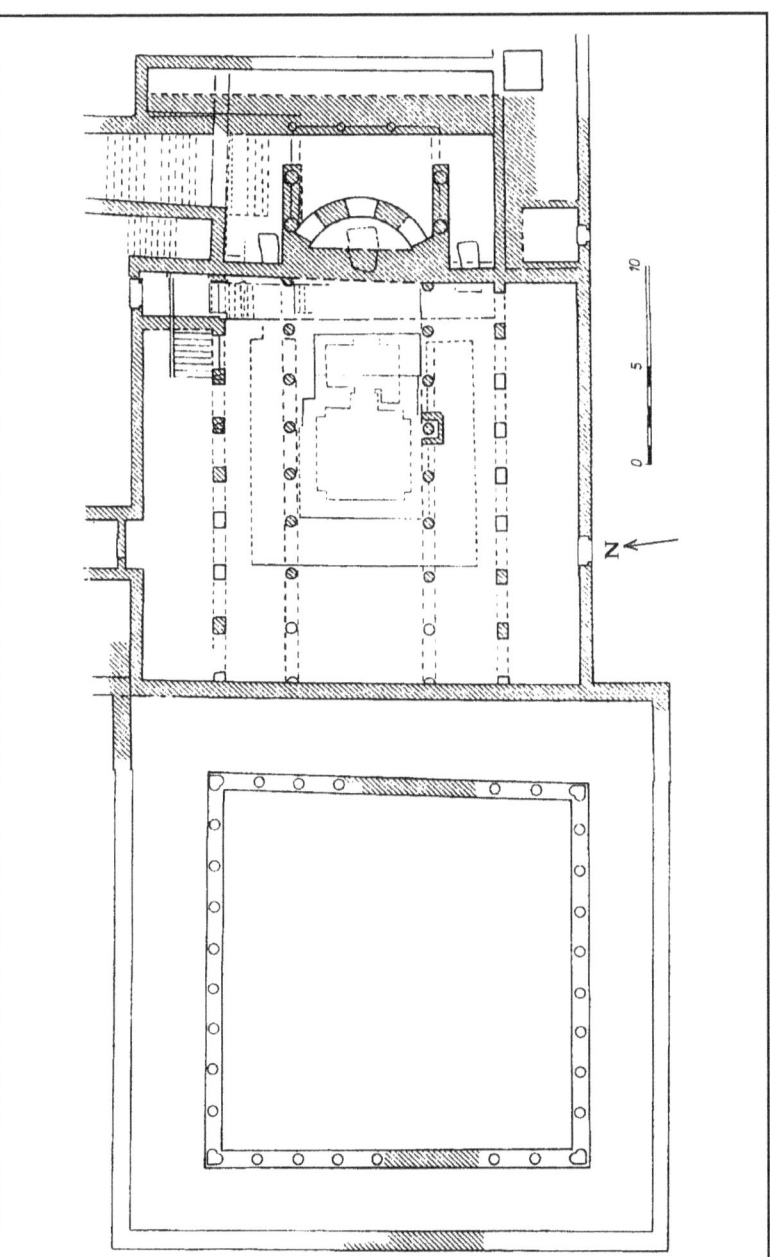

Schematische Darstellung der nachgewiesenen Mauern der Basilika in Gadara.

Abb. 4

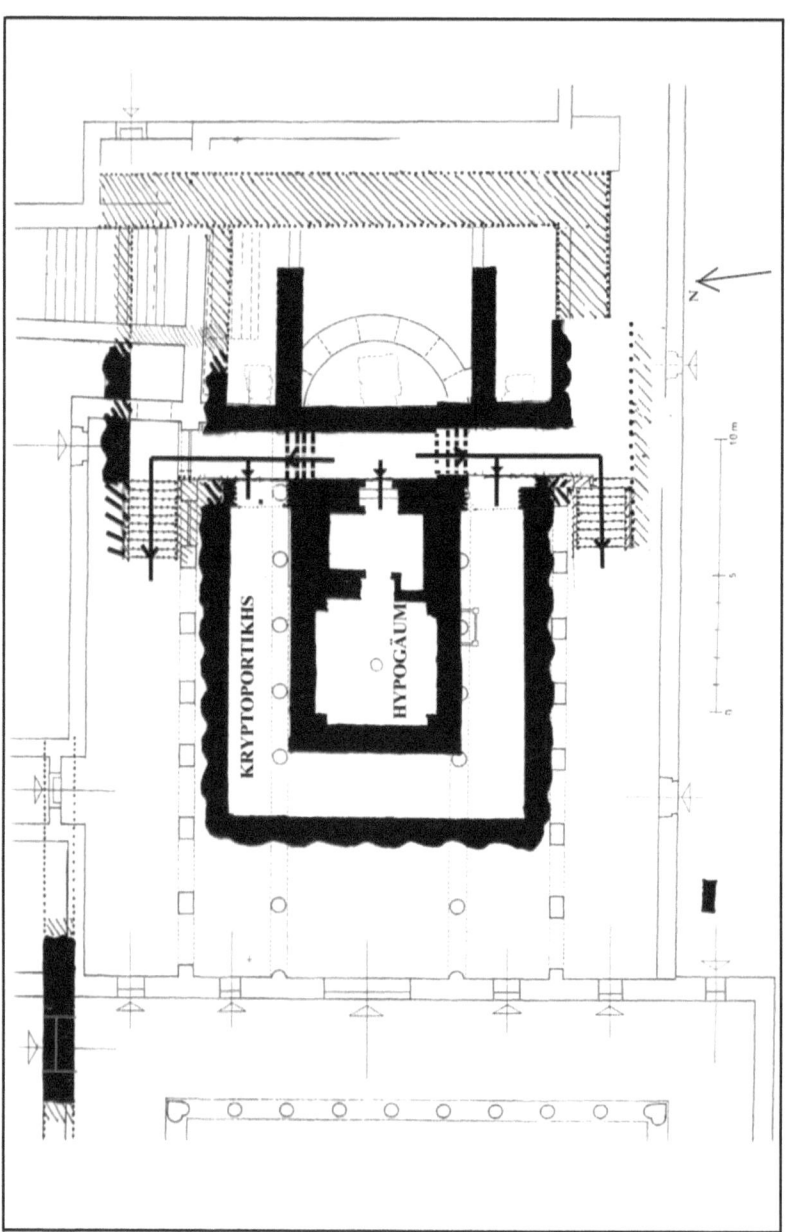

Das römische Hypogäum (Phase I) im Verhältnis zur frühchristlichen Basilika, schematisierter Grundriß.

Abb. 5

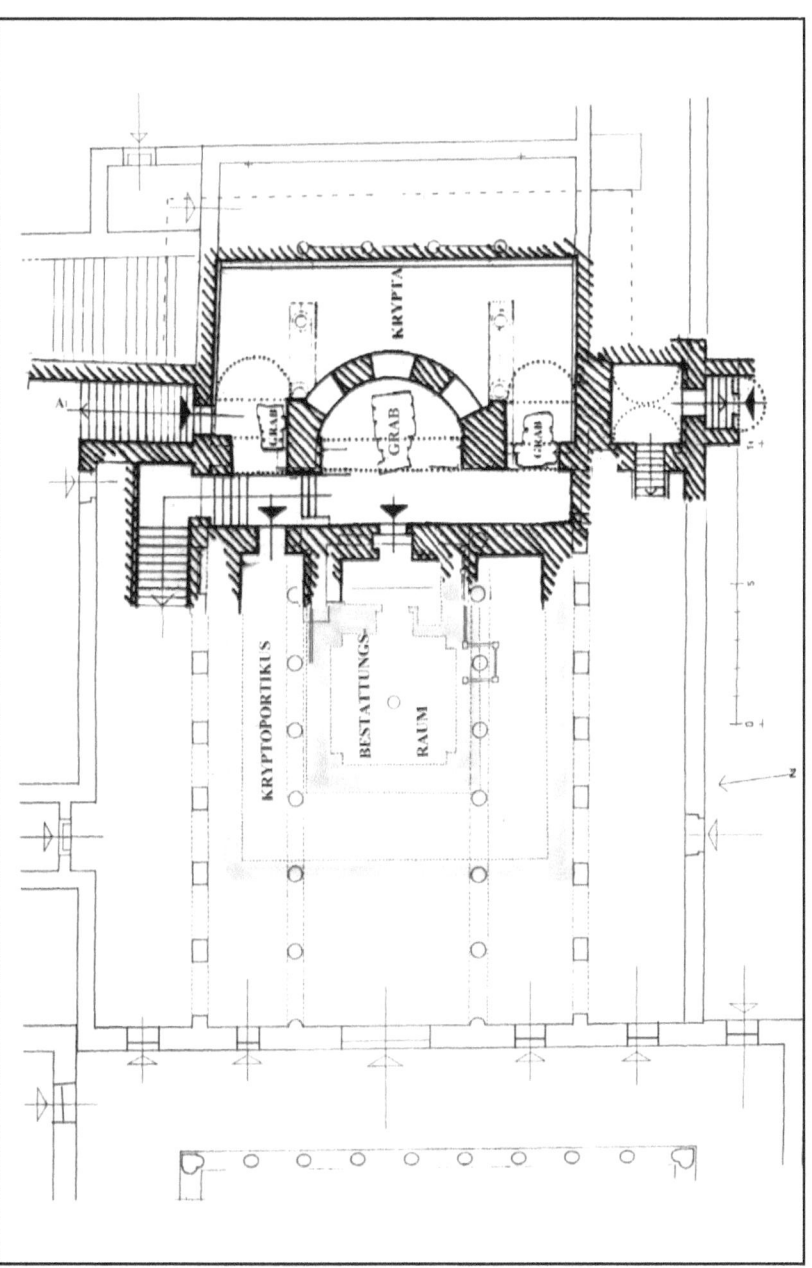

Erweiterung des römischen Hypogäums durch die frühchristliche Krypta nach Osten (Phase II A) mit Plan der fünfschiffigen Basilika, schematisierter Grundriß.

Abb. 6

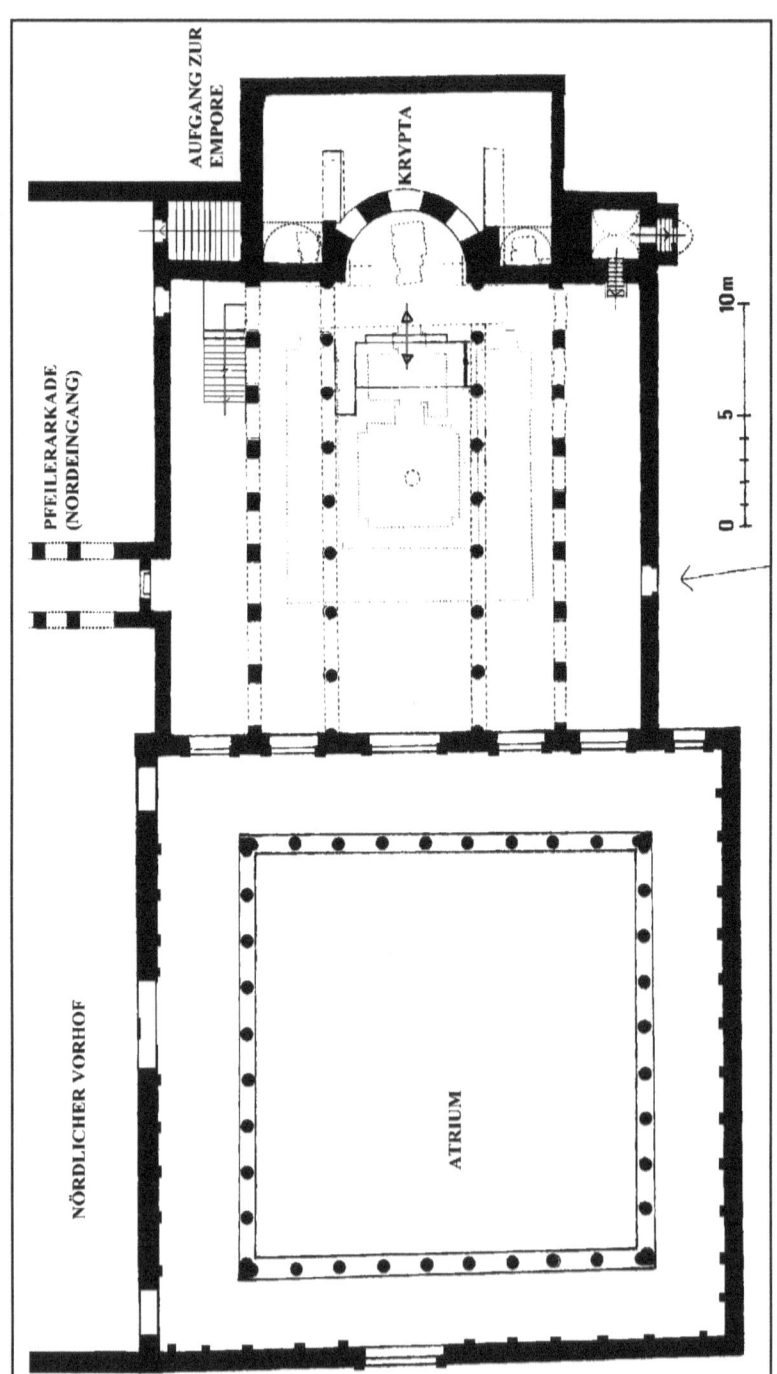

Kirche des 4. Jhs. n. Chr. (Phase II B), schematisierter Grundriß.

Abb. 7

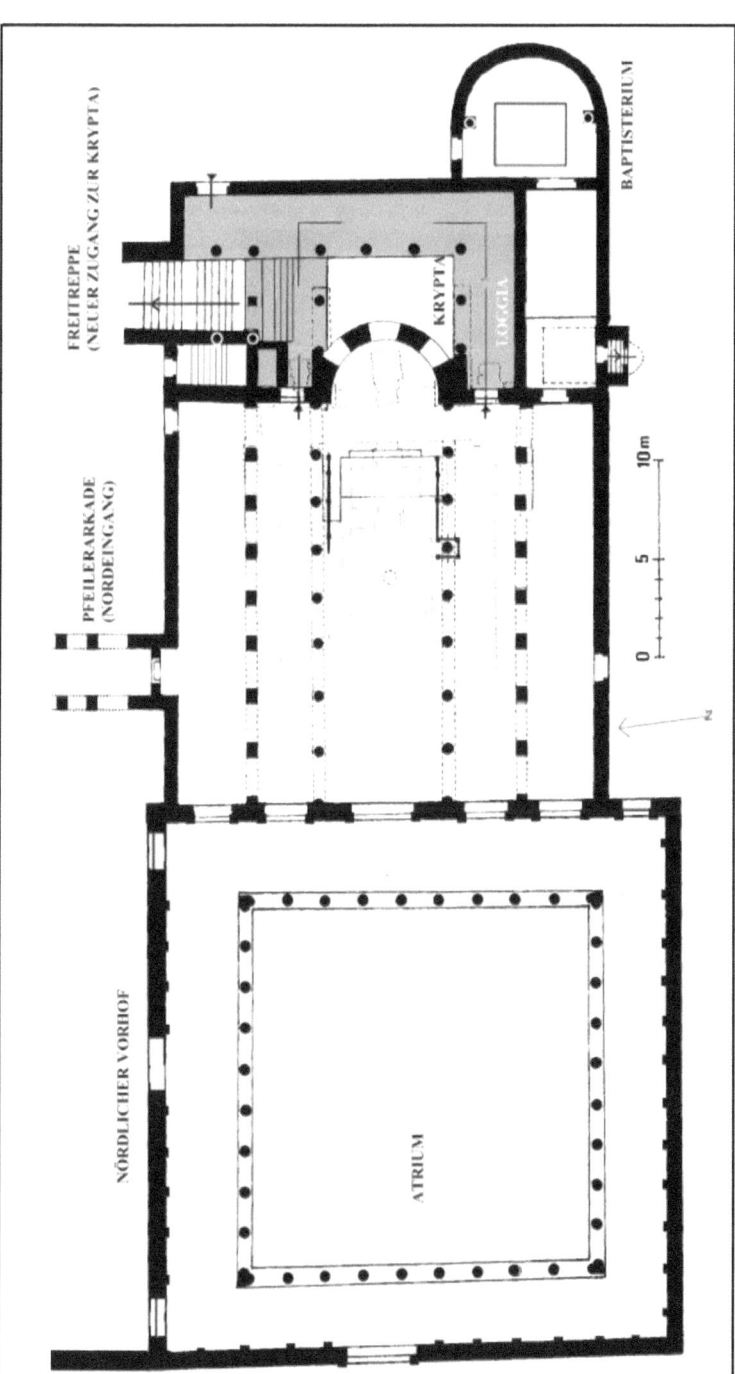

Fünfschiffige Basilika im Bauzustand des 6. Jhs (Phase III), schematisierter Grundriß.

Abb. 8

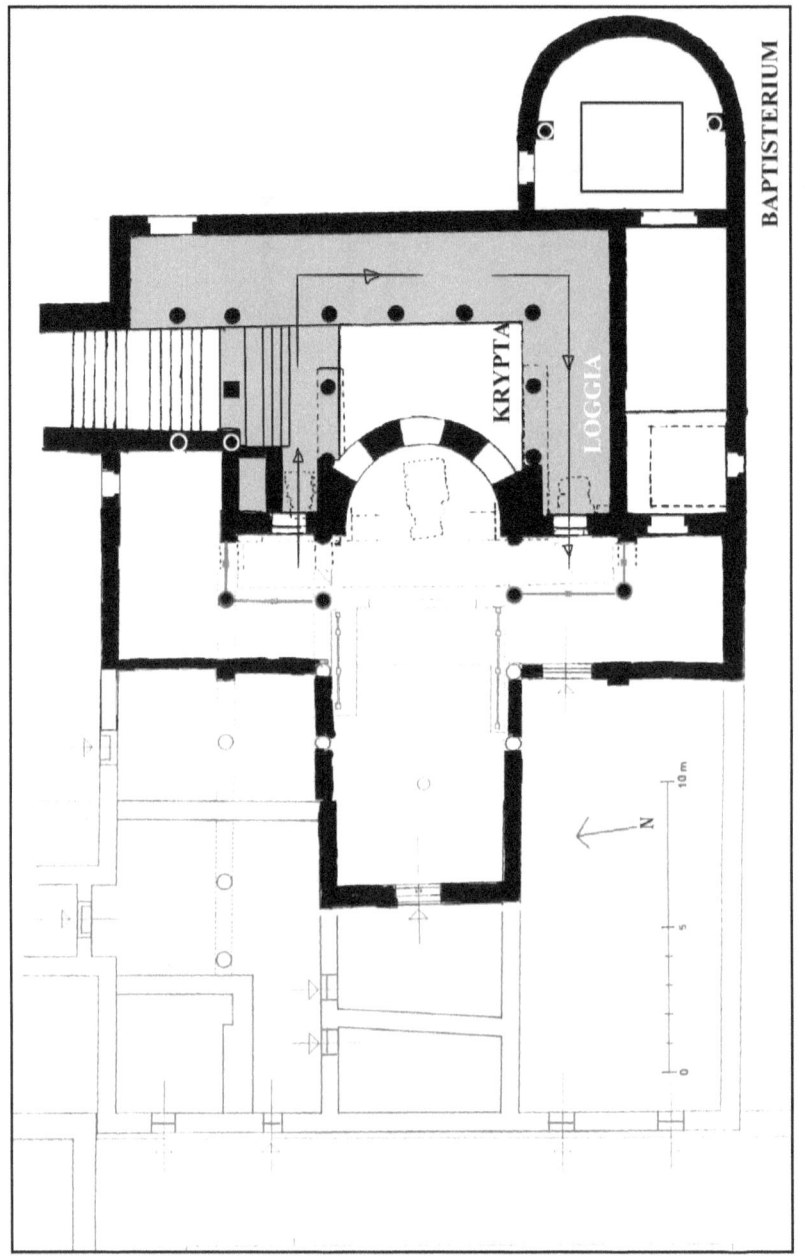

Verkleinerung der Kirche in umayadischer Zeit (Phase IV) mit Darstellung der baulichen Veränderungen des Areals in der ayyubidischen Periode, schematisierter Grundriß.

Abb. 9

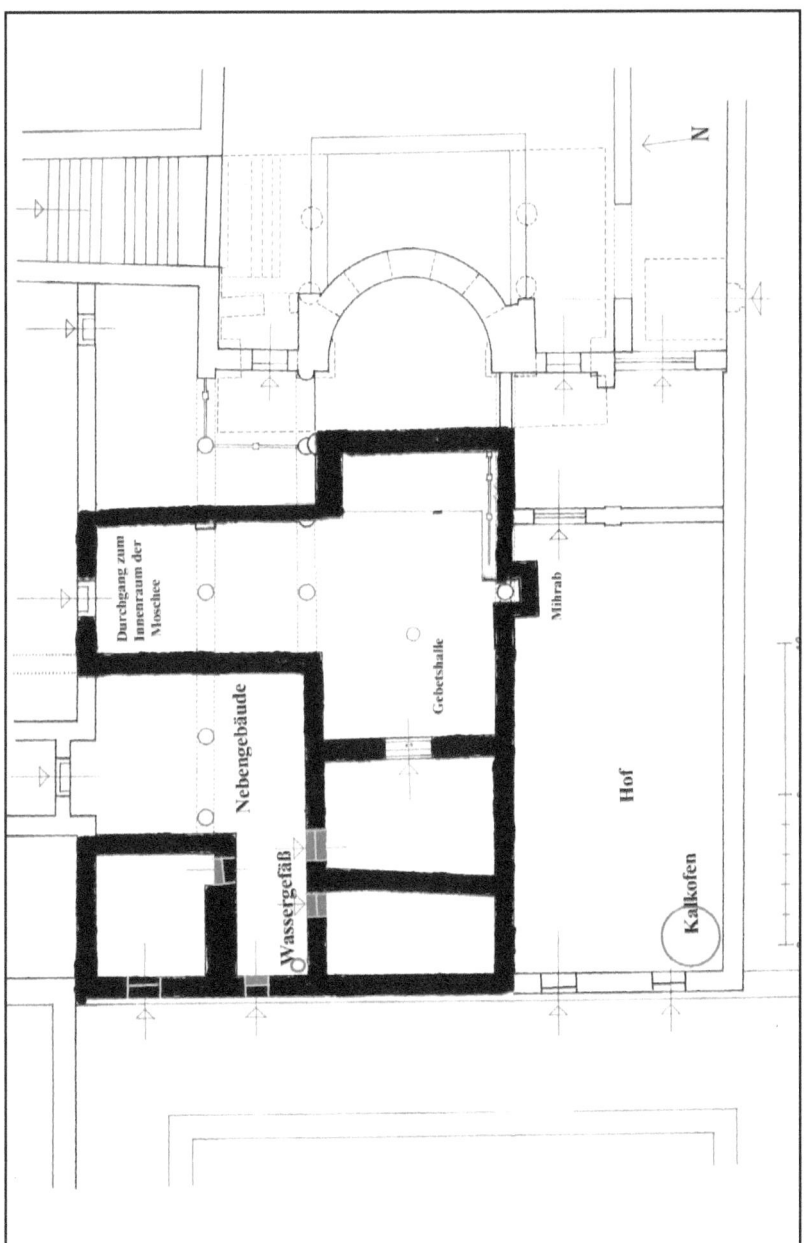

Umwandlung der Kirche in eine Moschee (Phase V) und spätere profane Nutzung des Areals um die Moschee (Phase VI).

Abb. 10 A

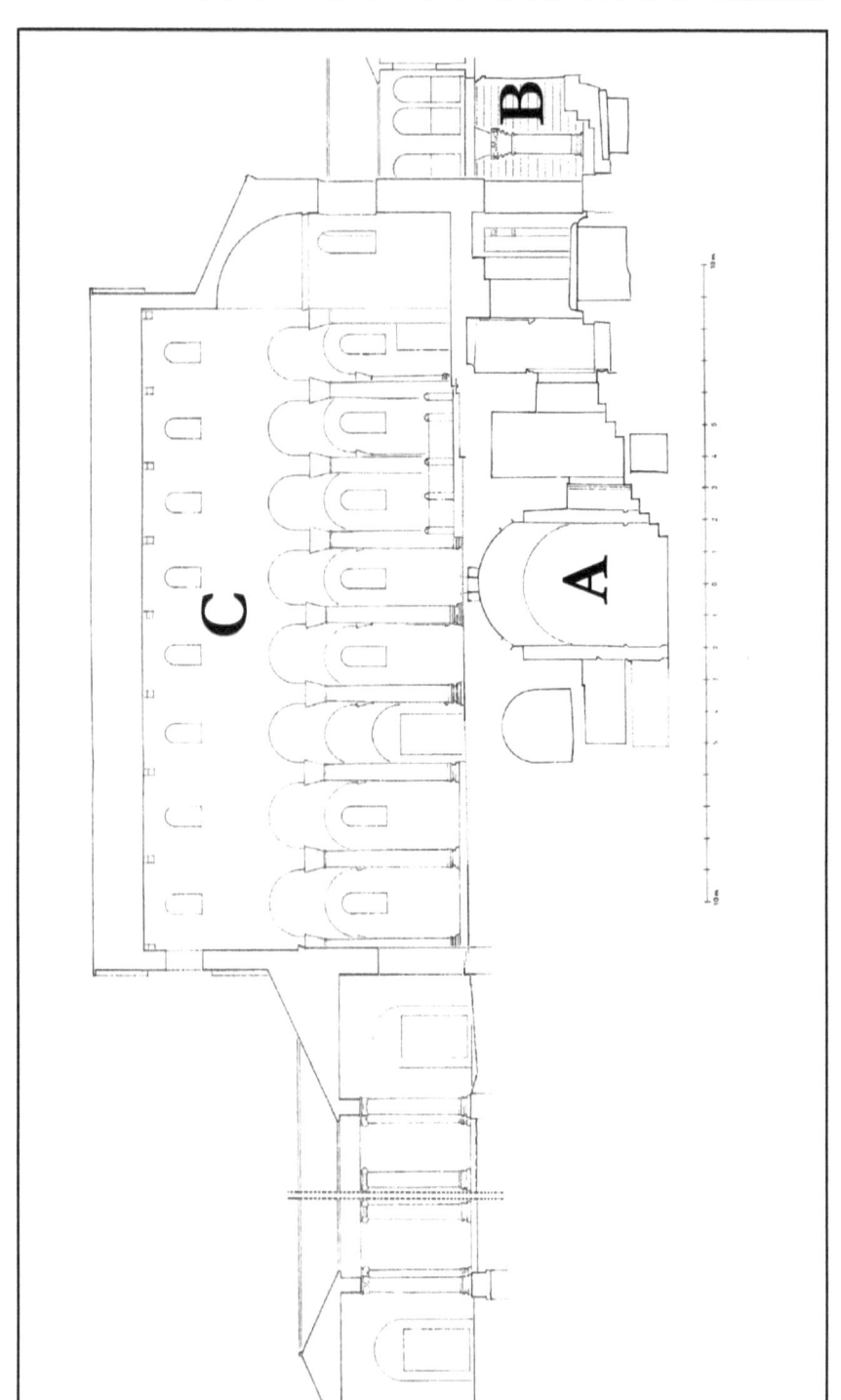

Abb. 10 B

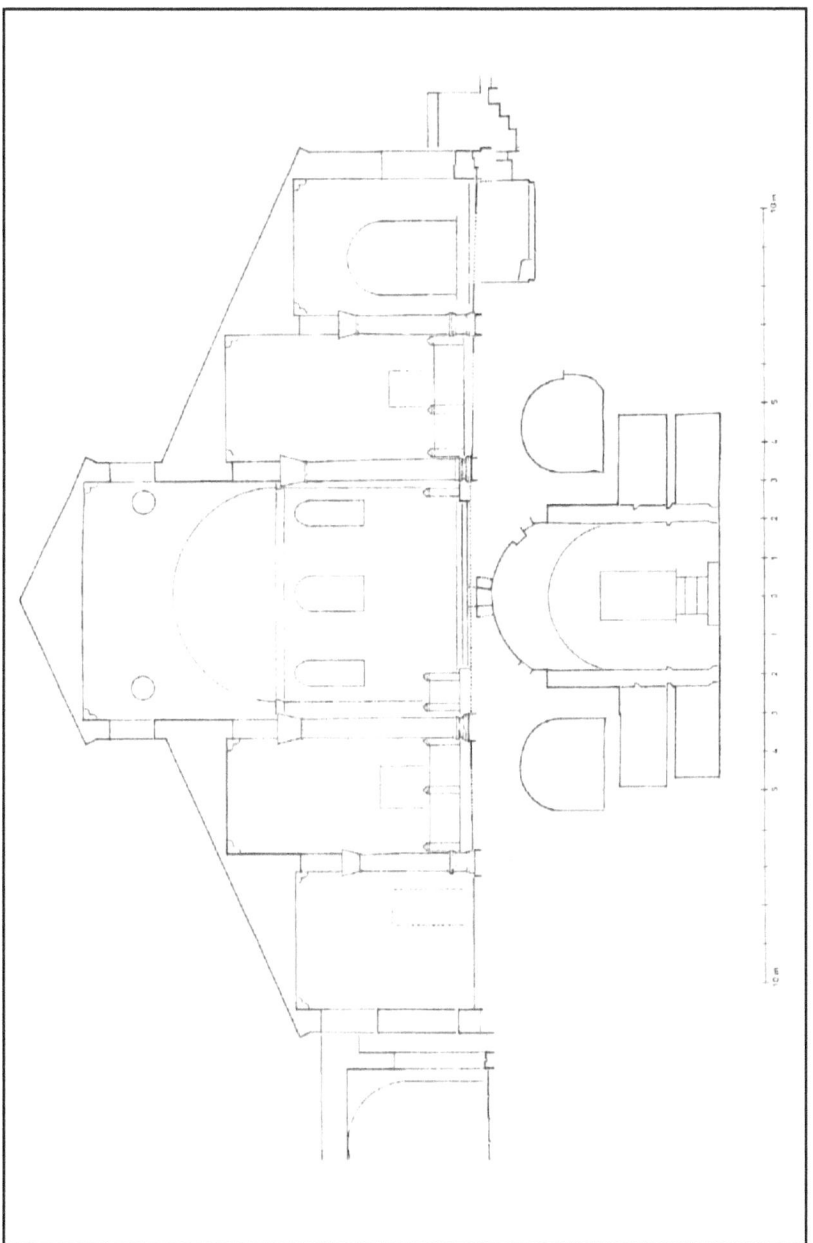

Querschnitt des Hypogäums mit der darüberliegenden fünfschiffigen Basilika

Abb. 11 A

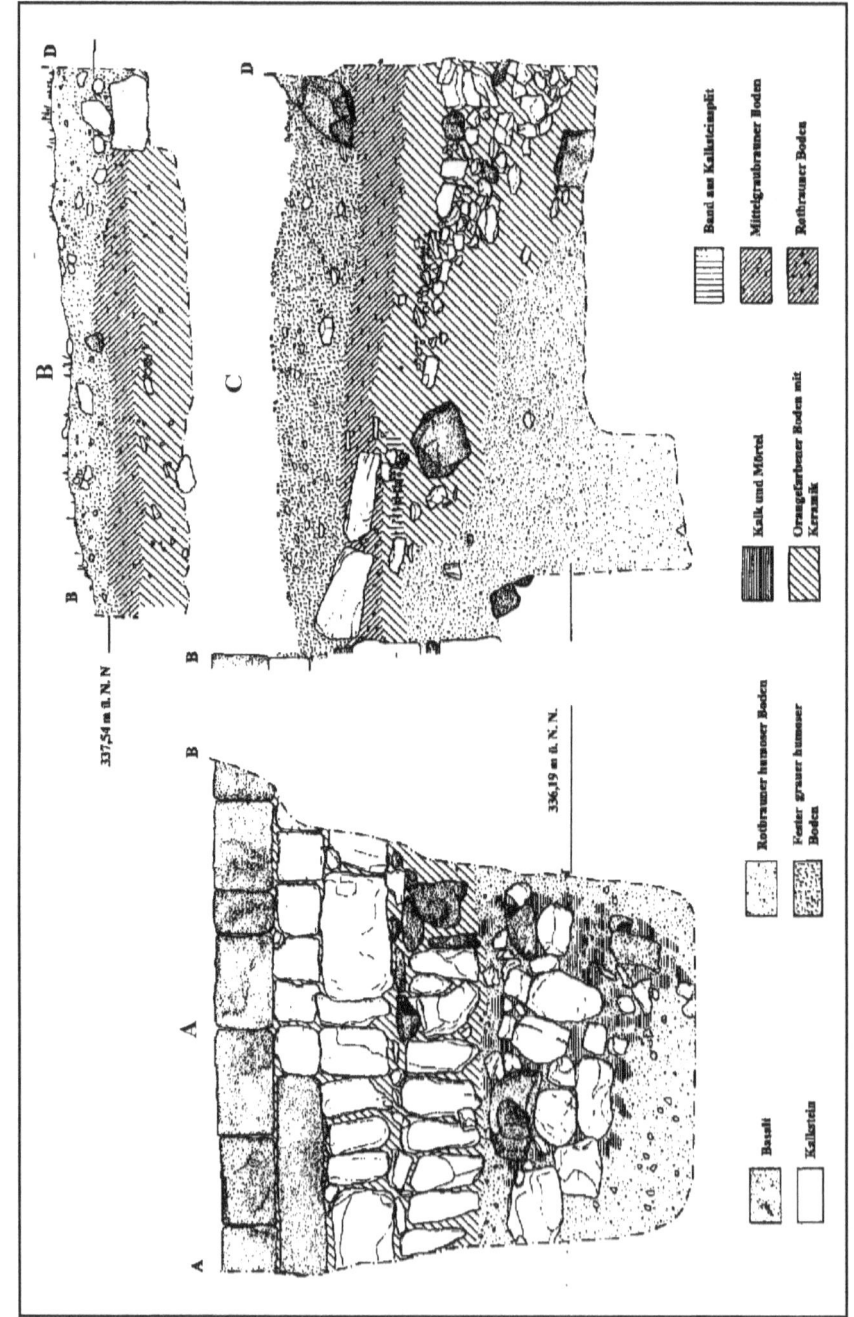

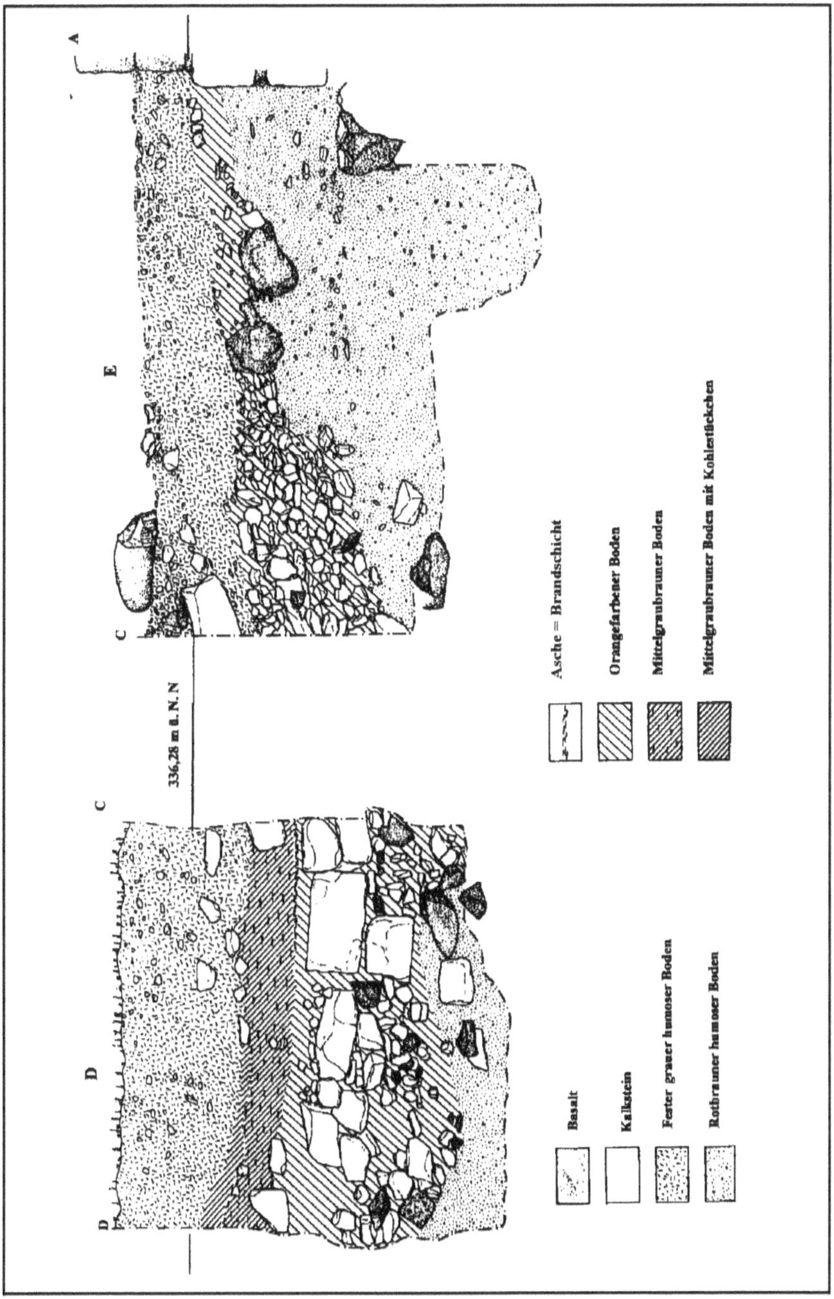

Abb. 11B

Sondage 1/98: Schnittprofile: D:Süd; E: Ost

Abb. 12

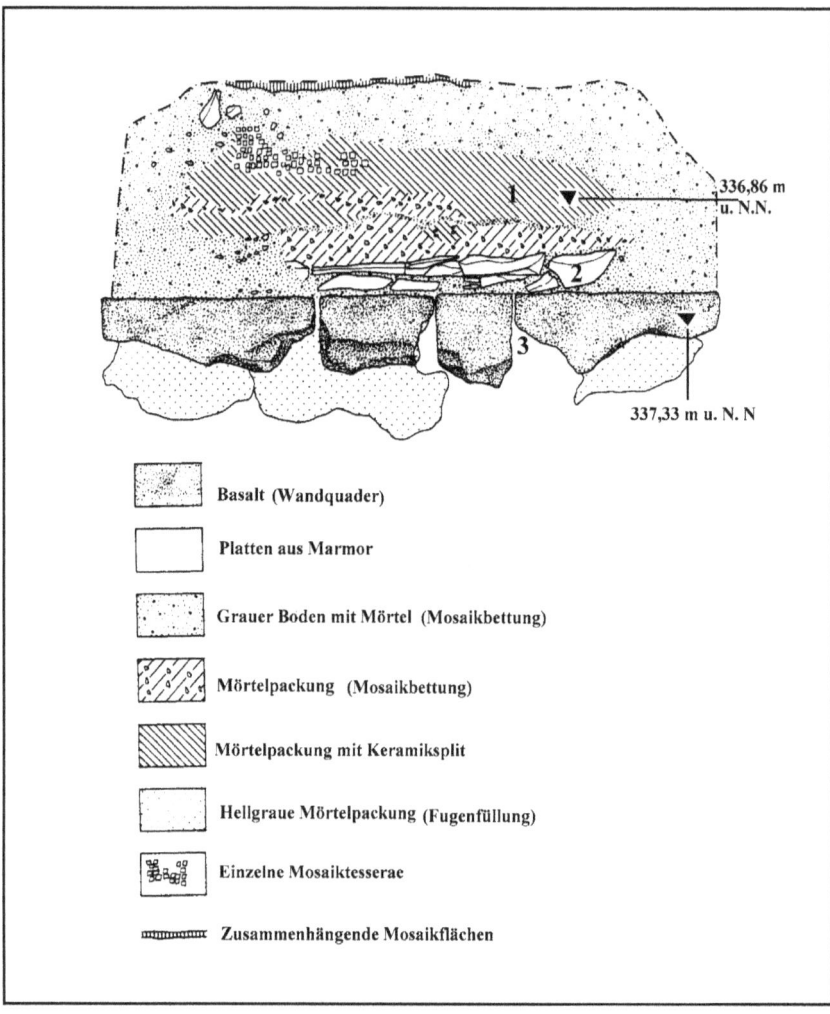

Zentraler Abschnitt der südlichen Fassadenmauer (Basalt), Aufsicht.
Im nördlich daran anschließenden Areal (Innenraum der Basilika) erkennt man vor
die Wand gesetzte Putzschichten, davor Reste von Marmorintarsien.
1. Bodenniveau des 6. Jhs. n. Chr. (Mosaikbettung); 2. Wandverkleidung; 3. Quader der südlichen
Außenwand.

Abb. 13

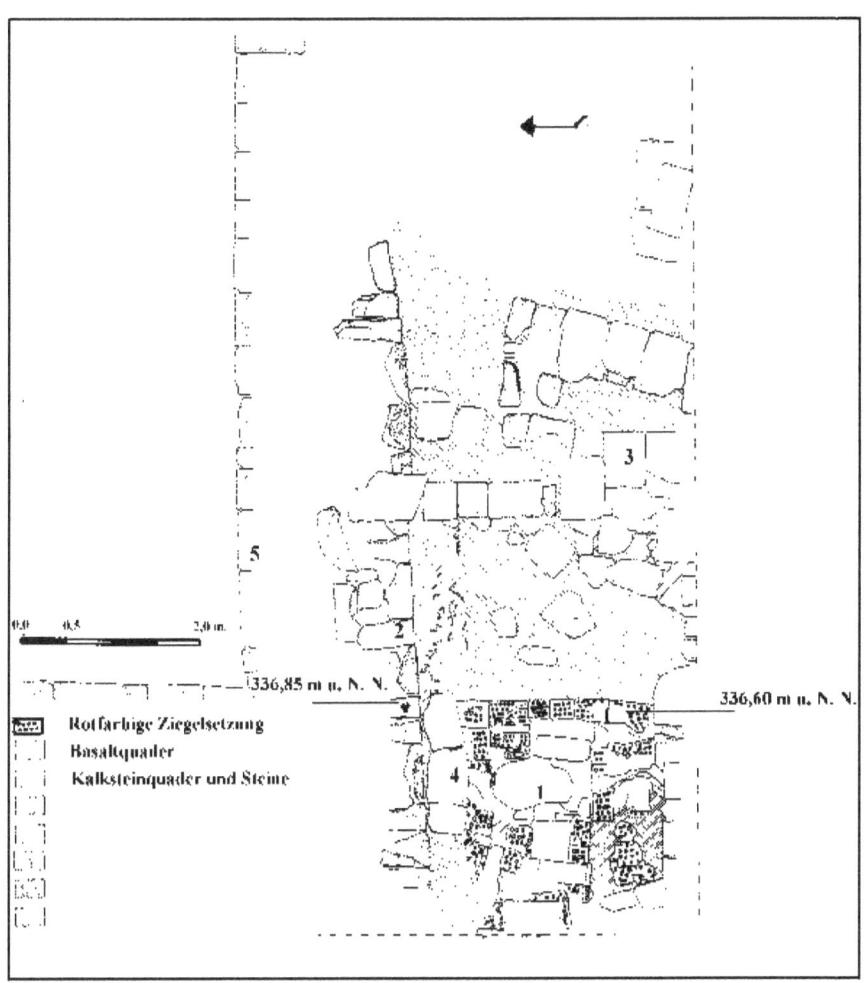

Grundriß des Baptisteriums an der Südwestecke der Kirchenraum (Sondage II/1989).
1. Ziegelsetzung (Unterlager des Taufbeckens?); 2. Westmauer des Baptisterium-Innenraums; 3. Apsis des Baptisterium-Innenraumes (s. Taf. 19 B, 20 A-B); 4. Neuzeitliche Steinsetzung; 5. Ostmauer der Krypta.

Abb. 14

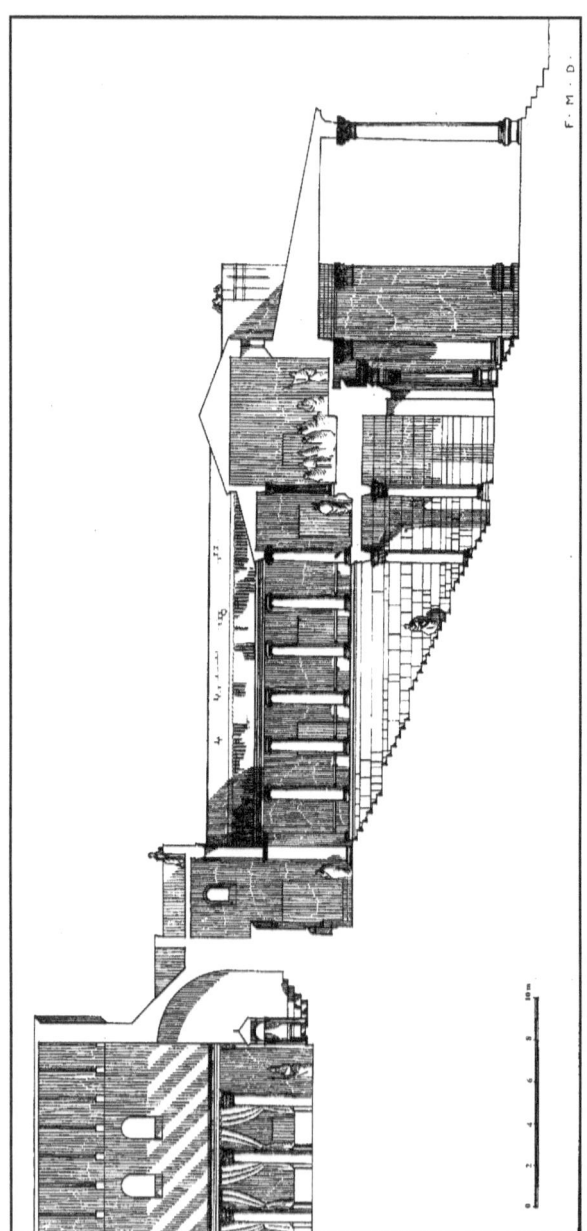

Loggia über der Freitreppe zwischen Cardo Maximus und der Kathedrale von Gerasa.

Abb. 15

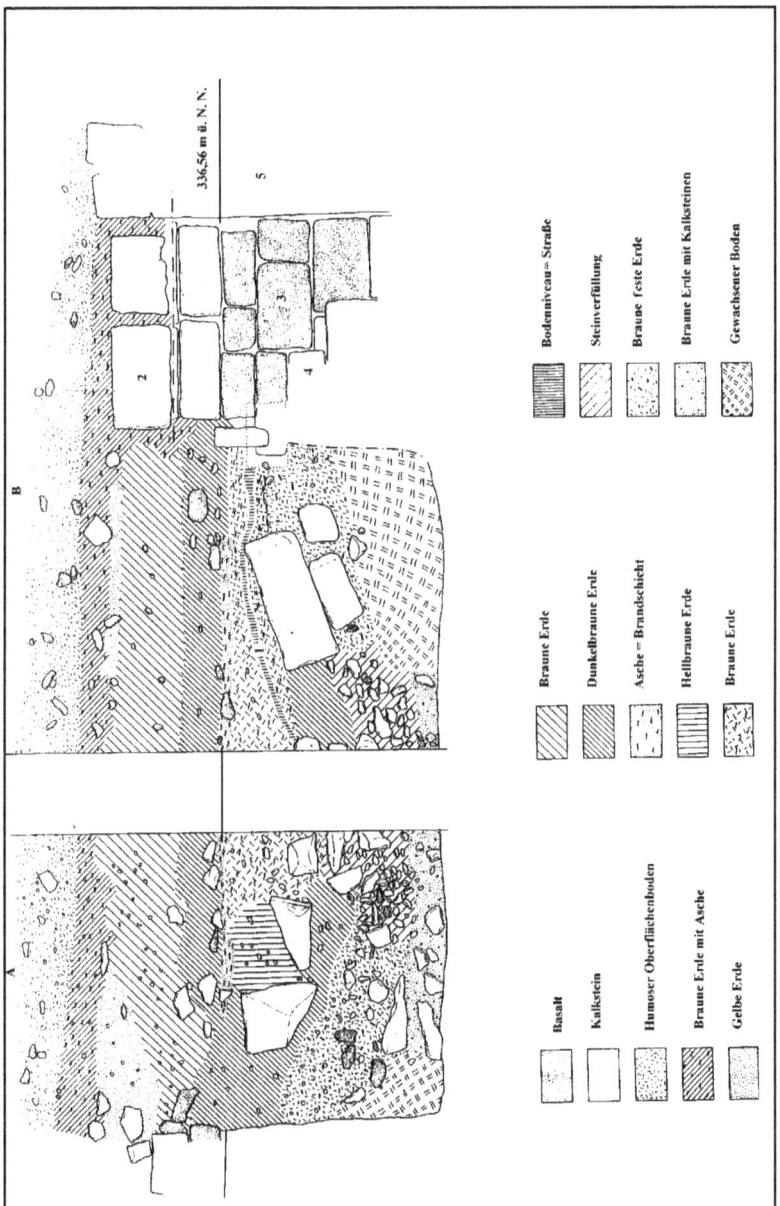

Quadrant 23, Fläche II: Schnittprofil: A: Süd; B: Nord (westlich des Eingangs zum unterirdischen Gewölberaum).
1. Laufniveau der Straße; 2. Tonnengewölbe vor dem Eingang zum tonnengewölbten Raum; 3. Treppenwange; 4. Treppe;
5. Fassade des tonnengewölbten Raums.

Abb. 16

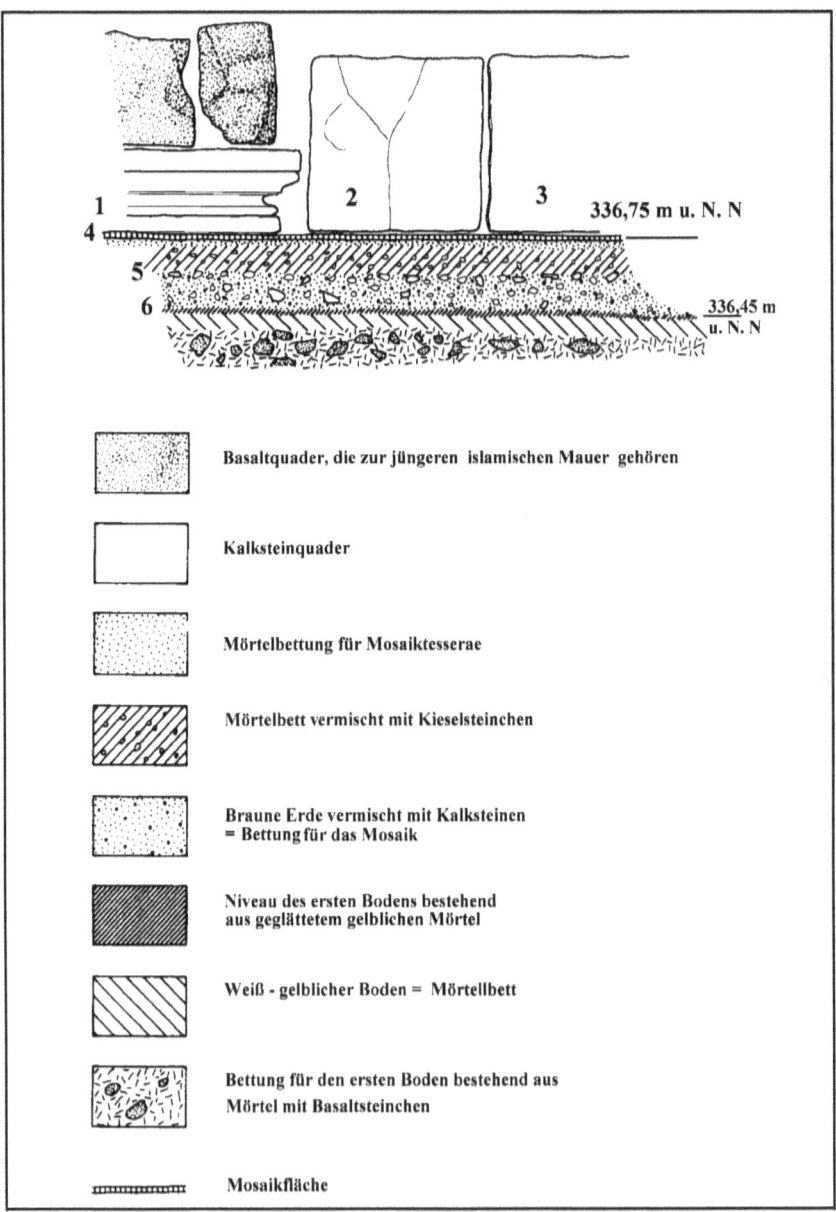

Sondage VII/98 Abschnitt B: Westprofil (zum Plan s. a. Abb. 17 A-D).
1: Marmorbasis, wiederverwendet; 2–3: Pfeilerbasen aus Kalkstein in Mauer der Phase V; 4: Mosaikboden Phase III (6. Jh. n. Chr.); 5: Unterfütterung des Mosaikbodens Phase III (6. Jh. n. Chr.); 6: Niveau des Plattenbodens Phase III (4. Jh. n. Chr.).

Abb. 17

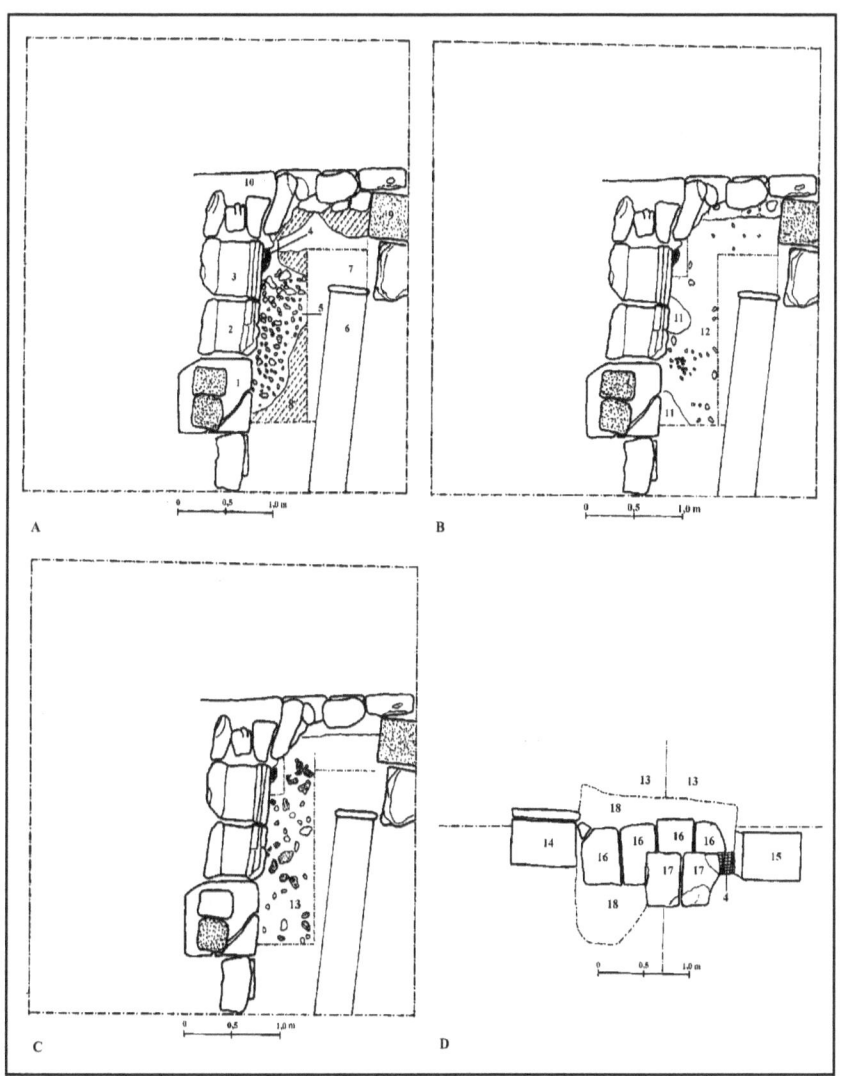

Sondage VII/98, Abschnitte A und B (vgl. Abb. 16).
A. Planum 1B; B. Planum 2 C; C. Planum 2 A; D. Abschnitt B Planum 2.
1. Marmorbasis, wiederverwendet; 2. Pfeilerbasis (Kat.-Nr. 15); 3. Pfeilerbasis (Kat.-Nr. 16); 4. Mosaikboden Phase III (6. Jh.); 5. Unterfütterung des Mosaikbodens; 6. Granitsäulenschaft (Kat.-Nr. 24); 7. gestörtes Areal um den Säulenschaft; 8. gestörtes Areal; 9. Basaltblöcke (wiederverwendet).10. Kalksteinblöcke (wiederverwendet); 11. Niveau des Plattenbodens (4. Jh.); 12. Unterfütterungs des Plattenbodens; 13 Mosaikboden, wie Nr. 4; 14. Plinthe der Säulenbasis (sechste des nördlichen Mittelschiffarkade); 15. Plinthe der Säulenbasis (fünfte des nördlichen Mittelschiffarkade);16. erhaltene Kalksteinplatten des Bodens (4.Jh); 17. Kalksteinquader (wiederverwendet); 18 Unterfütterung des Plattenbodens, wie 12.

Abb. 18

*Zeichnerische Rekonstruktion der zweiflügeligen Basalttür vom römischen Hypogäum,
die den Basalttürfragmenten aus der Basilika (Kat.-Nr. 4-5) ähnelt.*

Abb. 19

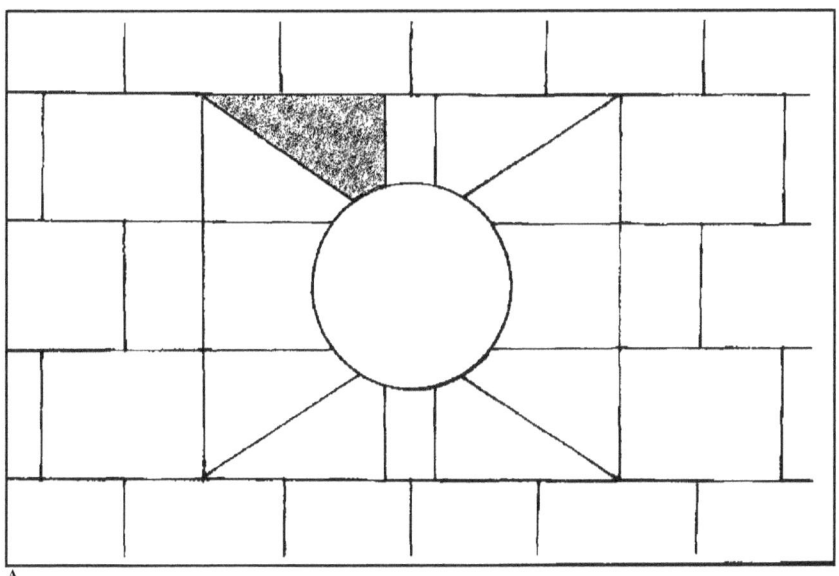

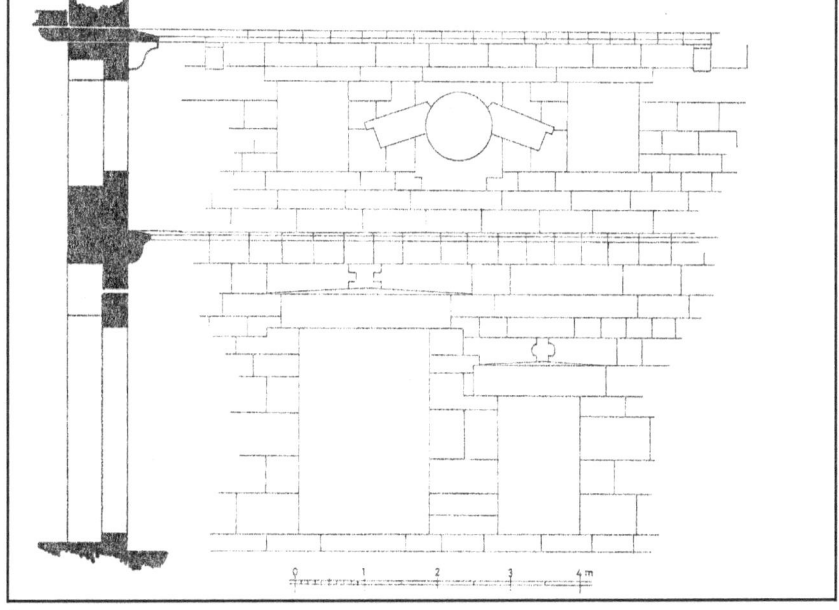

A. Hypothetische Rekonstruktion des Rundfensters anhand des Blockes Reg. Nr. XX. A. 864 (Kat. Nr.10)
B. Ezra` (Südfassade der Eliaskirche) mit Rundfenster.

Abb. 20

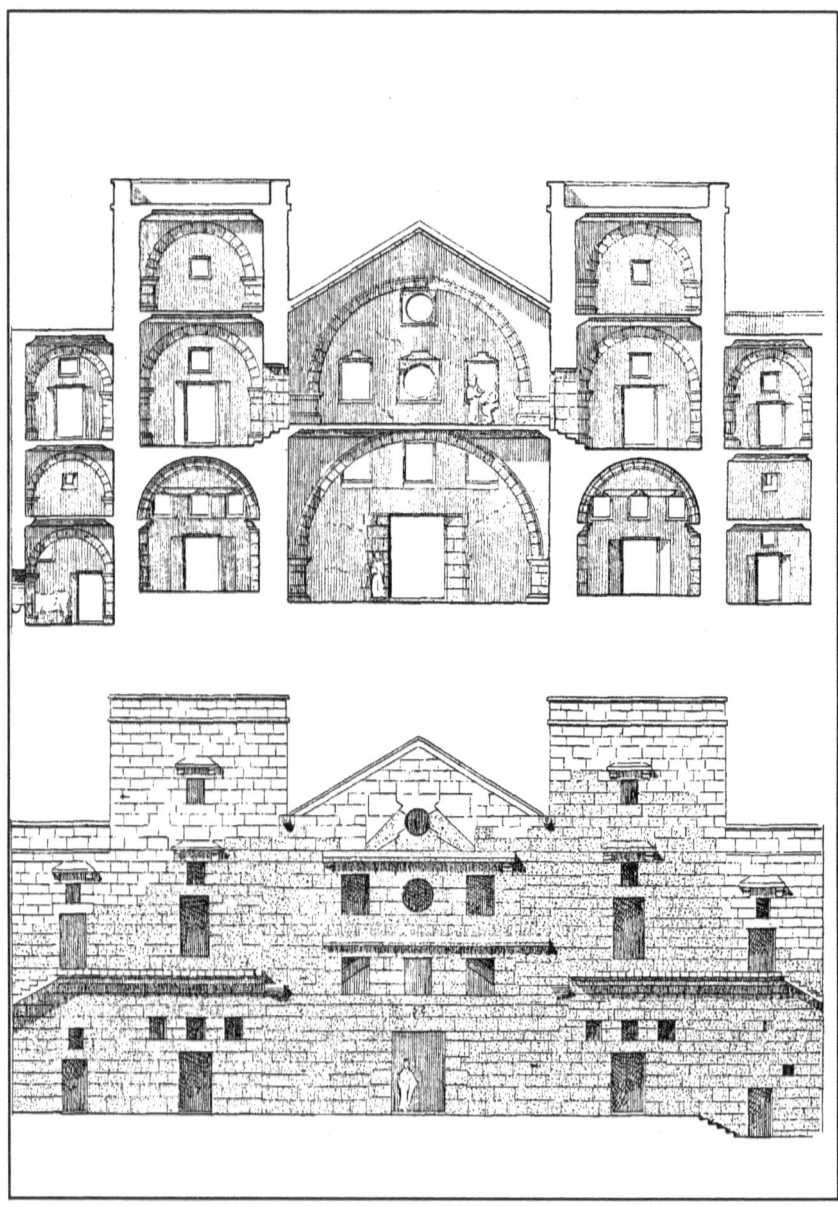

Ǧemerrīn, spätantike Villa mit Rundfenstern in der Hauptfassade (Hauran).

Abb. 21

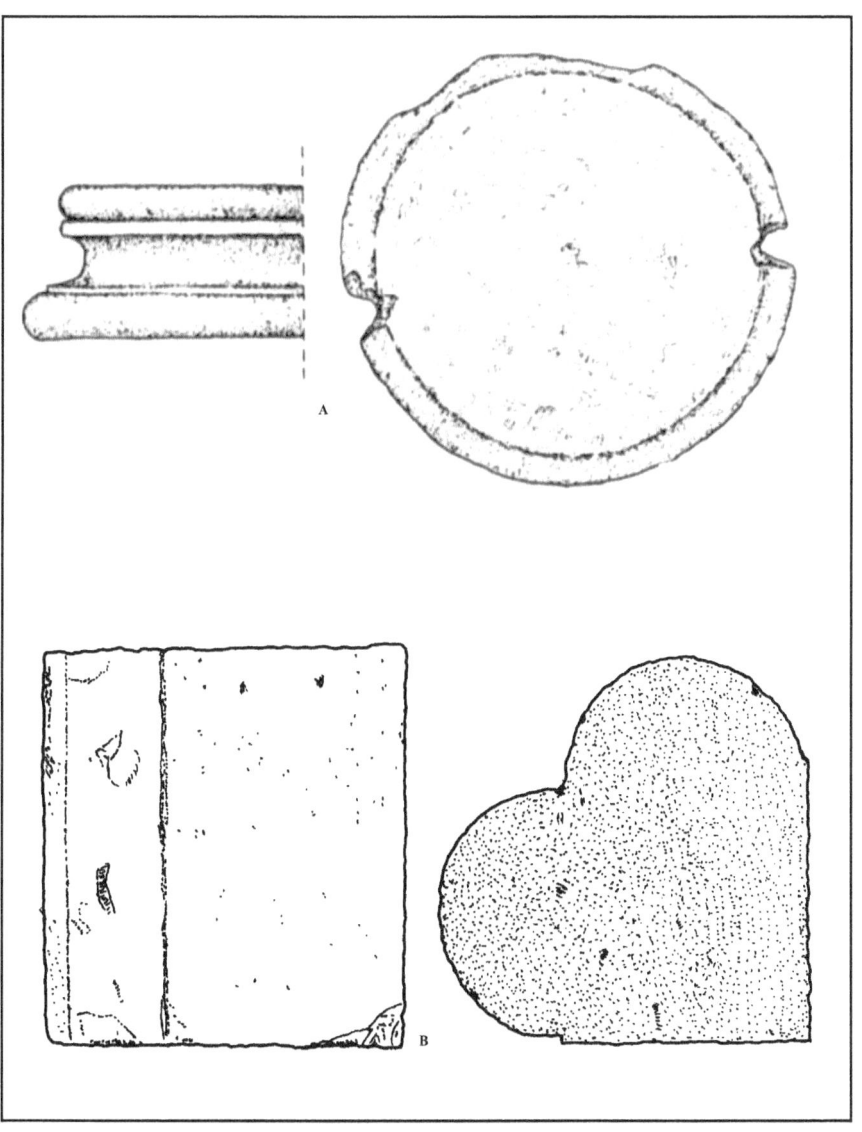

Werkblöcke aus Basalt.
A. Attisch-ionische Basis (Kat. Nr 19); B. Herzförmiger Säulenschaft (Kat. Nr. 21).

Abb. 22

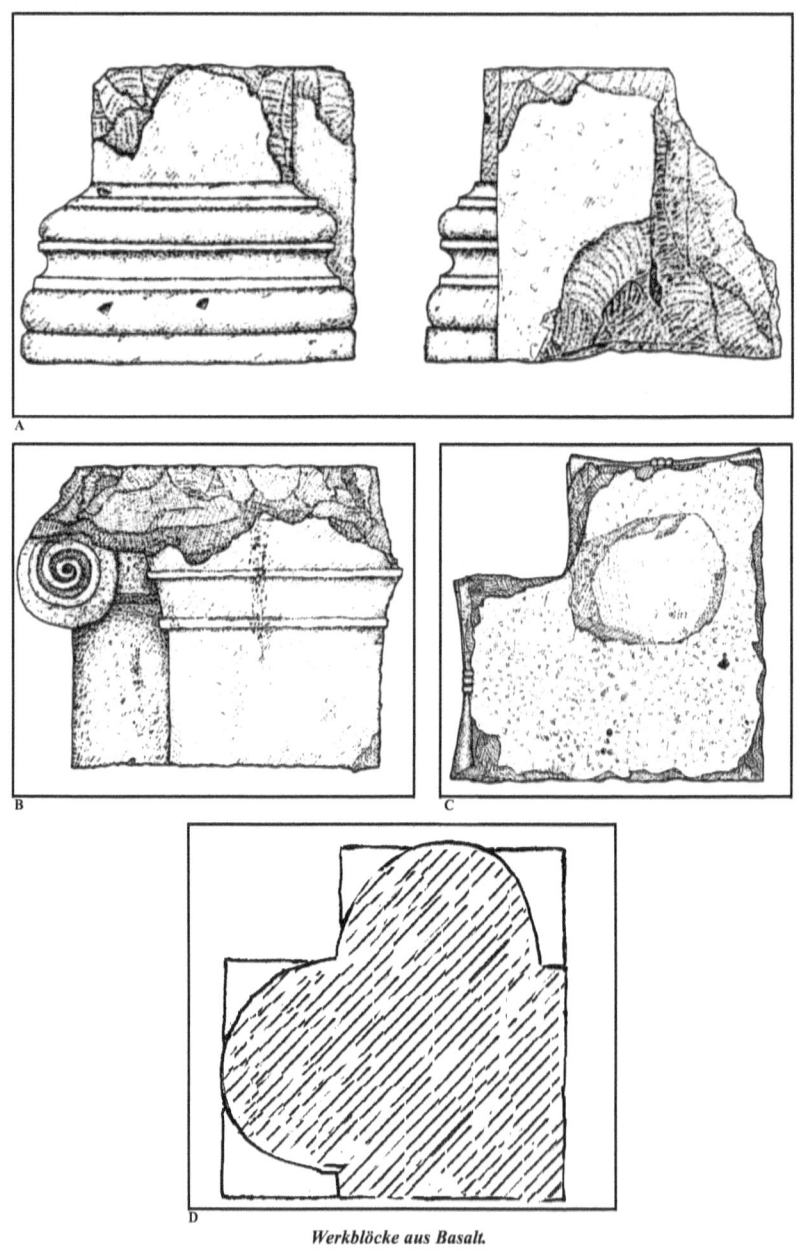

Werkblöcke aus Basalt.
A. Pilasterbasis (Kat. Nr. 23).
B-D. Ionisches Eckkapitell (Kat. Nr. 49).

Abb. 23

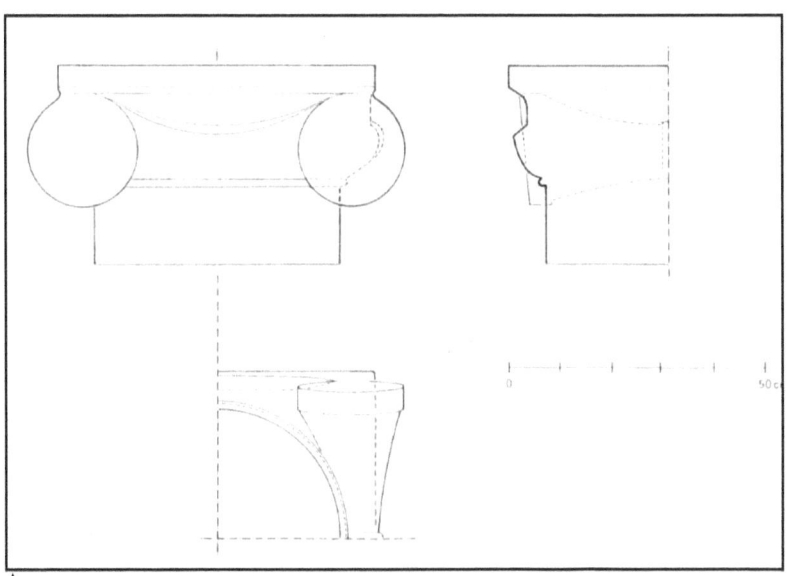

A. Ionisches Kapitell aus Basalt (Kat.-Nr. 48).
B. Spätantik - korinthisches Kapitell in St. Gereon zu Köln, entstanden nach 356. n. Chr.

Abb. 24

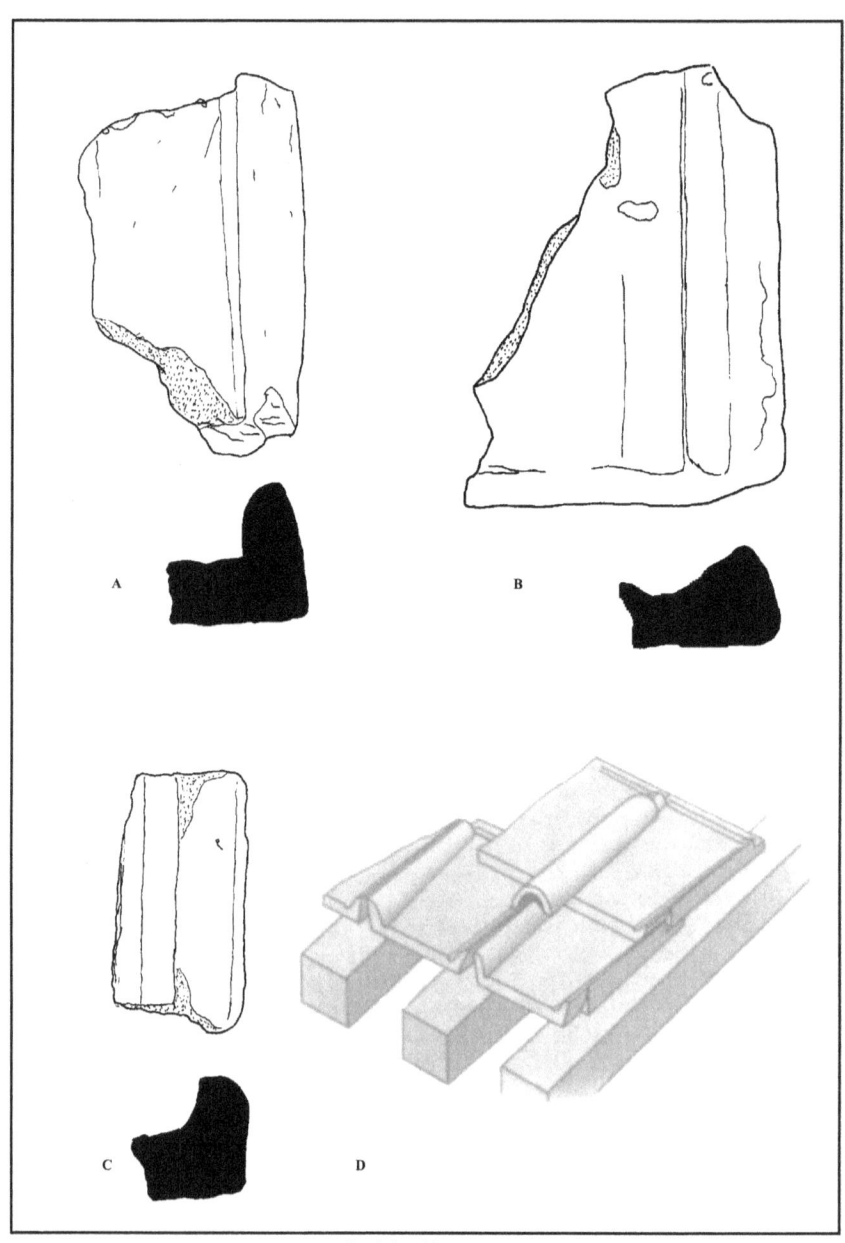

Dachziegelfragmente.
A. Reg.-Nr. XX. O. 35; B. Reg.-Nr. XX. O. 36; C. Reg.-Nr. XX. O. 39.
D. Schematische Darstellung der Konstruktion des Ziegeldachs.

Abb. 25

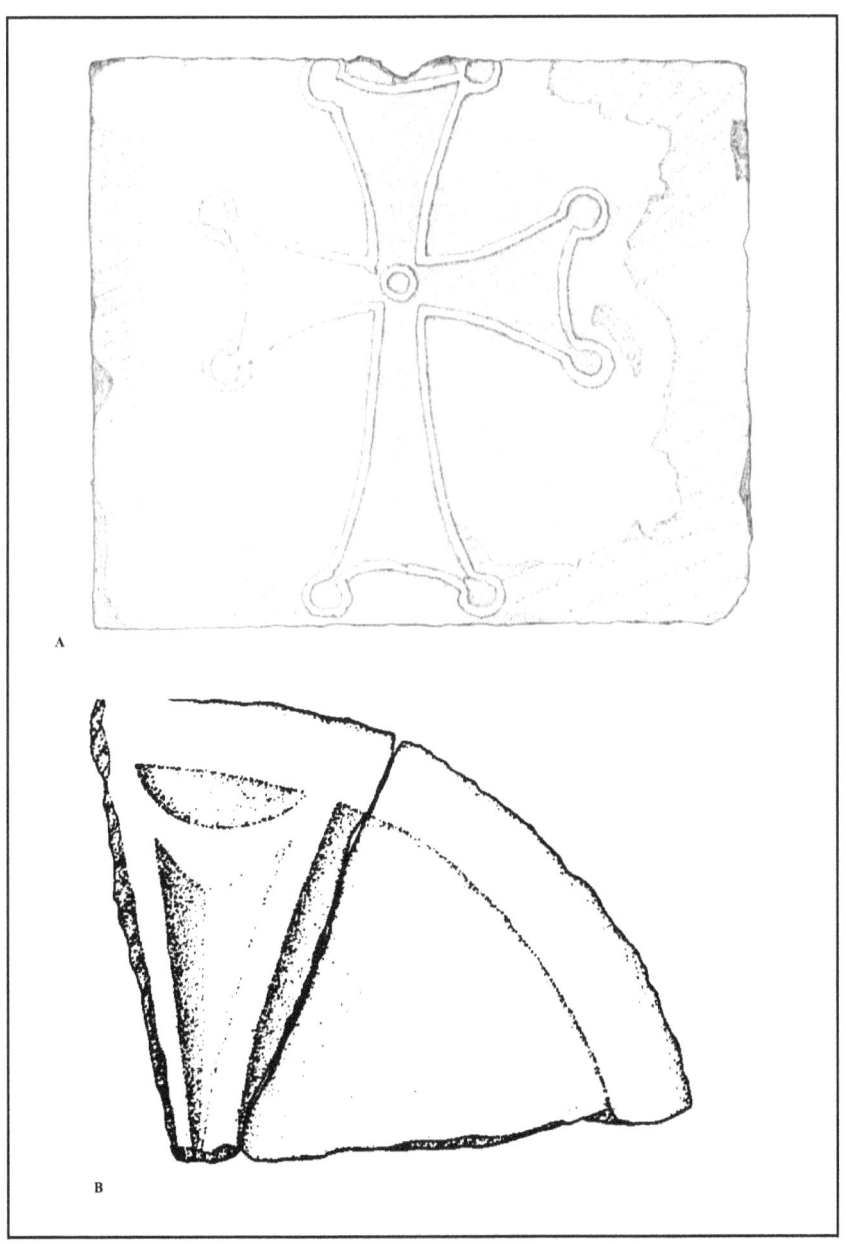

A. Kalksteinplatte mit Tropfenkreuz (Kat.-Nr. 53).
B. Fragment eines Medaillons mit reliefiertem Kreuzzeichen einer Chorschrankenplatte (Kat.-Nr. 64).

Abb. 26

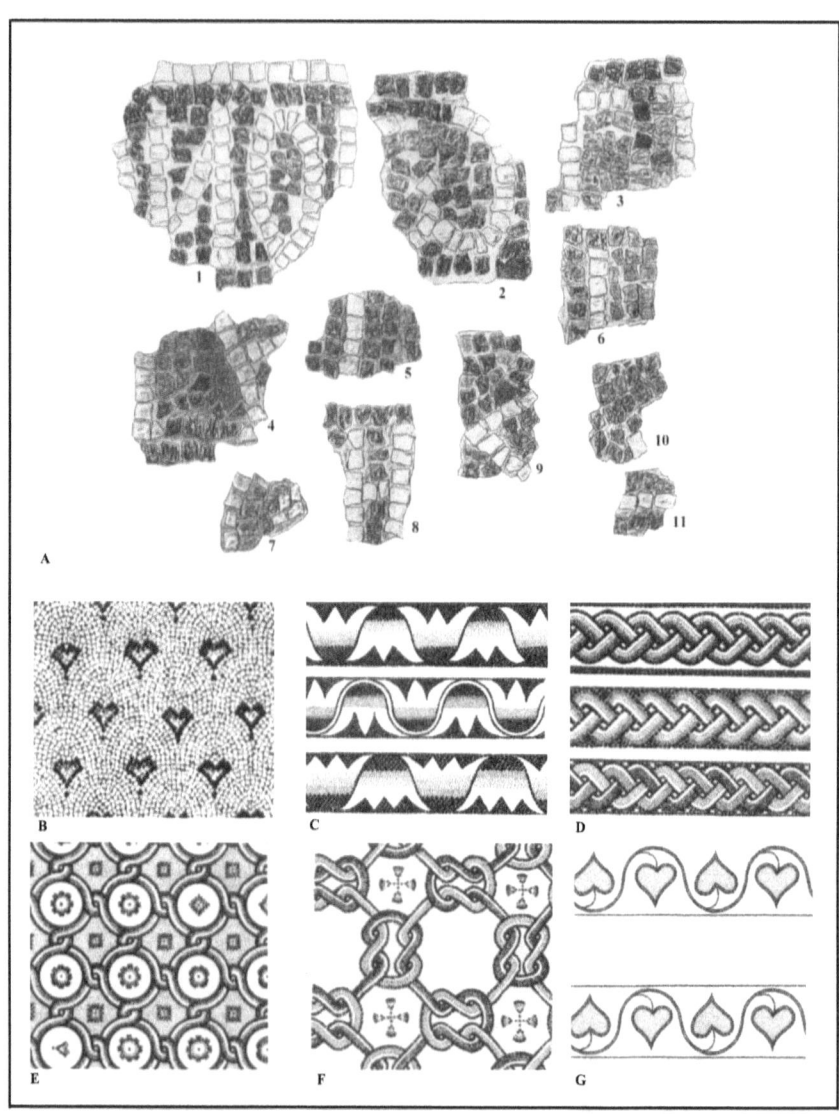

A. Fragmente von Wandmosaiken:
1. Kat.-Nr. 55; 2. Kat.-Nr. 56; 3-11. Kat.-Nr. 57.
B-G Geometrische Muster des Mosaikbodens der Basilika, Umzeichnungen von Parallelen:
B. Schuppenmuster mit Blüten aus Antiochia (um 500 n. Chr.); C. Alternierende Lotusbänder (von oben nach unten): aus Antiochia (425. n. Chr.), Grado (4. Jh. n. Chr.), Apamea (4. Jh. n. Chr.); D. Doppelte Flechtbänder (von oben nach unten) aus Lyon (5. Jh. n. Chr.), Utiqa (2. Jh. n. Chr.); Qaṣr el-Lebia (4. Jh. n. Chr.); E. Kreisflechtmuster aus Antiochia (400-425. n. Chr.); F. Heraklesknoten-Netz aus Awza'i (6. Jh. n. Chr.); G. Efeuranke aus Butrint, Albanien (5. Jh. n. Chr.).

Abb. 27

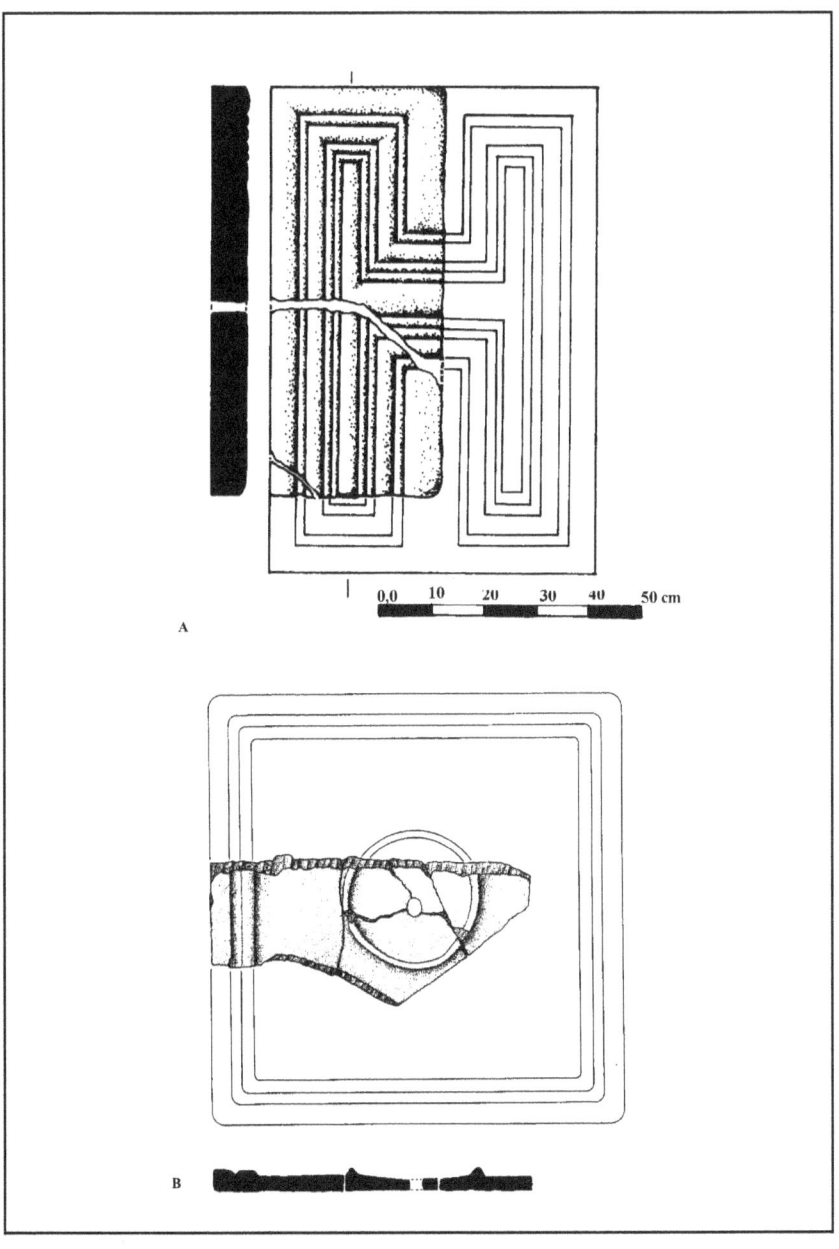

Rekonstruktionsversuche von liturgischem Mobiliar aus Marmor.
A. Wangenplatte eines Ambos ? (Kat-.Nr. 72).
B. Basisspalte eines Altars (Kat.-Nr. 71).

Abb. 28

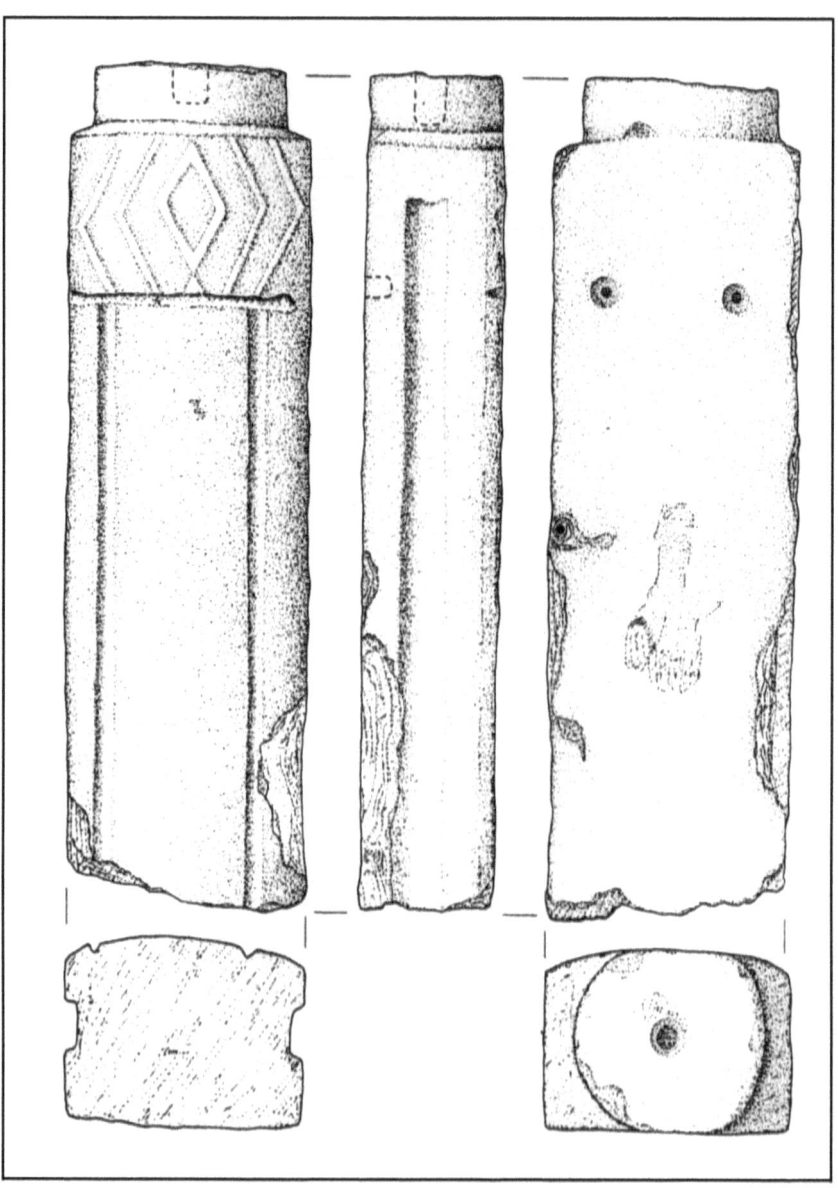

Marmorpfosten einer Blendarchitektur (Kat.-Nr. 61).

Abb. 29

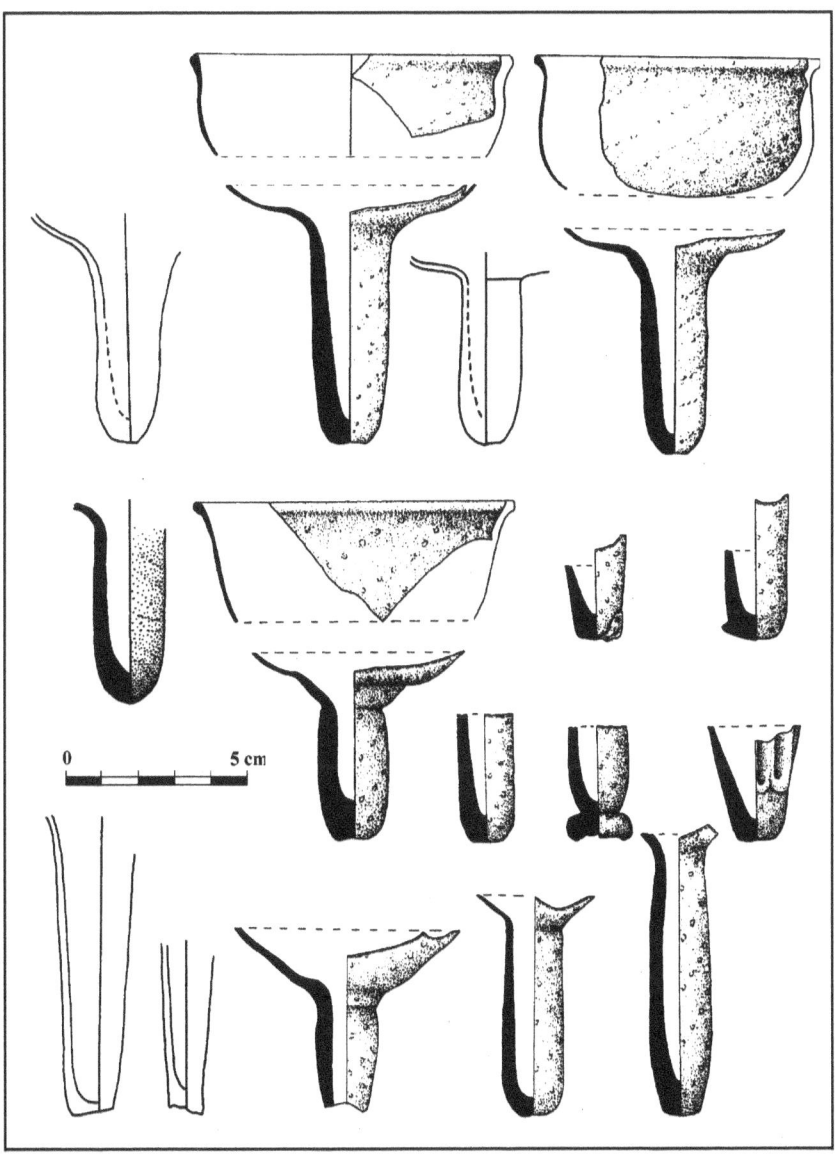

Glasfragmente von Polykandela aus der Krypta und der Basilika in Auswahl.

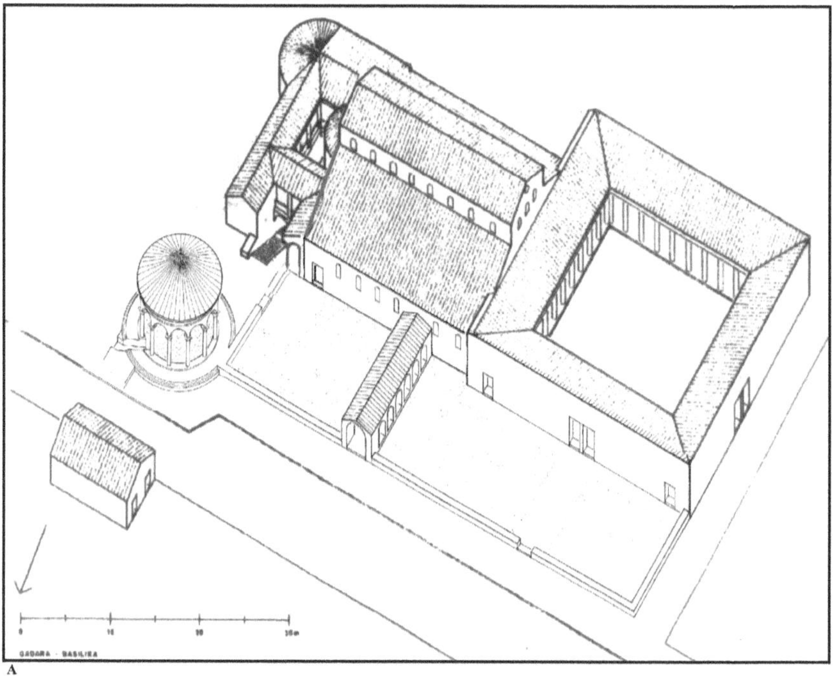

Abb. 30

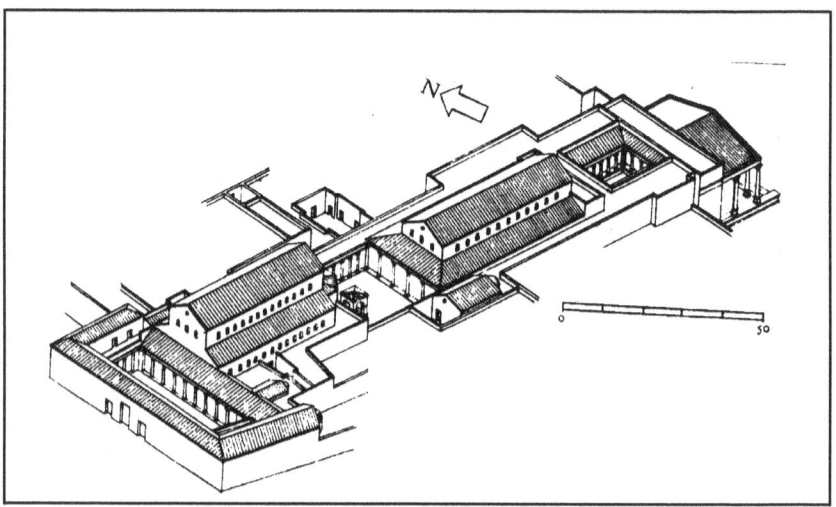

A. Isonometrische Rekonstruktion der Basilika (Zustand erste Hälfte 6. Jh. n. Chr.
B. Isonometrische Rekonstruktion der Kathedrale und S. Theodor-Kirche von Gerasa.

Abb. 31

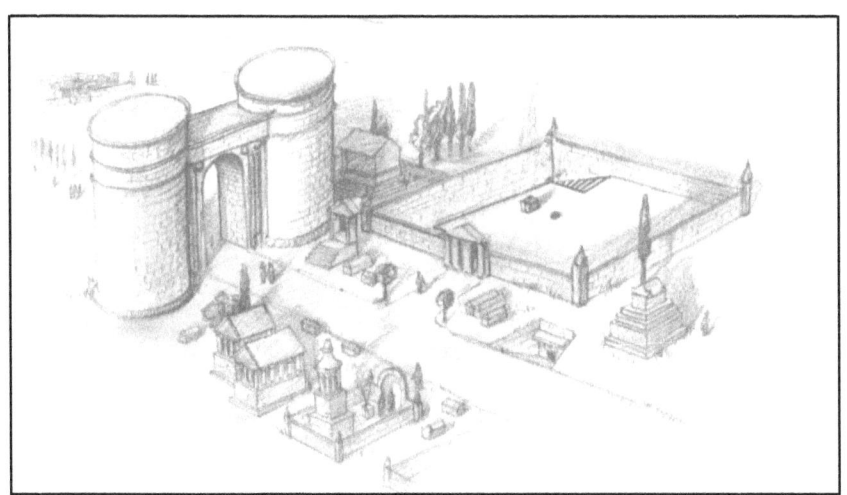

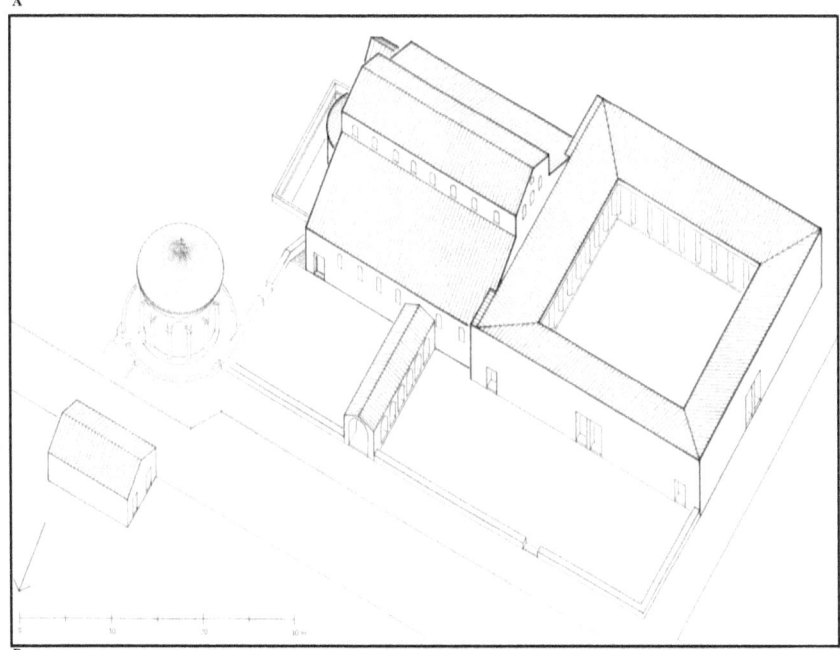

Das Areal der fünfschiffigen Basilika westlich von Gadara.
A. Zustand der Westnekropole im 1. Jh. n. Chr. mit Tiberiastor und umfriedeten Bezirk des Hypogäums.
B. Zustand der Basilika (Bauphase II) über dem römischen Hypogäum mit dem in ein Hagiasma umgewandelten Südturm des Tiberiastors (mittleres 4. Jh. n. Chr.).

Abb. 32

A. Rekonstruktion des Altarraums der Peter- und Paulkirche von Gerasa.
B. Rekonstruktion des Altarraums der Theodorkirche von Gerasa.

Abb. 33

Rekonstruktion der frühchristlichen Phiale der Kampanopetra in Salamis auf Zypern.

Abb. 34

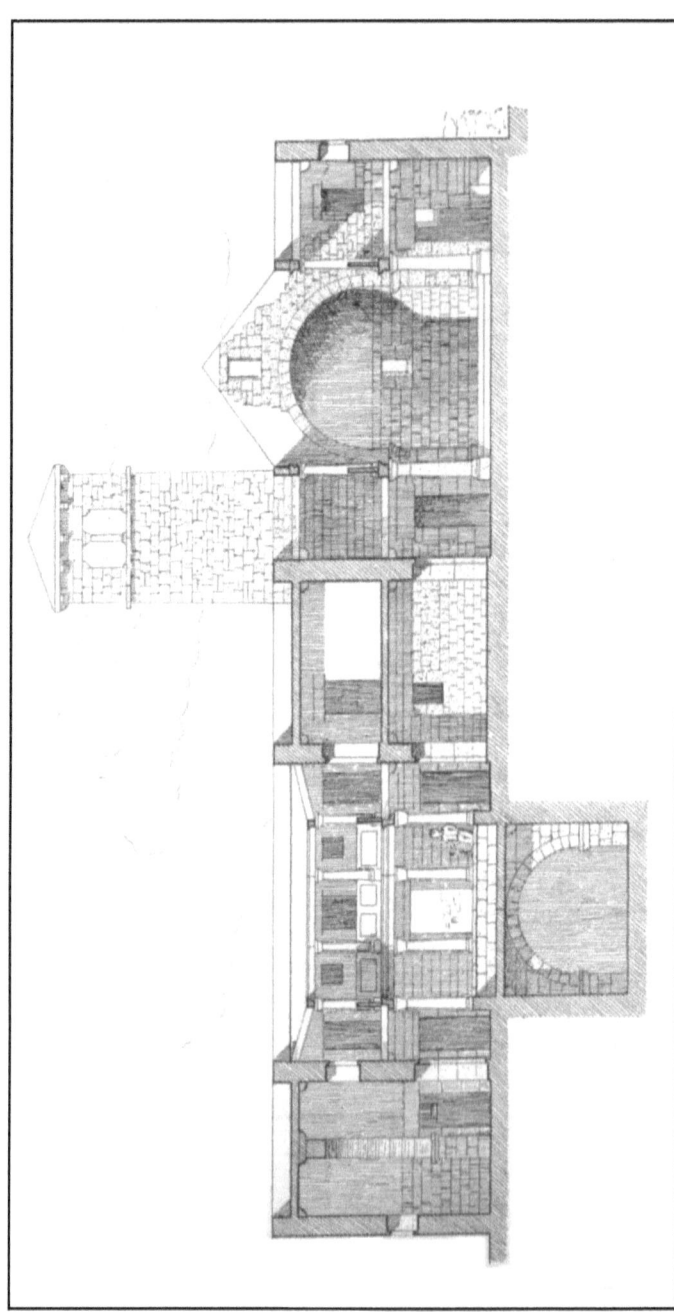

Die Kirche des Sergios und Bakchos in Umm es-Surab, Längsschnitt.

Abb. 35

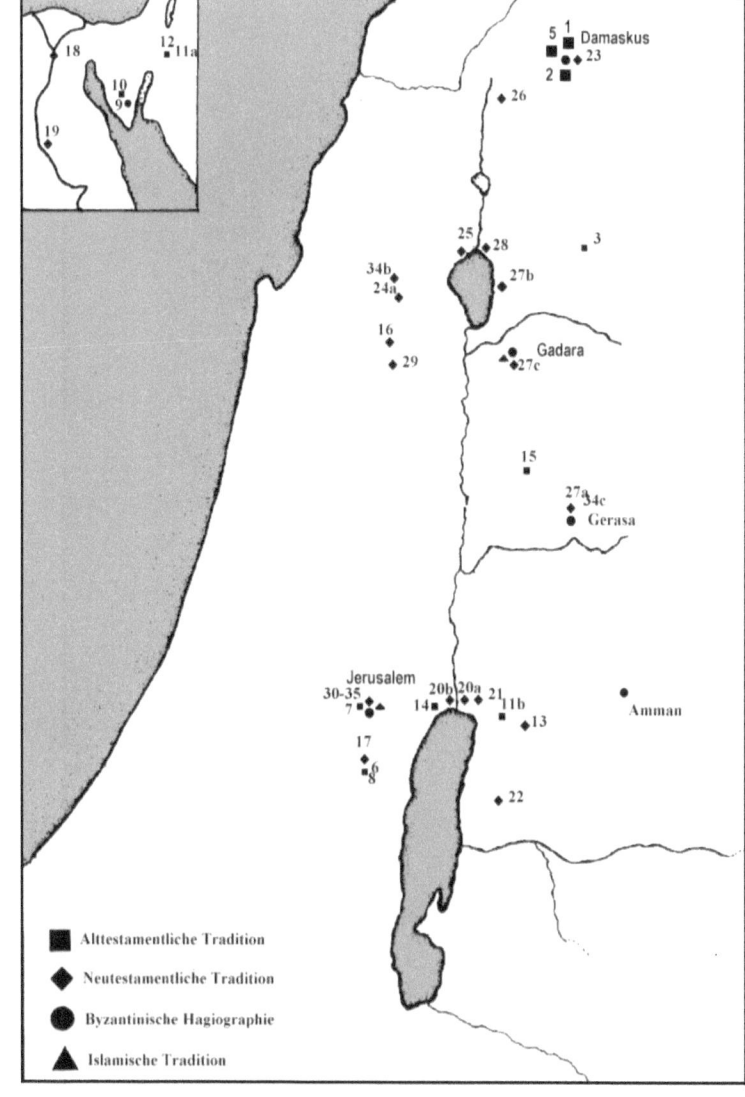

Die Loca Sancta des "Heiligen Land" im Überblick.

asiyūn: Ermordung des Kain durch Abel; 2. Wādī Barada: Grab des Abel; 3. Nawā: Grab des Sam; 4. Qanawāt: Grab des Ijob; 5. Berze: Haus Abraham; 6. Al-Ḫalīl: Grab des Abraham und Sarah; 7. Jerusalem: Tempelberg (Ḥaram al-Šarīf); 8. Bethlehem: Grab der Rachel; 9. Sinai, St. arinen-Kloster (Der brennwende Dronbusch); 10. Sinai: Übergabe der Gesetztafeln; 11a. Petra: Mosesquelle; 11b. ʿAuyūn Musa: Mosesquelle; ʾetra: Grab des Aaron; 13. Berg Nebo: Blick des Moses in das gelobte Land; 14. Jericho: Grab des Moses; 15. Thisbe: Geburtsort des Elias; 16. areth: Verkündigung der Geburt Jesu; 17. Bethlehem: Geburt des Jesu; 18. Gebel el Ṭer: Flucht der heiligen Familie nach Ägypten; 19. Dēr el-rrāg: Jesu in Ägypten; 20a. Maġṭas: Taufe des Jesu; 20b. Mār Yuḥanan: Taufstelle des Jesu; 21. Wādī Ḥarrar: Lebensraum des Johannes des rs; 22. Machärus: Enthauptung des Johannes; 23. Damaskus: Haupt des Johannes des Täufers; 24a. Ḫirbet Kana: Das Wunder der Wandlung Wassers zu Wein; 24 b. Kafr Kenna: Das Wunder der Wandlung des Wassers zu Wein ;24c. Gerasa: Das Wunder der Wandlung des Wassers zu in; 25. Capernaum: Haus Petrus; 26. Caesarea Philippi: Heilung der Blutflüssigen; 27a. Gerasa: Wunder der Dämonenaustreibung; 27b. si: Wunder der Dämonenaustreibung; 27c. Gadara: Wunder der Dämonenaustreibung; 28. Eṭ-Ṭabaqa: Wunder der Brotvermehrung; 29. Berg , Verklärung des Jesu; 30. Berg Zion: das letzte Abendmahl; 31. Gethsemane: Verhaftung Jesu; 32. Jerusalem: Ort des Verhörs; 33. Jerusalem: Via Dolorosa; 34. Jerusalem: das Heilige Grab; 35. Ölberg: Himmelfahrt.

Abb. 36

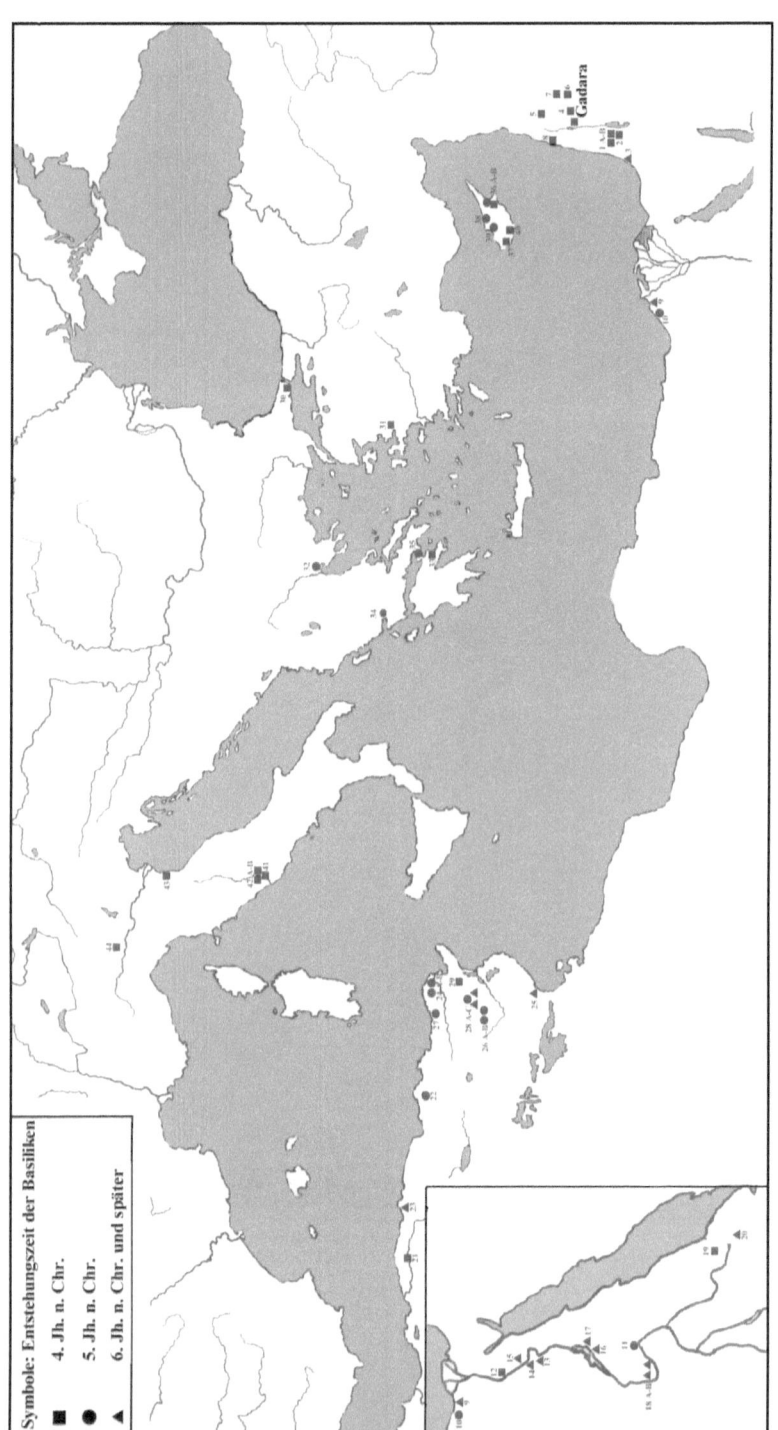

Verbreitungskarte der fünfschiffigen Basiliken.

1. Jerusalem; 2. Bethlehem; 3. Gaza; 4. Abila; 5. Damaskus; 6. Swēda; 7. Dēr al-Guwani; 8. Tyros; 9. Abū Mīnā; 10. ʿAin Maḥura; 11. Fāw al-Qiblī; 12. Antinooupolis; 13. Armant; 14. Medinat Habū; 15. Taḥṭā; 16. Ǧabal ʿAdda; 18. Alt Dongola; 19. Aksum; 20 Laübata; 21. el-Aṣnām; 22 Cuicul; 23 Matifou; 24. Karthago; 25. La Skhira; 26. Thelepte; 27. Thabraka; 28. Sbeitla; 29. Severmes; 30. Konstantinopel; 31. Ephesos; 32. Thessaloniki; 33. Epidauros; 34. Nikopolis; 35. Korinth; 36. Salamis; 37. Paphos;

Abb. 37

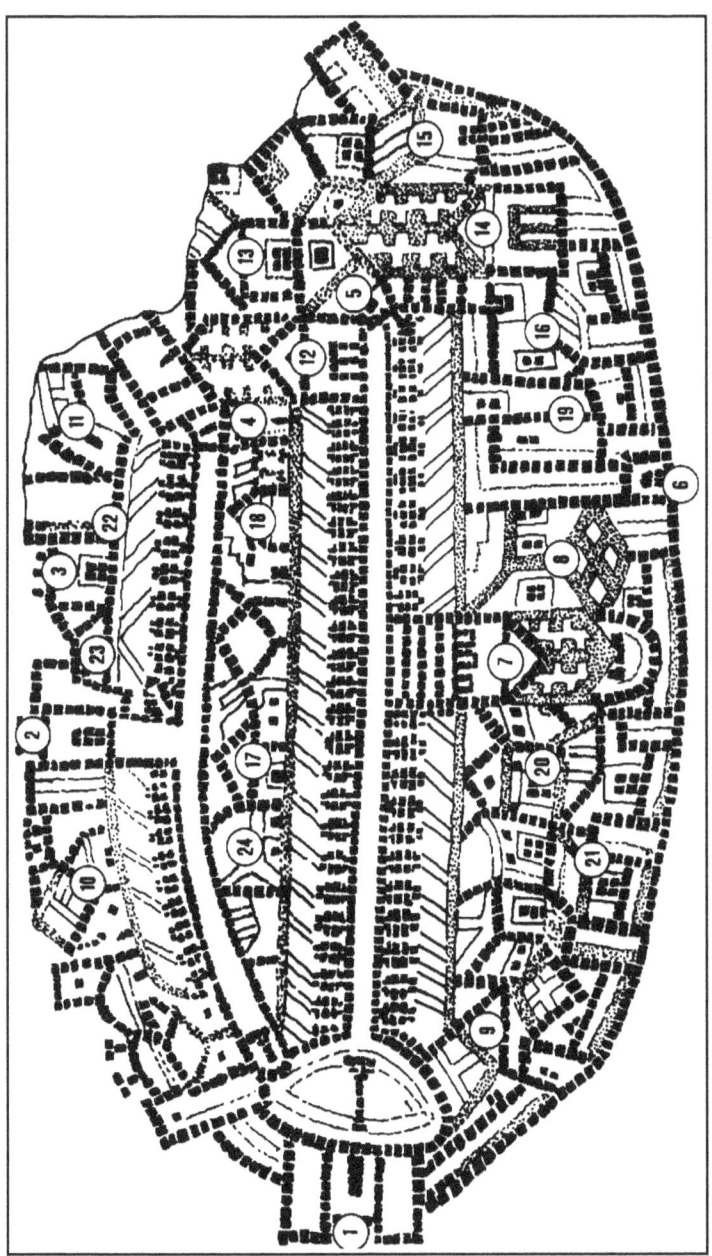

Jerusalem auf der Madaba-Mosaikkarte.

1. Damaskus-Tor; 2. Ost-Tor (Bab Sitti Maryam); 3. Goldenes Tor (Bab ar-Rahman); 4. Dung-Tor (Bab el-Mugariba); 5. Zion-Tor (Bab en-Nabi Daud); 6. Jaffa-Tor (Bab el-Halil); 7. Grabeskirche; 8. Baptisterium der Grabeskirche; 9. Unbekannte Kirche; 10. Probatika Piscina-Kirche; 11. Kirche am Pinnakle Tempel; 12. Nea-Kirche; 13. Siloa-Kirche; 14. Zion-Kirche; 15. Diakonikon der Zion-Kirche; 16. Kirche des Kaiphas-Hauses; 17. Hagia Sophia; 18. Kosmas und Damian-Kirche ?; 19. Al-Qal'a (Zitadelle); 20. Patriarchen-Quartier; 21. Spondaei-Kloster ?; 22. Tempelbezirk (Haram al-Sharif); 23. Festung-Antonia ?; 24. Bad von Jerusalem ?

Abb. 38

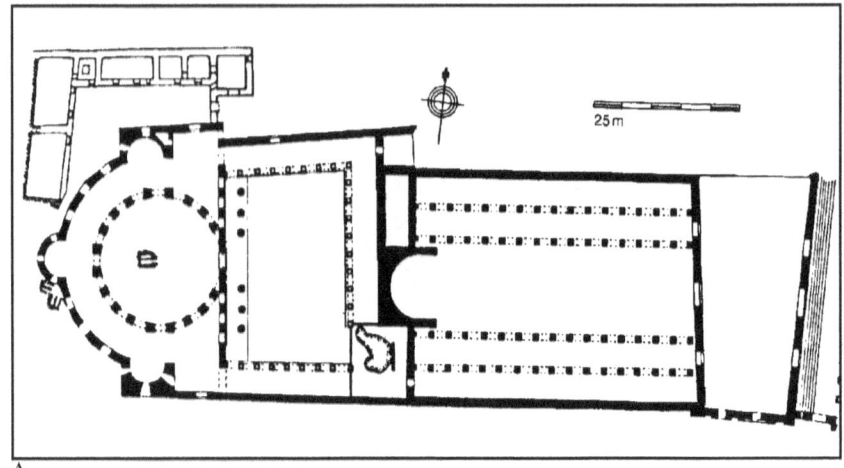

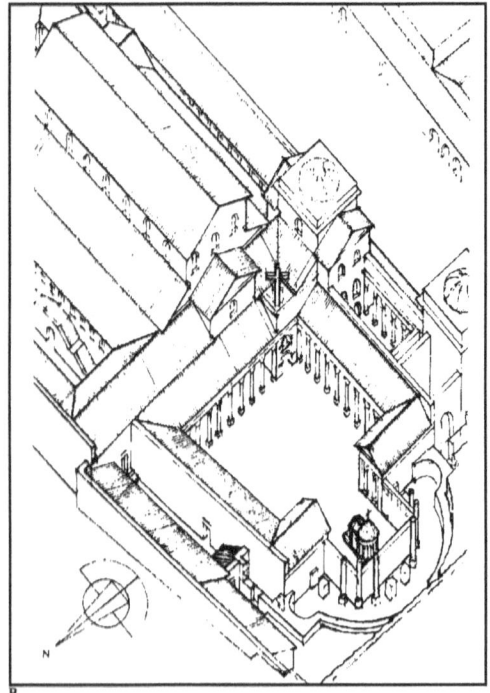

Die Grabeskirche in Jerusalem.
A. Grundriß der konstantinischen Anlage; B. Rekonstruierte isometrische Ansicht der konstantinischen Anlage.

Abb.39

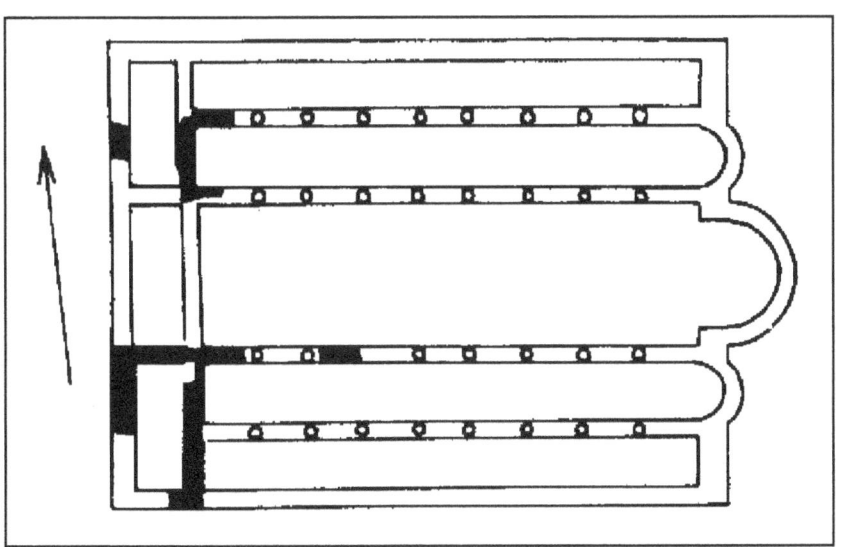

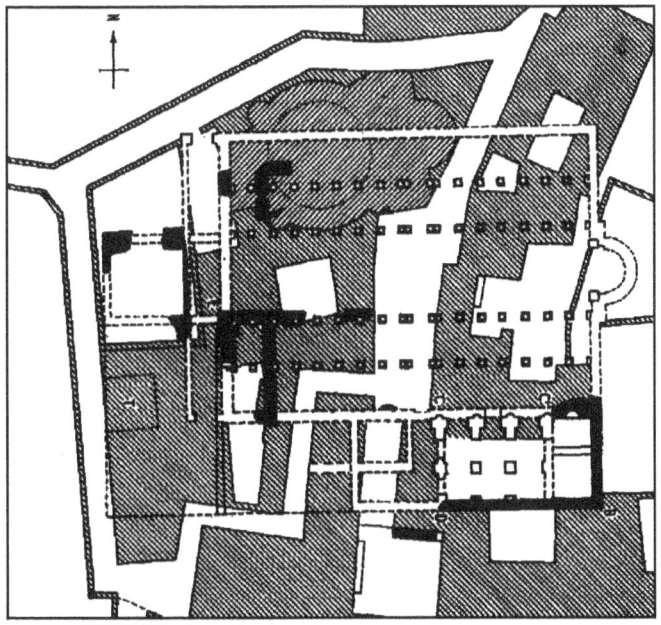

Die Zion-Kirche in Jerusalem.
A. Rekonstruierter Grundriß; B. Topographische Lage der Zion-Kirche im Gelände der Dormitio.

Abb. 40

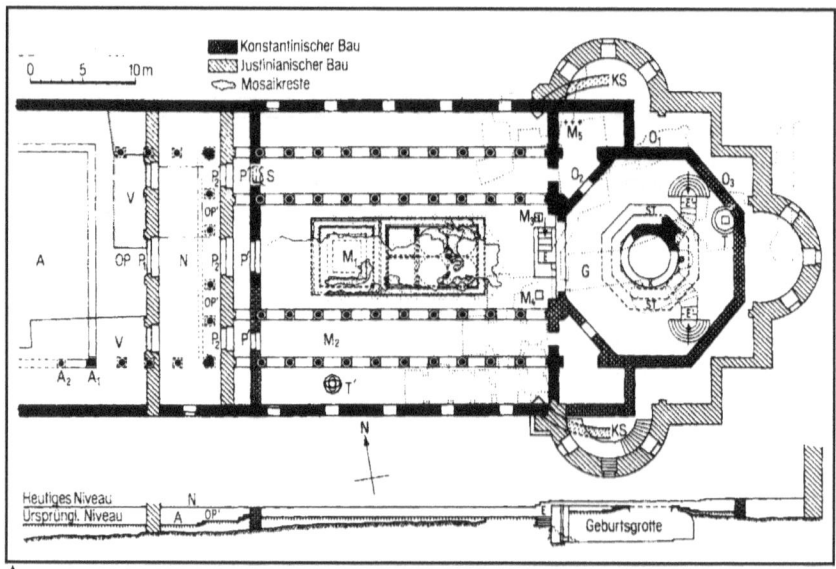

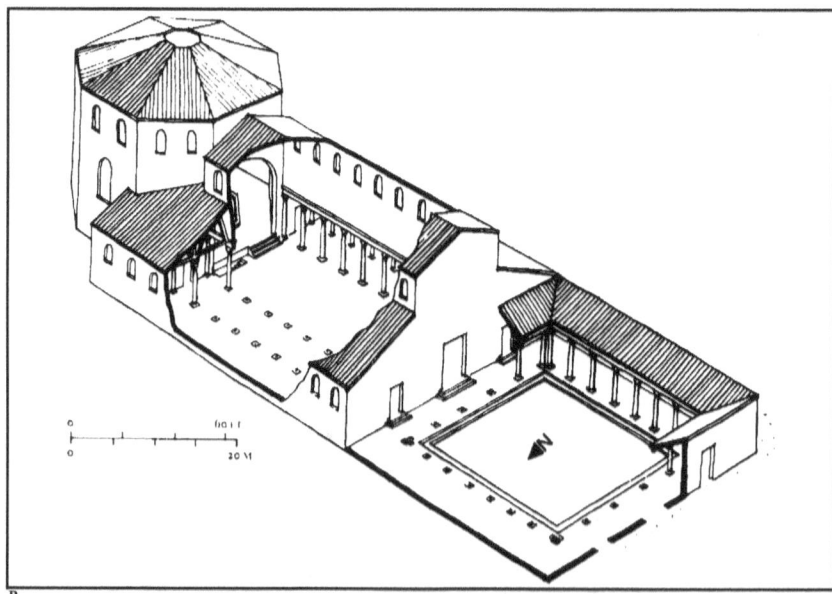

Die Geburtskirche in Bethlehem.
A. *Grundriß und Niveauschnitt der konstantinischen Bauphase mit justinianischen Umbauten;*
B. *Rekonstruierte Isometrie des konstantinischen Bauzustandes.*

Abb. 41

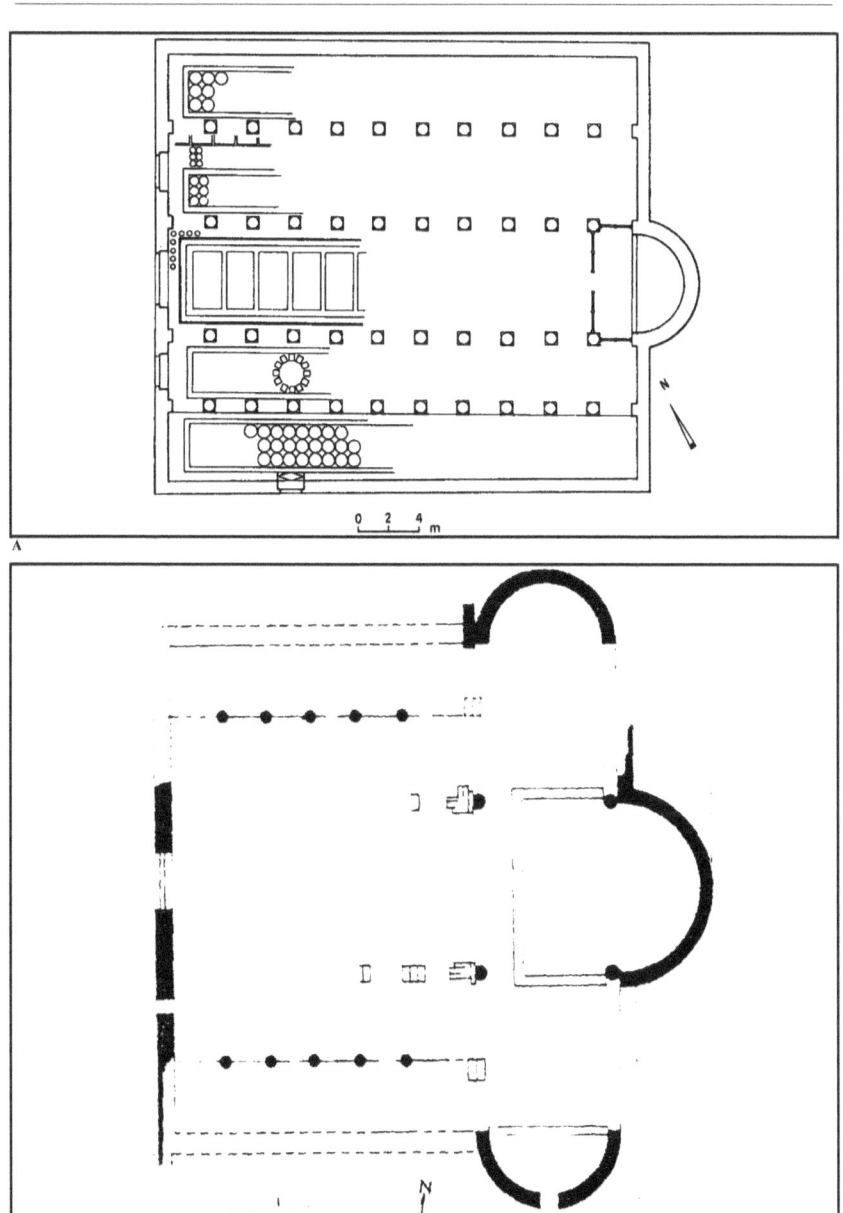

A. Die Synagoge in Gaza, Grundriß.
B. Die fünfschiffige Basilika in Abila/Qwēlbe, Grundriß, Stand 1994.

Abb. 42

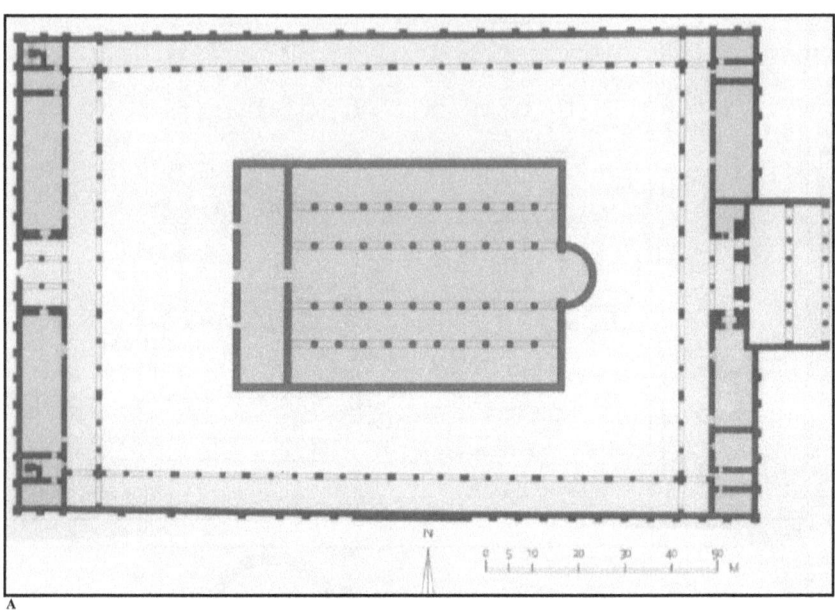

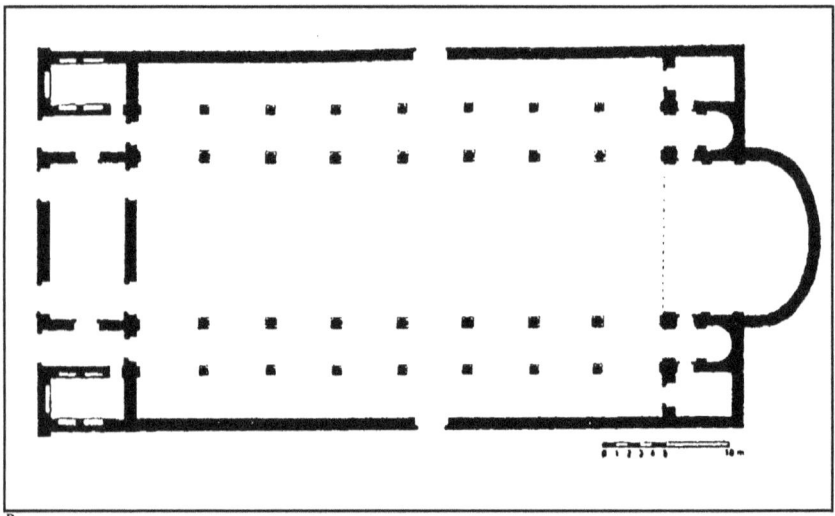

A. Rekonstruktion der fünfschiffigen Johannes-Basilika von Damaskus im Temenos des Jupiter-Damascenus-Heiligtums, Grundriß.
B. Grundriß der Sergios-Basilika in Suwēda.

Abb. 43

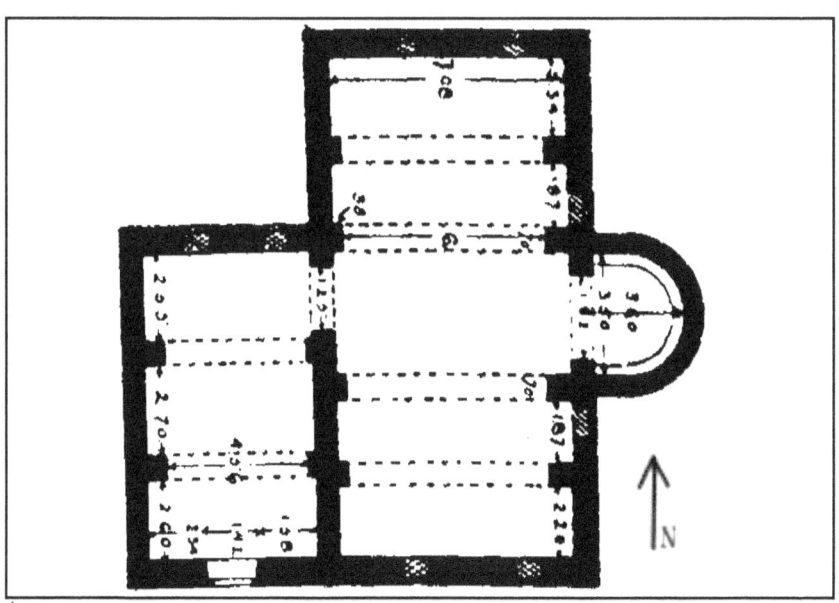

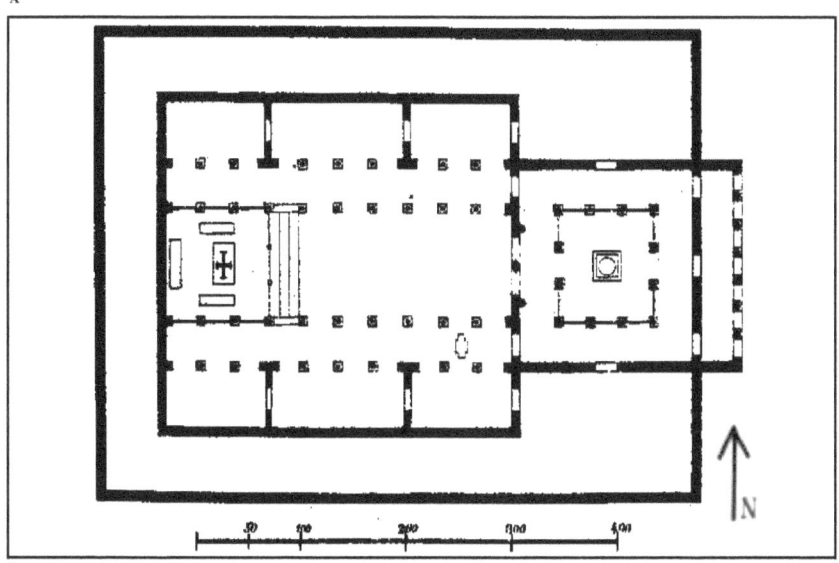

A. Grundriß der Klosterkirche in Dair el-Guwani.
B. Rekonstruierter Grundriß der Paulinos-Kathedrale in Tyros.

Abb. 44

Architekturteile aus der Paulinos-Kathedrale in Tyros.
A. Fragment eines Frieses mit Pflanzenschmuck; B. Fragment eines Frieses mit Mäander; C. Fragmente mit vegetabilischen Dekors; D. Korinthisches Pilasterkapitell;
E. Vollblattkapitel.

Abb. 45

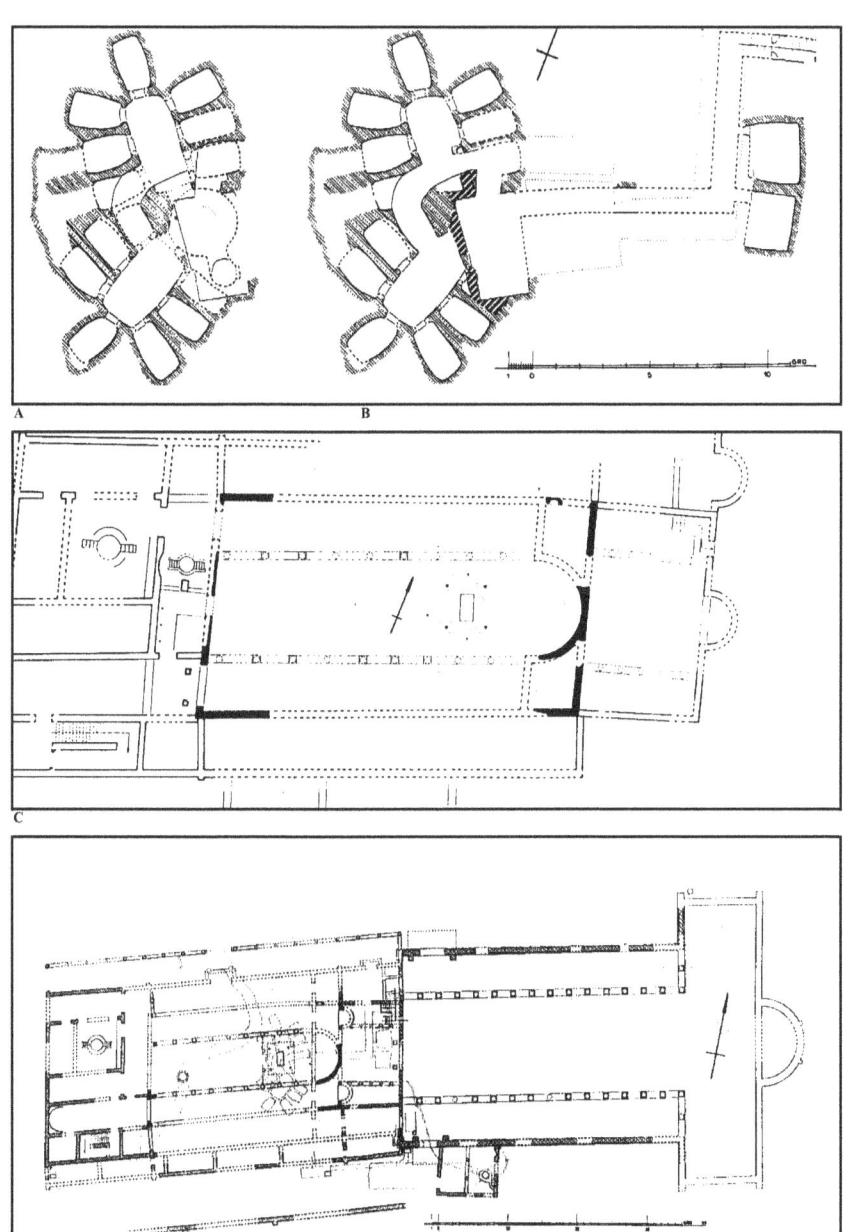

Die Gruftkirche in Abu Mina.
A. Ursprüngliche Katakombe mit Heiligengrab (Phase I); B. Umbauten des Katakombenzuganges bei Einrichtung des Menas-Heiligtumes (Phase II); C. Ältere Gruftkirche des 5. Jhs. (Phase III); D. Gruftkirche und Transeptbasilika des 5./6.Jhs. (Phase IV).

Abb. 46

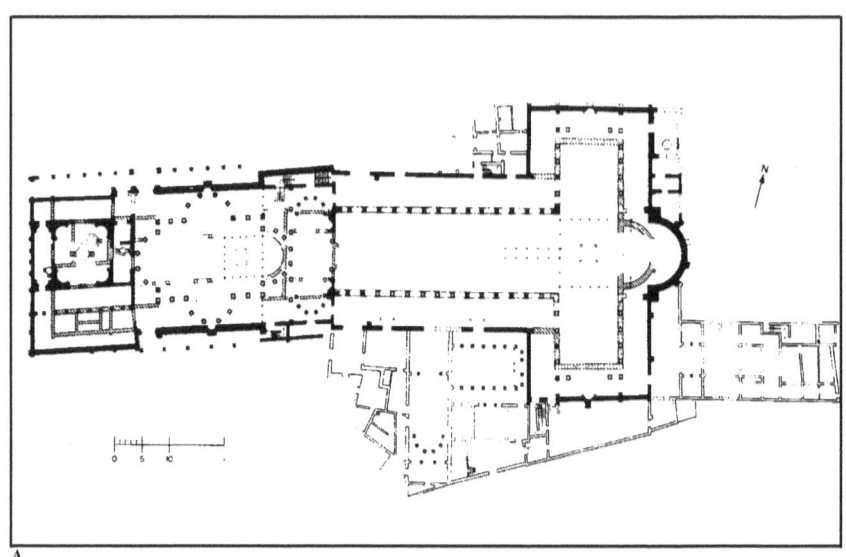

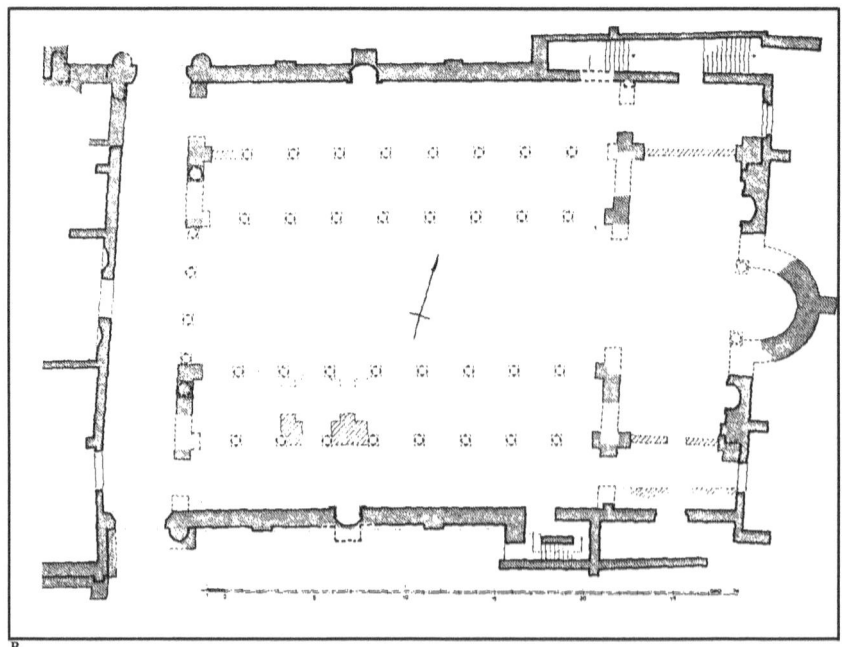

Die Gruftkirche in Abu Mina.
A. Bauzustand der Gesamtanlage im 6. Jh. (Phase V); B. Fünfschiffige Basilika des 8. Jhs. (Phase VI).

Abb. 47

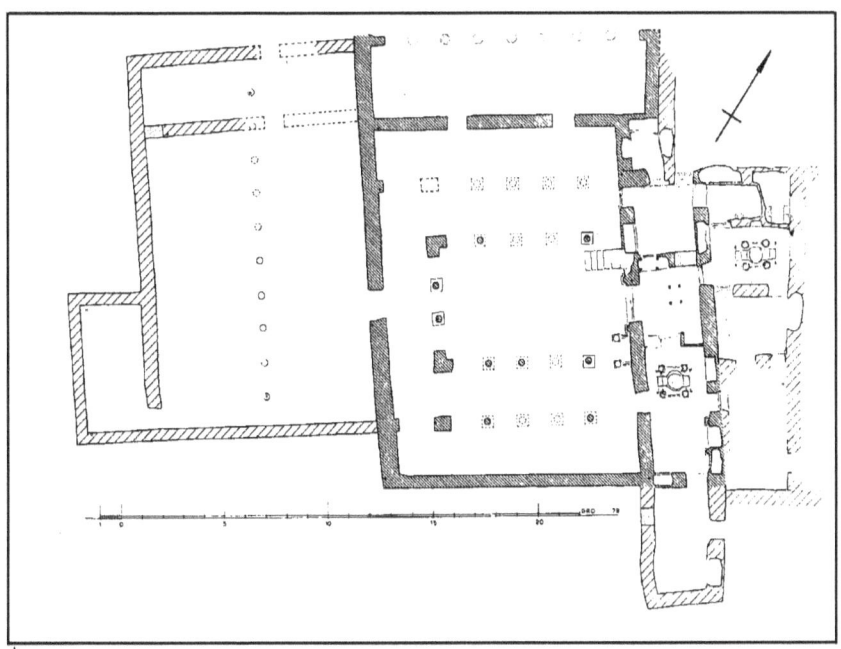

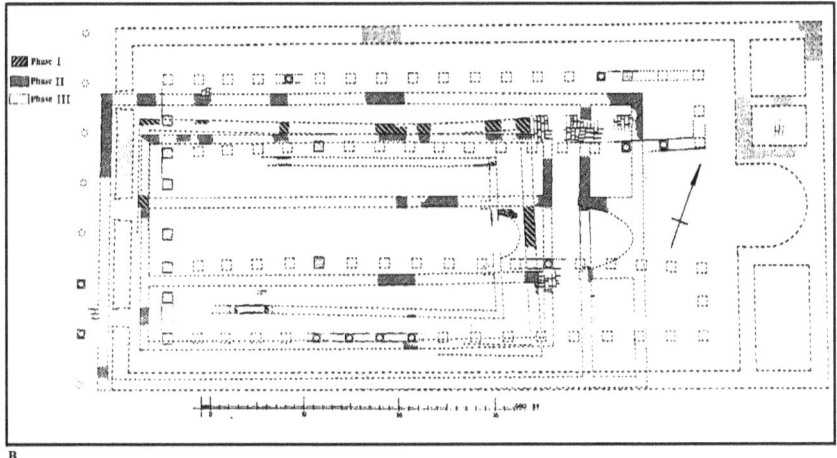

A. Die West-Kirche in ʿAin Mahura, Grundriß.
B. Das Pachomios-Kloster in Faw Qibli, Grundriß.

Abb. 48

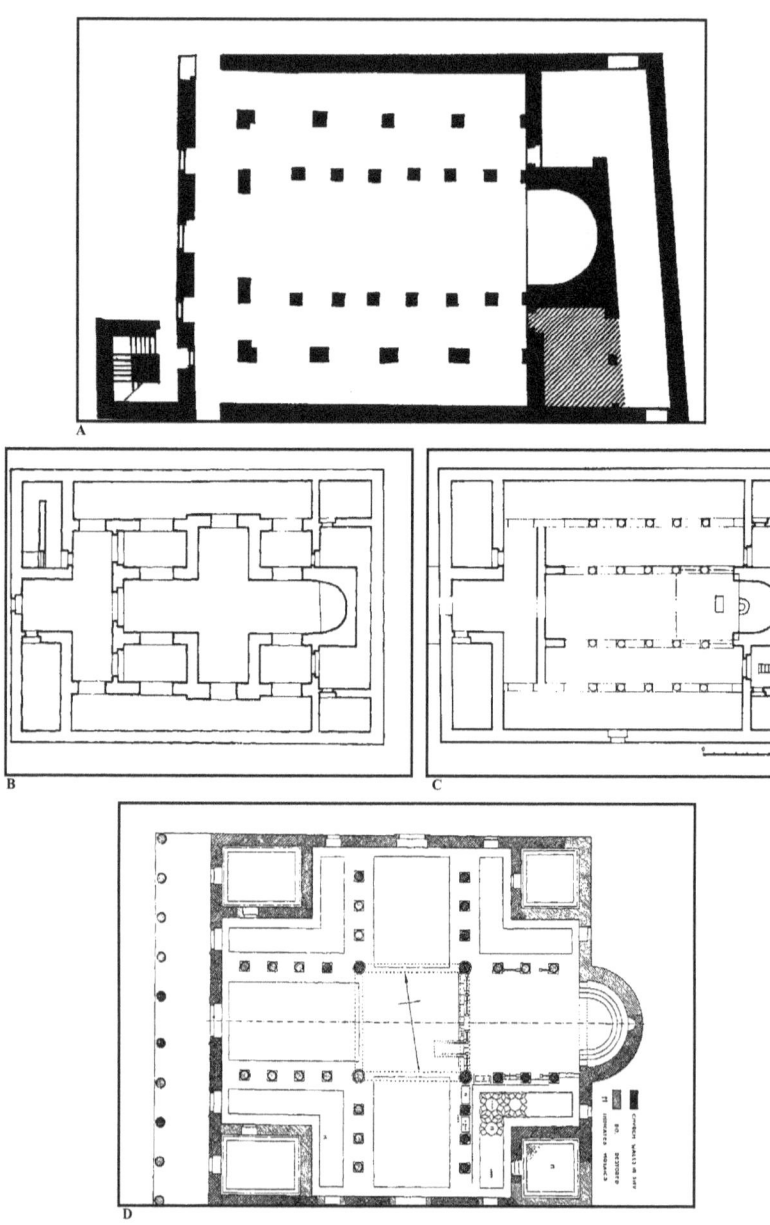

A. Die Kathedrale in Qasr Ibrim, Grundriß.
B. Das Hypogäum in Alt-Dongola, Grundriß;
C. Die Kirche in Alt-Dongola (Steinpavement-Kirche), Grundriß mit Angabe der Bauphasen.
D. Kirche der Propheten, Apostel und Märtyrer in Gerasa, Grundriß.

Abb. 49

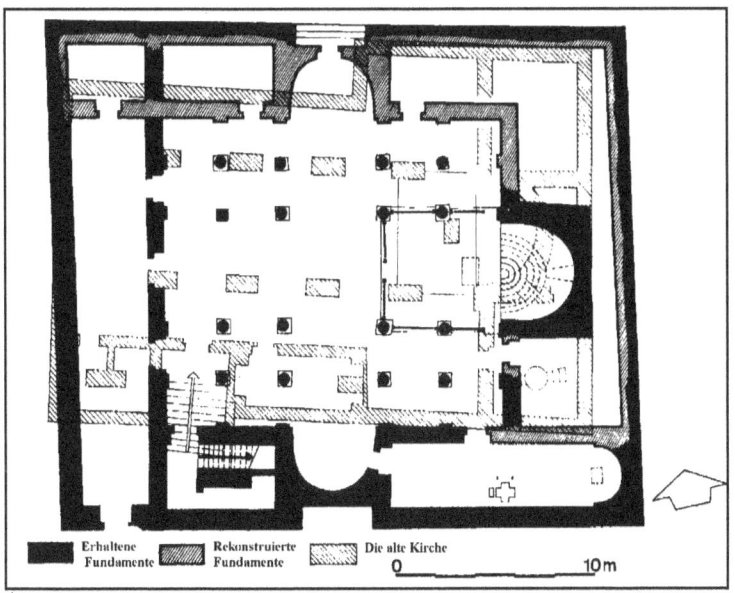

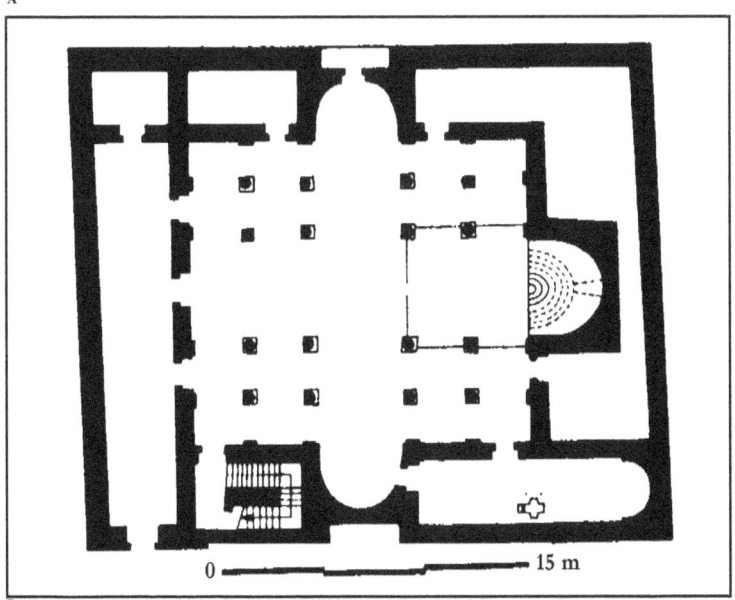

Die sog. Granitsäulen-Kirche in Alt Dongola.
A. Grundriß mit Angabe der Bauphasen.
B. Rekonstruktion der Kirche des 7. Jhs.

Abb. 50

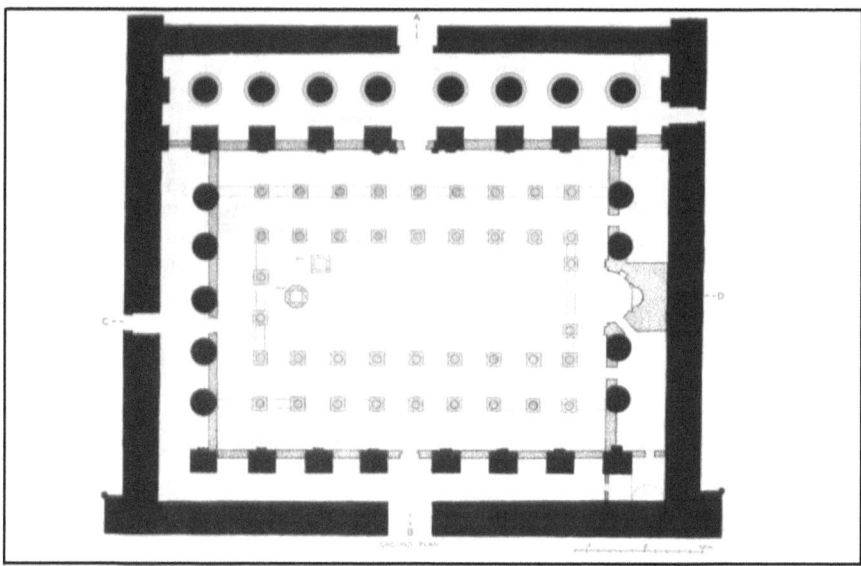

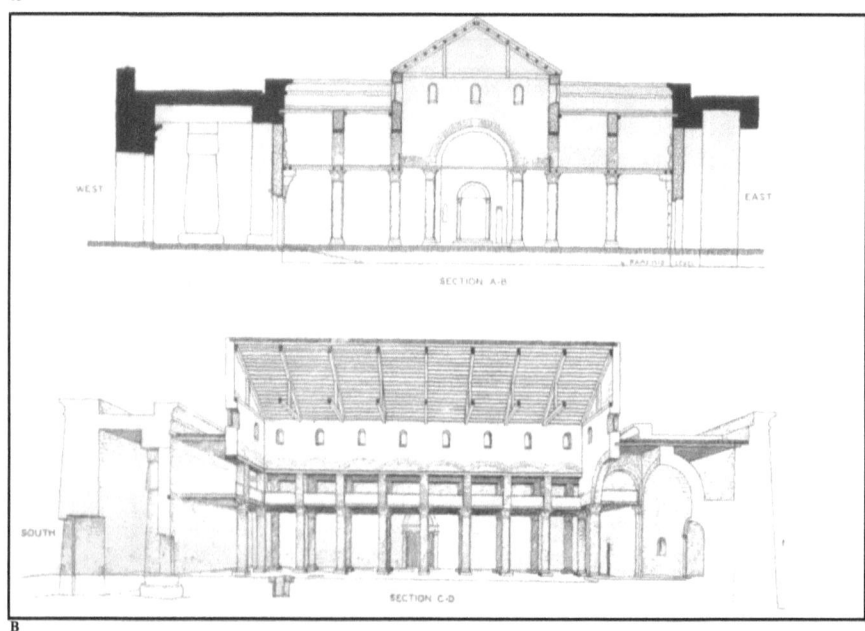

Die Kirche im Ramses-Tempel von Madinat Habu (Luxor).
A. Grundriß; B. Quer- und Längsschnitt (Rekonstruktion).

Abb. 51

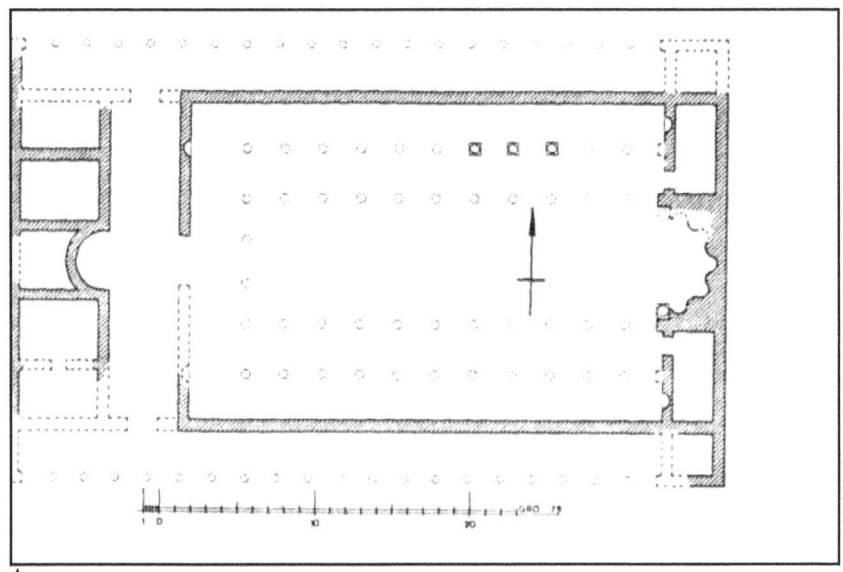

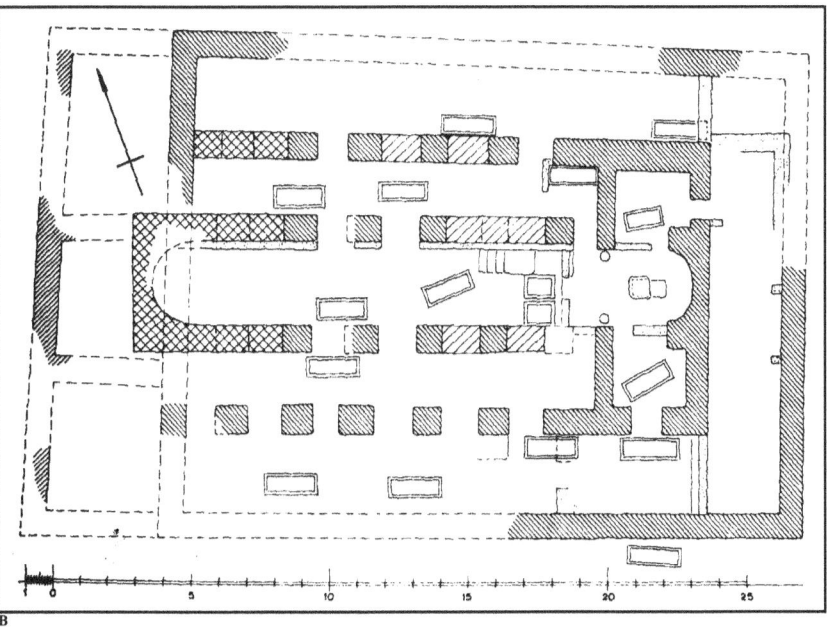

A. Die Kirche in Armant (Hermonthis), Grundriß.
B. Die Friedhofs-Kirche auf dem Gebel Adda, Grundriß.

Abb. 52

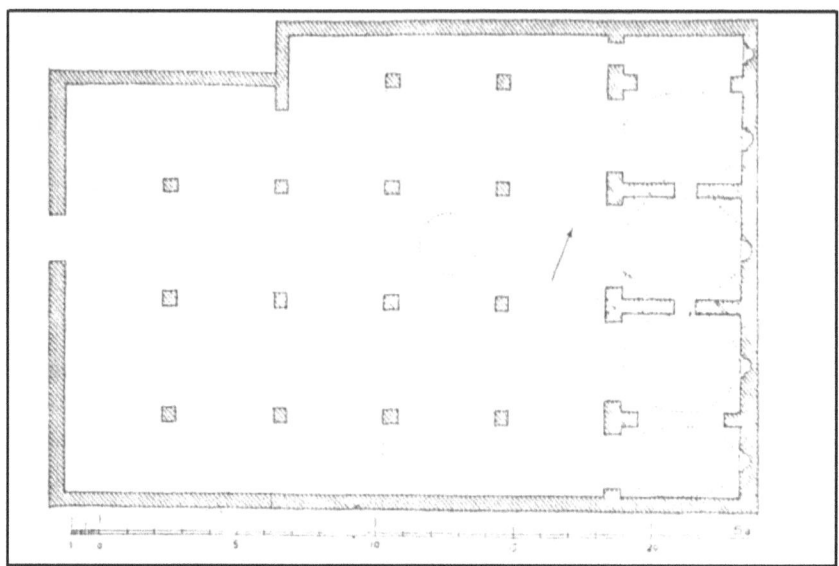

A. Die Kirche des Märtyres Kyriakos und seiner Mutter Yulita in Tahta, Grundriß.
B. Die Kirche St. Maria Zion (Maryam Seyon) in Aksum, Grundriß.
C. Die Erlöser-Kirche (Beta Madhan Alam) zu Lalibala, Grundriß.

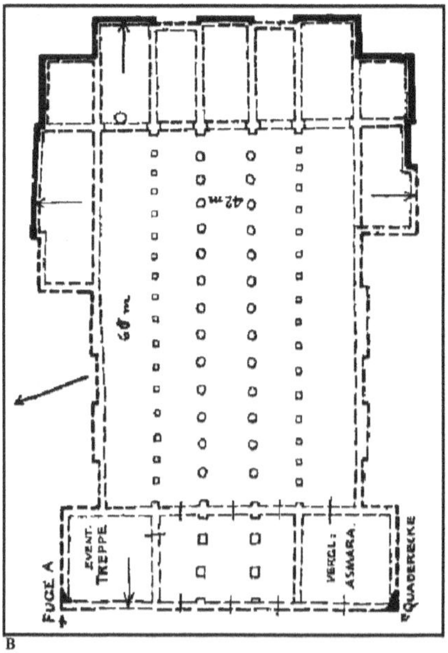

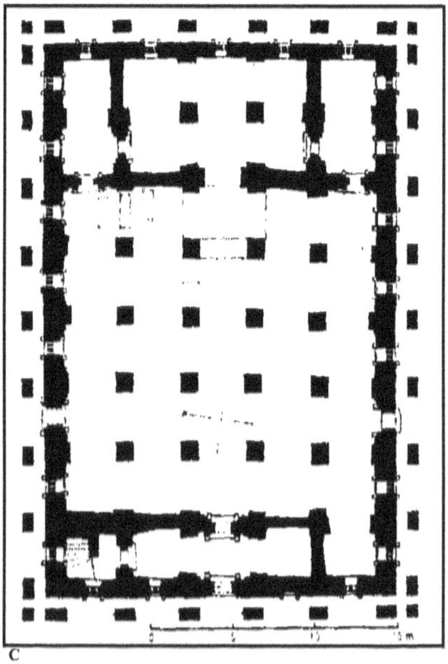

Abb. 53

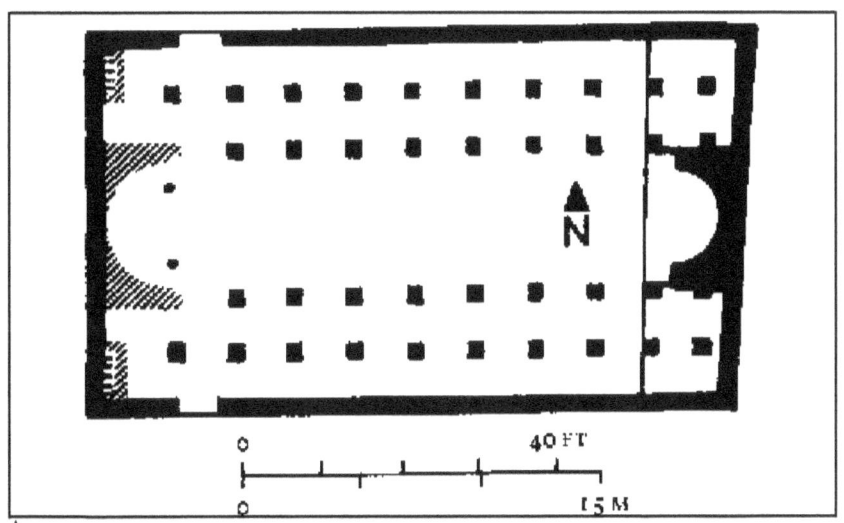

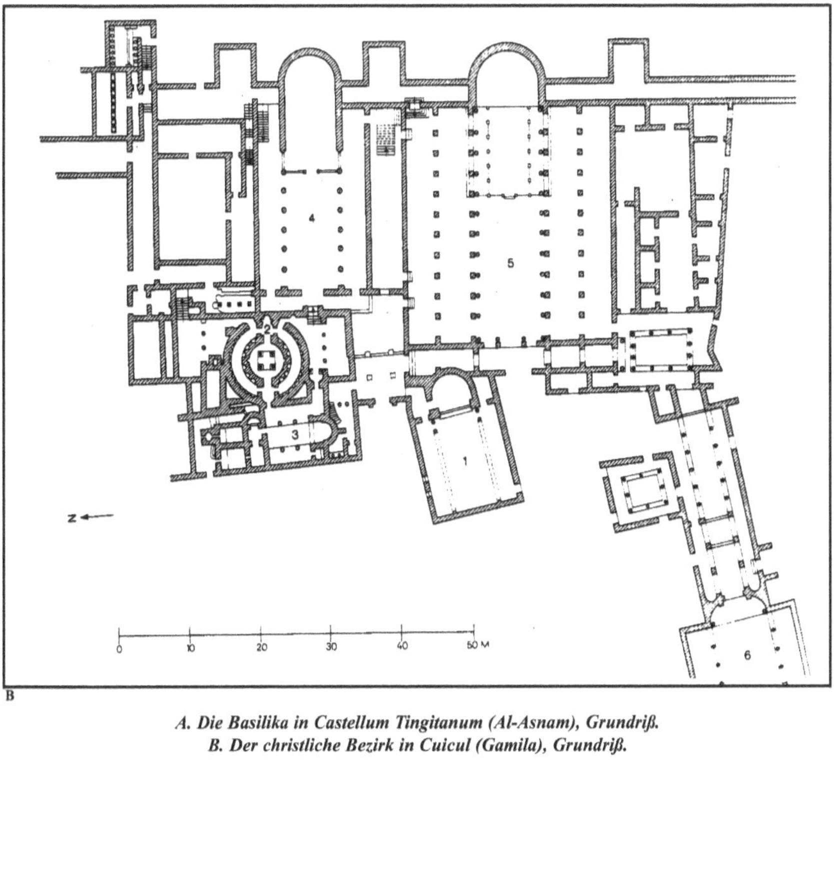

A. Die Basilika in Castellum Tingitanum (Al-Asnam), Grundriß.
B. Der christliche Bezirk in Cuicul (Gamila), Grundriß.

Abb. 54

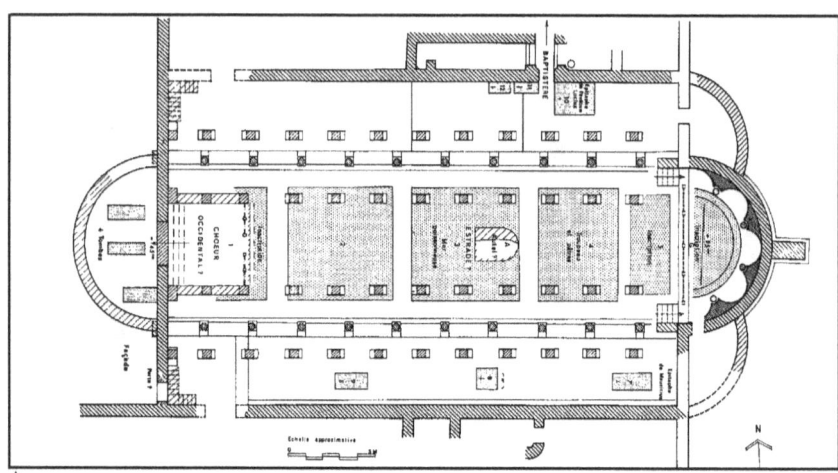

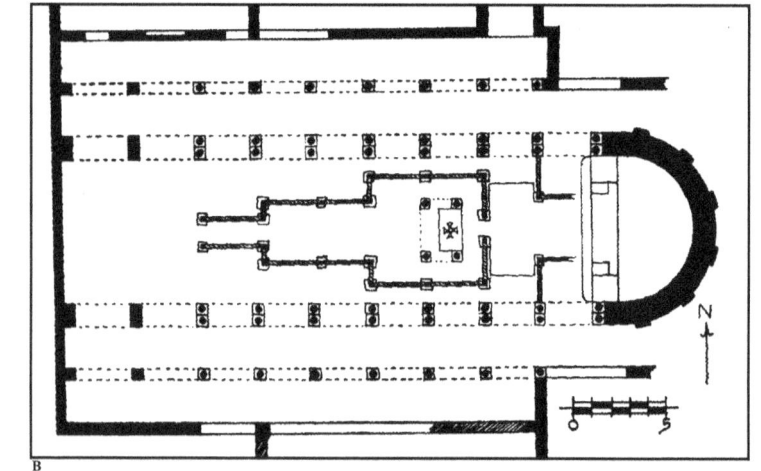

A. Die Kirche in Matifou, Grundriß.
B. Die Dermech-Basilika in Karthago, Grundriß.

Abb. 55

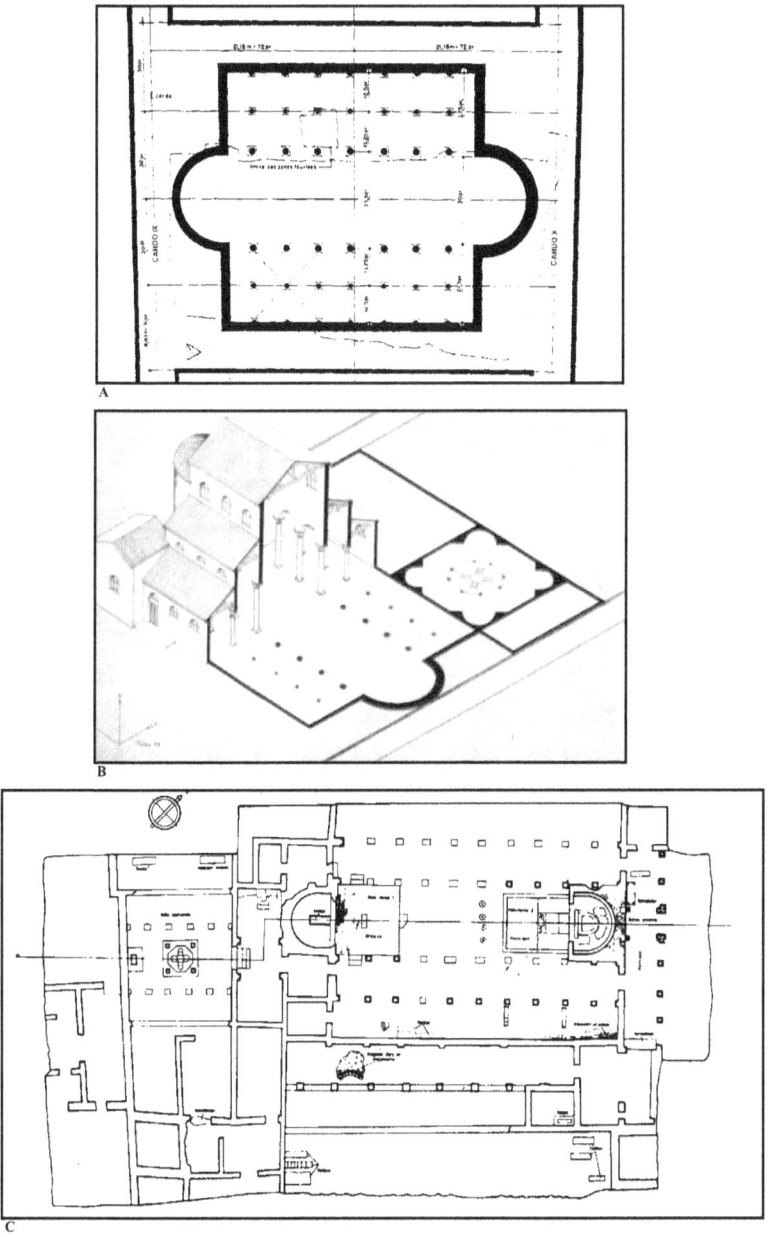

A. Die sog. Byzantinische Basilika in Karthago; Grundriß.
B. Isometrische Rekonstruktion der sog. Byzantinischen Basilika in Karthago.
C. Die Kirche in La Skhira, Grundriß.

Abb. 56

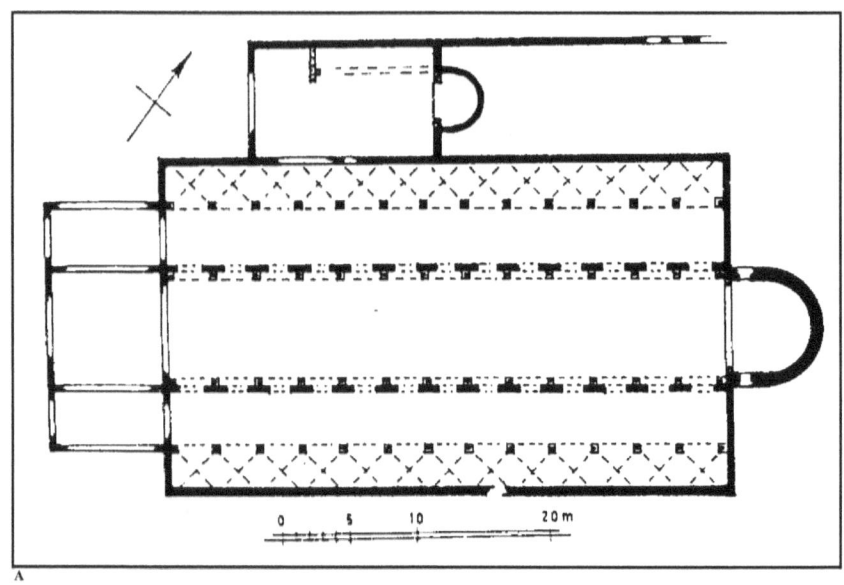

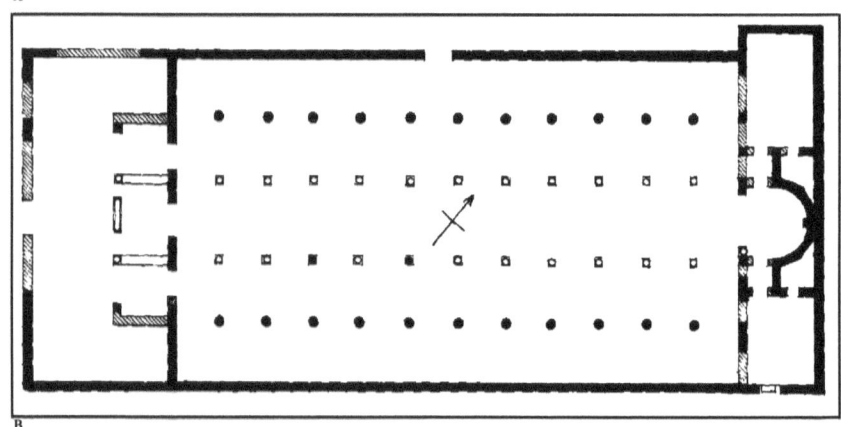

A. Die Basilika Nr. I in Thelepte bei Feriana, Grundriß.
B. Die Basilika Nr. IV in Thelpete bei Feriana.

Abb. 57

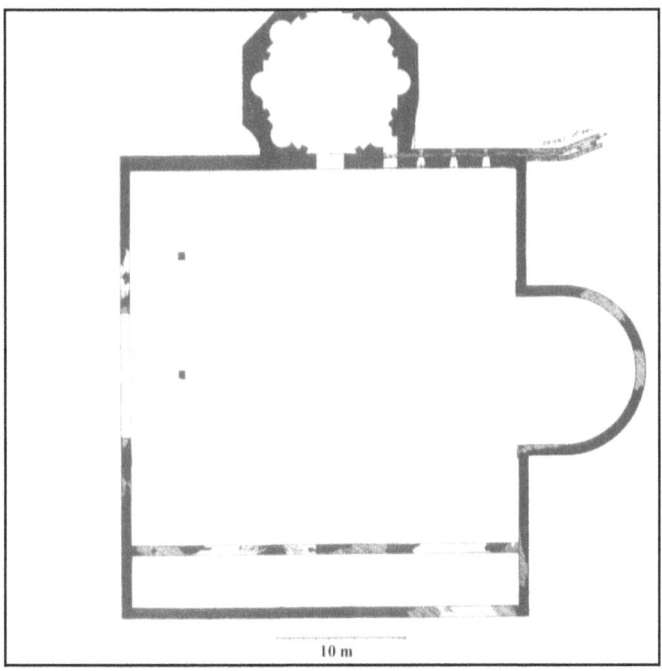

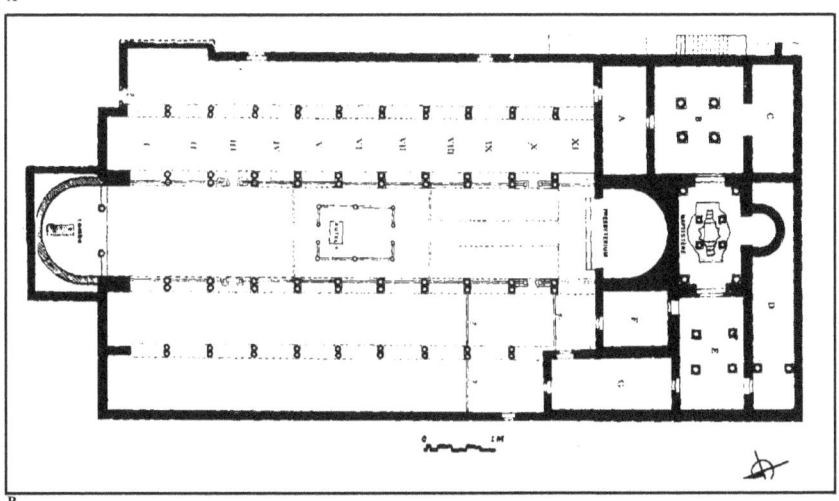

A. Die Kirche in Tabarka (Thabraca), Grundriß.
B. Die Vitalis-Basilika in Sbaiṭla, Grundriß.

Abb. 58

A

B

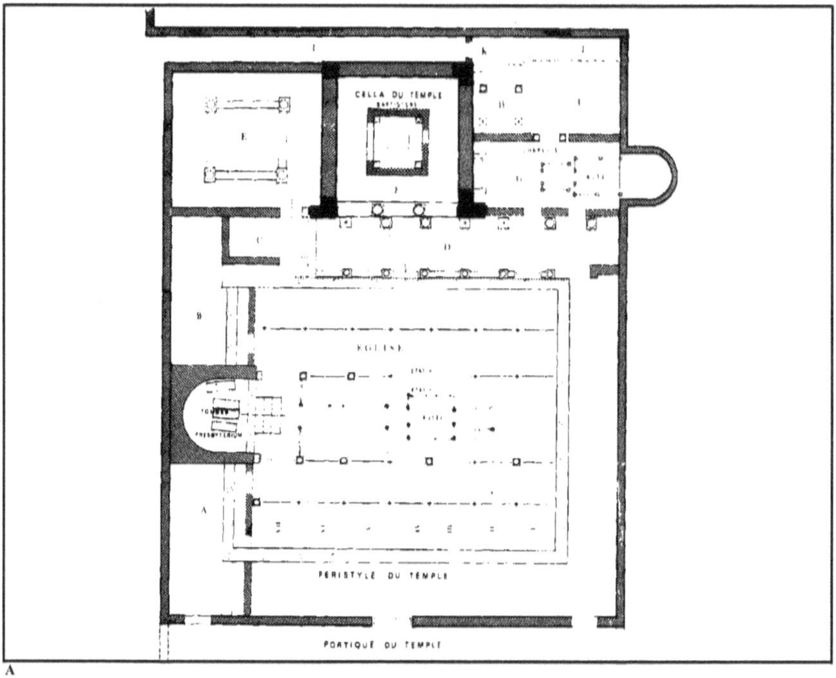

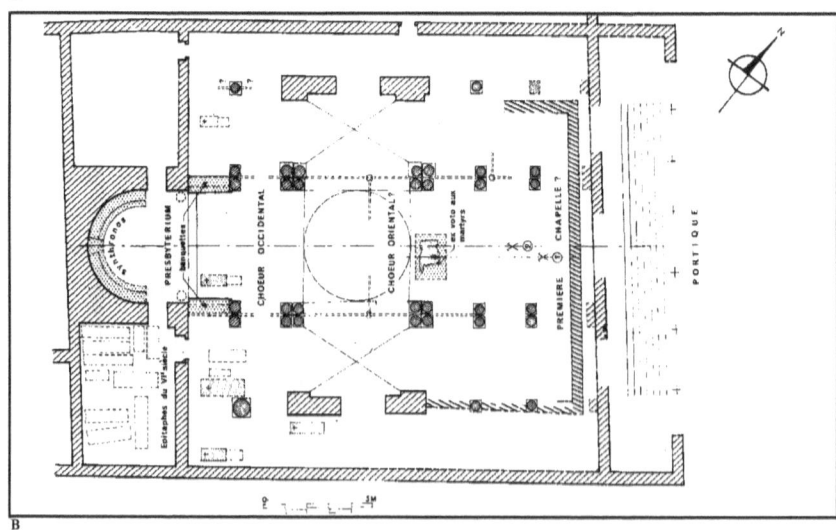

A. Die Servus-Kirche in Sbeitla, Grundriß.
B. Die Silvianus und Fortunatus-Kirche in Ṣbaiṭla.

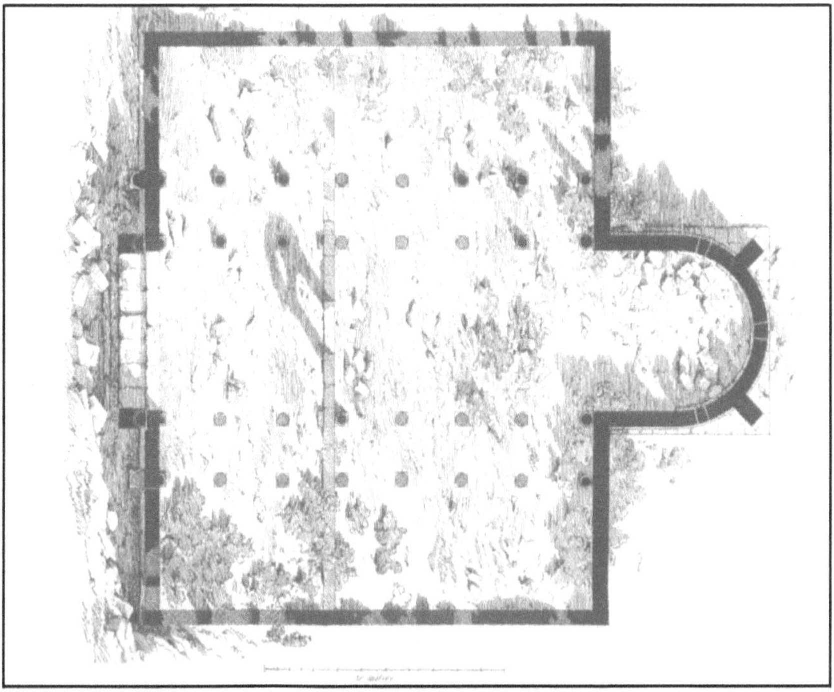

Abb. 59

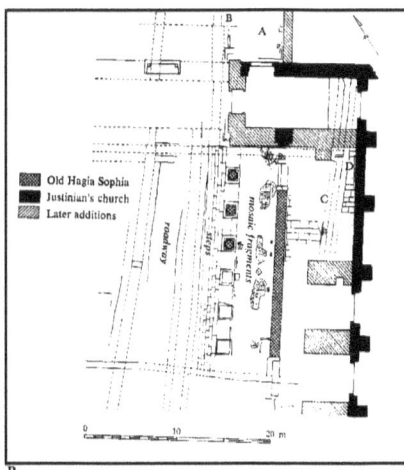

A. Die Basilika in Segermes, Grundriß.
B-C. Die Hagia Sophia in Konstantinopel.
B. Plan des Propylons der theodosianischen Bauphase.
C. Rekonstruktion des Propylons im theodosianischen Bauzustand.

Abb. 60

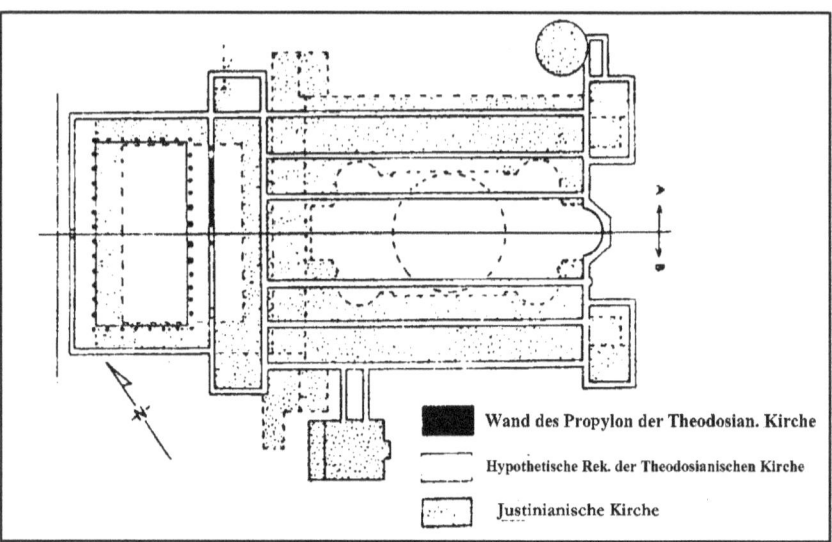

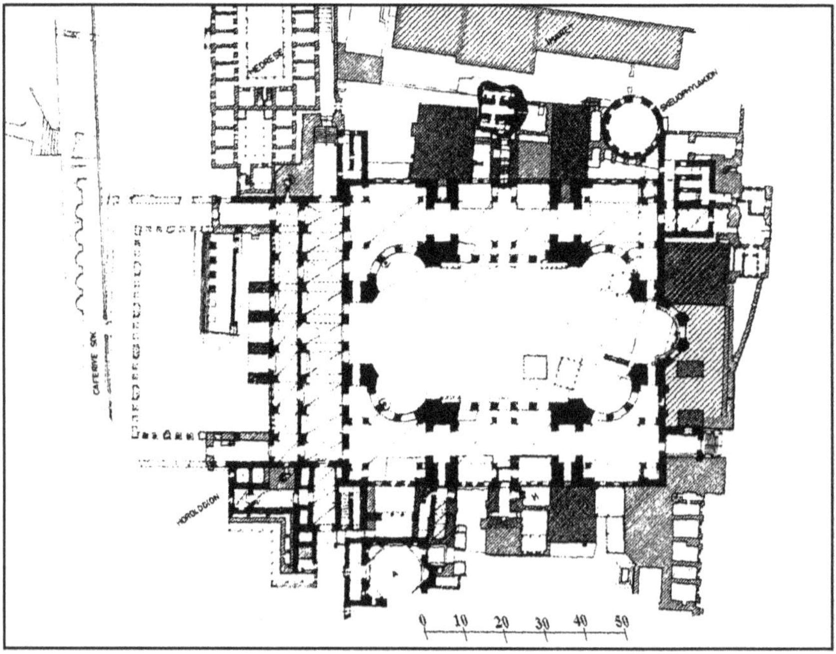

Die Hagia Sophia in Konstantinopel.
A. Rekonstruktion der theodosianischen Kirche, Grundriß.
B. Plan der justinianischen Kirche.

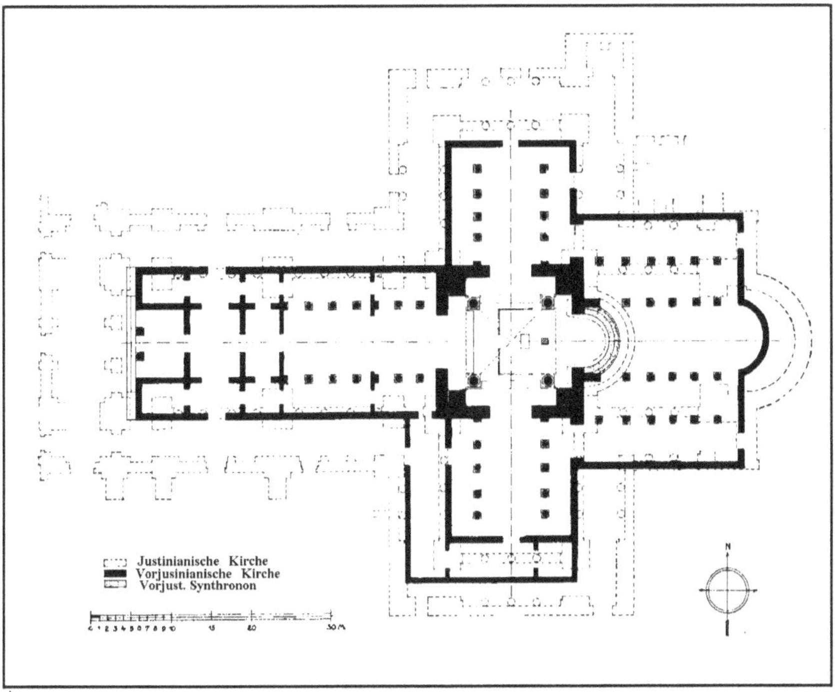

Abb. 61

Die Johannes-Basilika in Ephesos, rekonstruierter Zustand des 5. Jhs.
A. Grundriß der vorjustinianischen Kirche.
B. Rekonstruktion der vorjustinianischen Kirche.

Abb. 62

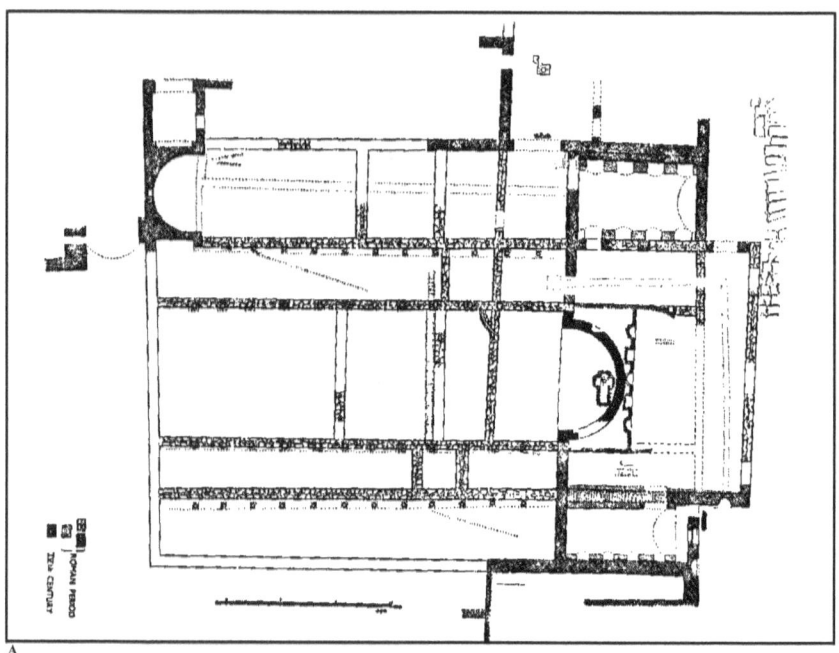

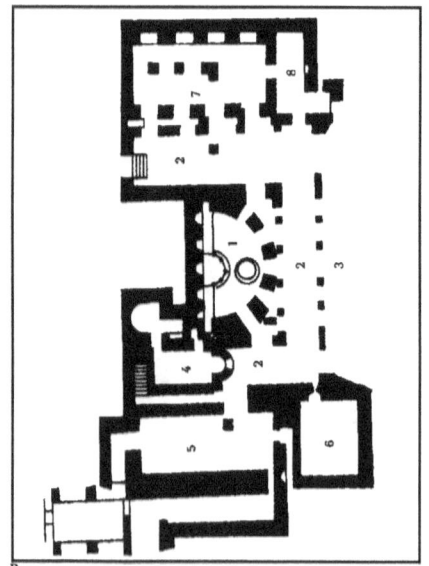

Hagios Demetrios in Thessaloniki.
A. Grundriß der Kirche des 4. Jhs.; B. Grundriß der Krypta.

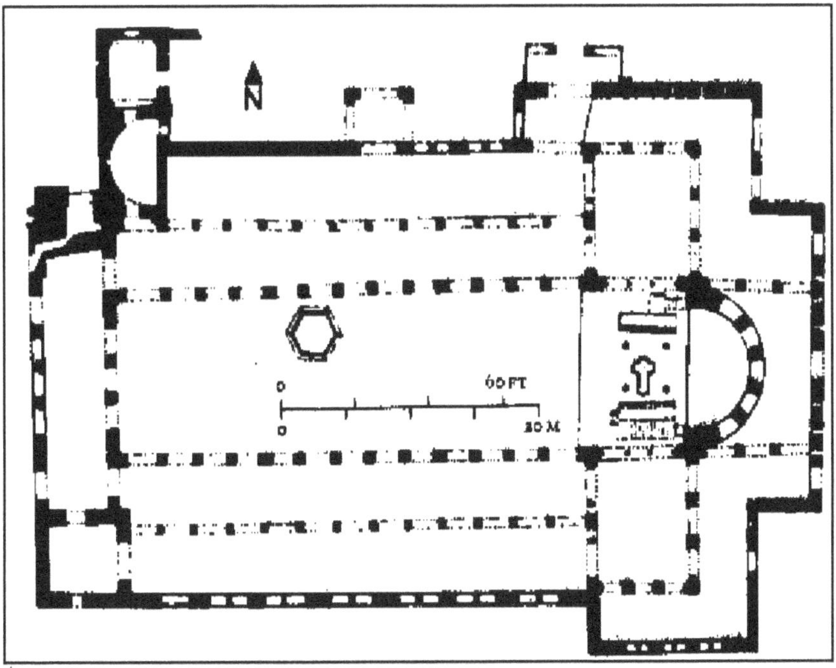

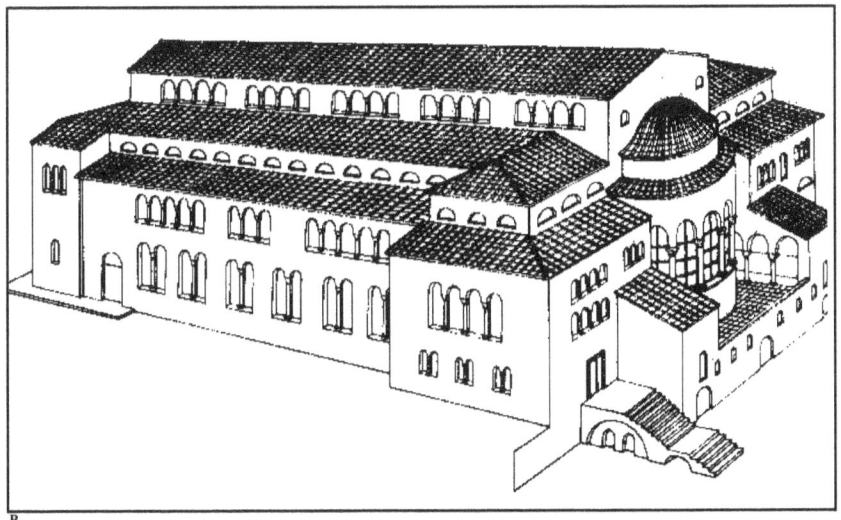

Hagios Demetrios in Thessaloniki.
A. Grundriß der Kirche des 5. Jhs.; B. Isometrische Rekonstruktion der Kirche des 5. Jhs.

Abb. 64

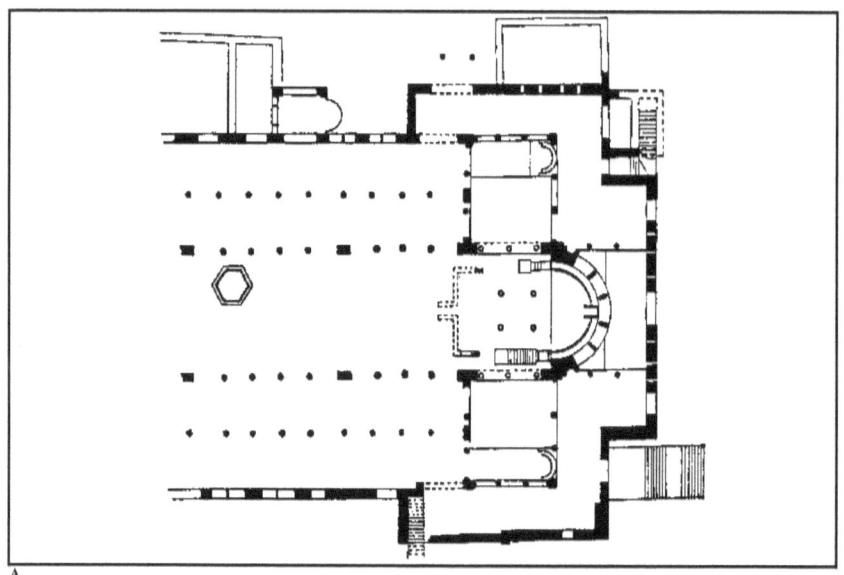

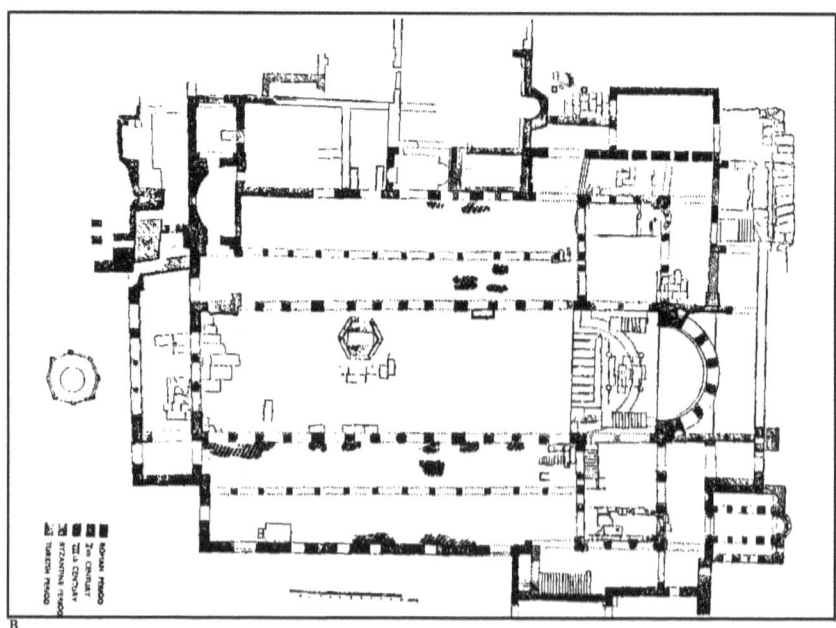

Hagios Demetrios in Thessaloniki.
A. Grundriß der Kirche des 8. Jhs.; B. Grundriß der heutigen Kirche.

Abb. 65

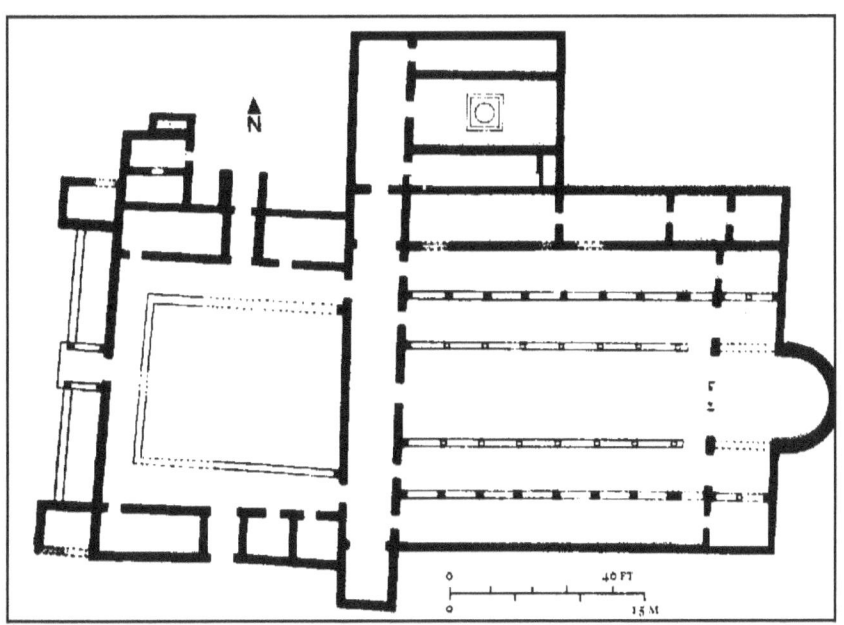

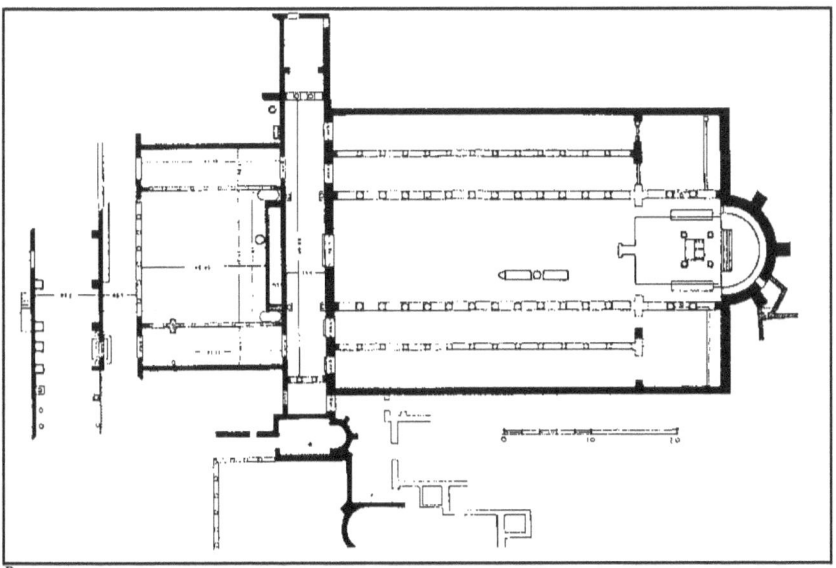

A. Die Basilika in Epidauros, Grundriß.
B. Die Basilika B in Nikopolis, Grundriß.

Abb. 66

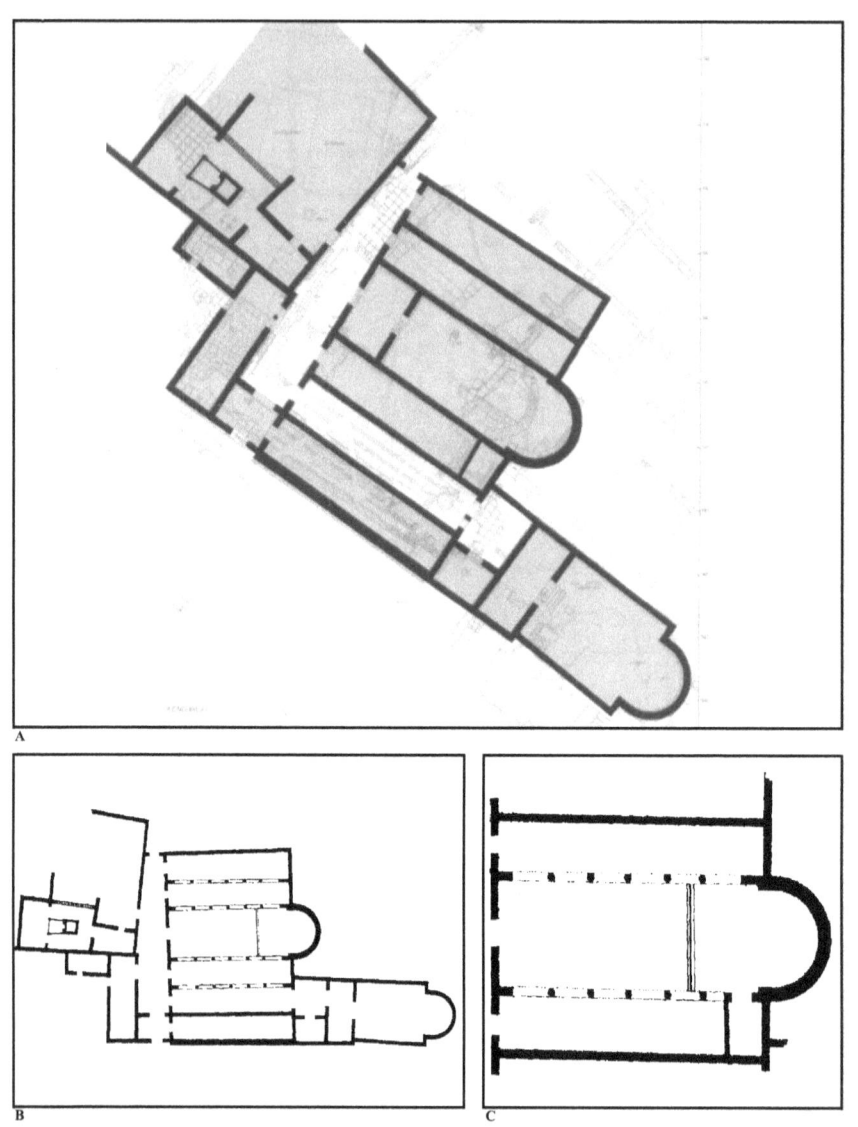

Die Basilika in Kenchreai bei Korinth.
A. Grundriß der Gesamtanlage; B. Grundriß der ersten Bauphase (4. Jh.).
C. Grundriß der zweiten Bauphase (6. Jh.).

Abb. 67

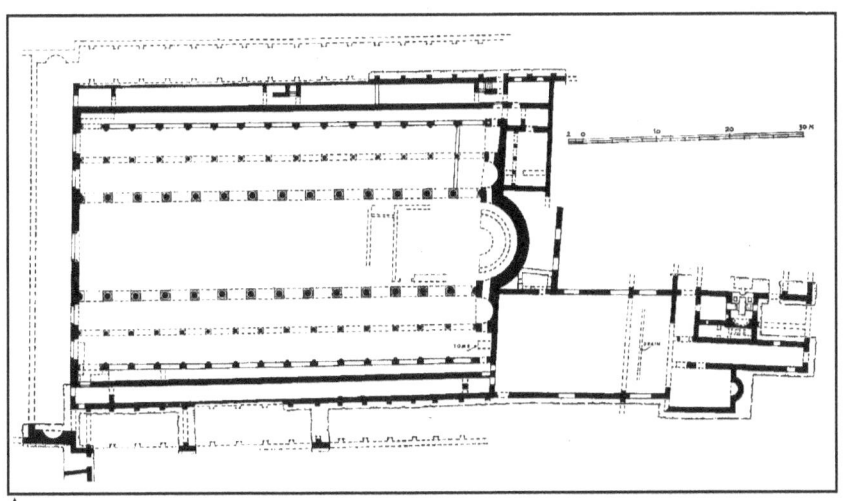

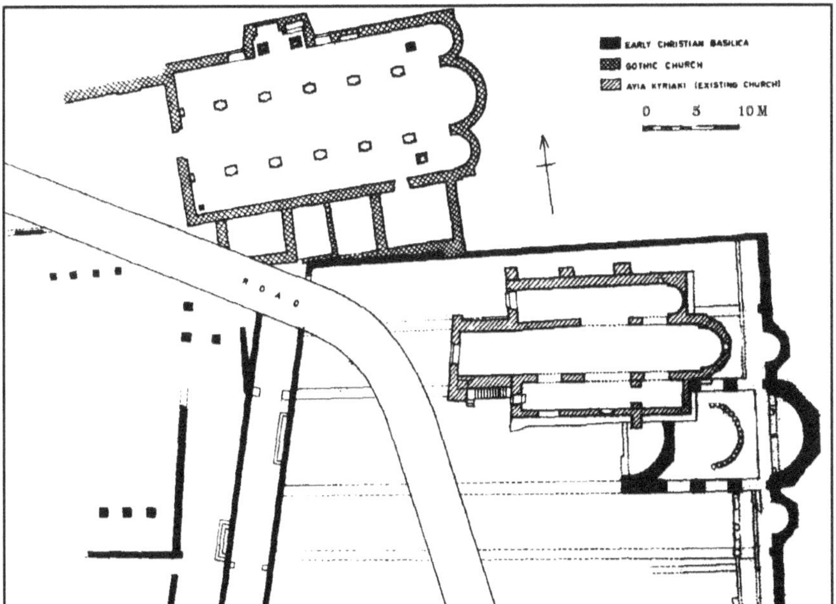

A. Die Epiphanios-Basilika in Salamis auf Zypern (Constantina), Grundriß.
B. Die Kirche Hagia Kyriaki Chrysopolitissa in Paphos auf Zypern, Grundriß.

Abb. 68

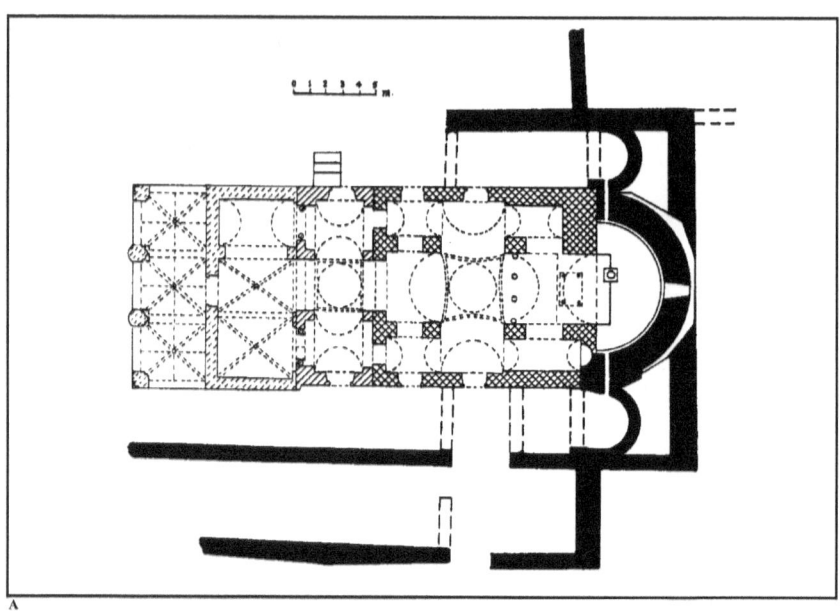

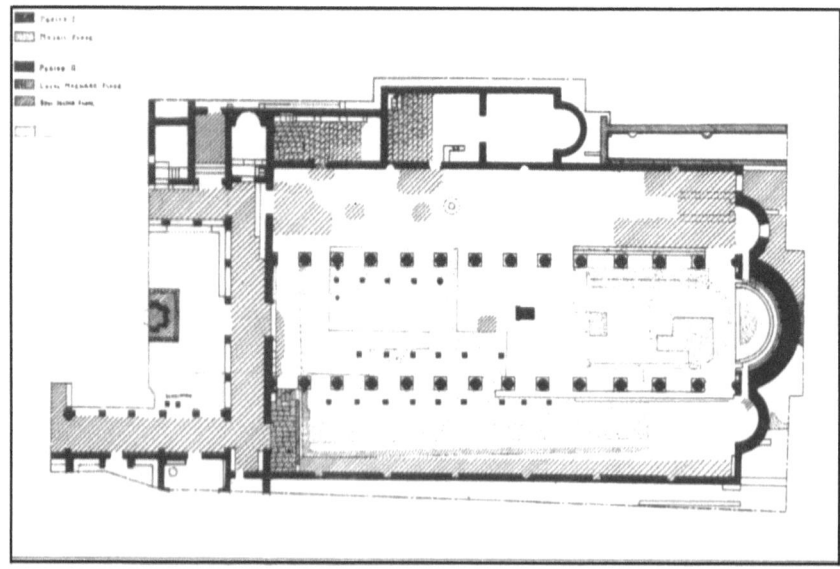

A. Die Basilika des Acheiropoietos in Lapithos auf Zypern, Grundriß;
das Kloster des 11. Jhs. erstreckt sich im Bereich des Mittelschiffes.
B. Die Basilika in Soloi auf Zypern, Grundriß.

Abb. 69

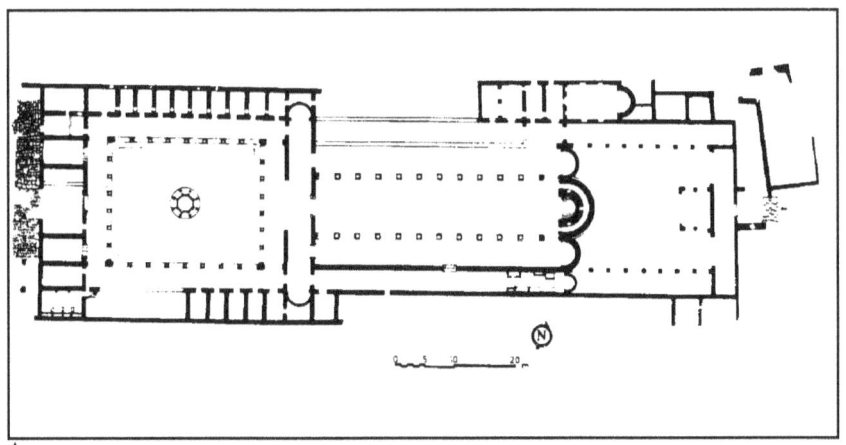

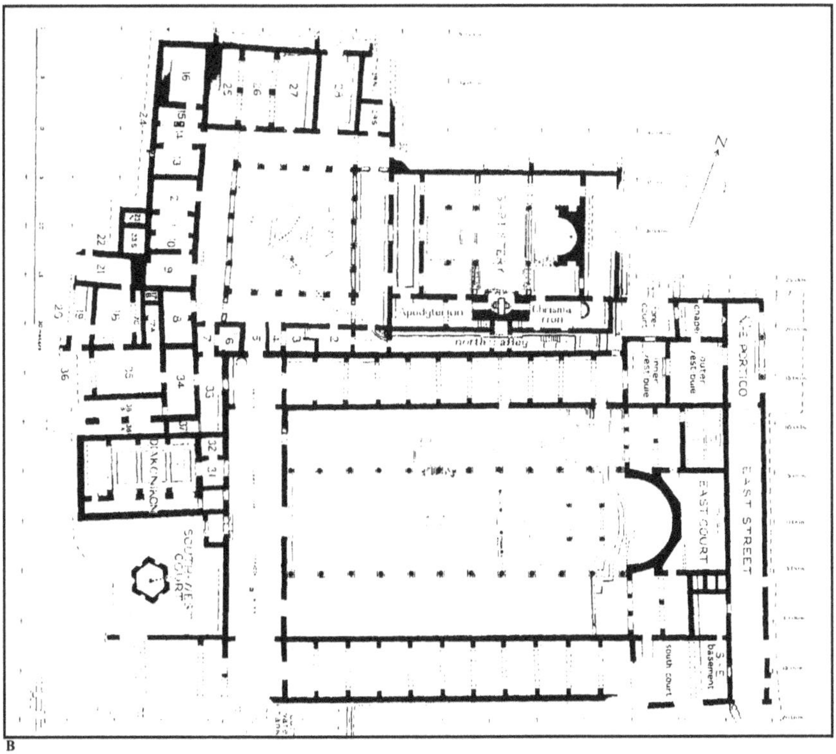

A. Die Basilika Kampanopetra in Salamis auf Zypern, Grundriß.
B. Die Kathedrale in Kourion auf Zypern, Grundriß.

Abb. 70

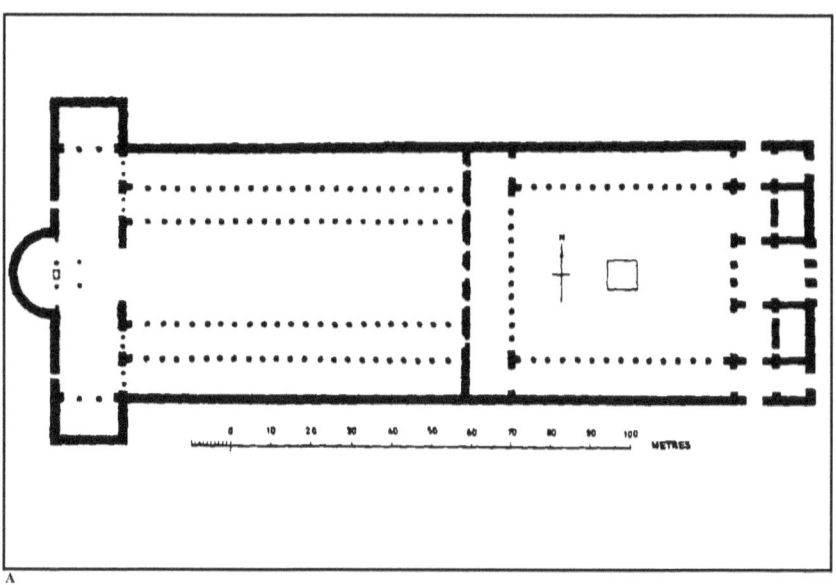

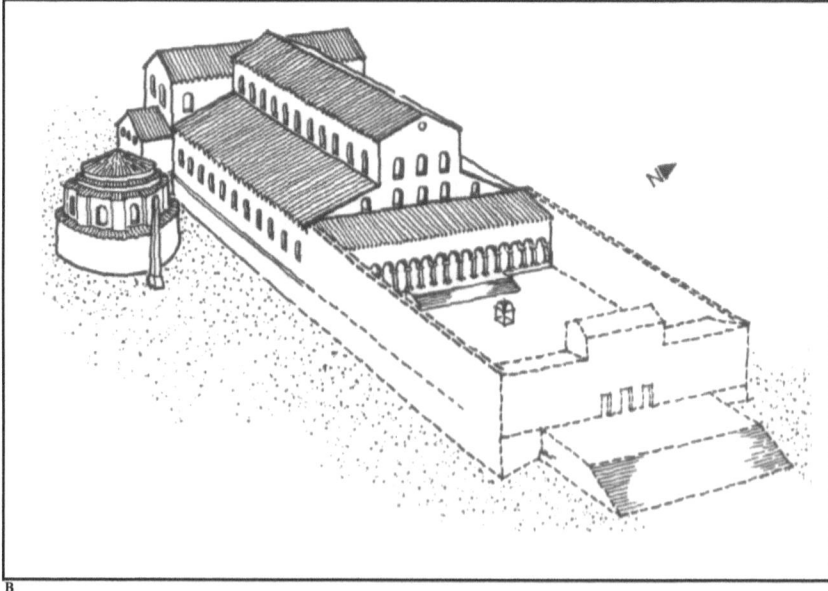

Die Peterskirche im Vatikan.
A. Rekonstruierter Grundriß des Bauzustandes der konstantinischen Kirche.
B. Rekonstruierte Isometrie des konstanischen Bauzustandes.

Abb. 71

Die Peterskirche im Vatikan.
A. Der Kupferstich aus dem 17. Jh. (Julius II) stellt die Weihung der alten und der neuen Petersbasilika dar.
B. Die Petersbasilika, Stich aus dem 17. Jh.

Abb. 72

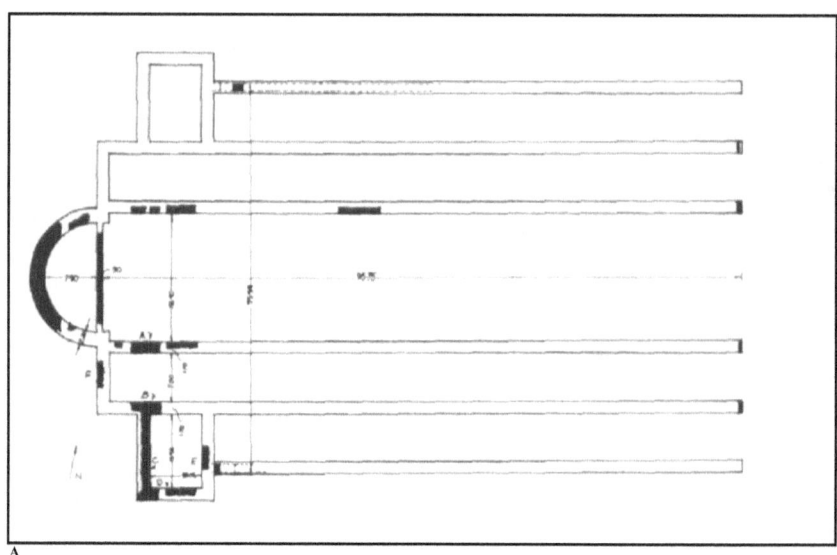

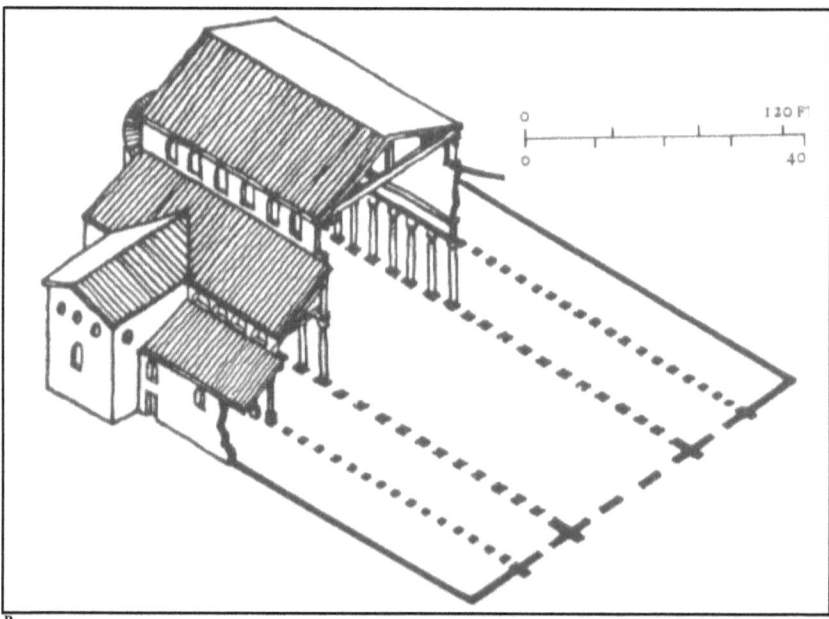

Die Lateran-Basilika (San Giovanni in Laterano) in Rom, rekonstruierter konstantinischer Bauzustand.
A. Grundriß; B. Isometrie.

Abb. 73

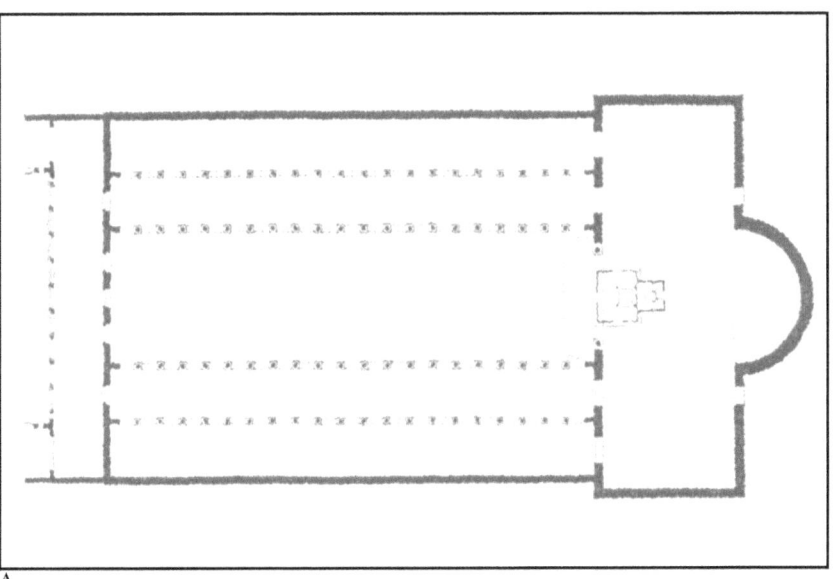

Die Paulus-Kirche (San Paolo fuori le mura) vor Rom.
A. Grundriß; B. Ansicht der Kirche aus Norden, Zeichnung aus dem Jahr 1789.

Abb. 74

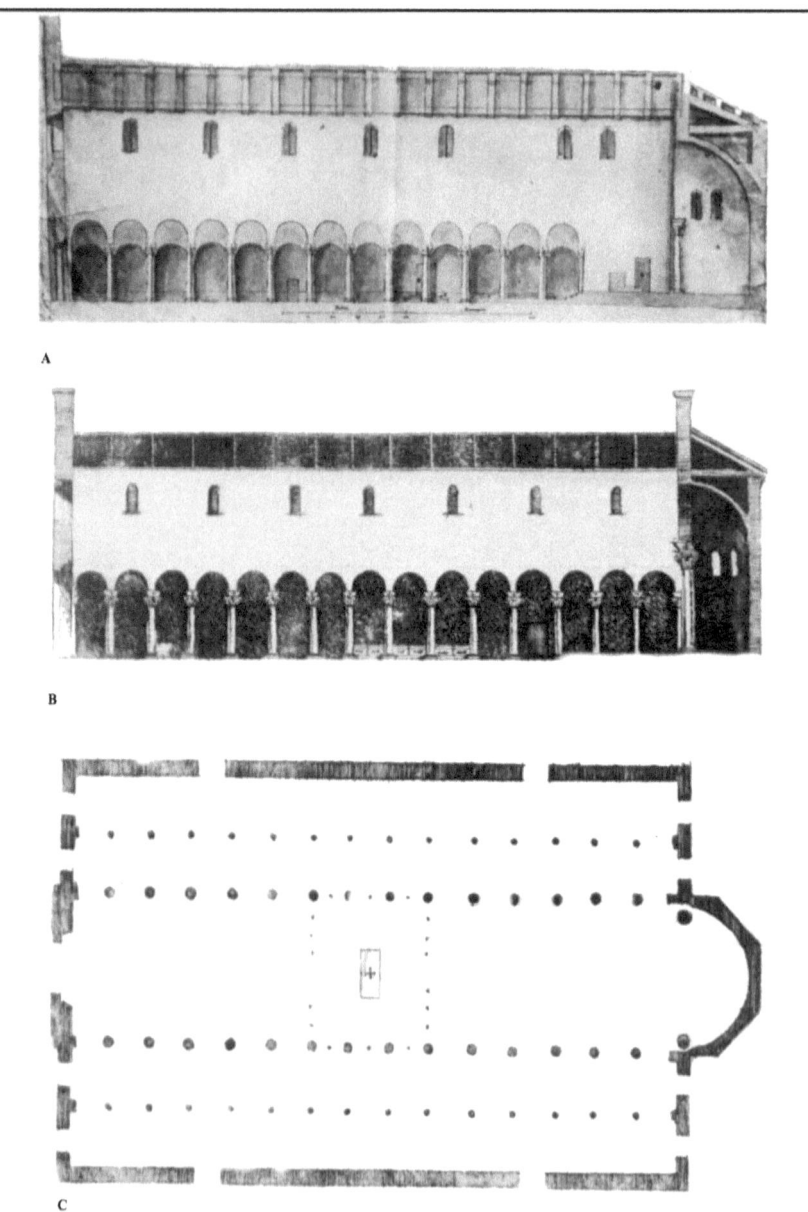

Die Basilika Ursiana in Ravenna.
A-B. Längsschnitte; C. Grundriß.

Abb. 75

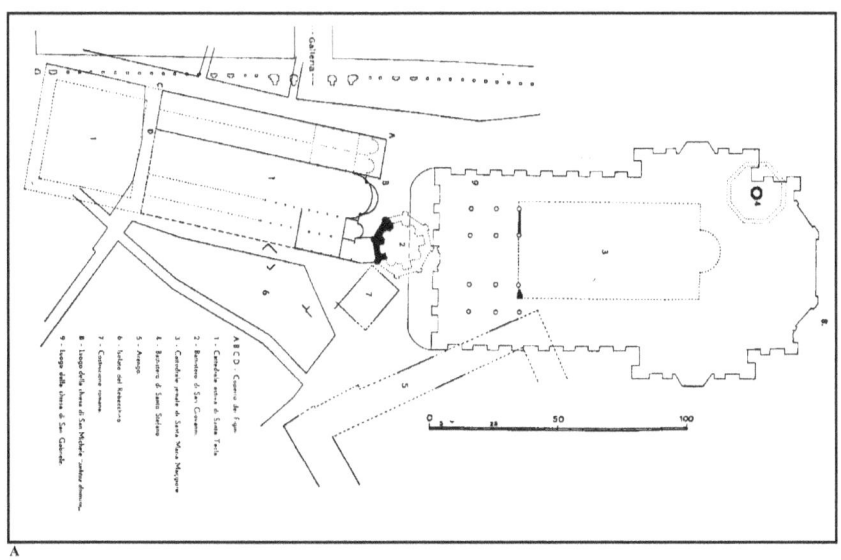

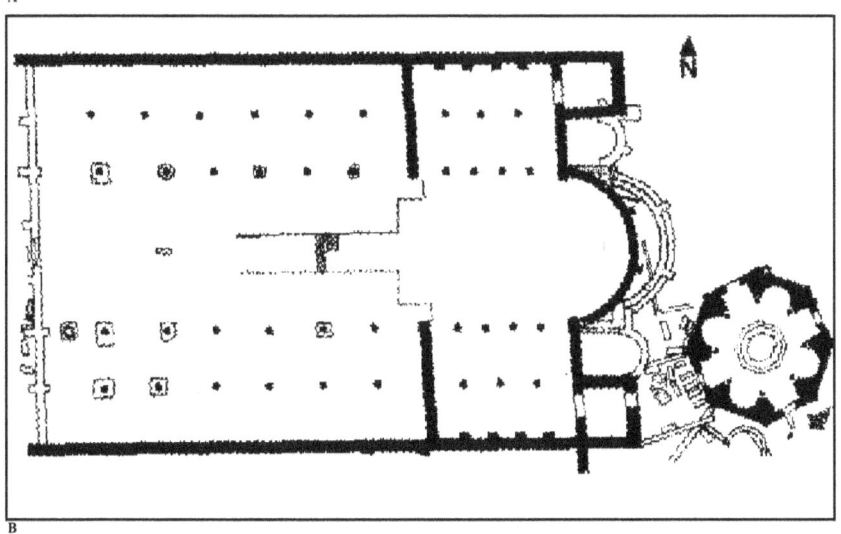

Die Basilika der Heiligen Tekla in Mailand.
A. Lage der ursprünglichen Basilika im Bezug auf die neue Kathedrale.
B. Grundriß der ursprünglichen Basilika.

TAFELN

TAFEL 1

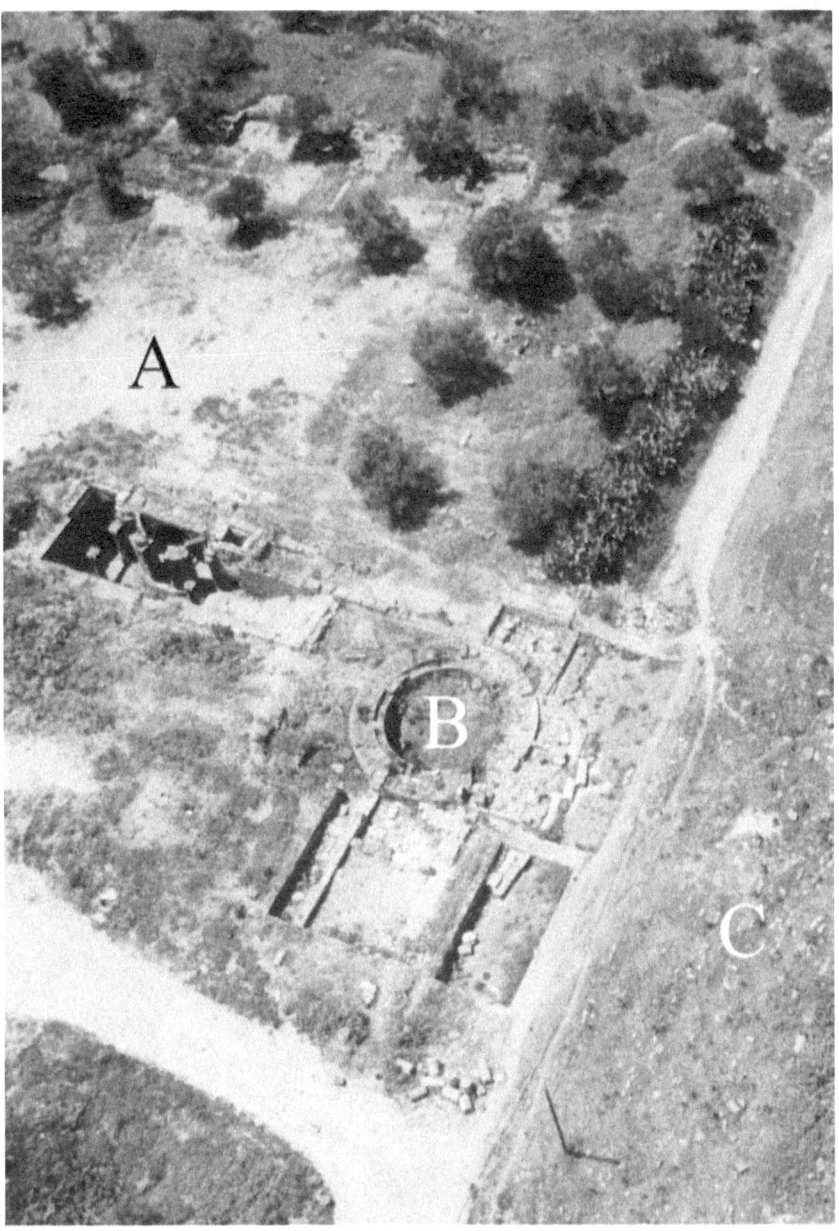

Das Grabungsgelände aus der Vogelperspektive, Zustand 1988.
A: Basilika, Hypogäum und Krypta, sichtbar: Freitreppe, apsidialer Einbau und Säulen.
B: südlicher Rundturm des Tiberiastors und Pflaster des Decumanus Maximus.
C: Steinsetzungen der Gräber des Friedhofs Abu an-Naml.

Fünfschiffige Basilika, frühchristliche Krypta und Südturm des Tiberiastors, Gesamtansicht von Süden.

TAFEL 3

Basilika mit Hypogäum und Südturm des Tiberiastors.
A: Ansicht von Südosten (Zustand 1998); B: Ansicht von Süden (Zustand 1989).

TAFEL 4

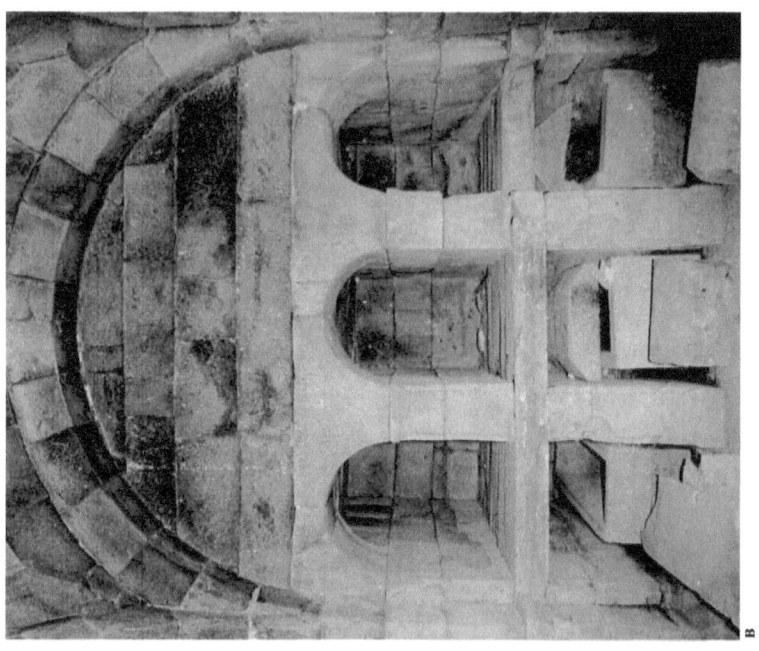

Unterbau der Basilika, westlicher Abschnitt: römisches Hypogäum.
A: Hauptportal mit Sirenenreliefs; B: Bestattungskammer mit Loculi, Westwand.

TAFEL 5

Unterbau der Basilika, westlicher Abschnitt: römisches Hypogäum.
A: Kuppel des Bestattungsraumes; B: Kryptoporticus.

Frühchristliche Krypta, Gesamtansicht von Süden.

Unterbau der Basilika, östlicher Abschnitt: Frühchristliche Krypta.
A: Durchbrochene Apsis von Osten; B: Heiligengrab (Grab 1) mit zentralem Gurtbogen und Apsis.

A: Teilstück des Decumanus Maximus mit Bürgersteig (Sondage V/98).
B: Hof (Parvis) zwischen der Basilika und dem Decumanus Maximus.

TAFEL 9

A. Sondage I/98: Ansicht der Südmauer von außen.
B. Westende der Südmauer mit dem Kalksteinfundament.

TAFEL 10

A. Pfeiler des ersten Interkolumniums des nördlichen Außenschiffes in situ (rechts oben).
B. Eine spätere, auf dem Mosaikboden gesetzte, in Nord - Süd - Richtung verlaufende Mauer trennt die beiden ersten Joche der Südschiffe.

TAFEL 11

A. Gesamtansicht der Basilika von Südosten; Im Mittelschiff
erkennt man das Lichtloch des Gewölbes im unterirdischen Hypogäum.
B. Detail des Lichtloches (Oculus).

A. Rezente Steinsetzung um den Oculus.
B. Ansicht des östlichen Abschlusses des Mittelschiffes (Altarraum).

A. *Stufen zum Altarraum (Chor) von Osten.*
B. *Stufen des Altarraumes von Westen mit vorgelagerter Plattform (Bema).*

A. Schrankenfundament des Sanktuars im Norden.
B. Schrankenfundament (Detail): Pfostenloch mit Bleifassung.

TAFEL 15

A. Arkade des Mittelschiffes (Detail): Umrahmung der dritten Basis.
B. Aufsicht des tonnengewölbten Raums von Süden (außen).

TAFEL 16

A. Eingang zum tonnengewölbten Raum von Süden (Detail).
B. Die Tür des tonnengewölbten Raum von innen.
C. Bodenpflaster (Basalt) des tonnengewölbten Raum..

A. Die Westfassade des Atriums von Westen.
B. Ansicht der Westfassade des Atriums von Süden.
C. Fundament des westlichen Stylobates des Atriums.

A. Basaltpflaster der Westhalle des Atriums.
B. Opus - Sectile der östlichen Säulenhalle des Atriums
mit wiederverwendeter Marmorplatte Kat.-Nr. 72 (gegenüber dem Kirchenhaupteingang T10).

TAFEL 19

A. Basaltpflaster der östlichen Säulenhalle des Atriums, nördlicher Abschnitt.
B. Das Baptisterium (Sondage VI/98), Ansicht von Süden.

TAFEL 20

A. Das Baptisterium mit Ziegelsetzung, Zustand 1989 (Sondage II/89), Ansicht von Norden.
B. Desgl. Zustand 1998.

TAFEL 21

A. Türsturz, Basalt, wiederverwendet in der fünfschiffigen Basilika,
Reg.-Nr. XX. A. 450 (Kat.-Nr. 1). B. desgl., Detail des Adlers.
C. Altar mit Darstellung eines Adlers aus `Ain Zaman (Hauran).
D. Tursturz mit Darstellung eines Adlers aus Hafar (Golan).

TAFEL 22

Fenstersimsblöcke, Türstürze, - Flügel und - Gewände aus Basalt.
A. Fenstersims (Kat.-Nr. 10). B. Türsturz (Kat.-Nr .2).
C. Türflügel Reg-. Nr. XX. A. 86 (Kat.-Nr. 4).
D. Zugesetztes Türgewände des südlichen Eingangs (T10) in situ.

A. Die erste (von Osten gezählt) Basis der südlichen Mittelschiffarkade in situ (Kat-. Nr. 11).
B. Die zweite (von Osten gezählt)Basis der südlichen Mittelschiffarkade in situ (Kat-. Nr. 12).
C. Die erste Basis (von Osten gezählt) der nördlichen Mittelschiffarkade in situ. (Kat. Nr 13).
D. Basis aus Marmor in zweiter Verwendung (nördlich des Kirchenraumes).

TAFEL 24

A. Pfeiler der nördlichen Seitenschiffarkade in situ (Kat-. Nr. 14).
B. Zwei Pfeilerfragmente in sekundärer Verwendung (Kat-. Nr. 15-16) und ionisches Kapitell (Kat.-Nr. 48). C. Pfeilerfragment in sekundärer Verwendung (Kat-. Nr. 17).
D. Pilasterkapitell Kat-. Nr. 52. E-F. Pilasterbasis (Kat.-Nr. 23).

TAFEL 25

A. Basis Kat-. Nr. 19. B. Basis Kat-. Nr. 20.
C. Herzförmige Basis Kat-. Nr. 21. D. Säulenschaft aus Granit (Kat-. Nr. 22).
E. Trommel eines Säulenschafts. F-G Herzförmiger Säulenschaft (Kat.-Nr. 26).

TAFEL 26

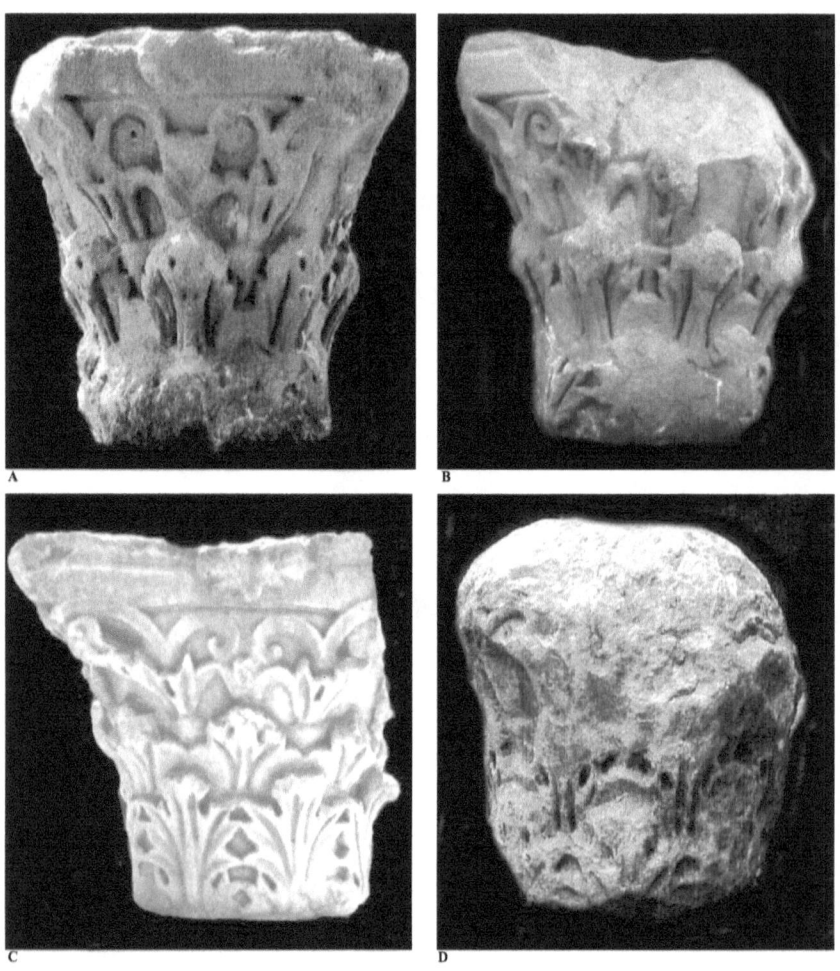

Korinthische Marmorkapitelle aus dem Innenraum der Basilika, zur Mittelschiffarkade gehörig.
A-B: Kat.-Nr. 43; C: Kat.-Nr. 44; C: und D Kat.-Nr. 45.

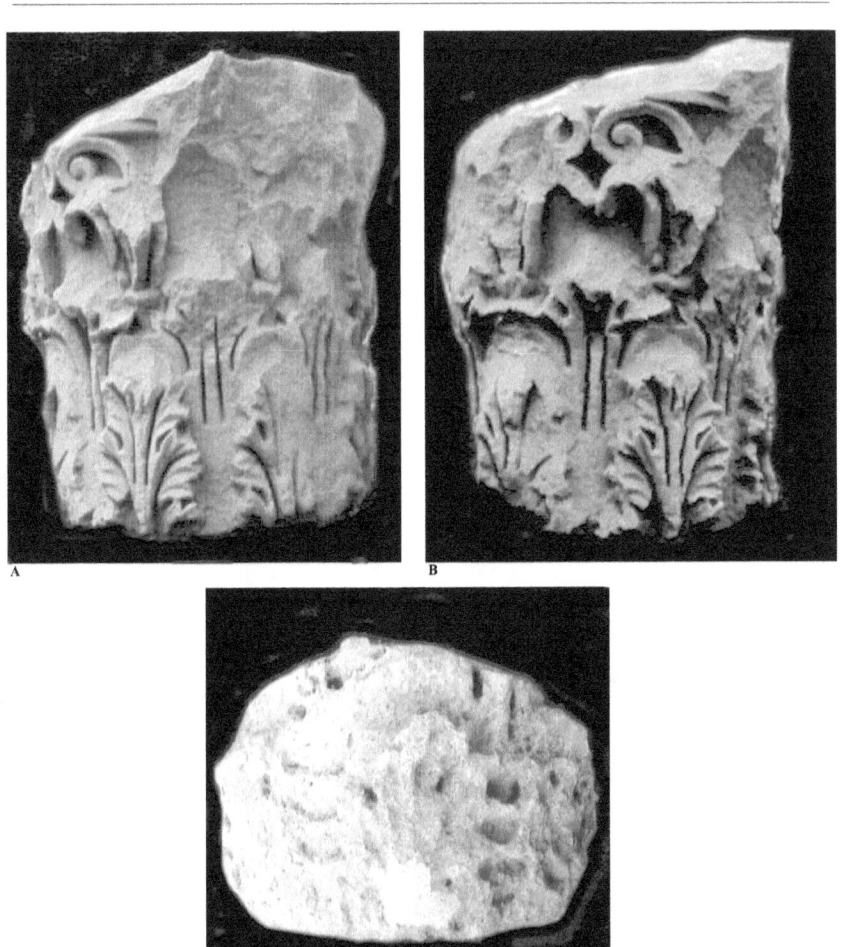

Korinthische Kapitelle aus Kalkstein.
A-B. Kat.-Nr. 46. C. Kat.-Nr. 47.

TAFEL 28

Ionische Kapitelle der Säulenhallen des Atriums.
A, C. *Eckkapitell (Kat.-Nr. 49).* B, D. *Kapitell (Kat.-Nr. 50).*

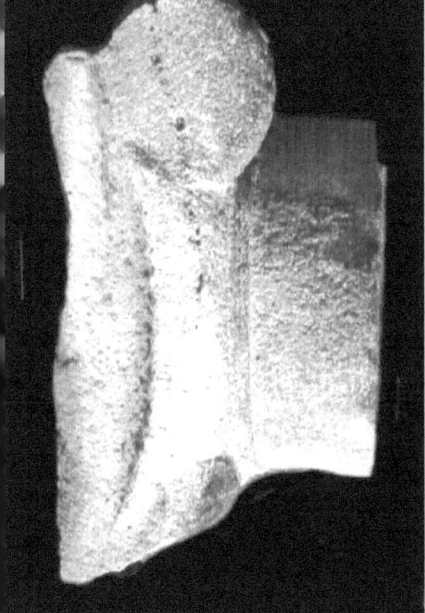
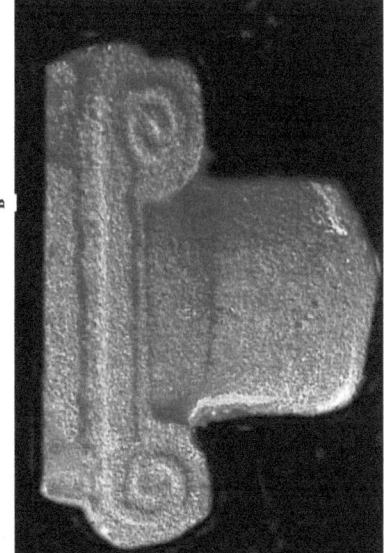

Ionische Kapitelle der Säulenhallen des Atriums.
A-B. Kapitell (Kat.-Nr. 48). C. Kapitell (Kat.-Nr. 51).

TAFEL 30

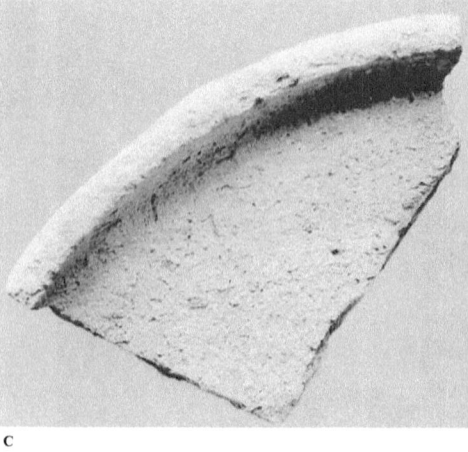

A. Fragmente von Dachziegeln aus der Basilika (Sammelaufnahme).
B. Halbzylindrisches Fragment von Dachziegeln. C. Fragment eines kreisförmigen Dachziegels (?).

A. Sondage VII/98 A, Westprofil mit Mosaikbettung und Horizont des originalen Bodens der Basilika.
B. Sondage VII/98, Planum 2: erhaltene Reihe von Kalksteinplatten des originalen Bodens.

TAFEL 32

Kalksteinplatte mit eingeritztem Tropfenkreuz (Kat.-Nr. 53).

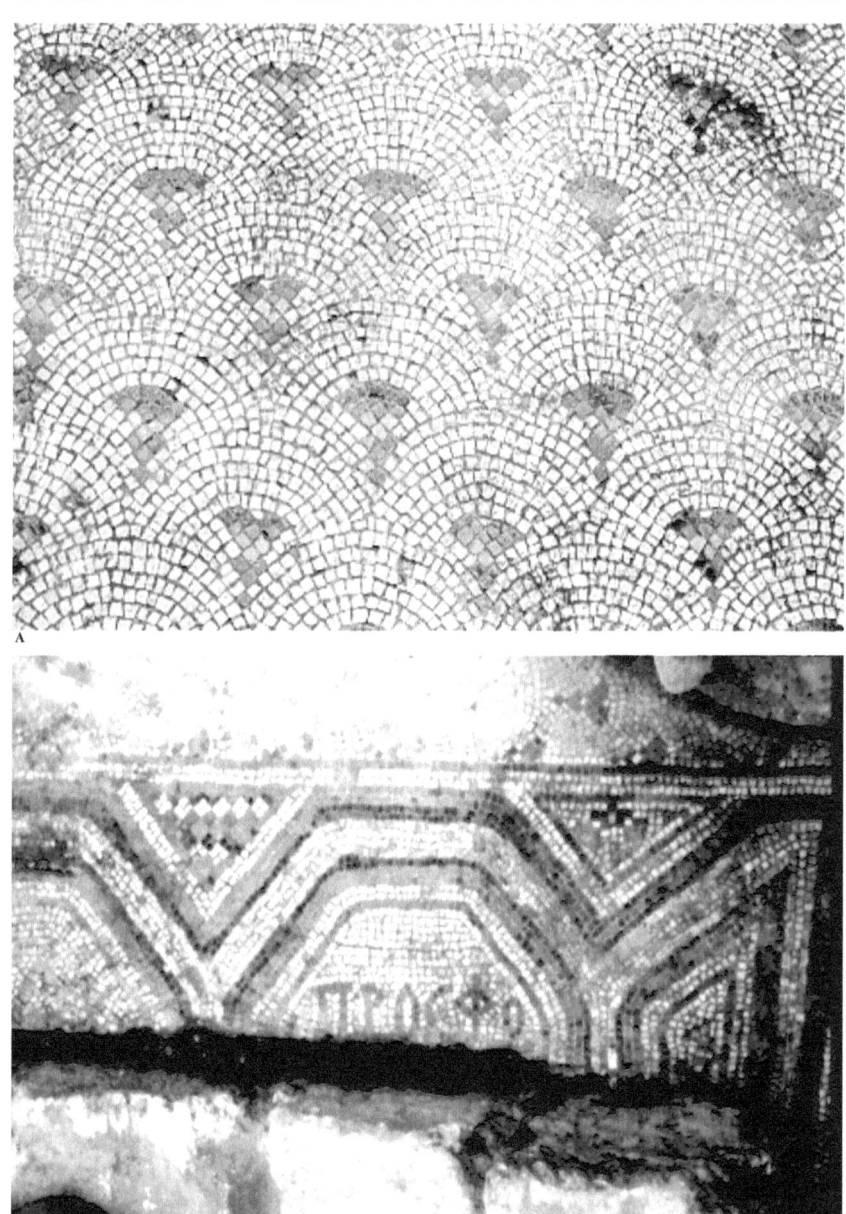

Detailansichten des Mosaikbodens des Mittelschiffs.
A. Schuppenmuster im Innenschiff.
B. Fragmentierte Inschrift im sechsten Interkolumnium der nördlichen Mittelschiffarkade in situ.

TAFEL 34

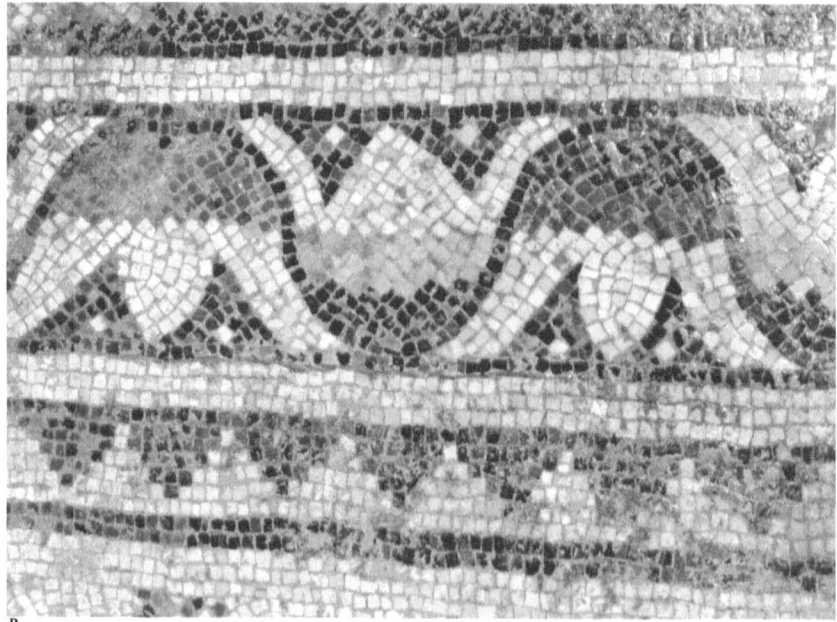

Rahmenbordüre des Mosaikbodens des Mittelschiffes und der Innenschiffe.
A. Detailansicht des Abschnitts im südlichen Innenschiff mit Vogelvignette (vgl. Taf. 36 A-B).
B. Detailansicht des östlichen Mosaikbodenrahmens im südlichen Innenschiff.

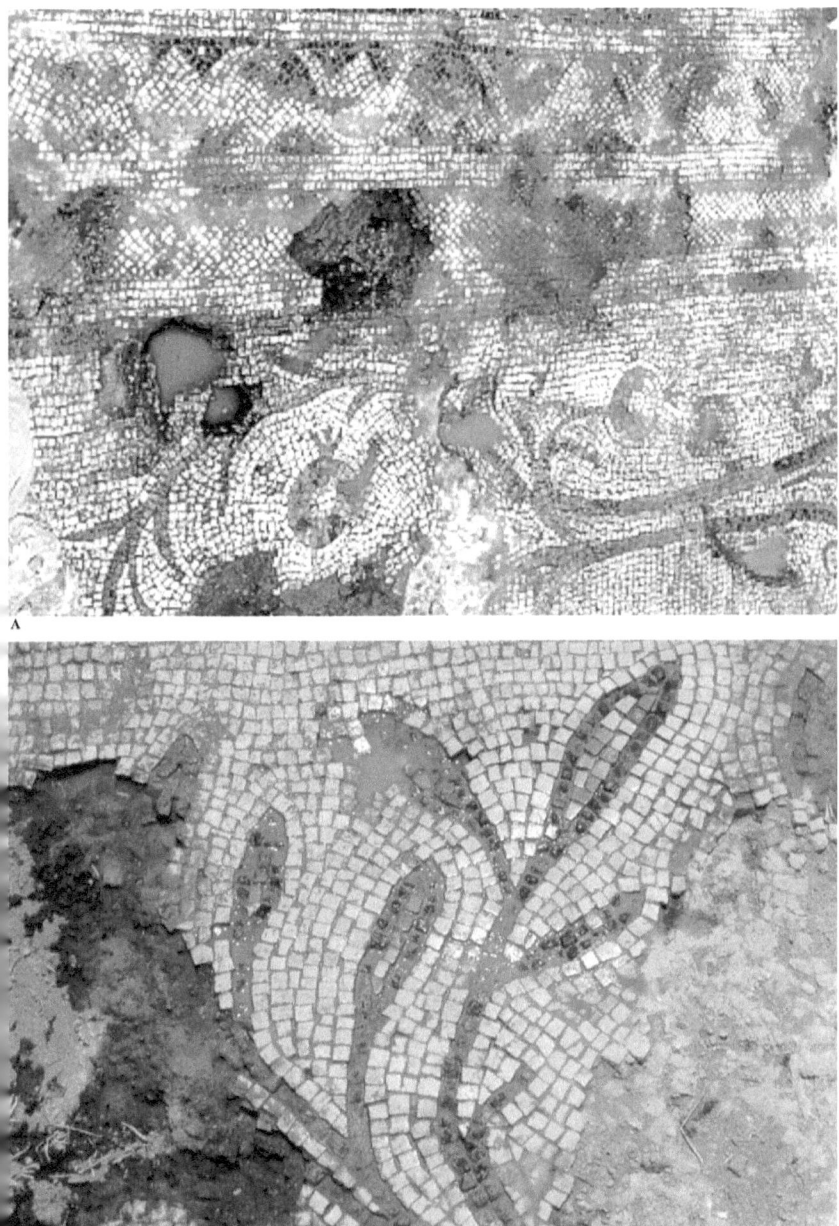

Pflanzliche Darstellungen in den Interkolumnien der nördlichen und südlichen Pfeilerarkade der Außenschiffe.
A. Granatapfelbaum im dritten Intercolumnium der nördlichen Arkade.
B. Zweig eines Granatapfelbaum (?) im zweiten Intercolumnium der südlichen Arkade.

TAFEL 36

Detailansichten der Vogelvignetten in den Intercolumnien der südlichen Mittelschiffarkade.
A. Ionisches Steinhuhn im ersten Intercolumnium.
B. Vogel mit länglichem Schwanz im sechsten Intercolumnium.

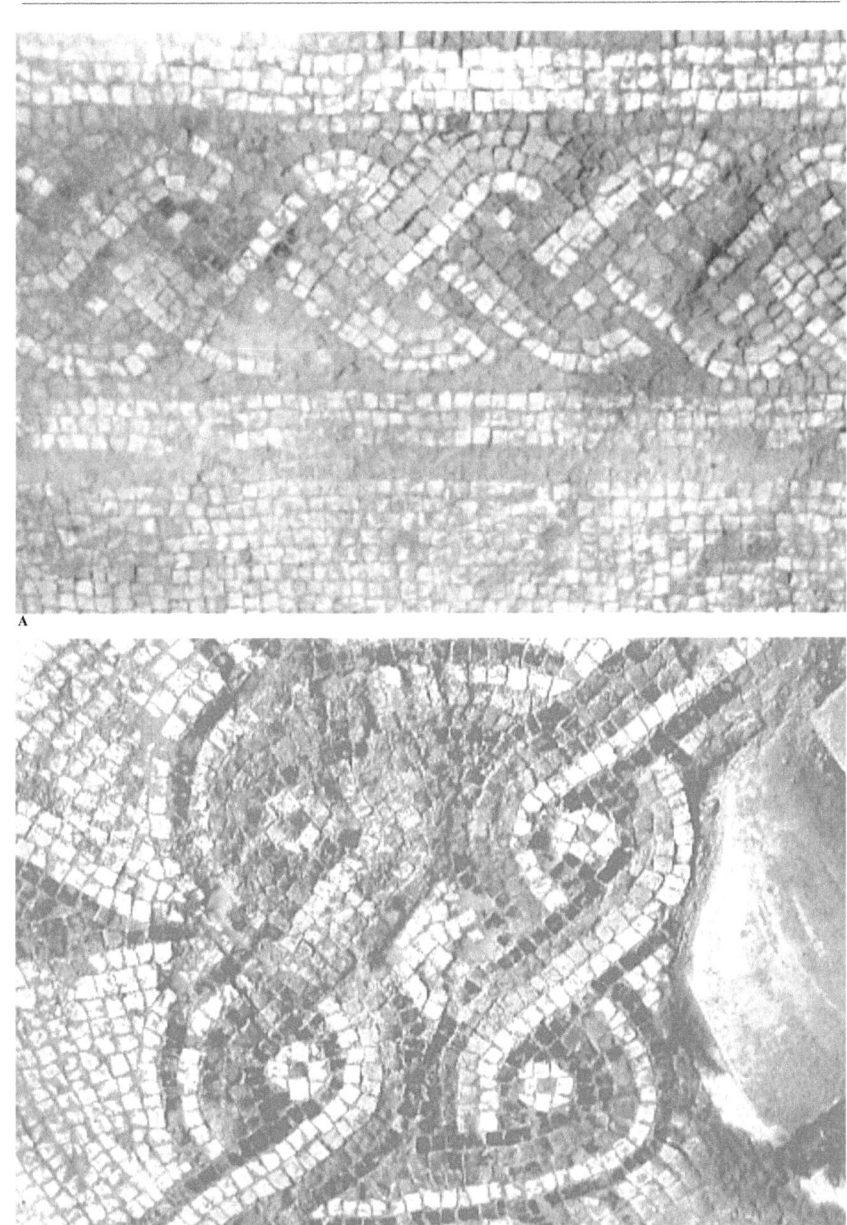

Detailansichten der Mosaikpaneele im nördlichen Außenschiff.
A. Ein doppeltes Flechtband umrahmt die inneren Felder des nördlichen Außenschiffes.
B. Heraklesknoten des Netzmusters (vgl. Taf. 39 B), Paneel im vierten Joch.

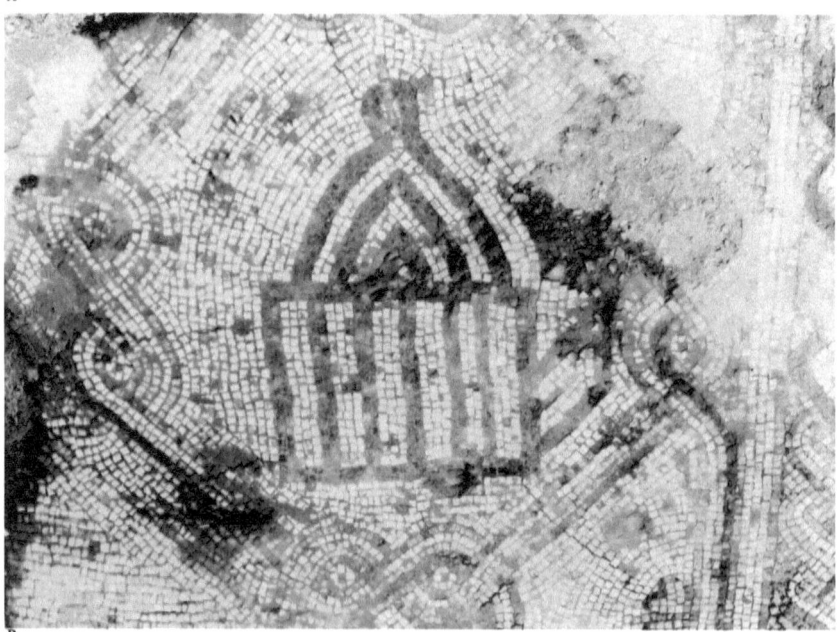

Felder des nördlichen Außenschifes.
A. Spätere Reparaturen des Mosaikbodens.
B. Darstellung eines leeren Vogelkäfiges.

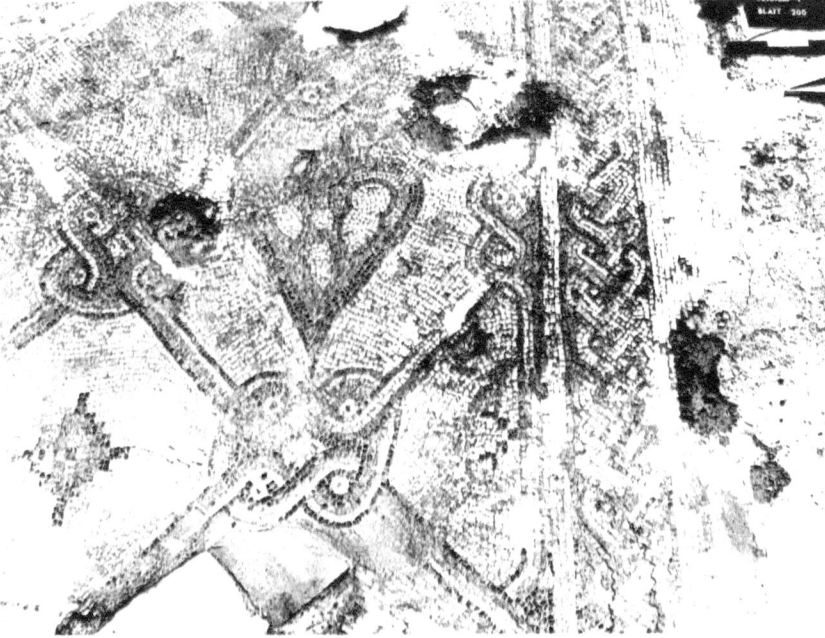

Pflanzenranke im nördlichen Außenschiff.
A. *Efeuranke im fünften Interkolumnium der nördlichen Pfeilerarkade.*
B. *Feld des nördlichen Außenschiffs mit herzförmigem Blatt und Teilen des Heraklesknotennetzes.*

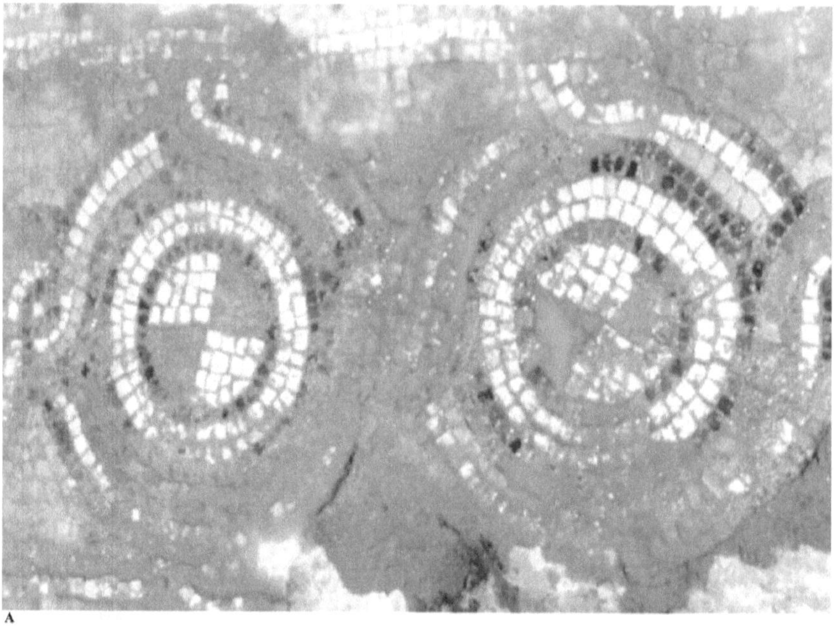

TAFEL 40

Felder des südlichen Außenschiffs.
A. Kreisflechtmuster mit Viertelsegmentfüllung des östlichen Abschnittes; B. Rosetten und Blumen.

TAFEL 41

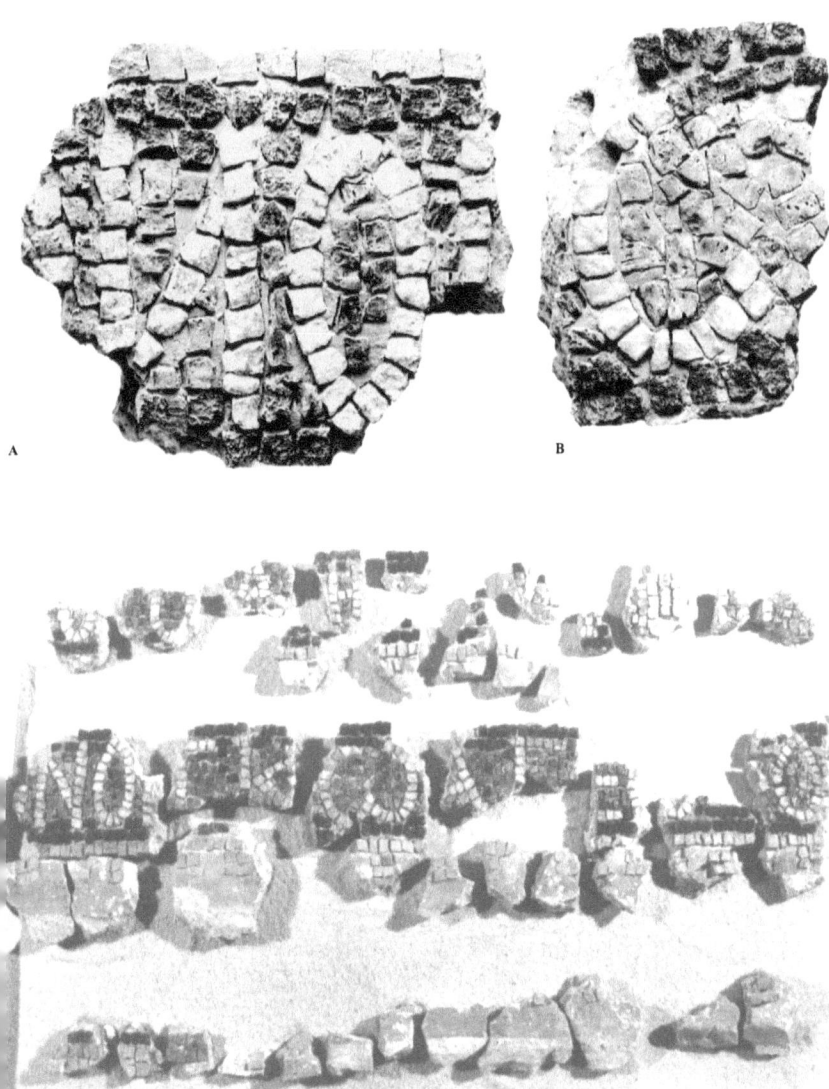

A B

C

Fragmente des Wandmosaiks.
A. B: Mosaikfragmente mit Resten einer griechischen Inschrift (Kat.-Nr 55-56).
C. Sammelaufnahme der Mosaikfragmente.

Fragmente der Wandverkleidung an den Kircheninnenwänden.
A-B. Reste von Marmorplatten vor dem Mauerfuß der südlichen Innenwand mit verstürzten hellen Mörtelplacken.
C. Marmorleiste an der Innenwand der westlichen Mauer in situ.

TAFEL 43

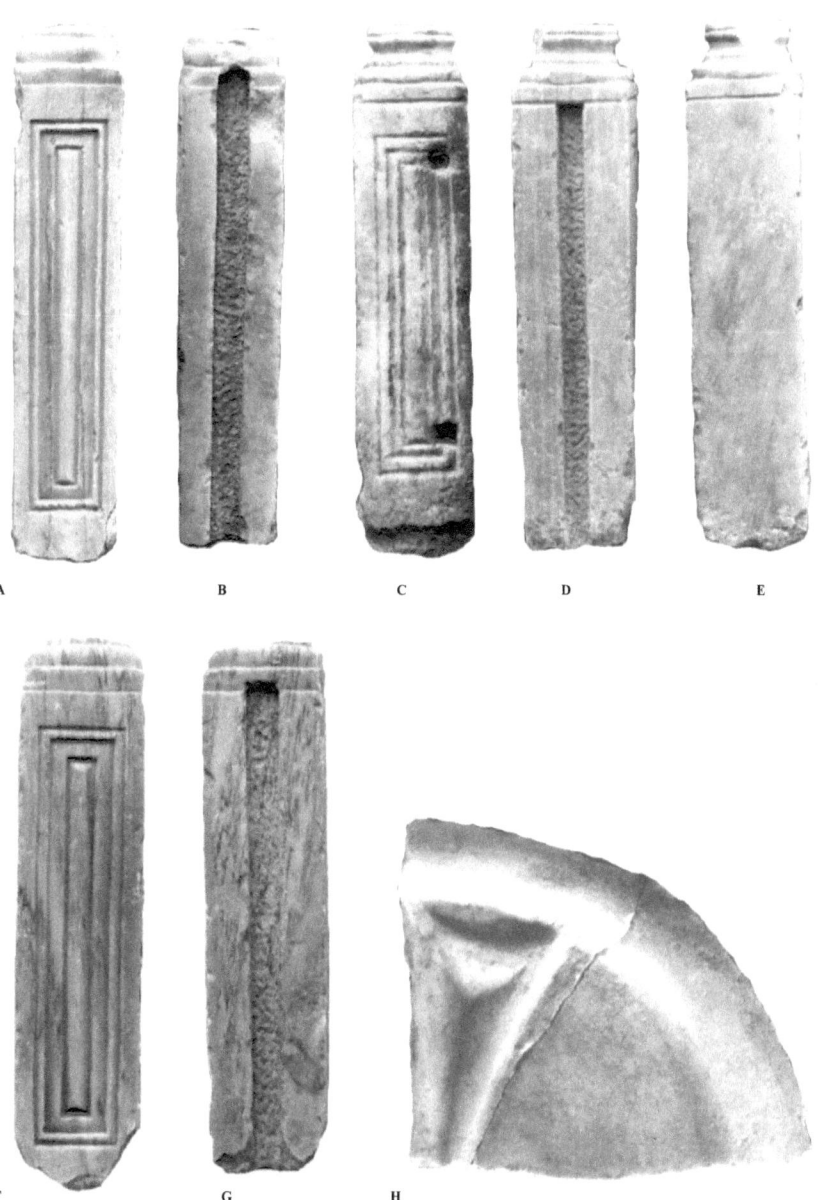

Schrankenpfosten und Platten aus Marmor.
A-B. Kat.-Nr. 61; C-E. Kat.-Nr. 63; F-G Kat.-Nr. 62.
H. Medaillon einer Schrankenplatte (Kat.-Nr. 64).

Fragmente von Chorschranken und Wandverkleidung aus Marmor.
A.-B. Kat.-Nr. 65; C. Kat.-Nr .66; D. Kat.-Nr. Kat.-Nr. 68; E.Kat.-Nr. 62; F. Kat.-Nr. 59.

TAFEL 45

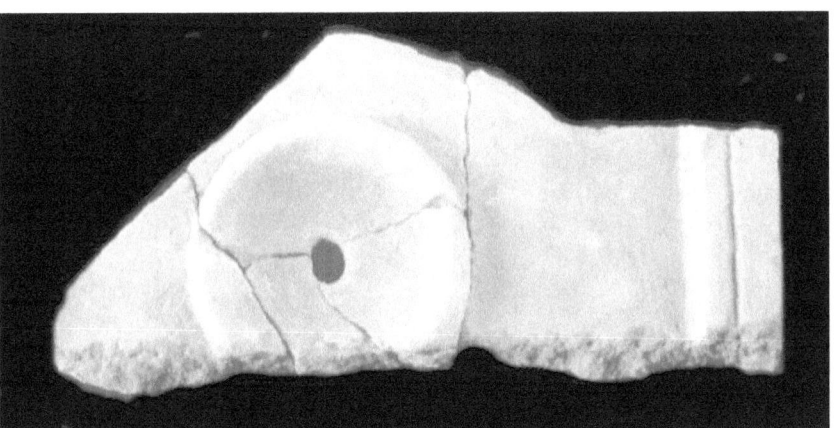

A

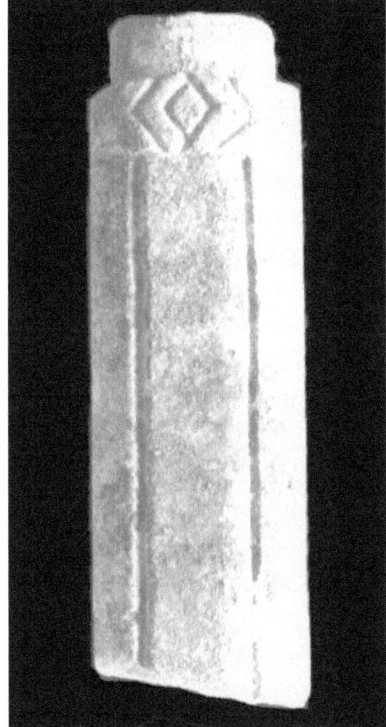

B

Fragmente von liturgischem Mobiliar aus Marmor.
A. Basisplatte einer Mensa (Altarbasis?) (Kat.-Nr. 71).
B. Pfosten einer Blendarchitektur (Kat.-Nr. 60).

TAFEL 46

A

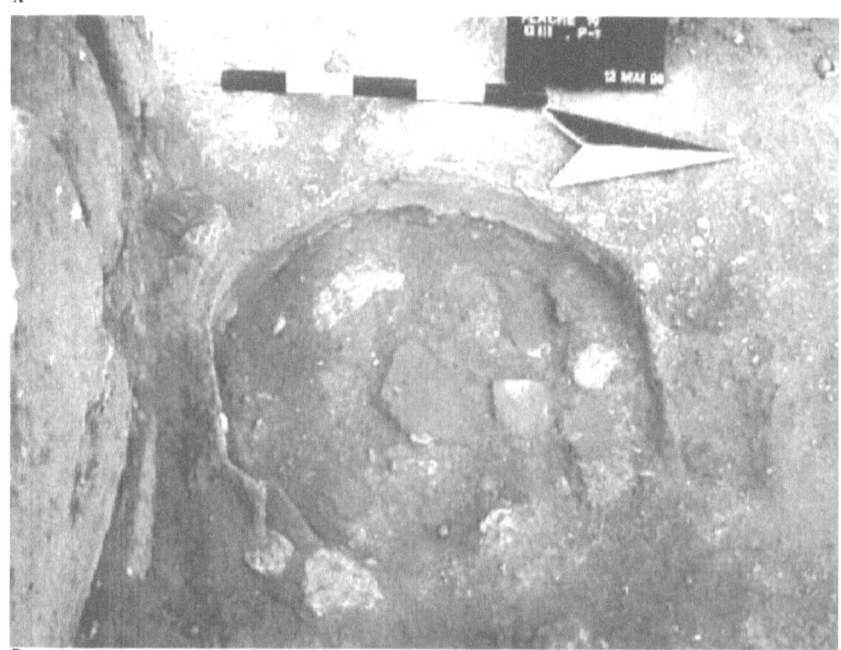

B

Jüngere Installationen auf dem Mosaikboden der Basilika (Bauphase V).
A. Zwei Räume an der Westseite der Gebetshalle der Moschee.
B. Wassergefäß in der Süd-Westecke des nördlichen Innenschiffes.

Jüngere Installationen auf dem Mosaikboden der Kirche (Bauphase VI).
A. Kalkbrennofen in der Süd- Westecke der Kirche.
B. Marmorfragmente nördlich des Kalkbrennofens (Vorbreitung zum Brennen).

TAFEL 48

Die Grabeskirche in Jerusalem.
A. Ansicht der Fassade von Osten; B. Schrägaufsicht von Südosten.

TAFEL 49

Die Zion-Kirche und Dormitio Domini in Jerusalem.

TAFEL 50

Die Geburtskirche zu Bethlehem
A. Gesamtansicht von Südwesten. B. Mosaikboden des südlichen Innenschiffes;
C. Inneres Oktogon.

TAFEL 51

Das Aaron-Grab und die Klosteranlage auf dem Gebel Harun.
A. Edomitische Berglandschaft mit Gabal Harun (weiße Grabkapelle); B. Klosteranlage auf Plateau unterhalb des Gipfels; C. Muslimischer Maqam auf dem Gipfel; D. Grab des Aaron.

TAFEL 52

Die Johannes-Basilika von Damaskus.
A. *Die Umaiyaden-Moschee in Damaskus; B. Eingang an der Südfassade der Temenosmauer mit der Inschrift des Psalms 145, 13; C. Brustbild eines Grabreliefs, in der südlichen Temenos-Wand wiederverwendet.*

Die sog. Sergios-Basilika in Suwēda.
A. Ansicht des nördlichen Seitenschiffs in der Nordostecke.
B. Ansicht der Nordwand des Bemas. C. Wiederverwendetes korinthisches Kapitell severischer Zeit.

Die Klosterkirche in Der al-Guwani.
A. Ansicht der Fassade und des Sanktuars von Südwesten.
B. Ansicht der Fassade und des Sanktuars von Westen.

Frühchristliche fünf(?)schiffige Basilika in Tyros.
A - B. Ansicht der freigelegten Teile des Bodens mit Plattenmosaik. C. Altrraum.

TAFEL 56

Das Menas-Heiligtum in Abu Mina.
A. Gruftkirche, Ansicht von Osten, Zustand 1963 vor Beginn der Grabung.
B. Transeptbasilika; Ansicht von Nordosten.

TAFEL 57

A. Die Kirche in Medinat Habu (Luxor), die Ansicht nach Osten zeigt die Apsis.
B. Die Erlöser-Kirche zu Lalibala, Gesamtansicht nach Süden.

TAFEL 58

A. Der christliche Bezirk in Cuicul, Gesamtansicht von Nordosten.
B. Die Vitalis-Basilika in Sbeitla, Ansicht nach Norden.

TAFEL 59

A. Die Hagia Sophia zu Konstantinopel: Portikus des theodosianischen Vorgängerbaues, freigelegt bei den Grabungen von A. M. Schneider (1935).
B. Die Johannes-Kirche zu Ephesos, Gesamtansicht.

A. Hagios Demetrios in Thessaloniki, Ansicht des Innenraumes nach Osten.
B. Basilika B in Nikopolis.

A. Ruinen der Basilika in Kenchreai bei Korinth.
B. Die frühchristliche Basilika in Nea Paphos.

TAFEL 62

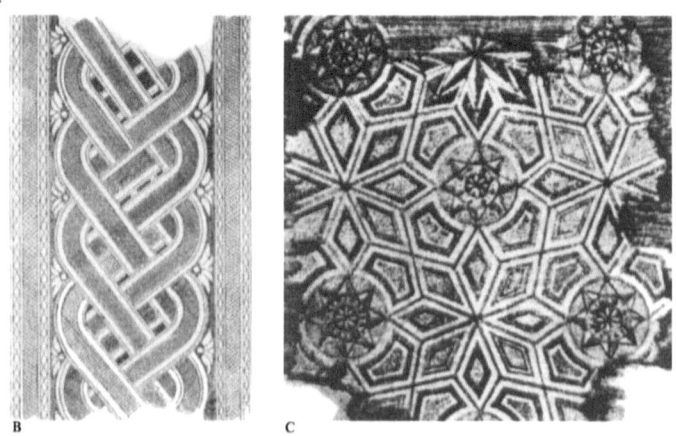

*A. Querschnitt der konstantinischen Petersbasilika in Rom,
Fresko aus dem 17. Jh.in der Krypta.
B-C. Mosaikfragmente aus der ursprünglichen Basilika Ursiana zu Ravenna.*

*A. Die Die Lateran-Basilika (S. Giovanni in Laterano),Ostfassade aus dem Jahr1732.
B. Die Paulus-Kirche (S. Paolo fuori le mura) vor Rom, Luftbild 1955.*

www.ingramcontent.com/pod-product-compliance
Lightning Source LLC
Chambersburg PA
CBHW020740020526
44115CB00030B/700